KB152670

에니어그램의 지혜

에니어그램의 지혜

The Wisdom of the Enneagram

돈 리처드 리소 · 러스 허드슨 지음 | 주혜명 옮김

한문화

이 책을
우리가 왔고, 우리가 돌아갈 오직 한 곳,
지혜의 원천, 빛 중의 빛,
우주만물을 창조하고, 새롭게 하며,
지켜보고 있는 모든 존재의 근원에 바친다.
우리의 가슴으로부터 온 이 책이
책을 읽는 모든 사람들의 가슴에 다가갈 수 있기를 바라며.

빛의 존재들

우리 모두는 깊은 내면에서부터 올라오는 끊임없는 불안정함에 시달린다. 우리는 이것이 우리 안에 잠재하고 있는 부족한 어떤 것이라고 느끼지만, 대개는 그것이 무엇인지 정확히 정의내리지 못한다. 우리 모두에게는 무엇인가 더 필요한 것이 있다. 더 좋은 관계, 더 좋은 직업, 더 좋은 신체조건, 더 좋은 자동차 등과 같이. 우리는 완벽한 관계와 직업, 혹은 새로운 '장난감'과 같은 것을 얻으면 그 불안정함이 사라지고 만족스러우며 완전해질 것이라고 여긴다. 그러나 우리는 경험을 통해서 단지 새 차는 잠깐 동안 우리를 기쁘게 해 줄 뿐이라는 사실을 알고 있다. 물론 새로운 관계는 우리를 행복하게 해 줄 것이다. 그러나 결코 기대했던 것만큼 우리를 만족시켜 주지는 못한다. 그렇다면 우리가 진정으로 찾고 있는 것은 무엇일까?

> 모든 살아 있는 존재는 자기 자신이 되고자 한다. 올챙이는 개구리가, 애벌레는 나비가, 상처받은 인간은 온전한 인간이 되고자 하는 것이다. 이것이 바로 영성이다.
>
> 엘렌 바스 Ellen Bass

잠시 깊이 생각해 보면 우리가 갈망하는 것은 자신이 누구이며 왜 자신이 여기에 있는지를 아는 것이다. 그러나 우리 문화는 이 질문에 대한 답을 찾도록 우리를 격려하지 않는다.

우리는 외부의 조건이 향상되면 삶이 향상된다고 배웠다. 하지만 외부적인 조건만으로 우리 영혼의 깊은 불안정을 치유할 수 없다는 사실을 곧 깨닫게 된다. 그렇다면 어디에서 답을 구할 수 있을까?

많은 자기 개발 서적들과 심리 서적들은 우리가 이상적이라고 생각하는 사람에 대한 이야기를 감동적으로 표현해 놓고 있다. 사랑, 의사소통,

창조성의 중요함을 이야기한다. 그러나 이러한 품성이 훌륭한 것임에도 불구하고 그것을 생활에서 실천하기란 쉽지 않다. 우리는 더 높은 곳을 향해서 비상하기를 원하지만, 거의 대부분은 두려움, 스스로를 좌절시키는 습관, 무지라는 장애에 고통스럽게 부딪히게 된다. 우리의 좋은 의도와 희망은 너무나 자주 실망과 좌절의 새로운 이유가 된다. 그 결과 우리는 자신을 포기하고 익숙한 불안정으로 돌아가서 자신을 발전시키고자 하는 노력을 잊으려고 애쓴다.

우리는 진리를 찾고 신을 찾는 여행을 떠나기 전에, 행동하기 전에, 다른 사람과 관계를 맺기 전에 반드시 먼저 자기 자신을 이해해야 한다.

크리슈나무르티 Krishnamurti

그렇다면 그 많은 심리 서적이 우리를 잘못된 방향으로 이끌고 있으며 틀렸다는 말인가? 인간은 더 완전하고 충족된 삶을 살 능력이 없단 말인가? 역사를 통해 보면 위대한 영적 스승들은 우리가 완전함을 이룰 수 있는 잠재력이 충분히 있다고 가르쳐 왔다. 사실상 우리는 어떤 의미에서는 신성한 존재이다. 그런데 완전함을 이루는 것이 왜 그렇게 어려운가?

자기 개발을 주제로 한 책들은 대부분 잘못된 것이 없다. 단지 불완전할 뿐이다. 예를 들어 비만이란 단순한 주제에서도 사람마다 다른 이유를 갖고 있다. 체중이나 음식과 관련된 문제에서는 지방을 지나치게 많이 섭취해서일 수도 있고, 불안을 억제해서일 수도 있고, 그 밖에 다른 정서적인 문제가 있을 수 있다. 핵심적인 문제를 찾지 않는다면 아무리 많은 노력을 한다고 해도 해결책은 생기지 않는다.

자기 개발서를 쓴 저자들의 주장은 대개 자신에게 도움이 되었던 방법에 기초를 두고 있으며 자신의 심리학적인 이론을 반영한다. 독자가 비슷한 생각을 가지고 있으면 그 방법은 효과가 있을 것이다. 그러나 독자와 저자의 성향이 다르다면 그 방법은 독자에게 도움이 되지 않는다.

당신이 몇 살이든, 어떤 환경에서 자랐든, 어떤 교육을 받았든, 당신의 대부분을 이루고 있는 것은 개발되지 않은 잠재력이다.

조지 레오나르드 George Leonard

자기 성장을 위한 방법은 여러 종류의 사람들이 있다는 것 – 여러 성격 유형이 있다는 것을 고려하지 않는다. 역사적으로 보면 많은 심리학적이고 영적인 체계들이 이런 중요한 면을 밝히려고 노력해 왔다. 점성학, 수비학(數秘學, numerology), 4체질론(점액질, 다혈질, 우울질, 담즙질), 융의 성격 유형(외향형, 내향형, 감각형, 직관형, 감정형, 사고형) 및 그 밖의 많은 이론들이 이것을 설명하려고 했다.

최근에는 유아 발달 이론과 뇌 과학에서 사람들의 유형 사이에 나타나는 기질적 차이는 생물학적 차이 때문에 생긴다고 밝혔다. 이것은 어떤 사람에게는 도움이 되는 충고가 왜 다른 사람에게는 전혀 도움이 되지 않는지를 설명하고 있다. 우리는 자신과 인간관계, 영적 성장, 그리고 많은 문제들에서 성격 유형이 매우 중요한 요소임(성별과 문화, 세대에 관계없이)을 인식해야 한다.

우리는 성격 유형을 아는 것이 교육, 과학, 사업, 치료 등 많은 분야에 필요하다고 믿는다. 무엇보다 영성과 의식의 개발에는 반드시 필요하다. 우리가 여기서 이야기하는 것은 시대와 지역을 초월하는 보편적인 내용이다. 하지만 그것을 표현하는 방식에 있어서는 삶의 모든 면에 접근하는 우리의 '필터'가 작용하고 있다고 본다. 우리는 그 성격 유형이라는 필터를 사용해서 자신과 세상을 이해하고, 자신을 방어하고, 과거의 일을 다루고, 미래에 대해 기대하고, 무언가를 배우고, 기뻐하고, 사랑에 빠진다.

영적인 면에서 본다면 인간이 원하고, 갈망하고 필요로 하는 모든 것은 항상 있어 왔고 지금 여기에서 얻어질 수 있다 – 그것을 볼 수 있는 사람들에게는.

수리야 다스 Surya Das

만약 우리 자신과 다른 사람을 깊이 이해할 수 있는 도구가 있다면 어떨까? 그 도구가 우리 자신의 필터를 더 잘 들여다보고 살펴볼 수 있도록 해 준다면 어떨까? 전문가나 권위자의 말에 의존해는 것이 아니라, 자신을 정직하게 살펴보고 탐색하려는 용기만 갖는다면 그 도구를 통해 자신을 이해할 수 있다면 어떨까? 그 도구가 우리의 핵심적인 문제를 보여줄 뿐만 아니라 그것들을 효과적으로 다루는 방법을 제시한다면 어떨까? 이 도구가 우리를 영혼의 깊은 곳으로 안내한다면 어떨까? 그런 도구가 바로 에니어그램이다.

진정한 자아를 덮고 있는 검은 껍질

내가 몇 년 전 뉴욕에서 일 주일 간의 영성 개발 프로그램에 참여하고 있을 때, 내 인생의 가장 중요한 사건 중 하나가 일어났다. 참가자들은 오십

명 정도였는데 우리는 그 프로그램 교사가 소유하고 있는 오래 된 호텔에 머물고 있었다. 그 호텔의 내부나 정원은 보수가 필요했기 때문에 힘든 노동을 원했던 우리에게는 그 호텔이 완벽한 장소였다. 힘든 노동을 하는 동안 우리 내면에서 일어나는 반응과 저항을 지켜보기 위함이었다. 여름날의 햇볕은 강렬했다. 비는 거의 내리지 않았고 공동 샤워 장 앞에는 긴 줄이 늘어섰다. 그리고 휴식 시간은 거의 주어지지 않았다. 우리 모두는 열악한 환경과 고된 노동이 우리의 성격 '특성'을 끌어내어 스스로를 관찰하기 위해 마련된 것임을 알고 있었다.

어느 날 오후 우리에게 45분간 낮잠 자는 시간이 주어졌다. 이것은 아주 드문 기회였다. 나의 일은 호텔 외벽의 페인트를 제거하는 것이었는데, 그 일을 마칠 즈음에는 너무 피곤하고 땀에 절어서 내가 얼마나 더러운지 따위엔 전혀 관심이 없었다. 단지 잠을 자고 싶었을 뿐이었다. 작업이 끝나고 해산하자, 나는 제일 먼저 침대로 올라갔다. 나와 한 방을 사용하는 다른 사람들은 대부분 나보다 늦게 들어왔다. 그리고 오 분 안에 모두 잠들어 버렸다.

정신(spirit)은 모든 보이는 삶을 움직이는 보이지 않는 힘이다.

마야 안젤로 Maya Angelou

바로 그 때 나의 룸메이트 중 한 사람인 알렌이 문을 쾅 닫고 방을 나갔다. 그는 이 프로그램 참가자들의 아이들을 돌보는 일을 맡았기 때문에 일을 놓고 잠을 잘 수가 없었던 것이다. 그가 문을 닫고 나가는 소리에 다른 사람들이 잠을 깼다.

알렌은 곧 되돌아왔다. 그러자 나에게 놀라운 일이 일어났다. 나는 내 몸에서 그에 대한 부정적인 반응이 일어나는 것을 보았다. 그것은 플랫폼으로 돌진해 들어가는 기차와도 같았다. 그러나 나는 그 기차에 타고 있지 않았다. 짧고 명료한 한순간에 나는 분노와 좌절감에 찬 알렌을 보았다. 나는 그 순간만의 알렌의 행동을 보았다. 그리고 그에게 분노를 갖게 한 것이 치밀어 오르는 나의 분노임을 알았다 – 나는 그 어떤 것에도 반응하지 않았다.

내가 분노와 자기 정당화의 반응을 행동에 옮기지 않고 관찰했을 때 내

눈앞에서 갑자기 베일이 벗겨지는 것 같았다. 나는 눈이 뜨였다. 나의 지각을 가로막고 있었던 무엇인가가 한순간에 사라졌다. 그리고 세상이 밝아졌다. 갑자기 알렌이 사랑스러워졌고 다른 사람들도 그들이 무엇을 하든지 완전한 존재로 보였다. 나는 고개를 돌려서 창밖을 내다보았다. 그리고 내 주변의 모든 것이 그 자체로 빛나는 것을 보았다. 나무에 비친 햇빛, 바람에 흔들리는 나뭇잎, 낡은 창틀 안에서 유리창이 덜컹거리는 소리, 그 모든 것이 말로 표현할 수 없을 정도로 너무 아름다웠다. 모든 것이 완전한 아름다움이었다.

오후의 명상 시간에도 나는 여전히 황홀경에 빠져 있었다. 명상이 깊어지자 눈을 뜨고 방을 둘러보았다. 그리고 오직 내면의 눈으로밖에 묘사할 수 없는 온갖 느낌에 빠져들었다. 그 때의 인상은 몇 년 동안 내게 머물러 있었다.

나는 모든 사람에게 '빛의 존재'가 있는 것을 보았다. 모든 사람이 빛으로 되어 있었다. 그렇지만 그것을 덮고 있는 껍질이 있었다. 그 껍질은 타르같이 검고 질겨서 모든 사람의 진정한 자아인 내면의 빛을 흐리게 하고 있었다. 어떤 사람의 타르 얼룩은 더 두터웠고 어떤 사람의 것은 좀 더 얇고 투명했다. 자신에 대해 탐구해 온 사람은 그것이 얇았고 내면으로부터 더 많은 빛이 나왔다. 개인이 겪어 온 과정에 의해 더 많은 타르에 쌓여 있어서 그것으로부터 자유롭기 위해서는 더 많은 작업을 해야 할 사람도 있었다.

한 시간 후쯤에는 그렇게 보이던 것이 점점 약해지더니 마침내 없어졌다. 명상이 끝나고 다시 작업 시간이 돌아왔다. 나는 내가 가장 싫어하는 일을 하기 위해서 뛰어갔다. 그것은 무더운 부엌에서 설거지를 하는 일이었다. 그러나 황홀경의 여운이 남아 있었기 때문에 그 일도 축복으로 여겨졌다.

내가 이 이야기를 하는 것은 개인적으로 나에게 중요한 일이기 때문만이 아니라, 이 책의 주제를 보여 주는 단적인 예이기 때문이다. 판단 분별

없이 진실하게 자신을 관찰한다면, 그리고 행동 속에 나타나는 자기 성격의 메커니즘을 본다면, 우리는 깨어날 수 있으며 우리의 삶은 아름다움과 기쁨 속에 펼쳐지는 기적이 될 수 있다.

이 책을 사용하는 방법

에니어그램은 자기 자신에게 정직해질 때에만 도움을 줄 수 있다. 에니어그램과 이 책은 자기 성찰을 위한 안내자 역할을 할 수 있다. 우리는 당신을 돕기 위해 다음과 같은 실질적인 내용으로 이 책을 구성하였다.

- 각 유형이 갖고 있는 재능과 한계
- 문제가 되는 습관과 반응을 관찰하고 벗어나는 방법
- 각 유형의 행동 동기 이해하기
- 어린 시절의 무의식적인 메시지
- 각 유형의 치료 전략
- 각 유형에게 필요한 영적 도약, 일깨우는 신호, 위험 신호
- 당신의 일상에서 의식을 고양하는 방법
- 각 유형의 내면 작업과 실제 연습
- 영적 성장을 위해 에니어그램을 사용하는 방법

아마 당신은 이 책에 있는 걸 연습하려면 노트나 개인 파일이 필요할 것이다. 우리는 자신의 유형뿐 아니라 다른 여덟 유형을 읽어 나가면서 자신에게 떠오르는 통찰을 기록할 수 있는 '내면 작업 일지' 를 사용하기를 권한다. 많은 사람들은 이 정보가 모든 관련된 문제, 기억, 창조적인 영감 등을 불러내는 것을 경험했다. 우리는 내면 작업 일지 속의 첫 번째 연습으로 자신의 전기를 적어 볼 것을 권한다. 이것은 자서전이 아니다. 삼인칭으로 자신에 대해서 써 보라. '나' 가 아니라 '그' 혹은 '그녀' 가 주어가

되는 것이다. 당신의 삶에 대해 이야기하라. 생각해 낼 수 있는 가장 오래된 기억에서부터 시작해서(당신이 알고 있는 가족사에서 시작하라.) 현재까지의 이야기를 다른 사람의 이야기인 것처럼 써라. 10년마다 페이지를 바꾸면서 더 생각나는 것이 있으면 적을 수 있도록 여백을 남겨 놓는 것도 좋은 방법이다. 좋은 문장을 쓰려고 하거나 '정확하게' 쓰려고 할 필요가 없다. 중요한 것은 자신의 전체 인생을 다른 사람의 인생인 것처럼 보는 것이다. 언제가 당신에게 중요한 시기였는가? 어려운 시기와 성공의 순간은 언제였는가? 당신의 삶에서 누가 가장 중요한 사람인가? 당신의 힘든 때와 성장기를 지켜 본 사람은 누구이며, 당신에게 상처를 준 사람은 누구였나? 또한 당신을 이해해 준 친구는 누구인가? 가능한 한 자세히 써라.

이 책을 읽어 나가면서 언제든 덧붙일 것이 있으면 '내면 작업 일지'를 펼쳐라. 그리고 자신에 대해 더 많은 통찰을 얻어라. 당신이 자신에 대해 더 깊이 이해해 나감에 따라 당신의 이야기는 점점 더 풍성하고 의미 있어질 것이다.

차 례

머리말 빛의 존재들 7

제1부 내면의 여행

제1장 성격 유형 찾기 21

아홉 가지 유형 23 | 두 개의 설문지 27 | 성격 유형에 대해 알아야 할 것들 28
다른 사람 분류하기 29 | 에니어그램의 진정한 목적 30 | 에니어그램 유형 간단히 찾기 32

제2장 고대의 지혜, 현대의 통찰 35

제3장 본질과 성격 46

성스러운 심리학 47 | 성격은 사라지지 않는다 50 | 아홉 가지 유형의 두려움과 욕망 50
성격에 의해 억제된 본질 55 | 본질은 소멸하거나 손상되지 않는다 57

제4장 알아차리기 58

행동을 통해 자신을 알아차리기 59 | 깨어나기 60 | 의식이란 무엇인가 62
관찰하라, 그리고 벗어나라 64 | 내면의 관찰자 66
현재에 존재하는 것에 대한 두려움 70 | 의식은 우리가 현재에 존재하도록 이끈다 72

제5장 세 개의 자아 76

본능 중심 78 | 감정 중심 83 | 사고 중심 87

제6장 에니어그램의 변형들 101

자기 보존적 변형 104 | 사회적 변형 105 | 성적 변형 107 | 발달 수준 112
평균 범위 114 | 불건강한 범위 120 | 건강한 범위 122 | 자유로움의 수준 123
비통합의 방향 125 | 통합의 방향 128

제2부 아홉 가지 성격 유형

제7장 1번 유형 : 개혁자 135

1번 유형 : 개혁자 137 | 어린 시절의 패턴 139 | 9번 날개를 가진 1번-이상주의자 141
2번 날개를 가진 1번-사회운동가 141 | 자기 보존 본능의 1번 유형 142 | 사회적 본능의 1번 유형 143
성적 본능의 1번 유형 144 | 1번 유형을 일깨우는 신호-강한 의무감 146
1번 유형의 타고난 장점 163 | 본질이 드러남 168

제8장 2번 유형 : 돕는 사람 170

2번 유형 : 돕는 사람 172 | 어린 시절의 패턴 174 | 1번 날개를 가진 2번-봉사자 176
3번 날개를 가진 2번-안주인 177 | 자기 보존 본능의 2번 유형 178 | 사회적 본능의 2번 유형 179
성적 본능의 2번 유형 180 | 2번 유형을 일깨우는 신호-남들의 기분에 맞추기 182 | 본질이 드러남 201

제9장 3번 유형 : 성취하는 사람 203

3번 유형 : 성취하는 사람 205 | 어린 시절의 패턴 208 | 2번 날개를 가진 3번-매력적인 사람 210
4번 날개를 가진 3번-전문가 210 | 자기 보존 본능의 3번 유형 211 | 사회적 본능의 3번 유형 212
성적 본능의 3번 유형 213 | 3번 유형을 일깨우는 신호-나의 가치는 나의 성공에 달렸다 215
본질이 드러남 235

제10장 4번 유형 : 개인주의자 238

4번 유형 : 개인주의자 240 | 어린 시절의 패턴 243 | 3번 날개를 가진 4번-귀족 244
5번 날개를 가진 4번-보헤미안 245 | 자기 보존 본능의 4번 유형 246 | 사회적 본능의 4번 유형 247
성적 본능의 4번 유형 248 | 4번 유형을 일깨우는 신호-상상을 통해 감정을 강화하기 249
본질이 드러남 272

제11장 5번 유형 : 탐구자 274

5번 유형 : 탐구자 276 | 어린 시절의 패턴 279 | 4번 날개를 가진 5번–인습 타파주의자 282
6번 날개를 가진 5번–문제 해결자 282 | 자기 보존 본능의 5번 유형 283 | 사회적 본능의 5번 유형 284
성적 본능의 5번 유형 285 | 5번 유형을 일깨우는 신호–생각 속으로 은둔하기 286 | 본질이 드러남 307

제12장 6번 유형 : 충실한 사람 309

6번 유형 : 충실한 사람 311 | 어린 시절의 패턴 313 | 5번 날개를 가진 6번–방어하는 사람 315
7번 날개를 가진 6번–친구 316 | 자기 보존 본능의 6번 유형 317 | 사회적 본능의 6번 유형 318
성적 본능의 6번 유형 319 | 6번 유형을 일깨우는 신호– 확실한 것 찾기 320 | 본질이 드러남 341

제13장 7번 유형 : 열정적인 사람 343

7번 유형 : 열정적인 사람 345 | 어린 시절의 패턴 348 | 6번 날개를 가진 7번–엔터테이너 350
8번 날개를 가진 7번–현실주의자 351 | 자기 보존 본능의 7번 유형 351 | 사회적 본능의 7번 유형 353
성적 본능의 7번 유형 354 | 7번 유형을 일깨우는 신호–"남의 풀밭의 풀이 항상 더 푸르다!" 355
본질이 드러남 376

제14장 8번 유형 : 도전하는 사람 378

8번 유형 : 도전하는 사람 380 | 어린 시절의 패턴 383 | 7번 날개를 가진 8번–독립적인 사람 385
9번 날개를 가진 8번–곰 386 | 자기 보존 본능의 8번 유형 387 | 사회적 본능의 8번 유형 388
성적 본능의 8번 유형 389 | 8번 유형을 일깨우는 신호–자기 충족을 위한 투쟁 390 | 본질이 드러남 410

제15장 9번 유형 : 평화주의자 413

9번 유형 : 평화주의자 415 | 어린 시절의 패턴 417 | 8번 날개를 가진 9번–중재하는 사람 419
1번 날개를 가진 9번–몽상가 420 | 자기 보존 본능의 9번 유형 421 | 사회적 본능의 9번 유형 421
성적 본능의 9번 유형 422 | 9번 유형을 일깨우는 신호–남과 잘 지내기 423 | 본질이 드러남 445

제3부 의식 변형을 위한 도구

제16장 영적 성장을 향한 실천 449

영적 성장을 위한 다양한 수행 방식 450 | 의식 성장을 위한 일곱 가지 도구 452
수퍼에고 다루기 460 | 몸 다루기 464 | 고요한 마음 개발하기 467
가슴 열기 470 | '놓아 버림'의 에니어그램 474

제17장 영적인 여행 – 언제나 지금 479

고통 놓아버리기 481 | 진정한 자아 발견하기 484 | 성격을 넘어서 491

옮긴이의 말 500
참고 문헌 502

제1부

내면의 여행

The Inward Journey

제1장

성격 유형 찾기

Identifying Your Personality

에니어그램은 아홉 가지로 이루어진 인간 성격 유형과, 그 유형들의 연관성을 표시한 기하학적 도형이다. 에니어그램은 여러 고대 전통의 영적 지혜에 그 뿌리를 두고 있으며 현대 심리학이 접목되어 발전했다. 에니어그램이라는 말은 아홉이라는 뜻의 그리스어 에니어ennea와 그림이라는 뜻의 그라모스grammos에서 왔다. 즉 이것은 아홉 개의 점으로 이루어진 그림이라는 뜻이다.

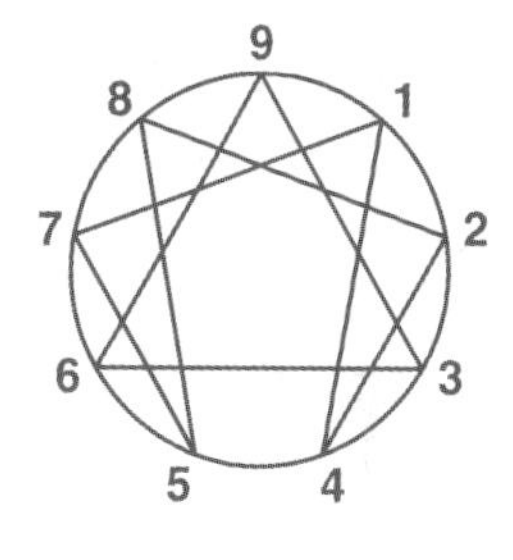

에니어그램

현대의 에니어그램에는 여러 영적, 종교적 전통이 결합되었다. 이것은 보편적인 진리의 압축이며 수천 년 동안 기독교, 불교, 이슬람 교(특히 수피즘), 유대교(카발라)에 의해 축적되어 온 것이다. 에니어그램에서 말하는 가장 중요한 점은 인간이 육체를 입고 물질 세계에 태어난 영적 존재라는 것이다.

모든 영적 전통들의 가르침(자비, 자유, 윤회, 깨어남)은 우리가 자신의 과거의 조건을 초월하여 새로운 일을 하는 것이 가능함을 증명해 준다.

삼 킨 Sam Keen

표면에 나타나는 모습과 차이점 및 환상의 베일 밑에는 신성의 빛이 환하게 빛나고 있다. 그러나 많은 요인들이 그 빛을 가리고 있다. 그래서 각각의 영적 전통에는 인간이 어떻게 그 신성의 빛과의 연결을 잃어버리게 되었는지를 설명하는 신화와 교리가 존재한다

에니어그램의 장점 중 하나는 모든 종교 교리와 배치되지 않는다는 것

눈물을 흘리지 말라. 노여워하지 말라. 이해하라.

스피노자 Spinoza

이다. 에니어그램은 각 개인으로 하여금 모든 주요 종교에서 말하는 영적 존재로서의 근본적인 모습을 재발견하도록 해 준다. 그러므로 에니어그램은 흑과 백, 남성과 여성, 카톨릭과 신교도, 아랍인과 유대인, 동성애자와 이성애자, 부자와 가난한 자라는 온갖 대결 구도를 가지고 있는 오늘날의 세계에서 아주 귀중한 것이 될 수 있다. 세상은 겉으로 드러나는 차이점으로 서로를 분리시키지만, 그 차이점 너머를 탐색해 본다면 완전히 새로운 차원의 인류애와 만날 수 있을 것이다. 우리는 에니어그램의 도움으로 6번들끼리는 공통점을 갖고 있음을 알게 될 것이다. 이들은 다른 6번들과 같은 특성을 공유하고 있다. 흑인 1번은 자신이 생각하는 것보다 더 많이 백인 1번과 닮아 있다. 새로운 차원의 공동체 의식과 사랑은 무지와 두려움을 종식시킨다.

에니어그램은 종교가 아니며 개인의 종교적인 믿음을 방해하지도 않는다. 또한 영적인 길의 완성이라고 주장하지도 않는다. 이것은 모든 영적인 길의 가장 기본적인 요소인 '자기 인식'에 관한 것이다. 자기 인식 없이는 영적 여행에서 멀리 나아갈 수 없으며 지금까지 이루어온 진보를 유지할 수도 없다. 의식 개발 방법이 갖고 있는 맹점 중 하나는 너무 빨리 의식의 도약을 경험하도록 함으로써 에고가 깊은 내면의 문제를 회피하도록 한다는 것이다.

우리가 서로를 분리시키는 심연을 건널 수 없다면 달나라로 여행하는 것이 무슨 소용이 있겠는가?

토마스 머튼 Thomas Merton

그래서 에고는 실제보다 자신이 훨씬 더 '발전해' 있다고 착각한다. 얼마나 많은 초심자들이 자신이 성자가 될 준비가 되었다고 여기는가? 얼마나 많은 명상 수행자가 깨달음의 상태를 획득했다고 확신하는가?

진정한 자기 인식은 이러한 자기기만으로부터 우리를 보호한다. 에니어그램은 진정한 우리 자신으로부터 시작된다.

우리가 획득할 수 있는 영적 성장의 높이를 드러내 보여 주며 우리 안에 어둠과 어둡고 자유롭지 못한 우리 삶의 측면들에 빛을 비추어 준다. 물질 세계에서 영적인 존재로 살아가기를 원한다면 우리는 자신을 탐색해야 한다.

현존(presence – 의식, 깨어 있는 알아차림), 자기 관찰의 실천(자기 인식으로부터 얻는 지혜), 자기 경험의 의미를 이해하는 것(공동체나 영적인 체계와 같은 더 넓은 관점에 의해 제공되는 정확한 해석)은 의식 개발 작업에 필요한 세 가지 기본 요소이다. 존재(being)가 첫 번째를, 당신 자신이 두 번째를, 에니어그램이 세 번째를 제공한다. 이 세 가지가 결합될 때 의식은 빨리 깨어날 수 있다.

아홉 가지 유형

에니어그램과 함께 하는 자기 탐색은 자신의 유형을 찾고 그 유형에서의 주된 문제를 이해하는 데에서 시작한다. 우리는 이 아홉 가지 유형에서 자신의 행동을 발견할 수 있다. 이 유형들 중 하나가 우리 행동의 가장 근본이 된다.

32쪽에 리소 – 허드슨 테스트가 있다. 이 테스트가 당신의 기본 유형을 좁혀 가는 데 도움이 될 것이다. 또한 각 장의 시작에는 각 번호에 대한 설문 문항, 리소 – 허드슨 유형 분류 지표가 있다. 이것도 당신이 자신의 유형을 찾아가는 데 도움이 될 것이다. 당신은 이 두 설문지와 각 장에 나와 있는 성격 유형에 대한 설명과 연습을 통해서 어느 정도 확실하게 자신의 유형을 찾을 수 있을 것이다.

다음에 나오는 각 유형의 이름과 짤막한 설명을 읽어 나가면서 자신의 모습과 가장 가까운 유형을 둘이나 셋 찾아 보아라. 여기에 나오는 성격 특성은 단지 일부분의, 가장 두드러진 특성이며 각 성격 유형의 전체 스펙트럼을 나타내는 것은 아님을 유의하라.

인간이 자기 자신을 안다면 신은 우리를 치유하고 용서할 것이다.

파스칼 Pascal

1번 유형 : 개혁자 원칙적이고 이상적인 유형. 1번 유형의 사람들은 윤리적이고 양심적이다. 이들은 옳고 그름을 따지기를 좋아한다. 상황을 개선시키기 위해 노력하며 실수를 두려워하는 교사이며 개혁주의자이다. 잘

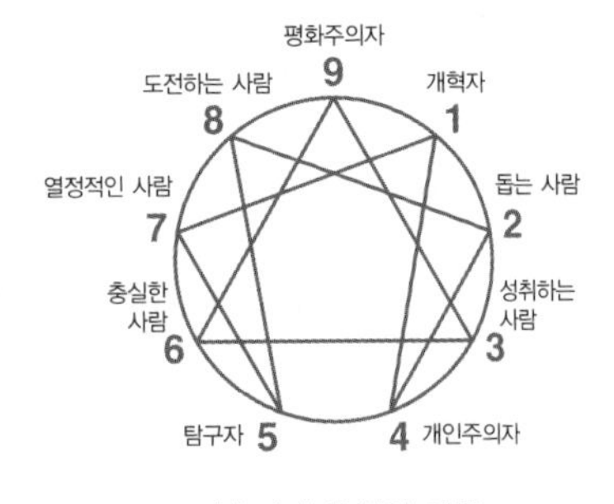

아홉가지 유형의 이름

조직되고 정돈되어 있으며 성격이 까다롭다. 이들은 높은 수준의 윤리나 도덕 규범을 유지하려고 노력하기 때문에 쉽게 비판적이 되고 완벽주의자가 된다. 이들의 문제는 분노를 억제해야 하는 것이다. 최상의 상태에 있는 건강한 1번 유형들은 현명하고 분별이 있으며 현실적이며 고상하고 도덕적이다.

2번 유형 : 돕는 사람 사람들을 잘 보살피고 대인 관계를 잘 하는 유형. 2번 유형의 사람들은 다른 사람과 감정적인 교류를 잘 하고 진지하며 마음이 따뜻한 사람들이다. 이들은 상냥하고 너그러우며 자기를 희생할 줄 안다. 그러나 감상적이 되기 쉽고 아첨을 해서 사람들의 기분을 맞추려고 노력한다. 다른 사람에게 가까워지고자 하는 마음이 이들이 하는 행동의 동기가 된다. 즉 다른 사람이 필요로 하는 사람이 되기 위해서 남들을 위해 뭔가를 한다. 이들의 전형적인 문제는 자신의 필요를 잘 인식하지 못하고 자신을 잘 돌볼 줄 모른다는 점이다. 2번 유형의 사람들은 최상의 상태에서 이타적이고 자기 자신과 다른 사람들에게 무조건적인 사랑을 가진다.

3번 유형 : 성취하는 사람 상황에 잘 적응하고 성공 지향적인 유형. 3번 유형의 사람들은 자신감이 있고 매력적이다. 이들은 야망이 있고 유능하며 에너지가 넘친다. 사회적 지위와 개인의 성취를 중시한다. 또한 다른 사람이 자신을 어떻게 생각하는가를 중시한다. 이들의 전형적인 문제는 일중독에 빠져드는 것과 지나친 경쟁 의식이다. 건강한 3번 유형의 사람들은 최상의 상태에서 자신을 잘 받아들이고 반듯하며 다른 사람들을 고무시키는 역할 모델이 된다.

4번 유형 : 개인주의자 낭만적이고 내향적인 유형. 4번 유형의 사람들은 자신에 대한 생각이 많고 민감하며, 신중하고 조용하다. 이들은 자신을 드러내는 데 있어서 감정적으로 정직하며 개인적이다. 그러나 우울하고 자의식이 지나치게 강할 수 있다. 이들은 상처받기 쉽고 민감한 감정을 가졌기 때문에 다른 사람에게 쉽게 자신을 드러내려고 하지 않는다. 또한 거만하고 평범한 삶의 방식을 따르려고 하지 않는다. 이들의 전형적인 문제는 방종과 자기 연민이다. 4번 유형의 사람들은 최상의 상태에서 영감이 뛰어나고 창조적이며 자신을 새롭게 만들 수 있고 자신의 경험을 바꿀 수 있다.

5번 유형 : 탐구자 집중력이 강하며 지적인 유형. 5번 유형의 사람들은 기민하고 통찰력이 있으며 호기심이 많다. 이들은 복잡한 아이디어와 기술을 개발하는 능력이 있다. 독창적이고 독립적이어서 자신의 생각과 상상의 구조물에 빠져들 수 있다. 다른 사람과 떨어져 있고 싶어하며 긴장이 많고 한가지에 잘 몰두한다. 이들의 전형적인 문제는 고립, 괴팍함, 허무주의이다. 건강한 5번 유형들은 최상의 상태에서 시대를 앞서 세상을 완전히 다른 시야에서 보는 선구자적 역할을 한다.

6번 유형 : 충실한 사람 안전을 추구하는 유형. 6번 유형의 사람들은 신뢰할 수 있고 근면하며 책임감이 강하다. 그러나 자신을 방어하려는 것 때문에 종잡을 수 없을 때가 있으며 불안이 많다. 이들은 조심성이 많고 우유부단하다. 하지만 6번 유형의 어떤 사람들은 당돌하고 반항적이기도 하다. 이들의 전형적인 문제는 의심이다. 건강한 6번 유형들은 최상의 상태에서 내면이 안정되어 있고 자신감이 있으며 독립적이어서 힘없는 사람들을 용기 있게 도와 준다.

7번 유형 : 열정적인 사람 바쁘고 생산적인 유형. 7번 유형의 사람들은 변덕스럽고 긍정적이며 즉흥적이다. 이들은 놀기를 좋아하고 유쾌하며 실질적이다. 또한 부산스럽고 산만하며 절도가 없다. 이들은 끊임없이 새롭고 흥미로운 경험을 추구하기 때문에 쉴 새 없이 움직여서 에너지를 소진시킨다. 이들의 전형적인 문제는 피상적이며 충동적이라는 것이다. 7번 유형의 건강한 사람들은 최상의 상태에서 가치 있는 목표에 자신의 노력을 집중시키고, 쾌활하며 성취동기가 높다.

8번 유형 : 도전하는 사람 성격이 강하며 사람들을 지배하는 유형. 8번 유형의 사람들은 자신감이 있고 성격이 강하며 자기주장을 잘 한다. 이들은 자신을 보호할 줄 알고 임기 응변에 능하며 결단력이 있다. 또한 거만하며 사람들 앞에 잘 나선다. 8번 유형의 사람들은 스스로가 자기의 환경을 통제해야 한다고 느끼기 때문에 도전적이고 위협적이 될 수 있다. 이들의 전형적인 문제는 자신을 남들과 가까워지도록 허용하지 않는다는 점이다. 8번 유형의 건강한 사람들은 최상의 상태에서 타인의 삶을 개선시키는 데 자신의 힘을 사용하며, 불굴의 의지로 어려움을 극복하고, 도량이 넓어서 역사적으로 위대한 업적을 남기기도 한다.

9번 유형 : 평화주의자 느긋하고 잘 나서지 않는 유형. 9번 유형의 사람들은 남들을 잘 수용하며, 상대방에게 신뢰를 주는 안정적인 성격이다. 이들은 성격이 원만하고 친절하며 느긋해서 남을 잘 돕는다. 또한 평화를 유지하기 위해서 다른 사람과 잘 지낸다. 이들은 모든 상황에서 갈등을 일으키지 않기를 원하기 때문에 남들에게 잘 순응하며 문제가 있으면 축소시키려고 한다. 이들의 전형적인 문제는 수동적이고 고집스럽다는 것이다. 건강한 9번 유형들은 최상의 상태에서 어려움에 쉽게 굴복하지 않고 모든 것을 포용한다. 이들에게는 사람들을 화합시키고 갈등을 치유하는 힘이 있다.

두 개의 설문지

32~33쪽에 나오는 설문지는 리소-허드슨 테스트로, 당신의 에니어그램 유형을 짧은 시간 안에 찾을 수 있다. 이 테스트는 당신에게 해당되는 유형을 빠르고 정확하게 찾아 준다. 최소한 가장 가능성이 높은 유형을 둘이나 셋을 찾아 줄 수도 있다.

두 번째 설문지는 리소-허드슨 유형 분류 지표다. 아홉 가지 유형에 대한 각각의 장 앞부분에는 그 유형의 성격 특성 열다섯 개가 나와 있다. 이 테스트는 쌍으로 이루어진 144개의 문항에서 하나씩을 선택하게 되어 있는데 첫 번째 설문지보다 정확하게 자신의 유형을 찾을 수 있다.

당신이 에니어그램을 처음 접한다면 리소-허드슨 테스트를 한 다음에 유형 분류 지표를 통해서 이 두 검사에서 같은 결과가 나오는지 보라. 예를 들면 테스트에서 6번으로 나왔다면 6번에 대한 유형 분류 지표의 15개 문항에 답을 해서 여기에서도 높은 점수가 나오는지를 보라. 그러나 더 많은 사항이 6번과 맞아떨어진다는 것을 발견할 때까지 계속 마음을 열어 놓고 6번 유형의 내용을 모두 읽는 것이 바람직하다. 6번에 대한 설명과 두 개의 설문지 모두에서 자신이 6번이라고 여겨지면 당신은 거의 확실하게 6번 유형이다.

자기 스스로 판단을 내리는 것은 언제든지 틀릴 수 있기 때문에 우리는 검사 문항에 그리 큰 비중을 두지 않는다. 마찬가지로 에니어그램 전문가들도 잘못된 진단을 내릴 수 있다. 그러므로 자신의 유형을 찾는 데 충분한 시간을 가져라. 이 책을 잘 읽어 보라. 그리고 더 중요한 것은 한동안 이 지식을 숙고하면서 삶 속에서 자신을 지켜보고 당신을 잘 아는 사람들과 이 정보에 대해서 이야기해 보는 것이다.

자기 발견은 하나의 과정이다. 성장의 과정은 자신의 유형을 발견하는 일로 끝나는 게 아니고, 단지 시작에 불과하다는 사실을 기억하라. 자신의 유형을 발견하면 그 사실을 알 수 있다. 그 때 당신은 안도와 당황, 원통합과 우쭐함의 감정이 밀려오는 것을 느낄 수 있다. 자신에 대해서 무의식적으로 알고 있던 사실들이 갑자기 선명해지며 삶의 패턴이 드러날 것이다. 자신의 유형을 정확하게 발견했을 때 당신은 그 유형에 대해 확신을 가질 수 있다.

성격 유형에 대해 알아야 할 것들

당신이 어떤 사람을 미워한다면 그 사람 안에 있는 당신의 한 부분을 미워하는 것이다. 우리 자신 안에 있는 것이 아니면 그것이 우리를 불편하게 하지 않는다.

헤르만 헤세 Herman Hesse

• 모든 사람에게는 여러 성격 유형이 혼합되어 나타나기는 하지만, 특정 패턴의 기본적인 성격 유형을 갖고 있기 때문에 결국은 그 기본 성격 유형으로 돌아간다. 우리의 기본 유형은 삶을 통하여 한결같이 유지된다. 사람들은 변화하고 수많은 방식으로 발전되지만 한 가지 기본 성격 유형에서 다른 유형으로 옮겨 가지는 않는다.

• 성격 유형에 대한 설명은 출신 국가에 관계없이 동일하며 남성과 여성에게도 똑같이 적용된다. 물론 남성과 여성은 같은 유형의 태도, 성격, 경향을 조금은 다른 방식으로 표현한다. 하지만 기본적인 문제는 똑같이 유지된다.

• 우리가 각 유형에 이름을 붙였지만(개혁자, 돕는 사람 등) 실제로는 에니어그램 번호를 더 많이 사용한다. 번호는 중성의 성질을 띠고 있어서 편견 없이 각 유형을 쉽게 지칭할 수 있다. 각 유형 번호의 순서는 의미가 없다. 높은 수가 낮은 수보다 더 나은 것은 아니다(예를 들어 9번이 1번보다 더 낫지는 않다).

• 어떤 성격 유형이 더 좋거나 더 나쁜 것은 아니다. 모든 유형에는 그 유형만의 장점과 단점이 있다. 그러나 특정 문화권 안에서 어떤 유형은 다른 유형보다 더 인정받기도 한다. 당신이 모든 유형을 알게 되면 각 유형

은 그 유형만의 능력과 한계를 갖고 있을 뿐이라는 사실을 알 수 있다.

• 당신이 어떤 유형이든지 당신 안에는 어느 정도 아홉 가지 유형이 모두 내재되어 있다. 그 유형들을 탐색하고 자신 안에서 어떻게 작용하는지 알게 됨으로써 당신은 인간 내면의 전체 스펙트럼을 이해할 수 있다. 이것을 깨달음으로써 당신은 다른 사람들에 대해서 훨씬 더 많은 이해와 사랑을 갖게 될 것이다. 당신 안에 그들의 특정 습관과 반응 방식이 있다는 것을 인식하기 때문이다. 우리가 자신 안에 내재된 공격성과 가장된 친절을 보게 될 때 8번 유형들의 공격성과 2번 유형들의 가장된 친절에 대해 훨씬 더 너그러워질 수 있다. 당신 안에 내재된 아홉 가지 유형을 탐색해 보면 그 유형들이 어떻게 상호 연관되어 있는지 알게 된다. 에니어그램의 상징도 바로 이러한 연관성을 나타내 준다.

다른 사람 분류하기

우리는 자기 자신에게 에니어그램을 사용할 때보다 다른 사람들을 분류하는 데 사용할 때 더 많은 문제가 일어난다고 믿는다. 모든 사람들은 본인도 모르게 실수를 저지를 수 있으며 성격 유형에는 너무나 많은 변형들이 있기 때문에 그 모든 변형들을 알 수가 없다. 또한 자신의 개인적인 편견 때문에 특정 유형에 대해서 철저한 반감을 가질 수도 있다. 에니어그램의 첫번째 목적은 자기 발견과 자기 이해임을 명심하라.

자신과 다른 사람의 성격 유형을 알게 되면 귀중한 통찰력이 생길 수 있다. 하지만 어떤 사람의 피부색이나 국적을 안다고 해서 그에 대해 모든 것을 알 수 없듯이 에니어그램이 그 사람의 모든 것을 말해 주지는 않는다. 성격 유형은 그 사람의 개인사, 지성, 재능, 정직성, 인격, 성격, 그 밖의 많은 것에 대해서는 말해 줄 수 없다.

하지만 성격 유형은 그 사람이 세상을 어떻게 보는지, 어떤 결정을 내릴 가능성이 많은지, 어떤 가치관을 가지고 있는지, 삶의 주된 동기가 무엇인지, 사람들에게 어떻게 반응하는지, 스트레스 상황에서는 어떻게 반응하는지와 같은 많은 중요한 사실을 이야기해 준다. 에니어그램에서 말하는 성격 유형에 익숙해지면 익숙해질수록 다른 사람들의 의견을 더 쉽게 받아들일 수 있게 된다.

에니어그램의 진정한 목적

사람을 아홉 가지 유형 중 하나로 구분 짓는 것은 획기적인 일이다. 우리는 처음으로 자신이 살아가고 행동하는 패턴과 본질적인 동기를 보게 될 것이다. 그러나 어떤 시점에서는 이것이 자신의 자아상과 통합되어 성장의 길로 들어서게 한다.

에니어그램을 배우는 사람은 자신의 성격 유형에 집착하게 된다. "그래, 나는 두려움이 많아. 6번 유형이야" 혹은 "우리 7번 유형의 사람들은 어떤 줄 알아? 우리는 늘 새로운 것을 찾아야 하지" 이렇게 자신의 행동을 정당화하거나 성격 특성이 더 고정되도록 하는 것은 에니어그램을 잘못 사용하는 것이다.

> 다른 사람을 아는 자는 지혜로운 사람이다. 자신을 아는 자는 현명한 사람이다.
>
> 노자 老子

에니어그램은 우리가 어떻게 자신의 근본적인 성격 안에 묶여 있는지 볼 수 있도록 도와줌으로써 우리 자신의 진정한 자기의 깊은 신비로움으로 우리를 초대한다. 에니어그램은 자신에 대한 더욱 심오한 진리로 우리를 이끌어 주는 탐구 과정이다. 그러나 더 나은 자신에 대한 이미지를 갖기 위해서 에니어그램을 사용한다면 자신의 진정한 내면을 발견하는 과정은 중단될 것이다. 자신의 성격 유형을 아는 것은 우리에게 중요한 정보를 제공하지만 이것은 긴 여행의 출발점에 불과하다. 자신의 성격 유형을 아는 것이 진정한 목적지는 아니다.

에니어그램을 통한 내면 작업 목적은 성격 유형을 인식함으로써 그 성격 유형에서 나오는 자동적인 반응을 멈추게 하는 것이다. 성격 유형의 메커니즘에 통찰과 명확함이 결합될 때 우리는 비로소 깨어날 수 있다. 그래서 이 책을 쓰게 된 것이다. 자신의 성격 유형에서 나오는 자동적인 반응을 더 잘 보면 볼수록 그것들에 덜 매이고 더 자유로워질 수 있다. 이것이 에니어그램이 말하는 모든 것이다.

리소-허드슨 테스트

에니어그램 유형 간단히 찾기

이 테스트에서 정확한 결과를 얻으려면 다음의 지시 사항을 따라야 한다.

❶ 다음에 나오는 두 그룹의 진술에서 평소 당신의 태도와 행동을 가장 잘 반영한다고 여겨지는 진술을 하나씩 골라라.

❷ 당신이 선택한 진술 안에 있는 모든 말과 문장에 완전히 동의해야 하는 것은 아니다. 그 진술의 80퍼센트나 90퍼센트 정도를 동의하면 한 그룹에서 한 개를 골라라. 그러나 당신이 선택한 진술의 전반적인 경향과 '철학'은 동의해야 한다. 내용 중에 일부분은 동의할 수 없는 경우도 있다. 한 마디의 말이나 구절 때문에 그 진술을 선택하는 것을 거부하지 말라. 그 진술의 전체적인 내용에 유의하라.

그룹 I

A 나는 독립적인 편이고 자기주장을 잘 한다. 나는 상황에 정면으로 맞설 때 삶이 잘 풀린다고 느낀다. 나는 목표를 설정하고 그 일을 추진해 나간다. 그리고 그것이 성취되기를 원한다. 나는 가만히 앉아 있는 것을 좋아하지 않는다. 나는 큰일을 성취하고 영향력을 행사하기를 원한다. 나는 정면 대결을 원하지는 않지만 사람들이 나를 통제하는 것도 좋아하지 않는다. 대개의 경우 나는 내가 원하는 것을 잘 알고 있다. 나는 일도 노는 것도 열심히 한다.

그룹 I의 선택

B 나는 조용하게 혼자 있는 것을 좋아한다. 나는 사회적인 활동에 주의를 쏟지 않으며 대체로 내 의견을 강하게 주장하지 않는다. 나는 앞에 나서거나 다른 사람과 경쟁하는 것을 그리 좋아하지 않는다. 사람들은 나를 몽상가라고 말한다. 내 상상의 세계 안에서는 많은 흥미로운 일들이 벌어진다. 나는 적극적이고 활동적이라기보다는 조용한 성격이다.

C 나는 아주 책임감이 강하고 헌신적이다. 나는 내 의무를 다하지 못할 때 아주 기분이 나쁘다. 나는 사람들이 필요할 때 그들을 위해 내가 그 자리에 있다는 것을 알아주었으면 좋겠다. 나는 그들을 위해 최선을 다할 것이다. 이따금씩 나는 사람들이 나를 알아주든 알아 주지않든 그들을 위해 큰 희생을 한다. 나는 내 자신을 제대로 돌보지 않는다. 나는 해야 할 일을 한 다음에 시간이 나면 휴식을 취하거나 내가 원하는 일을 한다.

❸ 당신의 선택을 지나치게 많이 분석하지 말라. 100퍼센트 동의할 수 없어도 당신의 직관이 옳다고 판단 내리는 것을 선택해라. 부분적인 요소보다는 그 진술의 전체적인 주제와 느낌이 더 중요하다. 직관을 따라라.

❹ 한 그룹에서 당신에게 가장 잘 맞는 진술이 무엇인지 결정할 수 없다면 두 개를 선택할 수도 있다. 그러나 반드시 한 그룹에서만 두 개를 선택해야 한다. 예를 들어 그룹 Ⅰ에서 C, 그룹 Ⅱ에서 X와 Y를 선택하는 식이다.

❺ 당신이 선택한 문자를 빈 칸에 써 넣어라. → **34쪽을 보고 당신의 답을 분석하라.**

그룹 Ⅱ

X 나는 대개 긍정적인 자세로 생활하며, 모든 일이 나에게 유리한 쪽으로 풀린다고 느낀다. 나는 나의 열정을 쏟을 수 있는 여러 가지 방법들을 찾는다. 나는 사람들과 함께 하고 사람들이 행복해지도록 돕는 것을 좋아한다. 나는 나와 마찬가지로 다른 사람들도 잘 지내기를 바란다(항상 기분이 좋은 것은 아니다. 그러나 나는 다른 사람에게 그렇게 보이기를 원한다.). 나는 다른 사람들에게 항상 긍정적으로 보이고자 노력하기 때문에 때로는 내 자신의 문제를 다루는 것을 미루기도 한다.

Y 나는 대부분의 상황에 대해 강한 감정을 갖는다. 대부분의 사람들은 내가 모든 것에 대해 불만을 갖고 있다고 생각한다. 나는 사람들 앞에서 내 감정을 억제하지만 남들이 생각하는 것보다 더 민감하다. 나는 사람들과 함께 있을 때 그들이 어떤 사람인지, 무엇을 기대할 수 있는지를 알기 원한다. 어떤 일에 내가 화가 났을 때 나는 사람들이 그것에 대해 반응하고 나만큼 그 일을 해결하려고 노력해 주기를 원한다. 나는 규칙을 알고 있다. 하지만 사람들이 내게 무엇을 하라고 지시하는 것을 좋아하지 않는다. 나는 내 스스로 결정하기를 원한다.

그룹 Ⅱ의 선택

Z 나는 스스로를 잘 통제하고 논리적이다. 나는 느낌을 다루는 것을 편안해하지 않는다. 나는 효율적이고 완벽하게 일을 처리하며 혼자 일하는 것을 좋아한다. 문제나 개인적인 갈등이 있을 때 나는 그 상황에 감정이 끼어들지 않도록 한다. 어떤 사람들은 내가 너무 차고 초연하다고 말하지만 나는 감정 때문에 중요한 일을 그르치고 싶지 않다. 나는 사람들이 나를 화나게 할 때 대부분의 경우 반응을 보이지 않는다.

리소-허드슨 테스트

결과 해석

두 그룹에서 당신이 선택한 두 개의 문자를 결합하라. 예를 들어 그룹 I 에서 진술 ⓒ를 선택하고 그룹 II에서 Ⓨ를 선택했다면 CY가 이 둘을 결합한 문자가 된다. 아래 표를 보고 테스트 결과 당신이 속한 성격 유형이 무엇인지 살펴보아라.

결합 문자	성격 유형	성격 유형의 이름과 주요 특성
AX	7	**열정적인 사람** : 쾌활함, 충동적, 성취 지향적
AY	8	**도전하는 사람** : 자신감, 결단력, 남을 지배하려 함
AZ	3	**성취하는 사람** : 적응을 잘 함, 야망이 있음, 자신의 이미지를 중시함
BX	9	**평화주의자** : 수용적, 다른 사람을 편안하게 해 줌, 스스로 만족함
BY	4	**개인주의자** : 직관적, 심미적, 자신 안으로 빠져들게 됨
BZ	5	**탐구자** : 지각 능력이 뛰어남, 혁신적, 남들과 떨어져 있음
CX	2	**돕는 사람** : 남들을 잘 보살핌, 너그러움, 소유욕이 강함
CY	6	**충실한 사람** : 붙임성이 있음, 책임감이 강함, 방어적
CZ	1	**개혁자** : 이성적, 원칙적, 자기 관리에 철저함

1번 유형이 자기 번호라고 오해하는 번호는 4번, 5번, 6번이다.
3번, 6번, 7번 유형은 자신을 1번 유형으로 착각하는 경우가 많다.

제2장

고대의 지혜, 현대의 통찰

Ancient Roots, Modern Insights

> 자신이 누구인지를 알고 자기 자신이 되어라.
>
> 핀다 Pindar

현대의 에니어그램 이론은 어떤 한 가지 근원에서 온 것이 아니다. 이 이론은 많은 고대의 전통에서 비롯된 지혜와 현대 심리학이 결합된 것이다. 많은 저자들이 에니어그램의 기원에 대해 추측을 한다. 그리고 에니어그램의 열렬한 추종자들은 그 역사와 발달에 대해서 많은 이야기를 한다. 그러나 불행히도 이 정보 중 상당 부분이 잘못되어 있다. 예를 들어 초기의 저자들은 에니어그램이 모두 수피즘에서 왔다고 했다. 그러나 우리는 현재 이것이 잘못된 사실임을 알고 있다.

에니어그램의 역사를 이해하기 위해서는 에니어그램의 상징과 아홉 가지의 성격 유형을 구분해야 한다. 에니어그램의 상징은 고대에서 왔으며 그 기원은 2500년 전으로 거슬러 올라간다. 인간의 성격을 아홉 가지로 나누기 시작한 것은 적어도 4세기경 같지만 그 이전일 수도 있다. 그러나 이 두 통찰의 근원이 결합된 것은 불과 수십 년 전이다.

에니어그램의 정확한 기원은 역사 속에서 소실되었다. 우리는 이것이 어디에서 왔는지, 그 상징을 누가 어떻게 만들었는지 알지 못한다. 기원전 2500년에 바빌론에서 시작되었다고는 하지만, 사실이라는 확실한 증거는 없다고 보아야 한다. 에니어그램이 고대 그리스 사상에서 나왔다는 설도 있다. 도형의 근거가 되는 이론은 피타고라스, 플라톤, 일부 신 플라톤 철학자의 사상 속에서도 발견된다. 이것은 분명 유대교, 기독교, 이슬람 교뿐만 아니라 연금술, 그노시스 주의(1~4세기에 널리 퍼진 종교철학적 경향으로서 신에 대한 직관적 인식을 중요시했다-옮긴이)에 영향을 준 서양의 전통이다.

동양의 이해와 서양의 지식을 취하라. 그리고 구하라.

구르지예프 Gurdjieff

그러나 에니어그램의 상징을 현재의 서구 사회로 가져온 사람이 조지 이바노비치 구르지예프George Ivanovich Gurdjieff라는 것은 의심할 여지가 없다. 구르지예프는 1875년경에 태어난 그리스계 미국인이다. 젊어서부터 그는 신비주의에 관심을 가졌다. 그는 인간의 정신을 변화시킬 완전한 과학은 고대에 있지만 그 지식이 소실되었다고 믿고 있었다. 그는 이 소실된 지식 찾기를 갈망하는 몇몇 친구들과 함께 자신이 발견한 고대 지혜는 무엇이든지 통합시키려고 노력하며 젊은 날을 보냈다. 그는 친구들과 함께 '진리를 추구하는 사람들(SAT, Seekers After Truth)' 이란 모임을 결성했다. 모임의 멤버들은 각자 다른 고대의 가르침과 지식 체계를 연구해서 정기적으로 모여 자신이 연구한 것을 나누기로 했다.

그들은 이집트, 아프가니스탄, 그리스, 페르시아, 인도, 티베트 등지로 널리 여행하며 수도원과 성지들을 찾아다녔다. 이들은 자신들이 접할 수 있는 모든 고대 전통의 지혜를 배웠다. 구르지예프는 여행지 어디에선가(아마 아프가니스탄이나 터키일 것이다) 에니어그램의 상징과 만났다. 그 후 그는 자신과 다른 SAT 회원들이 발견한 지혜를 통합하여 자신의 것으로 만들어 발전시켰다. 여러 해 동안의 그의 탐색은 1차 세계 대전 직전에 끝이 났다. 그리고 그는 성 피치버그와 모스크바에서 자신의 이론을 가르치기 시작했다. 많은 사람들이 그의 가르침에 이끌려 왔다.

언제 어디서나 당신 자신을 기억하라.

구르지예프 Gurdjieff

구르지예프가 가르친 체계는 광범위하고 복잡한 심리학, 영성, 우주론 연구였다. 그의 가르침의 목적은 사람들로 하여금 우주 안에서 자신의 위치를 이해하고 자기 삶의 객관적인 목적을 알도록 일깨우는 것이었다. 또한 구르지예프는 자신의 철학에서 에니어그램을 가장 중요한 것으로 여겨 가르침의 중심에 놓았다. 그는 인간이 에니어그램의 체계와 에니어그램을 구성하는 요소들, 그리고 그 요소들의 상호 연관성을 이해하지 못하고는 어떤 것도 완전히 이해할 수 없다고 말했다. 그래서 구르지예프가 가르친 에니어그램은 단순한 심리학 이론이 아니라 자연 법칙의 모델이었다.

구르지예프는 에니어그램 상징이 존재의 모든 것을 관장하는 세 가지 신성한 법칙을 나타내는 세 부분으로 구성되어 있다고 설명했다. 이들 중 첫 번째는 거의 모든 문화에서 사용하는 원(circle), 즉 우주의 만다라다. 원은 통합, 전체, 단일성을 가리키며 신은 하나임을 상징한다. 이것은 바로 유대교, 기독교, 이슬람 교와 같은 주요한 서양 종교가 가르치는 논리이기도 하다.

우리는 원 안에서 또 하나의 상징, 삼각형을 발견한다. 기독교는 성부와 성자와 성신의 삼위일체를 이야기한다. 유대교의 신비주의 가르침인 카발라도 신이 세 개의 방사물, 혹은 '구球'로써 우주에 자신을 드러낸다고 가르친다. 이것이 바로 카발라의 이론적인 상징, 생명의 나무에 이름 지워진 새피로트(케더, 비나, 호크마)이다. 우리는 다른 종교에서도 삼위일체의 이론이 반영되는 것을 볼 수 있다. 불교는 불佛, 법法, 승僧에 대해서, 힌두교도 비슈누, 브라흐마, 시바에 대해서, 도교는 천天, 지地, 인人에 대해서 이야기한다.

서양의 논리와는 달리, 모든 세계의 주요 종교들은 놀랍게도 우주가 이원성이 아니라 삼원성에서 생겨났다고 이야기한다. 대개의 경우 우리가 현실을 보는 방법의 기본은 좋은 것과 나쁜 것, 흑과 백, 남성과 여성, 외향성과 내향성 등과 같이 상반되는 두 가지가 하나의 쌍으로 구성된다. 그러나 고대의 전통은 사람을 남성과 여성으로 구분 짓지 않고 남성, 여성, 아이로 구분 지었다. 또 검은 색과 흰색이 아니라 검은 색, 흰색, 회색으로 보았다.

구르지예프는 이러한 현상을 '3의 법칙'이라고 부르면서 존재하는 모든 것은 세 가지 힘이 상호 작용한 결과라고 말했다(주어진 상황이나 차원 안의 어떤 것이든). 심지어 현대 물리학의 발견도 이 3의 법칙을 지지하는 것으로 여겨진다. 원자 미만의 기준에서 원자는 양성자, 전자, 중성자로 구성된다. 한때는 자연에 네 가지 기본적인 힘이 있다고 여겼지만 현대 물리학은 단 세 개의 힘(강력, 약력, 전자기력)이 존재한다고 믿는다.

세 개의 상징 중 세 번째 부분이 헥사드(1－4－2－8－5－7로 연결되는 그림)이다. 이 그림은 구르지예프가 명명한 '7의 법칙'을 상징한다. 또한 존재하는 모든 것은 정체되어 있지 않다는 것을 보여 준다. 모든 것은 움직이고 뭔가 다른 것으로 변화된다. 바위와 별들조차도 결국에는 변용된다. 변화에 작용하는 힘과 그 자체의 성질에 따라서 변화되는 방식이 모두 다르기는 하지만 모든 것은 변화하며 재생되고 진화하고 발전해 나간다. 한 주일의 날들, 원소 주기율표, 서양 음악의 옥타브도 모두 이 7의 법칙에 기본을 둔다. 이 세 요소(원, 삼각형, 헥사드)를 함께 결합하면 에니어그램 상징이 된다. 이것은 전체성(원)과 세 가지 힘(삼각형)이 어떻게 상호 작용해서 그 결과가 얻어졌는지, 어떻게 그것이 계속해서 변화하고 진화하는지(헥사드)를 보여 준다.

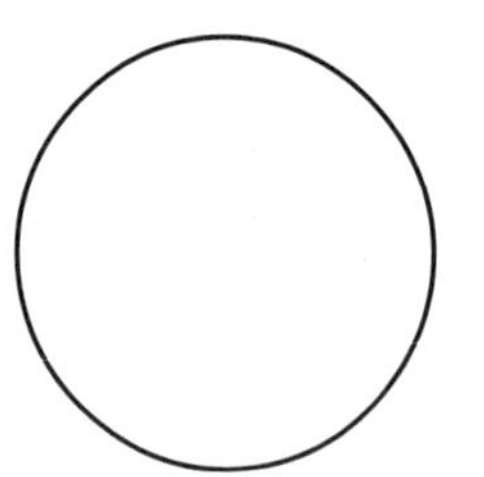
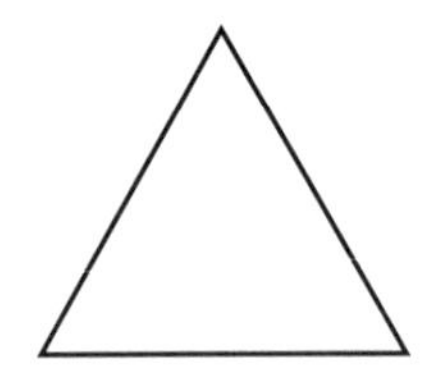
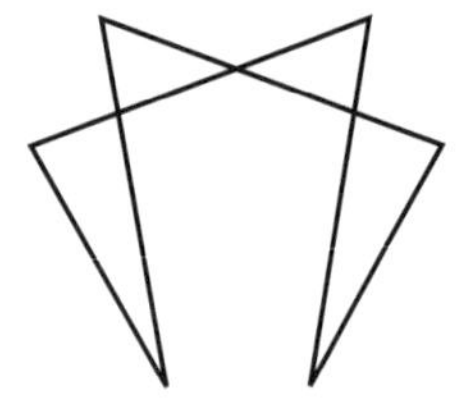

에니어그램 상징의 세 부분

구르지예프는 에니어그램은 정체된 것이 아니라 역동적으로 움직이는 살아 있는 상징으로 받아들여야 한다고 설명하면서 성스러운 춤을 통하여 에니어그램을 가르쳤다. 그러나 구르지예프나 그의 제자들의 저서 어디에도 그가 에니어그램을 성격 유형론으로 가르쳤다는 기록은 없다. 성격 유형론으로서 에니어그램의 기원은 좀 더 최근이며 두 가지의 현대 이론에 그 근거를 두고 있다.

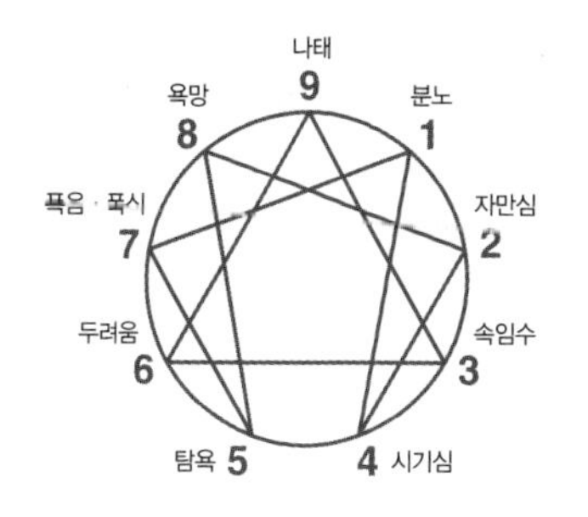

오스카 이카조가 정리한
'아홉 가지 유형의 큰 죄'

첫 번째는 오스카 이카조Oscar Ichazo다. 구르지예프와 마찬가지로 젊은 시절의 오스카 이카조도 소실된 고대의 지식에 매료되었다. 놀라울 정도로 영특했던 어린 시절의 그는 삼촌의 방대한 서가에서 철학과 형이상학 서적을 섭렵했다. 젊은 시절 이카조는 고향인 볼리비아를 떠나서 고대의 지혜를 찾아 아르헨티나의 부에노스 아이레스를 비롯해서 세계의 많은 곳을 여행하고 다녔다. 중동과 그 밖의 장소를 여행한 후 그는 남아프리카로 가서 그 때까지 익힌 지식을 자기 것으로 만들기 시작했다. 이카조는 1950년대 초까지 에니어그램의 많은 요소들을 탐구하고 그 요소들을 결합했다. 그리고 그는 상징과 성격 유형 사이의 관계를 발견했다. 그가 에니어그램 상징에 결합한 아홉 가지의 성격 유형은 인간의 성품에 반영된 아홉 가지 신성의 특성을 기억하는 고대의 전통으로부터 왔다. 이 사상은 신플라톤주의자와 함께 시작되어서(더 멀리 거슬러 올라가지 않는다면) 3세기에 플로티노스(이집트 태생의 신플라톤주의 철학자 – 옮긴이)의 에니어드(The Enneads, 이집트 종교의 아홉 신들)에 나타났다. 아홉 가지 신성의 특성은 반대의 개념으로 기독교에도 나타났다. 신성의 특성이 왜곡되어서 7대 죄악(Seven Deadly Sins)이 되었고 여기에 두려움과 속임수라는 두 가지가 덧붙여졌다.

에니어그램과 7대 죄악 사이의 공통점은 우리에게 그것들이 모두 있지만 특정한 한 가지가 반복해서 나타난다는 점이다. 이것이 우리가 가진 불균형의 뿌리이며, 에고에 붙들리는 방식이다. 이카조는 아홉 가지 신성이 지닌 특성의 기원을 찾기 위해서 그리스 사상에서 7대 죄악의 개념을 처음으로 발전시킨 4세기의 사막인들, 초서의 〈캔터베리 이야기〉와 단테의 〈연옥〉과 같은 중세 문학에 대해서까지 연구했다.

또한 이카조는 유대교의 신비주의 사상인 카발라의 전통도 탐구했다.

아홉 가지 유형의 열정 또는 큰 죄

열정 또는 큰 죄라는 개념은 나쁜 것이나 악이 아니라 '표적을 놓치는' 경향으로 받아들일 때 가장 잘 이해할 수 있다. 이것은 우리가 자신의 중심을 잃어버리고 우리의 사고 · 감정 · 행동 안에서 왜곡되는 아홉 가지의 방식을 나타낸다.

1	분노	이 열정은 분개(resentment)라는 표현이 더 정확할 것이다. 분노 그 자체는 문제가 안 된다. 그러나 1번 유형의 사람들은 그것을 억압함으로써 좌절감을 겪고 자신과 세계에 대해 불만을 갖는다.
2	자만심	자만심은 자신의 고통을 인식하지 못하거나 인식하지 않으려는 것을 말한다. 2번 유형의 사람들은 다른 사람들을 도우려고 노력하면서 자신의 필요를 거부한다. 이 열정은 허영심, 즉 자신의 좋은 성품에 대한 자만심으로 설명될 수도 있다.
3	속임수	속임수는 우리가 단지 에고에 지나지 않는다고 스스로를 믿도록 속이는 것을 의미한다. 우리가 이것을 믿을 때 우리의 진정한 자아 대신에 에고를 개발시키려고 노력한다.
4	시기심	시기심은 근본적인 것이 상실되어 있다는 느낌에 근거한다. 4번 유형의 사람들은 시기심 때문에 다른 사람들이 자신에게 없는 자질을 갖고 있다고 느끼게 된다. 4번 유형의 사람들은 자신에게 없는 것을 갈구하고 자신의 삶에 주어진 축복들을 알아차리지 못할 때가 많다.
5	탐욕	5번 유형의 사람들은 자신의 내면 자원이 모자라기 때문에 다른 사람과의 지나친 교류는 그 자원을 엄청나게 고갈시킨다고 느낀다. 이 열정 때문에 5번 유형의 사람들은 세상과 접촉하려고 하지 않는다. 그래서 이들은 자신의 자원을 붙들고 있고, 자신의 필요를 최소화한다.
6	두려움	이 열정은 불안이라는 표현이 더 정확할 것이다. 불안은 우리를 지금 일어나지 않은 일에 대한 두려움으로 이끈다. 6번 유형의 사람들은 불안한 상태에 지속적으로 머물러 있고, 미래에 다가올 나쁜 일을 걱정한다.
7	폭음 · 폭식	폭음 폭식은 경험을 통해 '자신을 채우려는' 만족할 줄 모르는 욕망을 나타낸다. 7번 유형의 사람들은 긍정적인 다양한 아이디어와 경험을 추구함으로써 내면의 공허감을 극복하려고 노력한다. 그러나 이들은 결코 자신이 충분히 새로운 것을 경험했다고 느끼지 않는다.
8	욕망	이것은 성적인 욕망만을 이야기하는 것이 아니다. 8번 유형의 사람들은 강렬함, 통제, 자기 확장에 대한 필요에 의해 동기를 부여받는다는 면에서 '욕망이 강하다'고 할 수 있다. 8번 유형의 사람들은 욕망 때문에 삶의 모든 장면에서 자신의 의지를 관찰하기 위해 무리하게 밀어붙이고 자기주장을 한다.
9	나태	나태는 단순한 게으름이 아니다. 9번 유형의 사람들도 아주 적극적이고 성취적일 수 있기 때문이다. 이 말의 의미는 삶에 의해 영향 받지 않으려는 욕구이다. 다시 말해서 삶에 완전히 뛰어들어 활기 있게 살고 싶어 하지 않는 마음이다.

이 신비주의 가르침은 그노시스파와 신플라톤주의를 비롯하여 고대 유대교의 신비주의 전통에 뿌리를 두었으며, 12세기부터 14세기에 걸쳐 프랑스와 스페인에 살았던 유대인들에 의해서도 발전되었다. 카발라 철학의 중심은 '생명의 나무(Etz Hayim)' 라고 불리는 상징이다. 이것은 에니어그램과 마찬가지로 통일, 삼위 일체, 일곱 개의 부분들이 발전하는 과정의 개념을 담고 있다.

뛰어난 지성을 가졌던 이카조는 1950년대 중반 에니어그램 상징의 모든 자료들을 적절히 배열했다. 이렇게 해서 다양한 사상과 지혜가 결합되어 오늘날 우리가 알고 있는 에니어그램의 기본적인 원형이 완성되었다.

두 번째는 심리치료사 클라우디오 나란조Claudio Naranzo다. 그는 1970년대에 미국 캘리포니아에 있는 에살렌 연구소에서 게슈탈트 치료 프로그램을 개발하여 유명해졌다. 나란조를 비롯하여 인간의 잠재력을 연구하던 많은 다른 학자들은 이카조와 함께 공부하기 위하여 칠레의 아리카에 갔다. 이카조는 자아 실현으로 이끌어 주는 45일간의 집중 프로그램을 개발했다. 그 프로그램에서 그가 가장 먼저 가르친 것 중 하나는 에니어그램이었다. 그는 아홉 가지 성격 유형을 '자아 고착' 이라고 불렀다.

그 그룹의 많은 사람들이 에니어그램을 즉각 자기 것으로 흡수했다. 특히 나란조는 캘리포니아로 돌아와 자신이 연구한 다른 심리 체계에 에니어그램을 결합하여 사람들에게 가르치기 시작했다. 나란조는 자신이 익히 알고 있는 심리 분류 체계와 에니어그램의 연관성에 관심을 갖게 되었다. 그리고 그는 이카조의 성격 유형에 대한 짤막한 설명에 자신의 것을 붙여 나갔다. 그는 특정 유형으로 분류된 사람들을 모아 놓고 인터뷰를 해서 이들의 유사한 점을 이야기하게 하고 그들로부터 정보를 수집해서 이 체계가 유효함을 보여 주었다. 예를 들면 강박 성향을 가진 사람들을 한 그룹에 모아 놓고 그들의 행동이 1번 유형에 대한 설명과 어떻게 맞아떨어지는지를 살펴본 것이다. 다른 번호에 대해서도 마찬가지였다.

성격 유형을 이해하기 위해서 사람들에게 대화를 하도록 하는 방법을

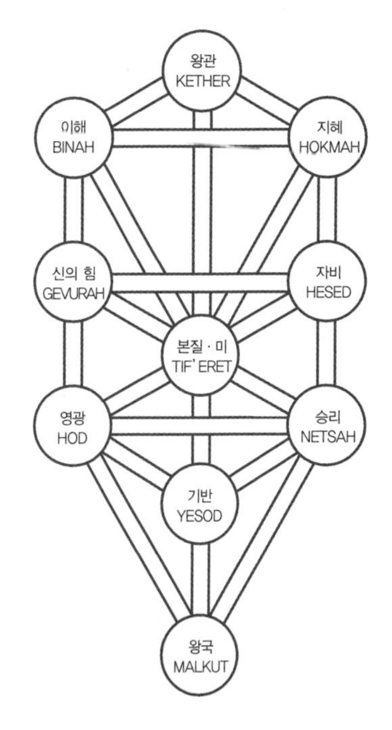

카발라 철학의 핵심적인 상징체계인 '생명의 나무(Etz Hayim)'

이용한 것은 고대의 전통이 아니었다. 이 방법은 나란조가 1970년대 초에 시작했으며 에니어그램을 가르치고 알릴 수 있는 유일한 방법이었다.

나란조는 캘리포니아의 버클리에서 몇몇 그룹에게 초보적인 형태의 에니어그램을 가르치기 시작했다. 그리고 이 프로그램은 그 곳에서 빠르게 확산되었다. 에니어그램의 열렬한 추종자들은 샌프란시스코의 해변이나 북미 지역의 예수회 피정의 집에서 에니어그램을 가르쳤다. 이 책의 저자 중에 한 명인 돈 리차드 리소도 예수회 신학생 신분으로 그 곳에서 초기 과정을 마쳤다. 이카조와 나란조, 그리고 우리 두 사람을 포함한 많은 사람들에 의해 이루어진 기초 작업이 에니어그램을 발전시켰고 많은 새로운 사실들을 밝혀냈다.

우리가 해 온 일은 원래의 성격 유형에 관한 짧은 설명을 추가해 나가고, 에니어그램이 다른 심리적 · 영적 체계와 어떻게 연결되는지 보여 주면서 이 이론의 심리학적 기초를 발전시켜 나가는 것이다.

돈은 항상 에니어그램의 성격 유형에 대한 설명이 완전하고 정확하게 되어 있지 않다면 사람들에게 별 도움이 되지 않을 거라고 믿었다. 사실 에니어그램은 사람들을 잘못된 길로 이끌 수도 있다. 1977년 돈이 '발달의 수준(Level of Development)' 을 밝혀냈을 때 에니어그램 연구에 큰 도약이 이루어졌다. 이것은 사람들이 삶을 통해서 경험하는 성장과 퇴보의 단계를 나타낸 것이다. 또한 특정 경향과 동기들이 왜 특정 유형에 나타나는지를 보여 준다. 더 중요한 것은 우리가 자신의 성격 유형에 얼마나 묶여 있는지 그 정도를 보여 주며, 자유의 부재가 어떤 결과를 가져오는지를 알려 준다는 점이다. 그는 또한 각 유형들의 심리적인 동기를 강조했다. 이것은 그가 연구를 시작했을 당시에 널리 퍼져 있던 성격에 대한 막연한 설명과는 달랐다. 그는 이러한 자신의 연구에 심리학 이론과의 연관성 등을 결합하여 책을 펴냈다. 그 책이 〈성격 유형(Personality Types)〉과 〈에니어그램의 이해(Understanding the Enneagram)〉다.

1991년 러스가 돈과 함께 일하게 되었다. 에니어그램 성격 유형 설문지를 만드는 일을 돕는 게 그 시작이었는데, 그것이 바로 리소-허드슨 에니어그램 성격 유형 검사지(RHETI)다. 우리는 그 후 함께 〈성격 유형〉의 개정판을 만드는 일을 했다. 러스는 에니어그램의 기초가 되는 이론에 대한 이해와 경험을 우리의 작업에 결합하였다. 그리고 성격 유형의 더 깊은 구조와, 성장을 위하여 각 유형이 어떻게 나아가야 하는지 그 관계를 발견함으로써 돈이 시작한 연구를 더욱 발전시켰다. 우리 두 사람은 1991년부터 세계를 돌아다니며 워크숍과 세미나를 열고 있다. 이 책에 쓰여진 통찰의 많은 부분은 사람들을 대하면서 얻은 것이다. 우리는 다양한 종교를 믿는 많은 문화권의 사람들에게 에니어그램을 가르친 것을 매우 기쁘게 생각하며, 에니어그램을 알아가면서 이 체계가 가진 보편성과 유용성에 놀라워하고 있다.

수피 민담 – 자물쇠 장수의 이야기

The Story of the Locksmith

옛날에 누명을 쓴 채 깊고 어두운 감옥에 갇힌 자물쇠 장수가 있었습니다. 그가 감옥에 갇히고 얼마의 시간이 지난 후였습니다. 그를 매우 사랑한 아내는 왕을 찾아갔습니다. 그러고는 그녀의 남편에게 기도할 때 쓰는 무릎 방석을 주어서 그가 하루 다섯 번의 기도를 할 수 있도록 해 달라고 간청했습니다. 왕은 그녀가 남편에게 기도 방석을 가져다주도록 허락했고, 자물쇠 장수는 아내가 가져온 방석에 감사하며 매일 충실히 기도를 했습니다.

얼마 후, 그는 감옥에서 도망쳤습니다. 사람들이 그에게 어떻게 도망쳤냐고 묻자, 이렇게 설명했습니다. 그는 몇 년 동안 감옥에서 나올 수 있게 해 달라고 기도하면서 자신의 코앞에 있는 것을 보았습니다. 그것은 기도 방석에 짜여진 패턴이었습니다. 그는 아내가 기도 방석에 감옥 자물쇠를 열 수 있는 패턴을 짜 놓았다는 것을 알았습니다. 이것을 깨달은 그는 감옥에서 나오기 위해 필요한 모든 정보를 손에 넣었습니다. 그리고 그는 자신과 함께 감옥에서 도망치면 더 행복하게 살 수 있다고 간수들을 설득했습니다. 이들은 자신들도 감옥에 갇혀 있다는 것을 깨달았기 때문에 동의했습니다. 그들도 도망치고 싶었지만 그 방법을 몰랐던 것입니다.

그래서 자물쇠 장수와 간수들은 도망칠 계획을 세웠습니다. 간수들이 그에게 쇠붙이를 가져다주면 그가 시장에 내다 팔 수 있는 물건을 만들어 주고 그렇게 번 돈으로 도망치는 데에 필요한 물건을 모았습니다. 그리고 가장 강한 쇠붙이를 구해다가 자물쇠 장수가 그것으로 감옥 열쇠를 만들었습니다.

모든 준비가 끝나자, 자물쇠 장수와 간수들은 한밤중에 감옥을 도망쳐 나왔습니다. 그리고 자물쇠 장수는 자신을 기다리는 사랑하는 아내에게 갔습니다. 또한 그는 영리한 다른 죄수들이 자신처럼 감옥에서 도망쳐 나올 수 있도록 기도 방석을 감옥에 남겨 두었습니다. 이렇게 해서 자물쇠 장수는 아내를 다시 만나고 간수들과 친구가 되어서 모두 행복하게 살았습니다. 사랑과 기술이 승리를 거둔 것입니다.

이 수피sufi 민담은 우리가 에니어그램을 배우는 것을 상징한다고 할 수 있다. 자물쇠는 우리의 성격 유형이며 기도 방석은 에니어그램이다. 그리고 열쇠는 '작업' 을 의미한다. 아내가 기도 방석을 가져다주기는 했지만, 중요한 사실은 자물쇠 장수가 간수들을 위해 유용한 것을 만들어 냈다는 점이다. 그는 아무 대가도 치르지 않고는 혼자서 도망쳐 나올 수가 없었던 것이다. 더욱 중요한 사실은 그가 자유로워지고자 기도를 했다는 점이다. 처음엔 그가 방석의 패턴을 보고도 이해하지 못했지만 자유로워질 수 있는 수단은 바로 그의 코앞에 있었다. 그리고 어느 날 그는 깨어나서 방석의 패턴을 알아보고 도망칠 방법을 찾아냈다.

이 이야기의 교훈은 '우리 모두는 감옥에 구속되어 있다' 는 것이다. 우리는 그 감옥에서 우리를 도망치게 해 줄 수 있는 자물쇠의 패턴을 '읽어 내서' 깨어나야 한다.

제3장

본질과 성격

Essence and Personality

순수의식은 손가락으로 가리킬 수 있는 물리적인 실체가 아니라 진정한 자아다.

키케로 Cicero

에니어그램이 우리에게 전해 주는 핵심적인 진리는 우리가 우리의 성격 이상의 존재라는 것이다. 우리의 성격 패턴은 우리에게 익숙한, 조건적인 부분들에 지나지 않으며 우리는 그보다 훨씬 더 많은 잠재력을 가지고 있다. 아직은 많은 부분이 드러나지 않은 채로 있지만, 우리들 각자는 인간 성격의 한계를 넘어서는, 크고 무한한 존재이다. 이것이 바로 우리의 본질이다. 영적인 언어로 말하자면 우리는 각자의 내면에 신성의 불꽃을 가지고 있다. 단지 자신의 성격 안에 잠들어 있기 때문에 그 바탕이 되는 진실을 잊고 있을 뿐이다. 우리는 자신의 신성을 경험하지 않으며 다른 사람들 또한 신성한 존재로 경험하지 않는다. 우리는 자기 만족을 위한 수단으로 사람들을 대하기 때문에 때로는 냉소적이고 비판적이 된다.

순수의식의 개발은 놀라움, 기쁨, 아름다움, 어려움, 심지어 위험이 가득 차 있는 낯선 땅을 탐험하는 길고도 어려운 여행이다.

로베르토 아사지오리 Roberto Assagioli

우리들 대부분은 성격이 무엇인지는 알고 있지만 본질에 대해서는 생각해 보지 않았을 것이다. 우리가 본질(Essence)에 대해 이야기할 때 그것은 말 그대로 가장 근본이 되는 우리 자신, 본질적인 자아, 우리 안에 있는 존재(Being)의 근본을 의미한다. 다른 의미로는 '순수의식(Spirit)' 이라고도 할 수 있다.

본질 또는 순수의식을 '영혼(soul)' 과 구별하는 것 또한 중요하다. 우리 존재의 근본은 순수의식이지만, 그것은 우리가 '영혼' 이라고 부르는 역동적인 형태를 취한다. 우리의 성격은 영혼의 특정한 면이다. 우리의 영혼은 본질, 순수의식으로 '구성되어' 있다. 만약 순수의식이 물이라면 영혼은 특정한 강이나 호수이고, 성격은 그 표면의 물결이나 강 안에 있는 얼음 덩어리라고 할 수 있다.

우리는 순수의식이 성격에 지배당하고 있기 때문에 평소에는 우리의 본질과 그 본질의 많은 면을 경험하지 못한다. 그러나 순수의식이 성격에 지배당하지 않는 방법을 배우면, 본질은 투명해지기 때문에 좀 더 직접적으로 본질을 경험할 수 있다. 우리는 여전히 세상 안에서 살아가지만 신성의 연결에 대한 우리의 깨달음은 점점 더 자라날 것이다. 우리는 자신이 신성의 부분이며 그것은 우리 안에서 끊임없이, 그리고 기적과도 같이 펼쳐진다는 것을 알게 된다.

에니어그램은 진정한 자신에 대한 깊은 진실을 보지 못하도록 우리를 가로막고 있는 것이 무엇인지를 이해하도록 해준다. 에니어그램은 우리의 심리적이고 영적인 껍질의 내부에 대하여 놀라운 통찰을 제공함으로써 이 과정을 도와 준다. 또한 에니어그램은 우리가 나아가야 할 방향을 제시해 준다. 에니어그램은 우리 자신이 누구인가를 밝혀 주는 게 아니라, 우리가 어떻게 진정한 자신을 제약하고 있는지를 가르쳐 준다. 이것을 기억할 때만 에니어그램은 우리에게 도움이 될 수 있다. 에니어그램은 우리를 상자 안에 집어넣는 것이 아니라 우리가 이미 들어가 있는 상자를 보여 주고 밖으로 나올 수 있는 길을 제시하는 것이다.

성스러운 심리학

에니어그램이 주는 심오한 교훈 중의 하나는 심리학적인 통찰과 영적인 깨달음이 결코 분리된 게 아니라는 것이다. 심리학은 영성 없이는 진정으로 우리를 자유롭게 하거나 자신에 대한 더욱 깊은 진실로 우리를 인도하지 못한다. 또한 영성은 심리학 없이는 우리를 과장, 망상, 현실을 회피하려는 시도로 이끌 수 있다. 에니어그램은 건조한 심리학도, 애매모호한 신비주의도 아니다. 이것은 심오한 영성으로 들어가는 문으로서 심리학의 명확성과 통찰을 사용하는 자기 변혁의 도구다. 에니어그램은 '심리학과 영성 사이의 다리' 라고 말할 수 있다.

이 성스러운 심리학의 핵심은 우리의 기본적인 성격 유형이 진정한 자신과 신성을 잃어버리게 된 심리학적 메커니즘, 즉 우리가 어떻게 신성을 저버렸는지를 드러내서 보여 준다. 우리는 어려움에 처할 때마다 생존을 위한 특정 전략, 자아상, 이전의 상황에서 문제를 해결했던 행동의 제한된 레퍼토리를 무의식적으로 익혀 왔다. 그래서 우리들은 저마다 특정한 행동 방식의 '전문가' 가 되었다. 그러나 이것이 지나치게 사용되면 우리 성격의 장애 요인이 된다.

인간은 스스로가 행복할 수 없는 조건을 만들어 놓았을 때조차도 행복해지기를 희망한다.

성 아우구스틴 St. Augustine

성격의 방어와 전략이 더 구체적인 형태를 갖춰 갈수록 우리는 본질과의 연결을 잃어버리게 된다. 성격 유형은 우리 존재와의 접촉이라기보다는 자아 정체성의 근원이다. 우리가 자신에 대해 갖는 상은 진정한 자아가 표현된 게 아니라 내면의 이미지, 기억, 학습된 행동에 기초를 두게 된다. 우리는 본질과의 연결을 잃어버림으로써 깊은 불안을 갖게 된다. 그것이 아홉 가지의 열정으로 나타난다. 아홉 가지의 열정은 대개 무의식적이어서 우리에게는 잘 보이지 않는데, 일단 내면에 자리 잡게 되면 성격으로 굳어지게 된다.

우리는 우리의 성격 유형과 그 역동성을 이해함으로써 무의식에, 상처에, 종국에는 치유와 변화에 다가가게 된다. 에니어그램은 우리의 인성이 어디에 가장 '걸려' 있는지를 보여 준다. 이것은 우리에게 무엇이 가능하며 우리의 낡은 반응 양식과 행동들이 어떻게 자신을 패배시키는지를 보여 준다. 이것은 왜, 언제 우리가 자신의 성향을 자기 것으로 만들었는지를 말해 준다. 우리는 아름다운 정원이 있는 저택을 부여받았는데도 지하실의 작은 창고 속에 자신을 가둬 놓는다. 우리들 대부분은 그 큰 저택이 있는지조차 모른다. 혹은 자신이 그 집의 주인인 것도 모르고 있다.

많은 영적인 스승들이 역사를 통해 이야기해 온 것처럼 우리는 자신 속에, 자신의 삶 속에 잠들어 있다. 우리는 대부분의 시간을 자기 자신만의 생각과 불안과 걱정에 사로잡혀 있다. 우리가 자기 자신에게 정직하기란 그리 쉽지 않다. 그러나 자신에 대해 탐구하기 시작할 때, 우리는 자신의 주의가 성향에 의해 묶여 있으며 대부분의 시간 동안 잠을 자고 있었다는 것을 알게 된다. 이러한 관점은 일반적인 생각과는 상반되는 것이며 어떤 사람에게는 이 말이 모욕적일 수도 있다.

신경증은 자아와 관련된 문제이다. 이것은 이상적인 자아 때문에 진정한 자아를 버리는 과정이다. 즉 우리에게 주어진 잠재력을 실현하지 않고 거짓된 자아를 좇을 때 신경증이 생긴다.

카렌 호르니 Karen Horney

하지만 우리의 성격이 나쁜 것만은 아니다. 성격은 우리가 자신을 발전시켜 나가는 데 중요한 부분이며 자신의 본질을 되찾는 데도 필수적이다. 문제는 우리가 자신의 성격에 붙잡혀서 어떻게 다음 단계로 나아가야 할지 모르고 있다는 것이다. 이것은 우리가 태어날 때부터 갖고 있는 어떤 성격적인 문제 때문에 생기는 것이 아니다. 우리는 인격이 형성되는 시기에 자신의 성격 너머에 뭔가 있다는 것을 인식하지 못했고, 거기에서 인성의 발달이 멈추었기 때문에 이런 문제가 생겨나는 것이다. 우리의 부모와 교사들은 우리의 성품에 대해 막연하게 알고 있었을지 모르지만 그것을 확실히 인식하지는 못했다.

그래서 에니어그램이 제공해 줄 수 있는 가장 중요한 통찰은 우리가 우리의 성격은 아니라는 깨달음이다. 우리는 이 말을 이해하기 위해서 자신에 대한 인식이 변화되는 경험을 해야 한다. 자신이 자신의 성격이 아니라는 것을 이해할 때 비로소 우리는 스스로가 성격을 '가지고' 있으며, 그 성격을 통해서 우리 자신을 표현하는 영적인 존재임을 깨닫게 된다. 우리가 스스로를 성격과 동일시하기를 멈추고 자신의 성격을 방어하기를 멈출 때 기적이 일어난다. 우리의 본질이 자연스럽게 드러나서 우리를 바꾸는 것이다.

가장 큰 행복은 불행의 근원을 아는 것이다.

도스토예프스키 Dostoyevsky

성격은 사라지지 않는다

에니어그램은 우리가 성격을 잃어버리도록 하는 게 목적이 아니다. 성격을 잃어버리면 자신의 정체성을 잃게 되고, 그럼으로써 무기력하고 무능해진다. 진리는 그것과는 정반대다. 우리가 자신의 본질을 접할 때 성격은 좀 더 투명해지고 유연해지며 우리의 삶을 지배하는 것이 아니라 도와주는 것이 된다. 성격의 발현은 중요한 것을 놓치게 하며 실수를 하게 만들고 온갖 문제를 일으키지만, 본질과 접하게 됨으로써 자신의 가장 높은 면을 경험하게 한다. 예를 들어 우리가 여행에 대해 특별한 불안을 갖고 있다면 불필요한 물건을 가방에 넣고 중요한 것은 빠뜨리게 되는 것과 같다. 일상이 주는 부담감에서 벗어나 편안하게 긴장을 푸는 법을 배우면 삶이 훨씬 더 쉬워진다.

우리가 자신을 성격과 동일시하지 않는다면, 성격은 우리 전체의 한 작은 부분이 된다. 성격 아래에 있는 진정한 우리의 존재가 발현됨으로써 성격에 끌려 다니기보다는 성격을 삶의 유용한 도구로 부릴 수 있게 되는 것이다. 우리가 본질과 하나가 된다고 해서 정체성을 잃어버리는 것이 아니며 오히려 정체성을 발견하게 된다.

인간은 깨어날 때마다 자신이 항상 깨어 있었다는 잘못된 생각에서 깨어나게 된다. 그리고 자신의 생각, 감정, 행동의 진정한 주인이 된다.

헨리 트라콜 Henry Tracol

그러나 단지 몇 차례의 경험으로 자신을 성격과 동일시하는 것에서 벗어날 수는 없다. 우리가 확장된 의식 안에서 살게 될 때까지 그러한 경험은 계속 일어난다. 이러한 경험이 축적되면서 우리 정체성이 점점 더 열려서 본질을 더 많이 끌어안게 되는 것이다. 깊은 경험을 할 수 있는 능력이 점점 더 개발되며 신성과 더 많이 만날 수 있게 된다.

아홉 가지 유형의 두려움과 욕망

성격의 메커니즘은 각 유형의 기본적인 두려움에 의해 움직인다. 기본적인 두려움은 어린 시절에 본질과의 연결을 잃어버렸기 때문에 생겨난다.

우리는 성숙한 어른이 되기 위해서 충족되어야 할 기본적인 필요를 가지고 이 세상에 태어난다. 그러나 가장 좋은 환경에서조차도 우리의 부모들은 우리가 성숙하는 데에 필요한 조건들을 완벽하게 충족시켜 주지 못한다. 부모들이 아무리 좋은 의도를 가졌다고 하더라도 우리의 필요를 충족시키는 데는 어려움이 있다. 우리는 아기 때 부모에게 광범위한 감정의 상태를 표현하려고 한다. 그런데 부모 자신의 내면에 어떤 성품의 자연스러운 흐름이 막혀 있다면, 아기에게 그 성품이 나타날 때마다 불안하고 불편하게 느낄 것이다. 이것이 우리 아기들을 불안하고 불행하게 만든다.

우리가 회피하고 무시하고 도망치고 싶어 하는 것이 바로 우리를 진정으로 성장시켜 주는 것이다.

앤드류 허비 Andrew Harvoy

모든 사람은 죽기 전에 자신이 왜, 어디서, 어디로 가고 있는지 알기 위해 노력해야 한다.

제임스 서버 James Thurber

각 유형이 어린 시절에 받는 메시지

우리는 모두 어린 시절에 부모로부터(혹은 중요한 다른 사람으로부터) 무의식적인 메시지를 받는다. 이 메시지는 성장했을 때 우리의 정체성에 막대한 영향을 미친다. 아주 성숙한 인격을 가진 부모를 만나지 않는 한 우리 영혼의 거대한 가능성의 문은 닫혀 버린다.
다음의 메시지가 그것이다. 당신에게 특별히 영향을 많이 준 메시지는 무엇인가?

1	실수를 하는 것은 옳지 않다.
2	자신의 필요를 충족시키는 것은 옳지 않다.
3	자신의 감정과 정체성을 가지는 것은 옳지 않다.
4	너무 현실적이거나 행복한 것은 옳지 않다.
5	세상에서 편안한 것은 옳지 않다.
6	나 자신을 신뢰하는 것은 옳지 않다.
7	다른 사람에게 의존하는 것은 옳지 않다.
8	약해지거나 다른 사람을 신뢰하는 것은 옳지 않다.
9	나 자신의 의견을 주장하는 것은 옳지 않다.

예를 들어 아기가 쾌활함과 기쁨을 표현하는 데 어머니가 우울하다면 아기의 기쁨이 그녀에게는 불편하게 느껴질 것이다. 그래서 아기는 어머니를 불편하게 하지 않기 위해서 자신의 기쁨을 억압할 것이다. 이러한 반응은 어머니가 '나빠서'가 아니라, 자신에게 없는 기질이 아이에게 나타나도록 허용할 수 없기 때문이다. 이러한 행동과 태도의 제한은 아이의 영혼에 심리적인 배경으로 각인되어서 앞으로의 삶 전체와 모든 인간관계에 영향을 미친다.

이렇게 필요가 충족되지 못하고 그 흐름이 막히게 됨으로써 아주 어릴 때부터 자신 안에 어떤 중요한 요소가 결핍되어 있다고 느끼게 된다. 이 느낌은 깊은 불안을 만들어 낸다. 그 불안에 어떻게 반응할지를 결정하는 것은 우리의 선천적인 기질이라고 생각된다. 그러나 후에 어떤 성격 유형을 갖게 되면 우리는 자신에게 뭔가 근본적인 문제가 있다는 결론에 도달하게 된다. 그것을 말로 표현할 수는 없지만, 우리는 강한 무의식적인 불안을 느끼게 된다. 그것이 바로 기본적인 두려움이다.

우리는 욕망에 따라서 상황을 바꾸지는 못한다. 하지만 욕망이 점차적으로 바뀔 것이다.

프로스트 Prost

기본적인 두려움은 누구에게나 있지만 각각의 성격 유형은 그 자신만의 기본적인 두려움을 갖고 있다(물론 좀 더 깊이 살펴보면 각각의 기본적인 두려움 역시 죽음에 대한 공통적인 두려움의 반영이다). 자신의 성격 유형이 갖는 기본적인 두려움은, 다른 성격의 기본적인 두려움보다는 훨씬 더 많이 자기 행동을 자극하는 요인이 된다. 하지만 우리 모두는 아홉 가지 성격 유형의 기본적인 두려움 모두가 우리 안에 있다는 사실까지 인식하게 될 것이다.

기본적인 두려움을 보상하기 위해서 기본적인 욕망이 생긴다. 기본적인 욕망은 우리가 삶을 영위하기 위해서 기본적인 두려움에 대항하여 스스로를 방어하는 방식이다. 기본적인 욕망은 우리가 안전하다고 믿도록 만들어 주는 것이다. 이것은 자신에게 "내가 어떠어떠한(사랑, 안전, 평화 등)을 갖고 있다면 모든 것이 좋을 거야"라고 말하고 있다. 우리는 기본적인 욕망을 '에고에게 중요한 사안(ego agenda)'이라고도 부른다. 이것은 우리에게 에고가 항상 추구하는 것이 무엇인지를 말해 준다.

기본적인 욕망은 모든 인간이 당연하게 갖고 있는 욕구를 나타낸다. 그러나 각 유형은 그 유형이 갖고 있는 기본적인 욕망을 이상화하고 그것만을 추구하기 때문에 당연하게 가져야할 다른 인간적인 욕구는 무시하기 시작한다. 그러나 중요한 건 우리의 기본적인 욕망에게는 아무 잘못이 없다는 사실이다. 문제는 우리가 자신을 패배시키는 잘못된 방식으로 기본적인 욕망을 충족시키려 한다는 데 있다.

예를 들어 6번 유형의 기본적인 욕망은 안전함을 찾는 것이다. 그래서 자기 삶의 모든 게 파괴될 때까지 안전을 추구한다. 그러나 아이러니컬한 사실은 자신의 안전까지도 파괴될 때까지 안전을 추구한다는 점이다. 모든 성격 유형들은 기본적인 욕망을 과도하게, 잘못된 방식으로 추구함으로써 자신을 파괴시킬 수 있다. 그것이 우리에게 원하는 결과를 가져다주지 않더라도 우리는 똑같은 전략을 이용해서 똑같은 것을 좇는다.

각 유형이 갖는 기본적인 두려움

1	사악하고 부도덕하고 결함이 있는 것에 대한 두려움
2	사랑받을 가치가 없는 것에 대한 두려움
3	가치 없는 것, 혹은 타고난 재능이 없는 것에 대한 두려움
4	정체성이 없는 것, 혹은 자신이 중요한 존재가 아닌 것에 대한 두려움
5	쓸모없고 무능하게 되는 것에 대한 두려움
6	도움이나 안내를 받지 못하는 것에 대한 두려움
7	자신이 가진 것을 박탈당하거나 고통에 빠지는 것에 대한 두려움
8	다른 사람에게 해를 당하거나 통제당하는 것에 대한 두려움
9	연결을 잃는 것, 자기 혼자 떨어져 나가는 것에 대한 두려움

또한 성격은 기본적인 욕망이 충족되었다고 여겨질 때까지 자신의 통제를 포기하지 않을 것이다. 우리의 기본적인 욕망은 우리가 의식하지 못하는 사이에 본질로 가는 길을 막아 버린다. 예를 들어 6번 유형의 사람들은 세상이 완전히 안전하다고 느껴지기 전에는 긴장을 풀고 현재에 머물러 있지 못할 것이다. 또한 1번 유형의 사람들은 세상의 모든 것이 완벽해지기 전까지는 긴장을 풀고 현재를 즐기지 못할 것이다. 물론 그들이 원하는 상태는 결코 오지 않는다.

기본적인 두려움과 욕망을 이해할 때 우리는 인간의 본성은 두려움과 욕망에 지배를 받는다는 고대의 가르침의 의미를 깨닫게 된다. 우리의 전체 성격은 기본적인 두려움으로부터의 도피와 기본적인 욕망에 대한 끊임없는 추구로 이루어져 있다고도 말할 수 있다. 우리의 성격은 이러한 욕망과 저항의 역동성에서 나왔으며 이것이 자아상의 기초가 된다.

각 유형이 갖는 근본적인 욕망과 욕망의 왜곡	
1	완전하고자 하는 욕망 → 비판적인 완벽주의로 왜곡
2	사랑받고자 하는 욕망 → 필요한 사람이 되고자 하는 욕구로 왜곡
3	가치 있게 여겨지고자 하는 욕망 → 성공을 좇는 것으로 왜곡
4	자기 정체성을 찾고자 하는 욕망 → 자기몰입으로 왜곡
5	유능해지고자 하는 욕망 → 쓸모없는 전문화로 왜곡
6	안전하고자 하는 욕망 → 확신에 대한 집착으로 왜곡
7	행복하고자 하는 욕망 → 광적인 도피로 왜곡
8	자신을 보호하고자 하는 욕망 → 끊임없는 싸움으로 왜곡
9	평화에 대한 욕망 → 고집스러운 태만으로 왜곡

성격에 의해 억제된 본질

심리학은 우리가 어린 시절 발달에 필요한 조건들이 얼마나 잘 충족되었느냐가 이후 성장했을 때 우리가 사회에 얼마나 잘 통합되고 사회에서 자신의 역할을 잘 해 나갈 수 있는 어른이 되는지를 결정한다고 말한다. 충족되지 않은 욕구는 우리의 본질적인 정체성을 경험하는 능력을 방해하는 '공백'이 된다. 영적인 가르침은, 발달에 방해가 되는 이 공백을 메우기 위해서 성격이 형성된다고 말한다. 우리의 성격은 부러진 팔이나 다리를 보호하기 위한 깁스 같은 것이다. 원래 부상이 클수록 깁스도 더 단단하다. 물론 상처를 치유하고 다시 완전한 기능을 되찾는 데는 깁스가 필요하다. 그러나 우리가 깁스를 제거하지 않는다면 팔이나 다리를 사용할 때 크게 제한받을 것이며 더 성장하는 것은 불가능하다. 우리 중에는 어린 시절 자신의 욕구를 숨기거나 더 상처받지 않기 위해서 자신을 닫아 버리고 스스로 보호하려고 하는 경험을 해 보지 않은 사람은 아무도 없을 것이다.

성격은 일종의 깁스처럼 우리에게 아주 유용한 도구다. 상처는 그 크기만큼 우리 영혼을 강하게 만들기 때문이다. 우리의 가장 약한 부분이 가장 강해지는 것이다. 성격은 심리적으로 우리가 생존할 수 있게 도와 줄 뿐만 아니라 우리가 어떤 부분에서 가장 많이 변화해야 할지를 말해 준다.

그러나 우리 성격의 대부분은 조건화된 반응, 두려움, 신념들의 집합체에 지나지 않으며 우리의 진정한 자아가 아니다. 자신을 자신의 성격과 동일시함으로써 우리는 깊은 곳에서 스스로를 저버리게 된다. 자신의 정체성을 경험함으로써 본질에서 우리가 발달시켜야 하는 방어의 껍질로 변화할 수 있다. 우리는 "나의 성격이 나다"라고 믿는 한 자신의 성격과 동일화된 상태에 머물러 있을 수밖에 없다. 우리가 변화에 저항하는 원인 중 하나는 자신의 본질로 돌아가는 순간 항상 스스로를 저버렸을 때의 고통이 다시 오기 때문이다. "나는 진정한 나 자신이 되기를 원하며, 나는 진실 안에서 살기를 원한다"라고 기꺼이 말할 때 자신의 본질을 회복시키는 과정이 시작된다.

이러한 이유 때문에 우리는 이 책을 읽어 나가는 동안 전에는 알지 못했던 자신에 대한 진실을 발견하기도 하고 오래 된 상처와 두려움, 분노를 다시 경험하기도 할 것이다. 이것은 자신에 대한 사랑을 키워야 할 이유이기도 하다. 우리는 가치 있는 존재다. 그래서 진정한 자신을 알기 위해 기꺼이 노력을 기울여야 한다. 우리는 스스로를 사랑해야 한다. 우울

각 유형이 상실한 '어린 시절의 메시지'

우리는 어린 시절에 다양한 메시지를 듣는다. 거기에는 우리를 제약하는 메시지도 있지만 꼭 들어야 하는 메시지도 있다. 우리는 최소한 이것들 중 몇 개는 들었지만 모두 듣지는 못했을 것이다. 잃어버린 메시지, 들어 보지 못한 메시지(누군가 그것을 말했더라도)는 아이의 삶에 중요한 문제가 되고 기본적인 두려움의 핵심이 된다. 그래서 성인이 되면 자신이 충분히 듣지 못한 '잃어버린 메시지'를 다른 사람들로부터 듣기 위하여 자신이 할 수 있는 것은 무엇이든 하려고 한다.

다음의 잃어버린 메시지를 읽고 그것이 당신에게 미치는 영향을 관찰하라. 당신에게 가장 필요한 메시지는 무엇인가? 그것을 들을 필요가 있다는 것을 인정하는 게 지금 당신에게 어떤 영향을 미치는가?

1	"너는 좋은 사람이다."
2	"너는 필요한 사람이다."
3	"너는 있는 그대로의 모습으로 사랑받는다."
4	"너는 있는 그대로의 모습으로 받아들여진다."
5	"너의 욕구는 문제가 아니다."
6	"너는 안전하다."
7	"너는 보살핌을 받을 것이다."
8	"너는 배신당하지 않을 것이다."
9	"너의 존재는 중요하다."

하거나 불안하다고 해서 자신을 버리지 말아야 한다. 자신의 진정한 모습을 알고자 할 때, 그리고 스스로 치유되도록 허용할 때 우리의 진정한 자아가 나타난다. 그 결과는 이미 보장된 것이다. 우리가 해야 할 일은 기꺼이 스스로를 드러내려는 노력이다.

본질은 소멸하거나 손상되지 않는다

과거가 어떻든지, 아주 끔찍한 어린 시절의 경험도 우리의 본질을 파괴하거나 손상시킬 수는 없다고 우리는 믿고 있다. 우리의 성격이 본질을 억압하고 가린다고 해도 본질은 손상되지 않는 순수한 상태로 남아 있다. 아주 불건강한 가정에서 자랐다면 성격 구조가 심하게 왜곡되어 그 상태가 굳어 있을 것이다. 좀 더 건강한 가정에서 자랐다면 성격 구조는 좀 더 유연할 것이다.

당신이 아주 불건강한 가정에서 자랐다고 해도 우리 안에 있는 본질적인 자아는 완전히 손상 받지 않은 채로 남아 있으며 항상 그 자신을 드러낼 방법을 찾고 있다는 것을 기억해야 한다. 이것을 발달시키는 과정에서 처음에는 많은 시간과 노력을 들여야 할 것이다. 그러나 본질의 핵심은 항상 거기에서 우리를 지지하고 있다. 다시 말하면 어린 시절의 경험이 아무리 고통스럽다고 해도 우리의 본질은 해를 입지 않는다. 우리의 본질은 스스로를 드러낼 기회를 기다리고 있다. 또한 우리도 자기 자신이 되기 위한 기회를 기다리고 있다. 우리의 영혼은 성격으로부터 도망쳐서 자신을 표현하고 삶으로 돌아와서 자신의 잠재력을 완전히 펼쳐 보이고 싶어 한다.

아이러니컬하게도 우리는 우리 안의 진실 속으로 들어가는 것을 두려워하고 저항한다. 우리가 그 과정을 신뢰하고 두려움에서 벗어날 때 진정한 본성이 자신을 드러낸다. 그 결과는 사랑, 창조, 이해, 기쁨, 힘, 고결, 평화, 믿음이다. 그리고 이 모든 자질은 우리가 우리의 성격에게 제공해 달라고 요구했던 것들이다.

제4장

알아차리기

Cultivating Awareness

우리가 어떻게 하면 자신의 진정한 본성, 우리 안에 있는 신성의 불꽃과 접할 수 있을까? 우리가 어떻게 하면 동일시라는 방어의 껍질을 벗어 버리고 우리의 본질이 우리를 안내하고 지원해 준다는 것을 신뢰할 수 있을까? 우리가 어떻게 하면 그것을 특별한 워크숍에서나 평화로운 산 속에서가 아니라 일상의 삶에서 이룰 수 있을까? 어떻게 하면 진실이 무엇인지를 지적으로 이해하는 데서 벗어나 한순간 한순간 진실 안에서 살 수 있을까? 어떻게 하면 삶 속에서 배울 수 있을까?

에니어그램은 우리가 자신의 성격이라는 제한된 메커니즘에서 벗어나 자신이 누구인지를 깊이 체험할 수 있도록 도와준다. 그러나 이것이 자동적으로 일어나지는 않는다. 성격 유형을 깊이 있고 명확하게 이해하는 것이 전제 조건이기는 하지만 정보 자체가 우리를 자유롭게 하지는 않는다. 그것만으로는 우리의 삶이 바뀌지 않을 것이다. 그렇다면 우리는 어떻게 해야 하는가?

행동을 통해 자신을 알아차리기

세계 곳곳에서 일어나는 성스러운 가르침들은 공통적으로 우리가 자신의 변화를 지켜 볼 것을 강조한다. 방심하지 않고 자신을 지켜보는 것, 자기 자신과 자신의 행동을 주의 깊게 살펴보는 것이 필요하다. 영혼의 지도를 잘 사용하기를 원한다면 판단이나 변명을 덧붙이지 말고 삶에 매순간 깨어 있는 것을 배우고 의식을 성장시켜야 한다. 우리는 매순간 자신의 성격이 어떻게 드러나는지를 보면서 '행동 속에서 자신을 알아차리기'를 배워야 한다. 지금 자신이 무엇을 하고 있는지를 알아차리고 자신의 현재 상태를 온전히, 그리고 편견 없이 경험할 수 있을 때 오래 된 패턴이 사라지기 시작할 것이다.

우리를 변화시키는 작업에서 의식은 아주 중요하다. 우리가 자신의 성격이 드러나는 양상을 바라볼 때 성격에서 비롯된 습관을 가장 완벽하게 놓아 버릴 수 있다. 과거의 행동을 분석하는 것도 도움이 된다. 그러나 그것은 현재에서 자신을 관찰하는 것만큼 강력하지는 않다. 예를 들어 우리가 왜 배우자와 말다툼을 했는지, 왜 동료에게 화가 났는지 이해하는 것은 중요하다.

그러나 말다툼을 하거나 화가 난 순간 '행동 속에서 자신을 알아차린다면' 놀라운 일이 일어날 것이다. 우리는 그것을 의식하는 순간 자신이 진정으로 그렇게 행동하는 것을 원치 않는다는 사실을 깨닫게 된다. 또한 우리는 그 상황에 대한 깊은 진실을 보게 될 것이다. 예를 들어 우리가 그렇게 열심히 주장하는 '중요한 사실'이 단지 자신을 정당화하거나 상대방을 공격하기 위한 시도였음을 알게 되는 것이다. 혹은 즐기기 위해서 한 '재치 있는 농담'이 슬픔이나 외로움을 피하기 위한 시도였을 수도 있다.

이러한 느낌에 머물러 있을 수 있다면 우리의 의식은 계속 확장될 것이다. 처음에는 우리를 당황하게 하고 어색하게 할 것이다. 이러한 느낌에서 벗어나고 싶다는 충동을 느낄지도 모른다. 그러나 우리가 이러한 불편함에 머물러 있을 수만 있다면 뭔가 다른, 좀 더 실제적이고 섬세하고, 강한 느낌이 다가오는 것을 느끼게 된다. 그래서 우리 자신과 주변 환경을 더 잘 이해하게 되는 것이다. 그 뭔가 '다른' 느낌은 강하고 참을성 있고 현명하고 가치 있으며 어떤 것에도 굴복하지 않는다. 그것은 우리의 이름을 넘어서 있으며 성격에 영향 받지 않는 우리의 본성, 진정한 '자아'다.

깨어나기

의식은 우리의 삶을 바꿀 뿐 아니라 우리의 삶을 구원한다. 여러 해 전 심한 폭풍이 불던 밤에 주州를 연결하는 고속도로의 다리가 붕괴되었다. 이것을 모르고 달려오는 운전자들에게는 아주 위험한 상황이 아닐 수 없었다.

한 기민한 운전자가 강 아래로 곤두박질치게 될 찰나 몇 미터 앞에서 차를 멈추었다. 그는 생명의 위협을 무릅쓴 채 뒤에 달려오는 다른 운전자들에게 위험한 상황을 알리기 위해 필사적인 노력을 기울였다. 한순간 다섯 명의 젊은이들이 탄 차가 달려왔다. 그들은 그 남자가 자신의 차에 문제가 생겨서 도움을 청하기 위해 자신들을 세우려 한다고 생각했다. 그들은 남자를 비웃고는 한층 속도를 내어 달려 나갔다. 몇 초 후 그들은 모두 강 아래로 떨어져서 죽고 말았다.

우리의 관점에서 본다면 그들의 성격이 그들 모두를 죽였다고 말할 수 있다. 오만함과 무례함, 적대감, 허세, 남의 말을 들으려 하지 않음, 사랑의 부족 때문에 운전자는 차를 멈추지 않은 것이다. 결정적인 순간에 나타난 그들의 습관, 혹은 어떤 성격 특성이 비극적인 결과를 가져온 것이다. 자신의 삶을 어떤 성격의 메커니즘에 맡겨 놓는지, 언제 그렇게 하며, 그것이 우리를 어떤 위험에 빠지게 하는지를 깊이 살펴볼 때 우리의 의식은 크게 성장할 수 있다. 우리는 대부분의 경우 삶의 중요한 결정 앞에서 세 살 난 아이처럼 행동한다. 자기 성격의 메커니즘을 이해하고 나면 우리는 그 성격대로 행동할 것인지 그렇지 않을 것인지를 결정할 수 있다. 자신의 성격을 모른다면 그런 결정을 내릴 수가 없다. 우리가 자신을 5번 유형, 2번 유형, 혹은 8번 유형의 성격으로 본다면 '자신의 성격' 대로 행동하지 않아도 되는 기회가 생긴다.

구르지예프와 다른 영적 스승들은 평상시의 우리 의식 상태가 일종의 '잠' 이라고 주장했다. 이 말이 이상하게 들릴지 모르지만 우리가 다다를 수 있는 의식 수준의 영역과 관련지어 생각해 보면 평상시의 우리 의식은 현실을 직접적으로 경험하는 수준과는 거리가 멀다. 이것은 잠자는 의식이 깨어 있는 의식과는 거리가 먼 것과도 같다. 하지만 잠을 자고 있을 때는 꿈이 우리의 생생한 현실이다. 깨어나서야 비로소 우리는 꿈을 꾸고 있었다는 것을 깨닫게 된다.

성경에는 아담이 깊이 잠든 이야기가 나온다. 그런데 그가 깨어난 것에 대한 이야기는 어디에도 없다.

〈기적 수업 A Course in Miracles〉 중에서

자신의 성격에 묶여 있는 상태에서 깨어나는 것도 이것과 흡사하다. 우리는 "이것이 도대체 무슨 일이지? 바로 전에 나는 어디에 있었던 거지?" 라고 말하며 자신을 찬찬히 관찰하게 된다. 이전의 상태에서는 자신의 의식이 잠들어 있었다는 것조차 모르다가 깨어나서는 비로소 그것을 깨닫고 깜짝 놀라게 되는 것이다. 누군가 우리에게 와서 완전히 깨어 있느냐고 묻는다면 물론 그렇다고 대답하겠지만, 새로운 관점에서 보면 우리가 깨어 있지 않았다는 것을 알게 된다. 우리는 삶의 전부를 '잠' 속에서 보내 왔음을 깨닫게 된다.

의식적으로 바라보기

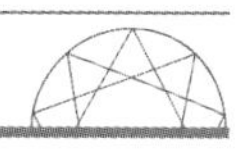

당신이 지금 있는 방을 둘러보라. 이전에 알아차리지 못했던 것은 무엇인가? 당신이 전에 방에서 보지 못했던 것은 무엇인가? 잘 살펴보라. 방 안에 있는 것에 대해 당연히 모두 알고 있다고 생각하지 말라. 방을 바라보면서 자신의 몸을 느낄 수 있는가? 바라보면서 당신의 자세를 느낄 수 있는가? 이렇게 하는 동안 당신은 현재 자신에 대해 느끼는 것과 평상시 자신에 대해 경험했던 것 사이에 차이가 있음을 알아차리고 있는가?

의식이란 무엇인가

우리는 의식(Awareness)이라는 단어를 많이 사용한다. 이것은 심리적인 성장과 영적 성장을 위한 여러 기법에서 아주 중요하게 사용되는 용어다. 그러나 이 말에 대해 적절한 정의를 내리기는 어렵다. 무엇이 의식인지를 정의하기보다는 무엇이 의식이 아닌지를 정의하는 게 더 쉬울 것이다. 예를 들어 우리는 의식이 생각이나 느낌, 움직임, 직관, 본능은 아니라고 말할 수 있다. 그러나 의식은 이것들 중 하나, 혹은 모두를 포함할 수 있다. 가장 활발하고 집중된 생각도 의식은 아니다. 우리가 이 장에서 무슨 이야기를 쓸 것인가를 열심히 생각하면 동시에 사고의 과정이 일어나는 것을 알 수 있다. 또 우리는 걸으면서 회의에 대해 생각하고 있다는 것도 알 수 있다. 대개의 경우 우리의 의식은 내면의 말에 완전히 빠져 있기 때문에 우리 자신을 의식으로부터 분리하지 못한다. 그러나 의식이 확장되면 우리는 내면의 말에서 한 걸음 물러나서 우리 자신을 관찰할 수 있다.

우리는 똑같은 방식으로 자신의 감정도 더 잘 알아차릴 수 있다. 우리는 무료함, 짜증, 외로움의 감정에 묶여 있는 우리 자신을 볼 수 있다. 우리가 그런 감정들을 덜 의식할 때 더 많이 감정과 자신을 동일시하게 된다. "나는 좌절당했다. 나는 우울하다"라고 자신에게 말하는 순간 우리는 그것을 일시적인 감정으로 보지 않고, 그 때 자신의 모습이 진정한 자기라고 믿게 된다. 폭풍우가 지나간 후 우리는 그 때 감정이 일시적이었음을 깨닫게 되지만 폭풍우 안에 있을 때는 그 감정이 우리의 전체 현실이 된다. 반면에 우리가 감정을 의식할 때는 그 감정이 일어나는 것과 우리에게 미치는 영향, 그리고 그 감정이 사라지는 것을 명확히 지켜 볼 수 있게 된다.

또한 우리는 자신이 무엇을 하는지, 활동이나 휴식 중에 몸에서는 어떤 느낌이 일어나는지도 더 잘 알아차릴 수 있다. 우리의 몸은 자동적으로 어떤 일을 할 때가 많다. 예를 들어 우리는 자동차를 운전하면서 이야기를 할 수 있다. 우리는 차를 운전할 때 복잡한 조작들을 하면서 동시에 목적지로 잘 가고 있는지 걱정하고 다음에는 무슨 말을 할 것인지 생각할 수도 있다. 이런 일들은 자동적으로 일어나는데 이 일이 일어나는 동안 우리는 전혀 의식하지 않을 수도 있고 충분히 의식할 수도 있으며, 그렇지 않으면 적은 부분만 의식할 수도 있다.

매순간은 우리에게 의식을 확장시킬 수 있는 가능성을 제공한다.

• 우리가 편안하게 이완된 상태에서 의식을 확장시키면 우리의 주의를 끌어당기는 것으로부터 더 자유로워질 수 있다. 백일몽과 환영 속에서 불안해하고 있었다면 자신이 하는 행동에 대해 객관적이고 균형 있는 시각을 가질 수 있을 것이다. 그 결과 우리는 덜 고통 받게 된다.

• 확장된 의식은 우리 안에서 더 많은 좋은 자질들을 불러낸다. 그래서 어떤 문제나 어려움에 부딪히더라도 그것을 감당할 수 있도록 해 준다. 우리는 의식의 확장 속에서 성격의 메커니즘에 의해 습관적으로 반응하지 않고 현명한 해결책을 찾게 된다.

의식의 빛 안에서는 모든 생각, 모든 행동이 신성한 것이 된다.

틱낫한 Thich Nhat Hanh

• 확장된 의식은 다른 사람과 진실한 관계를 맺도록 우리의 마음을 열어준다. 그래서 매순간의 즐거움과 놀라움은 우리의 삶을 풍요롭게 해 준다. 심지어 평상시 우리가 불쾌한 경험이라고 여기던 것도 확장된 의식 안에서 경험한다면 아주 다른 의미를 가지게 된다.

또한 우리가 의식의 메커니즘을 보는 것이 중요하다는 말처럼 우리는 본다(see)는 말을 자주 사용한다. 의식이라는 말과 마찬가지로 이 말도 무슨 의미인지 명확하게 밝혀 둘 필요가 있다. 더 구체적으로 말하면 우리 안에 있는 무엇이 '본다'는 작업을 하는지 이해하는 게 매우 중요하다. 우리 모두는 우리 자신에 대해 판단을 내리거나 우리의 경험을 평가하는 일에 너무 익숙해져 있다. 그래서 우리 성격의 한 부분은 다른 부분을 비판하거나 그것에 대해 판단 내리면서 "나는 나의 이런 부분은 좋아하지 않아" 혹은 "그건 참 잘 한 일이야"라고 말하곤 한다. 이러한 내면의 말들은 에고의 구조를 공허하고 나약하게 만들어서 결국에는 내면의 전쟁을 불러일으킨다. 이것은 우리가 개발하려고 하는 '보는' 능력이 아니다.

'보는 것' 은 단순한 지적 이해가 아니다. 우리의 지성에게도 분명히 역할이 있으며, 우리는 변화의 과정에서 지성이 전혀 필요치 않다고 말하고 싶지는 않다. 그러나 우리 안의 '보는' 부분은 모든 것에 편재해 있으면서도 쉽게 이해될 수 없는 어떤 것이다. 때때로 이것은 내면의 관찰자 혹은 보는 자라고도 불린다. 그것은 살아 있으며, 지금 여기에 있고, 다양한 수준의 경험으로부터 뭔가를 배울 수 있는 우리의 온전한 의식이다.

관찰하라, 그리고 벗어나라

내면으로의 여행을 떠나는 데 있어서 우리가 익혀야 할 가장 중요한 기술 중 하나는 습관과 우리를 구속하고 있는 자신의 성격 메커니즘을 '관찰하고 벗어나는' 능력을 배우는 것이다.

우리가 제시하는 금언은 너무나 단순하다. 그것은 매순간에 일어나는 일을 지켜보면서 자기 자신을 관찰하는 법을 배우라는 것이다. 그 과정을 통하여 발견한 게 무엇이든, 그것이 유쾌하건 불쾌하건 그저 관찰하라. 자신의 안에서 발견한 게 무엇이든 온전히 그것과 함께 있을 수 있다면 우리의 성격이 우리에게 가하는 제약은 이완되기 시작한다. 그래서 우리의 본질은 더욱 온전하게 발현되기 시작한다.

우리의 에고가 믿는 것과는 달리, 우리가 할 일은 자신을 바꾸는 게 아니다. 변화를 방해하는 중요한 장애물 중 하나는 우리가 스스로를 '고칠' 수 있다고 생각하는 것이다. 물론 이렇게 말하면 궁금증이 생길 것이다. 우리는 우리 안의 무엇이 고쳐져야 한다고 여기는가? 우리의 어떤 부분이 다른 부분을 고칠 수 있다고 주장하는가? 어떤 부분이 판사, 배심원, 피고 중에서 피고 역할을 맡는가? 처벌의 도구는 무엇이며, 우리 안의 어떤 부분이 또 다른 어떤 부분을 지배할 것인가?

우리 내면에는 더 나은 사람이 되고, 더 열심히 노력해야 하며, 유용하다고 생각되지 않는 부분들은 평가 절하해야 한다는 어린 시절부터의 믿음이 프로그래밍되어 있다. 우리 문화와 교육은 계속해서 우리에게 어떤 면을 바꾸면 더 성공적이고, 이상적이며, 영적이고, 안전한 삶을 살 수 있다고 말해 왔다. 다시 말해서 우리는 어떤 공식에 따라서 본래의 자기를 변화시켜야 한다고 배웠다. 본래의 자신이 누구인지를 발견하고, 있는 그

우리는 우리 자신을 개선시킬 필요가 없다. 그저 우리의 가슴을 막고 있는 것에서 벗어나기만 하면 된다.

잭 콘필드 Jack Kornfeld

각 유형이 영적으로 도약하기 위해 해야 할 과제

당신의 성격 유형이 어떤 것이든지 '영적인 도약'을 위해서 해야 할 특정한 일들이 있다. 다음에 열거한 것은 각 성격 유형이 갖고 있는 문제점들이다. 그러나 어떤 성격 유형이든 때때로 다음의 문제점들이 나타날 수 있다. 스스로를 성장시키고자 한다면 온전히 마음을 기울여서 다음의 패턴을 깊이 살펴보라.

1	판단 내리기. 자신과 다른 사람을 비난하기
2	다른 사람을 위해서 자신을 포기하기
3	진정한 자신이 아닌 다른 사람이 되려고 노력하기
4	다른 사람과 자신을 비교해서 자신을 비하하기
5	자신의 경험을 지나치게 많이 분석하기
6	자신이 아니라 외부에 의존하기
7	다음 순간에 일어날 일을 예상하고 그곳에 마음이 가 있기
8	자신의 삶을 지나치게 통제하고 무리하게 몰아붙이기
9	자신의 경험에 영향을 받는 것에 저항하기

우리의 오감을 통해서 세상이 나타난다. 우리는 자신의 반응을 통해서 망상을 만들어 낸다. 반응이 없다면 세상은 선명해질 것이다.

붓다

대로의 자신을 받아들여야 한다는 생각은 이제까지 우리가 배워 온 것과는 정반대다.

물론 우리가 자신에게 해가 되는 행동(약물이나 알코올 중독, 파괴적인 관계를 맺는 것, 범죄 같은 것)을 하고 있다면, 자신을 변화시키는 의미 있는 작업을 하기 전에 그런 행동을 그만 두어야 할 것이다. 그러나 우리를 변화시키는 작업은 긴 설교를 늘어놓거나 벌을 주는 게 아니다. 고요한 내면의 의식을 개발함으로써 무엇이 자신에게 해가 되는 행동을 하도록 하는지를 볼 수 있게 되는 것이다. 우리가 자신에게서 없애 버리고 싶은 부분뿐만 아니라 나쁜 습관을 알아차릴 때 아주 놀랍고도 새로운 일이 우리의 삶에 일어난다. 우리가 지금 여기에 머물고 매순간 마음을 여는 법을 배울 때 기적이 일어난다. 가장 놀라운 기적 중 하나는 여러 해 동안 우리에게 달라붙어 있던 버릇을 한순간에 내려놓을 수 있다는 것이다. 우리가 온전하게 현재에 존재할 때 예전의 습관은 없어지고, 우리는 더 이상 이전의 모습이 아닐 수 있다. 의식의 작용을 통해서 가장 오래 되고 가장 깊은 상처의 치유를 경험하는 것은 우리 모두가 신뢰할 수 있는 기적이다. 우리가 영혼의 지도를 따라서 가슴의 가장 깊은 곳에 이른다면 미움은 사랑으로, 거부는 수용으로, 두려움은 놀라움으로 바뀔 것이다.

현명하고 고귀하며, 사랑이 가득하고 너그러우며, 자신과 다른 사람을 존중하고, 창조적이며, 끊임없이 자신을 새롭게 하고, 경이롭고 깊이 있게 세상을 만나며, 용기를 갖고 자신을 신뢰하며, 힘들이지 않고도 즐겁게 일을 성취하고, 강하고 효율적으로 일을 처리하고, 마음의 평화를 누리며, 삶의 신비가 당신의 삶속에 펼쳐지도록 하는 것은 타고난 당신의 권리이며 자연스러운 상태이다.

내면의 관찰자

우리는 현재에 존재해서 자신을 관찰하는 경험을 하게 됨에 따라 우리 의식의 새로운 면, 즉 자신의 경험을 더욱 객관적으로 '바라보는' 심오한 능력이 개발되는 것을 알아차리기 시작한다. 이미 앞에서 언급했듯이 이러한 의식의 자질을 내면의 관찰자라고 부른다. 내면의 관찰자는 아무런 판단도 붙이지 않고 우리의 내면과 우리 주변에서 일어나는 일을 동시에 경험하도록 해 준다.

동일화는 자아 도피의 한 형태다.

크리슈나무르티 Krishnamurti

우리가 변화하기 위해서는 내면의 관찰자가 꼭 필요하다. 이것은 구르지예프가 동일시(identification)라고 부른 심리학적 메커니즘 때문인데, 동일시란 우리 성격이 만들어지고 지속되는 주요한 방법 중의 하나다.

성격은 아이디어, 몸, 욕망, 석양, 어린아이, 노래 등 어떤 것과도 동일시할 수 있다. 우리가 현재의 순간에 완전히 깨어 있지 않다면, 우리는 무엇이든 자신이 주의를 기울이는 것에 동일시를 한다. 예를 들어 우리가 몇 시간 후의 회의에 대해 걱정하며 안달하고 있다면, 우리는 지금 이 순간에 일어나는 일을 경험하는 게 아니라 회의를(그것이 상상 속의 것이라고 할지라도) 경험하고 있는 것이다. 우리가 어떤 감정적인 반응(예를 들면 어떤 사람에게 끌리는 것 같은)에 스스로를 동일시하고 있다면, 우리는 그 감정이 되는 것이다. 만약 질책의 목소리 때문에 배신감을 느낀다면, 우리는 그 목소리와 자신을 분리시킬 수 없다.

우리가 잠시 동안이라도 마음을 고요하게 가라앉혀 본다면 매순간 자

알아차리기 연습

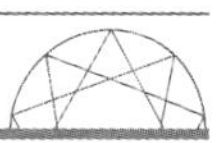

이 연습에는 시계가 필요하다. 가능하다면 녹음기가 있으면 좋다. 편안하게 앉아서 방 안을 둘러볼 수 있는 곳을 찾아라. 가능하다면 약 5분 동안 자신의 주의가 쏠리는 것에 이름을 붙이며 주의를 기울여 보라. 예를 들어 "나는 빛이 벽에 부딪히는 것을 알아차리고 있어. 나는 내가 왜 벽을 보고 있는지 궁금해한다는 것을 알아차리고 있어. 나는 오른쪽 어깨가 뻣뻣한 것을 알아차렸어. 나는 내가 지금 긴장하고 있다는 것을 알아차리고 있어"와 같이 말해 보라.
자신의 관찰을 녹음해 볼 수도 있다. 또 파트너와 함께 할 수도 있다. 녹음을 하거나 파트너와 하지 않더라도 당신은 자신의 의식 움직임에 나타나는 패턴을 알아차릴 수 있다. 당신은 자신의 생각에 주의를 기울이는가? 주위 환경에 주의를 기울이는가? 아니면 몸의 감각인가? 혹은 느낌이나 반응인가? 어떤 주제가 떠오르는가?

신의 상태에 얼마나 기복이 있는지를 알아차릴 것이다. 한순간에는 일에 대해 생각했다가 다음 순간에는 길을 건너는 사람을 보고 그 사람과 인상이 비슷한, 몇 년 전에 사귀던 사람을 떠올린다. 그러고는 잠시 후에 학교 다닐 때 부르던 노래를 떠올리다가 웅덩이를 지나며 물을 튀기고 가는 자동차에 놀란다. 그러면 운전자에 대한 노여움 때문에 아무것도 생각할 수 없다가 막대 사탕을 하나 먹으면 기분이 좋아지겠다는 생각이 난다. 그런 식이다. 일관성을 가지는 유일한 것은 우리 성격의 경향이 각각의 연쇄적인 상태에 자신을 동일시시킨다는 것이다.

의식은 풍선처럼 늘었다 줄었다 한다. 그러나 동일시는 항상 의식을 더 작게 만든다. 우리가 어떤 것에 동일시될 때 그 주변을 의식하는 일은 급격히 줄어든다. 우리는 다른 사람들, 주변 환경, 우리 내면의 상태를 덜 의식하게 된다. 간단히 말해서 우리가 더 많이 동일시를 할수록 의식은 더 줄어들고 자신의 진실과는 더 멀리 떨어져 있게 된다.

우리의 주의가 어떤 특정한 것(힘, 공감, 평화, 자발성, 이름)과 동일시하는 동안에는 그것에 고정이 된다. 그리고 특정한 성격 유형이 만들어진다. 우리의 자아 이미지를 구성하고 있는 느낌과 상태는 자신의 기본적인 욕망을 성취하기 위해서 필요하다고 생각하는 것들이다. 우리가 자신의 자아 이미지와 더 많이 동일시할수록 우리가 취할 수 있는 존재의 다른 선택과 다른 방식에 대해서는 덜 생각하게 된다. 우리는 "나는 이 패턴이다"라고 믿게 된다. 우리는 "이런 특성이 나이고 다른 특성은 내가 아니야. 이런 모습이 나고 다른 모습은 내가 아니야"라고 말하면서 인간 잠재력의 전체 범위에서 특정한 면에만 주의를 기울이고 그것만을 경험한다. 이렇게 해서 자신의 이미지, 자기 한정－즉 예측 가능한 성격 유형이 개발되는 것이다.

예를 들어 8번 유형의 기본적인 두려움은 해를 입거나, 삶에 혹은 다른 사람에게 통제당하는 것이며 기본적인 욕망은 스스로를 보호하고 방어하는 것이다. 자기 보호와 독립성은 모든 인간에게 필요하다. 8번 유형이 아

각 유형이 동일시하는 패턴

유형	강력하게 동일시하는 것	존재의 자아상으로 유지하는 것		
1	평가 · 비교 · 측정 · 식별하는 능력을 가진 수퍼에고. ⇐→ 반면에 분노가 가져오는 긴장을 인식하는 데 저항한다.	합리적 분별 있음 객관적	절도 있음 신중함 도덕적	올바름 이성적
2	남에 대한 감정 또는 남들이 자신에게 보이는 반응에 대한 감정. ⇐→ 반면에 자신과 자신의 필요를 인식하는 데 저항한다.	사랑이 많음 가슴이 따뜻함 잘 보살핌	사려 깊음 이타적 타인에게 관심이 있음	친절함 자비로움
3	타인의 칭찬에 반응해서 발달시킨 자기 이미지. ⇐→ 반면에 공허감이나 스스로를 받아들일 수 없을 때의 감정을 인식하는 데 저항한다.	칭찬할 만함 잘 적응함 '무한한 잠재력'을 갖고 있음	뛰어남 매력적	호감이 감 효율적
4	남들과 다르다는 느낌, 자신에게 뭔가 결함이 있다는 느낌. ⇐→ 반면에 자신의 긍정적인 면을 인식하는 것과 남들과 비슷해지는 것에 저항한다.	민감함 부드러움 남들과 다름	자의식이 강함 독특함 자신에게 정직함	고요하고 깊음 직관적
5	남들에게서 떨어져 있음, 세상의 한 부분이 아니라 밖에 있는 관찰자. ⇐→ 반면에 몸의 상태나 느낌, 필요를 인식하는 데 저항한다.	생각을 드러내지 않음 지각력이 있음 똑똑함	기민함 통찰력이 있음 객관적	비범함 호기심이 많음
6	지원의 부족이 지각될 때 내면의 불안에 대해 반응하려는 욕구. ⇐→ 반면에 지원과 내면의 안내를 인식하는 데 저항한다.	믿을 수 있음 의존적 조심스러움	호감이 감 규칙적 의심이 많음	욕심 있음 충실함 준비성이 있음
7	미래의 긍정적인 일을 기대하는 것에서 오는 흥분. ⇐→ 반면에 고통과 불안을 인식하는 데 저항한다.	열정적 자유로움 충동적	쾌활함 열망이 강함 활달함	에너지가 많음 긍정적
8	외부에 저항하고 도전할 때의 강렬한 느낌. ⇐→ 반면에 자기 안에 연약함과 보살핌을 받을 필요가 있음을 인정하는 데 저항한다.	강함 독립적 자기주장이 강함	능력이 많음 직선적 행동 중심	건장함 집요함
9	충동이나 느낌에 휘말리지 않는 데서 비롯되는 내면의 안정감. ⇐→ 반면에 자신의 힘과 능력을 인식하는 데 저항한다.	평화로움 이완되어 있음 꾸준함	안정적 부드러움 자연스러움	낙천적 친절함

니더라도 우리는 신체적으로나 감정적으로 스스로를 보호해야 한다. 그러나 8번 유형의 사람들은 자신 안에서 스스로를 보호하기 위한 특성들에만 주의를 기울인다. 그들은 자신의 내면에서 힘, 의지력, 인내, 자기를 주장하는 힘 등을 발견하고, 자신의 에고 정체성을 개발하고 강화하기 위해서 이런 능력을 사용하기 시작한다.

현재에 존재하는 것에 대한 두려움

지금이 아니라면 언제인가?

〈탈무드 The Talmud〉 중에서

얼마 동안 스스로에게 마음을 열어 놓고 있으면 뭔가 불편한 감정이 올라오면서 불안감을 느끼기 시작한다. 이것은 우리가 성격의 '봉투를 너무 급하게 열려고' 하기 때문에 일어나는 것이다. 자신을 변화시키는 작업을 하는 동안 어느 정도의 불안을 경험하는 것은 좋은 징조이다. 우리가 오래된 방어물을 허물어 버릴 때 스스로가 삶으로부터 방어해 왔던 감정들을 경험하기 시작한다.

그래서 우리는 영적으로 충만한 경험을 하고 나서 곧바로 두렵고 부정적인 상태가 된다. 성장의 과정은 오래된 감정의 막힘에서 벗어나고, 자기 안에서 새로운 가능성을 보게 되고, 더 깊은 곳에 있는 감정의 막힘을 만나는, 계속해서 이어지는 여정이다. 우리는 하나나 두 개의 주요한 문제를 해결하는 것으로서 의식 성장의 과정이 완성되기를 바라지만, 실제로는 우리의 전체의식이 재구성될 때까지 많은 다른 문제들을 여러 번 극복해 나가야 한다.

작은 문제에도 마음이 상한다면 당신 의식의 거울을 어떻게 닦을 수 있겠는가?

루미 Rumi

영적인 성장은 우리에게 참을성을 가지고 친절하게 자기 자신을 대할 것을 요구한다. 좌절, 자신의 성장에 대한 특정한 기대, 영적 성장에 대한 계획, 기대에 못 미쳤을 때 자신을 비난하는 것 등이 모두 보편적인 반응이다. 그러나 이런 것들은 도움이 되지 못한다. 에고에 대한 방어는 많은 세월 동안 쌓여 왔기 때문에 한순간에 허물어 버릴 수 없다. 우리 영혼은 자신만의 지혜를 가지고 있다. 영혼은 우리가 완전한 준비를 갖추기 전에는 우리 자신에 대해서 들여다보는 걸 허용하지 않을 것이다.

일반인들은 현재에 존재하는 것이 '배꼽을 응시하거나' 벽을 쳐다보면서 앉아 있는 것을 의미할 거라는 두려움을 가지고 있다. 또한 우리가 현재에 좀 더 온전히 존재하게 되면 정신을 차리지 못하고 멍한 상태가 되거나, 효율적이고 실질적인 것과는 거리가 멀어져 삶의 중요한 문제를 해결할 수 없게 될 거라고 여기기도 한다. 하지만 그와는 정반대다. 우리의 의식이 맑게 깨어 있기 때문에 판단과 통찰이 더 정확해지게 된다.

그와 마찬가지로 많은 사람들은 현재에 좀 더 온전히 존재하게 되면 자신이 어렵게 획득한 기술이나 원숙함을 모두 잃게 될 것이라고 생각한다. 하지만 이것도 실제와는 정반대되는 생각이다. 우리는 현재에 존재할 때 모든 일을 전보다 더 잘 할 수 있게 된다. 또한 집중력이 향상되기 때문에 더 쉽게 새로운 기술을 익힐 수 있다. 우리가 맑게 깨어 있을 때, 우리의 지성은 놀라울 정도로 잘 발휘되어 문제를 해결하는 데 필요한 정보나 기능을 쉽게 자신의 것으로 만들 수 있다.

최종적으로 우리는 우리가 구현하고 있는 본질만을 가치 있는 것으로 여긴다. 그 본질을 구현할 수 없는 삶은 낭비된 삶이다.

융 Jung

그러나 우리는 어린 시절의 모든 상처를 되살리는 데 대한 두려움 때문에 현재에 존재하는 것을 두려워한다. 우리가 용기를 내어 자신의 성격을 보게 되면 성격이 자랑스럽거나 사랑스러운 것이 아니라 모욕적인 것임을 깨달을 수도 있다. 아마 다른 사람들이 우리의 내면을 보게 되면 우리를 두려워하고 배신할지도 모른다. 우리는 사람들이 우리를 버릴까 봐 두려워한다. 우리는 우리 영혼의 귀중함이 무시당하거나 다시 상처받을까 봐 두려워한다.

그러나 좀 더 깊이 들여다본다면 우리 내면에 있는 더 넓은 공간, 평화, 고요한 생동감을 경험할 것이다. 우리는 강하며, 주변과 연결되어 있는 자신을 발견하게 된다. 우리가 편견에 차서 스스로를 묶고 있는 자신의 성격만 극복한다면, 이런 방식으로 살지 못할 이유가 없다.

의식은 우리가 현재에 존재하도록 이끈다

당신이 의식의 불을 켜고 자신과 주변의 모든 것을 하루 종일 관찰할 수만 있다면, 당신의 얼굴을 아주 맑은 거울에 비추어 보듯이 의식의 거울에 당신 자신을 비추어 볼 수만 있다면, 그리고 어떤 판단 분별이나 비난도 없이 이 반영을 관찰한다면 당신에게 놀라운 변화가 일어나는 것을 경험할 수 있습니다. 당신은 그 변화에 통제당하는 것이 아니라 미리 그 변화를 계획하고 그것이 언제, 어떻게 일어날지를 결정할 수 있습니다. 이것이 바로 우리를 치유하고 변화시키며 성장시키는, 판단하거나 분별하지 않는 의식입니다.

앤서니 드멜로 Anthony Demello

우리가 현재 일어나는 일에 주의를 기울이고 이 과정에 머물러 있으면, 우리는 내면의 공간과 우리의 주변에 스며드는 미묘한 현존(presence)을 경험하기 시작한다. 그것은 가볍고, 아름답고, 기분 좋은 느낌이며 많은 다른 자질로 발현될 수 있다. 우리의 의식을 현재의 실제적인 경험에 가져감으로써 우리는 현존으로 가득 차게 된다. 그리고 우리는 현재에 존재한다는 것만으로도 근본적인 자기 자신임을 인식하게 된다.

놀라운 일은 현재에 존재함은 우리가 더 현재에 존재하지 못하도록 막는, 우리 내면의 것을 드러내 보여 준다는 사실이다. 우리가 현재에 존재하게 될수록 우리는 이완되지 않은 부분들, 현재에 완전하게 존재하지 않는 부분들을 의식하게 된다. 우리가 더 많이 이완될수록 우리와 우리 주변을 채우는 현존의 섬세한 움직임을 알아차리게 된다. 그것에 어떤 꼬리표도 붙이지 말고 그것에 대해 너무 많이 생각하지 않으면서 단지 그 느낌으로 머물러 있는 게 도움이 될 것이다. 그러는 동안에 존재의 새로운 껍질이 우리에게 스스로를 드러내면서 미묘하고 막연했던 것들이 점점 더 선명해지고 명확해진다.

현존하는 것은 우리의 망상과 모든 동일시를 깨뜨린다. 우리는 자신의 성격 때문에 현재에 완전하게 머물러 있지 못한다. 우리가 에고의 영역으로 더 깊이 들어가 있으면 있을수록 성격의 메커니즘도 더 강해진다. 그러나 우리가 현재에 존재하면서 성격이라는 '프로젝트' 에 얼마나 많은 생명 에너지를 쏟고 있는지를 보게 될 때 거기에서 빠져 나올 수 있는 길이 열린다. 우리는 현재에 존재하는 것을 결정할 수 있다. 의도 없이 현재에 존재함은 불가능하다. 자신의 성격 속에 빠져 있는 사람이 어떻게 그것을 깨고 나올 수 있겠는가?

물론 그러한 영웅적인 일은 적절한 도구와 지원 없이는 거의 불가능하다. 다음 장에서 우리는 에니어그램이 어떻게 우리의 깨어남을 도울 수 있으며 어떻게 하면 생활 속에서 의식과 '현재에 존재함'을 개발할 수 있는지를 살펴볼 것이다. 또한 우리를 잠들어 있는 상태에서 깨워 줄 '자명종'의 역할을 할 수 있는 많은 도구와 지원을 제시할 것이다. 우리가 '잠을 깨우는 신호'에 더 주의를 기울이면 기울일수록 우리는 현재에 존재하게 될 것이다(더 많이 우리를 깨울 수 있을 것이다). 그러나 이것은 많은 수행을 필요로 한다.

온전히 지금 순간에 존재하는 것이 평생을 걸릴 수도 있는 일이다. 그러나 우리가 더 많이 깨어 있을수록 깨어남의 과정은 더 빠르게 우리를 이끌어 준다. 그것은 우리 안에 뭔가가 심어져 있어서(낟알이나 진주의 씨 같은) 우리가 평상적인 상태로 돌아올 때도 사라지지 않는다. 우리가 깨어 있는 상태인지 아닌지 살펴볼 수 있는 세 가지 특성이 있다.

1. 우리는 지금 여기 이 순간에 우리가 살아 있는 존재로서 현재에 존재함을 경험한다. 우리는 이 순간에 누군가가 있다는 것을 안다. 우리는 자신의 실재, '존재'를 느낀다. 그 결과 우리는 완전히 현재에 존재하게 된다. 이것은 자신을 외부의 관점에서 보기 때문이 아니라 머리에서 발끝까지 우리 몸의 감각과 연결된 채로 '내면의' 경험 속에 있기 때문이다. 우리는 그 순간의 현실에 대해 어떤 저항도 없다.

2. 우리는 판단 분별이나 감정적인 반응 없이 내면과 외부 환경이 주는 인상을 모두 받아들인다. 우리는 우리의 지나가는 생각과 감정에 집착하지 않고 우리의 의식을 관찰할 수 있다. 우리는 불안이나 흥분이 아니라 내면의 고요와 평화 속에서 삶과 교류한다. 과거를 꿈꾸거나 미래에 대해 예상하거나 공상하지 않으며 현재 일어나는 일에 주의를 기울인다.

3. 우리는 삶의 풍요로움과 섬세함을 모두 맛보고 경험하면서 그 순간에 온전히 참여하고 있다. 우리는 진지하며 지나친 자의식을 가지고 있지 않

순수의식은 언제나 존재한다. 태양이 구름 속에서도 항상 빛나고 있듯이.

단 밀맨 Dan Millman

다. 우리는 매순간 자신의 정체성을 새롭고 신선하게 경험한다. 우리는 항상 우리에게 해결 방안이 될 공식이나 법칙, 기도를 찾는다. 그러나 우리의 현존을 대신할 수 있는 것은 아무것도 없다. 스스로의 현존 없이는 이 세상의 어떤 기도, 명상, 스승, 기법도 우리를 바꿀 수 없다. 그렇기 때문에 수년 동안 종교를 믿으면서도 우리는 자신의 생각을 버리지 못하고 여전히 가지고 있는 것이다. 그러나 현존하게 될 때 우리는 자신의 성격이라는 굴레로부터 자유로워져서 놀라운 경험을 할 수 있다. 물론 대개는 얼마 후(보통은 우리가 예상한 것보다 훨씬 빨리) 예전의 방식으로 되돌아가지만 말이다. 이것은 현존의 중요성을 이해하지 못했기 때문이다. 현존은 성격의 일부가 아니며 그렇게 될 수도 없다. 항상 여기에 있는 것, 즉 '현재에 존재함'은 우리에게 반가운 소식이다. 단지 성격의 관심사에만 마음을 쏟기 때문에 현존을 제대로 의식하지 못할 뿐이다. 우리가 의식을 가치 있게 여기고 개발할 때 우리 본성의 더 깊은 자질들이 더욱더 선명하게 스스로를 드러낼 것이다.

각 유형이 가진 미덕과 비전vision

에니어그램은 완전한 인간을 이루도록 우리를 일깨운다. 다음에 열거하는 각각의 사항들은 아홉 가지 유형이 상징하는 장점에 기초하여 작성되었다. 어떤 유형이든지 다음의 모든 미덕과 비전을 자기 것으로 만들 수 있다.

1. **더 높은 목적을 위해 살기**
   현명하고 통찰력 있는 것이 당신의 본성임을 기억하라.

2. **자신과 다른 사람을 배려하기**
   자신에게 친절한 동시에, 다른 사람에게 선의와 사랑을 가지는 것이 당신의 본성임을 기억하라.

3. **자신을 개발하고 다른 사람을 위한 본보기가 되기**
   자신의 존재 안에서 기쁨을 찾고 다른 사람들을 존중하는 것이 당신의 본성임을 기억하라.

4. **과거를 흘려보내고 자신의 경험을 통해 새로워지기**
   삶의 모든 것을 용서하고 그것들을 자기 성장의 기회로 삼는 것이 당신의 본성임을 기억하라.

5. **판단이나 분별, 기대 없이 자신과 타인을 비롯해 세상을 관찰하기**
   세상의 무한한 풍요로움을 인식하고 현실에 뛰어드는 것이 당신의 본성임을 기억하라.

6. **자신을 신뢰하고 삶이 좋은 것들로 가득하다는 것을 믿기**
   어떤 조건에서도 삶의 모든 문제를 헤쳐 나갈 용기와 능력을 가진 것이 당신의 본성임을 기억하라.

7. **기쁘게 존재를 축복하고 자신의 행복을 나누기**
   행복을 누리며 모든 사람의 경험에 풍요로움을 더해 주는 것이 당신의 본성임을 기억하라.

8. **자신을 당당하게 내세우고 자신의 신념을 옹호하기**
   강하고 유능하며, 그를 통해 긍정적인 방식으로 세상에 좋은 영향을 미칠 수 있는 것이 당신의 본성임을 기억하라.

9. **세상에 평화와 치유를 가져오기**
   끊임없이 평화, 수용, 친절을 보여 주는 것이 당신의 본성임을 기억하라.

제5장

세 개의 자아

The Triadic Self

인간이 자신의 본질적인 통합의 중심에 머물 수 있다면 에니어그램은 필요치 않을 것이다. 그러나 자신에 대해 깊이 살펴보지 않고는 우리는 그 중심에 머물 수 없다. 많은 영적인 가르침들은 인간이 자신에 반反하여, 신성에 반하여 그 중심에서 분리되어 있다고 가르친다.

놀랍게도 에니어그램의 상징은 통합(원) 안에 있는, 그리고 분리되어(삼각형과 헥사드) 있는 인간 본성의 모든 측면을 나타낸다. 에니어그램의 모든 부분은 우리가 누구인지에 대한 심리적인, 그리고 영적인 진실을 드러내 보여 준다. 또한 에니어그램은 우리의 단점을 깊이 이해할 수 있도록 해 주며 동시에 그 단점에 대한 해결책을 제시한다.

이 장에서 우리는 인간의 정신이 원래의 통일된 상태에서 어떻게 세 개의 다른 부분으로 분리되었는지를 살펴볼 것이다. 아홉 가지 유형은 각각 분리되어 떨어져 있는 것이 아니라 서로 연결되어 있으며 그 연결의 방식에는 각각의 유형을 넘어서는 심오한 의미가 있다.

세 개의 그룹은 우리의 주요한 불균형이 어디에 있는지를 말해 주기 때문에 특히 중요하다. 이것들은 우리가 의식을 축소시키고 자신을 제한하는 에고의 주요한 문제와 방어를 나타낸다.

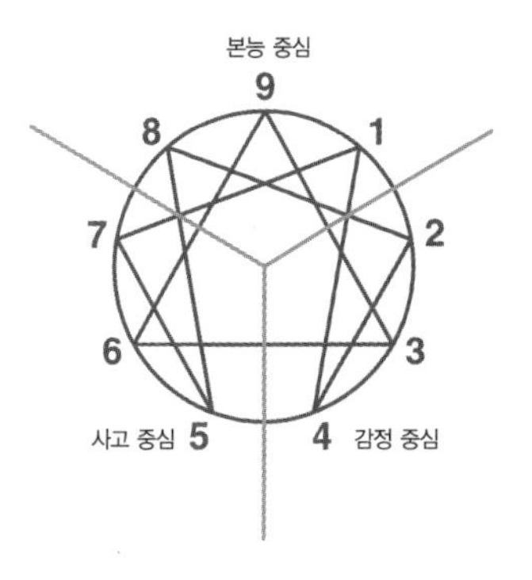

에니어그램에서는 인간의 성격 유형을 세 개의 그룹, 즉 본능형, 감정형, 사고형으로 분류한다. 이들 세 기능은 인간 신체의 미묘한 '중심들'과 연관되어 있다. 그래서 성격의 고착은 주로 이 세 중심들 중 하나와 관련된다. 8번 유형, 9번 유형, 1번 유형은 본능 중심이며 2번 유형, 3번 유형, 4번 유형은 감정 중심, 5번 유형, 6번 유형, 7번 유형은 사고 중심이다.

현대 의학도 인간의 두뇌를 세 개의 기본적인 구성 요소로 분류한다. 근뇌(root brain) 즉 본능의 뇌, 수질(limbic system), 즉 감정의 뇌, 그리고 대뇌 피질(cerebral), 즉 사고의 뇌가 그것이다. 일부 에니어그램 강사들은 세 중심을 머리 중심, 심장 중심, 장 중심으로 부르기도 한다.

우리가 어떤 유형이든지 간에 우리의 성격에는 이 세 가지의 요소들이 모두 들어 있다. 세 가지 요소들은 서로 상호 작용하기 때문에 다른 두 가지는 사용하지 않고 한 가지만 쓸 수는 없다. 그러나 우리들 대부분은 자신의 성격 안에만 묶여 있기 때문에 자신 안에서 이 세 가지 요소를 구분해 내기는 어렵다. 우리의 현대 교육은 어떻게 해야 하는지 전혀 가르쳐 주지 않는다.

이 세 그룹들은 막혀 있거나 왜곡된 본질적인 능력, 혹은 기능을 나타낸다. 본질이 막혀 있어서 공백이 생긴 부분을 성격이 채운다. 우리의 성격이 속해 있는 중심은 어디에서 본질이 막혀 있는지 그리고 어디에서 성격이라는 인공적인 필터가 가장 강하게 작용하고 있는지를 나타낸다. 예를 들어 우리가 8번 유형이라면 힘이라는 본질적인 특성에 막혀 있다. 그래서 성격이 개입해서 거칠게 행동하고 때로는 부적절한 방식으로 자신을 내세움으로써 진정한 힘을 모방하려는 것이다. 우리 성격의 거짓된 힘이 우리를 장악하고 우리에게 진정한 힘이 막혀 있다는 것을 숨긴다. 우리가 이것을 이해하기 전에는 진정한 본질의 힘을 인식하거나 회복할 수 없다.

각각의 성격이 자신의 본질적인 특성으로 취하는 것은, 자신이 동일시하는 것이며 가장 자신의 것으로 만들기를 원하는 제약들이다.

역설적으로 말해서 어떤 사람의 유형이 감정 중심에 속한다면 그 사람이 다른 사람보다 더 많이 느낀다는 의미가 아니다. 마찬가지로 사고 중심이라고 해서 더 지적인 것이 아니다. 사실상 이 세 중심들이 사용하는 기능(본능, 감정, 사고)은 에고가 가장 강하게 형성되어 있는 기능이며, 가장 자유롭지 못한 정신의 구성 요소다.

에니어그램의 세 가지 유형

본능 중심

8번, 9번, 1번 유형은 현실에 대한 저항을 유지하는 데 관심을 가진다(육체적인 긴장에 근거한 자아의 범주를 창조함). 이 유형들은 공격과 억압과 관련된 문제들을 갖는 경향이 있다. 이들의 자기 방어 아래에는 많은 분노가 있다.

감정 중심

2번, 3번, 4번 유형은 자아 이미지에 관심을 가진다(거짓된, 혹은 가장된 자아에 고착). 이들은 자신에 대한 이야기와 가장된 특성들이 자신의 실제 정체성이라고 믿는다. 이들의 자기 방어 아래에는 많은 수치심이 있다.

사고 중심

5번, 6번, 7번 유형은 불안감에 관심을 가진다(이들은 지원과 안내의 부족을 경험한다). 이들은 자신을 안전하게 해 준다고 믿는 일을 하려고 한다. 이들의 자기 방어 아래에는 많은 두려움이 있다.

본능 중심

- 관심 : 환경에 저항하고 환경을 통제하는 것
- 문제 : 분노와 억압
- 추구하는 것 : 독립성
- 내재된 감정 : 분노

8번, 9번, 1번 유형은 자신의 본능, 생명력의 근원, 힘에 이끌린다. 본능 중심은 몸, 기본적인 삶의 기능, 생존에 관심을 둔다.

몸에 의식을 가져가는 것은 현재에 존재함을 확고히 자리 잡게 하기 때문에 진정한 영적인 성장에 있어서 몸은 중요한 역할을 한다. 그 이유는 아주 단순하다. 우리의 지성과 감정이 과거와 미래를 배회한다고 해도 우리의 몸은 지금 여기, 현재의 순간에 존재한다. 모든 의미 있는 영적 성장을 위한 방법들이 몸에서 시작해서 몸으로 되돌아가며 몸을 잘 다루도록 하는 것도 이러한 이유 때문이다. 더욱이 몸의 본능은 우리가 다루어야 할 가장 강력한 에너지다. 진정한 변화는 본능과 관계가 있으며 본능을 무시하는 모든 방식들은 문제를 만들어 내게 마련이다.

몸은 놀라운 지성과 민감성을 지녔다. 또한 자신만의 언어와 지혜의 방식을 가졌다. 토착 사회에서 사는 오스트레일리아 원주민 같은 사람들은 몸의 지성과 더 열린 관계를 가졌었다. 그들은 여러 마일 떨어져 있는 친척이 부상을 입은 것을 몸으로 알았다는 기록도 있다. 이러한 몸의 지식 때문에 부상당한 사람에게 곧바로 가서 도움을 줄 수 있었던 것이다.

> 모든 영적인 관심들은 동물적인 삶에 의해 지원받는다.
>
> 조지 산타야나 George Santayana

현대에 사는 우리들 대부분은 '몸의 지혜' 로부터 완전히 멀어져 있다. 이것을 심리학적 용어로는 해리(dissociation)라고 한다. 우리는 바쁘고 스트레스가 많은 나날을 보내는 가운데 통증이 있을 때만 몸을 느끼고 산다. 예를 들어 우리는 신발이 너무 꼭 끼어서 발이 아프지 않으면 발을 가지고 있다는 사실도 알아차리지 못한다. 우리의 등은 아주 민감한 부분인데도 햇볕에 그을리거나 부상을 입었을 때 이외에는 등을 의식하지 못하고 산다. 때로는 심지어 그런 경우에도 등을 알아차리지 못한다.

우리가 정말로 우리의 본능 중심 안에서 살면(우리의 몸을 완전히 사용하면) 완전함, 안정감, 독립성을 얻을 것이다. 우리가 본질과의 연결을 잃을 때 성격은 우리에게 잘못된 독립성을 제공함으로써 그 '공백' 을 메우려고 한다. 성격은 우리에게 잘못된 독립성을 가져다주고 심리학에서 자아

본능 중심 유형을 위한 명상 – 몸과 함께 현존하기

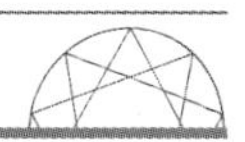

당신은 이 순간에 이 글을 읽으면서 몸을 느낄 수 있는가? 느낄 수 있다면 얼마나 느낄 수 있는가? 바로 지금 당신의 몸은 어떤 자세로 있는가? 당신은 얼마나 깊이 그것을 경험하고 있는가? 당신이 더 깊이 경험하도록 도울 수 있는 것은 무엇인가?

당신이 자신의 '자아'를 묘사하거나 설명할 때, 혹은 단지 내면에서 자아를 느낄 때, 의식하건 의식하지 못하건 당신이 하는 일은 자신이 '자아'라고 부르는 것의 경계, 즉 마음의 선을 긋는 것이다. 그러면서 당신은 그 경계 밖의 모든 것은 '자아가 아니라고' 느낀다. 다시 말하면 당신의 자아 정체성은 전적으로 당신이 그 선을 어디에 그을 것인지에 달려 있다.

켄 윌버 Ken Wilber

경계(ego boundary)라고 부르는 것을 창조한다. 자아 경계를 가진 우리는 이렇게 말한다. "이것은 나고 저것은 내가 아니다." "저기 있는 것은 내가 아니고 이 감각(혹은 감정, 생각)은 나다." 우리는 보통 이 경계(boundary)가 우리의 피부, 우리의 몸에만 한정된다고 생각한다. 그러나 이것이 항상 참은 아니다.

우리가 습관적인 긴장을 느끼는 것은 실제로 몸 자체에서 온 게 아닐 수도 있다. 우리는 몸의 어떤 부분에서는 전혀 감각을 느끼지 못한다. 우리가 어떤 자세를 취하고 무엇을 하고 있든지 늘 느끼고 있는 자아에 대한 감각은 몸 자체와는 별 상관이 없다. 자아에 대한 무의식적인 느낌을 창조해 내는 내부의 긴장은 성격의 기초, 즉 첫 번째 층이다.

모든 성격 유형이 자아 경계를 만들지만 8번, 9번, 1번 유형들이 그렇게 하는 데는 특별한 이유가 있다. 즉 그들은 세상의 영향을 받지 않고 세상에 영향을 미치기 위해서, 즉 자신의 의지를 사용하기 위해서 그렇게 한다. 그들은 자신이 자아라고 여기는 것과 자아라고 여기지 않는 것 사이에 '벽'을 형성함으로써 전체성과 독립성에 대한 감각을 창조하려고 한다. 이 벽이 어디에 있느냐는 성격 유형이나 개인에 따라서 다르다.

우리의 자아 경계는 두 개의 범주로 나눌 수 있다. 첫 번째는 외부로 향하는 것이다. 이 경우 항상 그렇지는 않지만 대개 우리의 물리적인 육체에 상응한다. 손톱이나 머리를 자르거나 이를 뽑을 때, 우리는 그것을 자신의 한 부분이라고 여기지 않는다. 거꾸로 우리는 무의식적으로 어떤 사람이나 어떤 소유물(자기 집, 배우자, 아이들)을 자기 일부라고 여긴다.

두 번째 경계는 내부로 향한다. 예를 들어 우리는 "꿈을 꾼다"라고 말하지 "우리가 꿈이다"라고 말하지는 않는다. 우리는 어떤 생각이나 감정은 우리의 정체성으로부터 분리된 것으로 여기며, 또 어떤 것들은 우리 자신과 분리되지 않은 것으로 여긴다. 물론 사람들마다 자신과 동일시하는 감정과 생각은 다르다. 어떤 사람은 분노를 자아의 부분으로 경험하지만, 또 어떤 사람은 자아와 멀리 떨어진 것으로 본다. 이러한 현상은 임의적인 마음의 습관에서 비롯된 결과임을 기억하는 게 중요하다.

8번 유형에서 자아 경계는 주로 외부에 초점이 맞추어져 있다. 주의를 기울이는 초점 또한 외부다. 그 결과 8번 유형의 힘은 세상을 향해 확장되고 흘러 나간다. 8번 유형의 사람들은 끊임없이 에너지를 밖으로 내보내기 때문에 어떤 것도 그들에게 가까이 다가올 수 없으며, 어떤 것도 그들을 해칠 수 없다. 삶에 대한 이들의 전체적인 접근은 "아무것도 나를 통제할 수 없다. 아무도 내가 쌓아 놓은 방어벽을 허물 수 없으며 나에게 상처를 입힐 수 없다. 나는 굳건히 내 자신을 지킬 것이다"라는 식이다. 어릴 때에 상처를 많이 받은 8번 유형의 사람일수록 자아 경계도 더 두텁고 다른 사람들이 뚫고 들어오기도 어렵다.

1번 유형의 사람들도 외부 세계에 대항하여 경계를 갖고 있다. 그러나 이들은 자신의 내면 경계에 훨씬 더 많이 투자한다. 우리 모두에게는 신뢰할 수 없고, 인정할 수 없는, 우리를 불안하게 만들기 때문에, 그것으로부터 자신을 방어할 필요를 느끼는 부분들이 있다. 1번 유형의 사람들은 특정한 무의식적 충동을 억제하기 위해서 엄청난 에너지를 쓴다. 마치 이렇게 말하는 것 같다. "나는 그 감정을 원하지 않아! 나는 그런 반응이나 충동을 원하지 않아!" 그들은 자신의 내면에 경계를 유지하고 자신의 본성을 억압하기 위해서 엄청난 육체적인 긴장을 만들어 낸다.

본능 중심의 가운데에 있는 9번 유형은(이 유형은 정삼각형에 위치해 있다) 자신의 자아 경계를 내면과 외부 모두의 영역에서 유지하려고 노력한다. 9번 유형의 사람들은 내면의 영역에서 자신의 평정을 깨는 감정과 상태를 원하지 않는다. 이들은 1번 유형의 사람들처럼 강한 본능적인 충동과 감정을 억압하면서 자신의 부분들에 대해서 벽을 쌓는다. 동시에 9번 유형의 사람들은 상처받지 않기 위해서 8번 유형의 사람들처럼 외부 세계를 향한 강한 자아 경계를 유지한다. 이들은 수동적인 공격 행동을 하며 무엇이든 자신의 평화를 위협하는 것에 대해서는 눈을 감아 버린다. 9번 유형의 사람들은 내면과 외부의 현실에 저항하는 데 엄청난 에너지를 쓰기

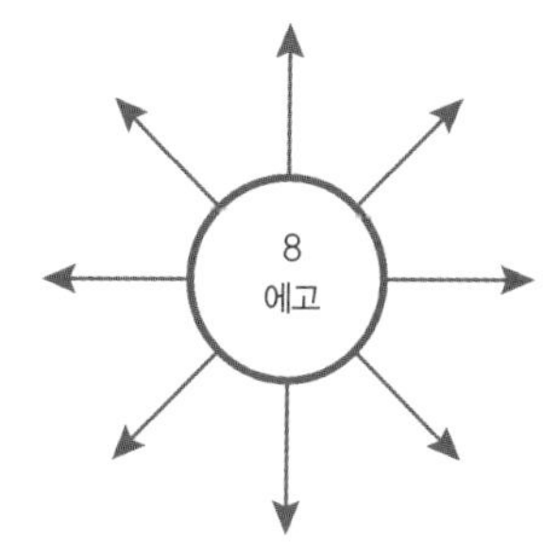

8번 : 환경에 대항하여 밖으로 향하는 에너지

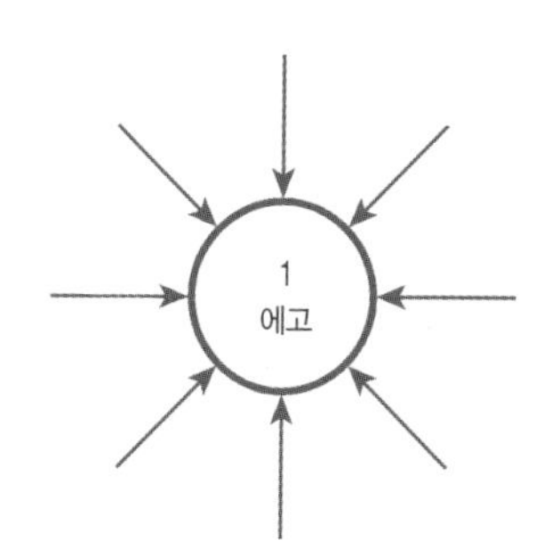

1번 : 자기 내면의 충동에 대항하여 내부로 향하는 에너지

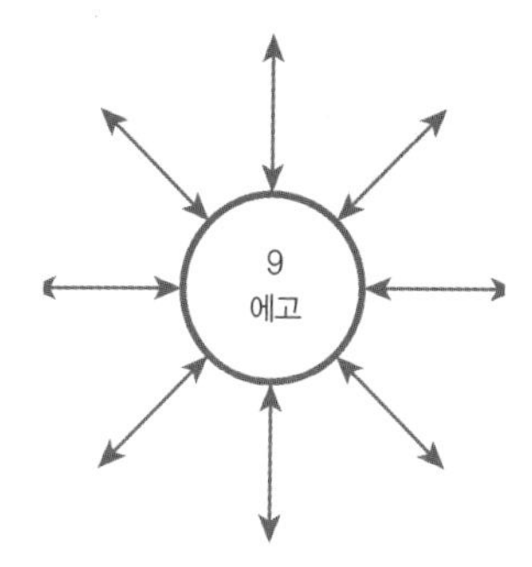

9번 : 내면과 외부의 '위협'에 대항하여 양쪽 모두로 향하는 에너지

본능 중심 유형들의 자아 경계 방향

때문에 피로를 자주 느낀다. 9번 유형의 사람들이 이 경계를 유지하기 위해서 계속 에너지를 사용하면, 세상을 살아가는 데 쓸 수 있는 에너지가 별로 남지 않게 된다.

각각의 세 유형들은 공격과 관련된 문제를 가지고 있다(아홉 유형 모두가 다른 방식으로 공격성을 가지고 있지만, 공격적인 에너지는 본능 중심의 에고 구조에서는 가장 중요한 구성 요소다). 어떤 때는 이 공격이 자아를 향하고, 어떤 때는 다른 사람을 향한다. 심리적이고 영적인 성장을 위한 과정에서 공격적인 에너지는 강한 분노로 떠오를 수 있다. 분노는 자기 자신을 억압하고자 하는 욕구－자신의 생명력을 구속하고 닫아 버리고자 하는 욕구－를 느낄 때 일어나는 본능적인 반응이다. 8번 유형의 사람들은 분노가 일어나는 대로 행동하고, 9번 유형의 사람들은 그것을 부인하며, 1번 유형의 사람들은 억압한다.

우리는 어린아이의 경험에서 분노의 기능을 더욱 명확하게 이해할 수 있다. 우리 모두는 무의식적이든, 의식적이든 어릴 때 완전히 자아를 개발시킬 수 있는 공간을 가지지 못했다고 느낀다. 이 경험의 영역을 탐색해 보면, 우리는 자신의 본질을 모독한 데에서 비롯되는 내면의 분노를 성장 과정 안에 억압하고 있다는 것을 발견하게 된다(긍정적인 관점에서 분노는 다른 사람들에게 "내가 나만의 공간을 가질 수 있도록 나에게서 물러나 주세요! 나는 완전하고 독립적이기를 원해요"라고 말하는 하나의 방법이다). 문제는 우리가 이 문제들을 어린 시절부터 갖고 있었다면, 실제로는 위협이 없는데도 '개인적인 공간'을 보호할 필요를 느낀다는 것이다. 이런 문제들이 해결되면 우리의 분노를 일으키는 에너지(분노를 억압하고 있는 에너지뿐만 아니라)가 풀려나서 그 에너지가 다른 사람들이나 자기 성장과 같은 더 의미 있는 목표로 향할 수 있다.

감정 중심

우리는 본능 중심의 유형에 대한 설명에서 자신의 몸을 완전히 보고 느끼고 몸의 활력과 완전히 함께 하는 것이 얼마나 드문 일인지를 보았다. 마찬가지로 우리가 자신의 감정과 완전히 함께 있는 것도 매우 드문 일이다. 그렇게 할 때 그것은 아주 감동적인 경험이 된다. 우리가 자신의 감정과 온전히 함께 하지 못하기 때문에 우리는 온갖 종류의 반응들을 일으켜서 진정한 느낌을 대체한다. 이것이 감정 중심인 2번, 3번, 4번 유형의 핵심적인 딜레마다.

- 관심 : 거짓된 자아와 자아 이미지에 대한 사랑
- 문제 : 정체성, 적대감
- 추구하는 것 : 주의와 관심
- 내재된 감정 : 수치심

가장 깊은 수준에서 당신 심장의 특성이 당신 정체성의 근원이다. 당신이 가슴을 열 때 당신은 자신이 누구인지를 알게 된다. 그리고 '당신이 누구인지' 는 사람들이 생각하는 당신과는 아무 상관이 없으며 당신의 과거사와도 아무런 상관이 없다. 당신은 특정한 자질과 색깔, 그리고 당신을 당신으로 만들어 주는 특별한 것들을 가지고 있다. 우리가 진정한 본성을 인식하고 깊이 느껴 볼 수 있는 것은 심장을 통해서다.

심장과 접해 있을 때 우리는 사랑을 받고 가치 있게 여겨진다고 느낀다. 영적인 가르침들은 우리가 사랑이며 가치 그 자체라는 것을 가슴이 드러내 보여 준다고 가르친다. 우리 모두에게 신성이 있다는 것은 우리가 신의 사랑을 받는다는 것뿐만 아니라 사랑이 우리 안에 있다는 것을 의미한다. 우리는 사랑이 세상으로 흘러 들어가도록 하는 수로다. 그런데 우리의 가슴이 닫혀 있거나 막혀 있다면, 우리는 자신의 진정한 정체성과의 연결을 잃게 될 뿐만 아니라 자신이 가치 있으며 사랑받고 있다고 느끼지 못할 것이다. 이러한 상실은 견딜 수 없는 것이기 때문에 성격이 끼어들어서 대체할 정체성을 만들고, 가치 있는 사람이라는 느낌을 줄 수 있는 다른 것들을 우리 스스로가 찾게 만든다. 대개 그것은 다른 사람들의 주의를 끌려는 것과 외부의 인정을 받으려는 형태로 나타난다.

감정 중심의 세 유형들은 자아 이미지의 발달에 많은 관심을 둔다. 이들은 거짓된 정체성을 만들고 그 정체성과 동일시함으로써 심장의 본질적인 자질과 깊이 연결되지 못한 것을 보상한다. 이들은 자신뿐만 아니라 다른 사람에게 이 이미지를 내보이면서 사랑과 관심, 동의, 자신이 가치 있는 사람이라는 느낌을 끌어 오기를 바란다.

2번, 3번, 4번 유형들은 심리학적인 용어로 자신의 '나르시스적인 상처'와 가장 많이 연결되어 있다. 이들은 어릴 때부터 진정한 자신은 가치 있게 여겨지지 않을 것이라는 생각을 갖고 있다. '나르시스적인 상처'를 전혀 받지 않고 어린 시절을 보낸 사람은 아무도 없기 때문에 우리는 다른 사람에게 진정한 자신이 되는 것을 어려워한다. 우리는 항상 자신의 모든 것을 말하고 보여 주면 스스로 공허하고 가치 없는 존재가 되지 않을까 두려워한다. 그래서 어떤 유형이든지 상대의 진정한 모습을 보고 또 자신의 진정한 모습을 보게 한 적이 거의 없다는 비극적인 결과를 낳는다. 우리는 세상을 향해 "이것이 진정한 나야, 그렇지? 넌 이걸 좋아해, 그렇지?"라고 말하면서 진정한 자신을 위장된 이미지로 대체한다. 사람들은 우리를(즉, 우리의 이미지를) 좋아할 것이다. 그러나 우리가 자신의 성격과 동일시하면 할수록 더 깊은 곳에 있는 진정한 자아는 항상 인정받지 못한 채로 남아 있게 된다.

감정 중심의 유형들은 우리에게 이 딜레마에 대한 세 가지 해결책을 제시한다. 그 해결책은 사람들이 자신을 좋아할 수 있도록 그들을 기쁘게 해 주는 것(2번 유형), 사람들이 자신을 칭찬하고 인정할 수 있도록 뭔가를

감정 중심 유형을 위한 명상 - 가슴의 느낌을 관찰하기

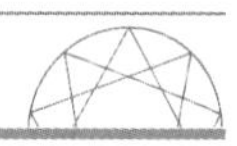

이 페이지를 읽으면서 당신의 가슴에 주의를 기울여 보라. 숨을 깊이 쉬면서 가슴의 느낌을 느껴 보라. 이 부분에서 어떤 느낌이 경험되는가? 다시 한 번 숨을 깊이 쉬고 이완하면서 당신 가슴의 느낌을 살펴보라. 가슴이 딱딱하게 느껴지는가, 부드럽게 느껴지는가? 감각은 있는가, 없는가? 통증은 느끼는가, 느끼지 않는가? 당신이 경험하고 있는 정확한 느낌은 무엇인가? 이 느낌에 색깔이나 모양이나 맛이 있다면 어떤 것인가? 이 연습이 당신 자신의 느낌에 어떤 영향을 미쳤는가?

성취하는 뛰어난 사람이 되는 것(3번 유형), 자신에 대해서 특별한 이야기를 갖고 자신의 모든 특성에 엄청난 중요성을 부여하는 것(4번 유형)이다.

감정 중심의 유형에게 중요한 두 개의 주제는 정체성(나는 누구인가?)과 적대감(내가 원하는 방식대로 나를 사랑해 주지 않기 때문에 당신을 미워해!)이다. 2번, 3번, 4번 유형들은 자신의 정체성이 진정한 자신을 표현한 게 아니라는 것을 무의식적으로 알고 있기 때문에 자신의 정체성이 인정받지 못할 때마다 적대감을 갖고 반응한다.

2번 유형은 다른 사람으로부터 호의를 얻는 데서 자신의 가치를 찾는다. 2번 유형은 다른 사람들이 자신을 필요로 하기를 바란다. 이들은 사람들에게 자신의 에너지와 주의를 기울임으로써 호감의 반응을 얻어 내려고 애쓴다.

2번 유형의 사람들은 자신을 존중하는 마음을 얻기 위해서 다른 사람들에게 친절과 도움, 선의를 먼저 베푼다. 그럼으로써 다른 사람들로부터 긍정적인 반응을 얻고 싶어 한다. 이들의 감정의 초점은 밖에, 즉 다른 사람들에게 있다. 그 결과로 이들은 자기의 감정이 자신에게 말하는 것을 이해하는 데 어려움을 겪는다. 이들은 다른 사람들에게 적대감이 생길 때 가능한 한 그것을 숨기려 하고 다른 사람들이 자신에게 감사를 표하지 않는다는 느낌을 자주 받는다.

4번 유형은 그 반대이다. 느낌, 환상, 과거의 이야기에 바탕을 둔 자아 이미지를 유지하기 위해 이들의 에너지와 주의는 내면을 향해 있다. 이들의 정체성은 '남들과 다름'에 중점을 둔다. 그 결과 이들은 다른 사람들에게서 동떨어져 있다는 느낌을 받는다. 4번 유형의 사람들은 실제로 현재 일어나는 느낌을 허용하기보다는 감정을 만들어 내고 그것을 유지하려는 경향이 있다. 건강하지 않은 4번 유형의 사람들은 스스로를 희생자로 느끼거나 과거에 갇혀 있다. 이들은 자신에게 온갖 비극이 일어났기 때문에 자신이 다른 모습은 가질 수 없다고 믿는다. 이것 또한 사람들의 주의와 동정심, 어느 정도의 인정을 이끌어 내기 위한 방식이다.

우리가 해야 할 일은 단지 진리가 아닌 것을 진리로 간주하는 습관을 버리는 것이다. 모든 종교적인 관행은 우리가 이것을 이룰 수 있도록 하기 위한 것이다. 진리가 아닌 것을 진리로 간주하는 것을 버릴 때 진리만이 남을 것이며 우리는 진리가 될 것이다.

라마나 마하리시 Ramana Maharshi

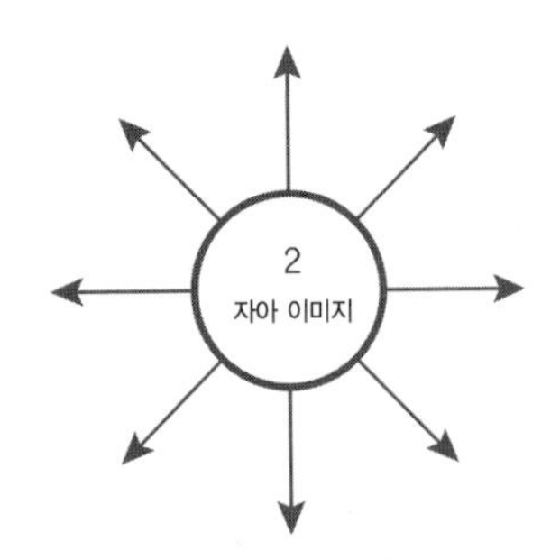

2번 : 타인을 향해 외부로
나타나는 자아 이미지

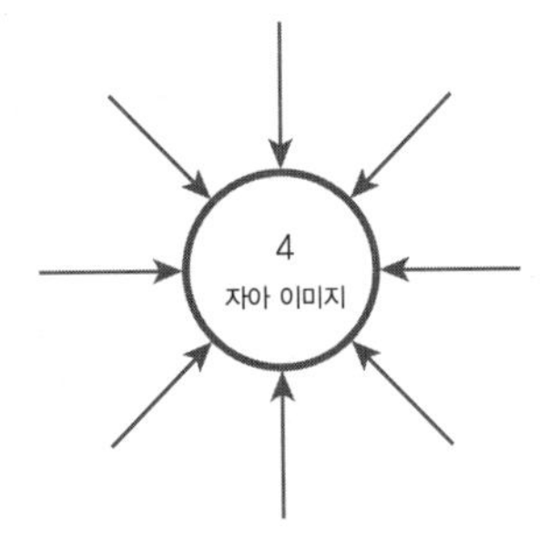

4번 : 자신을 향해 내면으로 나타나는
자아 이미지

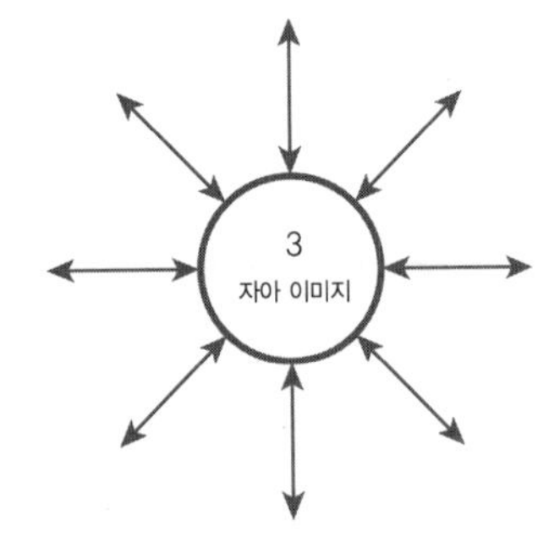

3번 : 자신과 타인 모두를 향해
나타나는 자아 이미지

감정 중심 유형들의
자아 이미지 초점

감정 중심의 유형 가운데 중심에 위치한 3번 유형은(이 유형은 정삼각형 위에 위치하고 있다) 내부와 외부 모두에 에너지를 쏟는다. 3번 유형도 2번 유형처럼 다른 사람들의 긍정적인 피드백과 승인을 필요로 한다. 3번 유형의 사람들은 성취를 통해서 가치를 찾는다. 이들은 어떤 사람이 가치 있는 사람이냐에 대한 나름대로의 개념을 발달시키고 그런 사람이 되려고 노력한다. 그러나 3번 유형들도 4번 유형들처럼 끊임없이 자신의 내면의 그림을 창조하고 그것을 유지하려고 하면서 내면을 향해 '스스로에게 말하는 것'에 엄청나게 많은 에너지를 쏟는다. 이들은 항상 진정한 자신보다 더 많은 것을 사람들에게 드러내려고 노력한다.

이들 유형들은 다양한 이미지를 만들어 내지만, 이들의 본심은 자신이 가치가 없다고 느끼고 있다. 그래서 이들의 성격은 자신이 가치가 없다고 느끼고 있는 사실을 스스로에게, 그리고 다른 사람들에게 숨기기 위한 시도를 한다. 2번 유형의 사람들은 "사람들이 나를 사랑하고 가치 있게 여기고 있으니까 나는 가치 있는 사람이야. 나는 사람들에게 좋은 일을 해 주고 사람들은 그것을 고마워해"라고 말하면서 자신이 가치 있는 존재라는 느낌을 가지려고 노력한다. 2번 유형들은 남을 구조해 주는 사람들이다. 스펙트럼의 반대쪽에 있는 4번 유형들은 구조를 받는 사람들이다.

4번 유형의 사람들은 "나는 특별하고 다른 사람들과 다르니까 나는 가치 있는 사람이야. 누군가 나를 구해 주기 위해 노력을 하니까 나는 특별한 사람이야. 누군가가 내 문제를 해결해 주기 위해 노력을 하니까 나는 가치 있는 사람이 틀림없어"라고 말한다. 반면에 3번 유형의 사람들은 남을 구조할 필요가 없는 모범이다. 이들은 이렇게 말한다. "나는 성취를 했기 때문에 가치 있는 사람이야." 이처럼 '자신을 존중하는 마음을 쌓기 위한' 방법은 각각 다르지만, 세 유형은 모두 스스로에 대한 진정한 사랑이 부족하다.

본능 중심의 유형들이 분노을 다루기 위해서 노력한다면 감정 중심인 2번, 3번, 4번 유형들은 수치심을 다루기 위해서 노력한다. 우리는 어린 시절,

우리의 본질적인 자아로부터의 자질이 발현되는 게 거부될 때 자신에게 뭔가 잘못이 있다는 결론에 도달한다. 그 결과로 나타나는 감정이 수치심이다. 이들은 자아 이미지라는 수단에 의존하여 스스로가 가치 있다는 느낌을 갖기 위해 노력함으로써 수치심에서 벗어나려고 한다.

2번 유형의 사람들은 다른 사람을 보살피고 봉사하며 아주 좋은 사람이 됨으로써 수치심을 느끼지 않으려고 한다. 3번 유형의 사람들은 자신이 하는 일에서 괄목할 만한 성취를 이룸으로써 수치심에 저항한다. 4번 유형의 사람들은 자신의 상실과 상처를 극적으로 만들고 스스로를 희생자로 봄으로써 더 깊은 수치심을 회피한다.

사고 중심

- 관심 : 전략과 신념들
- 문제 : 불안과 불안정
- 추구하는 것 : 안전함
- 내재된 감정 : 두려움

본능 중심 유형의 사람에게 자아의 존재감을 유지하는 게 중요하고 감정 중심 유형의 사람에게 개인적인 정체성을 유지하는 게 중요하다면, 사고 중심 유형의 사람에게는 내면의 안내와 지원에 대한 신뢰를 찾는 게 중요하다. 5번, 6번, 7번 유형의 주된 감정은 불안이다. 다른 말로 하자면 본능 중심 유형들은 현실에 저항한다. 감정 중심 유형들의 자아 이미지는 기억과 과거에 대한 해석으로부터 만들어졌기 때문에 이들은 모두 과거 중심적이다. 사고 중심 유형들은 미래에 대해 더 관심을 많이 둔다. 그들은 이런 생각을 한다. "나한테 무슨 일이 일어날까? 나는 어떻게 생존할까? 어떻게 하면 나에게 나쁜 일이 일어나지 않을 수 있을까? 어떻게 하면 내가 삶에 대처해 나갈 수 있을까?"

사고 중심 유형은 몇몇 영적 전통이 고요한 마음이라고 부르는 우리 본성과의 접촉을 잃었다. 고요한 마음은 우리에게 현실을 있는 그대로 지각하는 능력을 주는, 내면 안내의 원천이다. 고요한 마음은 우리의 행동을 안내해 주는 내면으로부터의 소리를 지각할 수 있게 해 준다. 그러나 우리가 자신의 몸이나 가슴의 느낌과 완전히 함께 하기가 어려운 것처럼 고

> 우리는 우리가 계획한 삶을 기꺼이 포기할 수 있어야 한다. 그래야만 삶이 우리를 기다리게 할 수 있다.
>
> 조셉 캠벨 Joseph Cambell

요하고 넓은 마음의 공간에 기거하는 것도 쉽지가 않다. 우리에게 마음은 끊임없이 재잘거리는 내면의 상자이다. 그래서 사람들은 자신의 시끄러운 마음을 가라앉히기 위해 수도원에서 몇 년을 보내기도 한다. 성격의 관점에서 본다면 마음은 고요하지도 않고 자연적으로 '알고' 있지도 않다. 마음은 세상을 살아 나가기 위해 끊임없이 나름대로의 전략과 공식을 만들어 낸다.

5번, 6번, 7번 유형들은 마음을 가라앉힐 수가 없다. 고요한 마음은 우리로 하여금 내면 깊숙한 곳에서 지원을 받고 있다고 느끼게 해 준다. 내면의 지혜와 안내는 고요한 마음 중에 일어나며 우리에게 세상에서 행동할 수 있는 자신감을 준다. 이런 자질들이 막혀 있을 때 우리는 두려움을 느낀다. 두려움에 대한 반응이 사고 중심의 세 유형을 구분 짓게 해준다.

5번 유형은 삶으로부터 움츠러들고 자신의 개인적인 필요를 줄임으로써 반응한다. 5번 유형들은 자신들이 너무 약하고 충분치 못한 사람이기 때문에 세상에서 안전하게 생존하기 어렵다고 생각한다. 유일하게 안전한 장소는 자신의 마음속이다. 그래서 이들은 세상에 뛰어들 준비가 되었다고 느낄 때까지 생존하게끔 도와준다고 믿는 것은 무엇이든 비축한다. 5번 유형들은 삶의 실질적인 요구를 충족시키기에는 자신들이 너무 가진 것이 없다고 느낀다. 이들은 어떤 기술이나 자질을 완전히 익혀서 그것이 자신을 안전하게 해 줄 거라는 확신이 들 때까지 숨어서 움츠리고 있다.

사고 중심 유형을 위한 명상 - 고요한 마음을 회복하기

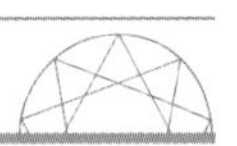

편안히 긴장을 풀고 당신이 지금 갖고 있는 느낌과 인상에 집중해 보라. 몸의 느낌이 어떤지 느껴 보라. 마음속에 그림을 그리지 말라. 무엇이든 지금 느껴지는 것을 느껴라. 당신이 이 느낌에 익숙해지고 차분해짐에 따라서 마음이 '덜 시끄러워'지는 것을 느낄 것이다. 이 과정을 몇 분 동안 계속하라. 지금 느끼는 직접적인 느낌과 인상에 머물러 있어라. 그리고 당신의 사고에 어떤 영향을 미치는지 살펴보라. 당신의 마음이 더 고요해질수록 지각이 더 명확해지는가, 흐려지는가? 마음이 더 민감해지는가, 무디어지는가?

반대로 7번 유형은 세상 속으로 뛰어드는 데 아무 두려움도 없는 것처럼 보인다. 7번 유형의 사람들은 아주 외향적이고 모험을 즐기기 때문에 처음에는 자신들이 두려움이 많은 사고 중심에 속한다는 사실이 이상하게 느껴질 것이다. 그러나 겉보기와는 달리 7번 유형들은 두려움으로 가득 차 있다. 그 두려움은 바깥 세상에 대한 것이 아니다. 이들은 자신의 내면 세계에 대한 두려움을 갖고 있으며 감정적인 고통, 슬픔, 특히 불안감에 사로잡히는 것을 두려워한다. 그래서 이들은 활동과 활동에 대한 기대 속으로 도망친다. 7번 유형들은 내재된 불안과 상처가 표면으로 떠오르지 않도록 무의식적으로 마음을 어딘가에 묶어 두려고 한다.

사고 중심 유형의 가운데에 있는 6번 유형(정삼각형 위에 있는)의 주의와 에너지는 내면과 외면 모두를 향하고 있으면서도 깊은 내면에서는 불안을 느끼는 유형이다. 그래서 7번 유형과 마찬가지로 외부의 활동에 적극적이며 미래에 대한 기대를 가지고 있다. 그러면서도 자신들이 실수를 해서 벌을 받거나 다른 사람들의 요구 때문에 지쳐 버리게 될까 봐 두려워한다. 그래서 이들은 5번 유형들처럼 '내면으로 뛰어 들어온다.' 그러다가 다시 자신의 감정에 겁을 먹고 주의와 에너지를 외부로 돌린다. 결국 불안 때문에 이들의 주의는 마치 탁구공처럼 안팎으로 튀어나왔다 들어갔다 하는 것이다.

사고 중심 유형들은 심리학적 용어로 에고 발달의 '분리 단계(separation phase)'와 관련된 문제를 가지고 있다. 이것은 2세에서 4세 정도의 단계로 유아가 "어떻게 하면 내가 엄마의 안전함과 보살핌에서 벗어날까? 무엇이 안전하고 무엇이 위험한 것일까?"를 궁금해 하기 시작하는 시기다. 이상적인 환경에서라면 아버지가 지원과 안내의 역할, 즉 아이가 살아가는 기술과 독립성을 개발하게끔 도와주는 사람이 된다.

사고 중심 유형의 아이들은 이 분리 단계에서 의존을 극복하려고 시도하는 데 세 가지 다른 방식을 보여 주고 있다. 6번 유형들은 아버지와 같은 사람, 즉 강하고 신뢰할 수 있으며 권위 있는 사람을 찾는다. 6번 유형

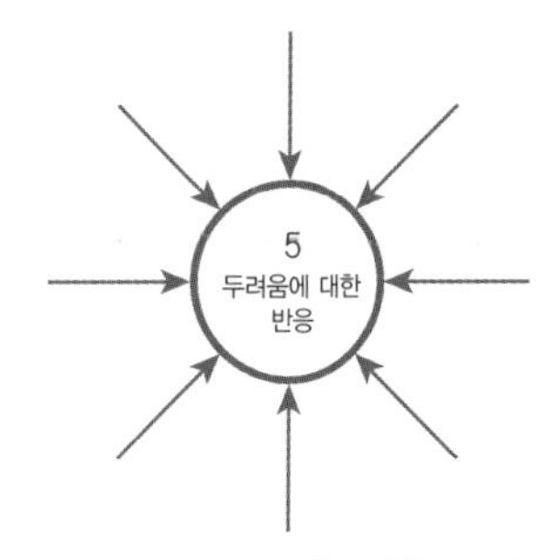

5번 : 외부 세계에 대한 두려움 때문에 내면으로 도망친다.

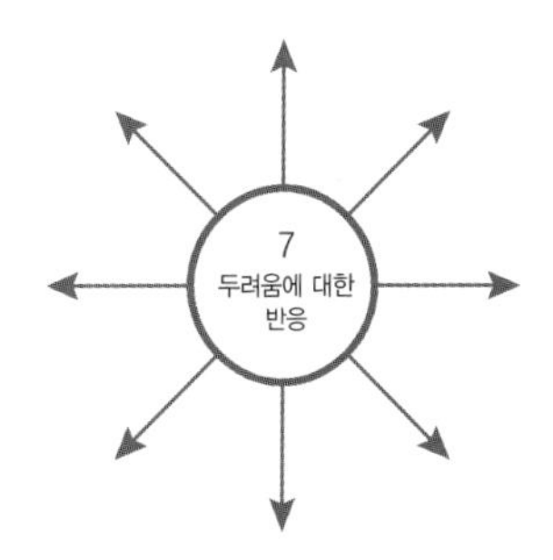

7번 : 내면 세계에 대한 두려움 때문에 외부로 도망친다.

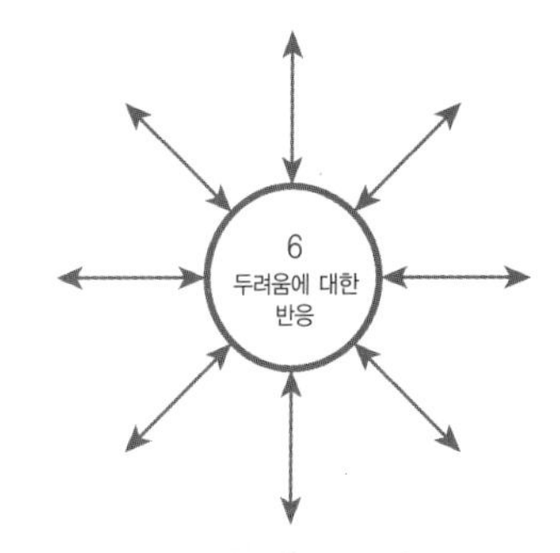

6번 : 외부의 위협을 피하기 위해 내면으로 도망치고, 내면의 두려움을 피하기 위해 외부로 도망친다.

사고 중심 유형들의
자아 도피 방향

의 사람들은 다른 사람으로부터 안내를 구함으로써 잃어버린 내면의 안내를 보충한다.

이들은 독립적이 되기 위해 지원을 구한다. 그러나 아이러니컬하게도 바로 그 독립성을 얻기 위해서 자신들이 이용한 사람이나 체제에 의존하게 된다. 5번 유형들은 외부로부터 지원을 얻을 수 없거나 그것을 신뢰할 수 없다고 생각한다. 그래서 혼자 마음속으로 모든 것을 이해하고 해결함으로써 잃어버린 내면의 안내를 보충하려고 한다. 이들은 무엇이든 혼자

각 유형의 성격과 본질

성격	⟷	본질
	사고 중심 (5번 • 6번 • 7번)	
시끄러운 마음		고요한 마음
따져 보기		내면의 안내
전략, 의심	⟷	앎, 명확성
불안과 두려움		지원과 꾸준함
미래에 대한 예측		현재 순간에 열려 있음
미래 중심적		현존
	감정 중심 (2번 • 3번 • 4번)	
자아 이미지		성실
만들어낸 이야기		진실성
감정에 치우침	⟷	사랑
기분에 매달림		용서와 흘려보내기
상황에 따라 달라짐		내면으로 향해 있음
과거 중심적		현존
	본능 중심 (1번 • 8번 • 9번)	
경계 형성		삶과 연결돼 있음
긴장, 무감각		이완, 열려 있음, 느낌의 발달
방어적		내면의 힘
분리되어 있음	⟷	안정되어 있음
짜증		수용
현재에 저항		현존

하기 때문에 다른 사람을 필요로 하고 애착을 갖는 마음을 줄여야 한다고 믿는다.

7번 유형들은 어머니의 보살핌을 대신해 줄 뭔가를 추구함으로써 두려움에서 벗어나고자 한다. 이들은 자신을 더 만족스럽고 안전하게 느끼도록 해 주는 것이라면 무엇이든 찾아다닌다. 동시에 그들은 모든 것을 시도해 봄으로써 내면의 안내가 부족한 것에 반응한다. 이들은 이러한 방식으로 자신이 비밀스럽게 찾고 있는 보살핌의 손길을 발견한다.

각 유형의 '사회적인 방식' 에 따른 구분법

세 가지 힘의 중심에 의한 분류 외에 다른 방식으로 성격 유형을 분류하는 방법이 있다. 이것은 인간이 내면의 갈등을 해결하는 데 사용하는 근본적인 세 가지 방법을 밝혀냄으로써 프로이드의 심리학을 더욱 발전시킨 심리학자 카렌 호니Karen Horney의 이름을 따서 호니비언 그룹이라고 불린다. 호니비언 그룹은 각 유형의 '사회적인 방식' 을 나타낸다고도 할 수 있다. 그것은 공격하는 방식, 움츠리는 방식, 순응하는 방식(에 순응, 즉 의무에 충실)이다. 아홉 가지의 모든 유형들이 이 세 가지 주요 방식에 속한다.

공격형(assertive – 호니는 '사람들에게 대항하는 형' 이라고 명명)에는 3번, 7번, 8번 유형이 속한다. 공격형들은 에고 중심적이고 에고를 확장하려 한다. 이들은 자신의 에고를 더 강화하고 팽창시키며 쌓아올림으로써 스트레스와 어려운 상황에 반응한다. 이들은 어려운 상황을 만나면 뒤로 물러서고 움츠리며 다른 사람들에게 보호를 요청하기보다는 자신의 에고를 팽창시킨다. 이 세 유형들은 자신의 감정을 처리하면서 일어나는 문제를 겪는다.

각각의 호니비언 그룹들은 다른 사람들과 관계를 맺을 때 각 그룹만의 자아에 대한 본질적인 느낌을 갖고 있다. 이러한 '자아에 대한 느낌' 이 얼마나 진실하지 못한가를 인식하고 이해한다면 에고의 특성을 훨씬 더 잘 이해할 수 있다. 예를 들어 설명하면 이해하기가 더 쉬울 것이다. 당신은 사람들이 많은 방에 들어가려고 한다. 자동적으로 당신은 특정한 당신만의 방식을 나타낼 것이다. 공격형이라면 첫 번째 나오는 자동적인 반응은

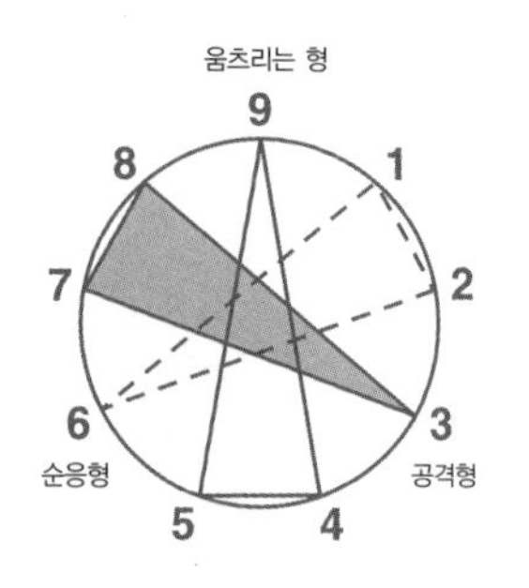

호니비언 그룹에 의한
유형 분류

'나는 여기에서 중요한 인물이고 중심이다. 이제 내가 여기 왔기 때문에 뭔가 일어날 것이다' 라고 생각한다. 공격형들은 모든 의미 있는 일은 자동적으로 자신과 관련되어서 일어난다고 느낀다.

7번 유형은 방으로 들어오면서 무의식적으로 이렇게 생각한다. '여러분, 내가 여기 있어요! 이제 더 활기 있어질 거예요.' 8번 유형은 또 이렇게 생각한다. '내가 여기 왔어요. 나에게 덤벼 봐요.' 이 두 유형들은 그 공간을 '떠맡고' 다른 사람들이 자신에게 반응하기를 기대한다. 그러나 3번 유형들은 쉽게 자신이 중심이라고 생각하지는 않는다. 앞에서도 설명했듯이 이들은 자신들의 가치를 느끼기 위해 드러나지 않는 방식으로 다른 사람들의 주의를 끄는 데 의존하고 있다. 3번 유형들은 가능한 한 조심스럽게 사람들로부터 긍정적인 관심을 얻기 위한 방법을 찾는다. 이들은 "내가 성취한 것을 봐요. 나를 보고 내 가치를 인정해 줘요"라고 말하면서 자신이 중심이 되는 느낌을 가진다.

순응형(compliants – 호니는 '사람들에게 향하는' 형이라고 명명)에는 1번, 2번, 6번 유형이 포함된다. 이들 세 유형은 사람들에게 봉사하고자 하는 욕구를 갖고 있다는 면에서 서로 공통적이다. 이들은 진리의 옹호자, 혁명가, 자원 봉사자, 성실한 근로자다. 이 세 유형들은 무엇이 옳은 일인지를 찾아내기 위해서 자신의 수퍼에고와 상의함으로써 어려운 상황과 스트레스에 반응한다. 이들은 스스로에게 이렇게 묻는다. "다른 사람들이 나에게 기대하는 것을 어떻게 충족시킬 수 있을까? 어떻게 하면 내가 책임감 있는 사람이 될 수 있을까?"

순응형이라고 해서 반드시 다른 사람에게 순응하는 것은 아니다. 이들은 자신의 수퍼에고의 요구에 충실하다. 이 세 유형들은 어릴 때부터 배워 온 내면화된 규칙과 원칙, 지시에 복종하려고 노력한다. 그 결과 이들은 자기 자신이 권위적 인물(authority figure)이 되는 경우가 많다. 특히 6번과 1번 유형이 그렇다(2번 유형의 사람들도 권위적 인물이 될 수 있다. 그러나 2번 유형의 사람들은 '좋은 부모' 나 다른 사람에게 신뢰받는 조언자가 됨으로써 그렇게 되려고 한다).

순응형인 사람은 사람들이 모인 방에 들어갈 때, 이들 자아는 자동적으로 다른 사람보다 '낫다' 고 느낀다. 그러나 이들은 아주 조심스럽게 그 느낌을 나타낸다. 1번 유형은 방에 들어가면서 무의식적으로 생각한다. '이 방은 너무 엉망이고 질서가 없군. 내가 책임자라면 이렇게 엉망이진 않을 텐데.' 2번 유형은 '불쌍한 사람들 같으니라고! 내가 모든 사람들을 보살펴 줄 시간이 있으면 얼마나 좋을까. 이 사람들은 나의 도움이 필요해' 하고 생각한다. 2번 유형들은 다른 사람들을 보살피고 봉사하는 '사랑이 많은' 사람의 자세로 다른 사람에게 접근함으로써 자동적으로 '다른 사람보다 나은' 우월한 역할의 자리에 자신을 놓게 된다. 6번 유형은 1번이나 2번 유형들보다는 열등감을 더 많이 느낀다. 그러나 이들은 사회적인 신분이나 속해 있는 단체("나는 민주당원이기 때문에 공화당원보다 낫다!" "나는 로스앤젤레스보다 나은 뉴욕에 살아." "우리 49기보다 나은 팀은 없을 거야!")를 통해서 '더 낫다' 는 느낌을 느끼게 된다.

움츠리는 형(withdrawns – 호니는 '사람들로부터 물러나는' 형이라고 명명)에는 4번, 5번, 9번 유형이 속한다. 이 유형들의 자아상, 무의식적인 감정, 사고, 충동들은 많은 면에서 유사하다. 이들의 무의식은 항상 백일몽과 환상을 통해서 의식 위로 솟아오른다.

이 세 유형들은 세상과 연관되는 것에서 물러나 자신이 상상하는 '내면의 장소' 로 들어감으로써 스트레스에 반응한다. 9번 유형들은 편안하고 걱정이 없는 '내면의 성소聖所' 로 움츠러들고, 4번 유형들은 낭만적이고 이상적인 환상의 자아로, 5번 유형들은 복잡하고 지적인 사고 속에서 모든 것이 가능한 '내면의 만물 상자' 로 움츠러든다. 세 유형 모두는 아주 쉽게 자신의 상상 속으로 들어간다. 세 유형들은 자신의 신체 안에 머무는 것과 상상을 행동으로 옮기는 것에 곤란을 겪는다.

방 안에 들어갈 때 이들 자아는 자동적으로 '나는 여기서 일어나는 일에 말려들지 않을 거야. 나는 이 사람들과 같지 않아. 나는 여기에 적합지 않아' 라고 느낀다. 4번과 5번 유형은 다른 사람들과 분리되어 있다는 느낌을 가장 분명히 느낀다. 이들은 다른 사람과 떨어져 다르게 행동함으로써 자아에 대한 느낌을 강화한다. 사람들이 많은 방에서 4번 유형이 보이는 전형적인 태도는 다른 사람들과 떨어져 홀로 있으면서 '신비하게' 행동하는 것이다. 반면에 별로 기분이 안 난다고 생각하면 그냥 그 자리를 떠나 버린다.

5번 유형들은 방 안에 머물러 있을 수도 있다. 그러나 집에서 책을 보거나 자신이 흥미를 느끼는 일을 하는 게 더 좋았을 거라고 생각한다. 만약 5번 유형들이 그냥 머물러 있다면 아마 한쪽 옆에 앉아서 다른 사람들을 쳐다보고 있을 것이다. 그러면서 캠코더로 사람들을 촬영하는 일 같은 게 주어진다면 사교적이 될 수도 있다.

9번 유형들은 사람들과 모이는 것을 즐기고 잘 참여한다. 그러나 이들은 스스로를 다른 사람들과 관련시키지 않은 채 그 자리에 머물러 있다. 이들은 낚시 가는 걸 생각하고 있으면서도 사람들의 말에 고개를 끄덕거리거나 미소 짓는다.

이 장의 처음에 언급했듯이 이 세 유형들은 우리에게 어린 시절에 가장 원했던 것이 뭔지를 말해 준다. 본능 중심의 유형들은 자치권을 가장 원한다. 이들은 독립성과 자신의 의지를 주장하는 것을 추구한다. 감정 중심의 유형들은 주의와 관심을 가장 원한다. 이들은 부모에게 인정받기를 원한다. 사고 중심의 유형들은 안전을 가장 원한다. 이들은 자신의 환경이 편안하고 안정적이 되기를 원한다.

호니비언 그룹은 우리에게 각 유형이 자신의 필요를 충족시키기 위해 사용하는 전략을 말해 준다. 공격형들은(3, 7, 8번 유형) 자신이 원하는 것을 얻기 위해서 주장하고 요구한다. 자신이 필요하다고 믿는 것을 좇을 때 이들의 접근은 능동적이고 직접적이다. 순응형(1, 2, 6번 유형)은 자신이 원하는 것을 얻기 위해 수퍼에고를 달램으로써 뭔가를 획득하려 한다. 이들은 자신의 필요를 충족시키기 위해서 '좋은 아이' 가 되려고 최선을 다한다. 움츠리는 형(4, 5, 9번 유형)은 자신이 원하는 것을 얻기 위해서 움츠러든다. 이들은 자신의 욕구를 다루기 위해서 다른 사람들로부터 떨어져 있으려고 한다.

각 유형의 핵심적인 동기와 그것을 충족하는 방식을 간결하게 설명하면서 세 그룹의 특징을 살펴보도록 한다.

호니비언 그룹과
세 중심 유형의 결합

본능 중심 유형에서 8번 유형은 자치권을 주장하고 9번 유형은 자치권을 얻기 위해서 움츠린다(자기 자신의 공간을 갖는다). 그리고 1번 유형은 자치권을 획득하려고 노력한다(자신이 완벽하다면 다른 사람들이 자신을 방해하지 않을 것이라고 느낀다).

감정 중심 유형에서 의존형인 2번 유형들은 주의를 획득하려고 노력한다 (다른 사람을 위해서 봉사하고 사려 깊은 행동을 함으로써) 공격형인 3번 유형은 주의를 주장한다(승인과 주의를 얻기 위한 것이라면 무엇이든 함으로써). 그리고 움츠리는 형인 4번 유형은 주의를 유도하기 위해서 움츠러든다(누군가 와서 자신을 발견하기를 바라며).

사고 중심 유형에서 5번 유형은 안전을 위해서 움츠러들며("다른 사람에게서 떨어져 있다면 나는 안전할 거야") 6번 유형은 안전을 획득하려고 노력한다("남들이 나에게 기대하는 일을 해 낸다면 나는 안전할 거야"). 7번 유형은 안전을 요구한다("안전하다고 느끼기 위해서라면 나는 무엇이든 쫓아갈 거야").

각 유형의
'대처방식'에
따른 구분

또한 우리는 아홉 가지의 유형을 분류하는 세 번째 중요한 방식을 발견했다. 우리는 이것을 하모닉 그룹Harmonic Group이라고 이름 붙였다. 하모닉 그룹은 의식의 성장에 유용하게 사용될 수 있다. 이것은 각 유형이 자신이 원하는 것을 얻지 못할 때 어떻게 대처하는지를 나타낸다. 즉 우리의 성격이 상실과 실망을 겪을 때 자신을 방어하는 기본적인 방식을 드러내 보여 주는 것이다. 각 중심의 주된 유형(삼각형에 위치하는 3번, 6번, 9번 유형)에는 여러 가지 면에서 그것과 아주 유사하게 보이는 두 가지 부차적인 유형이 있다. 이들 유형은 너무 유사하기 때문에 사람들이 혼동하기가 쉽다. 예를 들어 9번 유형은 2번이나 7번 유형과 혼동하기 쉽다. 3번 유형은 1번, 5번 유형과 혼동하기 쉬우며, 6번 유형은 4번, 8번 유형과 혼동하기 쉽다.

에니어그램 상징에서 이들을 연결하는 선은 없지만 공통적인 주제와 문제가 이들 유형을 결합시킨다. 하모닉 그룹은 자신의 주된 욕구가 충족되지 않을 때 그 유형이 어떤 태도를 취하는지를 말해 준다. 즉 다시 말하면 갈등과 어려움에 우리가 어떻게 대처하느냐를 말해 준다.

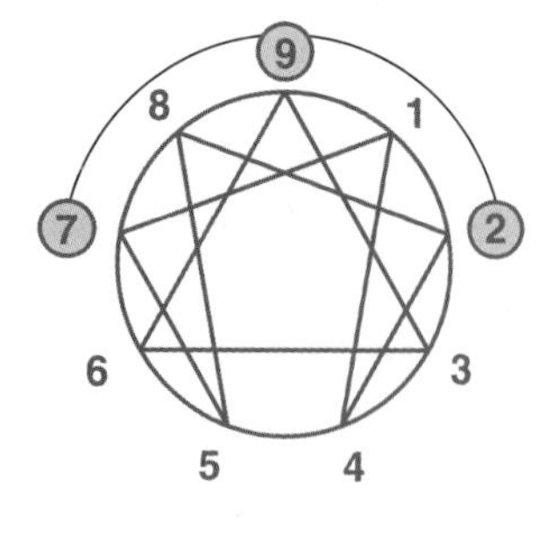

9-2-7 긍정적 태도 그룹

긍정적 태도 그룹(The Positive Outlook Group)에는 9, 2, 7번 유형이 속한다. 이 세 유형은 모두 가능한 '긍정적인 태도'를 취함으로써 긍정적인 방식으로 실망을 재구성한다. 이들은 삶의 밝은 면을 강조하고 보기를 원한다. 이 유형들은 스스로가 좋은 기분에 머물기를 원하기 때문에("나는 문제를 갖고 있지 않아") 다른 사람들도 좋은 기분이 들게끔 해주는 걸 즐기는 '사기를 북돋아 주는 사람' 들이다.

긍정적 태도 그룹의 주요 주제

유형	강조점	회피하는 것	욕구와 관련된 문제
2	"나는 사랑이 많고 남을 잘 보살핀다"는 자아상을 가진다. 이들은 자신의 좋은 의도에 초점을 맞춘다.	자신의 필요, 실망, 분노.	다른 사람의 욕구를 지나치게 강조하고 자신의 욕구는 무시한다.
7	긍정적인 경험, 즐거움, 활동, 흥분, 재미.	자신의 고통이나 허무감, 자신과 타인을 고통스럽게 하는 역할.	자신의 욕구를 강조한다. 이들에게는 다른 사람의 욕구가 짐으로 느껴지기가 쉽다.
9	타인이나 환경의 긍정적인 면. 이들은 세상을 이상적으로 본다.	사랑하는 사람이나 환경과의 문제, 자기 스스로가 발전하고 있지 않는 것.	자신이나 타인의 욕구가 벅차게 느껴짐. 이들은 이 둘 모두를 다루기를 원치 않는다.

이 유형들은 자신의 어두운 부분에 직면하기를 어려워한다. 이들은 자신 안에서 고통스럽거나 부정적인 것을 보기를 원하지 않는다. 또한 유형에 따라서는 자신의 욕구와 다른 사람들의 욕구 사이에 균형을 이루는 것을 어려워하기도 한다. 2번 유형들은 다른 사람들의 욕구에 중점을 두며, 7번 유형들은 자신의 욕구에 중점을 둔다. 9번 유형들은 두 가지 모두를 중시하려고 노력하지만 결국 양쪽을 적절히 충족시키는 데 실패한다.

능력 그룹(The Competency Group)은 1, 3, 5번 유형으로 구성된다. 이 사람들은 자신의 개인적인 감정을 뒤로 젖혀 두고 객관적이고 효과적이며 유능해지기 위해 노력함으로써 어려움을 다루는 법을 배운다. 이들은

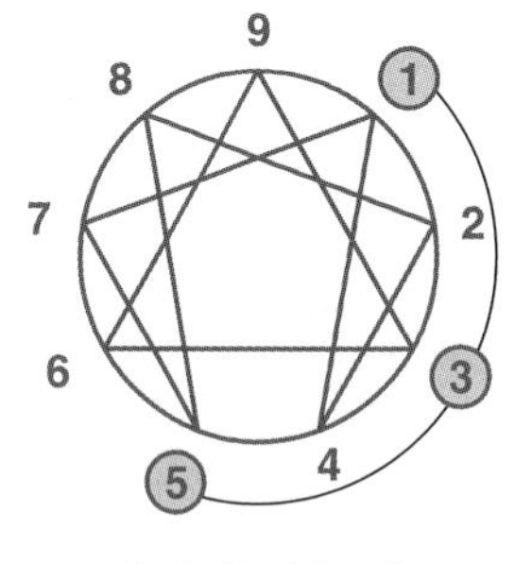

1-3-5 능력 그룹

능력 그룹의 주요 주제

유형	강조점	감정 관리	체제와의 관계
1	정확하고, 잘 조직되고 합리적이 되는 것. 이들은 자신을 개선시키고 규칙을 잘 알아서 모범이 되고자 한다.	감정을 억압하고 부정함으로써, 감정은 모든 일을 제대로 하려는 활동 속에 묻혀 버린다. 억압된 감정이 신체적인 경직으로 축적된다.	1번 유형들은 체제와 함께 일하기를 원한다. 이들은 '좋은 아이'가 되려 하며 규칙을 무시하는 사람을 싫어한다.
3	효율적이고 유능하며 뛰어나게 되는 것. 목표에 초점을 맞추며 실용적이 되고 자신을 어떻게 표현할지 알고 싶어한다.	감정을 억압하고 자신의 과제에 집중함으로써 얻는 성취가 고통스러운 감정을 상쇄시켜 준다. 이들은 감정을 일으킨 원인을 타인에게서 찾는다.	3번 유형들은 체제와 함께 일하기를 원한다. 그러나 이들은 규칙을 무시하고 지름길을 찾으면서 체제 밖에 있기를 좋아하기도 한다.
5	전문가가 되고 깊이 있는 정보를 갖는 것. 이들은 과정, 객관적 사실, 명확성과 독립성을 유지하는 것을 중시한다.	감정을 분석하고 추상화함으로써 마치 자신의 감정이 남의 것인 양 그 감정에 말려들지 않고 머리로 그것을 처리한다.	5번 유형들은 체제를 거부하고 체제 밖에 있으면서 혼자 일하기를 원한다. 이들은 규칙이나 절차에 대한 인내심이 없다.

자신의 주관적인 필요와 감정을 뒤로 젖혀 둔다. 이들은 논리적으로 문제를 해결하려 하며 다른 사람도 그렇게 해 주기를 기대한다.

이 세 유형들은 특정 틀이나 체제 안에서 일하는 것과 관련하여 문제를 갖고 있다("이 체제 안에서 내가 어떤 기능을 할까? 내 이익을 위해 이것을 사용할 수 있을까? 이것이 내가 원하는 일을 하는 데 방해가 되지 않을까?" 등등). 체제에 대한 이 유형들의 자세는 가족과의 관계에서 발전되어 나왔다. 이 유형들은 그 체제의 가치에 얼마만큼 자신을 주기 원하는지를, 그리고 체제에서 얼마나 물러나 있기를 원하는지를 확신하지 못한다. 1번 유형들은 아무도 이들의 성실성을 의심하지 않을 정도로 규칙을 잘 따르며 규칙 안에서 움직인다. 반면에 5번 유형들은 규칙 밖에서 움직이는 경향이 있다. 3번 유형들은 규칙과 구조에서 이득을 취할 때는 취하지만 그것에 제약을 받지는 않으면서 규칙 안과 밖 모두에서 움직인다.

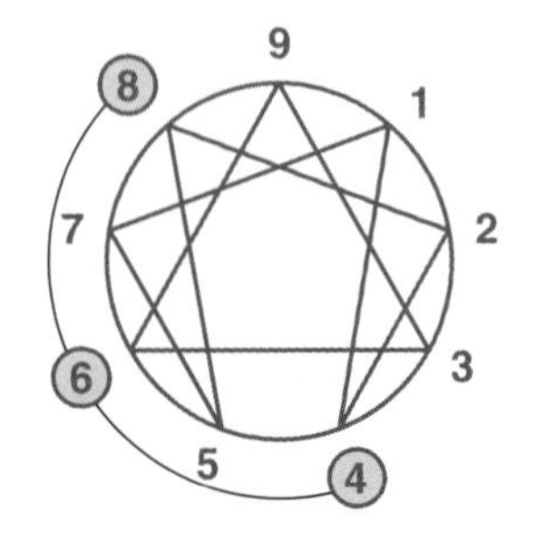

4-6-8 반응 그룹

반응 그룹(The Reactive Group)은 6번, 4번, 8번 유형으로 구성된다. 이 유형들은 갈등과 문제에 감정적으로 반응하며, 다른 사람들을 얼마나 신뢰해야 하는지 알기 어려워한다. 문제가 생기면 이 유형들은 다른 사람들이 감정적인 반응을 보여서 자신의 걱정을 반영해 주기를 원한다("나는 이 점에 대해 어떻게 느끼는지를 알기 위해 당신이 필요해요"). 갈등 상황에서 반응 그룹의 유형들은 다른 사람들이 자신의 감정적인 상태에 맞춰 주기를 바란다. "이것은 정말로 나를 괴롭혀요! 이것이 당신도 괴롭혀야만 해요!" 이 그룹의 유형들은 싫고 좋음이 분명하다. 이들에게 문제가 있으면 다른 사람들도 곧 알게 될 것이다. 이들은 갈등 상황에서 자신의 감정을 먼저 다루기를 원한다. 그리고 대개의 경우 자신의 감정을 다루고 난 후라야 상황이 정리되고 가라앉을 수가 있다. 이 유형들이 자신의 감정을 발산할 수 없다면 크게 화를 내고 복수심을 갖게 될 것이다.

또한 반응 그룹 유형들은 독립성 및 스스로 결정하려는 욕구와 다른 사람들의 지원이나 보살핌을 받고자 하는 욕구 사이에서 균형 맞추기를 어려워한다. 이들은 다른 사람들을 신뢰하면서도 동시에 신뢰하지 않는다.

다른 사람들의 지원과 애정을 받아들이는 것은 이 유형들의 중요한 욕구지만 그렇게 함으로써 자신과 자신의 환경에 대한 통제를 잃는다는 느낌 때문에 힘들어한다. 이들은 배신당하는 것을 두려워하며 자신에 대한 다른 사람들의 태도를 알고 싶어하기 때문에 사람들로부터 피드백을 필요로 한다. 이들은 조언이나 지시('부모 역할')를 구하거나 그것에 도전한다(반항). 무의식적으로 4번 유형들은 다른 사람들이 부모 역할을 해 주기를 원하는 반면에, 8번 유형들은 부모와 보호자의 역할을 하고 싶어 한다. 6번 유형들은 둘 모두를 원한다. 이들은 때로는 자신이 부모 역할을 하고 때로는 다른 사람들이 부모 역할을 해 주기를 원한다.

반응 그룹의 주요 주제

유형	추구하는 것	두려움	타인을 대하는 방식
4	구원자. 자신을 이해하고 자신의 삶과 꿈을 지원해줄 수 있는 사람. 이들은 자신을 드러내기를 원한다.	버려지는 것. 아무도 자신을 돌보지 않는 것. 자기 자신을 찾고 자신이 되기 위한 충분한 지원을 받지 못하는 것.	자신은 다가가기 힘든 사람이라는 인상을 줌으로써 사람들이 다가오는 것을 제한하고 자신을 지원하는 것에만 집착함으로써 사람들의 관심을 받으려 한다.
6	독립성과 지원. 이들은 의지할 사람을 원한다. 그러나 '강한 사람'이 되고자 하는 욕구가 있다.	버려지고 도움을 받지 못하는 것. 그러나 동시에 다른 사람에게 지나치게 의존하는 것도 두려워한다.	자신의 독립성을 유지하려고 노력하면서 헌신적이 되고 믿을 수 있는 사람이 되려 한다. 이들은 붙임성 있지만 방어적이다.
8	독립성과 자립. 이들은 가능한 한 다른 사람들의 도움이나 지원을 받지 않기를 원한다.	통제당하는 것. 타인에게 지배당하는 것. 이들은 누군가와 친해져서 상대방을 지나치게 신뢰하게 됨으로써 자신의 약한 면을 드러내게 될까 봐 두려워한다.	자기 방어를 유지하며 다른 사람들이 너무 가까이 오지 않도록 한다. 다른 사람을 거칠게 대하는 것은 상처받는 것이 두렵고 자신도 다른 사람이 필요하다는 것에 저항하기 때문이다.

하모닉 그룹의 세 가지 유형

긍정적 태도 그룹 : 자신이 문제를 갖고 있음을 부인한다.

9 "뭐가 문제야? 난 문제가 있다고 생각하지 않아."

2 "너는 문제를 갖고 있어. 내가 너를 도와 줄게."

7 "문제가 있지만 나는 괜찮아."

능력 그룹 : 감정을 끊어 버리고 문제를 논리적으로 해결한다.

3 "이것에 대한 효율적인 해결책이 있어-우리는 해결을 해야 해."

1 "우리는 이 문제를 합리적이고 성숙한 어른처럼 해결할 수 있다고 믿어."

5 "여기에는 숨겨진 면들이 많아. 그것에 대해 생각해 봐야겠어."

반응 그룹 : 강하게 반응하며 다른 사람들의 반응을 필요로 한다.

6 "난 정말 스트레스를 받고 있어. 어떻게든 이걸 해결해야 해."

4 "나는 정말 상처받았어. 난 나 자신을 표현해야 해."

8 "나는 이것에 대해 화가 나. 마음껏 화를 낼 거야."

제6장

에니어그램의 변형들

Dynamics and Variations

에니어그램은 모호하지 않다. 이 장은 아홉 가지 기본 유형 이외에 변형된 유형들에 대해 설명함으로써 성격 패턴을 더욱 깊이 이해할 수 있도록 우리를 돕는다. 각 유형마다 두 개의 날개(wing)와 세 개의 본능적 변형(instintual variant)들이 있다. 이 두 '렌즈들' 은 우리에게 성격 유형을 좀 더 정확하게 볼 수 있도록 해 준다. 그러나 에니어그램은 우리가 어느 방향으로 발전해 나가야 하는지를 제시한다는 의미에서 아주 독특한 성격 유형론이다. 에니어그램은 우리에게 문제가 되는 패턴뿐만 아니라 성장의 패턴까지도 펼쳐 보여 준다. 발전의 수준과 통합과 비통합의 방향을 통하여 우리는 성격의 역동성, 즉 우리가 발전해 나가는 길을 알 수 있다.

날개

아홉 가지의 유형들은 원을 중심으로 나열되어 있기 때문에 당신의 기본 유형이 무엇이든지 양옆에 하나씩의 유형이 자리 잡고 있다. 이 두 유형 중 하나가 당신의 날개가 된다. 날개는 기본 유형과 혼합되어서 기본 유형을 변형시킨다. 만약 기본 유형이 9번이라면 당신은 8번과 1번 중 하나를 날개로 취할 것이다. 단순히 자신의 기본 유형에 머물러 있는 사람은 없다. 그리고 어떤 경우에는 양쪽 날개 모두를 취하고 있는 경우도 있다.

9번 유형의 날개들

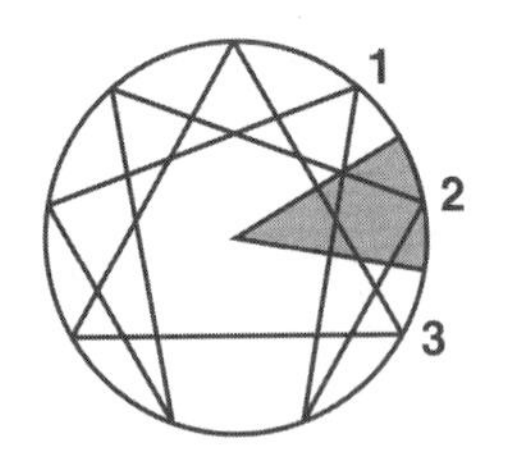

'2번 성격' 의 범위

그러나 대부분은 하나의 주된 날개를 취하고 있다.

날개는 우리가 에니어그램의 아홉 가지 유형을 더 자세히 나누어 볼 수 있게끔 해 준다. 각각의 날개는 원래 유형에 부속된 유형이다. 우리가 날개를 알게 되면 영적으로 성장해 나갈 때 직면해야 할 문제들을 생각해 보는 데 도움이 된다.

더 많이 취하고 있는 날개가 어느 쪽인지를 살펴보면 일상에서 어떤 부속 유형이 나타나는지를 알 수 있다. 예를 들어 우리 주변에서 7번 유형들을 보면 8번 날개를 취한 7번과 6번 날개를 취한 7번 유형들이 있다. 이 두 날개의 부속 유형은 아주 다른 성격을 보여 준다. 이렇게 기본 유형과 날개를 결합해 보면 18개의 날개 부속 유형이 생겨난다. 이 각각의 날개 유형들은 각각의 장에서 설명될 것이다.

원으로 된 에니어그램의 상징을 모든 색상 범위를 보여 주는 색상환으로 생각한다면 성격의 개인적 차이를 쉽게 이해할 수 있다. 예를 들어 어떤 사람이 6번 유형이라고 하면 그는 '푸른색 계열' 에 속할 것이다. 우리는 푸른색 계열에서 정확히 어떤 색인지는 말할 수 없다(남색, 하늘색, 청색, 남청색, 담청색 중 어느 색인지를). 그러나 우리는 푸른색과 빨간색, 푸른색과 오렌지색에는 어떤 차이가 있는지 분명히 말할 수 있다.

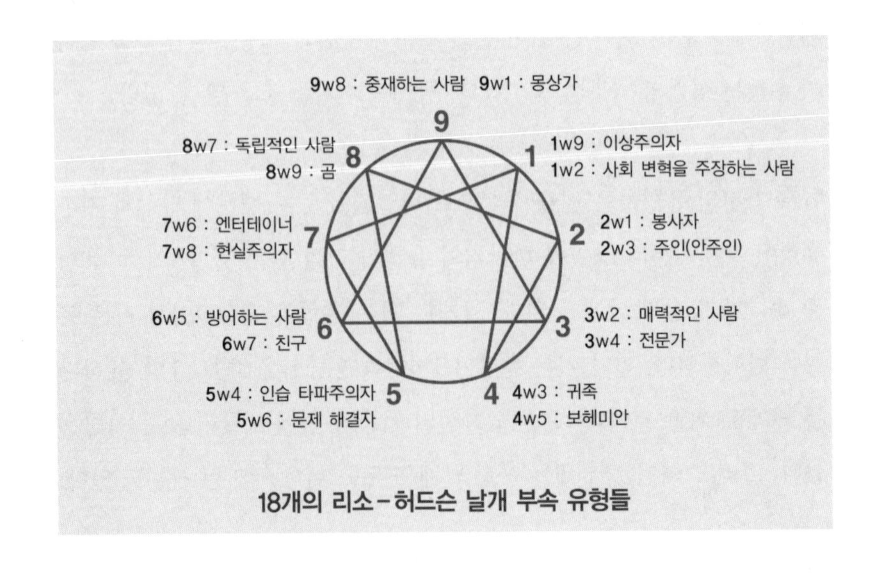

18개의 리소-허드슨 날개 부속 유형들

컬러 스펙트럼에 연속성이 있는 것처럼 인간의 성격이 표현되는 데도 연속성이 있다. 무지개의 색상 사이에 뚜렷한 경계선이 있지 않듯이 성격 유형 사이에도 명확한 구분이 있는 게 아니다. 모든 색상의 명암, 색조, 강도가 다르듯이 개개인에게는 독특한 그 사람만의 성격이 있다. 에니어그램 상의 아홉 가지의 점들은 단지 우리가 성격 차이에 대해서 이야기할 때 사용하는 '한 가족에게 붙이는 이름'이라고 할 수 있으며 그 성격에서의 중요한 점들을 놓치지 않고 이야기하는 방법이다.

본능적 변형

에니어그램의 각 성격 유형에는 두 개의 부속 유형 외에도 세 개의 본능적인 변형이 있다. 이것은 각 유형이 특히 어떤 삶의 영역에 초점을 맞추고 있는지를 이야기해 준다. 한 개인의 지배적인 본능적 변형은 이들의 유형이 더 많이 드러나는 영역을 나타내 준다. 에니어그램의 아홉 가지 유형 모두가 우리 안에 있듯이, 세 개의 변형 중 하나가 우세하기는 하지만 이 세 변형 모두가 우리 안에 있다.

세 개의 본능은 케이크의 여러 층에 비유될 수 있다. 가장 우세한 본능이 위층이고 그 다음이 가운데 층, 그리고 가장 적게 갖고 있는 본능이 맨 밑층이다. 우리는 그 사람의 에니어그램 번호를 몰라도 그가 어떤 영역을 우세하게 갖고 있는지를 이야기할 수 있다. 본능들은 분명히 정의되고 관찰되기는 하지만, 그 유형과는 무관하게 작용하기 때문에 진정한 '부속 유형(subtype)'이라고 보기는 어렵다.

본능적 변형은 인간 행동의 동기가 되는 세 개의 주요한 본능에 바탕을 두고 있다. 그것은 자기 보존 본능(the Self-Preservation Instinct), 사회적 본능(the Social Instinct), 그리고 성적 본능(the Sexual Instinct)이다. 각각의 에니어그램 유형에는 이 세 우세한 본능들에 근거한 세 개의 변형들이 있다. 예를 들어 6번 유형에는 자기 보존적 6번, 사회적 6번, 성적 6번이 있으며 이들의 관심사는 아주 다르다. 본능적 변형은 세 개의 기본적인 본능 중 어떤 것이 어린 시절에 왜곡되었는지를 말해 준다. 이것은 특정한 성격 유형이 형성되도록 한다.

그러므로 한 개인의 성격을 이야기하려면 기본 유형, 날개, 우세한 본능적 변형을 결합하여 설명해야 한다. 예를 들어 2번 날개를 갖고 있는 자기 보존적 1번, 9번 날개를 가진 성적 8번 등으로 말이다. 본능적 부속 유형과 날개는 직접적으로 연관되어 있지는 않기 때문에 날개의 '렌즈'와 우세한 본능적 변형의 '렌즈' 중 하나를 취하여 그것을 통해 보는 것이 성격을 이해하기가 더 쉽다. 그러나 이 두 가지의 분리된 틀을 결합하면, 각 유형 별로 여섯 개의 변형들이 만들어지며 전체적으로는 모두 54개의 유형들이 생긴다.

이렇게 깊이 살펴본다면 대부분의 사람들이 요구하는 것보다 훨씬 더 자세한 에니어그램이 될 것이다. 자기 성장 과정에 있어서 본능적 변형은 아주 중요하다. 또한 관계에 있어서 아주 중요한 역할을 하기 때문에 가치 있게 다루어진다. 같은 변형에 있는 사람들은 같은 가치관을 갖고 있으며 서로를 잘 이해할 수 있는 반면에 다른 변형에 있는 사람들은(예를 들면 자기 보존과 성적 유형 같은) 기본적인 가치관이 다르기 때문에 더 많은 갈등을 겪는 것으로 보인다.

자기 보존적 변형

대부분의 사람들은 자신의 본능적 변형을 쉽게 찾아낸다. 자기 보존적 유형은 신체적인 안전과 안락을 얻고 그것을 유지하는 데 많은 관심을 둔다. 이들은 음식, 옷, 돈, 주거, 신체적 건강에 대한 관심으로 연결된다. 이러한 문제들은 이들에게 가장 중요하며 이것들을 추구함에 있어서 삶의 다른 영역들은 어려움을 겪을 수도 있다.

어떤 사람이 방에 들어왔을 때 처음 알아차리는 것이 무엇인지를 관찰해 보면 그가 어떤 본능적 변형에 속해 있는지를 알 수 있다. 자기 보존적 변형은 환경이 편안한지를 먼저 살핀다. 이 환경이 나를 편안하게 해 줄 수 있을까? 이들은 조명이 밝지 않다거나 의자가 불편한 것 등을 금방 알아차리거나 방의 온도가 너무 낮거나 높은 것에 불만을 가진다. 그리고 끊임없이 이런 것들을 자신에게 맞게 조절하려고 애쓴다. 이들은 다음번의 식사나 차가 언제 제공될 것인지를 궁금해 하고 음식이 충분한지, 자신이 좋아하는 음식인지에 대해 생각하게 된다.

이 본능이 성격 유형과 조화롭게 작용할 때 그 사람은 현실적이고 실질적이다. 이들은 자신의 에너지를 기본적인 삶의 필요(안전한 환경, 쇼핑, 집과 직장 관리하기, 청구서 지불 등)를 충족시키는 데 사용하며 유용한 기술을 익혀서 삶이 흘러가는 데 방해받지 않도록 한다. 그러나 성격이 불건강한 쪽으로 갔을 때는 본능이 왜곡되어서 자신을 잘 돌보지 않게 된다. 이 때 먹는 것, 자는 것과 관련된 문제가 생길 수 있다. 이들은 지나치게 쌓아 두고, 지나치게 구입하고, 지나치게 먹고, 지나치게 씻는 경향이 있다.

불건강한 자기 보존적 유형은 신체적인 것에 지나치게 신경을 쓰거나 음식과 건강 문제에 집착하게 된다. 이들은 현실 감각이 왜곡되어 돈을 관리하거나 개인적인 일을 조직하는 데 문제가 생길 수도 있다. 자기 보존 본능이 지나치게 강해지면 고의적으로 자기 파괴적인 행동을 할 수도 있다.

한 개인 안에서 나머지 두 개의 본능이 우세하고 자기 보존 본능이 가장 덜 발달할 때, 삶의 기본적인 문제에 충실해지지 않는다. 이런 사람들에게는 제대로 먹고 자는 것이 자연스럽게 이루어지지 않는다. 이들에게는 환경적인 요소가 상대적으로 조금도 중요하지 않다. 이들은 부와 재산을 축적하는 욕망이 그리 많지 않다. 때로는 이런 문제에 전혀 관심이 없는 경우도 있다. 이들은 시간과 자원 관리에 소홀해지기 쉬워서 일, 사회생활, 경제적인 여러 가지 일들에 아주 부정적인 영향을 미칠 수 있다.

사회적 변형

우리 대부분은 사회적인 욕구를 갖고 있다. 우리는 이것을 사교적이 되어서 파티나 회의에 참석하거나 단체에 속하려는 욕구로 본다. 그러나 사회적 본능은 이것보다 훨씬 근본적이다. 다른 사람의 사랑과 인정을 받고, 사람들과 함께 있으면서 편안하고 안전한 느낌을 느끼고자 하는 것은 모든 사람이 가지고 있는 강력한 욕구다. 우리는 자기 혼자일 때는 너무 약하기 때문에 위협적인 환경에 있게 되면 쉽게 상처를 받는다. 우리는 다른 동물처럼 발톱이나 강한 이빨, 털 같은 것이 없다. 만약 우리가 함께 뭉치고 협동하지 않았다면 결코 생존할 수 없었을 것이다. 스스로를 다른 사람에게 적응시키는 것은 인간의 기본적인 생존 본능이다.

사회적 본능이 지배적인 사람들은 세상에 적응하고 필요한 존재가 되는 데 몰두한다. 이들은 사람들과 함께 활동하고 가족과 단체, 지역 사회, 국가를 이루는 데 많은 관심을 쏟는다. 사회적인 유형은 어딘가에 속하기를 좋아하고 공동의 목표를 위해 남과 교류하기를 즐긴다.

사회적인 유형은 방에 들어갔을 때 여러 사람과 그룹들 사이의 힘의 구조와 미묘한 '정치성'을 알아차린다. 이들은 자신에 대한 다른 사람들의 반응에 무의식적으로 초점을 맞춘다. 특히 이들은 자신이 받아들여지는지 그렇지 않은지에 대해 무척 신경을 쓴다. 이들은 사회 계급 구조 안에서의 '자리'의 개념을 중시한다. 이들은 주의, 성공, 명예, 인정, 리더십, 감사, 자신보다 더 큰 그룹의 한 부분이 되는 것 등을 추구한다. 모든 본능적인 변형들 중에서 사회적인 유형은 이 세상에서 일어나는 일에 가장 관심이 많다. 이들은 안전하고 활기차게 느끼기 위해서 다른 사람들과 접촉할 필요가 있다고 느낀다. 이것은 사무실에서 일어나는 일, 이웃과의 잡담, 세계 소식, 국제 외교 같은 것에 대한 관심으로 나타날 수도 있다. 사회적인 본능은 상황과 관계된 지성이라고도 할 수 있다. 이것은 자신의 노력과 다른 사람들의 노력을 더 넓은 상황 안에서 볼 수 있는 능력을 주기 때문이다.

일반적으로 사회적인 유형은 다른 사람들과 교류하는 것을 즐긴다. 그러나 아이러니컬하게도 이들은 친밀한 관계가 되는 것을 피하려고 한다.

다른 본능들과 마찬가지로 불건강한 사람에게서는 그 본능이 반대로 나타난다. 불건강한 사회적 유형은 극단적으로 반사회적이다. 이들은 사람들을 싫어하고 사회에 분노한다. 그 결과 이들은 사회적인 기술을 발달시키려 하지 않는다. 다른 사람들을 두려워하고 신뢰하지 않으며 잘 어울리지도 못한다. 동시에 이들은 사회적인 연결로부터 자신을 분리할 수 있는 능력도 없다. 간단히 말하면 사회적인 유형은 자신의 개인적인 가치, 성취감, 다른 사람과의 관계에서의 안정감을 쌓아올릴 수 있는 방식으로 사람들과 교류하는 데 초점을 맞춘다.

한 개인 안에서 나머지 두 본능이 우세하고 사회적인 본능이 가장 덜 발달될 때 그들은 사회적인 노력을 기울이고 관계를 맺는 데 자연스럽지 못하다. 이런 사람들은 사회적인 관계를 맺고 유지하는 것이 그다지 중요하다고 생각하지 않기 때문에 다른 사람들의 의견을 무시하기도 한다. 이들은 또한 지역 사회에 참여하는 것을 최소화하고 사람들과도 거의 관계를 맺지 않는다. 다른 사람들이 자신을 필요로 한다거나 자신이 다른 사람들을 필요로 한다는 느낌도 별로 갖지 않는다. 그래서 가족이나 친구, 동료와의 관계에서 서로 이해하지 못하는 경우가 자주 생긴다.

성적 변형

많은 사람들이 처음에는 자신이 이 변형에 속한다고 생각한다. 그 까닭은 이 유형에 속한다는 것이 섹시하다는 것을 의미한다고 믿거나, 자기 자신이 섹스를 즐기는 것으로 보아 그럴 거라고 짐작하는 것이다. 물론 섹시함은 아주 주관적이다. 그리고 모든 세 변형에는 저마다 '섹시한' 사람들이 있다. 우리가 다른 두 본능적 변형보다 한 변형에 속하기를 원한다면 성격이 개입해서 우세한 본능을 왜곡한다는 것으로 기억해야 한다. 성적 변형의 사람들은 친밀한 관계를 맺는 것과 관련해서 문제를 겪는 경향이 있다. 우리는 다른 변형들과 마찬가지로 이 본능적 변형에 대해서도 좀 더 넓은 관점에서 보아야 한다.

성적 유형에 속하는 사람들은 관계를 맺고 강렬한 경험(성적인 관계뿐만 아니라 그와 비슷한 강도를 가지는 상황들)을 끌어들이는 것을 끊임없이 추구한다. 이들은 스키, 깊은 대화, 재미있는 영화 등에서 강렬함을 찾는다. 성적인 유형은 긍정적인 측면에서는 폭넓은 삶의 경험을 갖게 된다. 부정적인 측면에서는 자신의 진정한 필요와 자신에게 중요한 일에 초점을 맞추는 것을 어려워한다.

성적 유형은 방에 들어갔을 때 어디에 가장 흥미로운 사람이 있는지를 찾는 데 초점을 맞춘다. 자신의 주의가 끌리는 곳으로 따라가는 경향이 있다(반면에 사회적인 유형은 누가 주인과 이야기를 하는지, 누가 힘이나 명예를 가졌는지, 누가 자신을 도와 줄 수 있는지를 알아차린다. 자기 보존적 유형은 방의 온도, 어디에 음료수가 있는지, 어디 앉으면 편안할지를 살펴본다.). 성적인 유형들은 그들이 자신을 도와 줄 것인지, 그들의 사회적 위치와는 상관없이 자신이 가장 끌리는 사람들에게로 이끌려 간다.

성적 유형들은 무의식적으로 항상 자신의 삶을 완성시켜 줄 사람이나 상황을 찾기 때문에 자신의 프로젝트를 추진하거나 스스로를 충분히 돌보는 데 어려움을 겪기도 한다. 이들이 자신을 사로잡는 사람이나 상황에 열중해 있을 때는 중요한 의무나 심지어 자신의 기본적인 욕구를 충족시키는 것도 소홀히 할 수 있다.

불건강한 상태의 성적 유형은 주의가 산만하다. 이들은 성적으로 난잡해지거나 성이나 친밀한 관계에 대해 심한 두려움을 갖고 관계를 잘 해 나가지 못할 수도 있다. 만약 성적인 것에 두려움을 갖는 성격이라면 성을 피하는 성향도 그것을 추구하는 것만큼이나 강렬할 것이다.

한 개인 안에서 다른 두 본능이 우세하고 성적 본능이 가장 덜 발달했을 때는 자연스럽게 친밀한 관계에 주의를 기울이지 않게 된다. 이들은 자신이 좋아하는 것이 무엇인지 안다. 그러나 어떤 것에 대해 흥분하거나 열광적이 되는 일이 별로 없다. 또한 이런 사람들은 다른 사람들과 친숙해지기를 어려워하는 경향이 있어서 사람들을 피하기도 한다. 또한 이들은 자신의 삶에 익숙하지 않은 것이 너무 많으면 불편해하기 때문에 일상에 매몰되는 경향이 있다. 이들도 다른 사람들과 관계를 맺고 있기는 하지만 배우자, 친구, 가족들과 분리되어 있는 느낌을 갖는다.

발달 수준

그런데 어떤 사람들은 자신의 역할을 잘 해 나가며 열려 있고 균형 잡혀 있으며 안정되어서 스트레스를 잘 관리하는 반면, 또 어떤 사람들은 문제가 많고 반응을 잘 하며 감정적으로 막혀 있고 스트레스를 효과적으로 관리하지 못한다. 우리들 대부분은 삶의 과정을 통해서 자유롭게 삶을 긍정적으로 보는 사람부터, 고통스럽고 어둡고 신경질적인 사람까지 광범위한 상태를 경험한다.

아홉 가지 유형들은 아주 섬세하기는 하지만 '수평적인' 분류 체계다. 그러나 이 체계가 인간의 성격을 정확하게 반영하며, 한 성격 안에서 끊임없이 변하고 있는 상태까지도 설명하고자 한다면, 각 유형 안에서의 '수직적' 인 움직임을 나타내는 방식도 필요할 것이다. 발달 수준 및 통합과 비통합의 방향은 이러한 필요를 충족시켜 준다.

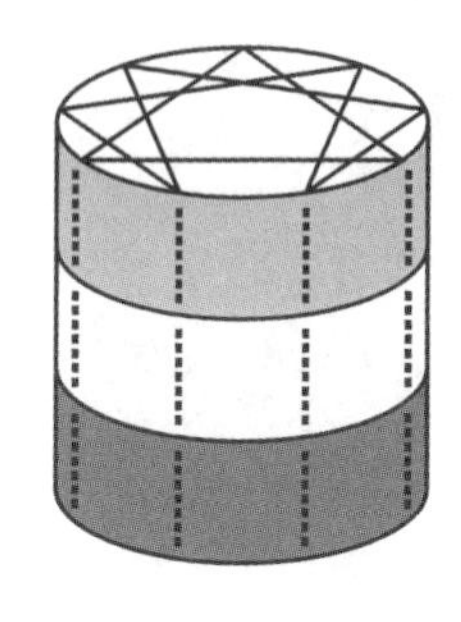

에니어그램의 수평적 · 수직적 차원

인간 의식 발달 모델의 선구자인 켄 윌버Ken Wilber는 모든 완전한 심리 체계는 수평적 수준과 수직적 수준 모두를 설명할 수 있어야 한다고 말했다. 수평적인 수준은 단지 성격의 특성만을 설명할 수 있을 뿐이다. 그러나 체계가 완전해지기 위해서는 수직적인 요소가 반드시 언급되어야 한다. 이것이 '발달 수준' 이 맡고 있는 역할이다. 발달 수준은 성격 구조가 동일시하고 있는 수준을 관찰하고 측정하는 방법을 제시한다. 이것은 유형을 명확하게 구분 지으며 수평적인 분류 체계인 에니어그램에 수직적인 차원을 첨가한다.

지금은 널리 알려져 있지만 돈이 에니어그램 유형의 수직적인 분류를 개발하기 전에는(건강한 상태, 평균 상태, 불건강한 상태로 구분) 이 체계가 없었다. 그가 더 자세한 아홉 단계에 대해 설명했을 때 에니어그램은 인간 성격의 복잡함을 더 광범위하게 설명할 수 있는 두 차원의 모델로 더 발달되었다. 이 두 차원은 아홉 개의 층이 있는 케이크로 설명할 수 있다. 우리가 이 책에서 볼 수 있듯이 발달 수준은 임상에서 실질적으로 적용될 수 있다. 이것은 각 유형 안에서의 움직임, 성장, 왜곡을 보여 준다. 또한 행동을 예측할 수 있도록 도와주며 한 개인의 정신적, 감정적 건강을 측정할 수 있는 기준이 된다.

각 유형 안의 수준들은 분명히 구분되어 있으면서 서로 연관을 맺고 있다. 이것들은 우리에게 어떤 유형 안에 있는 한 개인의 건강한 범위, 평균 범위, 불건강한 범위가 어디인지에 대해서 생각해 볼 수 있는 방법을 제공해 준다. 또 그 사람의 성격이 움직여 가고 있는 '방향' 을 보여 준다. 이것은 특정 시기에 그 사람에게 가장 중요한 문제가 무엇인지를 보여 주는 도구가 되기 때문에 치료와 자기 성장을 위하여 중요하다. 또한 각 유형이 어떤 특성과 동기를 가지고 있는지, 유형을 잘못 분류하는 것의 원인은 무엇인지에 대해 더 잘 이해하도록 해 준다. 예를 들어 8번 유형들은 '공격적' 이라는 말로, 2번 유형들은 '유혹적' 이라는 말로 설명되는데, 사실상 모든 유형들이 자신의 방식으로 공격적이고 유혹적이 될 수 있다. 그런데 발달 수준은 8번 유형들이 언제, 어떻게, 더욱 중요하게는 왜 공격적이 되는지를 이해할 수 있도록 해 준다. 아마 가장 중요한 사실은 발달 수준이 한 개인이 자신의 성격과 동일시하고 있는 정도를 나타내 준다는 점일 것이다. 그리고 발달 수준은 그 사람이 얼마나 자신을 방어하고 있고, 닫혀 있으며, 자유로운 상태인가를 말해 준다.

어떤 유형에서 건강하지 않은 아래쪽으로 내려가 있을 때는 그 유형이 갖고 있는 것과 반대의 성격들이 나타날 수 있다. 그래서 그 발달 수준을 고려하지 않고 유형들을 일반화 하는 것은 거의 불가능하다고 말할 수 있다. 예를 들어 건강한 8번 유형들은 가장 마음이 넓고 건설적이다. 이들은 다른 사람들이 성장해 나가고 강해질 수 있는 환경을 제공한다. 그러나 건강하지 않은 8번 유형들은 그와는 정반대이다. 이들은 세상이 자신을 적대시하고 있다는 분노에 가득 차 있어서 아주 파괴적이고 거칠다. 건강한 8번 유형과 불건강한 8번 유형은 너무 다르기 때문에 전혀 다른 유형에 속해 있는 것처럼 여겨질 수 있다. 사람들은 자신의 유형 안에서 불건강한 영역에서 건강한 영역까지를 왔다갔다 하기 때문에 어떠한 특정한 특성이 한 유형에서 항상 사실이 될 수는 없다. 그러므로 각 유형과 관계된 행동들은 발달 수준에 따라서 변하기 때문에 한 가지 성격 특성에 근거하여 어떤 사람의 유형을 결정하는 것은 현명하지 않다.

우리의 주된 성격 유형은 태어날 때 결정되지만 유전적인 요인, 부모의 영향, 어린 시절의 환경 등은 우리가 그 유형에서 어떤 단계에 있는지를 결정하는 주요한 요인이 된다. 워크숍 참가자들과 인터뷰를 해 보면 부모의 역할과 기타 환경적 요인(건강, 교육, 영양 등)이 아이의 발달에 지대한 영향을 미친다는 상식적인 사실을 다시 한 번 확인할 수 있다. 이것은 각각의 수준이 두려움과 방어의 층을 나타내기 때문이다. 어린 시절에 생긴 두려움과 방어는 자동적인 습관과 신념 체계에 의해서 성인의 삶에까지 전달된다. 또한 어린 시절에 겪었던 기능 장애의 정도가 방어층의 두께를 결정한다는 것도 알 수 있다. 어린 시절의 환경이 건강하지 않을수록 우리에게 스며들어 있는 공포도 크며 우리가 상황에 대처하기 위해 사용하는 방식도 더 제한적이고 경직되어 있다.

발달 수준은 우리에게 한 성격 유형이 발전해 나가는 것은 연속적인 과정임을 알려 준다. 또한 우리가 기능 장애 상태에 들어갈 때 너무 늦어서 그 습관이 완전히 굳어지기 전에 우리에게 경고를 해 준다. 각각의 유형에 대해 설명할 때 우리는 '일깨우는 신호', '사회적 역할', '위험 신호', 그리고 당신이 자신의 유형에서 진보되거나 퇴보되는 것을 알아차릴 수 있는 징후들을 밝혀 놓았다. 당신이 이것을 이해하게 되고 자신과 다른 사람 안에서 어떻게 작용하고 있는지를 보게 되면, 당신의 의식을 성장시키는 아주 유용한 도구가 될 것이다.

발달 수준

각각의 유형에는 건강한 범위, 평균 범위, 불건강한 범위 세 가지가 있으며 각 범위 안에는 다시 세 수준이 있다. 건강한 범위(수준 1－3)는 각 유형의 장점들을 나타낸다. 평균 범위(수준 4－6)는 그 유형의 평균적인 행동을 나타낸다. 이것은 우리가 어디에서 스스로를 가장 자주 발견하게 되는지를 살펴봄으로써 결정된다. 불건강한 범위(수준 7－9)는 그 유형의 기능 장애를 나타낸다.

또한 우리는 발달 수준을 자신의 자유로움 정도와 의식 수준을 측정하는 도구로 사용할 수도 있다. 건강한 범위에 있는 사람은 성격 구조의 구속뿐만 아니라 에고의 습관과 메커니즘으로부터 아주 자유로운 상태에 있다. 그런 사람은 어디에 있든, 어떤 행동을 선택하든 자유로우며 힘과 지혜, 사랑, 그 밖에 많은 좋은 자질들을 갖게 된다.

그러나 낮은 수준으로 가면 자유는 구속받게 된다. 우리는 자신의 성격 메커니즘과 동일시되어 있을 때 자신과 다른 사람들에게 고통을 주게 된다. 우리는 현실과의 연결을 잃게 되고 그 현실을 자신에게 맞도록 조정하고 에고의 강박 관념에서 자유로워질 수 있는 자신의 능력에서도 멀어지게 된다. 불건강한 범위로 떨어지면 우리는 선택의 자유가 거의 없어지게 된다. 낮은 수준에서 우리가 가지고 있는 유일한 자유는 똑같은 파괴적인 패턴을 계속 유지하거나 외부에 도움을 요청하는 것을 선택하는 자유밖에는 없다.

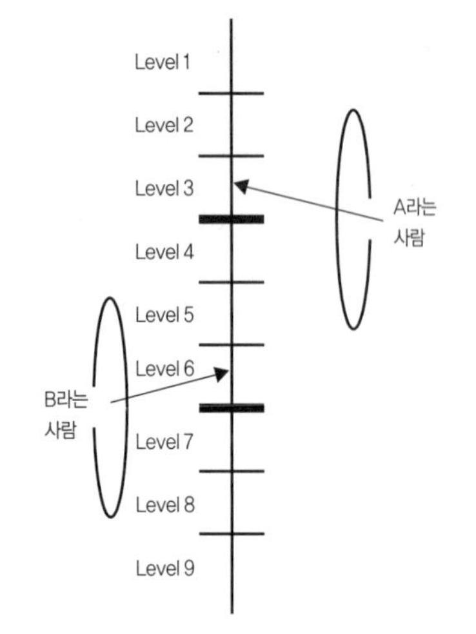

주파수 대역과 무게중심

주파수 대역

우리의 기본 성격 유형은 바뀌지 않지만 우리가 어떤 수준에 있느냐는 항상 바뀐다. 우리는 하루 사이에도 특정 주파수 대역 안에서 자신의 성격 유형의 여러 단계를 오르내릴 수 있다. 우리는 아침에 아주 건강하고 균형 잡힌 상태로 시작해서 동료와 말다툼 한 번으로 두세 단계 내려올 수 있다. 이렇듯 우리의 상태는 짧은 시간 안에 극적으로 변할 수 있지만 우리가 다른 성격 유형이 되는 것은 아니다. 그저 자신의 성격 유형의 다른 수준에서 다른 행동을 하고 있을 뿐이다.

아홉 가지 성격 유형을 아홉 개의 구멍이 있는 나무 판자로 생각해 보면 이해하는 데 도움이 될 것이다. 각각의 구멍은 각각의 수준을 나타낸다. 아홉 개의 구멍 중 하나가 나무 못이다. 못의 위치는 우리 성격의 '무게중심'을 나타낸다. 나무 못에는 고무 밴드가 부착되어 있어서 우리가 편안하게 이완되어 있을 때는 위쪽으로 올라가고 스트레스를 받을 때는 아래쪽으로 처진다. 그리고 평상적인 상태에서는 못은 제자리로, 중력의 중심으로 돌아온다. 이해해야 할 중요한 점은 진정한 의식 변화는 고무줄이 움직이는 게 아니라 못 자리가 움직여서 생긴 결과라는 사실이다.

우리의 심리적 상태는 항상 변하지만 무게중심은 아주 천천히 변한다. 보통 이것은 인생에서 심각한 위기 상황을 겪은 후에 생기거나 오랜 동안 노력의 결과로 일어난다. 무게중심이 한 단계 올라갔을 때, 우리는 전의 상태를 돌아보며 어째서 그렇게 살아 왔는지를 의아해한다. 우리는 전의 행동과 태도가 본래의 자신을 구속하는 것이었음을 깨닫게 되지만 그것과 동일시되어 있을 때는 그것을 보지 못한다.

다음과 같이 설명하면 더 분명히 이해할 수 있다. A라는 사람의 주파수 대역은 2부터 5까지인 반면에 B라는 사람의 주파수 대역은 5부터 8까지이다. 이들이 같은 성격 유형에 속해 있다고 해도 이 두 사람의 동기, 태도, 행동, 정서적 안정 정도, 인간 관계의 질 등은 확연하게 다르다. 그림에서의 화살표는 각 개인의 '못' 혹은 '무게중심'이 어디에 있는지를 나타내 준다. 그림에서처럼 A의 무게중심이 수준 3에 있고 B의 무게중심은 수준 6에 있을 때 이 두 사람의 성격 구조 표현에는 큰 차이가 있다.

진정으로 변화하고자 한다면, 우리가 자신이 실제 있는 수준보다 더 높은 곳에 있다고 생각하는 경향이 있다는 것을 명심해야 한다. 우리가 평균 수준에 있거나 그보다 못한 불건강한 수준에 있을 때에도 우리의 에고는 이상적인 자아 이미지를 갖고 싶어한다. 예를 들어 우리의 실제 행동이 6, 7 수준이라고 해도 우리는 자신을 훨씬 더 높은 수준(대체로 2 수준 정도)으로 보고 싶어한다. 그러므로 자신의 내면으로 향하는 여행의 첫 단계는 자신의 유형뿐 아니라 자신이 어떤 수준에 있는지, 자신의 무게중심이 어디인지를 정확하게 찾는 것이다. 실제보다 더 건강한 수준에 있다고 스스로를 속이고 있다면 에니어그램은 아무런 도움이 되지 않는다.

수준과 기분의 상관관계

수준이 올라가는 것은 기분이 올라가는 것과는 다르다. 더 좋은 기분 상태에 있는 것이 반드시 더 높은 의식 수준에 있다는 의미는 아니다. 또한 높은 의식 수준에 있다는 것이 항상 좋은 기분이라는 의미도 아니다. 어떤 사람이 수준 6에 있다고 하자. 그는 사업상 어떤 사람을 만났는데 그 결과가 아주 만족스러웠다. 이런 감정적인 반응은 내면의 자유나 진정한 기쁨과는 아무 상관이 없다. 상황이 나빠지면 그 사람은 다시 부정적이 될 것이며 이것 또한 외부 상황에 좌우되는 것에 지나지 않는다.

영적 성장의 징후는 어려운 상황 속에서도 고요한 평화와 생명력을 느끼며 진정한 세계(환상과 기만의 세계에 반대되는)와 접촉해 있는 것이다. 우리는 자신의 중심을 찾고 본질적인 존재와 연결되어 있을 때 좋은 기분 상태에 있을 때와는 명백하게 다른 '고요한 기쁨'을 경험한다. 그래서 각각의 수준들은 우리가 자신의 본성과 얼마나 연결되어 있는지, 혹은 분리되어 있는지를 나타낸다.

우리는 평균 범위, 불건강한 범위, 건강한 범위의 수준들에 대해 살펴보고 그것이 의식 개발과 어떤 관계가 있는지 알아볼 것이다. 대부분의 사람들은 평균 수준에 속하기 때문에 평균 수준부터 살펴보겠다.

평균 범위

이 범위에서 사람들은 다른 사람들이 정상이라고 생각하는 방식으로 행동한다. 이들은 자신과 자신의 에고를 동일시하는 정도가 크다. 그 결과 자신의 잠재력 중 아주 좁은 범위만을 자기 것으로 만들 수 있다. 평균 범위 안에서 아래쪽으로 내려올 때 에고가 중심이 되는 경향은 크게 증가한다.

이것은 성격 유형의 주요 관심사가 에고를 유지하는 데 기인하기 때문이다. 하지만 삶과 인간관계에서는 자신의 자아 이미지를 지지해 주지 않는 많은 상황이 일어나며, 따라서 자신과 다른 사람들을 조종하려는 문제가 생기고 대인 관계에서 갈등이 초래된다.

일깨우는 신호

일깨우는 신호는 건강한 범위에서 평균 범위로 옮겨 가고 있음을 나타내는 표시로 사용된다. 이것은 우리가 자신의 에고와 좀 더 동일시되고 있으며 곧 갈등과 다른 문제들이 생기게 되리라는 것을 나타내는 단서가 된다.

각 유형을 일깨우는 신호	
1	자신이 모든 것을 개선시켜야 한다는 의무감을 느낀다.
2	다른 사람들의 마음을 얻기 위해서 그들에게 다가가야 한다고 믿는다.
3	지위와 관심을 얻기 위해서 자신을 몰아세운다.
4	상상을 통해서 자신의 느낌을 강화하고 그 느낌을 붙든다.
5	현실과 동떨어져서 개념과 내면의 세계로 움츠러든다.
6	안내를 구하며 자신이 아닌 외부의 무엇인가에 의존한다.
7	어딘가에 더 나은 것이 있다고 느낀다.
8	어떤 일이 성사되게 하기 위해서 밀어붙이고 투쟁해야 한다고 느낀다.
9	다른 사람들의 요구를 잘 들어 준다.

예를 들어 9번 유형을 일깨우는 신호는 다른 사람들과 잘 지냄으로써 갈등을 피하는 것이다. 9번 유형이 자신의 에고 구조와 더 동일시하게 될 때, 이들은 자신이 원하지 않는 일도 거절하지 못하며 자기 자신과 자신의 정당한 욕구를 억압하기 때문에 결국 갈등을 빚게 된다.

각 유형을 설명하는 장에서, 아홉 유형을 일깨우는 신호에 대해 더 자세히 설명하도록 하겠다. 이런 행동을 하고 있는 자신을 지켜보는 것은 에니어그램을 일상에서 이용하는 가장 효과적인 방법 중의 하나이다.

각 유형이 다른 사람들을 조작하는 방법

1	**다른 사람들을 고쳐 줌으로써** 다른 사람들에게 자신의 기준을 고집한다.
2	**다른 사람들의 필요와 욕구를 찾음으로써** 다른 사람들이 자신에게 의존하도록 만든다.
3	**무엇이든 '효과가 있는' 이미지를 채택함으로써** 다른 사람에게 매력적인 사람이 된다.
4	**까다롭게 구는 것으로** 다른 사람들을 '살얼음 위를 걷게' 만든다.
5	**자신의 내면에 몰두함으로써** 감정적으로 다른 사람들에게서 떨어져 있다.
6	**불평함으로써** 다른 사람이 자신에게 얼마나 충실한지 시험한다.
7	**다른 사람들을 혼란스럽게 함으로써** 다른 사람들이 자신의 욕구를 충족시켜 주어야 한다고 주장한다.
8	**다른 사람들을 지배함으로써** 다른 사람들이 자기 말대로 행동하게 만든다.
9	**'물러남' 으로써** 수동적인 공격으로 다른 사람에게 저항한다.

사회적 역할

일단 평균 범위에 들어가면 우리는 특정 방식으로 사람들을 대하고 사람들이 그것에 반응해 주기를 기대한다. 우리는 성격 유형의 특정한 메커니즘에 의존하고 그 메커니즘을 통하여 자신의 기본적 욕망을 충족시키기에 급급하다. 이 상태에서도 우리는 다른 사람에게 기분 좋은 사람이 될 수 있고, 그런 대로 생활해 나가지만 결국 자신의 패턴을 형성하기 시작한다. 가족 체계 이론(family systems theory)에 따르면 이것이 아이가 '가족 영웅(Family Hero)', '길 잃은 아이(Lost Child)', '희생양(Scapegoat)' 이 되는 시점이다. 개별적 유형을 설명하는 장에서 각각의 사회적 역할을 설명하도록 하겠다. 자신의 사회적 역할 속으로 들어왔다 나갔다 하는 당신 자신을 관찰하는 것은 의식을 확장시키는 데 아주 실질적이고 강력한 방법이다.

> 자신의 생각을 바꾸지 못하는 사람은 결코 현실을 바꿀 수 없다.
>
> 안와르 사다트 Anwar Sadat

사회적 역할과 관계

자신의 사회적 역할에 갇히게 될 때 우리는 환경이(주로 다른 사람들이) 자신의 에고와 에고의 주요 관심사를 지지하도록 한다. 그리고 대개 이것이 갈등을 일으킨다. 갈등이 일어날 때 우리는 자신이 성격의 주요 관심사와 더 동일시되고 있음을 알게 된다. 우리는 다른 사람들이 자신의 자아 이미지를 지지하는 방식으로 우리와 교류하도록 요구한다. 갈등은 에고가 원하는 것을 얻기 위해 다른 사람을 이용하기 때문에 일어난다. 자신의 사회적 역할과 동일시된 사람들은 서로에게 보상을 하고 서로를 거부하면서 계속 관계를 만들어 내어 자신의 패턴 속에 갇히게 된다. 이러한 관계에서 한 사람의 신경증은 상대방의 신경증과 깊이 연관되어 있어서 깨기 어려운 균형 상태가 된다.

또한 우리는 자신의 기본적 욕망을 충족하기 위해서 장기적으로 보면 우리의 기대를 저버리는 부적절한 전략으로 다른 사람을 조종하려고 한다. 많은 실패한, 혹은 문제 있는 관계들은 이 전략이 어떻게 좌절되는지를 보여 주는 좋은 증거이다. 우리가 자신의 자아 이미지를 방어하고 그것을 지지하도록 다른 사람들을 조종하는 패턴 안에 갇히게 되면 진정한 관계를 맺기가 어려워진다.

납의 원칙 – 내가 가장 두려워하는 것을 남에게 행하라

이렇게 사람들을 조종하려는 노력이 실패로 돌아가 우리의 욕구가 충족되지 못했을 때 우리는 자신의 작전을 강화한다. 우리는 스스로를 패배시

각 유형이 가진 '납의 원칙'	
1	자신이 사악하고 부패하고 결점 있는 사람일까봐 두려워하면서도, 다른 사람에게서 사악함, 부패, 결점을 찾아 지적한다.
2	다른 사람이 자신의 도움을 필요로 하지 않고 사랑하지 않을까봐 두려워하면서도, 다른 사람은 자신을 보살필 만한 자격이 없는 존재로 만든다.
3	자신이 가치 있는 존재가 아닐까봐 두려워하면서도, 다른 사람을 거만하게 대하거나 경멸함으로써 가치 없는 존재로 만든다.
4	자신이 정체성을 갖고 있지 않거나 스스로가 중요한 존재가 아닐까봐 두려워하면서도, 다른 사람을 아무 가치나 중요성이 없는 '아무것도 아닌 존재'로 여기고 오만하게 대한다.
5	자신이 무력하고 무능한 존재가 될까봐 두려워하면서도. 다른 사람은 그들 자신을 무능하고 무력하고 바보 같다고 느끼게 만든다.
6	자신이 도움이나 안내를 받지 못할까봐 두려워하면서도, 다른 사람을 격리시키거나 다른 사람의 지원 체계를 손상시킨다.
7	자신이 고통 속에 갇히거나 뭔가 빼앗길까봐 두려워하면서도, 여러 가지 방식으로 다른 사람에게 고통을 유발시키고 뭔가를 빼앗겼다는 느낌이 들게 한다.
8	다른 사람으로부터 해를 입거나 통제 당할까봐 두려워하면서도, 사람들로 하여금 자신의 호전성과 위협에 의해 해를 입거나 통제 당하게 될 거라고 느끼게 만든다.
9	다른 사람과 연결을 잃게 되면 고통을 당할까봐 두려워하면서도, 여러 가지 방식으로 사람들을 '거절함으로써' 연결을 잃었다는 느낌이 들게 한다.

키는 행동을 그만두기보다는 자신도 의식하지 못하는 새에 더 공격적으로 그 행동을 하게 된다. 이 단계에서 우리는 다른 사람들로 하여금 에고의 관심사를 지지하게 할 뿐 아니라 그것을 강요하게 된다. 에고는 최대한 팽창하고, 불안이 우리의 행동 동기가 되며, 공격적으로 자신의 기본적인 욕망을 추구하게 된다.

우리는 평균 수준의 가장 낮은 차원에서 일어나는 성격 특성을 자신에게서 발견하게 된다. 우리는 이것을 납의 원칙(Leaden Rule)이라고 부르며, 그 반대를 황금의 원칙(Golden Rule)이라고 부른다. 황금의 원칙이 "다른 사람이 내게 해 주기를 원하는 대로 다른 사람에게 행하라"고 말한다면, 납의 원칙은 "내가 가장 두려워하는 것을 다른 사람에게 행하라"는 식이다.

납의 원칙은 각 유형에게는 자신의 에고를 지지하기 위해서 다른 사람을 공격적으로 깎아 내리는 특별한 방식이 있다고 이야기한다. 잘못된 신념은 '내가 다른 사람을 시궁창에 처박는다면 나의 위치는 올라갈 것'이라고 생각하는 데서 비롯된다. 각각의 유형은 자신의 기본적인 두려움 때문에 다른 사람에게 고통을 가한다. 예를 들어 8번 유형은 다른 사람에게 해를 입거나 통제당하는 것을 두려워해서 사람들을 위협한다("너는 내 방식대로 해야 해. 그렇지 않으면 후회하게 될 거야. 내가 화나면 어떻게 되는지 알지?"). 이들은 위협적이며, 호전적이고, 아주 도전적이 된다. 4번 유형의 기본적인 두려움은 자기만의 중요성이 없는 것이다. 이들은 다른 사람으로부터 떨어져 있으려 하고 다른 사람들을 대할 때도 그들이 중요하지 않은 것처럼 행동한다. 이들은 웨이터나 도어맨을 무례하게 취급하거나 친구에게도 아무 감정도 없는 것처럼 행동해서 관계를 끊어버릴 수도 있다.

위험 신호

각각의 유형은 건강하지 않은 범위로 옮겨 가기 전에 '위험 신호'와 만난다. 일깨우는 신호가 건강한 범위에서 평균 범위로 내려가기 전에 울리는

각 유형의 위험 신호	
1	자신의 이상이 잘못된 것이거나 생산적인 것이 아니라는 두려움
2	자신이 친구나 사랑하는 사람을 쫓아 버릴 것이라는 두려움
3	실패할 것이라는 두려움, 자신의 주장이 설득력이 없을 거라는 두려움
4	자기 스스로의 삶을 망치고 기회를 낭비할 것이라는 두려움
5	세상에서 자신의 자리를 찾을 수 없을 것이라는 두려움
6	자신의 행동이 스스로의 안전을 위협할 것이라는 두려움
7	자신의 행동이 스스로에게 고통과 불행을 가져올 것이라는 두려움
8	다른 사람들이 자신을 외면하고 보복할 것이라는 두려움
9	현실이 자신에게 자기 문제를 해결하라고 강요할 것이라는 두려움

것이라면 위험 신호는 임박한 위기를 알리는 훨씬 더 심각한 경고다. 위험 신호는 두려움이다. 이것은 그 사람의 수준을 아래로 끌어내릴 수 있는 파괴적인 힘에 대항하고자 할 때 유용하게 쓰일 수 있는 도구다. 누구든 위험 신호를 알아차리고 정신을 차린다면 위험한 상황으로 이끄는 행동과 태도를 그만둘 수 있다. 그러나 위험 신호를 알아차릴 수 없거나 그렇게 하지 않으려고 한다면, 스스로를 패배시키는 태도와 행동을 계속하려 할 것이며 급기야는 아주 파괴적인 상태로 떨어질 것이다.

불건강한 범위

사람들은 여러 가지 이유로 불건강한 범위로 내려간다. 그런데 다행히도 그 자리에 머물러 있기란 쉽지가 않다. 우리는 때때로 불건강한 행동을 하게 된다. 그러나 무게중심이 불건강한 범위로 이동하는 경우는 드물다. 이것은 평균 범위와 불건강한 범위 사이의 경계가 되는 구역이 성격이 악화되는 것을 제어하는 역할을 하기 때문이라고 생각된다. 그래서 대부분의 사람들은 불건강해지지 않은 채로 여러 해 동안 평균 범위 안에서 자신의 역할을 한다. 우리는 이 경계가 되는 구역을 '쇼크 포인트shock point' 라고 부른다.

당신의 영혼의 깊이를 들여다보고 자신에 대해서 알라. 그러면 당신은 왜 이러한 질병이 당신에게 오게 되었는지 이해하게 될 것이다. 그리고 그 병에서 빠져 나오게 될 것이다.

프로이드 Freud

불건강한 범위로 내려가기 위해서는 추가적인 '쇼크' 나 에너지의 투입이 있어야 하기 때문에 대부분의 사람은 이 두 가지 중 하나가 일어나기 전에는 불건강한 범위로 내려가지 않는다. 쇼크는 직장을 잃거나, 이혼이나 사별로 배우자를 잃거나, 건강상 혹은 재정상의 큰 재난과 같은 삶에 있어서 중요한 위기를 의미한다. 우리가 이런 위기 상황을 다루는 심리적인 도구나 영적인 도구를 갖고 있지 않다면 갑자기 불건강한 범위로 내려가서 나오지 못할 수도 있다. 그러나 다행히도 이런 상황에 처한 많은 사람들은 자신이 '아래로 내려가고 있다는 것' 을 깨닫고 심리치료사를 찾거나 치료 프로그램에 참여할 필요를 느낀다.

사람들이 불건강한 범위로 내려가는 두 번째 이유는 불건강한 패턴이 어린 시절에 형성되었기 때문이다. 사람들은 상황이 어려워지면 어린 시절로 퇴행해 간다. 어린 시절에 심하게 학대받고 상처 입은 사람은(감정적, 정신적, 성적, 신체적으로) 자신을 방어하기 위해서 엄청난 방어벽을 쌓는다. 이런 조건 아래서는 문제를 다루는 건강한 방법을 배울 수가 없다. 그래서 파괴적인 패턴 속으로 들어가기가 아주 쉽다.

우리가 건강하지 않을 때는 자신의 진정한 본성과의 연결을 잃게 되고 그만큼 현실과의 연결도 잃게 된다. 우리는 반응과 환상의 미로에 갇혀서 자신의 삶에 대한 통제력을 잃는다. 그리고 점점 커지는 두려움과 갈등을 해결하기 위해서 더 강하게 반응하고 환경에 더 많은 압박을 가하게 된다. 우리는 자신의 제한적인 성격 메커니즘과 너무나 동일시되어 있기 때문에 다른 해결책이 떠오르지 않는다. 설령 다른 해결책이 떠오른다고 해 우리는 '에고 없는 존재'가 되기 이전에 '건강한 에고를 가진 사람'이 되어보아야 한다.

잭 엥글러 Jack Egnler

도 외부의 도움 없이는 그것을 실행에 옮기지 못한다. 물론 우리는 불건강한 상태가 되고자 의도하지는 않았다. 하지만 무지 때문에 그러한 상태로 떨어지는 것이다. 아니면 어린 시절의 환경이 문제에 대처하는 건강한 방식을 보여 주지 않았기 때문에 그렇게 되기도 한다.

결국 불건강한 범위는 자기 방치를 나타낸다. 이것은 환경이 우리에게 강요한 자기 방치이기도 하다. 우리는 어린 시절의 경험을 돌이킬 수 없고 우리에게 닥치는 재앙을 막을 수도 없지만 내면의 자원을 개발해서 그 문제가 우리를 파괴하지 못하도록 할 수는 있다. 또한 문제가 생겼을 때 회복되는 시간을 짧게 할 수도 있다. 의식의 성장을 위한 우리의 노력은 결국 평안과 수용, 반응하지 않기, 사랑, 삶에 대한 확장된 관점을 갖는 것이다.

건강한 범위

이 범위에서도 에고 정체성이 있지만 아주 가벼운 정도이며 세상에 이로운 방식으로 표현된다. 각각의 유형은 자신이 가장 동일시하는 개인적인 성격 특성을 나타내는 건강한 방식을 가지고 있다. 건강한 범위에 있는 사람은 균형이 잘 잡혀 있으며 성숙하고 자기 역할을 잘 한다. 그러나 수준이 2, 3 정도로 높아도 여전히 자신의 에고를 갖고 있으며, 자신의 기본적인 욕망과 기본적인 두려움을 보상받으려고 노력한다.

예를 들어 남에게 해를 입고 통제당하는 데 대한 두려움의 반응으로 8번 유형은 자신을 강하고 능력 있고 행동 중심적이고 자기주장이 강한 사람으로 정의한다. 이들은 자기 자신과 다른 사람에게 이러한 자질을 증명할 필요를 느끼기 때문에 도전을 즐기며 힘과 의지력을 필요로 하는 건설적인 활동에 뛰어든다. 이들은 강력한 지도자가 되어서 다른 사람들이 성장할 수 있는 환경을 만든다.

또한 2번 유형은 사랑이 많고, 다른 사람을 잘 보살피며, 이타적인 사람으로 스스로를 정의한다. 건강한 2번 유형은 사랑과 보살핌, 관대한 행동을 하기 위해 세상으로 나가서 이러한 자신의 자아 이미지를 강화시킨다. 이들은 좋은 친구이며 자신의 자원을 다른 사람들과 나누는 자선가가 된다.

많은 사람들이 건강한 범위에서 행동을 하게 되면 세상은 훨씬 더 나은 곳이 될 것이다. 우리들 대부분은 인생의 한순간에 건강한 범위에서 행동하는 게 어떤 것인지를 경험했다. 하지만 우리의 환경, 문화, 그리고 가족은 대개 이런 열린 상태를 지원하지 않는다. 그래서 이런 상태의 자유로움을 오랫동안 유지할 수 있는 사람은 아주 소수이다. 흔히 두려움이 일어나서 우리를 평균 상태로 떨어뜨린다.

건강한 상태에 머무르려면 건강하고자 하는 의도가 필요하다. 그리고 이것은 현재에 존재하고 깨어 있고자 하는 노력이 필요하며, 우리가 의식을 확장시키기 위해서 이용 가능한 도구를 사용하고 연습해야 한다는 것을 의미한다. 우리의 의식이 넓어짐에 따라서 우리는 건강한 범위와 평균 범위 사이에 있는(수준 3과 4 사이에 있는) 또 하나의 '쇼크 포인트'를 만나게 된다. 이것은 앞에서 보았던 일깨우는 신호에 의해 활성화될 수 있다. 불건강한 범위와 평균 범위 사이에 경계가 있듯이, 평균 범위와 건강한 범위 사이에도 또 다른 경계가 있다. 우리는 위기 상황을 통해 평균 범위나 불건강한 범위로 떨어지면서 이 '쇼크 포인트' 아래로 추락할 수도 있고, 의식적인 노력을 함으로써 수준을 상승시킬 수도 있다.

자유로움의 수준

우리가 자신의 문제를 해결하기 위한 진지한 노력을 통해 건강한 범위에 왔을 때 우리의 에고는 괄목할 정도의 균형과 투명함을 성취한다. 그리고 우리는 자신의 본성으로 사는 마지막 단계로 나아가게 된다. 단순하게 말하면 자유로움은 우리가 자신의 에고와 동일시하지 않는 정도만큼 획득

된다. 에고의 부분들이 여전히 존재할지도 모르지만 그것이 정체성의 중심이 되지는 않는다. 마지막 단계의 자유로움이 획득되기 전에 에고는 자연스러운 균형을 회복해야 한다. 이 단계에 있는 사람은 특정한 자아 이미지에서 벗어나고 자신의 기본적인 두려움을 해결했으며, 의식이 확장된 후 옳은 방식으로 기본적인 욕망을 충족시킨다.

이 모든 과정은 균형과 지혜, 용기, 에고 정체성이 분해되는 것과 관련된 불안을 견딜 수 있는 심리적 성숙이 필요하다.

우리가 '자유로움의 수준'에 도달했을 때 대개 그렇게 갈구하던 바로 그 자질이 이미 자신에게 있었다는 걸 알고 놀라워한다. 우리는 그것들이 오랫동안 자신과 함께 했었지만 잘못된 방식으로 그것을 찾고 있었음을 알게 된다. 〈오즈의 마법사〉의 도로시처럼 스스로가 상상한 것보다 훨씬 더 가까이 와 있었음을 알게 된다. 의식의 확장을 위해 우리가 필요로 하는 모든 것, 완전한 인간이 되기 위해 요구되는 모든 자질이 우리의 본성 안에 있으며 그것은 항상 그래 왔다. 사실 수준 1에서 우리는 자신의 기본적인 욕망을 충족한다. 이것을 이해하고 나면 우리가 가장 궁금해 하는 것은 이 상태를 어떻게 유지할지, 어떻게 이 상태를 우리 안에 지속시킬지 하는 문제다. 어떻게 하면 우리가 이 은혜로운 상태에 계속 스스로를 열어 놓을 수 있을까?

통합과 비통합의 방향

에니어그램을 살펴보면 원 주변에 있는 각각의 번호에 두 개의 선이 연결되어 있다는 사실을 알 수 있다. 예를 들어 8번의 한 선은 2번에, 다른 한 선은 5번에 연결되어 있다. 9번은 3번과 6번에 연결되어 있다. 다른 번호들도 모두 마찬가지다.

한 선은 통합의 방향, 혹은 각 번호의 완전성을 향해 나아가는 자연스러운 발전의 방향을 나타낸다. 또 다른 선은 그 유형의 비통합의 방향을 나타낸다. 이것은 그 유형의 성격이 한계에 다다랐을 때 어떤 행동이 나타나는지를 보여 준다. 양방향의 움직임은 자연스럽게 일어나는 과정이다. 에니어그램은 각각의 유형이 건강한 방향으로 나아가서 그 유형의 특성에 덜 묶이게 될 때, 그리고 그 반대로 나아가서 그 유형의 특성에 더 동일시가 될 때 어떤 모습이 나타나는지를 예측한다(통합과 비통합 방향에서의 움직임은 수준의 오르내림과 아주 무관한 것은 아니지만 전혀 별개의 과정이다).

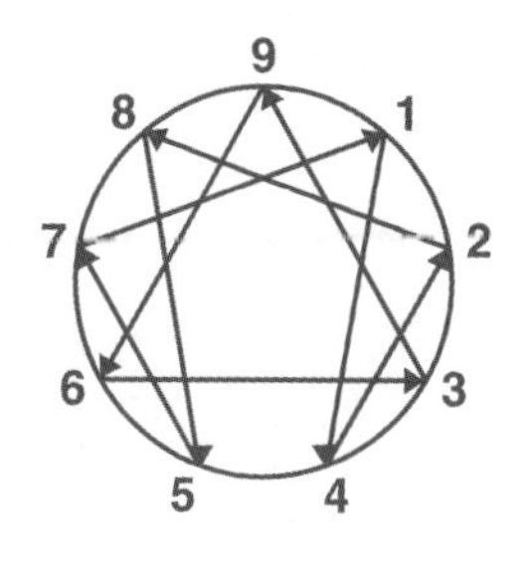

비통합의 방향

통합과 비통합의 방향은 발달 과정에서 우리가 진보하고 있는지 퇴보하고 있는지를 알려 준다. 통합은 우리에게 성장의 객관적인 표시를 제공한다. 비통합은 스트레스 상황에서 우리가 어떻게 반응하며 우리의 무의식적인 동기가 무엇이며 역설적으로 통합으로 나아가기 위해서 어떤 자질이 필요한지를 우리에게 보여 준다.

명확히 말하자면, 특정 방향의 움직임은 모두 좋고 다른 방향의 움직임은 모두 나쁘다고는 말할 수 없다. 인간의 본성은 이 두 방향으로 발전해 나가며 에니어그램은 다른 성격 체계에서는 할 수 없는 미묘한 메커니즘의 변화를 추적할 수 있다. 우리는 이 움직임을 이해하고 삶 속에서 인식함으로써 더욱 빨리 발전해 나갈 수 있다.

그림에 보이는 화살표는 각 유형의 비통합의 방향을 나타낸다. 예를 들어 2번에게 있어서 8번은 비통합의 방향이다.

통합의 방향에 대한 화살표는 이것과 반대 방향으로 움직인다. 8번에 대한 통합의 방향은 2번 쪽으로 가는 것이다. 다른 번호에서도 이와 마찬가지다.

비통합의 방향

비통합의 방향은 대개 스트레스가 증가하는 시기에 나타난다. 각 유형의 전략을 끝까지 밀어붙이는데도(더 낮은 수준으로 떨어지지 않고) 상황을 개선시키지도, 자신이 원하는 것을 얻게 해 주지도 못할 때, 우리는 무의식적으로 비통합의 방향에 있는 유형처럼 행동하게 된다. 이것이 곧바로 파괴적인 결과를 가져오지는 않지만 이러한 행동과 태도는 무의식적이고 강박적인 경향이 있기 때문에 이것을 심리학적 용어로 '행동화(acting out)' 라고 한다.

비통합의 방향에 있는 번호의 성격 특성이 나타나는 수준은 같은 기본 유형 안에서 조금 낮거나 조금 높은 정도로 거의 같은 수준이라고 할 수 있다. 이것은 우리가 사람들에게서 볼 수 있는 온갖 종류의 '혼란스러운' 행동을 설명해 준다. 또한 왜 우리가 자기 유형의 평균적인 상태에서 갑자기 비통합 방향의 병적인 상태로 떨어지지 않는지, 비통합의 방향으로 간다고 해서 왜 불건강한 범위로 내려가는 게 아닌지를 설명해 준다.

	기본 유형	비통합의 방향
	수준 1 X	→ X
건강	수준 2 X	→ X 건강
	수준 3 X	→ X
	수준 4 X	→ X
평균	수준 5 X	→ X 평균
	수준 6 X	→ X
	수준 7 X	→ X
불건강	수준 8 X	→ X 불건강
	수준 9 X	→ X

비통합의 방향

예를 들어 2번 유형은 자신이 항상 친절하고 사랑을 베풀어야 하며 자신의 욕구보다는 다른 사람들의 욕구를 충족시키기 위해 노력해야 한다고 믿는다. 그러나 실제로 2번 유형도 자신의 욕구를 채우기를 원하며, 다른 사람에게 충분한 사랑을 베풀면 누군가가 자신의 관대함을 보상해 줄

각 유형의 비통합 방향

1	조직적인 1번이 갑자기 4번처럼 우울하고 비이성적이 된다.
2	친절한 2번이 갑자기 8번처럼 공격적이 되고 남을 지배하려 든다.
3	의욕적인 3번이 갑자기 9번처럼 아무 일에도 상관하지 않고 무감각해진다.
4	독립적인 4번이 갑자기 2번처럼 지나치게 남의 일에 관여하고 집착한다.
5	사색적인 5번이 갑자기 7번처럼 지나치게 활동적이고 산만해진다.
6	충실한 6번이 갑자기 3번처럼 경쟁적이고 거만해진다.
7	활동적인 7번이 갑자기 1번처럼 완벽을 추구하며 비판적으로 된다.
8	자신감 있는 8번이 갑자기 5번처럼 두려움이 많고 은밀해진다.
9	자족적인 9번이 갑자기 6번처럼 불안하고 걱정이 많아진다.

것이라고 희망한다. 자신이 끊임없이 주는데도 아무도 반응을 보이지 않거나 자신이 원하는 방식으로 반응을 보여 주지 않으면 이들은 화를 내고 자신의 욕구를 충족시키려고 한다. 이것이 2번 유형이 8번 유형 쪽으로 움직여 갈 때 일어나는 현상이다. 이들은 자신의 억압된 분노를 공격적이고 강박적으로 행동화한다. 이들은 계속 자신의 욕구를 억압하고 다른 사람들을 친절하게 대하지 않으며, 직설적이 되고 자기 주장이 강해진다. 2번 유형이 자신의 분노와 욕구를 더 많이 부정할수록 행동화할 때는 더 폭발적이고 파괴적이 된다.

다음의 원칙은 모든 유형에 적용된다. 무엇이든 한 유형에서 억압된 것이 스트레스 상황에서 밖으로 표출될 때 그 형태는 그 유형의 비통합의 방향에 있는 유형의 특성처럼 나타난다. 표가 그 과정을 보여 준다. 이것은 각각의 유형에 대한 설명에서 더 자세히 살펴보겠다.

어떤 관점에서 보면 비통합의 방향으로 움직이는 것은 단지 또 다른 생존 메커니즘이다. 자연은 우리의 정신을 위하여 많은 유용한 '탈출 창구'를 제공한다. 그래서 우리는 쉽게 병적이 되지 않는다. 비통합의 방향은 억압되어 있는 것이 발산될 수 있는 길을 열어 준다. 행동화하는 것은 우리에게 일시적인 안도감을 주며 자신의 기본 유형에서 건강하지 않은 범

행동화(acting out)

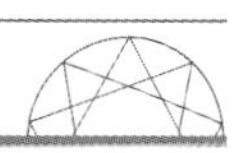

감정을 느끼는 것과 그것을 '행동화' 하는 것 사이에는 어떤 차이가 있을까? 우리는 화가 나면 화를 벌컥 냄으로써 그것을 행동으로 옮길 수도 있고, 그저 조용히 앉아서 느껴지는 것을 느끼며 분노가 우리 몸에 어떤 감각을 일으키는지 지켜 볼 수도 있다. 이렇게 할 때 우리는 깊은 수준에서 감정이 어떤 것인지 살펴볼 수 있는 기회를 갖는다. 즉, 자신의 감정을 억압하지 않고 그 감정이 우리를 강박적인 행동으로 이끌지 않는 상태에서 실제로 그 감정을 느끼는 것을 의미한다.
다음 번에 당신이 '비통합의 방향' 으로 자신의 감정을 행동화 하려 할 때 그 행동을 계속하는 것을 멈춰 보라. 이미 그 행동을 시작했어도 괜찮다. 말을 멈추고 필요하다면 몸의 느낌을 살펴보라. 그것을 행동으로 옮기지 않는 느낌이 어떤 것인지 살펴보라. 그리고 그 에너지가 당신의 몸 어디에 있는지를 살펴보라. 그 에너지를 발산해 버리지 않고 느낌으로 들어가 직접 경험할 때 무슨 일이 일어나는지를 살펴보라. 당신은 얼마나 오래 그렇게 할 수 있는가? 그 상황에 대해서 당신 자신에게 말할 수 있는 어떤 '이야기' 가 있는지 살펴보라. 계속 자신의 감정을 행동으로 옮긴다면 어떤 일이 일어나는가? 당신이 이것에 성공하든 실패하든 판단을 내리지 말고 스스로를 지켜보라.

위로 떨어지는 속도를 늦춰 준다. 물론 이것이 우리의 문제에 대한 해결책은 아니다. 우리는 행동화한 후에 많은 에너지를 발산하지만 똑같은 문제가 여전히 남게 된다. 행동화하는 것은 단순히 우리의 문제를 다루는 것을 미룰 뿐이다. 우리가 오랜 시간 동안 스트레스를 받고 있을 때 우리의 성격은 습관적으로 옆으로 비껴 나가게 된다. 그래서 비통합의 방향이 나타난다. 이러한 이유 때문에 감정적인 어려움이나 큰 위기 상황을 겪은 사람들은 자신의 기본적인 유형보다 비통합의 방향에 있는 유형과 자신을 동일시한다.

예를 들어 오랫동안 스트레스를 받은 1번 유형은 평균 범위나 불건강한 범위의 4번 유형과 같은 행동을 많이 하기 때문에 자신을 4번 유형이라고 여긴다. 비슷한 예로 많은 스트레스를 받은 9번 유형은 6번 유형처럼 행동한다. 우리가 낮은 수준으로 내려갈 때 이 과정은 더 가속화되어서 평균 범위의 가장 아래쪽에서 불건강한 범위로 내려갈 때 그 강도가 정점에 이른다.

또한 외상 후 스트레스 장애(PTSD)가 있는 사람들이나 자신의 성격 유형에서 경계선에 있는 사람들은 더 쉽게 비통합의 방향으로 가는 경향이 있다. 이들의 성격은 변화의 가능성이 더 있고 기본 유형에 덜 고정되어 있기 때문에 더 쉽게 비통합의 방향으로 가는 것이다.

통합의 방향

비통합의 방향은 무의식적이고 충동적이다. 이것은 에고가 자신의 정신 상태의 불균형을 보상하려는 자동적인 방식이다. 그러나 통합의 방향은 의식적인 선택을 필요로 하기 때문에 비통합의 방향에서 일어나는 변화와는 다르다.

통합의 길 위에 있을 때 우리는 스스로에게 이렇게 말한다. "나는 나의 삶이 더 완전하기를 원해. 나는 나의 오랜 습관과 생활 방식에서 벗어나기를 원해. 나는 진정으로 자유롭고 활력 있는 삶을 살기를 바래." 통합의 방향은 수준 4 정도에서 시작된다. 그러나 수준 3이나 그 이상에서 더 쉽게 일어난다.

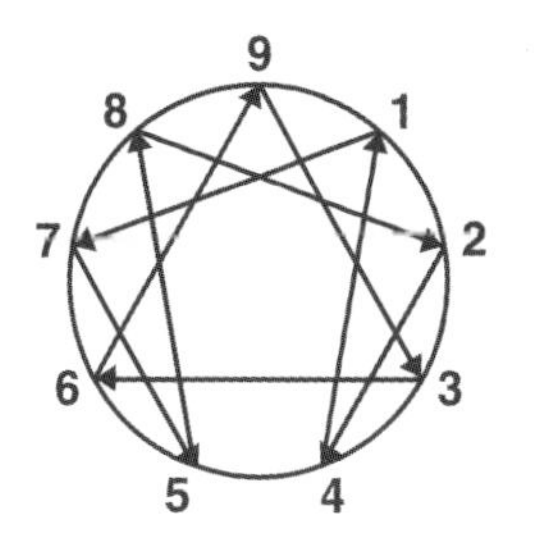

통합의 방향

자신의 성격 유형이 지고 있는 짐을 놓기 시작할 때 특정 방향으로 성장과 발전 과정이 일어난다. 통합의 과정에서 그 유형의 중심 문제가 치유되는 것이다. 성장을 위해 우리가 필요로 하는 자질들이 발견되며 그것들을 개발하면 할수록 자기 성격 유형의 제한적인 패턴으로부터 스스로를 자유롭게 하는 과정이 더 빨리 일어난다.

예를 들어 8번 유형은 스스로를 방어하고 통제당하지 않으려는 욕구에서 벗어날 때 자동적으로 자신의 상처와 연약함을 접할 수 있다. 이들은 왜 자신이 스스로를 방어하려 했는지 이해하기 시작한다. 우리가 자신의 방어에서 좀더 자유로워지면 질수록 2번 유형처럼 사람들을 보살피는 게 얼마나 좋은 느낌을 주는지 깨닫는다. 자신이 진정으로 사람들과 연결되고 사람들에게 좋은 일을 하기를 원한다는 것을 알아차리기 시작할 때 8번 유형은 자신이 옳은 방향으로 나아가고 있다는 것을 알게 된다.

우리가 현재에 존재할수록 통합의 방향에서 나타나는 긍정적인 성격의 자질들이 나타나기 시작한다. 통합이 일어나기 시작할 때 자기 유형의 평균 범위에서 나타나는 제약이 고통스럽게 느껴진다. 통합은 우리가 자기 유형의 강박 속으로 들어가는 것을 알아차리게 하고 거기에서 빠져 나오도록 우리를 고무한다. 그래서 통합의 방향은 자기 유형에 고착되는 상태를 치유할 수 있는 치료제라고 할 수 있다.

안전 지점

각 유형은 평균 범위에 있을 때에도, 특정한 조건 하에서 통합의 방향에 있는 번호의 특성을 드러낸다. 우리는 자신이 있는 곳에서 확신을 느낄 때 통합의 방향에 있는 번호의 평균적인 행동을 하는 경향이 있다. 우리가 다른 사람과의 관계에서 안정감을 느낄 때 모르는 사람에게 하기에는 어려운 과감한 행동을 시도한다. 우리는 이런 현상을 '안전 지점' 이라고 부른다.

예를 들어서 평균적인 1번 유형은 이따금씩 평균적인 7번 유형처럼 행동한다. 그러나 평균 범위, 혹은 불건강한 범위의 4번 유형처럼 행동하는 것만큼 자주 일어나는 일은 아니다. 1번 유형은 안전하게 느껴지지 않을 때는 평균적인 7번 유형처럼 행동하지 않는다. 비슷한 예로 5번 유형은 쉽게 평균적인 7번 유형처럼 부산스럽게 행동할 수 있다. 그러나 좀 더 안

각 유형의 통합 방향

1	분노가 많고 원칙적이며 비판적인 1번 유형이, 건강한 7번 유형처럼 유연하고 유쾌해진다.
2	자만심이 있고 자기기만적인 2번 유형이, 건강한 4번 유형처럼 자신의 감정을 잘 알아차리고 스스로를 존중하게 된다.
3	허영심이 많은 3번 유형이, 건강한 6번 유형처럼 협동적이고 사람들에게 충실해진다.
4	질투가 많고 감정적으로 불안정한 4번 유형이, 건강한 1번 유형처럼 원칙에 충실하고 객관적으로 변한다.
5	욕심이 많고 독립적인 5번 유형이, 건강한 8번 유형처럼 자신감 있고 결단력을 지닌다.
6	두려움이 많고 비관적인 6번 유형이, 건강한 9번 유형처럼 긍정적이고 편안해진다.
7	욕구를 자제하지 못하며 산만한 7번 유형이, 건강한 5번 유형처럼 집중력이 있고 깊이가 있어진다.
8	욕망이 강하고 남을 통제하려 드는 8번 유형이, 건강한 2번 유형처럼 남을 보살피고 따뜻한 마음을 갖게 된다.
9	느리고 나태한 9번 유형이, 건강한 3번 유형처럼 적극적으로 자신을 개발하고 활동적으로 변한다.

전하게 느껴지는 환경에서 다른 사람과의 관계가 편안할 때 그들은 자기 주장을 밀어붙이면서 8번 유형처럼 행동한다.

안전 지점은 통합의 방향으로 옮겨 가는 것과는 다르다. 이것은 비통합의 방향과 마찬가지로 또 하나의 탈출구인데 이러한 현상이 일어나려면 특별한 환경이 필요하다. 평균 범위에서 불건강한 범위에 있는 사람들은 자신에게 통합의 방향에 있는 번호의 자질이 필요하다는 것을 알고 있는 것 같다. 그러나 이들이 강박적이고 자동적으로 행동할 때는 그 유형의 건강한 면을 통합할 수가 없다. 안전 지점으로의 움직임은 진정한 통합의 과정이 아니라 다른 것에 의해 보충되고 대체되는 성격의 한 부분이 순간적으로 나타나는 것이다. 이것은 깨어 있으며 자유로운 의식으로 가는 것과는 다르다. 각 유형이 안전 지점으로 움직여 가는 것은 평균 범위 안에서 일어난다.

의식은 개발되는 것이다.

수르야 다스 Surya Das

통합의 진정한 의미

통합의 방향으로 이동하기 위해서는 의식적인 선택이 필요하지만, 그 방향에 있는 유형의 태도와 행동을 무조건 따라하는 것은 아니다. 예를 들어 당신이 8번 유형이라면 '2번 유형처럼' 행동하는 것, 즉 과자를 굽거나 사람들을 위해서 문을 열어 주는 행동을 하는 것이 진정한 의미의 통합은 아니라는 말이다. 통합의 방향에 있는 유형의 행동을 따라하는 것은 그 유형의 성격을 더 '강하게' 만들 뿐이다. 진정한 변화는 새로운 에고의 패턴과 방어 기제를 덧붙이는 것이 아니라 거기서 벗어나는 것이다. 그래서 그 유형의 행동을 따라하는 것은 실패하게 마련이다.

우리는 항상 성격이 그 성격의 문제를 해결할 수 없다는 것을 기억해야 한다. 예전의 습관을 '하지 않는' 것 외에는 성격이 할 수 있는 일은 별로 없다. 우리의 본질이 깊이 깨달아서 행동을 이끌기 전에는 말이다.

통합의 과정은 우리가 뭔가를 '해야' 하는 것이 아니다. 그것은 우리를 가로막는 성격의 면들에서 의식적으로 벗어나는 과정이다. 붙들고 있는 삶을 사는 데는 단 두 가지 방법이 있다. 하나는 기적은 전혀 없다고 여기는 것이고 또 다른 하나는 모든 것이 기적이라고 여기는 방식이다.

아인슈타인 Einstein

방어, 태도, 두려움에서 벗어날 때 우리는 꽃이 피는 것처럼 자연스러운 균형의 상태를 경험할 수 있다. 나무는 싹이 터서 꽃이 피고 열매를 맺기 위해서 아무것도 하지 않는다. 이것은 자연스러운 과정이다. 영혼은 이렇게 자연스러운 방식으로 스스로를 펼치기를 원한다. 에니어그램은 각 유형의 이러한 자연스러운 발전 방식에 대해 설명한다. 통합의 방향에 있는 유형은 우리에게 언제 이러한 일이 일어나는지에 대한 단서를 제공하며, 이 과정이 좀 더 쉽게 일어날 수 있도록 그 속도를 촉진시킨다.

통합의 방향으로 발전하는 것은 우리의 모든 활동의 질을 풍성하게 한다. 통합의 방향에 있는 유형은 무엇이 진정으로 우리를 충족시키는지를 알려 주고 우리의 기본 유형이 가진 잠재력을 깨닫게 해 준다. 예를 들어 음악을 통하여 자신을 표현하기를 원하는 4번 유형은, 건강한 1번 유형처럼 성실하게 자신을 관리하고 꾸준히 연습한다. 이것이 그의 잠재력을 실현시키도록 해 주기 때문이다. '1번 유형처럼 되는 것' 은 4번 유형이 가장 효율적인 4번 유형으로 되는 길이다.

우리가 자신의 본질을 덮고 있는, 즉 스스로를 패배시키는 장애물을 완전히 이해하고 경험할 때, 그것들은 다 자란 나무의 죽은 잎사귀들처럼 떨어져 내린다. 그리고 우리 영혼의 완전성이 자연스럽게 나타난다. 여기에 우리 영혼의 본질이 있다. 이 순수한 영혼의 본질은 스스로가 만들어 놓은 에고의 방어기제, 자아 이미지, 두려움에 바탕을 둔 각 성격 유형의 전략에 가로막혀서 스스로를 드러내지 못하고 있었을 뿐이다.

제2부
아홉 가지 성격 유형

The Nine Personality Types

제7장

1번 유형 : 개혁자

Type One : The Repormer

"나는 고통스러운 경험을 통해서 한 가지 교훈을 얻었다. 즉 분노를 억제하면 그것은 에너지로 바뀌고, 그 에너지는 힘으로 변환되어서 세상을 움직일 수 있다는 것이다."

간디 Gandhi

"깨어나지 않은 마음은 만물을 그대로 내버려 두지 않고 사사건건 저항한다."

잭 콘필드 Jack Kornfield

"친구에게 결점이 없기를 바란다면 우리는 결코 친구를 가질 수 없다."

토마스 풀러 Thomas Fuller

"진실이 가진 진정한 이점은, 그것이 진정으로 참이라면 한 번, 두 번, 혹은 여러 번 사람들에게 외면당하더라도 오랜 시간이 흘렀을 때 그것이 참임을 다시 밝혀내는 사람이 반드시 있다는 것이다."

존 스튜어트 밀 John Stuart Mill

교사

활동가

변혁 운동가

도덕주의자

완벽주의자

조직적인 사람

리소-허드슨

유형 분류 지표

각각의 문항이 자신에게 얼마나 적용되는지 점수를 매겨 보라.

1점 전혀 그렇지 않다.
2점 거의 그렇지 않다.
3점 어느 정도는 그렇다.
4점 대개는 그렇다.
5점 매우 그렇다.

1. 대부분의 사람들은 나를 진지하고 융통성 없는 사람이라고 생각한다. 실제로 나는 그런 사람이다.
2. 나는 항상 내 자신에 대해서 정직하고 객관적이려고 노력한다. 그리고 어떤 대가를 치르든지 내 양심에 따라서 행동한다.
3. 나에게는 거친 부분이 있기는 하지만 그것이 나의 전체적인 성향을 대변해 주는 말은 아니다.
4. 내 머릿속에는 심판관이 있어서 나는 그와 함께 살고 있는 것 같다. 어떤 때는 그 심판관이 현명하고 분별력이 있지만 많은 경우에 그는 고집이 세고 가혹하다.
5. 나는 완벽해지기 위해서 많은 대가를 치른다고 느낀다.
6. 나도 남들처럼 웃기를 좋아한다. 사실 나는 더 자주 웃어야 한다.
7. 나의 원칙과 이상은 더 큰 성취를 위해서 노력하도록 나를 고무한다. 그리고 그것은 나의 삶을 의미 있고 가치 있는 것으로 만든다.
8. 나는 왜 많은 사람들이 낮은 성취동기를 가지고 있는지 이해하지 못하겠다.
9. 나는 많은 책임을 지고 있기 때문에 다른 사람보다 더 조직적이고 체계적이어야 한다.
10. 나는 사명감을 가지고 있다. 나에게는 중대한 소명이 주어졌다. 나는 뭔가 뛰어난 업적을 남겨야 한다고 믿는다.
11. 나는 실수하는 것을 아주 싫어한다. 그래서 모든 것이 제대로 되게 하기 위해서 아주 철저하게 일을 하려고 한다.
12. 대체로 나는 옳은 것은 옳은 것이고 틀린 것은 틀린 것이라고 믿는다.
13. 나는 다른 사람에게 일을 맡겼을 때 간섭하지 않고 그대로 내버려 두기가 어렵다.
14. 나에게는 많은 책임이 주어졌다. 내가 어려운 시기에 잘 대처하지 않았다면 무슨 일이 벌어졌을지 아무도 모른다.
15. 나는 어려운 상황 속에서도 인간의 도리와 자신이 믿는 가치를 포기하지 않는 사람을 볼 때 깊은 감동을 받는다.

→ 169쪽을 펴서 답을 확인하라.

1번 유형 | 개혁자

이성적이고 이상적인 유형

원칙적이고, 목표가 분명하며, 자신을 잘 통제하고, 완벽주의 기질이 있다.

- **기본적인 두려움** 나쁘고, 결점 있고 악하고 부패하게 되는 것을 두려워함
- **기본적인 욕구** 선하고 올바르며 균형 있고자 함
- **수퍼에고의 메시지** "네가 옳은 일을 한다면 너는 좋은 사람이고 괜찮다."

1번 유형들은 그것이 얼마만큼이든지 자신이 미칠 수 있는 영향력을 사용하여 세상을 개선시키고자 하는 사명감을 갖고 있기 때문에 우리는 1번 유형에게 개혁가라는 이름을 붙였다. 이들은 역경을 극복하려고 노력한다. 역경의 극복을 통해서 인간의 정신은 빛날 수 있다. 이들은 큰 희생을 치르고라도 높은 이상을 실현시키기 위해 노력한다.

역사 속에는 더 높은 이상이 자신을 부르기 때문에 위대한 일을 위해 안락한 삶을 버린 인물들이 많다. 2차 세계 대전 동안 라울 발렌버그Raoul Wallenberg는 유럽에 살고 있던 수천 명의 유대인을 나치로부터 구하기 위하여 안락한 중산층의 삶을 버렸다. 간디는 인도의 독립과 비폭력 사회 운동을 위하여 아내와 가족, 성공적인 변호사 생활을 버렸다. 잔다르크는 영국으로부터 조국의 독립을 되찾고자 프랑스의 작은 마을을 떠났다. 이들 1번 유형의 이상주의는 이렇게 수많은 사람들을 고무시킨다.

"나의 삶에는 사명이 있다."

1번 유형들은 실질적인 행동을 하는 사람들이다. 이들은 유용한 사람이 되기를 원한다. 의식의 어떤 수준에서 이들은 자신의 삶에 '이루어야 할 사명'이 있다고 느낀다. 1번 유형들은 강한 목적의식을 갖고 있으며, 자신과 타인에게 자신의 행동을 정당화해야 한다고 느낀다. 이러한 경향 때문에 1번 유형들은 자신의 행동이 가져올 결과에 대해서 많이 생각한다. 또 어떻게 하면 자신의 신념에 어긋나는 행동을 하지 않을지 고심한다.

그래서 1번 유형들은 자신이 '머리형', 즉 논리와 객관적인 사실이 앞서야만 행동할 수 있는 이성적인 사람이라고 생각하기가 쉽다. 그러나 이것은 사실과는 다르다. 1번 유형들은 자신이 해야 한다고 느끼는 것에 대

해서 받아들일 수 있는 이성적 근거를 찾으려고 애쓰는, 적극적으로 행동하는 사람들이다. 이들은 확신과 판단을 통해서 자기 행동을 통제하고 지시하는, 본능과 열정의 사람들이다.

1번 유형들은 자신의 원칙을 고수하려고 노력하는 과정에서 자신의 본능적인 충동에 영향을 받는 것에 저항한다. 이들은 본능적인 충동에 자신을 내맡기거나 쉽게 그것을 드러내지 않는다. 그래서 억압, 저항, 공격과 연관된 성격이 형성된다. 다른 사람들은 이들이 스스로를 잘 통제하고 경직되어 있는 사람으로 여기지만 자신은 그렇게 생각하지 않는다. 이것은 욕망과 열정의 솥 위에 뚜껑을 닫고 앉아 있는 모양새와도 같다.

심리치료사인 카산드라는 젊은 시절의 어려움을 이렇게 이야기한다.

"내가 고등학생이었을 때 다른 사람들은 내가 감정이 없다고 생각했어요. 나는 내면에서 강렬한 감정을 느끼는데, 느끼는 만큼 그것을 밖으로 표출할 수가 없었지요. 지금도 친구와 갈등이 있어서 그 문제에 대해 이야기해야 할 때는 내가 원하는 것을 어떻게 이야기할지 먼저 곰곰이 생각해 봅니다. 너무 심하게 이야기하거나 내 분노를 억제하지 못할 때는 상처를 주기가 쉽거든요."

이처럼 1번 유형들은 자신에게 철저한 것(결국 완벽해지는 것)이 스스로와 다른 사람에게 자신을 정당화할 수 있는 방법이라고 믿는다. 그러나 이들은 완벽해지기 위해서 스스로를 괴롭힌다. 이들은 하느님 자신이 창조한 세상을 보고 "보기에 좋았더라"라고 말한 것에 동의하지 않는다. 이들은 "그렇지 않다. 반드시 어딘가에 실수가 있을 것만 같다"고 느낀다. 이것 때문에 1번 유형들은 자신의 내면의 안내와 삶을 신뢰하기 어렵다. 이들은 자신이 그렇게 절실하게 찾기를 원하는 더 큰 선善으로 가기 위해서 어린 시절에 배운 내면의 목소리, 자신의 수퍼에고에 의존하는 것이다.

1번 유형들이 자신의 성격에 완전히 묶여 있을 때는 이 가혹하고 용서가 없는 목소리와 자신 사이에 구별이 거의 없다. 그것으로부터 분리되어서 진정한 힘과 제약을 보는 것이 1번 유형들이 추구해야 할 성장의 방향이다.

어린 시절의 패턴

1번 유형들은 좋은 아이가 되기 위해서 매우 노력한다. 많은 1번 유형들은 어렸을 때 자신의 존재를 정당화할 필요를 느꼈다고 이야기한다. 단지 어린아이로 있으면 자신이 받아들여지지 않을 것이라고 느끼기 때문에 많은 1번 유형들은 어린 나이에 심각함과 어른의 책임감을 발달시킨다. 이들은 부모들이 자신에게 많은 것을 기대한다고 느낀다. 그래서 3번 유형들처럼 이들도 '가족 영웅' 의 역할을 담당하는 경우가 많다.

※우리가 여기에서 설명하는 '어린 시절의 패턴' 이 그 성격 유형을 만든 것은 아니다. 이것은 어린 시절에 관찰되는 경향이며 성인이 되었을 때 인간관계를 형성하는 데 큰 영향을 준다.

퀸벡의 여성 종교 지도자인 죠엔은 자신이 가족의 가치관을 지켜야 한다는 부담감을 느꼈던 어린 시절을 회상한다.

"내가 자주 심하게 코피를 흘릴 때 아버지는 기도를 너무 열심히 하지 말라고 말씀하셨습니다. 나는 '너무 열심히' 가 어느 정도인지 몰랐기 때문에 많을수록 좋다고 생각했지요. 아버지는 내가 기도를 하고 가족들에게 모범이 되기를 원했거든요. 물론 나는 매일 미사를 드렸습니다. 나는 이것이 나에게 주어진 중대한 사명이라고 여겼지요."

1번 유형들은 어떤 이유 때문에 보호적 인물(protective-figure, 항상 그렇지는 않지만 대개는 아버지)로부터 '분리된' 느낌을 받는다. 자신이 동일시할 수 있는, 안정감을 주는 또 다른 어른을 갖는다면 아이는 어머니에 대한 의존에서 분리되어 자신의 개인성과 독립성을 갖게 된다. 그러나 보호해 주는 인물이 그 역할을 충분히 하지 못할 때 1번 유형들은 근본적인 분리감을 느낀다. 이들은 자신의 친아버지 혹은 상징적인 아버지가 자신의 필요를 충분히 충족시키지 못한다는 것을 깨닫는다. 이것은 반드시 그 보호자가 나쁘거나 아이를 잘 돌보지 않아서가 아니라 어떤 이유에서인지 자연스러운 연결이 일어나지 않기 때문이다.

그 결과 아이는 좌절감을 겪고 스스로가 '아버지' 가 되어야 한다고 느낀다. 1번 유형들은 어려운 시기가 닥치면 지나치게 책임감을 많이 갖는 것으로 반응한다. 그렇게 함으로써 이들은 1번 유형에 있어서 아주 중요한 문제인 독립심을 발달시키고 자신의 영역을 설정하게 된다.

비즈니스 컨설턴트인 저스틴은 엄격한 에고 방어책을 개발했던 고통스러운 어린 시절에 대해 이야기한다.

"우리 가족은 갈등이 많았기 때문에 나는 어떻게든 그것을 그만두게 해야 한다고 생각했어요. 내가 통제력이 강한 것은 이런 환경 때문인 것 같아요. 우리 어머니는 아주 공격적이었고 나는 스스로를 보호하기 위해 그런 어머니의 건강하지 않은 성격을 따랐지요. 나는 아주 비판적이고 고집이 셌어요. 나는 어머니가 우리에게 대하듯이 동생들을 대했지요. 나는 주장이 강하고 남을 통제하려고 들었어요."

그래서 어린아이는 이렇게 말한다. "나는 내 스스로를 안내한다. 나는 나 자신을 보호하는 인물이며 도덕적인 안내자가 된다. 나는 나 스스로를 관리하고 통제하기 때문에 다른 사람은 나를 통제할 필요가 없다. 나는 나 자신에게 벌을 줄 것이다. 그러나 다른 사람은 나를 벌주지 않을 것이다." 1번 유형들은 규칙에 지나치게 충실함으로써 다른 사람이 자신에게 기대하고 있는 것 이상을 한다. 그래서 아무도 자신에게서 실수를 찾지 못하도록 한다. 이러한 방식으로 이들은 독립성을 얻는다.

비즈니스 컨설턴트로 성공한 레오는 어린 시절을 이렇게 회상한다.

"어린 시절에 나는 어떤 일을 하는 데에 옳은 방식은 단지 하나라는 것을 배웠어요. 그것은 아버지의 방식이었지요. 그러나 아버지는 일관성이 없었기 때문에 그의 방식은 때때로 변하곤 했지요. 그러나 아버지는 항상 "옳았다."고 주장하셨어요. 일관성이 없었던 아버지와는 달리 나는 일관성 있게 행동하고 스스로가 의존할 수 있는 '진정한' 옳은 방식을 찾으려고 노력했답니다."

1번 유형들은 자신을 보호하는 인물이 기대하는 것 이상으로 해 내야 한다고 느낀다. 이들은 스스로를 위하여 더 나은 규칙을 만들어 내야 한다고 느끼며 옳고 그른 것을 결정한다. 그러나 그렇게 하면서 아이는 자신을 보호하는 인물을 판단하는 것에 죄책감을 느낀다. 어린 1번 유형들은 이 죄책감에서 벗어나기 위해서 자신은 선하고 책임감이 있으며 다른 사람들은 게으르고 자신보다 옳지 않으며, '성숙하지' 않다는 정체성을 형성한나. 이러한 사기 성당화가 1번 유형의 정체성과 감정적 패턴의 기본이 된다.

9번 날개를 가진 1번 – 이상주의자

날개 부속 유형

건강할 때 이 부속 유형의 사람들은 통찰력이 있고 현명하며 정중하다. 이들은 학구적이고 차분하다. 이들은 내향적이고 은둔적이어서 많은 사람들로부터 벗어나 자신만의 조용한 장소를 찾을 수도 있다. 이들은 자신의 감정을 쉽게 드러내지는 않지만 관대하고 친절하고 사려 깊으며, 대개 자연, 동물, 순수함을 사랑한다. 이들은 상황을 개선시키기를 원하지만 다른 1번 유형들보다 더 부드럽게 그런 일에 접근한다.

평균일 때 이상주의적이고 자신이 믿는 개혁을 이루기 위해 정치와 '더러운 일' 에 연루되지 않는 경향이 있다. 이들은 다른 사람에게 자신의 정당함을 설득하기보다는 자신의 이상을 설명한다. 이 부속 유형에서는 다른 부속 유형에 비해 1번 유형들에게서 볼 수 있는 분노를 발견하기가 어렵다. 이들은 경직되어 있고 참을성이 없으며 냉소주의적이다. 이 부속 유형의 사람들은 혼자 있는 것을 좋아하고 인간관계에서 실망하는 것을 피하기 위하여 혼자 일할 수 있는 환경을 찾는다. 이들은 다른 부속 유형보다 다른 사람들과 떨어져 혼자 있으려 하고 내세에 관심이 많으며 개인적이다. 이들은 자만심과 우월감이 있지만 다른 사람들 앞에서 의도적으로 겸손한 척하는 경향이 있을 수 있다.

• 인물의 예

플라톤 Plato
간디 Gandhi
산드라 데이 오코너 Sandra Day O'connor
죠지 헤리슨 George Harrison
헨리 데이빗 소로 Henry David Thoreau
마사 스튜어트 Martha Stewart
케서린 헵번 Katharine Hepburn
앨 고어 Al Gore
죠지 F. 윌 George F. Will
노엄 촘스키 Noam Chomsky

2번 날개를 가진 1번 – 사회운동가

건강할 때 이 부속 유형에 있는 사람들은 이상과 높은 원칙에 대한 추구와

• 인물의 예
제리 브라운 Jerry Brown
힐러리 클린턴 Hillary Clinton
셀린 디온 Celine Dion
존 브래드쇼 John Bradshaw
엠마 톰슨 Emma Thompson
제인 폰다 Jane Fonda
존 바에즈 Joan Baez
바네사 레드그레이브 Vanessa Redgrave
랄프 네이다 Ralph Nader
요한 바오로 2세 John Paul Ⅱ

다른 사람들에 대한 동정과 사랑이 섞여 있다. 다른 부속 유형보다는 상대적으로 순수 이상주의를 덜 가지고 있는 이들은 인류를 개선시키는 일에 관심이 많으며 자신이 옹호하는 변화를 위해서는 어떤 일이라도 할 수 있다. 이들은 열정적이며 다른 사람과 관계 맺는 것을 좋아하고 '정치적인' 관계 속에서 주고받는 것을 즐긴다. 이 부속 유형의 사람들은 설득력이 있으며 다른 사람도 자신이 신봉하는 명분과 신념에 대해 관심을 갖게 하기 위해서 많은 노력을 기울인다.

평균일 때 이 부속 유형의 평균적인 사람들은 아주 활동적이며 자신의 이상과 자신이 추구하는 개혁을 위해서 공격적인 경향을 띨 수도 있다. 이들은 혼자 있는 것을 편안하게 여기며 생각하고 재충전할 시간이 필요하기는 하지만 자신의 이상에 대해 토론할 때는 다른 사람들과 시간을 보내면서도 힘을 얻을 수 있다. 그래서 이들은 자연스럽게 정치에 대해 관심이 많다. 이들은 자신이 세상을 개선시키고 있다고 느끼기만 하면 이타주의자적인 사람이 될 수도 있다. 이들은 비판적이고 흥분을 잘 하며 좌절당했을 때 자신의 불만을 큰 소리로 말할 수도 있다. 또한 이들은 다른 부속 유형보다 더 격렬하고 행동 중심적이기 때문에 사람들이나 어떤 사건 때문에 좌절당할 가능성이 많다.

본능적 변형

자기 보존 본능의 1번 유형

자기 통제 평균 범위에서 자기 보존 본능의 1번 유형들은 자신의 재정과 건강에 대해서 염려하는 경향이 있다. 이들은 열심히 일하지 않는 데 대해 스스로를 책망한다(평균적인 6번 유형들처럼). 자기 보존 본능은 이들에게 자기만족에 대한 강한 욕구를 준다. 그러나 이들의 수퍼에고는 가혹하게 이러한 욕구와 맞선다. 그 결과로 생기는 내면의 갈등은 지속적인 스트레스와 신체적인 긴장의 원인이 되며 이것 때문에 자신의 기쁨과 욕망에 대해서 전부가 아니면 아무것도 아니라는 식의 태도를 갖게 된다. 이들은 자신의 욕망 속으로 완전히 빠져들거나 금욕주의자가 된다.

또한 이들은 수퍼에고의 명령에 자신을 동일시하면서 실수가 마치 재난이라도 되는 것처럼 두려워한다. 이들은 자신의 잘못된 행동이 삶 전체를 뒤흔들 것이라고 느낀다. 이들은 환경에 대해서 아주 까다롭다. 이들은 깨끗함, 정리 정돈, 위생, 미적인 것을 가치 있게 여기며 건강과 다이어트, 비타민, 미생물, 동종 요법 등에 대해서 나름대로의 확고한 신념을 갖고 있는 경우가 많다. 이들은 자기 자신에 대해 걱정스러운 일이 있을 때 다른 사람도 그 문제에 대해 지나치게 방어적이 되라고 강요한다. 예를 들어 자신의 건강 문제가 걱정스럽다면 이들은 건강을 돌보지 않는다고 다른 사람을 야단친다. 자신이 돈과 관련된 문제를 가지고 있다면 이들은 다른 사람에게 저축을 하라고 훈계한다. 낮은 수준에 있는 이 부속 유형의 1번 유형들은 엄격한 수퍼에고 때문에 어떤 종류의 안락함이나 보상도 누릴 줄 모른다.

불건강한 범위에서 자기 보존적인 1번 유형들은 자신이 원하는 것을 엄격하게 구속하는 시기와 그것을 과도하게 취하는 시기를 왔다갔다하기 시작한다. 이들은 건강 문제에 집착하는데 특히 음식에 대한 관심이 많다. 이들은 스스로가 정한 다이어트의 원칙이나 건강상의 규칙을 어겼을 때 그것을 정당화하거나 돌이키려고 노력한다. 단것을 지나치게 많이 먹거나 과음을 한 후에 철저한 다이어트를 한다든지 밀크 셰이크나 튀김을 먹고 비타민을 잔뜩 먹는 식이다. 자기 보존적인 1번 유형들은 먹는 것과 관련된 장애를 갖고 있기 쉽다. 이들은 자신의 본능적인 충동을 억제하기 위해서 금욕주의자가 되기도 하고, 무리한 단식을 하거나 지나치게 먹는 것에 열중하는 것과 같은 극단적인 행동을 하기도 한다.

사회적 본능의 1번 유형

개혁 운동가 평균 범위에 있는 사회적 본능의 1번 유형들은 자신이 객관적인 가치관이나 사회적인 규범을 대변한다고 믿는다. 가르치는 것, 계몽하는 것, 도덕적인 가치에 대해 이야기하는 것 등이 이들에게 어울리는 일이다. 이들은 정치, 시사 문제, 저널리즘에 관심이 많으며 '더러운 것'을 캐내서 잘못된 일을 밝혀내고 불의에 맞선다. 또한 이들은 자신이 필요하다고 생각하는 개혁(학교를 개선시키는 것, 사람들을 재활용에 참여하도록 하는 것 등)을 위해서 끈기 있게 일한다.

사회적 본능의 1번 유형은 강한 의견과 신념을 갖고 있으며 자신이 믿는 명분을 위해 논쟁하기를 주저하지 않는다. 이들은 다른 사람에게서 이러한 자질을 발견할 때 그것을 높이 평가한다. 그러나 자신의 관점에만 주의가 고정되어 있을 때에는 다른 사람들이 자신의 의견에 동의해 주기를 바란다. 그렇기 때문에 이들의 생각과 행동은 경직되기 쉽다. 세상을 보는 이들의 관점은 자신의 영역을 확고히 설정하는 방법이며 세상에 대항하는 갑옷과도 같다. 1번 유형들은 자기 자신에게 가장 엄격하게 원칙을 적용하기 때문에 스스로의 신념과 의견이 모순을 갖게 되는 것을 두려워한다. 사회적 본능의 1번 유형들은 정치 상황을 자신의 개인적인 일로 받아들여서 마치 그것이 개인적인 좌절이나 승리인 것처럼 반응한다.

건강하지 않은 범위에 있는 사회적 본능의 1번 유형들은 자기 자신, 다른 사람, 그리고 사회 전반에 대해 비현실적인 기대를 가지고 있다. 이들은 극단적인 정치적 관점이나 엄격한 종교적 도그마를 가지고 있을 수도 있다(예를 들어 자유주의가 이 나라의 악을 일소시키는 유일한 해결책이다, 임신의 목적이 아니라면 부부 관계를 해서는 안 된다, 등). 낮은 수준에서 이들은 인간의 불완전함에 끊임없이 분노를 느껴서 비판적이고 거칠어진다.

성적 본능의 1번 유형

자기 기준을 상대방에게도 강요함 평균적인 수준에 있는 성적 본능의 1번 유형은 이상적인 파트너와 함께 완벽한 관계를 맺기를 원한다. 이들은 자신의 삶을 안정시켜 줄 완벽한 배우자를 갈망한다. 이런 면에서 이들은 4번 유형으로 오해받을 수도 있다. 이들은 자신의 배우자, 가족, 친한 친구들에 대해 높은 기대치를 갖고 있으며, 자신과 관계를 맺고 있는 상대방도 똑같은 기준을 갖고 있다고 믿고 싶어한다("우리는 같은 이상을 가지고 있어, 그렇지?"). 성적 유형의 1번은 상대방이 기대에 못 미쳐서 관계의 조화와 완벽함이 깨지는 것을 두려워한다. 그렇기 때문에 이들은 사랑하는 사람도 자신의 기준에 이르도록 밀어붙인다. 이 기준에 미치는 사람을 찾는 것이 어렵기 때문에 여러 사람을 만나 보지만 항상 실망하고 만다.

성적 본능의 1번 유형은 정조를 아주 강조한다("사랑은 영원하다"). 다른 사람에게는 잘 드러내지 않지만 이들은 버려지는 것에 대한 감춰진 두려움과 만성적인 외로움에 시달리고 있다. 버려지는 것에 대한 두려움과 높은 기대가 뒤섞여서 배우자에게 비판적이 되며 상대방을 통제하려는 태도가 나타난다("절대로 날 실망시키지 마. 절대로 날 속이지 마").

낮은 수준에 있는 이 유형의 사람들은 끊임없이 상대방이 하는 일을 '확인할' 필요를 느낀다. 성적 본능의 1번 유형은 자신이 노력해서 좋은 관계와 기쁨을 얻었다고 느끼기 때문에 자신이 얻은 보상 중에 하나라도 잃어버릴까 봐 두려워한다. 이들은 혹시라도 자신이 버려질까 봐 두려워하기 때문에 그런 일이 일어나는 것을 피하기 위해서 비판과 통제를 사용하여 상대방의 자신감을 꺾으려 한다.

건강하지 않은 범위에서는 성적 본능의 변형이 이들에게 강한 욕망을 주기 때문에 1번 유형의 수퍼에고는 이것을 정당화하는 데 어려움을 겪는다. 성적 본능의 1번 유형들은 강렬한 욕망과 그 욕망을 거부하는 마음을 교대로 경험한다. 이것은 성적인 충동과 억압으로 이어진다("나는 저 남자에게 끌리고 싶지 않아"). 동시에 자신의 강박 관념의 근원이 상대방이라고 믿기 때문에 상대방을 통제해서 관계의 균형을 되찾고자 한다.

건강하지 않은 성적 본능의 1번 유형은 강렬한 질투심을 느끼기 쉽다. 이들은 두려움 때문에 끊임없이 의심하며 못 견딜 정도로 상대방을 괴롭힌다. 극단적인 경우에는 자신이 지닌 욕망의 죄를 씻기 위해서 자기 자신이나 다른 사람을 처벌한다.

1번 유형이 성장하기 위해 극복해야 할 과제

다음은 1번 유형들이 살아갈 때 가장 많이 만나는 문제들이다. 이 패턴들을 주의해서 보고, '행동을 통해' 자신을 알아차리고, 삶에 대한 습관적인 반응을 의식하면 우리는 자기 성격의 부정적 면들로부터 훨씬 자유로워질 것이다.

1번 유형을 일깨우는 신호 – 강한 의무감

1번 유형들은 자신을 위한 일깨우는 신호, 즉 끊임없는 무거운 의무감을 의식하는 것만으로도 크게 성장할 수 있다. 이들은 자신이 만나는 상황 모두를 개선시키는 게 자신이 할 일이라고 생각하기 시작한다("내가 이것을 하지 않으면 아무도 안 할 거야!"). 더욱이 이들은 다른 사람들이 문제를 해결하려고 노력한다고 해도 자신들만큼 그 일을 잘 해 내지 못할 것이라고 믿는다. 그래서 자신의 환경을 교정하고 통제하는 데 많은 노력을 기울인다. 또한 이들은 긴장이 많고 심각하며 자동적으로 어떤 일에서든 잘못된 부분에 주의를 쏟는다. 세상의 모든 짐이 자신의 어깨 위에 있다고 느끼기 시작할 때 평균 범위에 있는 1번 유형은 이것을 자신의 강박 관념 속으로 빠져드는 신호로 볼 수 있다.

연습 ① '외로운 책임감'에서 벗어나라

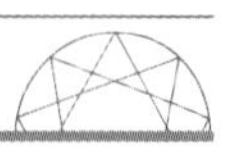

평균적인 1번 유형들은 자신이 '옳은 일'을 해야 한다고 느낄 뿐 아니라 다른 사람들의 부주의하고 바보스러운 면을 자신이 고쳐 주어야 한다는 의무감을 느낀다. 당신은 자신에게 이러한 패턴이 있다는 것을 알아차리고 있는가? 어떤 상황이 당신의 이러한 성격을 불러일으키는가? 언제 이런 일이 일어나는가? 당신은 다른 사람들에 대해 어떤 의견을 갖고 있는가? 이것이 다른 사람에 대해, 당신 자신에 대해 어떤 느낌이 들도록 하는가?

1번 유형의 발달 단계

범위	수준	내용
건강한 범위	수준1	**수용적, 현명함** 이 수준의 1번 유형들은 자신이 무엇이든 객관적으로 판단하는 위치에 있으며, 감정적으로 반응하지 않고 삶에 접근할 수 있다는 믿음에서 벗어난다. 그 덕분에 역설적으로 이들은 훌륭한 인격을 갖고 선한 사람이 되고자 하는 자신의 기본적인 욕망을 성취한다. 이들은 현명하고 통찰력이 있으며 수용적이고, 훌륭한 인격의 소유자가 된다.
	수준2	**평가하려 듦, 이성적** 이 수준의 1번 유형들은 자신의 삶을 안내해 주고 스스로의 안에 있는 '정돈되지 않은' 부분들로부터 자신을 방어하도록 해 주는 수퍼에고의 명령에 초점을 맞춘다. 자아 이미지는 '나는 지각 있고 절도가 있으며 객관적인 사람' 이다.
	수준3	**원칙적, 책임감이 강함** 이 수준의 1번 유형들은 자신의 양심과 이성에 따라 살려고 노력함으로써 자아 이미지를 강화한다. 이들은 매우 도덕적이며 자신을 잘 통제하고 강한 목표 의식과 신념을 가지고 있다. 이들은 진실하고 정확하며 더 높은 선을 위해 개인적인 욕망을 희생함으로써 타의 모범이 된다.
평균 범위	수준4	**의무감이 강함, 열심히 노력함** 이 수준의 1번 유형들은 다른 사람들이 자신의 원칙에 무관심하기 때문에 그들을 설득시켜서 자신의 관점이 옳다는 것을 믿게 하고 싶어한다. 이들은 심각하며, 다른 사람들과 논쟁하는 것을 좋아하고, 문제를 교정하는 것을 즐기며, 잘못된 것을 지적하고 세상을 평가하려 든다.
	수준5	**스스로를 통제함, 잘 정돈되어 있음** 이 수준의 1번 유형들은 자신이 스스로의 이상에서 벗어나면 다른 사람들이 자신을 비난할 것이라고 걱정한다. 이들은 자신의 관점을 주장하며 그것에 맞추어 살아야 한다는 의무감을 갖는다. 그래서 자신과 자신의 세상을 잘 조직하려고 노력한다. 이들은 시간을 잘 지키고 꼼꼼하며 화를 잘 내고 늘 긴장한다.
	수준6	**판단적, 비판적** 이 수준의 1번 유형들은 다른 사람들이 자신이 이루어 놓은 질서와 균형을 파괴할 것을 두려워한다. 그리고 다른 사람들이 자신의 이상을 진지하게 생각하지 않는 데 대해 화를 낸다. 이들은 자신의 기준에 맞게 살지 않는 데 대해서 다른 사람들에게 화를 내고 그것을 교정하려고 노력한다. 이들은 완벽주의자이며 고집이 세고 냉소적이다.
건강하지 않은 범위	수준7	**독선적, 융통성 없음** 이 수준의 1번 유형들은 자신의 이상이 어쩌면 잘못된 것일지도 모른다고 걱정한다. 실제로 이들의 이상은 잘못된 것일 수도 있다. 이들은 자기 이미지를 보호하기 위해 자신과 무언의 비판을 정당화한다. 또한 편협하여 좀처럼 타협이나 양보를 하지 않는다. 이들은 아주 독선적이며 사람들과 어울리는 것을 싫어한다.
	수준8	**강박적, 자기모순적** 이 수준의 1번 유형들은 자신의 비이성적인 욕망과 충동으로부터 스스로를 방어하는 데 필사적이다. 그래서 통제하기를 원하는 스스로의 모든 부분들에 대해 강박감을 느낀다. 이들은 대외적으로는 부도덕한 사람들을 비난하면서 자신의 모든 억압된 욕망을 행동으로 옮기기 시작한다. 이들은 스스로의 행동을 멈출 수가 없다.
	수준9	**남을 비난함, 징계함** 이 수준의 1번 유형들은 스스로를 통제할 수 없고, 자기가 다른 사람에게서 견딜 수 없는 바로 그 행동을 자신이 하고 있다는 것을 감당하기 어려워한다. 그래서 자기 자신이나 다른 사람의 환경 안에서 자신의 강박 관념의 원인을 제거하려고 노력한다. 이것이 살인이나 자살로 이어질 수도 있다.

앞에서도 나온 심리치료사 카산드라는 자신 안에 있는 이러한 경향에서 벗어나는 것이 얼마나 어려웠는지를 이야기한다.

"1번 유형으로 산다는 것은 항상 많은 짐을 지고 있음을 의미합니다. 그것은 모든 상황에서 옳은 일을 해야 하며, 자신의 행동과 감정을 남들에게 드러내지 않도록 관찰해야 한다는 부담감이지요. 또 감정을 드러낼 때는 '옳은' 시기에 '적절한' 방식으로 드러내야 합니다. 나는 아직도 사람들이 내 말을 들으려 하지 않거나, 자신과 다른 사람에게 해를 입히는 실수를 저지르고서야 후회를 하고 결국 내가 한 말과 같은 결론에 도달하는 것을 볼 때 아주 화가 납니다. 이 부분에서는 아직 내 문제가 다 해결되지 않았습니다."

사회적인 역할 – 교육자

"나는 어떤 일이든 그것이 어떻게 되어야 한다는 것을 알고 있다."

평균 범위에서 1번 유형들은 교육자나 교사처럼, 무지한 사람들에게 지혜를 주고 계몽하며 또 유용하고 생산적인 것을 알려 주는 사람으로서의 역할을 통해 자신을 한정짓기 시작한다. 이들은 자신이 사람들에게 어떤 일을 성취하는 가장 좋은 방법을 알려 주어야 한다고 느낀다. 그래서 이들은 설거지나 신문 정돈 같은 아주 단순한 일까지도 사람들에게 가르치려고 한다(5번 유형들도 자신의 전문 지식을 다른 사람에게 '가르친다'. 하지만 1번 유형들이 행동 중심의 사람들인 반면에, 5번 유형들은 자신의 생각을 실제로 적용하는 데에는 그리 관심이 없다).

평균적인 1번 유형들은 무의식적으로 자신이 비이성적이고 부주의한 어린아이에 둘러싸여 있는 성숙하고 책임감 있는 어른이라고 느낀다. 이러한 태도는 드러나는 방식으로든 혹은 드러나지 않는 방식으로든 다른 사람들에게 전달된다. 이러한 태도 때문에 설사 사람들이 1번 유형의 의견에 동의한다고 해도 사람들은 그 도움이나 생각에 저항을 갖게 된다. 이러한 저항은 1번 유형을 더 좌절시킨다.

또한 교사의 역할은 1번 유형으로 하여금 다른 사람들의 반응에 참을성을 갖지 못하도록 한다. 1번 유형들은 다른 사람들도 노력한다는 것을 인정하지만 그 노력이 충분한지를 의심한다. 그러면서도 사람들이 자신의 방식에 의심을 가짐으로써 시간을 낭비하는 데 화를 낸다. 이들은 다른 사람들의 게으름을 보충하기 위해서 자신은 별도로 열심히 일해야 한다고 느낀다. 이러한 분노와 참을성 없음 때문에 1번 유형들이 자신의 관점을 다른 사람들에게 효과적으로 전하는 게 아주 어려워진다. 이러한 상황이 발생하면 1번 유형이 어려움에 빠져 있다는 경고다.

심리치료사인 카산드라는 이러한 좌절을 겪었을 때 그것이 자신의 성격에 더 깊이 빠져들고 있다는 징후임을 알아차렸다.

"화가 난다는 것은 내가 좋지 않은 상태로 가고 있다는 확실한 표시입니다. 나는 화가 났을 때 내 안에 아직 충족되지 않은 욕구가 있음을 알아차립니다. 이것은 뭔가를 먹어야 하는 단순한 욕구일 수도 있고 친구와의 관계에 있어서 채 인식되지 않은 갈등을 해결하고자 하는 복잡한 욕구일 수도 있습니다. 나는 화가 날 때 스스로를 비난하지 않고 분노가 커지거나 우울로 빠져들기 전에 단계적으로 해결하는 법을 배우고 있습니다."

건강하지 않은 상태에 있는 1번 유형들은 다른 사람들의 다양한 기준들에 대해 쉽게 화를 낸다("왜 다른 동료들은 나만큼 조직적으로 일하지 않는 거야?" "아이들이 방을 정돈하는 것은 아주 당연한 일이야"). 평균적인 1번 유형들은 자신의 방식이 자기 자신에게는 아주 효과적이지만 다른 사람들에게는 적절치 않을 수도 있다는 사실을 이해하지 못한다. 다른 사람들도 자

연습 ② '어른 대 아이'의 교류 방식에서 탈피하라

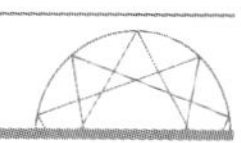

교류 분석(transactional analysis)이라는 심리학 이론은 사람들이 서로 무의식적으로 교류하는 네 가지 방식에 대해서 설명한다. 그에 따르면 우리는 어른 대 어른, 아이 대 어른, 아이 대 아이, 어른 대 아이로 교류한다. 1번 유형들은 어른 대 아이의 방식을 선택함으로써 인간관계에 문제를 일으킨다. 심리학자들은 이것이 가장 효율적이지 않은 교류 방식이라고 이야기한다. 당신이 이 패턴에 익숙해져 있지 않은지 살펴보라. 이런 방식이 다른 사람들로 하여금 어떤 반응을 지어 내게 하는가? 스스로에 대해서 어떻게 느끼게 하는가? 이런 방식으로 다른 사람들과 교류함으로써 당신이 지불하는 대가는 무엇인가?

신의 시간과 에너지를 다른 프로젝트나 목표에 쏟고 싶어한다는 사실을 이해하지 못한다.

분노와 좌절

1번 유형은 다른 사람들이 스스로의 이상만큼 살지 못하는 것과 스스로에게 게으르고 무책임한 것에 대해서 분노를 느끼고 있다. 1번 유형들이 불건강해지면 무엇이 옳고 그르냐의 판단을 내릴 수 있는 사람은 오로지 자기 자신인 것처럼 생각하기 때문에 사람들에게 더 많이 화를 낸다. 이들은 다른 사람들은 책임감 없이 놀기만 한다고 느낀다("왜 다른 사람들은 노는데 나만 이렇게 열심히 일해야 하는 거지?").

"모든 사람들이 너무 게으르고 무책임해."

분노 자체는 나쁜 것이 아니다. 그것은 삶에서 우리가 좋아하지 않거나 원하지 않는 일이 일어났을 때 자연스럽게 올라오는 감정이다. 분노는 그것이 물리적이든, 도덕적이든, 영적이든 공격받는 것에 대한 저항이다. 분노를 완전히 경험했을 때(즉 그것을 행동으로 옮기거나, 억압하거나, '삼켜 버리지 않고') 분노는 빨리 사라진다. 우리가 분노에 저항하지 않고 분노가 일어나도록 허용할 때, 분노는 파도처럼 한순간에 우리를 거쳐서 사라져 버린다. 우리가 분노에 저항하고 매달릴 때, 분노는 강박적인 생각, 감정적인 구속, 신체적인 긴장을 증가시키며 스스로가 그 상태를 지속시킨다. 분노가 가라앉았는데도 감정이 남아 있으면 몸에 축적되어서 근육을 긴장시키고 손톱을 물어뜯는다든지, 이빨을 가는 것과 같은 습관을 갖게 된다.

1번 유형들이 분노를 억압하거나 정당화하려 들지 않고 그대로 느끼는 법을 배우면 크게 성장할 수 있다. 자신에게 의미 있는 사람과 분노에 대해 자유롭게 이야기하는 것이 1번 유형들의 분노에 대한 치료법이 될 수 있다. 또한 이것은 자신의 분노를 다루는 긍정적인 단계이기도 하다.

그러나 아이러니컬하게도 1번 유형들은 자신의 분노를 항상 인식하고 있지는 않다. 이들의 수퍼에고는 '너무 감정적'이 되는 것을 꺼리기 때문에 이들은 자신의 분노를 제대로 경험하는 일이 드물다. 화를 내는 것은 통제를 못하는 것이고 완벽한 것이 아니라고 믿기 때문에 1번 유형들은 이를 악물고 분노를 거부한다. "나는 화가 난 게 아니야! 단지 제대로 하려고 노력하고 있다고!"

이상을 추구하기

평균적인 1번 유형들은 자신의 이상을 추구한다. 이것은 자신이 가치 있는 사람이라는 느낌이 들도록 해 주며 부정적인 수퍼에고의 목소리를 억제할 수 있는 길을 제시하기 때문이다. 그러나 이들이 자신의 이상을 원하면 원할수록 현실에서 더 많은 좌절을 겪는다. 그리고 인간관계에서든, 동료에 대해서든, 아이들에 대해서든 자신 앞에 놓여 있는 것의 좋은 점을 발견하기가 점점 더 어려워진다. 이상이라는 유령은 자신이 한 일에 대해 느끼는 성취와 만족이라는 감정에 그림자를 드리운다. 자신의 직업에 관한 일에서부터 아이들의 숙제를 봐 주고 간단한 편지를 쓰는 일까지 완벽하게 해야 하기 때문에 아주 어렵고 부담스러워진다.

다른 유형들과 마찬가지로 1번 유형들은 자신의 성격 구조 자체에 본질적인 모순을 가지고 있다. 이들은 완전한 인격을 갖기를 원한다. 그러나 이들의 수퍼에고는 끊임없이 모든 것을 좋다 나쁘다로 판단 내리기 때문에 자신이 추구하는 완전성을 얻지 못한다. 이들은 자신의 여러 면 사이에서, 자신과 다른 사람 사이에서, 자신과 세계 사이에서 전쟁을 겪는다.

설령 1번 유형들이 자신의 기준을 충족시키는 수준에 이르더라도 역동적인 수퍼에고는 또 기준의 수준을 올린다(이상이라는 말 자체가 도달할 수 없는 것이지만 1번 유형들은 이상을 재정비하고 더 열심히 노력한다). 완벽해지기 위

연습 ③ 얼마나 자주 실망하는가?

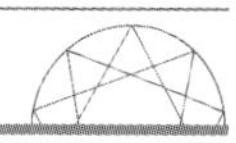

당신이 자신과 다른 사람에 대해 하루에 몇 번이나 실망하는지를 살펴보라. 최근의 일을 곰곰이 더듬어 보라. 당신이 모든 일을 판단하는 기준은 무엇인가? 이 기준의 성격과 그것으로 인해 다른 사람들에게 미치는 영향에 대하여 질문하고 살펴보라.

해서 끊임없이 노력한다는 것은 자신에게 가혹하다는 의미이다. 그래서 이것은 지속적인 긴장과 좌절의 상태를 낳는다.

목적의식을 갖고 진보하기

"모든 일을 해결하는 데는 합당한 방법이 있다."

건강한 1번 유형이 자신의 존재를 정당화하기 위하여 끊임없이 노력해야 한다고 느낄 때 이들의 진지함과 목적의식은 강박적으로 흐르기 쉽다. 이런 경우 건강하고 균형 잡혀 있으며 자신을 잘 통제하는 사람마저도 일중독에 빠지게 된다.

1번 유형들은 휴식을 취하기가 어렵다. 이들은 하찮고 가벼운 일은 할 시간이 거의 없다고 느낀다. 이들은 휴가를 갔을 때조차도 의무감에서 무엇인가를 해야 한다고 느끼며(해변에서 보내는 시간은 짧게, 박물관에서는 오래!) 한가롭게 시간을 보내는 데 대해 죄책감을 갖는다.

1번 유형들은 자기 자신과 자신의 환경을 개선하기 위해 노력하지 않으면 시간을 낭비하는 것이라고 느낀다.

앤은 목적의식 때문에 겪었던 불안감에 대해 이렇게 말한다.

"아마도 나는 남편이 아니었다면 오랫동안 휴가를 가지 않을 거예요. 어딘가 멀리 갔을 때에야 비로소 내가 얼마나 휴식과 변화를 원했는지 깨닫게 돼요. 하지만 나는 어디를 가든지 최소한 진지하고 유익한 책 한 권은 챙겨 가죠."

이처럼 1번 유형에게는 진보가 아주 중요하기 때문에 효율성과 일정한 방법, 체계, 계획에 따라서 일하는 것도 아주 중요하다. 이들은 최소한의

연습 ④ 도달할 수 없는 기준을 버려라

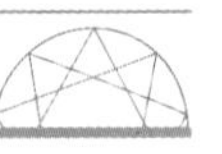

스스로가 세워 놓은 목표에 대해 지나치게 안달하고 있다고 느낄 때, 잠시 일에서 손을 놓고 정말 문제가 되는 것이 무엇인지 자신에게 물어 보라. 당신이 경험하는 좌절이 그 문제의 중요성에 상응하는가? 그리고 스스로에게 하는 말을 지켜보라. 당신은 자신에게 무슨 말을 하는가? 당신은 스스로를 달래려 하고 있는가?

시간에 일을 끝낼 수 있는 가장 효율적인 방법을 찾으면서 끊임없이 절차를 개발하고 재정비한다. 1번 유형은 원칙을 가지고 문제에 접근한다는 면에서는 6번 유형과 비슷하다. 6번 유형들은 정해진 기준 안에서 일하는 것을 좋아한다. 그래서 자신이 이해하고 있는 '체제'에서 갑작스러운 일이 일어나면 견디지를 못한다. 반면에 1번 유형은 자신의 판단에 따르며 자신의 방법이 더 효과적이라고 느끼기 때문에 일반적 기준에 따르는 것을 주저한다. 그러나 누가 자신에게 동의하는지, 선례가 있는지, 자신이 사회적인 관례를 따르고 있는지에 대해서 6번 유형보다는 신경을 덜 쓴다.

옳은 것과 문제를 지적하는 것

"옳은 것은 옳은 것이고 틀린 것은 틀린 것이다. 여기에 예외란 없다."

1번 유형들은 사랑받기 위해서는 선해야 하고 선하기 위해서는 옳아야 한다고 배웠다. 그렇기 때문에 이들은 끊임없이 잘못을 지적하고 더 나은 방식을 제시한다. 평균적인 수준에 있는 1번 유형들은 종교적인 관점과 정치적인 관점에서 좋은 학습 습관, 음악과 예술 등에 이르기까지 많은 문제에 대해서 다른 사람과 토론해야 한다는 강박감을 느낀다. 그래서 다른 사람들은 1번 유형들이 옳은 의견을 내고 있는데도 불구하고, 1번 유형들은 행동을 통해서 무의식적으로 자신들의 에고를 지지하고 있다고 느낀다. 마치 자신의 수퍼에고에게 스스로가 가치 있는 존재라는 사실을 끊임없이 보여 주려는 것과도 같다("내가 얼마나 열심히 일하는지 봐. 내가 다른 사람보다 더 효율적으로 일하고 있지?"). 더 문제가 되는 것은 평균 수준의 1번

연습 ⑤ 편협한 원칙에서 벗어나기

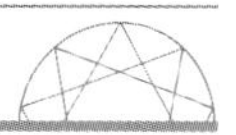

평상시의 당신 의견과 반대가 되는 관점을 취해서 그것이 옳다고 증명해 보라. 예를 들어 당신이 텔레비전 방송은 아무 쓸모가 없는 거라고 생각한다면, 텔레비전 방송이 좋다는 것을 다른 사람들이 믿을 수 있도록 당신의 생각을 정리해 보라. 그러고 난 다음에는 도덕, 성, 종교 등과 같이 당신이 좀더 뚜렷한 원칙을 갖고 있는 주제를 가지고 도전해 보라. 최소한 당신은 다른 사람들의 관점을 더 잘 이해할 수 있을 것이며 그로 인하여 더 많은 사랑과 관용을 갖게 될 것이다. 처음에는 어렵겠지만 연습을 할수록 당신은 아주 재미있는 연습이라는 것을 알게 될 것이다. 이 단순한 게임이 당신을 수퍼에고로부터 훨씬 자유롭게 해 줄 것이다.

유형들이 자신의 의견을 말할 때 너무 강압적이어서 다른 사람들이 이들의 의견을 받아들이기가 어렵다는 점이다. 옳은 행동을 한다는 것은 수퍼에고와 자신을 동일시해서 만들어 내는 공격과 괴로움을 줄여 보고자 하는 노력이다. 그러나 이 전략에 대한 대가는 크다. 이것은 다른 사람들과 멀어지게 하고 긴장을 낳으며 내면과 외부 환경과의 관계를 맺기 어렵게 한다. 옳고 그른 것에 대한 관점이 단순한 1번 유형들은 어떤 불일치가 일어나면 만족할 만한 결론이나 지속적인 해결책으로 연결되기 어려울 만큼 극단적인 이원론을 갖고 있다.

질서, 일관성, 시간 엄수

어떤 1번 유형들은 강박적으로 깔끔하다. 또 어떤 1번 유형들은 시간 계획을 정확히 세운다. 자신의 건강과 음식 섭취를 철저히 관리하는 1번 유형들도 있다. 어떤 1번 유형들은 깨끗한 것에 대해서는 별 관심이 없지만 작업 과정에 대해서는 아주 까다롭다. 외부 질서에 대한 걱정은 스스로가 자신 안에서 느끼는 내부의 무질서에 대한 걱정이 얼마나 많으냐에 비례하는 것으로 보인다.

평균적인 1번 유형들은 자신에게서나 다른 사람에게서나 일관성이 없는 것이 발견될 때 특히 못 견뎌 한다. 그래서 이들은 자신의 모든 행동을 일관성 있고, 지각 있고, 정당한 것으로 만들려고 노력한다(1번 유형의 아이들은 부모도 이렇게 행동해 주기를 기대한다). 더 나아가 이런 태도는 과거의 효과가 있었던 방법에 고착되어 다른 해결책이나 관점을 취할 수 없도록 한다.

저스틴이 바로 이런 문제를 경험했다.

"나는 내 자신이 긴장이 많고 심각하다고 느낍니다. 나는 가벼워질 수가 없어요. 그것이 일이든, 상황이든, 대화, 혹은 방의 정돈 상태든 모든 것이 반듯해야 하며 제자리에 있어야 한다는 강한 욕구가 있습니다. 나는 워크숍에 참석해서도 정보가 제대로 주어지지 않았다거나 내용이 불충분하다고 생각하면 강사에게 항의를 합니다. 나는 "신에게 모든 것을 맡겨라."라는 말을 받아들이기가 어려워요. 작은 일이든, 큰일이든 모든 것은 올바르게 되어져 있어야 한다고 생각합니다."

1번 유형들은 하루 중 자신이 쓸 수 있는 시간은 한정되어 있으며 사신의 '사명'을 완수하기 위해서 이 모든 시간이 필요하다고 느낀다. 건강하지 않은 1번 유형들은 시간을 지키는 데 대해 강박 관념을 갖고 있어서 끊임없는 긴장과 스트레스의 원인이 될 수 있다. 1번 유형들은 직장이나 약속 시간에 조금이라도 늦으면 심하게 자신을 책망한다. 하지만 일을 끝마치기 위해서라면 기꺼이 일과 후에도 일을 할 수 있다.

앤은 그룹 치료를 받는 동안 시간을 지키는 데 대한 자신의 강박관념을 생각하게 되었다.

"나는 늦을 때마다 두통을 일으킵니다. 그것은 제 시간에 오는 적이 한 번도 없는 사람을 만날 때도 마찬가지지요. 몇 해 전 그룹 치료를 받을 때 사람들이 시간을 지켜 주기를 원했던 심리 치료자가 제게는 15분 늦게 오라는 과제를 주었어요. 그는 내가 그런 일을 잘 못한다는 사실을 알았던 거죠. 내 머릿속에는 날마다의 계획표가 들어 있어요. 나는 그 계획표대로 하지 못할 때 불안을 느낍니다. 그런데 갑자기 그 일의 대부분이 내일 할 수도 있다는 것을 알았어요. 어떤 일은 다른 사람에게 맡길 수도 있고요. 당장 이 일을 해야 한다고 생각할 때는 정말 화가 났어요. 그런데 이제 그것을 요구하는 사람은 나 말고는 아무도 없다는 사실을 알게 되었어요."

연습 ⑥ 강박적인 질서와 통제에서 벗어나기

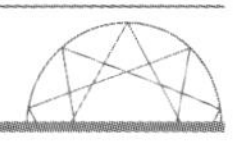

당신의 삶에서 질서와 통제를 요구하는 부분들의 리스트를 만들어라. 자기 자신에게 정직하라. 당신이 생각하는 것보다 더 많은 것이 있을 수 있다. 당신은 집이나 직장에서 사람이나, 상황, 일에서 어떤 질서를 기대하는가? 어떤 무질서가 당신을 가장 화나게 하는가? 당신이 무질서함에 화가 났을 때 그것을 어떻게 표현하는가?

그런 다음 두 칸을 만들어서 당신이 찾아 낸 영역에서 질서 있고 조직적이고자 하는 시도가 갖는 이점과 단점을 써 보라. 당신에게는 질서와 정돈이 인간관계보다 더 중요한가? 당신은 자신도 모르는 사이에 무의식적으로 자기 스스로나 다른 사람들을 물건이나 기계처럼 아무런 감정도 없이 대하지는 않는가?

자기 통제와 자기 구속

"나는 나 자신을 통제해야 한다."

1번 유형들은 내부적으로 일관성 있고 환경에 영향 받지 않기 위해서 철저히 자신을 통제해야 한다고 믿는다. 또한 1번 유형들은 다른 사람들과의 관계에서 만나는 저항뿐만 아니라 자신의 내부와 만나는 저항에 맞서서 그것들을 다루어 나가야 한다. 이들은 자신 안에 스스로를 개선시키는데 관심이 없는 부분들이 있다는 것을 느낀다. 그러나 자기 자신의 기준에 도달하지 못했을 때 심한 죄책감을 느낀다.

평균적인 1번 유형들은 무의식적으로 자신의 몸과 몸의 기능에 대한 문제들(죄책감, 수치심, 불안)을 가지고 있다. 이들은 욕구는 나쁜 것이며 몸과 자연스러운 본능은 더러운 것이고 부끄러워해야 한다고 배웠다. 이들은 지나치게 깨끗하고 지나치게 조심스러우며, 지나치게 용의주도하다. 그래서 많은 1번 유형들이 식사, 배설, 성 등에 지나치게 신경을 쓴다.

1번 유형들은 자신을 통제하라는 수퍼에고의 요구에 반응하여 스스로에게 '탈출구'를 허락한다. 이들은 자신이 안전하다고 느끼고 합리화할 수 있는 방식으로 원하는 것을 할 수 있도록 스스로를 허용하면서 비밀스러운 행동과 방종에 빠져든다.

이들의 탈출구는 수퍼에고에 대한 부분적인 반항이며, 수퍼에고를 완전히 저버리지 않고 긴장을 늦추는 방법이다. 그래서 사무실에서는 열심히 일하던 중견 사원이 주말에는 라스베가스로 도박 여행을 떠나기도 하고, 신을 믿지 않는 사람들을 비난하는 목사가 은밀하게 포르노그라피를 즐기며 인권 운동가가 자신의 여자 친구를 학대하기도 하는 것이다.

연습 ⑦ 탈출구 찾기

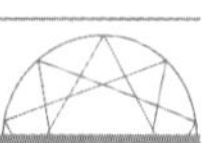

당신은 어떤 탈출구를 가지고 있는가? 당신은 무엇으로부터 도망치는가? 그것이 당신의 수퍼에고가 금지하는 것에 대해 무엇을 주고 있는가?

비판하고 판단하기

다른 사람을 판단하느라고 보낸 하루는 고통스러운 날이다. 자기 자신을 판단하느라고 보낸 하루 또한 고통스러운 날이다.

붓다 Buddha

평균적인 1번 유형들은 자신에 대해서 엄격하고 다른 사람의 잘못을 용서하지 못하게 됨으로써 자신의 결점에 대해 곰곰이 생각하게 된다. 자신의 결점 중 어떤 것은 직면하기가 너무 고통스러워서 재빨리 억압해 버린다. 그리고 작은 결점에 주의를 기울여 이 문제들에 대해 스스로 끊임없이 비판한다. 이럴 때에 이들이 할 수 있는 일이란 '올바르기' 위해서 더 노력하는 것이다. 이들은 남에 대해서도 더 판단적이고 비판적이 된다.

성격 특성 가운데 판단을 내리는 기능을 잘 살펴보면 우리 자신과 우리가 판단하고 있는 것을 분리함으로써 자아를 강화하고 있다는 사실을 알 수 있다. 판단 내리기란 인간이 자신의 경계를 분명히 하고 자신의 경험과 자신을 분리하는 가장 강력한 방법 중에 하나다. 자신에 대해 판단을 내릴 때 우리는 내면의 전쟁 상태를 만들어 낸다. 전쟁과 마찬가지로 판단 내리기는 많은 시간과 에너지와 노력이 드는 일이다. 그것은 우리를 확장시키거나 자유롭게 하지 않고 지치게 하고 제약을 가한다.

본질적인 자아는 통찰하고 차이점을 알아차리며 무엇을 해야 할 것인지 결정을 내리는 반면에, 에고에 기반을 둔 판단은 항상 부정적인 감정이라는 대가를 요구한다. 판단의 첫째 기능은 잘 이해하고 식별하는 게 아니라 '거리(경계선)'를 만들어 내는 것이다. 판단 내리기의 특징은 (본질적 앎과는 달리) 모든 것을 분리한다는 것이다.

또한 에고의 판단 내리기에는 판단당하는 것보다 자신이 '더 낫다'는

연습 ⑧ 자신의 판단을 해석해 보기

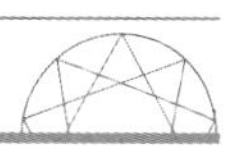

당신이 지난 세 시간 동안 다른 사람에게 했던 모든 판단을(좋은 것이든 나쁜 것이든) 적어 보라. 잠자리에서 일어난 지 얼마 되지 않았다면 일어난 후에 다른 사람에게 내렸던 모든 판단을 적어라. 라디오나 텔레비전에 나온 사람, 집안이나 거리에서 만난 사람에 대해 어떤 판단을 했는가? 이제 자기 자신에 대해서도 똑같이 해 보라. 당신은 지난 세 시간 동안 자신에 대해 판단을 내렸는가? 당신의 판단에 어떤 일관적인 주제가 있는가?

것을 포함하고 있다. 우리가 자신의 어떤 면에 대해서 판단을 내릴 때 우리의 어떤 부분은 다른 부분에게 이렇게 이야기한다. "나는 저것보다 더 나아." 이것은 모순되고 조화롭지 않은 자세다. 누가 누구를 판단한다는 말인가?

테드는 자신의 기술에 대해 자부심을 갖고 있는 목수이다. 그러나 그는 자신의 엄격한 기준에 대한 대가를 알고 있다.

"나는 문제가 있을 때 다른 사람들을 심하게 대한다는 것을 압니다. 그렇지만 더 나쁜 것은 다른 사람들에게보다 내 자신에게 하는 정도가 열 배쯤 심하다는 사실입니다. 가만히 내가 자신에게 하는 이야기를 들어 보면 믿기지 않을 만큼 심하게 대합니다. 가장 관계가 좋지 않은 적에게도 그렇게 하지는 않을 겁니다!"

내면의 비판자와 완벽주의

완벽주의는 가장 높은 수준의 자기 학대다.

앤 윌슨 스케프 Ann Wilson Schaef

평균적인 1번 유형들은 비판에 아주 민감하다. 이들이 끊임없이 자신을 비판한다는 것을 고려한다면 그리 놀라운 일은 아니다. 다른 사람들로부터의 부정적인 피드백은 이들에게 아주 위협적이 된다. 1번 유형들은 내면의 비판자가 세워 놓은 높은 기준을 충족하기 위해서 자신의 모든 힘과 노력을 쏟기 때문에 다른 사람으로부터의 작은 비판을 다루어 낼 여력이 없다.

1번 유형이 자기 비판으로부터 도피하는 유일한 방법은 완벽해지는 것이다. 물론 이것은 실제로 불가능하다. 그렇지만 평균적인 1번 유형들은 자기 자신이나 다른 사람에게 받아들여지기 위해서는 완벽해지는 길밖에 없다고 생각하기 때문에 최선의 노력을 다한다. 그래서 이들은 엄격한 내면의 심판관으로부터 공격받지 않으려고 하루도 쉴 수가 없다.

성공한 건축가인 모튼은 이렇게 자신의 경험을 이야기한다.

"몇 해 전 나는 유명한 건축 상을 받았습니다. 그런데 문제는 2등 상이었다는 것입니다. 내가 1등을 못 한 것이 그리 중요한 사실은 아니었습니다. 그러나 나는 디자인에서 실수를 했다는 것 때문에 자신을 비난했습니다. 나는 머릿속에 계획을 다시 세우면서 며칠 밤을 제대로 잠을 자지 못했죠. 나는 사신에 대해서 너무 비판적이고 부정적이었기 때문에 2등 상을 탄 것이 전혀 기쁘지 않았습니다. 나 자신의 수퍼에고를 만족시키지 못했다는 것 때문에 힘들었던 것 같아요."

내면의 심판관이 아무리 비판적이고 파괴적이며 자신감을 떨어뜨린다고 해도 평균적인 1번 유형들은 자신의 심판관이 유일한 이성의 목소리라고 믿는다. 그것이 자신을 구원으로 안내해 줄 수호별이라고 여기는 것이다. 자신의 수퍼에고의 목소리가 자신과 자신의 인간 관계에 파괴적인 영향을 준다는 것을 이들이 인식한다면 큰 도움을 받을 수 있다. 그러나 이들이 내면의 심판관과 동일시된 상태에서는 그것이 이들에게 실제적인(그러나 위험한) 자신감을 주기 때문에 얼마나 파괴적인지를 스스로 볼 수 있기 전에는 의문을 갖고 변화를 시도하기란 어렵다.

스트레스에 대한 반응

1번 유형이 4번 유형으로 간다

스트레스가 증가하는 상황에서 1번 유형들은 자신의 짐과 의무로부터 자유로워지기를 원한다. 그래서 이들은 평균적인 4번 유형처럼 로맨스를 꿈꾸거나 어딘가 멋진 곳으로 도망치고 싶어한다. 이들은 자신이 만나는 사람들에게 낭만적인 느낌을 느끼지만 스스로를 억제하기 때문에 금지된 갈망을 감추며 상대방에게 자신의 감정을 알리기 어려워한다. 이들은 자신의 감정을 행동으로 옮기는 일이 4 번 유형보다 드물다. 만약 1번 유형이 꿈 속의 '애인'에게 자신의 감정을 알아차리도록 하는 위험을 감수했는데 거절이나 조롱을 당했다면 심한 수치심을 느끼게 된다. 그 결과 자신의 충동을 억제해야 한다고 더 단단히 결심하게 된다. 1번 유형들은 무책임한 것에 대한 죄책감을 느끼고 자신에게 더 엄격해진다.

1번 유형이 4번 유형으로 옮겨 갔을 때 이들은 아무도 자신을 이해하지 못한다고 느끼며 갑자기 우울해지고 위축된다. 이들의 자기 통제는 걷잡을 수 없는 시기심과 분개의 감정으로 무너져 내린다("모든 사람들은 나보다 나은 삶을 산다"). 성실하고 절도 있는 1번 유형이 예기치 않은 극적인 상황을 만들어 내며 본래 이들의 성격 특성으로는 생각하기 어려운 아주 감정적인 행동을 한다. 그리고 감정의 분출, 우울, 적대감, 사회적인 위축 등이 나타난다.

불건강한 범위에 있는 1번 유형들이 4번 유형으로 옮겨 갔을 때 이들은 더 방종한 생활을 하게 되고 스스럼없이 자신의 원칙을 어길 수 있게 된다. 1번 유형만큼 열심히 일하는 사람들은 없다. 술을 몇 번 마신다거나 용납되지 않는 열렬한 사랑을 한다고 해서 누가 이들을 비난하겠는가? 그러나 이런 행동이 그다지 해롭지 않다고 하더라도 1번 유형의 수퍼에고가 지시하는 것과는 상반되기 때문에 이들은 더 많은 스트레스와 불안을 경험하게 된다. 방종은 긴장과 좌절감을 더는 데에 도움이 되지 않는다. 불건강해질수록 이들의 수퍼에고는 더 엄격해져서 이들은 그것으로부터 도망치기 위해 무의식적으로 더 파괴적인 방법을 찾게 된다.

위험신호

1번 유형이 어려움에 빠졌을 때

1번 유형이 적절한 도움과 대처하는 기술 없이 심각한 위기 상황을 경험하거나 어린 시절에 심한 학대를 받았다면 이들은 자기 유형의 불건강한 면으로 들어가는 '쇼크 포인트'를 넘어서게 된다. 이들은 자신의 관점이나 입장, 혹은 방식이 잘못 되거나, 결점이 있거나, 과장될 수 있다는 것을 인정하고 두려움을 갖게 된다. 또한 1번 유형들은 자신이 스스로의 기준에 대해서 확고한 태도를 보였기 때문에 다른 사람들이 자신의 실수를 용납하지 않으리라고 생각한다. 이들의 두려움은 나름대로 이유가 있다.

1번 유형이 자신의 두려움이 어디서 오는지를 알게 되면 그것이 삶의 전환점이 될 수 있다. 1번 유형들이 자신의 두려움에서 진실을 발견할 수 있다면 건강함과 자유로움을 향해 나아가기 시작한다. 그렇지 않다면 더 독선적이 되고 융통성이 없어질 수도 있다("옳은 것은 옳은 것이고 틀린 것은 틀린 것이다. 예외란 없다" 또는 "다른 사람들이 내 말에 동의하지 않는 것은 그들이 부패한 사람이기 때문이다"). 1번 유형들이 이런 태도를 고수하면 불건강한 수준으로 들어가게 된다. 당신 자신이나 당신이 아는 사람이 상당 기간 동안(2~3주 이상) 위에 열거된 경고 증후를 보인다면 전문적인 카운슬링이나 치료, 혹은 그 밖의 도움을 받도록 하는 게 바람직하다.

✳ 경고 징후 **잠재적인 정신 질환 :** 강박장애, 우울증, 섭식장애, 자기파괴적인 행동	• 아주 융통성 없는 태도를 취함 • 극단적으로 독선적이고 아주 비판적임 • 자신의 행동을 합리화함 • 심한 환멸과 우울증을 느낌 • 참을성이 없고 분노와 적개심을 폭발시킴 • 강박적인 행동과 생각 • 자학하고 스스로를 처벌하려 함

1번 유형의
성장을 돕는 방법

• 가장 중요한 것은 당신의 수퍼에고, 즉 내면의 심판관과 친숙해지는 것이다. 내면의 심판관과 자신을 분리하는 방법을 배워라. 수퍼에고의 '목소리'와 그것이 당신에게 미치는 영향을 인식해라. 명령하는 목소리를 '내'가 아니라 '그것'으로 생각하라. 그것이 신의 목소리처럼 들리는 것은 당신의 생각일 뿐이라는 것을 기억해라.

• 자신의 인내가 지닌 한계 너머를 스스로에게 강요하고 있다는 것을 인식해라. 물론 당신이 지금 하고 있는 일은 중요하다. 그러나 휴식을 통해서 자신을 충전시키지 않는다면 당신은 효율적으로 그 일을 할 수 없다. 휴식을 취한다고 당신의 일이 엉망이 되지는 않을 것이다. 오히려 휴식을 통해서 그 일에 접근하는 더 나은 방법을 찾을 수도 있다. 노는 시간을 마련해라. 가볍고 즐거운 기분이 많은 영감을 줄 것이다.

• 당신은 모든 일이 자신의 어깨 위에 달려 있다고 믿는 경향이 있다. 이것은 당신에게 많은 스트레스를 준다. 다른 사람들이 당신을 도울 수 있도록 허용해라. 당신에게는 그들의 방식이 탐탁지 않게 여겨질지 모르지

만 그들은 그 일을 새로운 관점에서 볼 수 있도록 당신을 도와줄 것이다. 또한 다른 사람들이 하는 방식에서 긍정적인 면을 찾음으로써 당신은 자신의 삶에 더 많은 평화와 고요함의 공간을 창조할 것이다. 당신이 1번 유형이라면 주변 사람들은 당신이 건설적인 비판을 잘 한다는 것을 알고 있을 것이다.

그래서 그들은 당신에게 정직한 충고를 구할 것이다. 주저하지 말고 다른 사람들의 노력에 대해 감사를 표현하라. 그렇게 한다고 당신의 체면이 깎이는 일은 없을 것이다. 사람들은 이미 정직하고 직선적인 당신의 성격을 이해하고 있기 때문에 당신의 칭찬은 그들에게 아주 의미 있는 것으로 받아들여질 것이다.

• 자신이 뭔가를 필요로 할 때 당신은 그것을 알아차리는 데 시간이 걸리는 경향이 있다. 특히 감정적인 필요가 있을 때 그렇다. 그것을 알아차렸을 때 당신이 뭔가를 필요로 한다는 것을 사람들에게 알려라. 당신이 화가 나 있다거나 어려움에 빠졌다는 것을 다른 사람들이 안다고 해서 당신의 인격이 손상되는 것은 아니다. 오히려 자신의 취약한 부분을 정직하게 열어 보이는 것은 당신의 인격이 성숙하는 데에 도움이 된다. 또한 당신이 뭔가에 좌절당하거나 화가 나서 다른 사람과 이야기할 때 눈을 보고 이야기해라. 그것이 의사소통을 하는 데 도움이 될 수 있다.

• 좋아하지 않는 자신의 어떤 부분을 스스로 제거할 수 없다는 것을 깨달아라. 얼마 동안 그것을 억제할 수는 있을 것이다. 그러나 이것은 당신의 문제를 지연시키고 확대시킬 뿐이다. 자신이 어떤 사람이어야 한다는 생각을 가지고 있는 한 당신은 진정으로 바로 지금의 자신으로 있을 수 없다. 자신이 좋아하지 않는 부분을 인식해라. 그리고 그것을 바꾸려 하지 말고 더 깊이 이해해라. 당신은 자신을 바꿀 수 없다. 우리 중 아무도 그렇게 할 수 없다. 자신을 개선시키려는 노력을 그만두고 자신과 함께 있는

방법을 배워라. 이것은 자신이 생각하는 좋은 사람의 개념에 스스로를 맞추려는 것보다 훨씬 더 어렵지만 시도해 볼 만한 일이다.

• 당신의 분노를 인식하고 그것을 처리하는 방법을 배워라. 분노를 억제하고 분노가 없는 척하고 있으면 몸에 쌓이게 된다. 그래서 마사지나 이완 요법이 당신에게 아주 효과가 있을 수 있다. 또한 요가나 스트레칭 체조도 당신의 몸과 마음의 건강에 큰 도움이 된다. 또한 단순한 일을 할 때도 자신이 어떻게 자신의 몸을 긴장시키는지를 살펴보라. 편지를 쓰는 것에서 운전을 하는 것까지 어떤 것이라도 편안하게 주의를 잘 기울여서 할 수도 있고 긴장하고 저항하면서 할 수도 있다.

1번 유형의
장점 키우기

우리가 어떤 유형이냐에 관계없이 우리 모두는 어려운 문제에 직면하지만 많은 장점들을 갖고 있다. 우리가 그 장점을 항상 인식하고 있지 못하고 있을 뿐이다. 긍정적인 자질들이 획득되어야 한다거나 추가되어야 한다고는 생각하지 말라. 그것들은 이미 존재하며 어느 때라도 불러 낼 수 있다.

1번 유형의 타고난 장점

건강한 사람이라면 어떤 유형이든지 불의를 보고 견디지 못하지만 특히 1번 유형들은 모든 일에 있어서 정직해지려는 의지가 강하다. 또한 단순히 정직한 것만으로는 충분하지 못하다. 이들은 자신의 말과 행동에 있어서 가능한 한 일관성이 있기를 원한다. 다른 사람을 속이거나 자신이 갖고 있지 않은 능력을 갖고 있다고 주장하는 것은 이들에게는 생각할 수 없는 일이다. 이들은 정말 자신이 생각하는 것을 말하고 말한 것을 행동에 옮긴다. 이것은 다른 사람들을 감동시키고 고무시키는 인격의 고결한 면이다.

앞에서도 만났던 종교 지도자 죠엔은 정직함으로써 얻는 기쁨에 대해 이렇게 이야기한다.

"내가 학교 교장이었을 때 학생들을 잘 가르치는 것이 나의 의무였습니다. 도덕적인 의무를 대신할 수 있는 것은 아무것도 없었습니다. 내 자신의 개인적인 욕구를 초월해서 전체를 위해 일하는 것은 항상 만족스러웠습니다. 최선을 다한다는 것은 결코 안이하게 살지 않는다는 것을 의미합니다."

건강한 1번 유형들은 삶의 기준이 되는 원칙들을 발전시켜 나감으로써 자신이 훌륭한 인격을 가졌다는 생각을 강화시킨다. 이 원칙들 중 가장 중요한 것은 공정함, 즉 모든 사람들이 정당하게 대우받아야 한다는 생각이다. 1번 유형들에게 있어서 이 원칙들은 자신의 경험을 평가하고 현명한 행동을 선택하는 객관적인 기준이 된다. 건강한 1번 유형들은 유연한 기준을 가지고 있으며, 항상 기준을 개선할 수 있는 가능성을 열어두고 있다.

또한 건강한 1번 유형들은 개인적인 이득 때문에 어떤 일을 하지 않는다. 이들은 대의를 위해서 개인적인 안락함은 접어 둘 수 있다. 예를 들어 지방 학교 체제가 개선되어야 한다는 것을 알았을 때 학교를 위해서 세금을 올리는 일에 표를 던질 수도 있는 것이다. 물론 누구보다도 세금을 내기 싫어하는 사람들이 1번 유형들이다. 하지만 그것이 지역 사회 전체를 위하는 일이라면 기꺼이 자신의 허리띠를 졸라맬 수 있는 사람들이 이들이다.

또한 다른 사람들에게도 학교가 개선되지 않을 때 생길 수 있는 문제점에 대해 이야기하고 그들을 설득하려할 것이다(건강한 1번 유형들은 자신의 입장을 강하게 고집하지 않기 때문에 사람들이 받아들일 수 있도록 이야기한다). 이러한 통찰과 희생이 없다면 세상은 더 혼란스러운 곳이 되어 있을 것이다. 혼란스럽고 부도덕한 세상 속에서 1번 유형의 이러한 타고난 장점들이 더 중요하게 여겨진다.

건강한 1번 유형들은 특정 주제에 대해 열렬한 관심을 갖고 있으며 자신이 만나는 문제에 대해 이성적으로 접근하고 있다고 느끼지만 이들의 원칙, 방법, 윤리적 기준은 자신만의 것이다. 건강한 1번 유형들은 다른 사람들을 교정하려 하지 않는다. 이들은 설교를 통해서가 아니라 스스로가 모범이 됨으로써 다른 사람들을 감화시키려 한다. 하지만 사람들은 이들의 생각을 듣기를 원한다. 이들은 대부분의 사람들의 약점을 이해하고 받아들이며, 언변이 좋아 자신의 관점에서 보는 진리와 지혜를 효과적으로 전달하기 때문이다.

또 건강한 1번 유형들은 자신을 잘 통제하기 때문에 목표를 성취한다. 이들은 열심히 일하고 시간을 잘 활용하면서도 휴식을 취하고 즐길 줄 안다. 그리고 자신을 잘 돌보고 충분히 휴식을 취했을 때 가장 효율적으로 일할 수 있다는 것을 안다. 이들은 휴가나 취미 생활을 통해서 삶을 즐기고 재충전을 할 수 있는 방법을 찾는다. (평균적인 1번 유형과는 달리 건강한 1번 유형들은 약간은 경망스러운, 멍청해 보이는 행동을 할 때도 있다). 이들의 자기 통제는 '중용'에 기초하고 있다고 할 수 있다.

심리치료사 카산드라는 완벽함보다는 균형이 중요하다는 것을 깨닫게 되었다.

"나는 정말로 내가 좋아하는 일을 찾았습니다. 나는 이따금씩 춤을 춥니다. 그리고 춤에 완전히 빠져들지요. 춤을 출 때 나의 유쾌하고 가벼운 면이 나옵니다. 난 그것이 너무 좋아요. 춤은 내 자신을 좀 더 많이 표현하도록 도와줍니다. 나는 춤을 춤으로써 지나치게 심각한 1번 유형의 성격이 균형을 이루도록 할 수 있습니다."

요약해서 말하면 1번 유형들은 좋은 사람이 되는 것에 많은 관심을 갖고 있으며 자기 주변에서 일어나는 문제를 해결하고자 하는 의도가 이들의 행동에 동기를 부여할 때가 많다. 이들도 건강한 8번 유형들처럼 자신이 세상을 개선시킬 수 있다고 믿으며 도전이 주어졌을 때 회피하지 않는다. 1번 유형들은 자신의 문제를 다루어서 세상을 개선시킬 수 있다고 믿는다.

그래서 건강한 1번 유형들은 지혜와 통찰력을 가지고 있다. 이들은 무엇이 옳은지 알고 있다. 이들은 현실적인 감각과 객관성을 가지고 있기 때문에 자신의 편견이나 과거의 경험, 교육적 배경에 영향을 받지 않고 주어진 상황에서 최선의 선택을 할 수 있다.

통합의 방향

1번 유형이
7번 유형으로 간다

1번 유형들이 건강한 상태로 있을 때는, 삶에 대한 본능적인 반응들을 통제하지 않고 일어나는 대로 내버려 두면서 건강한 7번 유형처럼 행동할 때다. 그렇게 되면 자신이 현실에 영향을 받도록 내버려 두면서 그것에 대항하려고 들지 않는다. 또한 내면에서도 변화가 일어나 내면의 심판관이 서서히 누그러지면서 자신이 어떤 상태에 있든지 편안하게 느낄 수 있는 힘이 커진다.

통합된 1번 유형들은 건강한 7번 유형들처럼 다양한 가능성에 마음을 열어 놓을 수 있다. 이들은 호기심이 많고 긍정적이며 배우는 데 관심이 있어서 기꺼이 다른 사람들의 관점을 배우려 든다. 1번 유형들은 이것이 자신의 인격을 손상시키는 게 아니라 자신의 관점을 더 넓고 깊게 하는 것임을 알게 되며 다른 사람들의 관점과 더 잘 연결될 수 있게 된다.

그러나 건강한 7번 유형들의 자질과 통합되는 과정에서 1번 유형들은 자신에 대한 통제력을 잃게 될지도 모른다는 두려움과 만나게 된다. 이들의 수퍼에고는 자유롭고 긍정적이 되면 모든 것이 무너질지도 모른다고 말하면서 맹공격을 한다. 이 공격은 자신의 분노에 대한 두려움으로 나타나기도 한다. 긴장을 늦추면 1번 유형들은 자신이 끔찍한 일을 저지를지도 모른다고 생각하면서 극도의 분노를 경험한다. 그러나 자신의 충동을 알아차릴 수 있을 만큼 건강하다면 분노를 행동으로 옮기는 일은 일어나지 않을 것이다. 통제되지 않는 행동을 하는 것은 자신을 알아차리고 받아들이는 힘이 부족하기 때문이다.

물론 1번 유형들이 평균적인 7번 유형들처럼 행동함으로써 통합될 수는 없다. 지나치게 부산스럽고 쾌락적으로 되는 것이 이들의 성장 방향은 아니다. 1번 유형들은 자신의 성격에 뿌리 깊게 박혀 있는 억압과 슬픔을 인식해야 한다. 자신의 수퍼에고의 엄격한 규율을 알아차리고 자기 자신과 '내면의 목소리'를 분리시키는 것을 배울 때 기쁨, 열정, 호기심, 열린 마음 같은 건강한 7번 유형들의 자질들이 자연스럽게 나타날 것이다.

성격을 넘어서 본질로 돌아가기

1번 유형들이 이루어야 할 과제는 내면의 전쟁을 그만두고 평화를 찾는 것이다. 1번 유형들이 판단이나 분별을 하지 않고 자신의 모든 점을 있는 그대로 받아들일 때만 이것을 이룰 수 있다. 성격의 어떤 부분이든지 목적을 가지고 있다(아마도 그 목적은 신성한 것일 것이다). 인간이 성적 충동, 즐거움에 대한 욕구, 비이성적인 충동, 옳고 그름을 지각하고 판단하는 능력을 지니고 태어났다면 이것들을 비난하는 것은 납득이 가지 않는 일이다. 그것이 인간의 모습이기 때문이다. 우리는 우리를 만든 창조자에게 불평하거나 다른 모델을 가지려고 할 수 있다. 그렇지 않다면 그대로의 자신의 모습과 함께 살아야 할 것이다.

그런데 실제로 1번 유형들이 추구하는 것은 판단력이 아니라 식별력이다. 식별력은 모든 것들은 다른 성질을 가졌다는 것을 알아차리는 능력이다. 그러나 판단력은 식별을 방해하는 감정적 반응을 수반한다. 카펫이 벽과 다른 색상을 가졌다고 말하는 것과 카펫이 벽보다 더 낫다고 이야기하는 것은 다르다. 다시 말해서 목격자와 심판관은 다르다.

> 지혜는 단지 도덕적인 행동과 연관된 것이 아니라 도덕적인 지각과 도덕적인 행동이 자연스럽게 나올 수 있는 '근원'과 연관된 것이다.
>
> 마커스 보그 Marcus Borg

우리는 지금 상황 윤리나 윤리 상대론에 대해서가 아니라 상황과 사실이 변함에 따라서 그로부터 기대되는 결과도 달라질 수 있다는 것을 볼 수 있는 능력에 대해 이야기하고 있다. 지혜는 우리로 하여금 현실을 정확하게 있는 그대로 볼 수 있도록 해 준다. 지혜는 옳고 그른 것을 무시하거나 어떤 결정이 더 좋고 나쁘다는 것을 부인하지 않는다. 오히려 지혜는 현재의 상황에서 지금까지 내린 결정을 잘 살펴보고 할 수 있는 최선이 무엇인지 생각하도록 해 준다. 지혜는 항상 진정으로 필요한 것이 무엇인지, 최선이 무엇인지를 볼 수 있도록 해 준다. 지혜는 오직 현재의 순간에서 일어나며 이전의 가치관, 의견, 판단에서 벗어난 자리에서 생긴다. 우리가 스스로를 지옥에 빠뜨렸다고 해도 지혜는 거기에서 헤어날 수 있는 길을 보여 줄 수 있다. 단, 우리가 무엇을 해야 하는지, 어떻게 해야 하는지에 대한 판단을 기꺼이 '내려놓는다면' 말이다. 역설적으로 말해서, 우리가 바르고 옳아야 한다는 생각에 묶여 있지 않아야 진정한 올바름을 찾을 수 있다. 결국 그것이 진정한 균형을 찾는 것이다.

모순적인 말이지만 있는 그대로 나 자신을 받아들일 때 나는 바뀔 수 있다.

칼 로저스 Carl Rogers

1번 유형이 치유받기 위해서 해야 할 가장 중요한 일은 '수용' 이다. 1번 유형들은 현실을 받아들임으로써 자신을 받아들인다. 이들은 모든 사람들이 스스로 자신에게 맞는 시기에, 자신의 방식으로 진리를 배우도록 허용할 필요가 있다. 이러한 허용이 특유의 분별력을 줄어들게 하지 않는다. 오히려 이것은 그러한 능력을 무한대로 확장시킨다. 수용은 내부와 외부 양쪽의 문을 모두 열어 준다. 사람들은 건강한 1번 유형들과 함께 있을 때 자신이 받아들여진다는 것을 본능적으로 느낀다. 내면의 성장을 추구하는 1번 유형들은 다음 기도문을 숙고해 보면 좋을 것이다.

신이시여, 저에게 바꿀 수 없는 것을 받아들이는 평안과,
바꿀 수 있는 것을 바꾸는 용기와,
이 둘을 구별할 수 있는 지혜를 주십시오.

본질이 드러남

1번 유형들은 내면의 깊은 곳에서 '완벽함' 이라는 본질적 자질을 기억하고 있다. 이들은 내면의 깊은 곳에서는 우주가 완벽한 방식으로 펼쳐지고 있음을 알고 있다. 이러한 완벽은 8번과 9번의 유형이 보여주는 전체성 및 온전함과 연결되어 있다.

1번 유형들은 가장 순수하고 선한 상태에서 이 '완전한 하나됨' 을 경험한다. 이 상태에서 모든 부분들은 각각을 합친 것 이상의 무엇인가를

창조하기 위해서 결합된다. 이러한 상태에서 우리는 깊은 평화와 수용을 느낀다. 그리고 이것은 우리에게 매 순간 무엇이 필요한지를 정확하게 아는 능력을 준다. 우리는 어떤 일을 이루는 데 얼마나 많은 에너지가 필요한지를 안다. 이럴 때 우리는 긴장 상태에서 이룰 수 있는 것보다 훨씬 더 많은 것들을 힘들이지 않고도 성취해 나갈 수 있다. 우리가 에고 너머의 온전한 존재로부터 온, 그 존재의 완벽한 부분들임을 깨달음으로써 우리는 근원으로부터의 힘을 부여받을 수 있다. 의식과 함께 머무를 때 우리는 모든 문제를 명쾌하게 해결할 수 있는 현명하고 심오한 지성을 얻는다. 1번 유형들은 자신을 수용하고 마음을 여는 것을 통하여 긴장을 풀고, 이러한 능력이 항상 있었으며 언제든 끌어 쓸 수 있는 것임을 인식할 때 자신이 갈망해 온 진정한 신성의 도구가 될 수 있다.

리소-허드슨

유형 분류 테스트 결과

1번 유형에 대한 모든 문항의 점수를 더하라. 그리고 다음의 가이드라인을 참고하여 당신의 성격 유형을 발견하거나 확인하라.

점수	결과
15	당신은 아마 순응형(1, 2, 6번 유형)이 아닐 것이다.
15~30	당신은 아마 1번 유형이 아닐 것이다.
30~45	당신은 아마 1번 유형과 비슷한 특성을 가지고 있거나 1번 유형의 부모를 가지고 있을 것이다.
45~60	당신은 1번 유형의 성격을 가지고 있는 것 같다.
60~75	당신은 1번 유형일 가능성이 가장 많다(그러나 당신이 1번 유형에 대해 충분한 이해를 하고 있지 않다면 다른 유형일 수도 있다).

※ 1번 유형들이 자신의 번호로 잘못 생각하는 번호들은 4번, 5번, 6번이다.
3번, 6번, 7번 유형들은 자신을 1번 유형으로 착각하는 경우가 많다.

2

제8장

2번 유형 : 돕는 사람

Type Two : The Helper

이타주의자

사랑스러운 사람

남을 돌보는 사람

남을 기쁘게 하는 사람

능력 있는 사람

특별한 친구

"사랑은 내가 상대방의 사랑의 대상이라는 조건하에서 그 사람의 좋은 자질에 감탄하고 그것을 귀하게 여기는 것이다."

사무엘 테일러 콜리지 Samuel Tayor Coleridge

"다른 사람을 사랑하지 않으면 자신을 사랑할 수 없다. 또한 자신을 사랑하지 않으면 다른 사람을 사랑할 수 없다. 그러나 자신에 대한 이기적인 사랑은 우리로 하여금 다른 사람을 사랑할 수 없도록 만든다."

토마스 머튼 Thomas Merton

"한 사람이 다른 사람을 사랑하는 것이 아마도 가장 어려운 일일 것이다. 이것은 궁극적이고 최종적인 시험이며 증거이다. 모든 다른 일은 사랑하기 위한 준비에 불과하다."

라이너 마리아 릴케 Rainer Maria Rilke

"어떤 것을 사랑한다는 것은 그것이 살아 있기를 간절히 원하는 것이다."

공자 孔子

리소-허드슨

유형 분류 지표

각각의 문항이 자신에게 얼마나 적용되는지 점수를 매겨 보라.

1점 전혀 그렇지 않다.

2점 거의 그렇지 않다.

3점 어느 정도는 그렇다.

4점 대개는 그렇다.

5점 매우 그렇다.

1. 나는 사람에 대해서 순수한 관심을 갖기 때문에 남들의 희망, 꿈, 필요를 잘 이해하고 있다.
2. 사람들에게 친숙한 느낌을 갖는 것은 내게는 아주 자연스럽다. 나는 쉽게 사람들과 대화를 하고 친밀하게 지낸다.
3. 내가 사람들에게 관심을 보이고 격려할 때 그들은 나를 따뜻하게 대해 준다.
4. 나는 길 잃은 개를 보면 집에 데려다 주고 싶은 생각이 든다.
5. 나는 내가 사려 깊고 너그러운 사람이라는 것이 기쁘다.
6. 나는 사람들을 위해 많은 일을 한 것에 대해서 공치사 하기를 좋아하지 않는다. 그러나 사람들이 그것을 알아차리지 못하고 무신경할 때 나는 큰 실망을 느낀다.
7. 나는 자신보다 다른 사람을 위해 더 많은 일을 한다. 나는 남에게는 너무 많이 주고 자신에 대해서는 충분히 배려하지 않는다.
8. 나는 사람들이 내 편이 되도록 하기 위해서 노력할 때가 있다. 특히 처음에 나에게 무관심한 것 같은 사람들에게는 그렇다.
9. 나는 친구나 친지들을 즐겁게 해 주고 대접하는 것에서 각별한 보람을 느낀다.
10. 나는 따뜻하고 사람들에게 도움을 주는 사람이다. 그러나 나에게는 다른 사람이 생각하지 못하는 차가운 면이 있다.
11. 나는 다른 사람들보다 나의 감정을 잘 표현할 수 있다.
12. 나는 내가 아끼는 사람들에게 무슨 일이 일어나는지 알기 위해 각별한 노력을 기울인다.
13. 나는 스스로를 '낙심한 사람을 치유해 주는 사람'이라고 생각한다.
14. 나는 나 자신보다는 다른 사람의 필요를 먼저 생각하기 때문에 건강과 재정적인 면에서 어려움을 겪고 있다.
15. 나는 다른 사람들을 돌보느라고 기진맥진해질 때가 있다.

➞ 202쪽을 펴서 답을 확인하라.

- **기본적인 두려움** 아무도 자신을 사랑하지 않고 원하지 않는 것
- **기본적인 욕구** 사랑받고 있다고 느끼는 것
- **수퍼에고의 메시지** "네가 다른 사람에게 사랑받고 사람들과 가까이 지내면 너는 괜찮다."

2번 유형 | 돕는 사람

사람들을 잘 돌보고 그들과 교류하기를 즐기는 유형

자신의 감정을 잘 드러내며, 사람들을 즐겁게 해 주고, 관대하며, 소유욕이 강하다

우리는 이 유형을 '돕는 사람'이라고 이름 붙였다. 이 유형의 사람들은 다른 사람들에게 정말로 도움이 되기 때문이다. 이들은 건강하지 않은 상태에 있을 때 자신이 도움을 주는 사람으로 여겨지도록 하는 데 많은 관심을 쏟는다. 10번 유형은 다른 사람을 너그럽게 대하고 사람들을 위해서 뭔가를 할 때 삶을 가장 의미 있고 풍요롭게 느낀다. 사람들에 대한 이들의 사랑과 관심 그리고 친절은, 이들 자신의 가슴을 따뜻하게 하고 가치 있는 사람이라고 느끼게 해 준다. 2번 유형은 사랑, 친밀함, 가족, 우정과 같이 삶에서 정말로 기분 좋게 느껴지는 것들에 많은 관심을 쏟는다.

루이스는 2번 유형으로서 자신이 느끼는 기쁨을 이렇게 말한다.

"나는 다른 유형이 된다는 것을 생각할 수가 없어요. 다른 유형이 되고 싶지도 않고요. 나는 사람들과 교류를 하면서 사는 게 좋아요. 사람들에 대해 사랑을 갖고 돌봐 줄 때 저는 정말 좋은 기분을 느끼게 되지요. 또 나는 요리를 하고 집안일을 하는 것을 좋아합니다. 나는 다른 사람이 자기 이야기할 때 잘 이해하고 들어 줄 수 있어요. 나는 정말 내 자신이 자랑스럽고 남들과 잘 지낼 수 있는 것이 기뻐요. 나는 사람, 동물, 물건을 정말로 사랑할 줄 알지요. 또 나는 요리를 아주 잘 해요!"

2번 유형은 건강하고 균형 잡혀 있는 상태일 때 사랑이 많고, 남에게 도움을 주며, 관대하고 사려 깊다. 벌이 꿀에 끌리듯이 사람들은 이 유형에게 끌린다. 건강한 2번 유형은 자신의 가슴에서 나오는 온기로 다른 사람들을 따뜻하게 해 준다. 이들은 애정과 관심으로 다른 사람들의 삶에 생기를 불어넣고 사람들이 전에는 인식하지 못했던 자신의 좋은 점들을

볼 수 있도록 해 준다. 즉 건강한 2번 유형은 모든 사람들이 갖기를 원하는 좋은 부모의 모습을 가지고 있는 것이다.

이들은 사람들을 있는 그대로 보아 주고 큰 사랑으로 이해하며 무한한 인내심을 갖고 격려할 줄 안다. 또한 언제나 기꺼이 도움을 주려는 마음을 가지고 있으며 언제 어떻게 상대방을 놓아 주어야 하는지를 정확하게 알고 있다. 건강한 2번 유형은 항상 자신이 마음을 열고 있기 때문에 우리의 마음을 가장 잘 열어 준다. 이들은 우리에게 더 인간적이고 삶을 풍요롭게 사는 방법을 보여 준다.

루이스는 계속해서 이렇게 말한다.

"나의 일은 모두 사람들을 돕는 것과 관련되어 있습니다. 나는 교사일 때 아이들에 대해서 잘 이해하고 돕기를 원했습니다. 나는 여러 교구에서 종교 교육 지도자로 일했습니다. 사람들이 영적인 삶에 대해 배운다면 훨씬 더 행복해질 거라고 생각했지요. 내 삶에서 가장 중요한 부분은 영적인 삶입니다. 나는 10년 동안 종교 안에서 살아 왔고 같은 종교를 믿는 사람과 결혼했습니다. 우리는 삶의 기본이 영성이라고 생각합니다."

"나는 사람들을 보살핀다."

그러나 2번 유형의 내면적 발전은 이들이 가지고 있는 어두운 면들에 의해 제약을 받는다. 그것은 자만심, 자기기만, 지나치게 다른 사람의 삶에 개입하려는 경향, 자신의 감정적인 필요를 충족시키기 위해서 다른 사람들을 조종하려는 경향 등이다. 스스로를 개선시키려는 노력은 이들을 자신 안의 어두운 곳으로 끌고 들어간다. 그리고 이것은 긍정적인 면만을 보기를 원하는 2번의 성격 구조와는 상반되는 것이다.

2번, 3번, 4번의 유형이 내면을 탐구하는 과정에서 만나는 가장 큰 장애는 자신이 가치 없는 존재라는 내면의 두려움과 만나는 것이다. 이 세 유형들은 깊은 내면에 스스로가 가치 없는 존재라는 두려움을 가지고 있다. 그래서 다른 사람들로부터 사랑을 얻고 받아들여지기 위해서 이들은 어떤 존재가 되어야 하고 어떤 일을 해야 하는 것이다. 평균 상태에서 불건강한 상태에 있는 2번 유형은 자신이 아주 너그러우며 이기심이 없고 스스로를 위해서는 어떤 보상도 원하지 않는다는 잘못된 자기 이미지를 내세우지만 실제로 이들은 엄청난 기대와 인식되지 않은 감정적 필요를 가지고 있다.

평균에서 불건강한 수준에 있는 2번 유형은 다른 사람들을 위해서 자신을 희생해야 한다는 수퍼에고의 요구에 복종함으로써 자신의 가치를 인정받기를 원한다. 이들은 사랑을 얻기 위해서는 다른 사람들을 먼저 생각해야 하고 자신이 먼저 사랑을 베풀며 이타적이 되어야 한다고 생각한다. 그런데 문제는 다른 사람을 먼저 생각하는 것이 비밀스러운 내면에서는 2번 유형을 화나게 한다는 점이다. 이들은 이 분노를 억누르고 부인하기 위해서 많은 노력을 한다. 그렇지만 결국에는 그 감정을 여러 가지 방식으로 분출해서 인간관계를 손상시킨다. 이들이 스스로에 대해서, 자신의 사랑의 깊이에 대해서 말하는 것이 진실이 아님이 드러나는 것이다.

그러나 건강한 범위에서는 완전히 다르다. 나의(돈 리처드 리소의) 외조모는 전형적인 2번 유형이었다. 그녀는 2차 대전 중 미시시피의 공군 기지 사람들에게 어머니와도 같은 존재였다. 그녀는 어린아이들을 먹이고 자신의 집을 집 없는 사람들에게 내어 주고 전쟁에 대해서 불안해하거나 가족을 잃고 외로워하는 사람들에게 위안과 조언을 해 주었다. 외조모는 건강이 그리 좋지 않았고 자신에게도 80대의 자녀들이 둘이나 있었지만 군인들에게 음식을 대접하고 잠자리를 제공하고 군복을 빨아 다려 주었다. 외조모는 80세까지 사셨는데 늘 그 시절이 인생에서 가장 행복하고 보람된 시기였다고 회상하셨다.

어린 시절의 패턴

2번 유형은 어린 시절에 세 가지를 믿게 된다. 첫째는 자신의 욕구보다 다른 사람의 욕구를 먼저 생각해야 한다. 둘째, 얻기 위해서는 주어야 한다. 셋째, 사랑은 그냥 자신에게 주어지는 것이 아니므로 사랑받기 위해서는 열심히 노력해야 한다. 이들은 자신의 욕구를 억제하고 다른 사람의 필요를 충족시켜 주는 것이 사랑받는 유일한 방법이라고 느낀다. 이들은 사랑받고 자신을 원하도록 만들기 위해서 모든 사람들에게 관심을 쏟는다. 또한 어린 시절의 환경이 건강하지 못했다면 자기 자신의 욕구를 인정하는 것은 이기적인 일이라고 느낀다. 그래서 이들의 수퍼에고는 자신의 욕구를 충족시키는 것을 금지한다("좋은 사람들은 자신의 욕구를 가지고 있지 않다. 자신을 위해 너무 많이 취하는 것은 이기적인 것이다").

※우리가 여기에서 설명하는 '어린 시절의 패턴'이 그 성격 유형을 만든 것은 아니다. 이것은 어린 시절에 관찰되는 경향이며 성인이 되었을 때 인간관계를 형성하는 데 큰 영향을 준다.

그래서 2번 유형은 가족 시스템 안에서 도움을 주는 사람, 다정한 친구, 모든 사람들을 보살피고 기쁘게 해 주는 사람의 역할을 배운다. 이들은 동생들을 돌보고 집안일을 하고 여러 가지 방식으로 부모를 도와줌으로써 가족 안에서 자신의 자리를 만든다. 이들에게는 자신을 희생함으로써 그에 대한 보상으로 가족들의 사랑을 받을 것이라는 사실이 깊이 조건화되어 있다.

교육가이며 행정가인 로이는 어린 시절에 느꼈던 2번 유형의 부담감에 대해 이렇게 이야기한다.

"저는 다른 가족들을 보살피는 것이 나의 일이라고 느꼈어요. 어머니와 아버지를 도와야 한다고 여겼지요. 저는 6남매 중 둘째였는데 7살 어린 쌍둥이 동생들을 돌봤어요. 저는 언제나 모든 것이 내 책임이라고 느꼈이요. 그래서 요리, 빨래, 청소를 하면서 늘 힘겨워 보이는 어머니를 도왔지요."

그러나 이런 성격은 2번 유형에게 큰 문제를 만들어 낸다. 만족감을 얻기 위해서 남을 돌봐 주는 사람의 역할과 자신을 완전히 동일시하고 그런 역할을 함으로써 자신의 욕구, 상처, 자기 의심을 깊이 억눌러 놓아야 하는 것이다. 2번 유형에게서 이런 억압의 과정이 시작되면 자신의 욕구를 인정하기가 점점 더 어려워지고 자동적으로 다른 사람에게서 보이는 고통과 필요에만 관심을 돌린다. 자신의 마음 깊은 곳에서 완전히 인정하지 못한 상처를 다른 사람들에게서 치유 받으려고 노력하는 것이다.

메기는 훌륭한 심리 치료사이다. 그녀는 평생 동안 환자들이 어린 시절에 입었던 상처를 치유하는 것을 도왔다. 그녀는 어린 시절에 입은 자신의 상처에 대해서 이야기한다.

"1학년 첫날에 학교에 갔을 때, 나는 많은 아이들이 운동장에서 노는 것을 보았지요. 아이들은 소리를 지르고 서로 밀치고 뛰어다녔습니다. 나는 아이들과 노는 것에 익숙지 않았기 때문에 마치 지옥에 떨어진 기분이었습니다. 그리고 그 아이들이 정말 천방지축인 것처럼 보였지요. 어떻게 할까 생각하고 있는데 건너편에서 여자아이가 울고 있는 것을 보았습니다. 그 아이는 헝클어진 머리에 옷도 단정치 못했고 신발 끈은 풀려 있었습니다. 그 애는 도움이 필요했습니다! 나는 그 애를 감싸 안으며 걱정하지 말라고, 내가 돌봐 주겠다고 말했습니다. 순간적으로 우리는 서로에게 의존했습니다. 나는 누군가 나를 필요로 하는 것에 자신감을 얻었습니다. 그 때 나는 정말 두려워하고 있었으며 그 아이가 그런 내 모습을 반영해 주었다는 것을 깨닫는 데는 많은 시간이 걸렸습니다."

2번 유형은 다른 사람들에게 관심을 기울이고, 그들을 기쁘게 해 주고, 그들을 도와줌으로써 자신의 부정적인 감정을 다루는 방법을 배운다. 그러나 이들의 어린 시절이 건강하지 못하고 더 많은 거절을 경험했을수록 이들은 다른 사람에게서 긍정적인 반응을 끌어내려고 필사적으로 노력한다. 결국 이들은 자신이 사랑받고 있다는 것을 보여 주는 어떤 표시를 얻기 위해서 무슨 일이라도 하려고 든다.

날개 부속 유형

1번 날개를 가진 2번 – 봉사자

건강할 때 이 부속 유형의 사람들은 따뜻함과 진지한 목적의식이 결합되어 선함과 이타적인 봉사를 추구한다. 1번 유형의 도덕관념과 2번 유형의 동정심이 결합되어 이들은 인간의 고통을 덜어 주고자 하는 강한 욕망을 느낀다. 이들은 착한 사마리아인들처럼 남들이 꺼리는, 생색도 나지 않는 일을 기꺼이 떠맡는다. 이들은 2번 유형의 다른 부속 유형보다 진지하며 남들을 더 잘 돕는다. 이들은 공직, 치료를 하는 일, 종교 지도자, 가르치는 일 등을 많이 하며 어려운 사람들을 위해서 일하기도 한다.

평균일 때 이 부속 유형의 사람들은 자신의 '이기적'인 태도와 감정을 없애야 한다는 부담감을 항상 느끼고 있다. 이들은 다른 사람의 복지에 대한 책임이 자신에게 있다고 느끼기 때문에 자신에게 너그럽지 못하고 의무감을 많이 느낀다. 이들은 감정적이지만 자신에게 관심을 끌어 오려고 하는 것을 어색하게 느껴서 감정적인 표현을 자제한다. 이들은 앞에 나서기보다는 뒤에서 일하는 것을 좋아하면서도 다른 사람의 삶에 중요한 사람이 되기를 원한다. 1번 날개가 강한 2번 유형들은 자신의 감정적 필요와 자신이 갖고 있는 원칙 사이에서 갈등을 느낀다. 이것 때문에 많은 사람들이 종교적 가르침을 전하는 일과 도덕적인 문제에 관련을 맺게 된다. 이들은 극단적으로 자기 비판적이 될 수 있으며 자신의 개인적인 욕구를 부인하고 순교자의 역할을 취함으로써 자신의 건강에 소홀해질 수 있다.

• 인물의 예
마더 테레사 Mother Teresa
엘리노어 루즈벨트 Eleanor Roosevelt
데즈먼드 투투 Desmond Tutu
데니 토마스 Danny Thomas
앤 랜더스 Ann Landers
바바라 부시 Bareara Bush
루이스 캐롤 Lewis Carroll
플로렌스 나이팅게일 Florence Nightingale
알베르트 슈바이처 Albert Schweitzer

3번 날개를 가진 2번 – 안주인

건강할 때 이 부속 유형의 사람들은 다른 부속 유형에 속하는 사람보다 더 활달하다. 이들은 개인적인 연결을 맺고 다른 사람들을 기분 좋게 해 줌으로써 사랑을 얻으려 한다. 3번 날개가 강한 2번 유형은 다른 사람에 대한 봉사보다는 자신의 능력에서 자존심을 얻는다. 이들은 사교적이고 말이 많으며 매력적이고 적응을 잘 한다. 이들은 자신이 가진 재능, 내면의 자원 – 요리, 듣는 능력, 노래, 즐겁게 해 주기 등 – 을 친구나 가족들과 함께 나눈다.

평균일 때 이 부속 유형의 사람들은 야망을 가졌지만 친절하고 유머가 있다. 이들은 남을 보살펴 주는 사람의 전형적인 역할을 취하지 않을 수도 있다. 이 부속 유형의 사람들에게는 다른 사람을 유혹하는 면이 있을 수

• 인물의 예
루치아노 파바로티 Luciano Pavarotti
새미 데이비스 주니어 Sammy Davis, Jr
살리 제스 라파엘 Sally Jesse Rapheel
아세니오 홀 Arsenio Hall
잭 파 Jack Paar
앤 잭슨 Anne Jackson
델타 버크 Delta Burke
머브 그리핀 Merv Griffin
존 덴버 John Denver

있다. 이들은, 다른 사람에게 받아들여지고자 하는 3번 유형의 욕구와 친밀한 관계에 대한 2번 유형의 욕망이 결합되어 인간관계를 중시하고 지나치게 친절하며 자신의 감정을 과장할 수도 있다. 이들은 1번 날개가 강한 2번 유형보다 덜 심각하고 더 일 중심적이며 자기 비판이나 자기 회의가 적다. 이 부속 유형의 사람들은 자신이 원하는 것을 직접적으로 표현하고 자신이 다른 사람에게 봉사한 것에 대해 인정과 보상을 받기를 원한다. 이들은 자만심이 강하고 오만할 수도 있다.

본능적 변형

자기 보존 본능의 2번 유형

자격 부여 평균적인 수준에서 자기 보존 본능의 2번 유형은 다른 사람의 필요를 충족시켜 주는 데 열중하면서 자신의 자기 보존 본능은 억제한다. 이 본능적 변형에 속하는 사람들은 다른 사람들의 필요를 충족시켜 주느라 자신의 필요를 무시하고 자신을 위해 충분한 휴식을 갖지 못한다. 이들은 요리를 하거나 사람들을 즐겁게 해 주는 것을 즐기지만 정작 자신은 잘 먹지 못하거나 자신이 주관하는 행사를 즐기지 못하는 경우가 많다. 그러면서도 무의식적으로는 2번 유형으로서의 자기 보존적 욕구를 다른 사람들이 충족시켜 주기를 원한다. 그러나 직접 그것을 요청하는 일은 거의 없다. 특히 이들은 순교자가 되고자 하는 성격이 강하기 때문에 다른 사람들이 자신의 봉사에 대해서 '빚'을 졌다고 느낀다. "나는 모든 사람들을 위해 많은 것을 했기 때문에 내가 필요한 것은 무엇이든 누릴 자격이 있다."

불안감이 증가하면 자기 보존 본능의 2번 유형은 자신의 필요를 충족시키기 위해서 좀 더 직접적인 방법을 찾는다. 동시에 이들의 자기 보존 본능은 자신의 감정과 충동을 억제하려는 경향에 의해서 왜곡된다. 자기 보존 본능의 2번 유형은 자신의 희생을 자랑스러워하며 무엇이든 자신의 희생을 보상해 줄 수 있는 것이라고 여겨지면 그것에 빠져든다. 이들은 자신에게는 그럴 자격이 있다고 느끼는 것이다. 이들은 공격적인 감정을 억압하기 위해서 자신의 희생에 대한 특별한 자격과 보상을 요구한다. 그래서 지나치게 많이 먹거나 약에 의존하는 경우도 있다. 자신의 문제를 부정하는 것과 불평이 교대로 일어난다. "나는 도움이 필요 없어" 혹은 "아무도 내가 한 일을 모르고 있어"라고 말하는 것이다. 이들은 자신의 감정적인 필요를 충족시키기 위해서 다른 사람들을 감정적으로 조작하는 데 크게 의존한다.

불건강한 영역에서 자기 보존 본능의 2번 유형들은 자만심에 빠지고 자신의 육체를 돌보지 않는다. 음식에 대한 집착, 의학적인 징후나 증세에 대한 집착, 건강에 대한 지나친 염려, 심인성 질병 등이 흔히 일어난다. 감정적인 욕구를 억압하는 것이나 공격적인 감정은 실제로 건강상의 문제를 일으킬 수 있다.

사회적 본능의 2번 유형

모든 사람의 친구 평균 범위에서 사회적 본능의 2번 유형은 자신이 만나는 모든 사람들로부터 사랑받고자 하는 강한 욕망으로 나타난다. 이들은 7번 유형처럼 바쁘게 돌아다니고 사람들을 소개해 주거나 모임을 주관하는 것을 즐긴다. 사람들은 이들이 모든 사람들과 친하게 지내는 것을 보고 놀란다. 사회적인 2번 유형들은 사람들에게 기억되고 주목받고자 하는 욕구가 강해서 혼자 남겨지거나 다른 사람의 눈에 띄지 않게 되는 것을 두려워한다.

이들은 사랑과 관심에 대한 욕구가 강해서 그룹 안에서 성공적이거나 가치 있는 사람들과 가깝게 지내거나 그들의 인기를 얻음으로써 인정을 구하려고 한다. 또한 이들은 자신의 야망을 가지고 있다. 그러나 대개는 그것이 무의식적이고 간접적이어서 자신이 성공적이라고 여기는 사람들에게 없어서는 안 될 조력자가 되려고 노력한다. "당신이 내 등을 긁어 주시오. 그러면 내가 당신의 등을 긁어 주지요" 하는 식이다. 사람들이 자신을 좋아하는 것에 대한 확신이 없다면 이들은 자신의 가치를 높이기 위해서 재능을 개발하고 더 많이 주려고 할 것이다. 이들은 조언을 하거나(영적, 재정적, 의학적으로) 유명한 사람들과 친분이 있는 것처럼 이야기해서 사람들의 관심을 끌려고 한다. 평균에서 건강하지 않은 영역 사이에 있는 2번 유형은 많은 사람들과 친밀한 관계를 맺으면서 그 중 어느 누구에게도 충분하고 진정한 관심을 주지 않기 때문에 사회관계에서 문제가 생길 수 있다. 이들은 자신을 인정해 주고 자신에게 관심을 보이는 사람이라면 누구라도 가까이 지내려 한다.

불건강한 영역에 있는 사회적 본능의 2번 유형은 '선한 행동'에 대해 관심을 보여 주기를 바라면서 사람들을 돌봐 주러 다니느라고 바쁘다. 이들은 자신에게 의미 있는 사람들을 주변에 묶어 두기 위해서 그들의 실수를 덮어 주고 욕구를 충족시켜 주려고 노력한다.

성적 본능의 2번 유형

친밀한 관계를 갈망함 평균 수준에서 성적 본능의 2번 유형은 에니어그램상의 어떤 유형보다도 친밀한 관계를 원한다. 이들은 감정적, 육체적으로 다른 사람들에게 끌린다. 성적인 2번 유형들은 매력을 느끼는 사람들과 사귀기를 원한다. 특히 그 사람들이 쉽게 넘어오지 않는다고 느껴지거나 자신에게 관심 없어 할 때 그렇다. 사회적인 2번 유형들은 모든 사람의 친구가 되기를 원하지만 성적인 2번 유형은 한 사람의 '가장 친한 친구'가 되기를 원한다. 이들은 소수의 사람들에게 관심을 집중하고 어떤 비밀도 털어놓을 수 있는 가장 가까운 친구가 되고 싶어한다. 성적인 2번 유형은 다른 사람과 비밀스러운 이야기를 나누고 '관계'에 대해서 이야기하는 사적인 시간을 즐긴다. 이들은 자신의 파트너가 관심을 갖는 주제라면 그것이 무엇이든 배우려고 한다. 이들은 상대방과 더 가까워지기 위해서 그 주제에 대해 연구할 수도 있다.

유혹적이라는 말은 2번 유형을 설명할 때 많이 쓰이는 말이다. 그 말이 가장 잘 적용되는 것이 성적인 2번 유형이다. 그러나 아홉 유형 모두가 자신의 방법으로 유혹적이 될 수 있다. 성적인 2번 유형은 다른 사람에게 많은 관심을 쏟음으로써 상대를 유혹한다. 이들은 실제로 성적인 활동을 많이 할 수도 있다. 그것은 대부분 무의식적으로 일어난다.

사람들로부터 호감을 얻지 못할지도 모른다는 불안이 커지면 성적인 2번 유형은 또 다른 사람을 쫓아다니기 시작한다. 이들은 노력을 하지 않으면 사람들이 자신과 시간을 같이 보내지 않을 것이라고 느끼고 불안해한다. 평균에서 불건강한 수준 사이에 있는 성적 본능의 2번 유형은 나서기 잘하고 사람들에게 지나친 요구를 하며 상대방이 자신의 요구를 거절할 때 받아들이지 못한다. 이들은 다른 사람들의 사랑을 얻었다고 해도 그들과 가까워질 수 없다고 느낀다. 사회적인 2번 유형이 모임을 만들고 사람들을 소개해 주는 것을 좋아하는 반면에 성적인 2번 유형은 자신의 친구들을 서로 떼어 놓고 싶어한다. 서로 알게 되면 자신과의 관계가 끊어질까 봐 두려워하기 때문이다.

불건강한 범위에 있는 성적인 2번 유형은 질투가 심하고, 소유욕이 강하며, 쓸데없이 돌아다니기를 잘 한다. 또 자신이 좋아하는 사람과 멀어지는 것을 두려워한다. 이들은 사람들에 대한 소유욕이 커서 강박적으로 '확인해야' 하고, 자신이 좋아하는 사람들로부터 거절당했을 때 그것이 적절한 반응이라 해도 쉽게 받아들이지 못한다. 이들은 자신이 끌리는 이성에게 무작정 다가가는 행동을 하거나 자신의 무모한 행동을 거절하지 못하는 사람과 관계를 형성하기도 한다.

2번 유형이 성장하기 위해 극복해야 할 과제

다음은 2번 유형이 삶에서 가장 많이 만나는 문제들이다. 이 패턴들을 주의해서 보고, '행동을 통해 자신을 알아차리고', 삶에 대한 습관적인 반응을 의식하면 우리는 자신의 성격의 부정적 면들로부터 훨씬 자유로워질 것이다.

2번 유형을 일깨우는 신호 – 남들의 기분에 맞추기

"나는 누구라도 나를 좋아하도록 만들 수 있다."

이제까지 본 바와 같이 2번 유형은 아주 너그럽지만 다른 사람이 자신을 사랑하는지에 대해 불안을 느낀다. 자신이 남들에게 해 주는 것이 충분치 않다고 느끼기 시작하면 이들은 '사람들의 기분을 맞추는 것'에 갇히게 된다. 그래서 이들은 사람들이 자신을 좋아하도록 만들 수 있는 일을 찾아서 하려고 든다. 2번 유형이 이런 상태에 들어가게 되면 자신에게 가까이 다가오는 사람을 거부하기가 어렵고 스스로는 감정이나 경험을 가지도록 허용할 수가 없다. 그래서 이들은 자신의 의지대로 행동하기보다는 다른 사람에게 휩쓸리게 된다.

사람들의 기분을 맞추는 데는 여러 형태를 취할 수 있다. 지나친 호의, 상대방에 대한 지나친 걱정, 지나친 관대함, 아첨하기가 사람들의 기분을 맞추기 위한 일들이다. 또한 2번 유형은 모든 사람과 똑같이 친해져야 한다는 강박 관념을 갖게 된다. 이들의 자존감은 사람들과 친밀한 관계를 맺는 것에 좌우되기 때문에 우체부와도 친한 친구가 되고 모든 이웃 아이들을 돌본다. 2번 유형은 누군가로부터 얻은 긍정적인 감정으로 자기 가슴의 공백을 메우려고 한다. 그러나 다른 대부분의 에고 투사 방식처럼 이 전략도 실패할 수밖에 없다.

2번 유형은 다른 사람들에게 친절하고 관대하게 대하는 것을 그만두면 사람들이 자신과 가까이 지낼지를 깊은 내면에서 확신하지 못한다. 그래

연습 ① 사람들의 호감 얻기

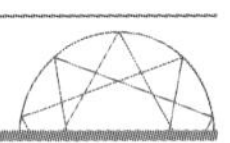

사람들이 당신을 좋아하도록 만드는 방법을 적어 보라. 당신은 사람들이 당신을 좋아하도록 만들기 위해서 사람들에게 아첨하는 경향이 있는가? 돈을 주거나 그들의 부탁을 들어 주는가? 당신이 다른 사람들을 위해 뭔가를 할 때 사람들이 그것을 알아차리도록 하기 위해서 어떻게 하는가? 당신은 스스로를 거부하거나 정당화한다는 것을 알아차리고 있는가? 이것은 당신이 자랑스러워하는 것인가, 부끄러워하는 것인가? 사람들이 당신에게 이것을 지적하면 어떻게 반응하겠는가? 이러한 것을 생각할 때 당신은 어떤 느낌이 드는가? 입장이 바뀌어서 사람들이 당신의 기분을 맞추려고 노력하거나 아첨을 한다면 어떤 느낌이 들겠는가?

2번 유형의 발달 단계

범위	수준	내용
건강한 범위	수준1	**스스로 충족됨, 조건 없이 사람들을 사랑함** 이 수준의 2번 유형은 스스로를 보살펴서는 안 된다는 생각에서 벗어난 사람들이다. 이들은 자신의 감정과 욕구를 가지고 있으며 어떤 기대도 없이 자유롭게 다른 사람들을 사랑함으로써 자신의 기본적인 욕망을 성취한다. 자유로운 상태의 2번 유형은 자신과 다른 사람에 대해서 조건 없는 사랑을 경험한다. 이들은 겸손하고 쾌활하며 상냥하다.
	수준2	**감정 이입을 잘 함, 사람들을 잘 보살핌** 이 수준의 2번 유형은 사랑을 가지고 사람을 대하며 다른 사람의 감정에 많은 관심을 쏟는다. 그러나 이들의 사랑은 자신의 기본적인 두려움에서 비롯된 방어이다. 이들은 "나는 사랑이 많고 사려 깊으며 이타적인 사람"이라는 자아 이미지를 갖고 있다.
	수준3	**남을 잘 돕고 남에게 주는 것을 좋아함** 이 수준의 2번 유형은 다른 사람을 위해서 선한 일을 함으로써 자신의 자아 이미지를 강화한다. 이들은 자신의 시간과 노력에 대해서 너그러워서 다른 사람을 격려하고 도와준다. 또한 이들은 자신의 감정을 잘 표현하고 자신이 가진 재능을 다른 사람과 나누기를 즐긴다.
평균 범위	수준4	**선한 의도를 가지고 있으며 사람들을 즐겁게 해 줌** 이 수준의 2번 유형은 지금까지 자신이 해 온 일이 충분하지 않으며 다른 사람이 진정으로 자신과 함께 있기를 원하지 않을지도 모른다는 두려움을 느낀다. 이들은 다른 사람과 더 가까워지기를 원하며 다른 사람이 자신을 좋아한다는 사실을 확실히 하고 싶어한다. 이들은 친구를 더 많이 만들기를 원하며 사람들을 기쁘게 하고 사람들에게 아첨함으로써 그들의 마음을 얻으려고 한다.
	수준5	**소유욕이 강함, 남의 일에 참견하기를 좋아함** 이 수준의 2번 유형은 자신이 사랑하는 사람이 자신보다 다른 사람을 더 사랑할까 봐 두려워한다. 그래서 이들은 그 사람에게 필요한 존재가 되려고 노력한다. 자신의 욕구보다 다른 사람의 욕구를 우선함으로써 사람들을 소유하려고 한다. 이들은 자만심이 강하고 다른 사람의 주의를 끌려고 하며 사람들이 자신의 눈앞에서 사라지는 것을 싫어한다.
	수준6	**자만심이 강함, 고압적** 이 수준의 2번 유형은 다른 사람이 자신의 도움을 당연하게 받아들이는 데 대해서 화가 나지만 자신이 상처받았다는 것을 자유롭게 표현할 수 없다. 대신에 이들은 자신의 건강에 대해서 불평하고 선한 행동으로 관심을 끌려고 하며 다른 사람들에게 그들이 자신에게 얼마나 많은 빚을 졌는지를 상기시킨다. 억압된 감정이 신체적인 문제를 발생시키기 시작한다.
건강하지 않은 범위	수준7	**자기 정당화를 함, 다른 사람을 조작하려 함** 이 수준의 2번 유형은 자신이 다른 사람을 쫓아 버릴까 봐 두려워한다. 그리고 이것은 사실일 수도 있다. 자신의 자아 이미지를 구축하기 위해서 이들은 다른 사람을 '은혜를 모르는 사람'으로 봄으로써 자신의 행동을 합리화한다. 이들은 사랑에 대한 대체물로 동정심을 끌어내려고 노력하며 다른 사람이 자신에게 의존해서 자신을 떠나지 못하도록 만든다.
	수준8	**자격을 부여함, 고압적임** 이 수준의 2번 유형은 사랑에 대해 너무 필사적이어서 강박적으로 그것을 추구하기 시작한다. 이들은 자신이 너무나 고통을 받았기 때문에 원하는 것은 무엇이든 누릴 자격이 있다고 느낀다. 이들은 애정을 얻기 위하여 무모하고 부적절하게 행동할 수도 있다.
	수준9	**자신이 희생당했다고 느낌, 무거운 짐을 졌다고 느낌** 이 수준의 2번 유형은 자신이 '이기적'이었으며 심지어 다른 사람에게 해를 입혔다는 사실을 인정하는 것은 감당할 수가 없다. 이들은 신체적으로, 감정적으로 엉망이 되며 희생자와 순교자의 역할을 취한다. 그 때 다른 사람들이 이들을 보살핀다.

서 사람들이 2번 유형의 친절한 행동을 인정해 준다고 해도 2번 자신의 가슴은 치유되지 않은 채로 남아 있다. 사람들이 보여 주는 감사는 이들의 깊은 내면에 있는, 스스로가 가치 없다는 느낌을 치유하지는 못한다. 또한 어떤 수준에서는 다른 사람들도 2번 유형의 '관대함'에는 숨은 의도가 있다는 것을 알고 있다. 그래서 때로는 사람들이 이들을 멀리하려 하고 결국은 2번 유형의 호의를 거절하게 된다.

40대의 기혼 남성이며 작가인 리치는 자신의 친절한 행동 뒤에 있는 숨은 동기 때문에 갈등했던 어린 시절의 경험을 회상한다.

"내가 네다섯 살 때 한 동네에 사는 여자아이와 친해지고 싶었습니다. 그런데 그 애는 나에게 별 관심이 없었지요. 나는 장난감 자동차를 갖고 있었습니다. 그것은 내가 아주 좋아하는 장난감이었는데, 그 애가 나를 좋아하도록 그것을 그 애에게 주어야겠다고 생각했습니다. 어느 날 저는 그것을 가지고 그 애의 집을 찾아갔습니다. 그 애는 현관에서 놀고 있더군요. 그런데 자동차를 그 애에게 건네는 순간 나는 뇌물을 주고 있다는 사실을 깨달았습니다(그 단어는 몰랐지만). 장난감을 주고 그 애와 친해지고 싶은 마음이 강했기 때문에 나에게는 무척 힘들게 느껴졌던 순간이었습니다."

사회적인 역할 : 특별한 친구

"우리가 이렇게 가깝다는 것은 정말 놀라운 일이 아닌가?"

평균적인 2번 유형은 스스로를 특별한 친구, 혹은 친밀한 사람으로 정의한다. 이들은 사람들이 자신을 가장 친한 친구로 여겨서 자신에게 충고를 구하고 비밀을 나누기를 원한다. 가족이나 친구들 사이에서 특별한 자리

연습 ② 사람들이 정말 나를 좋아할까?

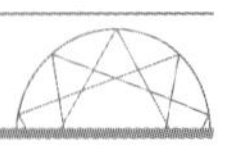

다른 사람들과의 관계를 확고히 하기 위해서 당신이 개인적으로 하는 것이 무엇인지 살펴보라. 상대방을 위해 특별한 봉사를 하는가? 당신은 사람들과의 관계에 대해서 자주 이야기를 하는가? 당신은 그 사람과의 관계를 확인할 필요를 느끼는가? 어떤 사람과 더 가까워져야 할 필요를 느끼고 있다는 것을 알아차렸다면 모든 생각을 잠시 멈추고 숨을 깊이 들이쉬어라. 그리고 자신의 자세를 살펴보라. 그런 다음 그 사람에게 계속 이야기하라.

를 차지하고 그들에 대한 개인적인 정보(다른 사람은 모르는 작은 일들)를 알고 있는 것은 자신이 사람들과 가깝다는 '증거'가 된다. 평균적인 2번 유형은 새로운 친구를 사귀고 옛 친구와 관계를 유지하는 데 상당한 시간을 보낸다. 이들은 친구들에 대한 모든 사실을 알고 있기를 원하고 모든 중요한 결정을 내릴 때 의논 상대가 되기를 원한다.

또한 2번 유형은 자신이 친구와 얼마나 친하게 지내는지 다른 사람들이 알아주기를 원한다. 그래서 이들은 자신이 그 사람과 얼마나 친한지를 나타내기 위해서 자기가 알고 있는 사람들의 사생활에 대해 이야기한다. 다른 사람들의 이야기를 하는 것은 2번 유형이 다른 사람에게 얼마나 관심이 많은지를 나타내기도 한다("잭과 메리의 결혼 생활에 문제가 생겼대. 그래서 잭이 요즘 일도 제대로 못 한다는 거야").

또한 2번 유형은 영적인 것과 관련된 방식으로 사람들에게 무엇인가를 더 해 주기 위해서 많은 노력을 쏟는다. 카드 상담, 마사지, 기 치료, 영양에 관한 정보, 요리, 탁아 정보 등은 모두 2번 유형이 다른 사람들에게 봉사할 수 있는 방법이다. 이렇게 해서 이들은 사람들이 자신에게 호감을 갖도록 한다. 2번 유형은 자신이 어떤 영적인 힘을 갖고 있다면 사람들이 항상 자신을 원할 것이라고 생각한다.

자만심, 아첨, 자기만족

에고가 다른 사람의 삶에 영향력을 행사함으로써 사랑과 가치를 얻으려고 할 때 그 결과로 나타나는 게 자만심이다. 이것이 2번 유형의 열정, 혹은 '대죄(Capital Sin)'이다("내가 없다면 네가 어떻게 되겠느냐?"). 순수한 사랑은 우리가 진정으로 자신의 가슴과 연결되어 있을 때 자연스럽게 일어나는 본성의 한 부분이다. 이러한 본성의 면에 접하지 못했을 때 우리는 자신이 텅 비어 있고 가치 없는 존재라고 느낀다. 자만심은 이 고통스러운 감정을 덮어 버리기 위한 에고의 전략이다.

신성을 아는 사람은 아무것도 가지고 있지 않다.

존 던 John Donne

자만심은 아첨의 형태로 자신을 표현한다. 자만심에 빠져 있는 2번 유형은 다른 사람을 칭찬해야 한다고 느낀다. 그렇게 하면서 긍정적인 관심이 자신에게 되돌아오도록 하고 싶은 욕망을 가지고 있다. 자신이 얼마나 너그럽고 사랑이 많은지 사람들이 알아차리고 자신에게도 그렇게 해 주기를 원한다. 불안감이 많은 2번 유형일수록 상대방이 자신에게 감사하고 아첨해 주기를 원하면서 다른 사람에게 아첨을 늘어놓는다.

모든 유형에게 있어서 자만심은 자신의 상처를 인식하고 도움 청하기를 거부한다는 표현이다. 다시 말하면 자신의 고통, 공허감, 필요를 인정하기를 꺼린다는 것이다. 자만심의 결과 2번 유형은 다른 사람의 상처는 돌보면서도 자신의 상처는 무시해 버린다("나는 어떤 것도 필요치 않아. 나는 괜찮아. 나는 너를 돌보기 위해서 여기에 있어").

감정 중심의 다른 유형이 그렇듯이 2번 유형이 갖고 있는, 사랑이 많다는 자아 이미지는 내면의 깊은 곳에 있는 수치심, 슬픔, 분노를 덮어 버린다. 2번 유형은 이런 감정들을 표현하지 못한다. 이들의 자만심은 다른 사람들로부터의 사랑과 보살핌을 경험할 기회를 막아 버린다. 겉으로 드러나는 이타적인 행동으로 상처를 덮어버림으로써 치유될 수 있는 기회를 막아 버린다.

애정의 용어

2번 유형은 자신이 별로 사랑스럽지 못하다고 느낄 때 자신이 사랑받고 있다는 증거를 보여 주는 특정 행동에 더 많은 관심을 쏟는다. 그러한 사랑의 표시는 2번 유형 개인에 따라서 조금씩 다르다. 껴안는 것, 특정한

연습 ③ 사랑 인식하기

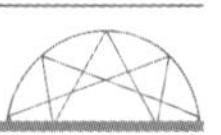

스스로에게 질문을 던져 보라. "내가 사랑받고 있다는 것을 어떻게 아는가?" 당신의 삶에서 사랑은 얼마나 중요한가? 당신은 누군가의 사랑을 구하고 있는가? 그 사람이 당신을 사랑하고 있다는 표시는 무엇인가? 당신은 자신이 사랑받고 있다는 것을 어떻게 아는가? 혹은 당신은 사랑받고 있다는 것을 어떤 방식을 통해서 알기를 원하는가?

목소리의 톤, 상대방이 자신의 행동에 대한 감사를 표현하는 것, 전화를 받는 것, 성적인 반응 같은 것이 될 수 있다.

우리는 이러한 특정 반응들을. '애정의 용어' 라고 부른다. 평균적인 2번 유형은 상대방이 "나는 당신을 사랑합니다"라고 말하지 않는다면 특정한 톤의 목소리나 특별한 눈빛 같은 것을 보여 준다고 해도 자신이 사랑받고 있다고 느끼지 않을 것이다. 상대방이 자신의 사랑을 2번 유형의 애정 용어가 아니라 다른 방식으로 표현했다면 그에게는 별 의미가 없는 것이다. 2번 유형은 다른 사람의 반응을 무의식적으로 판단한다. 그리고 단지 몇몇의 선택된 행동이 이들의 수퍼에고의 필터를 통과할 뿐이다(제프는 나에게 인사를 하고 오늘 어땠냐고 물었다. 그러나 정말로 나를 생각한다면 같이 커피를 마시자고 했어야 했다). 물론 불안이 많은 2번 유형일수록 명백한 애정 용어를 사랑의 증거로 받아들이기 어려워한다.

평균적인 2번 유형은 자신의 애정 용어를 충족시키기 위해서 어떻게 하면 자신이 사랑받고 있다고 느끼는지를 상대에게 살짝 알려 준다("당신의 생일은 1월 16일이죠? 내 생일도 곧 다가와요"). 이들에게 사랑이 꽃을 의미한다면 2번 유형은 상대방의 생일에 자신도 받기를 기대하며 꽃을 보낼 것이다. 이들은 뭔가를 받기 위해서 준다.

우리가 자신의 애정 용어에 묶여 있으면 묶여 있는 정도에 따라서 자신에게 주어지는 사랑을 놓치게 된다. 2번 유형의 애정 용어는 주로 어린 시절에 사랑으로써 경험한 것이 무엇이냐에 의해 결정된다. 여러 형태의 학대로 인해서 사랑에 대한 개념이 심하게 왜곡되었거나, 어린 시절에 거부당한 경험을 가진 2번 유형은 누군가가 자신을 진정으로 사랑한다는 사실을 믿기 어려워한다. 그래서 다른 사람이 보여 주는 순수한 사랑을 부정적으로 보거나 충분치 못하다고 여긴다.

사적인 영역의 상실

동의, 칭찬, 아첨하는 것은 다른 사람에겐 유혹적일 수 있다. 평균적인 2번 유형은 사람들이 그것을 얼마나 원하는지를 안다. 이들은 기꺼이 다른 사람에게 주의를 기울이고 관심을 표현함으로써 재빨리 각별한 친밀감을 형성한다. 사람들은 어느 사이엔가 '2번 유형과 관계를 맺고 있으며' 반응을 해야 한다는 것을 알게 된다. 그 2번 유형이 건강하다면 상대는 자유롭게 자신이 원하는 방식으로 반응할 수 있다. 그러나 그 2번 유형이 건강하지 않다면 특정 방식으로 반응해 주어야 할 것이다.

평균적인 2번 유형은 친밀함을 느끼고 싶어서 신체적으로 가까워지기를 원한다. 이들은 껴안고 키스를 하며 어깨에 팔을 얹고 팔을 잡기도 한다. 이들은 자신의 몸짓이나 말에 익숙하기 때문에 이따금 사람들과의 관계에서 오해를 받기도 한다.

2번 유형이 상대방과 친밀한 관계 맺기를 원하면 원할수록 상대방의 사적인 영역을 존중하는 것이 더 어려워진다. 이들은 상대방의 재정, 건강, 성생활 등에 대해서 극히 개인적인 질문을 하기도 한다("메리는 당신에게 맞는 여자가 아니에요"). 상대방에게 특별히 필요한 것이나 어려움이 없으면 2번 유형은 그런 것들을 만들어 내기 시작한다("내가 토요일에 너를 상점에 데려다 줄게, 그런 다음에 같이 너의 집 청소를 하자. 그리고 영화 보러 가는 거야"). 만약 상대방이 간섭당하는 기분이 들어서 마음 내켜 하지 않으면 대개의 경우 2번 유형의 쓸데없는 걱정과 참견을 들어야 할 것이다.

이들이 상대의 영역을 침범하는 것은 성적인 의미가 될 수도 있다. 사회적 변형과 성적 변형은 상대방의 생각이 어떻든 직접적으로 명확한 자

연습 ④ 나와 타인 사이에서 균형 찾기

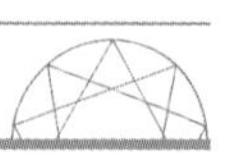

당신이 좋아하는 사람에게, 그들이 당신에게서 필요한 것이 무엇이며 필요하지 않은 것이 무엇인지를 물어 보라. 그들의 이야기를 귀 기울여 듣고 그들의 영역을 존중하라. 또한 당신이 다른 사람들을 위해 시간과 노력을 지나치게 많이 쏟는 바람에 자신을 위해서 어떤 일을 하지 못할 때가 언제인지를 살펴보라. 당신 자신을 위해 해야 할 일들의 리스트를 만들어서 그것을 해라! 그리고 그 리스트를 당신이 언제든지 볼 수 있는 곳에 붙여 놓아라.

신의 감정과 성적 욕구를 표현한다. 그들의 주변을 맴돌고 욕실에 갈 때나 옷을 갈아입을 때에도 상대방을 따라다닌다("왜 당신은 문을 닫는 거지요?"). 물론 대개의 경우 이런 행동들은 상대방을 멀어지게 한다.

위장된 필요

"와서 나의 보살핌을 받아라."

2번 유형은 자신의 필요를 표현하고 그것을 직접 요구할 수 없다는 것을 배웠다. 이들은 자신이 원하는 것을 다른 사람이 알아차려서 여러 가지 방식으로 자신에게 되돌려 주기를 바라며 간접적으로 요구한다. 2번 유형도 1번 유형처럼 사랑받기 위해서 하는 행동, 자기희생 등에 대해 판단을 내리는 수퍼에고를 가지고 있다. 자신이 원하는 것을 갖고 있고 적극적으로 그것을 추구하는 것이(공격형처럼) 평균적인 2번 유형에게는 이기적으로 느껴진다.

마리아는 자신의 2번 유형의 성격에 대해서 여러 해 동안 깊이 탐구해 온 교육자다.

"저는 사람들에게 분명하고 직접적으로 말하는 것을 연습해야 했습니다. 하지만 이것과 관련된 진짜 문제는 내가 제한을 두거나, 거절을 하거나, 소중히 여기는 관계에서 어려운 부탁을 해야 할 때입니다. 누군가의 부탁을 거절한다거나 부탁을 하는 것이 나에게는 많은 용기가 필요한 일입니다. 또 부탁을 하고 나서 답을 기다리는 것이 저에겐 끔찍한 시간입니다."

대부분의 2번 유형은 자신에게 문제나 욕구가 있으면 다른 사람이 자신을 멀리할 것이라고 생각한다. 그래서 2번 유형은 자신이 어떤 욕구도 갖고 있지 않으며 다른 사람에게 봉사하기 위해서 산다고 스스로를 설득한다.

목사인 루이스는 많은 사람들이 그녀에게 의존하고 있는데도 여전히 '필요한 사람이 되고자 하는 욕구'를 갖고 있다.

"내가 아침에 일어나자마자 하는 일은 다른 사람이 오늘 나에게서 필요로 하는 게 무엇인지를 생각하는 것입니다. 나는 아이들이 대학에 갈 때까지 아이들에 대해서도 그런 생각을 했습니다. 나는 아이들에게 항상

'나를 필요로 하는 경우를 대비해서' 내가 어디에 있는지를 이야기해 주었습니다."

"내가 당신을 위해서 이것을 할 수 있도록 해 달라."

이러한 행동이 습관적으로 되어 버리면 2번 유형은 주는 것에 대해서 강박관념을 느낀다. 그렇게 되면 진정한 도움을 줄 수 없다. 이들에게는 누군가에게 가서 그들을 구원하는 것이 의무가 된다. 다른 사람을 '뭔가가 필요한 아이'의 위치에, 자신을 강하고 유능한 부모의 위치에 놓게 된다. 결국 이것은 자기 자신의 문제를 해결하고 자존심을 쌓아 갈 기회를 잃게 만든다. 양측에 인식되지 않고 해결되지 않은 분노가 쌓여 간다. 도움을 받는 사람은 자신을 어린아이로 취급하는 데 대해 분노를 느끼고 2번 유형은 보상도 없이 많은 에너지를 쏟고 있는 데 대해 분노를 느끼기 시작한다. 그래서 2번 유형이 다른 사람을 돕는 일에 성공하면 상대는 치유되어서 더 푸른 풀밭을 찾아 떠나게 되고 2번 유형은 다시 가슴 아파하고 있는 다른 사람을 만나게 되는 경우가 대부분이다.

건강하지 않은 2번 유형은 사람들을 조종해서 곤란한 위치에 놓음으로써 자신의 숨겨진 욕구를 충족시키려고 한다. 예를 들어 2번 유형이 재정상의 문제가 있어서 친구나 가족에게서 천 달러를 빌렸다고 하자. 그들은 얼마 지나서 팔백 달러만 갚고 나머지는 나중에 주겠다고 한다. 그러나 시간이 지나도 돈을 갚지 않는다. 상대방은 2번 유형에게 그 빚에 대해서 이야기를 하든지 그냥 내버려 두어야 하는 입장에 처한다. 2번 유형의 횡포로 상대방은 그 이야기를 다시 하는 것이 왠지 치사하다고 느끼게 된다. 그러나 그 문제를 이야기하지 않으면 이들의 관계에 그림자가 드리워지거나 관계 자체가 끝날 수 있다.

연습 ⑤ 자신의 필요를 인식하기

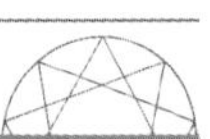

누군가에게 무언가를 부탁해야 하는가? 그렇다면 자신의 마음을 고요히 가라앉히고 가슴으로부터 당신이 필요하다고 느끼는 것을 부탁하라.

2번 유형이 이러한 게임을 하는 데는 두 가지 이유가 있다. 첫째는 상대방이 그 말을 꺼내지 않으면 다른 무엇인가로 상대방에게 빚진 것을 되돌려 주어야 한다고 느낄 수 있기 때문이다. 또 둘째는 상대방이 말을 하지 않으면 자신을 너무나 필요로 하기 때문에 말하지 못하는 것이라고 자신을 설득할 수 있기 때문이다. 이들은 여전히 그들이 자신을 원한다고 느끼고 있는 것이다.

구원자 컴플렉스

긍정적인 측면에서 보면 2번 유형은 따뜻하고 순수한 마음으로 어려움에 빠진 사람을 돕기 위해 무엇이든 하며, 사람들은 아주 실질적인 면에서 그 혜택을 입는다. 그러나 부정적인 면에서 보면 2번들이 사람들을 구원하는 것은, 진실하고 깊은 관계를 맺는 것을 방해한다.

2번 유형은 구원자의 역할을 취함으로써 어려움을 겪고 있는 사람들에게 관심과 노력을 집중시킨다. 2번 유형은 성공적으로 그들을 도움으로써 감사받기를 기대하며 이 감사가 이들 자존감의 원천이 된다.

그러므로 상대방이 더 많은 도움을 필요로 할수록 2번 유형은 더 이타적인 사람이 될 수 있다. 이런 상황에 문제가 발생할 수 있다. 2번 유형이 혼수상태에 있는 사람을 돌본다고 하자. 그 사람이 적절한 반응을 할 수 없기 때문에 2번 유형은 그의 가족들에게 관심을 돌려서 그들을 조종하려고 할 것이다. 2번 유형은 어린아이, 노인, 고아. 약물 중독자, 알코올 중

연습 ⑥ 적절한 영역 찾기

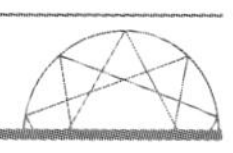

다른 사람과 관계를 맺었을 때 당신이 그에게 원하거나 기대하는 것을 명확히 표현하라. 당신을 필요로 한다고 느껴지는 사람과 관계를 맺게 될 때 그것을 알아차려라. 동정심 때문에 사랑에 빠지는 것을 피하라.("그는 정말 귀엽고 정직해. 자기가 마약 중독자이고 지난번 여자 친구를 매일 때렸다고 나에게 고백했거든"). 사람들을 돕는 것은 좋은 일이다. 그러나 그들이 후에 자신에게 무엇을 해 줄지에 대해 아무런 기대를 갖지 않고 도와 줄 때만 그렇다.

독자, 환자들과 일할 수도 있다. 그러나 그들은 2번 유형의 사랑과 관심에 대해서 적절한 반응과 보답을 되돌려 줄 수 없는 사람들이다.

도움을 준 사람들로부터 성숙한 감정적 반응을 기대하면, 심하게 상처받고 망가진 사람들을 도와주는 것에서 좌절감을 느낄 수도 있다. 그런데 2번 유형은 비밀스럽게 감정적으로 이런 보상을 받기를 기대한다. 이들은 필요한 사람이 되고자 하는 자신들의 필요 때문에 받은 것을 되돌려 줄 수 없는 사람들에게도 준다. 12단계 프로그램에서의 유명한 말을 인용하자면 2번 유형은 "철물점에서 오렌지를 찾고 있다."

소유와 통제

"내가 없다면 당신이 무엇을 할 수 있겠어요?"

2번 유형은 시간과 에너지를 다른 사람에게 사용하면 상대방에게 투자를 했다고 느끼기 시작한다. 이들은 자신이 투자한 것을 보호하고 싶어한다. 그렇게 되면 사람들이 이들이 소유욕이 강하다고 느끼게 되고 이러한 상태를 잘 알아차리지 못한다면 질투의 문제가 표면으로 떠오른다. 평균적인 2번 유형이 소유욕이 강해지면, 상대방이 더 이상 자신에게 관심을 주지 않거나 자기를 떠나서 다른 사람과 관계를 맺을까 봐 두려워한다. 결국 2번 유형은 불안감 때문에 다른 사람과의 관계에서 악영향을 미치는 일들을 한다.

또한 이들은 상대방을 통제하려 든다. 상대방이 더 많은 좋은 자질들을 개발하도록 격려하기보다는 자신의 감정적인 필요를 충족시켜주는 사람

연습 ⑦ 상대가 성장할 수 있는 공간을 허용하라

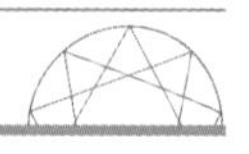

당신이 어떻게 가족과 친구들을 소유하고 있는지를 적어 보라. 어떤 때 당신은 그들을 놓아 주기 어려운가? 당신은 어떻게 사람들을 붙잡으려고 했는가? 당신은 질투심 때문에 하는 행동을 알아차리고 있는가? 어린 시절에 그런 감정을 느꼈던 것은 언제인가? 그 때 당신은 그 감정을 어떻게 다루었는가? 어린 시절에 질투와 소유를 통해서 누군가가 당신을 조종하려고 했던 적이 있는가? 누군가가 당신을 소유하려 할 때 당신은 어떤 기분이 드는가?

의 틀에 상대방을 맞추려고 한다. 평균에서 약간 낮은 수준에 있는 2번 유형은 자신의 행동에 대해서 감사받지 못한 것을 보상받기 위해서 자신이 얼마나 많은 일을 했으며 얼마나 많은 손해를 입었는지에 대해 불평한다. 그리고 다른 사람들에 대해서 거만한 태도나, 혹은 자신을 낮추는 태도를 취한다. 이들은 자신이 없으면 사람들이 살 수 없을 거라고 느낀다. 그런데도 왜 사람들이 자신을 사랑하지 않는지 이해할 수가 없다. 이들은 사람들이 자신이 한 일을 너무나 당연하게 여긴다고 느낀다.

감정적 · 재정적 · 신체적 소진

2번 유형이 계속해서 다른 사람에게 지나친 관심을 쏟게 될 때 2번 유형은 감정적, 재정적, 신체적으로 소진하게 된다. 이들의 건강은 위협받고 먹는 것과 관련된 장애를 비롯하여 체중 문제, 심인성 질환, 약물 중독의 문제가 발생한다.

이들은 실제적인(또한 과장된) 고통을 겪으면서 자신은 다른 사람들 때문에 희생되었고 너무 많은 짐을 지고 있다고 느끼게 된다. 건강한 2번 유형은 자신의 문제에 대해서는 말을 많이 하지 않지만 평균에서 건강하지 않은 영역에 있는 2번 유형은 사람들의 관심과 사랑을 끌어내기 위해서 과거의 상처, 건강 문제, 어려운 경험들을 이야기한다. 자신이 한 일에 대한 감사와 동정심을 얻기 위해서 이들은 건강에 대한 걱정을 늘어놓는다. 이들은 소화기 계통, 관절염, 그 밖의 스트레스와 관련된 질병을 앓게 된다.

평균에서 낮은 영역에 있는 2번 유형에게는 건강 문제가 '다른 사람들 때문에 자신이 지쳐 있다는 증거'이다. 몸이 아픈 것은 자신의 책임과 수

연습 ⑧ 스스로를 보살피기

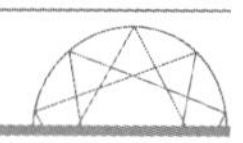

당신의 '몸의 소리'를 들어라. 배가 고파서라기보다 감정적인 이유로 먹을 때 그것을 알아차려라. 당신이 사랑하는 사람에게 하듯이 스스로를 보살펴 주어라.

퍼에고의 요구로부터 자유로워질 수 있는 유일한 길이 되기도 한다.

오페라 코치인 하롤드는 자신의 패턴을 알아차렸다.

"나는 분노가 많고 감정적으로 안정되어 있지 않습니다. 나는 일을 제대로 할 수가 없어요. 화가 나면 울지요. 말을 할 때는 입술이 떨리고요. 나는 사람들에게 내가 할 수 있는 모든 일을 한다고 느낍니다. 그런데 아무도 나를 위해서 뭔가를 해 주지는 않아요. 나는 너무 많은 일을 떠맡아서 모두 해 낼 수 없다고 느낄 때 병이 납니다. 이제까지 휴식이 필요할 때는 늘 그런 식으로 반응했지요."

스트레스에 대한 반응

2번 유형이
8번 유형으로 간다

불안과 스트레스가 감당할 수 있는 범위를 넘어갈 때, 2번 유형은 무뚝뚝하고 강압적이 되면서 8번 유형으로 간다. 2번 유형은 보통 이타적인 친절의 이미지를 보여 주지만 8번 유형으로 가면 그 아래에 있는 아주 거친 면이 드러난다. 그래서 사람들은 벨벳 장갑 아래에 있는 거친 주먹을 발견하게 된다. 대개의 경우 2번 유형은 자신의 욕구를 간접적으로 표현하지만, 사람들이 자신이 기대하는 애정 용어로 반응하지 않는다거나 충분한 애정을 주지 않을 때 사람들에게 맞선다. 이들은 놀라울 정도로 공격적이고 논쟁적으로 될 수 있다. 이들의 불평과 공격은 다른 사람을 당황하게 한다.

동시에 스트레스를 받는 상황에서는 2번 유형이 평균적인 8번 유형처럼 자신의 생존에 대해서 걱정을 하고 불안정해하며 더 열심히 일을 한다. 이들은 자신의 노력이 아무것도 아닌 것으로 여겨지는 것을 원하지 않는다. 그래서 자신이 다른 사람의 삶에 얼마나 중요한 역할을 차지하고 있는지를 사람들이 알아주기를 원한다. 심한 스트레스를 받는 상황에서 2번 유형은 자기주장을 더 강하게 내세우고 다른 사람들을 통제하려 든다. 이들은 사람들을 위협하고 자신을 필요로 하는 사람들의 자신감을 꺾는다. 8번 유형으로 옮겨 감으로써 이들은 2번 유형으로서는 직면하기 어려운 분노와 배신의 감정을 행동으로 옮기는 것이다.

위험신호

2번 유형이 어려움에 빠졌을 때

2번 유형이 적절한 도움을 받지 못했거나, 대처할 방법이 없어서 심각한 위기를 겪었거나, 어린 시절에 학대를 받았다면 자기 유형의 불건강한 영역으로 들어가는 '쇼크 포인트'를 통과하게 된다. 이렇게 되면 2번 유형은 다른 사람들과 가까워지려는 자신의 노력이 오히려 사람들을 쫓아 버릴 수 있다는 점을 인식하고 불안감을 갖게 된다. 이들의 이러한 불안은 사실일 수도 있다.

2번 유형이 자신의 두려움에서 진실을 발견할 수 있으면 삶의 방향이 바뀌어서 건강과 자유로움으로 나아갈 수 있다. 그렇지 않으면 이들은 더 자기 기만적이 되고, 상대를 조종하려 하며, 자신은 잘못한 사실이 전혀 없고 이타적으로 살아 왔다고 하는 신념을 유지하기 위해 필사적으로 노력할 것이다. 이들은 자신의 행동을 정당화하면서 어떻게 해서라도 다른 사람들을 통제하려 할 것이다("나는 너를 위해서 이것을 하고 있어" "나는 네가 집을 떠나 직업을 갖고 싶어 하는 것을 이해해. 하지만 난 어떻게 되겠니?"). 2번 유형이 계속 이런 태도를 고집하면 불건강한 수준으로 가게 된다. 당신이나 당신이 아는 사람이 상당 기간 동안(2~3주 이상) 아래에 열거되는 증후를 보인다면 카운슬링, 치료, 혹은 다른 도움을 구하도록 하는 게 바람직하다.

✻ 경고 징후 **잠재적인 정신 질환 :** 히스테리성 인격 장애, 건강 염려증, 신체장애, 섭식 장애, 스토킹과 같은 심각한 수준의 강압적인 성 행동	• 극단적인 자기기만 경향이 있음 • 자신에게 어떤 자격이 주어져야 한다고 무리하게 요구함 • 다른 사람을 자기 마음대로 조작하고 통제하려 함 • 나이나 상황을 고려하지 않고 강박적인 사랑을 하려 함 • 억압된 분노를 부적절하게 표현함 • 감정적인 문제가 신체적 증상으로(신체장애 등) 나타남

2번 유형의 성장을 돕는 방법

• 다른 사람이 당신에 대해 어떻게 생각하는가에 마음을 쓰지 말라. 당신은 결국 다른 사람들을 기쁘게 해 줄 수 없을 때가 많다. 모든 사람이 당신을 좋아하거나 항상 당신의 친구가 되는 것은 불가능한 일이다. 더 중요

한 것은 당신이 누군가를 위해서 할 수 있는 최선의 일이 무엇인지 깊이 생각해 보고 행동으로 옮기는 것이다.

• 다른 사람이 당신에게 익숙한 방식으로 감정을 표현하지 않을 때에도 그 사람의 애정과 좋은 의도를 인식하는 방법을 배워라. 사람들이 감정을 표현하는 방식이 당신이 원하는 방식이 아닐 수도 있다. 그들은 다른 방식으로 자신의 사랑을 보여줄 수도 있음을 인정하라. 대부분의 사람들은 당신만큼 자신의 감정을 잘 표현하지 못하며 당신만큼 다른 사람에게 관심을 쏟지 못한다. 다른 사람이 당신에게 주고 있는 애정을 인식할 수 있다면 당신은 좀 더 쉽게 자신이 사랑받고 있다는 것을 알게 되어 인간관계에서 좌절감을 느끼지 않을 것이다.

• 적절한 영역을 설정하는 것은 아주 중요하다. 그렇게 함으로써 당신은 다른 사람의 문제에 말려들지 않을 수 있다. 다른 사람이 어려움을 겪거나 당신에게서 뭔가를 필요로 할 때 '자기 자신을 잃어버리지 않기'를 배워라. 이것은 애정과 도움을 주는 것을 유보하라는 말이 아니라, 상대방에게 인정받기 위해서 당신 자신의 이익을 포기해야 하는 상황이 되었을 때 자신의 내면과 잘 연결되어 있어야 한다는 것을 의미한다(17장에 나오는 명상 연습이 도움이 될 것이다). 자신의 영역을 존중할 수 있고, 필요할 때 거절할 수 있다면 당신은 다른 사람의 영역도 침범하지 않을 수 있을 것이다. 이것은 결국 더 건강하고 만족스러운 관계를 만든다.

• 당신이 다른 사람에게 아첨하거나 환심을 사려고 할 때 그것을 알아차릴 수 있다면 큰 도움이 될 것이다(2번 유형이 이런 전략을 쓸 때는 목소리의 톤이 달라지곤 한다. 이런 일이 일어날 때 그것을 알아차리고 그 톤을 가라앉히면 아주 도움이 된다). 다른 사람의 감정을 잘 느끼는 것은 당신의 타고난 장점이다. 부정직하거나 과도한 아첨이 그 장점의 가치를 떨어뜨릴 수 있다.

• 당신의 자만심은 뭔가 다른 것, 즉 자신이 가치 없는 사람이며 아무도 자신을 원하지 않는다는 내면의 깊은 두려움에 대한 보상이다. 그 자만심이 스스로를 나타내는 많은 방식을 지켜보면서 그것에 대해 탐구해라. '거만한 생각'이나 오만한 얼굴 표정 같은 것만이 자만심을 나타내는 표시는 아니다. 자신의 선한 행동을 떠들썩하게 이야기하는 것이나 거짓된 겸손도 자만심의 표현이다. 진정한 겸손과 당신이 사랑받고 있다는 것을 아는 것이 자만심을 사라지게 할 수 있다. 사실상 당신의 가장 본질적인 자아는 사랑의 표현이다.

• 2번 유형은 너무 많이 주고 나서 후회하는 경향이 있다. 다른 사람을 위해서 무엇인가를 할 때 그 동기에 대해서 스스로에게 정직하라. 자신이 합리화하는 것에 대해서 의심을 해 보라. 당신의 몸과 가슴의 소리를 들어라. 아픔이 느껴지면 당신은 상처받고 있는 것이다. 다른 사람에게 많은 것을 주어서 그들로부터 감사가 돌아온다고 해도 그 상처가 치유되지는 않는다. 반면에 상대방과 관계를 끊는다 해도 문제가 해결되지 않는다. 자신의 동기와 필요에 대해 정직할 때에만 문제가 해결된다.

2번 유형의 장점 키우기

"나는 다른 사람과 내가 가진 장점을 나눌 수 있다는 것이 기쁘다."

건강한 2번 유형은 다른 사람을 위해 좋은 일을 많이 한다. 이들은 늦게까지 아이들이나 노인을 돌보고 사람들에게 음식을 가져다주고 치료를 해준다. 건강한 2번 유형은 사람들을 위해서 해야 할 일이 있을 때 온 마음을 다 기울여 필요한 일들을 한다. 2번 유형은 다른 사람에 대해 관심을 가질 뿐만 아니라 실제로 사람들을 위해서 의미 있는 일을 한다.

또한 건강한 2번 유형은 건강한 7번 유형처럼 쾌활하고 거침이 없다. 이들은 심각하지 않으며 많이 웃고 자신이 아끼는 사람들과 삶을 즐긴다. 이들은 어린아이처럼 삶에 대한 열정을 가지고 있으며 세상과 다른 사람들, 그리고 자신에 대해서 새로운 것을 발견하기를 즐긴다.

물론 이러한 자유를 누릴 수 있는 것은 자신의 영역을 적절히 유지할 때 가능하다. 그것은 필요할 때 거절할 줄 알고 자신의 진정한 동기에 대해서 명확하게 안다는 것을 의미한다. 건강한 2번 유형은 자신의 욕구와 타인의 욕구를 구분할 줄 알고 이 둘 사이의 건강한 균형을 유지한다.

루이스는 이렇게 말한다.

"나는 자신에게 정직할 때 마음이 편합니다. 내가 필요한 것을 느낄 수 있고 그것을 직접 말하지요. 그럴 때 나는 내면의 자아를 의식합니다. 나는 마음이 고요해져서 다른 사람을 도와주어야 한다고 느끼지 않습니다. 그것은 아주 자유로운 느낌입니다. 나는 다른 사람들도 자유롭게 두어서 통제하거나 조종하려고 하지 않습니다. 그럴 때 나는 사람들을 진정으로 도울 수 있고 분노 없이 줄 수 있습니다."

2번 유형은 적절하게 영역을 설정함으로써 자신의 삶을 발전시킬 수 있다. 이들은 '돕는 것' 때문에 삶의 중심을 잃지 않는다. 이들도 자신의 삶이 있기 때문에 다른 사람의 삶에 지나치게 개입하지 않는다. 자신의 감정을 잘 느끼고 자기 자신이 되는 것은 2번 유형에게는 의미있는 성장이다.

2번 유형은 적절하게 영역을 설정하고 감정적인 균형을 찾음으로써 다른 사람의 반응에 덜 신경 쓰게 된다. 건강한 2번 유형은 많은 행동들을 긍정적인 사랑의 행동으로 본다. 건강한 2번 유형이라면 이웃에게 아침 인사를 했는데 그 사람이 인사를 하면서 포옹하지 않았다고 해도 실망하지 않는다. 이들은 설령 부정적인 반응을 경험했다고 해도 마음의 평정이 흐트러지지 않는다. 만약 상대방이 "오늘 아침에는 기분이 좀 안 좋아요. 날 내버려 두세요"라고 말한다고 해도 건강한 2번 유형이라면 그것을 불쾌하게 받아들이지 않는다. 이들은 무리하게 긍정적인 반응을 얻어 내려 하기보다는 한 걸음 물러설 줄 안다. 다시 말하면 건강한 2번 유형은 자신을 존중하는 마음과 독립심이 있기 때문에 다른 사람의 반응으로 자신의 가치가 결정된다고는 생각하지 않는 것이다.

또한 건강한 2번 유형은 다른 사람의 독립성도 키워 준다. 이들은 사람들에게 자신감, 힘, 새로운 기술을 갖게 함으로써 스스로 자랄 수 있도록 해 준다. 이들은 진정으로 사람들이 성장하기를 원하며 자신에게 의존하기를 바라지 않는다. 이들은 다른 사람들의 장점을 찾아서 키워 주고 그들을 격려한다. 자신에게서 장점을 발견하지 못하는 사람들에게는 특히 이것이 도움이 될 수 있다.

통합의 방향

2번 유형이 4번 유형으로 간다

2번 유형은 자신의 모든 감정을 인식하고 받아들이기를 배움으로써 건강한 4번 유형처럼 될 수 있다. 2번 유형은 자연적으로 다른 사람의 감정에 주의를 기울이기 때문에 상대방의 감정에 공감하는 능력이 탁월하다. 2번 유형은 자신의 '감정적인 몸'을 확장시켜서 다른 사람에게서 일어나는 미묘한 변화를 감지한다. 2번 유형이 건강한 4번 유형의 자질을 통합했을 때 이러한 감수성이 자신에게도 적용되어 자신의 감정과 내면의 상태를 감지할 수 있다.

이것은 무조건 자신의 감정에 따라서 행동해야 한다는 것을 의미하지 않는다. 예를 들어 사랑하는 사람에게 아주 화가 났다면 그 사람에게 화를 내거나 그를 외면하지 않고 자기 안에서 그 분노에 대해 탐색해 볼 수 있다. 통합된 2번 유형은 자신이 갖고 있는 모든 감정에(비밀스러운 욕구와 가장 어두운 미움까지) 더 익숙하고 편안해짐으로써 두려움과 필요에 대한 내면의 목소리가 들려올 때 그것을 알아차릴 수 있다. 다른 사람에게 위안을 주는 것처럼 자신에게도 그렇게 할 수 있는 것이다.

일기를 쓰는 단순한 일도 2번 유형에게는 도움이 될 수 있다. 2번 유형이 자신을 알고자 노력할 때마다 2번 유형의 수퍼에고는 그런 '이기적'인 태도에 대해서 이들을 공격할 것이다("너는 왜 모든 시간을 너를 위해 쓰고 있느냐?").

그러나 2번 유형이 4번 유형의 행동을 무작정 따라 한다고 도움이 되는 것은 아니다. 자신에게만 빠져 있고 감정적으로 민감해진다고 해서 2번 유형에게 중요한, 진정한 자기 이해가 얻어지는 것은 아니다. 4번 유형처럼 낭만적이고 환상적인 것을 추구하고 다른 사람에 대해서 높은 기대를 갖는다면 사람들과 가까워지려는 2번 유형의 성격이 강화될 수도 있다. '이타적' 인 것에 대해 수퍼에고가 정한 한계를 깨고 자신을 잘 보살피고 자신에 대한 이해를 넓혀 나갈 때 성숙한 4번 유형의 창조성이 자연스럽게 나타날 것이다.

성격을 넘어서 본질로 돌아가기

진정한 사랑은 모자람이 없다. 그러나 우리의 성격은 이것을 알지 못한다. 우리는 다른 사람에게서 사랑을 얻거나 사랑이 일어나게 하려고 노력하면서 사랑의 의미를 왜곡한다. 우리는 슬플 때도 미소 짓고, 공허할 때도 너그럽고, 보살핌이 필요할 때도 다른 사람을 보살펴야 한다고 자신에게 강요한다. 그러나 누가 이런 모든 노력을 보상해 주면서까지 우리를 사랑할 것인가?

2번 유형에게는 진정한 사랑의 방식으로 자신을 치유해야 한다는 사실을 깨닫는 것이 바로 치유이다. 우리에게는 언제나 의존할 수 있는 근원, 자신의 본성이 있다. 어떤 조건 아래서도 깊이, 그리고 끊임없이 우리를 사랑하는 존재가 바로 우리 자신이다. 우리 자신의 본성이 우리가 구하는 사랑의 원천이다. 그것은 신성한 사랑의 표현이며, 그렇기 때문에 어떤 조건에도 영향을 받지 않고 소멸되지도 않는다.

2번 유형이 자신을 잘 돌보고 자신의 필요에 귀 기울이는 것을 배울 때 사랑이 가득한 만족스러운 관계를 맺을 수 있다. 이들은 자유롭게 사람들을 사랑하고 진정한 사랑을 줄 것이다. 2번 유형은 아주 이타적이 되어 선한 일을 하고 사람들이 성장하는 것을 보면서 기뻐한다. 이들은 자신의 선한 행동을 통해서 다른 사람의 관심을 받으려는 의도에서 벗어난다.

2번 유형은 사랑이 획득되거나, 요구되거나, 다른 사람에 의해서 주어지는 것이 아니라는 것을 깨달을 때 크게 성장할 수 있다. 그런 사랑을 구하고 있다면 그것은 사랑이 아니다.

두 사람이 그 순간에 온전히 함께 할 때 사랑은 저절로 일어난다. 그들이 오랜 세월 동안 지내온 친구인지 방금 만난 친구인지는 그리 중요하지 않다. 사랑은 단지 감정만이 아니다. 사랑은 획득되거나 상실되는 것이 아니다. 사랑은 항상 지금 여기에 존재하며 현재에 존재할 수 있는 바로 그 정도만큼 그 사랑을 받아들일 수 있다.

우리는 우리 자신이나 다른 사람을 사랑하라고 스스로를 강요할 수 없다. 그러나 자신과 다른 사람 안에 사랑의 존재함을 인식할 수는 있다. 우리가 이것을 알게 될 때 우리의 본성으로부터 무한한 사랑이 흘러나온다. 다만 우리 에고의 습관과 나쁜 신념에 의해 그것이 막혀 있을 뿐이다. 우리는 이러한 막힘을 알아차린다면 우리 본성으로부터의 사랑이 스스로를 드러내서 우리의 삶을 치유해줄 것이다. 이러한 사랑은 실재하며 깊고 고요하다. 이러한 사랑은 자신에게로 관심을 끌려 하지 않으며 대가를 요구하거나 자신을 내세우지 않는다. 또한 에고의 조건에 따라 변하지 않기 때문에 영원하며, 어떤 것에도 실망하거나 좌절하지 않으며, 기쁨으로 충만해 있다. 그 무엇도 이러한 사랑을 멈추게 할 수 없다.

본질이 드러남

2번 유형의 깊은 내면은 조건 없는 사랑의 본질이 무엇이며 이러한 사랑이 어디에 존재하는지를 알고 있다. 자신의 본성과 그 본성이 드러나는 신성의 상태를 기억할 때 건강한 2번 유형은 자신의 주변에 편재하는 사랑을 인식하며, 타인으로부터 구할 것도, 자신이 주어야 할 것도 없음을 깨닫게 된다. 2번 유형은 우리 모두에게 사랑은 어떤 사람에게 속해 있는 것이 아님을 보게 해 준다. 삶에서 우리가 해야 할 일은 '선한 행동' 이나 다른 사람에게 사랑을 '주는' 것이 아니라, 스스로를 사랑을 향해 열어놓는 것이다.

이러한 본질적인 사랑을 경험할 때 2번 유형은 자기 주변의 모든 것과 하나가 되어 어우러질 수 있다. 다른 사람과 함께 하면서 이러한 사랑을 경험할 때 자신의 정체성을 놓아야 하는 것은 아니다. 이러한 사랑은 균형 잡혀 있고 순수하며 모든 것을 성장시켜 준다. 이것은 우리로 하여금 깊은 영혼의 자리에 머물러서 쉴 수 있도록 해 준다.

우리가 진정한 사랑의 본성을 경험할 때 대 자유를 얻게 된다. 사랑이 팔고 사는 상품이 아니라 우리 본성의 한 부분이며 우리가 잃어버릴 수 없는 것임을 깨달을 때 삶을 놀랍도록 가벼운 것이 된다. 우리 스스로가 사랑과 가치를 갖고 있을 뿐만 아니라 영혼의 수준에서 보면 사랑과 가치 그 자체라는 것을 깨달을 때, 타인의 관심을 얻으려는 필사적인 노력을 내려놓게 될 것이다.

리소-허드슨

유형 분류 테스트 결과

2번 유형에 대한 모든 문항의 점수를 더하라. 그리고 다음의 가이드라인을 참고하여 당신의 성격 유형을 발견하거나 확인하라.

점수	결과
15	당신은 아마 순응형(1, 2, 6번 유형)이 아닐 것이다.
15~30	당신은 아마 2번 유형이 아닐 것이다.
30~45	당신은 아마 2번 유형과 비슷한 특성을 가지고 있거나 2번 유형의 부모를 가지고 있을 것이다.
45~60	당신은 2번 유형의 성격을 가지고 있는 것 같다.
60~75	당신은 2번 유형일 가능성이 가장 많다(그러나 당신이 2번 유형을 너무 좁은 시각으로 보고 있다면 다른 유형일 가능성도 있다).

※ 2번 유형이 자신의 번호로 잘못 생각하는 번호는 1번, 4번, 7번이다.
6번, 7번, 9번 유형은 자신을 2번 유형으로 착각하는 경우가 많다.

제9장

3번 유형 : 성취하는 사람

Type Three : The Achiever

3

"성공과 관련해서 가장 어려운 일은 일단 성공하고 나면 계속해서 그래야 한다는 것이다."

이빙 버린 Irving Berlin

"대부분의 성공한 사람들은 성공을 이루는 과정에서 기쁨을 느끼는 것을 잊어버린다. 완전한 성공을 이룰 때까지 그것을 미루는 것이다. 그러나 그 때가 되어 기쁨을 누리려고 하면 너무 늦다."

사무엘 펩시 Samuel Pepys

"다른 사람을 속이거나 괴롭히지 않는 모든 욕망은 정당하다."

조셉 콘라드 Joseph Conrad

"노예는 오직 한 사람의 주인을 섬긴다. 그러나 야망 있는 사람은 자신의 위치를 높이는 데 도움이 될 모든 사람을 주인으로 섬긴다."

라 브루이에 La Bruyere

"진정한 자신의 모습에 만족하라."

마띠엘 Martial

동기 부여를 잘 하는 사람

모범

귀감

타인과 의시소통을 잘 하는 사람

지위를 추구하는 사람

'최고'

리소-허드슨

유형 분류 지표

각각의 문항이 자신에게 얼마나 적용되는지 점수를 매겨 보라.

- **1점** 전혀 그렇지 않다.
- **2점** 거의 그렇지 않다.
- **3점** 어느 정도는 그렇다.
- **4점** 대개는 그렇다.
- **5점** 매우 그렇다.

→ 237쪽을 펴서 답을 확인하라.

1. 나는 스스로를 자신감 있는 사람이라고 여긴다. 어떤 일을 효율적으로 하지 못했을 때 나는 마음이 불편하다.
2. 어떤 일이 잘 풀려 나갈 때 나는 자신과 삶에 대해서 만족을 느끼며, 내면에서 기쁨이 '솟아나는' 것을 느낀다.
3. 나는 다른 사람들에게 나의 가장 좋은 모습을 보이려고 노력한다.
4. 나는 자신의 감정에 대해서 익숙하지 않다. 잠깐 동안은 감정을 강하게 느끼지만 곧 다른 일에 몰두한다.
5. 내가 원하는 성공을 아직 이루지 못했다고 해도, 내가 잘 해 나가고 있다는 것을 느끼는 것은 나에게 아주 중요하다.
6. 나는 불안감을 감추는 데 아주 능숙하다. 사람들은 내가 정말로 무엇을 느끼는지 모를 것이다.
7. 나는 사람들에게 좋은 인상을 주려고 노력한다. 그래서 나는 예의바르고 친절하게 행동한다.
8. 나는 내 친구나 동료들이 어떻게 해 나가고 있는지를 알고 있다. 나는 그들과 나를 자주 비교한다.
9. 나는 맡은 일에서 최선을 다하려고 노력한다. 하지만 어떤 일을 뛰어나게 잘 하지 못했다고 해서 그 사실이 나를 괴롭히지는 않는다.
10. 나는 목표를 이루기 위해서 원칙을 무시하고 빨리 가는 길을 택할 때가 있다.
11. 나는 불안할 때 사람들을 냉정하게 대하고 사람들에게서 떨어져 있다.
12. 다른 사람들이 내가 이룬 일을 인정하지 않을 때 마음이 아주 불편하다.
13. 나는 보통사람보다 적응을 더 잘 한다. 나는 일이 잘 풀리지 않을 때 어떻게 행동을 바꾸면 내가 원하는 결과를 얻을지 안다.
14. 나는 항상 목표에 초점을 맞춘다. 그리고 그것을 이루기 위해 나 자신에게 어떻게 동기 부여를 해야 하는지를 안다.
15. 나는 일 중독에 빠지는 경향이 있다. 어떤 일을 성취하고 있지 않으면 마음이 불안하다.

3번 유형 | 성취하는 사람

성공지향적이며 실용적인 유형

적응을 잘 하고, 뛰어나며, 자신의 이미지에 관심이 많다.

- **기본적인 두려움** 가치가 없는 것
- **기본적인 욕구** 자신이 가치 있는 존재며, 그렇게 여겨지고 있다고 느끼는 것
- **수퍼에고의 메시지** "다른 사람이 너의 가치를 인정한다면 너는 괜찮다."

우리는 3번 성격 유형을 '성취하는 사람'이라고 이름 붙였다. 건강한 범위에 있을 때 삶의 많은 영역에서 성공을 이룰 수 있기 때문이다. 이들은 인간 본성의 '별'이다. 사회적으로 많은 것을 성취하기 때문에 사람들로부터도 존경을 받는다. 건강한 3번 유형은 어떻게 자신을 개발하고 세상을 위해서 자신의 능력을 사용해야 하는지를 안다. 또한 이들은 다른 사람들을 격려해서 그들 스스로가 생각하는 것보다 훨씬 더 많은 능력을 끌어 낼 수 있다. 이들은 사회에서 존경받을 수 있는 자질을 갖고 있다. 사람들은 이들에게서 자신의 꿈과 희망을 본다.

3번 유형이 사회에서 성공적이고 사람들에게 존경받는 경우가 많다는 사실은 다른 어떤 유형보다도 이들이 자신의 능력을 신뢰하고 있으며, 자신의 재능과 능력을 개발할 줄 안다는 의미다. 3번 유형은 사회적으로 받아들여지는 좋은 자질을 자신의 것으로 만들 수 있기 때문에 다른 사람들에게 모범이 되는 역할을 한다. 건강한 3번 유형은 자신을 어떻게 발전시켜야 하는지를 알고 있다. 이들의 성공은 다른 사람에게도 자기 발전에 투자하도록 돕는 계기가 된다.

3번 유형은 자신의 삶이 성공적이기를 원한다. 이들이 생각하는 성공은 자신의 가족, 문화, 사회적인 영역에서 정의되는 성공이다. 어떤 가족은 많은 돈, 큰 집, 새 차, 그리고 그 밖의 사회적인 지위가 성공이라고 생각한다. 또 다른 가족은 아이디어를 가치 있게 여겨서 학계나 과학계에 업적을 남기는 것을 성공이라고 생각한다. 또 배우나 모델, 작가, 혹은 정치가와 같은 유명인이 되는 것을 성공이라고 여기는 가족도 있을 것이다.

종교적인 가정이라면 목사, 신부, 랍비 같은 직업을 가치 있는 것으로 여기고 아이에게 이런 직업을 갖도록 격려할 수도 있다. 3번 유형은 그 가정과 지역사회에서 성공이라고 정의되는 것이라면 무엇이든지 성취하고 싶어한다.

그래서 3번 유형은 목표 지향적이 되기 쉽고 칭찬이나 긍정적인 주의를 자신에게 끌어 오는 데 많은 노력을 기울인다. 이들은 어릴 때부터 부모나 친구들이 가치 있다고 여기는 활동을 잘 인식할 줄 안다. 그래서 그 활동을 뛰어나게 하기 위해 많은 에너지를 쏟는다. 또한 3번 유형은 자신의 내면에서 사람들에게 매력적으로 보일 수 있는 자질을 찾아 내어 개발할 줄도 안다.

에바는 성공한 사업가인데, 그에 대해 이렇게 털어놓는다.

"우리 어머니는 제가 어릴 때부터 사람들 앞에 서는 것을 가르치셨어요. 제가 세 살 때 예배 시간에 사람들 앞에서 혼자 노래를 불렀는데 칭찬을 많이 받았어요. 그 뒤로 고등학교를 졸업할 때까지 노래를 부르거나 토론에 참여하거나 해서 사람들 앞에 서는 일이 많았죠. 나는 많은 사람들 앞에서 어떻게 해야 하는지를 배웠고, 그래서 자주 강사로 초청 받았어요. 다른 강사들은 제가 너무 뛰어난 연사이기 때문에 제 다음 차례로 이야기하고 싶지 않다고 말했어요."

"나는 열심히 하면 내가 그 일을 해 낼 수 있다는 것을 안다."

모든 사람은 성장하기 위해서 관심과 격려, 인정을 필요로 한다. 3번은 이러한 인간의 욕구를 보여 주는 유형이다. 3번 유형이 성공을 원하는 것은 성공이 뭔가를 얻게 해 주거나(7번 유형처럼) 힘과 독립의 느낌을 주기(8번 유형처럼) 때문만이 아니다. 이들은 공허함에 휩싸이거나 자신이 가치 없는 존재라는 느낌을 갖는 것이 두렵기 때문에 성공하기를 원한다. 성공이 없다면 다른 사람의 관심도 끌 수 없고 성취감도 없을 것이다. 3번 유형은 자신이 무가치한 존재가 되는 것을 두려워한다.

그런데 문제는 이들이 어린 시절부터 자신을 더 가치 있게 만들어 줄 수 있는 것을 성취하기 위해서 노력하다 보니 자기 자신과 멀어져 자신이 진정으로 원하는 것, 자신의 진짜 감정, 자신이 정말로 관심 있어 하는 것이 무엇인지 모르게 되었다는 사실이다.

이들은 자신의 내면에서 가장 원하는 것이 차츰차츰 뒤로 물러나는 바람에 결국은 가장 원하는 것이 무엇인지 자신도 인식하지 못하게 된다.

3번 유형은 감정 중심인 사람들 중에서 가장 중앙에 자리잡고 있음에도 불구하고, '감정적인' 사람들이라기보다 행동과 성취 중심의 사람들처럼 보인다. 이들은 자신의 감정을 상자 안에 넣어 놓고 자신이 원하는 것을 성취하기 위해서 달려나간다. 3번 유형은 감정이 성취를 방해한다고 생각하기 때문에 생각과 실질적인 행동으로 감정을 대치해 버린다.

성공한 비즈니스맨인 자비스는 자신의 어린 시절에서 이러한 패턴을 본다.

"그 당시에는 그것을 의식하지 못했습니다. 그러나 어릴 때 저는 감정을 갖는 것을 허락 받지 못했어요. 제 의붓아버지가 생각하시는 성공에 대한 개념으로는 감정이란 아무런 소용도 없는 것이었거든요. 저는 감정을 거부하는 법을 배웠고 뭔가를 성취하고자 학교에서 좋은 성적을 받는데 열중했지요."

3번 유형은 자신이 다른 사람의 기대에 얼마만큼 부합하고 있는지 깨달을 때 이런 질문이 떠오른다고 이야기한다. "그런데 내가 원하는 것은 뭐지?" 많은 경우에 이들은 자신이 원하는 것이 무엇인지 모른다. 이것은 전에는 자신에게 물어 본 적이 없는 질문이다. 3번 유형의 근본적인 딜레마는 진정한 자기 자신이 되고 자신의 진짜 모습을 내보이기를 허락받지 못했다는 사실이다. 이들은 아주 어릴 때부터 감정을 갖거나 자기 자신이 되어서는 안 된다는 메시지를 받았다. 적응하기 위해서 다른 누군가가 되어야 한다. 모든 성격 유형이 어느 정도는 이와 같은 메시지를 받는다. 그러나 이들이 갖고 있는 어떤 특정 배경이나 틀 때문에 3번 유형은 이것을 자신의 삶의 원칙으로 받아들인다. 특정한 방식으로 어떤 일을 해 냄으로써 사람들에게 받는 주목은 이들에게 산소와도 같다. 숨쉬기 위해서 이들은 그것이 필요한 것이다. 그러나 불행히도 다른 사람의 시선을 얻기 위해서 이들은 큰 대가를 치른다.

심리치료사인 마리는 이러한 성격 때문에 겪는 어려움에 대해 이렇게 이야기한다.

"나는 항상 사람들에게 주목받는 일을 하고 있습니다. 사람들은 내가 어떤 방향을 제시해주기를 기대합니다. 이것은 양날의 칼과 같습니다. 나는 사람들에게 주목받고 인정받기를 바랍니다. 그러나 항상 내가 잘 해 내야 한다는 짐을 지고 있습니다. 그것은 무척 어려운 일이 아닐 수 없습니다."

어린 시절의 패턴

※우리가 여기에서 설명하는 '어린 시절의 패턴'이 그 성격 유형을 만든 것은 아니다. 이것은 어린 시절에 관찰되는 경향이며 성인이 되었을 때 인간관계를 형성하는 데 큰 영향을 준다.

어린 시절의 3번 유형은 자신을 가치 있게 여기지 않는다. 이것은 대부분의 사람들도 마찬가지다. 이들은 어떤 일을 잘 했을 때에만 자신을 가치 있게 여긴다. 이들은 성취를 통해서 자신의 가치를 인정받는 것을 배운다. 그러나 이것은 결코 이들을 만족시키지 않는다. 그 인정은 그들 자신에 대한 것이 아니라, 그들이 해 낸 어떤 일이나 그들이 되려고 노력하는 다른 사람에 대한 것이기 때문이다.

심리치료사 마리는 이렇게 말한다.

"어릴 때 나는 언제나 어머니가 나를 특별히 예뻐한다고 느꼈습니다. 우리는 함께 많은 시간을 보냈지요. 어머니는 항상 내가 원하기만 하면 못 할 일이 아무것도 없다고 말했습니다. 이것은 축복인 동시에 저주의 말이었습니다. 어릴 때 나는 마음 속으로 그것이 너무 어렵다고 느껴졌기 때문에 어떤 것도 원하지 않기로 결심했습니다. 내가 어떤 일을 하면 잘 해야 하고 성공해야 한다고 느꼈습니다. 고등학교 때 웅변 대회가 있는 날 나는 아픈 척하고 집에 누워 있었습니다. 잘 하지 못할까 봐 두려웠기 때문이지요. 나는 아직도 그것에 대해 죄책감을 가지고 있습니다."

3번 유형은 가족 중 자신을 돌봐 주는 역할을 한 사람과 감정적으로 아주 깊게 연결되어 있다. 대개의 경우 보살펴 주는 사람은 어머니지만 그렇지 않은 경우도 있는데, 어린아이는 그 사람이 자신에게 "너는 정말 훌륭해. 넌 나를 기쁘게 하고 있어. 넌 세상에 나가서도 환영받을 거야"라고 말해 주기를 기대한다. 이들은 보살펴 주는 사람에게 계속 인정받기를 원하기 때문에 무의식적으로 끊임없이 그 사람을 기쁘게 해 줄 수 있는 일을 하려고 한다.

보살펴 주는 사람의 기대가 직접 말로 전달되지 않는 경우도 있을 것이다. 그러나 3번 유형은 그 무의식적인 기대를 자신의 내면으로 받아들여서 그것을 깨닫지 못하고 사는 경우가 많다. 예를 들어 어머니가 배우가 되기를 원했다면 3번 유형의 아이는 자신이 그것을 좋아하지 않더라도 극장이나 연기 같은 것에 이끌리게 된다. 3번 유형의 아이가 자라서 특정 직업을 추구하는 중요한 이유는 자신의 가족이(특히 어머니가) 그 일을 하는 자신을 자랑스러워한다고 느끼기 때문이다.

3번 유형은 가족 영웅(Family Hero)의 역할을 하는 것을 배운다. 아이는 일찍부터 "넌 잘 해야 한다"는 미묘한 메시지를 전달받는다. 이들의 마음 깊은 곳에서는 "네가 너의 가족의 상처와 수치심을 치유하려고 노력한다면 너는 상처받거나 수치심을 느끼지 않아도 된다"고 느끼고 있는 것 같다.

심리치료사인 알베르트는 사람들의 주의를 끌고자 하는 자신의 욕구에 대해서 이해하고 자신의 어린 시절을 되돌아본다.

"우리 아버지는 2차 세계 대전 중에 인도에 계셨습니다. 그래서 제가 14개월이 될 때까지 어머니는 조부모, 이모, 삼촌과 사셨지요. 나는 가족들에게 첫번째이자 유일한 손자이며 조카였습니다. 그래서 많은 관심과 맹목적인 사랑을 받았지요. 특히 내가 뭔가를 잘 했을 때 가족들은 그것을 강화시켜 주었습니다. 18개월이 되자 나는 엄청난 단어를 알고 있었고, 세 살이 되자 모든 주와 주의 수도를 암기했습니다."

아주 건강하지 못한 환경에서 자란 3번 유형은 엄청난 분노와 적개심을 갖게 된다. 이들을 돌봐 주는 불건강한 사람들을 기쁘게 해 주기란 아주 어렵기 때문이다. 이들은 자신의 내면으로 들어가 사람들에게 인정받고 받아들여지기 위해서 뭔가를 하려고 노력한다. 그러나 대개의 경우 이러한 노력은 아무 소용이 없다. 결국 이들은 자기 자신과 멀어져서 자신의 진정한 욕망을 가슴 속에 묻어 두고 관심을 끌기 위해 더 극단적인 일을 하게 된다. 설령 이들이 세상에서 어느 정도 성공을 이룬다고 해도 이들의 삶은 깊은 외로움과 좌절로 이끌릴 것이다.

날개 부속 유형

2번 날개를 가진 3번 – 매력적인 사람

• 인물의 예

빌 클린턴 Bill Clnton
엘비스 프레슬리 Elvis Presley
존 트라볼타 John Travolta
크리스토퍼 리브 Christopher Reeve
샤니아 트웨인 Shania Twain
폴 매카트니 Paul Mccartney
샤론 스톤 Sharon Stone
딕 클락 Dick Clark
제인 파울리 Jane Pauley
카디에 리 지포드 Kathie Lee Gifford
토니 로빈스 Tony Robbins

건강할 때 이 부속 유형의 사람들은 다른 부속 유형보다 더 감정적이고 즉흥적이다. 활달하고 활력 있는 이들의 성품은 7번 유형과 유사하다. 이들은 2번 유형처럼 친절하고 사람들을 잘 도와 주며 너그럽다. 또한 3번 유형처럼 균형 잡혀 있으며 개인적인 성취를 중요시한다. 이들은 사랑받기를 원하고 사람들과 가까워지려는 욕구가 있지만 개인적인 생활과 가정생활의 만족보다는 공적인 생활과 사회에서의 인정을 더 중시하는 경향이 있다.

평균일 때 이들은 자신의 가치는 다른 사람들에게 매력적으로 보이는 능력에서 온다고 느끼며 그것을 방해하는 성격을 억압하려고 노력한다. 이들은 사람들이 자신을 좋아하기를 원한다. 어떻게 하면 사람들에게 '효과적인' 인상을 심어 줄 수 있는지를 알고 그것에 몰두하는 경향이 있다. 이 부속 유형의 사람들은 경쟁심이 많지만 그 경쟁심을 겉으로 드러내지는 않는다. 이들은 사회적 관계를 충족시키기 위해 상황에 따라서 자신의 이미지를 바꾼다.

4번 날개를 가진 3번 – 전문가

건강할 때 이 부속 유형의 사람들은 자기 일에서 자존심을 찾을 수 있다고 느끼며 사생활보다는 일에서의 성공을 중시한다. 이들은 일을 통해서 뛰어난 성취와 인정을 얻고 싶어하기 때문에 자신의 일에 많은 에너지를 쏟는다. 자신이 선택한 직업에서 즐거움을 찾으며 일을 위해서는 기꺼이 사생활을 희생할 수 있다고 생각한다. 이들은 매력적이고 외교적이지만 일 중심적이고 진지하기 때문에 1번 유형과 비슷해 보일 수도 있다.

평균일 때 이 부속 유형의 사람들은 야망과 자기 의심이 뒤섞여 있다. 이것이 이들에게 엄청난 스트레스를 준다. 완벽하고자 하는 욕구를 가진 것은 1번 유형과 유사하지만 이들이 완벽함을 추구하는 것은 거부당하거나 열등한 사람이 되는 것을 피하기 위해서다. 이 부속 유형의 사람들은 자신의 모든 가치를 자신이 관련된 모든 프로젝트에 쏟는다. 이들은 다른 사람들에게 자신감 있고 균형 잡힌 모습을 보여 주며 드러나지 않는 사교성도 갖고 있다(그러나 다른 부속 유형들은 이보다 좀더 활달하고 붙임성이 있다). 이들은 거만함과 자기 비하가 뒤섞여 있어서 스스로도 그것에 당황해한다.

• 인물의 예
바바라 스트라이젠드 Barbara Streisand
오프라 윈프리 Oprah Winfrey
탐 크루즈 Tom Cruise
마돈나 Madonna
스팅 Sting
리처드 기어 Richard Gere
마이클 조던 Michael Jordan
휘트니 휴스턴 Whitney Houston
F. 스콧 피츠제럴드 F. Scott Fitggerrald
베르너 에르하르트 Werner Erhard

자기 보존 본능의 3번 유형

본능적 변형

일 중독 평균적인 범위에서 자기 보존 본능의 3번 유형은 안전하다는 느낌을 갖기 위해 끊임없이 일해야 한다고 느끼며(6번 유형처럼) 물질적인 기반을 갖기를 원한다(8번 유형처럼). 그러나 6번 유형과는 달리 이들의 안정감은 회사, 사상, 사람에 대한 충실함에서 오는 것이 아니라 돈, 자산, 집에서 온다고 느낀다. 자기 보존적인 3번 유형은 효율성을 추구하며 자신의 삶을 가능한 한 효율적으로 만들어서 최대한의 에너지를 목표를 성취하는 데 쏟고 싶어한다. 이들은 섹스 어필이나 사회적인 지위로서가 아니라 금전적인 자산으로 스스로를 사람들에게 내세운다. 또한 꼼꼼하기 때문에(1번 유형처럼) 자신의 일에 있어서 세세한 사항까지도 신경을 쓴다. 자기 보존적인 3번 유형은 진급할 가능성이 있다면 동기 부여가 되어 기꺼이 책임을 떠맡고 사적인 생활을 희생하며 늦게까지 일을 한다. 그리고 일에 대해서 진급이나 칭찬과 같은 눈에 보이는 보상을 원한다.

자기 보존적인 3번 유형은 자신의 일에 지나치게 열중하는 경향이 있어서 삶의 다른 면들은 일보다는 중요치 않다고 여긴다. 이런 현실적이지 않은 계획 때문에 이들은 건강이나 인간 관계를 소홀히 할 수 있다. 그래서 긴장을 풀고 쉬는 것을 두려워하며 휴가 기간 동안에도 일에 대해서 생각한다. 발전의 수준 중에서 가장 낮은 수준에 있는 자기 보존적인 3번 유형은 일을 하고 있지 않으면 아주 불안해하고 개인적인 관계를 유지하는 것을 힘들어한다. 이들은 자신의 경제적인 기반이 언제든지 없어질 수 있다고 믿기 때문에 항상 부지런히 움직여야 한다고 생각한다. 이들은 일을 그만두는 것을 재앙이라고 여긴다. 병이 나거나 신체적 감정적으로 문제가 생기는 것이 이들에게는 아주 위협적인 일이다. 그것이 이들의 효율성과 생산성을 떨어뜨리기 때문이다.

불건강한 범위에서 자기 보존적인 3번 유형은 효율적이 되기 위해서 타인과의 관계를 돈과 일을 위해 희생시킨다. 이들은 신체적, 감정적으로 소진되는 경향이 있다. 이들은 더 이상 견딜 수 없는 상태에 이르렀을 때에도 자신의 신체적, 감정적인 문제를 회피하려고 애쓴다("나는 괜찮아").

사회적 본능의 3번 유형

사회적인 지위를 추구함 평균적인 상태에서 사회적 본능의 3번 유형은 자신이 발전하고 있다는 확인과 사회적 인정을 필요로 한다. 물론 이것은 문화에 따라서 아주 다른 양상으로 나타날 수 있지만 모든 사회적 본능의 3번 유형은 동료들이 자신을 인정하고 있다는 징후를 필요로 한다(불교 사원에 있는 사회적인 3번 유형은 명상을 잘 해서 수도자들 사이에서 모범이 되고 싶어한다).

이들은 사회적인 역할과 자신을 동일시하기 때문에 이들에게는 학위, 직업, 이력서, 상장 같은 것들이 필요하다("나는 내가 하는 것이다"). 이들은 좋은 혈통과 자격을 갖추기를 원한다. 이러한 본능은 유명 디자이너의 옷이나 비싼 차를 갖는 것을 통해서도 나타난다. 그러나 3번 유형이 사회적 가치를 나타내는 것으로써 특히 중요하게 생각하는 것은 문화에 따라 다르고 개인에 따라 다르다.

불안감이 커지면 3번 유형은 자신을 증명해 보여야 할 필요를 느낀다. 이들은 사회적인 욕망에 동기 부여가 되어 끊임없이 모임을 만들고, 자신의 명함을 주고, 사람들과 연결되려고 노력한다. 이들은 초기의 나르시스적인 상처를 보상받기 위해서 명성을 원한다("백만 명의 사람들이 내 CD를 산다면 나는 멋진 사람이 될 거야"). 또한 이들은 나르시즘 때문에 강박적으로 다른 사람과 자신을 비교하고 경쟁 의식을 갖는다. 이들은 더 불안해지면 자신의 능력을 과장하고 허풍을 떤다. 사회적 본능의 3번 유형은 자신이 원하는 성공을 성취하지 못했을 때 특히 그렇다.

불건강한 범위에서 사회적 본능의 3번 유형은 필사적으로 사람들의 주의를 끌고, 인정받기 위해서 부정직해질 수도 있다. 이들은 자신을 내세우기 위해서 자신의 성취나 배경을 속일 수도 있다. 이들은 불안감 때문에 아주 비효율적이 된다. 그러나 자신이 가진 자질을 가능한 한 많이 사용해서 자신의 그런 상태를 다른 사람에게 알리지 않으려고 노력한다.

성적 본능의 3번 유형

인기 있는 사람 평균 상태에서 성적인 3번 유형은 사람들이 자신을 원했으면 하는 강한 욕망을 가지고 있다. 이것은 단지 성적으로 다른 사람들을 끌고자 하는 것이 아니라 모든 면에서 가치 있는 사람으로 여겨지고자 하는 마음이다. 이들은 자신이 속한 그룹에서 이상적으로 여기는 것을 추구하며 매력적인 이미지를 갖기 위해서 노력한다. 또한 이들은 자신의 매력을 더 크게 하기 위해서 다른 사람들을 돕는다. 여성이든 남성이든 성적인 3번 유형은 사람들이 자신에게 관심을 보일 만한 자질을 개발하려고 노력한다. 이들은 매우 유혹적이다. 그렇지만 다른 사람들에게 관심을 퍼붓는 2번 유형과는 달리 사람들이 자신만의 매력에 끌려오도록 함으로써 사람들을 유혹한다. 이것은 때로 영화 배우나 패션 모델이 되고자 하는 야망으로 연결되기도 한다. 현재 미국 문화에서는 이 유형이 좋은 몸매를 갖기 위해서 헬스 클럽에서 운동을 하는 데 많은 시간과 에너지를 쏟고 있다.

성적인 3번 유형은 사람들이 어떻게 해야 자신에게 끌릴지를 안다. 그러나 그 관계를 어떻게 지속시켜야 할지는 모르는 것 같다. 이들은 자신이 보여 주는 이미지를 유지할 수 없을까 봐 끊임없이 불안해한다. 성적 본능 유형으로서의 이들은 친밀해지고자 하는 강한 욕망을 갖고 있지만 동시에 3번 유형의 특징 때문에 감정적으로 깊이 연결될까 봐 두려워 한다. 이들은 성적인 연결을 통해 감정적인 친밀함을 얻으려고 노력할 것이다. 그러나 불건강한 수준에 있는 3번 유형은 스스로에 대한 깊은 불신 때문에 자신이 깊이 사랑하는 사람까지도 거절할 수 있다. 불건강한 영역에 있는 3번 유형은 다른 사람들을 유혹하기 위해, 혹은 스스로가 매력 있으며 가치 있는 사람임을 확인하기 위해 자신을 내세운다.

이들은 성적으로 난잡해질 수 있으며, 내면 아주 약해서 상처받기 쉽다. 그러나 어떤 방식으로든 자신의 가치를 의심하는 사람들을 공격하는 경향이 있다. 이들은 자신의 나르시즘에 대한 경멸 때문에 잔인하고 질투심이 많아지며 성폭행 같은 범죄를 저지르기도 한다.

3번 유형이 성장하기 위해 극복해야 할 과제

다음은 3번 유형이 삶에서 가장 많이 만나는 문제들이다. 이 패턴들을 주의해서 보고, '행동을 통해 자신을 알아차리고', 삶에 대한 습관적인 반응을 의식하면 우리는 자기 성격의 부정적 면들로부터 훨씬 자유로워질 것이다.

3번 유형을 일깨우는 신호 – 나의 가치는 나의 성공에 달렸다

우리 대부분은 "내가 그것을 성취했더라면, 내가 그 자격을 가지고 있다면, 내가 그 사람과 결혼했다면, 내가 의대를 갔더라면 …… 내가 가치 있는 사람으로 느껴질 텐데, 더 자신감이 있을 텐데" 식으로 생각한다. 이것이 3번 유형의 삶을 움직이는 힘이다. 3번 유형은 자신이 얼마나 성공했느냐로 자신의 가치를 평가한다. 이것이 3번 유형을 일깨우는 신호다.

이들에게 있어서 성공은 많은 것들을 의미할 수 있다. 금전적으로 이야기하면 1년에 수백만 달러를 버는 것이 될 수도 있고 새 세탁기를 살 만큼의 돈이 될 수도 있다. 평균적인 3번 유형은 성공에 아주 관심이 많으며 직업적인 성취와 자신의 지위를 나타내 주는 다양한 상징을 통해 자신의 정체성을 찾으려고 노력한다. 유명 대학의 학위, 스포츠 대회에서 받은 트로피, 값비싼 시계나 자동차, 공부 잘 하고 성공한 자녀들 등 '나는 뛰어난 사람이다' 라고 생각할 수 있도록 해 주는 것이면 어떤 것이든 그러한 상징이 될 수 있다.

진정한 행복은 아주 단순한 경험에 대한 감사로부터 온다. 백만 달러를 벌거나, 대학을 졸업하거나 새 집을 사는 것이 얼마나 기분 좋은지에 대해서 이야기하는 것이 아니다. 살아 있는 것에 대한 아주 기본적인 행복에 대해서 이야기하고 있는 것이다.

초감 트룽파 Chogyam Trungpa

쟈비스는 성취에 대한 집착 때문에 자신이 얼마나 많은 대가를 치렀는가에 대해서 이렇게 이야기한다.

"나는 어떤 상황에서든지 성공적이 되고 실패를 피하는 데 온 마음을 쏟습니다. 그것이 일이든, 인간 관계든, 취미, 조깅, 음악 감상, 독서 등 어떤 것에서도 그렇지요. 성공에 집착한다는 것은 내가 항상 열심히 일해야 한다는 것을 의미합니다. 나는 무슨 일이든 '그저 있는 대로 내버려 두는 것' 이 부자연스럽게 느껴져요. 그렇게 내버려 두면 아무것도 성공을 보장

연습 ① 누구의 목표이며, 누구의 성공인가?

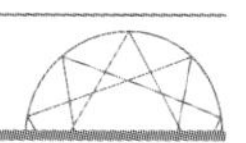

당신에게 성공은 무엇을 의미하는가? 당신의 부모에게는 무엇을 의미하는가? 당신의 동료에게는 무엇을 의미하는가? 이들 사이에는 어떤 관계가 있는가?

3번 유형의 발달 단계

범위	수준	내용
건강한 범위	수준1	**내면으로 향해 있음, 진실함** 이 수준에 있는 3번 유형은 자신의 가치가 다른 사람들의 보상에 달려 있다는 신념에서 벗어난다. 그리고 그것으로부터 자유로워져서 자신의 진정한 정체성과 가슴이 원하는 것을 발견한다. 또한 기본적인 욕망이 성취되어서 자신이 가치 있는 존재라고 느낀다. 이들은 스스로를 받아들이고, 진실하며, 다른 사람들에게 너그럽다.
	수준2	**적응을 잘 함, 사람들로부터 존경받음** 이 수준에 있는 3번 유형은 다른 사람이 가치 있다고 여기는 많은 자질을 가지고 있으며 어떤 상황에서도 적응을 잘 한다. "나는 뛰어나고 능력 있으며 적응을 잘 한다(무한한 가능성을 가지고 있다)"는 자아 이미지를 갖고 있다.
	수준3	**목표 지향적, 자신을 발전시키려고 노력함** 이 수준에 있는 3번 유형은 자신을 발전시킴으로써 자아 이미지를 강화한다. 이들은 능력 있고 자신감 있으며 자신이 하는 모든 일에서 모범이 된다. 또한 이들은 다른 사람과 의사 소통을 잘 하며 인기 있고 사람들을 고무시킨다.
평균 범위	수준4	**성공 지향적** 이 수준의 3번 유형은 다른 사람이 성취한 것 때문에 자신이 밀려날 것을 두려워한다. 이것은 자신의 노력이 원하는 만큼의 관심을 끌어 오지 못하는 데 대한 두려움이다. 이들은 많은 것을 성취함으로써 자신과 다른 사람을 구분 지으려고 한다. 그리고 좀더 많은 것을 성취하기 위해서 끊임없이 노력한다.
	수준5	**자신의 이미지를 중시함, 편법을 잘 씀** 이 수준의 3번 유형은 다른 사람의 긍정적 평가를 잃어버릴지도 모른다는 두려움 때문에 자신의 존재를 알리려고 노력한다. 이들은 자신이 가장 매력적이라고 여겨지는 이미지를 개발하기 위해 애쓴다. 이들은 야망이 있지만 스스로를 의심한다. 그래서 사람들에게 칭찬받기를 원한다.
	수준6	**자기과시적, 자신을 내세우려 함** 이 수준의 3번 유형은 자신이 성공적이지 못하거나 뛰어나지 않다면 사람들이 자신에게 관심을 두지 않을 거라고 두려워한다. 그래서 자신이 뛰어나다는 것을 스스로와 다른 사람에게 믿도록 하기 위해서 노력한다. 이들은 자신의 비밀스런 욕구에 대한 방어로써 자신을 홍보하고 경쟁적이며 거만해진다.
건강하지 않은 범위	수준7	**원칙이 없으며 속이려고 함** 이 수준의 3번 유형은 자신이 실패할 것이며 자신의 주장이 공허하고 거짓된 것일 수도 있다는 생각 때문에 불안해한다. 그리고 이것은 사실일 수도 있다. 이들은 자신의 자아 이미지를 구축하기 위해서 다른 사람들의 관심을 끄는 말을 하면서 스스로와 다른 사람들을 속인다. 이들의 내면은 공허하고 우울하다.
	수준8	**진실성이 없으며 기회주의적임** 이 수준의 3번 유형은 필사적으로 사람들의 주의를 끌려고 한다. 또한 자신의 불건강한 내면을 숨기기 위해서 이야기를 꾸며 낸다. 이들은 자신이 혼란스러운 상태라는 것을 사람들이 알게 되기를 원하지 않기 때문에 정신적인 불건강함을 숨기기 위해서 무슨 일이든 하려 든다.
	수준9	**편집증적, 극도로 불안함** 이 수준의 3번 유형은 자신이 원하는 사람들로부터 긍정적인 주의를 끌기 위해 자신이 할 수 있는 일이 아무것도 없다고 느낀다. 그래서 억압된 적대감과 분노를 통제하지 못하게 된다. 이들은 실제적인, 혹은 자신이 상상해서 만들어 낸, 자신을 괴롭히는 사람에게 복수할 방법을 찾는다. 이들은 누구든 자신을 거부했다고 느끼는 사람들을 파괴시키려고 한다.

해 주지 않거든요."

3번 유형은 항상 무엇을 하려고 노력한다. 이렇게 강박적이 되는 이유는 깊은 내면에 잠재하고 있는 수치심을 억제하고 부인하기 위해서다. 어떤 기준으로든 자신이 졌을 때 깊은 곳에 내재되어 있는, 자신이 무가치하다고 생각되는 견딜 수 없는 감정이 건드려지는 것이다. 그래서 더 많은 수치심을 느낄수록 3번 유형은 자신을 가치 있고 성공적인 존재로 느끼게 해 주는 목표를 성취하려고 노력한다.

사회적인 역할 : '최고'

이들은 자신의 가치가, 남의 눈에 뜨일 정도로 빛나는 존재가 되느냐 되지 못하느냐에 달려있다고 느낀다. 그래서 자신이 항상 빛나야 하고 항상 뛰어나야 한다고 믿는다. 결국 '최고' 라는 사회적 역할을 하기 시작하고 이 역할 안에서 다른 사람과 편안한 관계를 맺는다. 이들은 자신을 최고의 존재로 봄으로써 자신의 가치에 대한 내면의 불안감을 보상하려고 든다. 평균적인 3번 유형뿐만 아니라 다른 유형들도 자아 이미지를 고수하려 하지만, 3번 유형은 좀 더 여러 가지 방식으로 그것을 강화하려 하고 다른 사람이 그것을 지원하도록 한다. 이들은 최고가 되어야 하기 때문에 스스로를 실패한 사람이라고 보는 것을 허용할 수가 없다.

"나는 다른 사람들보다 이것을 더 잘 할 수 있다."

타우니는 명석하고 현명한 여성이며 결혼해서 아이들을 두고 있다. 그녀는 진정한 자신의 모습을 끌어안는 법을 배우고 있다. 그녀는 자신이

연습 ② 당신은 언제 자신에게 휴식을 주는가?

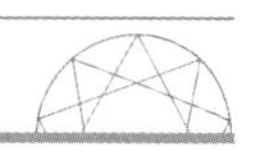

삶에서 당신이 최고가 되어야 한다고 느끼는 다섯 가지 영역을 찾아서 써 보라. 반대로, 당신이 최고가 되어야 한다고 느껴지지 않는 다섯 가지 영역을 찾아서 써 보라. 이 두 개의 리스트를 읽어 보고 그것에 대해 어떻게 느껴지는지 살펴보라. 이 두 가지가 어떻게 다른가? 이 두 가지를 읽을 때 긴장이나 이완의 정도가 어떻게 느껴지는가? 이 두 가지를 읽을 때 당신의 마음은 고요한가, 긴장되는가? 긴장을 풀고 자신이 되기를 배울 수 있는 다섯 가지 영역을 더 생각해 보라.

사회적인 역할에 끌려 다닐 때 어땠는가에 대해 이렇게 이야기한다.

"나는 항상 '최고'가 되어야 한다고 느꼈어요. 가장 아름다워지기 위해서 최고의 옷을 입고 좋은 집에 살아야 한다고 생각했지요. 그런데 문제는 만나는 사람들에 따라서 내가 달라져야 한다는 거였어요. 나는 사람들이 나의 가장 좋은 면을 봐 주기를 원하는데 최고라는 것은 상황에 따라서 다를 수밖에 없거든요. 그것은 사람을 아주 지치게 하는 일이었어요. 저는 항상 외부의 인정을 찾았던 거죠."

최고가 되어야 한다는 사회적 역할은 '가족 영웅'으로서 3번 유형의 역할과 관계가 있다. 이들은 다른 사람의 기대와 요구에 부합함으로써(그 기대가 말로 분명하게 명시되지 않는다고 해도) 자존심을 찾는다. 그러나 외부의 요구는 항상 변하는 것이기 때문에 장기적으로 보면 이것은 지는 게임이다. 성공이나 아름다움의 기준은 늘 바뀔 수 있으며 불의의 사고가 한 순간에 승자와 패자를 바꾸어 놓을 수도 있다. 이런 관점에서 본다면 심장 마비나 뇌출혈이 '성공적'인 사람을 하룻밤 사이에 '실패한' 사람으로 바꾸어 놓을 수 있는 것이다.

속임수, 허영, 동기 부여

"나는 이 모든 것을 해 내야 한다."

3번 유형의 어리석음이자 열정은 '속임수'다. 이것은 3번 유형이 진정한 자신의 모습을 보여 주지 않으려 한다는 의미를 포함한다. 그러나 더 중요한 점은 스스로를 속인다는 것이다. 3번 유형은 외면적으로 드러나는 자신의 모습을 유지하기 위해서 자신이 세상에 투사하는 이상적인 이미지를 실제로 가지고 있다고 스스로를 설득해야 한다. 동시에 스스로를 기만하는 상태를 유지하는 데서 오는 스트레스를 억압해야 한다. 이들은 이 이미지를 내려놓으면 다른 사람들이 자기의 결점을 보고 자신을 거부하게 될 것이라고 생각하고 그것을 두려워한다.

이 속임수 때문에 3번 유형은 다른 사람의 인정을 구하게 되고 끊임없이 내면으로부터 자신에게 격려하는 말을 한다. 어떤 의미에서 3번 유형은 자존심을 유지하고 더 큰 성취를 이루도록 동기 부여하기 위해 끊임없이 자신에게 거짓말하고 있는 것과 같다(너는 놀라워! 천재야! 아무도 너처럼 훌륭한 리포트를 쓸 수 없을 거야).

평균적인 3번 유형은 에고가 진정한 자아라고 믿기 때문에, 진정한 자신을 찾기보다는 자신의 에고, 자신의 자아 이미지를 완벽하게 만들기 위해서 많은 노력과 에너지를 쏟는다. 다른 사람들이 기대하는 존재가 되려고 하며, 외부로부터의 보상에 익숙해지면 진정한 자기 본성의 자질을 개발하기가 훨씬 더 어려워진다.

자신의 감정을 억누르기

3번 유형은 여러 사람들 중에서 뛰어나기를 원하기 때문에 모든 영역에서(직업, 학계, 자신이 속한 사회 등) '성취'하는 데 많은 노력을 쏟는다. 이들은 차분하면서도 능숙하게 별로 힘들이지 않고 모든 일을 해 내는 사람이라는 이미지를 다른 사람들에게 보여 준다. 문제는 이들이 이런 자신의 이미지에 점점 더 동일화되어 간다는 점이다. 감정은 어떤 일을 순조롭게 해 나가는 데 방해가 되기 때문에 평균적인 3번 유형은 자신의 감정을 억압해야 한다. 이들은 일을 잘 해 내는 것에 대한 보상 때문에 감정을(특히 고통스러운 감정을) 억압시켜 버린다.

타우니는 생존하기 위해서 스스로를 억압하고 어머니를 기쁘게 해 드려야 한다고 느꼈던, 어린 시절의 아주 중요한 순간에 대해서 이렇게 이

연습 ③ 가슴을 일깨우기

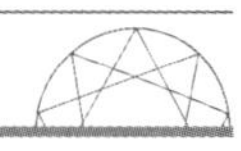

당신의 손을 가슴 오른쪽에 얹어라. 그리고 깊이 숨을 쉬어 보라. 주의를 기울여서 그 부분을 느껴 보라. 그 공간으로 들어가라. 당신은 무엇을 경험하고 있는가? 여기에 옳은 답이 있는 것은 아니다. 어떻게 경험해야 한다는 원칙은 없다. 당신이 무엇을 찾아내든, 또 무엇을 찾아 내지 않든 그것은 당신의 경험이다. 당신이 가슴의 '공간'에서 찾아 낸 감각이 무엇이든 그것과 함께 있어라. 그리고 그 느낌이 어떻게 변하는지 기록하라. 최소한 하루에 한 번씩 이 연습을 하라.

야기한다.

"저는 어릴 때 당시 열 살이었던 오빠와 엄마가 다퉜던 순간을 아주 생생하게 기억합니다. 엄마는 화가 나서 소리를 지르며 물건들을 마룻바닥에 집어 던지셨지요. 엄마가 오빠를 때렸는지는 기억나지 않습니다. 그것은 그리 중요하지 않아요. 나는 너무 겁이 나서 무엇이든 엄마가 시키는 대로 해야겠다고 마음먹었습니다. 그리고 그 후 30년 동안을 어릴 때 그 순간에 느꼈던 대로 살아 왔지요."

그 결과 3번 유형은 전형적인 '성취 기계'가 된다. 하지만 가슴이 진정으로 원하는 대로 움직이지 않기 때문에 이들의 성취는 기쁨과 진실성을 잃게 된다. 3번 유형은 대개 어떤 일이든 잘 하지만 일 자체에서 개인적인 만족을 느끼기는 어렵다. 그럼에도 불구하고 그들은 일을 그만둘 수 없다. 이들은 일을 통해서 자신이 원하는 긍정적인 관심을 얻음으로써 스스로가 가치 있다고 느끼기 때문이다. 이렇게 해서 이들은 일 중독이 되어 감정적인 자유로움과 진정한 기쁨을 잃게 된다.

"감정은 속도 완충판과 같다. 그 자체가 나를 가라앉게 해 주니까."

불건강한 3번 유형이 자신을 동일화할 수 있는 유일한 욕망은 어떤 분야에서든 '별'이 되는 것이다. 이들은 다른 사람이 보기에 크고 뛰어난 것만을 찾기 때문에 기회를 쫓아다니다가 자신의 진정한 능력을 간과해 버리기 쉽다. 3번 유형은 자신의 감정이나 진정한 자기 자신과 접해 있지 않기 때문에 낭패를 보는 경우가 많다.

경쟁에 참여하기

평균적인 3번 유형은 모든 종류의 경쟁에 참가한다. 이들은 일에서 가장 성공적이며 가장 멋진 배우자나 똑똑한 아이를 가지고 싶어하고 스포츠나 체스, 컴퓨터에서도 최고가 되고 싶어한다. 이들에게 있어서 자존심을 높이는 방법은 다른 사람과 비교해서 이기는 것이다. 불행히도 우월감에 대한 3번 유형의 추구는 스스로를 지치게 하며, 성취하고 싶어하는 바로 그 일의 가치를 떨어뜨릴 수 있다.

연습 ④ 왜 자신을 몰아세우는가?

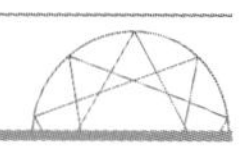

스스로에게 다음과 같은 질문을 던져 보라. 당신은 언제 자신이 성공 지향적이고 경쟁적이라고 느끼는가? 왜 당신은 당신이 추구하는 목표를 붙들고 있는가? 당신은 단지 다른 사람보다 뛰어나고 싶다는 이유에서 관심이 없는 일인데도 한 적이 있는가? 당신이 지금 목표를 향해 달려가는 속도를 조금 늦춘다면 어떤 일이 일어날 것 같은가? 당신은 다른 사람과 스스로를 비교할 때 일어나는 두려움과 불안을 어떻게 다루는가? 당신은 경쟁자에 대해서 어떻게 느끼는가? 당신은 실패했을 때 그것을 어떻게 다루는가?

3번 유형은 자신이 정말로 원해서이기도 하지만 다른 사람의 그늘에 가려지는 것이 두렵기 때문에 경쟁에 참여한다. 이들은 자신이 뒤쳐지고 다른 사람이 더 많은 관심을 얻게 될까 봐 두려워한다. 이들은 더 많은 것을 성취하라고 자신을 몰아세운다("나는 피아노 연주회를 위해서 정말 열심히 준비했는데 메리가 쇼팽을 아주 잘 쳤어. 나는 더 어려운 곡을 골라서 연주할 거야").

평균적인 3번 유형은 동료와 자신을 비교할 뿐만 아니라 아주 가까운 관계와도 경쟁하려고 든다. 그래서 아이들을 놓고 부모가 경쟁을 하거나 배우자와 경쟁을 하는데, 이것은 아주 파괴적이 될 수 있다. 아이러니컬하게도 이들은 자신이 경쟁 대상으로 여기는 사람들로부터도 인정과 승인을 받고 싶어한다.

비즈니스 컨설턴트로 성공한 린은 이것을 잘 이해한다.

"나는 내가 시간과 에너지를 쏟는 모든 일에 열심히 노력하고 경쟁적이며 목표 지향적이 됩니다. 나는 언제나 가능한 한 완벽하게 일을 해 내려고 노력하지요. 나에게 동기를 부여하고 나를 이끄는 힘은 실패에 대한 두려움입니다. 실패란 저에게 죽음을 의미합니다. 나는 어떤 대가를 치르더라도 실패를 피하려고 합니다."

효과적인 이미지 개발하기

3번 유형은 아주 어릴 때부터 매력적으로 보이려면 다른 사람들에게 자신을 어떻게 맞추어 하는지를 알고 있다. 그래서 평균 범위에 있는 3번 유형 우리는 의식적으로 가면을 쓰지 않고도 각각의 친구들에게 맞는 특별한 얼굴을 갖고 있다.

올리버 웬델 홈메스 Oliver Wendell Holmes, Sr.

은 열정적인 모습에서 직업적인 냉철함에 이르기까지 상황에 따라서 다른 이미지를 내보이면서 "나는 이 모든 것을 가지고 있다"는 메시지를 투사한다. 3번 유형의 활동이 두드러진 광고, 마케팅, 세일즈, 패션계는 이런 이미지를 장려한다. 많은 정치가, 코치, 스승, 사업가들이 3번 성격의 이러한 면, 특히 재빨리 상황을 알아차리고 본능적으로 사람들이 기대하는 태도를 취하는 재능을 가지고 있다. 3번 유형은 방에 들어가자마자 사람들 사이의 관계나 겉으로 드러나지 않는 감정의 흐름을 읽어 내서 자신이 어떻게 행동해야 하는지를 본능적으로 안다.

3번 유형이 이 능력에 대해 계속 보상을 받아서 이러한 행동이 강화되면, 그 상황에 자신을 적응시키는 데 익숙해져서 진정한 자신과의 연결을 잃게 된다. 그래서 스스로에 대한 느낌이 개발되지 않은 채로 남아 있게 되는 것이다. 평균에서 불건강한 영역에 있는 3번 유형은 자신이 누구인지, 자신이 느끼는 것이 무엇인지조차 모른다. 이들은 자신이 진정으로 생각하고 느끼는 것을 표현하기보다는 그 상황에서 받아들여진다고 느껴지는 말과 행동을 한다.

이들의 이미지가 성공을 거두어서 다른 사람이 찬사를 보내면 훨씬 더 위험한, 새로운 상황이 일어난다. 성공적인 이미지를 갖는 것은 3번 유형의 핵심적인 정체성이 아니다. 그것은 그의 성취를 확인시켜 주는 것일 뿐이다. 그 이미지가 성공적일수록 3번 유형은 자기 자신보다는 이미지를 개발하고 그것에 의존하려는 유혹을 더 많이 받는다. 그 결과 자신의 심

연습 ⑤ 어떤 이미지를 투사하고 있나?

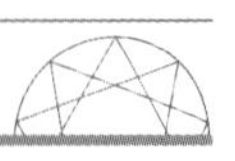

당신은 다른 사람들에게 어떤 이미지를 투사하고 있는가? 당신 자신에게는? 사무실에서는? 당신의 친구에게는? 당신의 부모에게는? 자녀에게는? 애완 동물에게는? 이것들이 같은가? 그렇지 않으면 다른가? 당신은 스스로를 어떻게 보며, 다른 사람이 당신을 어떻게 보고 있다고 믿고 있는가? 당신의 자아 이미지와 다른 사람에게 투사하는 이미지가 어떻게 다르다고 생각하는가? 그것을 어떻게 알 수 있는가? 당신은 이 불일치 때문에 다른 사람과 갈등을 겪는가? 아니면 당신에게 어떤 문제를 만들어 내는가?

장은 한쪽으로 밀려나서 잊혀지고 만다. 이들에게 있어서 진정한 자신은 점점 더 알지 못하는 영역이 되어 버리고 결국 더 이상 관심을 기울이지 않게 된다. 그래서 내면을 들여다보았을 때 이들은 크고 검고 텅 빈 공간을 만난다.

자신을 상품으로 포장하기

3번 유형은 불안할 때 더 철저하게 자신의 이미지를 관리함으로써 스스로를 보호한다. 이들은 자신이 어떻게 보이는가가 모든 것을 결정한다고 느끼기 시작한다. 그래서 자신의 진정한 능력을 개발하는 데 에너지를 쏟기보다는 다른 사람이 자신에게 가질 이미지를 관리하는 데 노력을 기울인다. 이들은 무엇이든 자신의 목표를 이루게 해 주고 잠재적인 모욕에서 자신을 구해 줄 수 있는 말과 행동을 한다. 이들은 겸손을 가장하고 다른 사람들에게 회유적인, 혹은 그 반대의 태도를 보이면서 게임에서 이길 수 있는 공식을 찾으려고 노력한다.

"나는 내가 원하는 것은 무엇이든 할 수 있다."

앞으로 나아가기 위해서 항상 최선의 노력을 다해야 한다는 것은 이들에겐 엄청난 스트레스다. 마치 항상 취업 면접 시험을 보고 있는 것과도 같다. 3번 유형은 엄청난 불안과 자기 의심을 억제하면서 일을 해 나가고 있다. 이들은 자신이 잘못된 일을 하거나 잘못된 말을 할까 봐 끊임없이 두려워한다. 한순간도 긴장을 늦출 수 없다.

문제는 이들이 자신을 상품으로 취급한다는 사실이다("나는 사람들에게

연습 ⑥ 상황에 따라 바뀌는 자신을 관찰하기

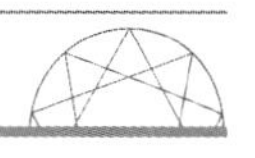

당신이 환경에 자신을 적응시키려고 노력할 때를 주의 깊게 살펴보라. 당신은 하루에 몇 번이나 이렇게 하는가? 당신이 친구나 동료, 가족, 그 밖의 사람들과 있을 때 다른 태도를 취하는지 관찰하라. 말을 할 때 억양이나 리듬에 어떤 변화가 있는지 살펴보라. 당신이 이렇게 자신을 적응시킬 때 본래 자신의 모습에 어떤 영향을 주는가? 당신의 가슴과는 어떻게 연결되어 있는가? 당신이 스스로를 무언가에 적응시킬 때 당신은 자신이 어떻게 느껴지는가?

나 자신을 '팔아야' 한다"). 앞에서 이야기했듯이 어린 시절의 3번 유형은 뭔가를 성취하고 뛰어난 사람이 됨으로써 나르시스적 상처에 대처한다. 이들은 자신의 진정한 감정과 욕구는 중요하지 않다고 배웠다. 단지 다른 사람의 찬사와 관심을 받는 것이 중요할 뿐이다. 그 대가는 너무 커서 이들은 자신의 심장과의 연결이 끊어져 버렸다. 그러나 심장만이 진실을 알아볼 수 있다. 우리가 심장에서 떨어져 나왔을 때 진실과의 연결도 끊어지게 된다. 이들에게 진실은 그 순간에 적합하게 변화하는 상품과도 같다. 이들은 순간 순간마다 자신을 변화시켜 상황에 적응할 뿐 진실에서 멀어져 있기 때문에 스스로와 가족들을 고통스럽게 만든다.

근면한 사업가인 아더는 이렇게 이야기한다.

"나는 일에 관한 한 경쟁적입니다. 나는 늘 다른 사람보다 내가 낫다고 생각하지요. 그러나 나는 집에서는 감정적으로 가라앉아 있습니다. 그래서 아내에게 짜증을 내곤 하지요. 그녀와 함께 있지만 너무 거리감이 느껴져서 함께 있다는 느낌도 들지 않습니다. 나는 사람들이 나에 대해서 어떻게 생각하는가를 너무 걱정하는 것 같습니다. 나는 아침에 일어나서, 누군지도 모르고 나와는 별 상관도 없는 사람들에게 좋은 인상을 주기 위해서 옷을 차려 입고 나갑니다."

친밀함에 대한 두려움

3번 유형이 스스로가 능력 있고 자신감 있는 사람이라는 것을 자신이나 다른 사람에게 확신시키려고 노력하는 한 이들은 다른 사람과 자신이 친

연습 ⑦ 다른 사람에게 자신을 보여 주기

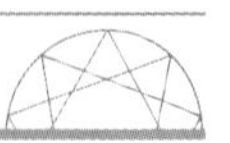

당신이 신뢰하는 사람에게 자기 내면의 가장 민감한 부분에 대해서 털어놓아 보라. 그렇게 하면서 당신이 가장 민감하게 여기는 그 느낌에 집중하라. 그것은 어떤 느낌인가? 다른 사람과 관계를 맺는 것이 어떤 느낌을 주는가? 당신은 다른 사람이 당신의 어떤 면을 볼까 봐 두려워하는가?

밀해지도록 허용할 수 없다. 가까워지면 사람들은 이들의 본모습을 알게 될 것이다. 평균적인 3번 유형은 자신의 진정한 모습과 사람들에게 보여 주는 자신의 모습 사이에 거리를 둔다. 이들은 이 차이가 사람들에게 알려지는 것을 매우 두려워한다. 이들은 자신이 얼마나 외로우며 공허한지, 실제로 얼마나 스스로가 가치 없다고 느끼는지 사람들이 알게 될까 봐 두렵다. 두려움이 자신에 대한 숨겨진 불안을 강화한다. 이들은 거절당할 위험을 무릅쓰느니 최선을 다하여 더 많은 것을 성취해서 다른 사람이 자신에게(즉, 자신의 이미지에) 만족하고 관계가 위협받지 않도록 한다.

평균적인 3번 유형은 사람들과 안전한 거리를 유지하기 위해서(자신에 대한 사람들의 관심과 긍정적인 평가는 유지하면서) 진정한 친밀함을 대체할 수 있는 일종의 직업적인 친분이나 의도적인 오만함을 가진다. 이들은 친밀함에 대한 두려움 때문에 자신의 배우자와도 어느 정도의 거리를 유지한다. 외부에서 보면 이들의 결혼 생활은 완벽해 보이지만 배우자와의 관계에서도 이들은 진정한 친밀감이나 감정적인 연결을 가지고 있지 않다. 전형적인 3번 유형은 진정한 관계보다는 행복한 관계의 이미지를 원한다. 특히 이들은 친밀한 관계가 되어서 자신의 진정한 모습을 보여 주는 것을 꺼리며 상대방의 욕구를 충족시키지 못해 거절당할까 봐 두려워한다.

나르시스적인 상처와 자랑하기

3번 유형은 어린 시절이 건강하지 않았을수록 자신의 가치에 대해서 더 많은 상처를 받으며, 자신의 진정한 가치를 찾고 그것을 유지하기가 더

"내가 당신에게 잘 보이기 위해서 무엇을 해야 하나요?"

연습 ⑧ 사람들이 당신을 발견하도록 허용하기

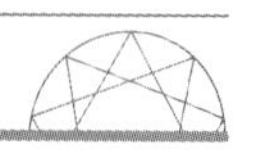

사람들과 함께 있을 때 상대방의 삶과 성취에 대해 먼저 관심을 기울이고 그들에게서 흥미로운 점을 발견하라. 그것이 어떻게 해서 당신이 먼저 자신을 드러내지 않고도 상대방이 당신에게 호기심을 갖게끔 하는지 살펴보라. 자신을 드러내지 않더라도 그들이 당신을 좋아하게 될 것이라고 생각해 보라. 이것이 당신에게 어떤 기분을 주는가?

어려워진다. 이들은 다른 사람의 승인과 수용에서 자신의 가치를 찾도록 강요받을 것이다. 나르시스적인 상처는 대개 그것을 과도하게 보상하려는 것으로 나타난다. 다른 말로 하면 '자랑'으로 나타난다.

이들의 나르시스적 상처가 깊으면 깊을수록 자신에 대해서 더 큰 기대를 갖게 된다. 단순히 성공하는 것만으로는 충분치 않다. 이들은 유명하거나 중요한 사람, 즉 큰 별이 되어야 하는 것이다. 이들은 자신의 명성뿐만 아니라 자신과 가까운 사람들도 다른 사람에게 어떻게 보일까를 걱정한다. 자신이 매력적이고 근사한 사람이 되어야 할 뿐 아니라 자신의 배우자, 아이들, 친구, 심지어 애완견까지 그래야만 한다. 주변 사람들이 자신보다 더 매력적이고 근사하면 더욱 좋다.

타우니는 이렇게 이야기한다.

"나는 가장 외로울 때 '멋진' 사람이 되기 위해서 노력했습니다. 화장을 정성껏 하고 비싼 옷을 입고 다이아몬드와 모피(물론 진짜였습니다)를 걸쳤지요. 나는 사람들이 감탄의 눈초리로 나를 보았던 것을 기억합니다. 하지만 나는 자신이 초라하게 느껴졌습니다. 나는 나 자신과의 연결을 잃었을 때 아무것도 남지 않는다는 것을 깨달았습니다. 그 상태에서 나오도록 도와 준 것은 내가 회상할 수 있는 것이 아무것도 없다는 깨달음이었습니다. 내 결혼식 날에 대해서도 나는 아무런 기억이 없습니다. 내 과거의 기억 조각들을 모으려는 노력이 어느 정도 나 자신과 연결되는 데 도움이 되었습니다."

스트레스에 대한 반응

3번 유형이 9번 유형으로 간다

평균적인 3번 유형은 스트레스를 많이 받으면 그것에 대처하는 메커니즘이 무너져 불건강한 영역의 9번 유형에게서 나타나는 특성들을 보인다. 3번 유형은 집중을 잘 하고, 성취 욕구가 많으며, 자신이 하는 일과 자신을 동일시한다. 그러나 이들이 9번 유형으로 가면 성공에 대한 열망이 없어진다.

3번 유형은 뭔가를 성취하고 스스로를 증명하려는 욕구가 너무 크기 때문에 다른 사람과의 관계에서 갈등을 겪는다. 이런 상황이 되면 이들은 9번 유형처럼 외교적이고 다른 사람들에게 수용적이 되면서 스스로를 느슨하게 풀어 놓는다. 9번 유형의 상태가 된 3번 유형도 두드러진 존재가 되기를 원하지만 정도가 그리 심하지는 않다. 이들은 스스로를 내려놓고 다른 사람과 어울리려고 노력한다.

앞에서도 보았듯이, 이들은 성공에 대한 집착 때문에 정말 관심 없는 일인데도 해야만 하는 상황을 만들어 낸다. 이들은 일정 기간 동안은 그런 상황을 잘 다룰 수 있을지 모르지만 오랫동안 계속되거나 직업이나 관계가 자신의 진정한 욕구에 기초한 것이 아닐 때는 9번 유형처럼 무관심하고 자신을 관여시키지 않으려는 태도를 나타낸다. 이들은 자신이 영향받지 않으면서 어려운 상황을 견뎌 내기를 희망하며 반복되는 일상으로 시간을 채운다. 3번 유형들은 대개 일을 해결하고 사람들에게 반응하는 데 빠르고 효과적이지만 스트레스를 많이 받으면 이상할 정도로 느긋하고 자기 만족적이 되며 반응이 느리다.

특히 3번 유형이 자신의 일에서 실패나 심한 좌절을 겪으면 크게 망가질 수 있다. 이런 일을 겪으면 3번 유형은 삶과 자신에 대해서 환멸을 느낀다. 그래서 이들은 냉담하고 무감각해진다. 이들은 상황을 개선시키기 위해서 열심히 노력하기보다는 현실을 회피하고 다음 번에 크게 성공하는 것을 꿈꾸며 시간을 낭비한다.

위험신호

3번 유형이 어려움에 빠졌을 때

3번 유형이 적절한 도움을 받지 않았거나 대처하는 방법 없이 심각한 위기를 겪었거나 어린 시절에 학대를 받았다면 자기 유형에서 불건강한 영역으로 들어가는 '쇼크 포인트'를 통과하게 된다.

3번 유형이 자신감을 크게 손상시키는 좌절을 겪는다면 자신의 삶이 약하고 거짓된 기초 위에 세워졌다는 것을 인식하고 두려움을 겪는다. 이들은 자신이 실패했다고 여기거나, 성공이 아무런 의미도 없는 것이라고 생각하거나, 자신이 스스로에 대해서 주장하는 것이 거짓일 수도 있다는 두려움을 갖기 시작한다. 이런 두려움들 중 일부는 사실에 기초한 것일 수도 있다. 3번 유형이 자신의 두려움에서 진실을 인식한다면 삶의 방향을 전환하여 건강과 자유로움을 향해 나아갈 수 있다. 그러나 우월감이라는 환상을 더 꼭 붙잡고 있으면서 자신이 고통을 받고 있고, 문제를 가지고 있다는 사실을 부인할 수도 있다("난 문제가 없다. 괜찮단 말이야"). 3번 유형이 계속 이런 태도를 고집하면 불건강한 수준으로 가게 된다. 당신이나 당신이 아는 사람이 상당 기간 동안(2~3주 이상) 아래에 열거되는 증후를 보인다면 카운슬링, 치료, 혹은 다른 도움을 구하는 게 바람직하다.

✳ 경고 징후 **잠재적인 정신 질환 :** 나르시스적 성격장애, 고혈압(혈압의 상승), 쾌감이 없는 우울한 기분, 나르시스적 분노와 적대감, 정신병적 행동	• 감정의 결핍, 내면의 공허감 • 자신이 겪는 감정적 어려움을 숨김 • 질투, 성공에 대한 비현실적 기대 • 남을 이기적으로 이용함, 기회주의 • 심각한 분노, 적대감의 잦은 표출 • 일 중독에서 오는 체력 소진 • 거짓된 자기 이미지, 부정직함, 기만

3번 유형의 성장을 돕는 방법

• 가장 중요한 점은 당신이 진실하게 말하거나 행동하지 않을 때, 또는 자신의 이미지를 내세우려고 할 때 그것을 알아차리는 법을 배우는 것이다. 당신은 주변에 아무도 없을 때도 이런 이미지에 빠져 있는 자신을 발견할 것이다! 당신이 만든 페르소나(고대 희랍 연극에서 배우들이 썼던 '가면'을 지칭하는 말에서 비롯된 심리학 용어—옮긴이)에 아무런 문제가 없다고 해도 의식만이 그것을 언제 사용할지 선택할 수 있는 능력을 당신에게 줄 것이다. 의식이 작용하지 않는다면 당신은 자신의 이미지에 끌려 다니는 것이다.

• 8번 유형이나 1번 유형처럼 당신은 자신에게 휴식을 주고 긴장을 풂으로써 많은 도움을 받을 수 있다. 3번 유형은 자신이 지나치게 스트레스를

받고 있다는 것을 빨리 알아차리지 못한다. 이것은 건강상으로 심각한 문제를 일으키거나 인간 관계에서 문제를 만들어 낼 수 있다. 하루에도 몇 번씩 일을 멈추고 깊이 숨을 쉬어 보라. 그리고 자신의 상태를 섬섬해 보라. 당신은 불안한가? 외로운가? 화가 났는가? 흥분했는가? 당신은 이런 휴식 때문에 일을 하는 속도가 늦어진다고 생각할 수 있다. 하지만 장기적으로 보았을 때는 당신의 신체적인, 그리고 정신적인 건강을 유지하는 데 많은 도움이 되며 당신의 일을 훨씬 쉽게 성취하도록 해 줄 것이다.

• 당신이 자신의 불안감에 대해 이야기할 수 있는, 믿을 수 있는 사람을 찾아라. 3번 유형의 주변에는 사람들이 많다. 그러나 이것은 자신의 가장 민감하고 연약한 부분, 상처, 두려움을 이야기할 수 있는 안전한 사람을 찾는 것과는 다르다. 그렇게 해 줄 수 있는 사람을 찾아라. 한번에 모든 것을 이야기하지 않아도 된다. 자신이 느끼는 것에 대해서 작은 부분을 이야기하는 게 당신의 마음을 열어 줄 수도 있다(훌륭한 심리치료사도 큰 도움이 될 수 있다). 또한 당신이 생각하는 것과는 반대로 건강한 친구에게 당신의 연약한 부분을 드러내면 그들은 당신을 더 아껴 줄 것이다. 이것이 그들을 실망시키지 않는다.

• 3번 유형은 창조적인 활동을 통해서 많은 것을 얻을 수 있다. 특히 청중들을 위한 창조적인 활동이 아니라 스스로를 위한 것일 때 더욱 그렇다. 그림 그리기, 도예, 음악 연주, 글쓰기 같은 것은 자신의 감정과 접하고 진정한 자신과 만나도록 해 준다. 집에 자신의 창조적인 활동이나 자기 발견만을 위한 공간을 마련하는 것도 좋은 방법이다. 그 곳에서 일을 해서는 안 된다! 이것은 삶의 요구로부터, 특히 당신이 자신에게 하는 요구로부터 벗어나 있는 당신의 휴식처다.

• 당신은 가장 명상을 할 것 같지 않은 유형이기는 하지만 명상을 통해서

특별히 많은 이득을 얻을 수 있는 유형이기도 하다. 앉아서 '아무 일도 하지 않는 것' 은 일 중심적인 당신의 에고에게는 전혀 납득이 가지 않는 일일 것이다. 그러나 이것은 당신의 영혼을 위해서 아주 좋은 일이다. 명상은 아무것도 하지 않는 것이 아니다. 단순히 그냥 존재한다는 것은 인간의 가장 중요한 성취 중 하나다. 특히 3번 유형에게는 중요하다. 처음에 이것이 어렵다면 자기 통제력과 인내력를 써 보라. 3번 유형은 대개 갑자기 큰 진보를 이룬다.

- 당신이 팀의 일원으로서 일할 수 있는 영역을 찾아 보라. 그러나 팀의 리더는 안 된다. 3번 유형에게는 자신이 관심의 중심이 되고자 하는 의도 없이 다른 사람들과 협력하며 일하는 것이 쉬운 일은 아니다. 그러나 이것을 통해서 기대하지 못한, 엄청난 만족을 얻는다. 당신은 병원이나 학교, 양로원에서 자원 봉사자로 일할 수도 있다. 또한 당신은 다른 사람들과 일하는 동안에 자신의 내면에서 일어나는 것을 지켜 보고 놀랄 수도 있다. 당신은 결코 상상할 수도 없는 정도로 엄청난 스스로의 가치를 발견할 것이다.

3번 유형의 장점 키우기

건강한 3번 유형은 과장된 나르시즘과 반대되는 '진정한 자존심' 을 가지고 있다. 이들은 자기 자신과 자신의 삶이 진정한 가치를 지니고 있다는 것을 알고 있다. 현실적인 3번 유형은 균형 잡힌 자기 사랑을 가지고 있으며 이것이 그들로 하여금 자신과 다른 사람을 조건 없이 사랑할 수 있도록 해 준다. 이러한 자기 사랑은 쉽게 흐트러지거나 위협받지 않는다. 그 사람은 자신의 한계에 대한 존중뿐만 아니라 자신의 능력에 대한 진실한 평가에 기초를 두고 있기 때문이다. 이러한 자질을 가진 사람은 함께 있는 사람들을 편안하게 해 주고 사람들에게 많은 도움을 줄 수 있다.

이러한 3번 유형은 진정한 의미의 자기 존중이 무엇인지를 알고 있기 때문에 자신과 자신의 발전에 투자하는 것의 가치를 이해한다. 이들은 야망이 있으며, 꾸준하게 자신의 몸을 돌볼 줄 안다. 또한 일을 통해서 자신에 대해, 그리고 일을 더 잘 처리하는 방식에 대해서 배운다. 이들은 자신의 삶을 발전시키려고 노력하며 더 나은 삶을 살 수 있도록 다른 사람들을 돕는다.

'자기 투자'는 자기 중심적이거나 나르시스적인 태도 없이 스스로에게 돈과 시간, 에너지를 사용하는 것을 의미한다. 삶에서 뭔가 가치 있는 것을 이루기 위해서는 건강한 자기 투자가 필요하다. 이것을 위해 우리는 교육을 받아야 하고, 일의 중요 순서를 정해야 하고, 목표를 향해서 나아가야 한다.

"나는 나 자신인 것이 좋다."

3번 유형은 자신이 갖고 있는 이런 자질을 더욱 발전시키기 위해서 노력한다. 건강한 3번 유형은 자신의 재능을 개발하려고 노력할 뿐만 아니라 다른 사람도 최선을 다할 수 있도록 돕는다. 이들은 다른 사람들이 성취할 수 있다고 믿는 것 이상을 성취하도록 그들을 격려하고 동기를 부여한다. 3번 유형인 간호사, 의사, 심리치료사, 교사는 스스로가 건강하고 활력 있는 삶을 보여 줌으로써 환자나 학생이 힘을 얻을 수 있도록 한다. 물리 치료사라면 다른 사람이 포기한, 다리가 불편한 아이를 다시 걷도록 할 수 있고, 음악 교사라면 학생을 격려해서 자신이 믿는 능력 이상을 발휘하도록 할 수 있으며, 코치라면 팀원이 최선을 다할 수 있도록 격려할 것이다.

건강한 3번 유형은 명분 있는 일에 자신의 재능을 사용한다. 그 결과 이들은 자신의 분야에서 타의 모범이 된다. 많은 단체들은 효율적으로 자신들을 세상에 드러내기 위해 3번 유형을 고용한다. 이들은 커뮤니케이션과 홍보에 능해서 어떻게 하면 자신이 속한 단체를 매력적이고 호소력 있게 소개할지를 알고 있다. 이들은 어떤 단체에서나 사기를 북돋는 일을 잘 한다.

이브는 사랑이 많고 마음이 넓은 코치이다.

"대체로 나는 내가 3번 유형인 것이 좋습니다. 많은 일을 해 낼 수 있으니까요. 최근에 팀원들에게 자신들이 이길 수 있다는 믿음을 갖도록 동기를 부여해 주었지요. 그래서 팀원들 다섯 명의 봉급이 올랐습니다. 이제 그들은 나를 아주 신뢰해서 내가 시키는 일은 무엇이든 하려고 합니다. 그들은 내가 최고의 코치라고 말합니다. 그런 말을 들을 때는 정말 기분이 좋지요. 나는 사람들이 최선을 다하도록 동기 부여하는 것이 아주 좋습니다."

건강한 3번 유형은 스스로를 받아들이며 내면으로 향해 있다. 이들은 사람들을 고무시키는 정직함, 단순함, 진실성을 가지고 있다. 3번 유형들은 자신을 현실적으로 보며 자신의 한계를 받아들이고 자신이 가진 재능에 감사한다. 이들은 부드럽고 진실하며 사랑이 많다. 이들은 찬사를 받는 것을 즐기지만 그것을 필요로 하지는 않는다.

린은 어린 시절에 경험했던 나르시스적인 상처를 극복함으로써 자기 자신과 사람들에 대해 완전히 다르게 느끼게 되었다고 말한다.

"나의 내면으로부터 빛이 나와서 사람들에게 퍼져 나가는 것을 느낍니다. 그것은 마치 자력과도 같아서 사람들을 나에게로 끌어당깁니다. 한 사람이 최근에 이렇게 물었습니다. '당신은 항상 이렇게 평화롭습니까?' 나는 스스로를 물리적인 현실을 초월한 영적인 존재로, 동시에 땅에 발을 붙이고 있는 극히 인간적인 존재로 느끼고 있습니다."

통합의 방향

3번 유형이 6번 유형으로 간다

3번 유형은 다른 사람이나 자신의 이해를 초월하는 목표에 헌신하는 법을 배움으로써 건강한 6번 유형처럼 된다. 이렇게 함으로써 이들은 자신의 이미지를 유지하는 것에서 벗어나 자신보다 더 큰 무엇인가를 발전시켜 나가고자 하는 순수한 열망을 갖게 된다. 건강한 3번 유형은 자신에게만 주의를 기울일 때는 생각할 수 없었던 진정한 의미의 자기 존중을 배우게 된다. 이들은 일과 인간 관계에서 다른 사람과 협력해 나가면서 건강한 6번 유형이 가지고 있는 용기와 내면의 안내를 배우게 된다. 이것은 3번 유형으로 하여금 더 많은 자신의 자질을 발견하고 개발하도록 해 준다. 다른 사람과의 커뮤니케이션도 더 단순하고 진실하고 직접적이 된다. 더 이상 사람들을 매혹시키려고 할 필요가 없는 것이다.

진정으로 가슴에서 원하는 일이 아니고 목표를 추구하는 것을 통해 인정받으려는 노력은 아무리 열심히 일한다고 해도 참된 만족을 가져다 주지 않는다. 그러나 놀랍게도 3번 유형은 자신의 가슴으로부터 우러나오는 헌신으로 다른 사람들과 협력해서 일한다. 그리고 이타적인 행동을 했을 때 자신이 가치 있는 존재라는 깊은 만족을 느낀다. 자신이 한 행동에 대해 찬사를 받든지 받지 않든지 자신이 다른 사람과 함께 이루어 낸 일에 대해서 진정한 기쁨을 느끼는 것이다. 이 순간에 3번 유형은 진정한 자신의 정체성과 가치를 경험할 수 있다.

평균적인 3번 유형은 자신이 혼자라고 느끼는 경향이 있다. 이들은 다른 사람들을 격려하고 팀의 사기를 북돋우는 데는 능하지만 결국 자신이 혼자임을 경험한다. '가족 영웅'이 되면서 자신의 안락함을 찾거나 다른 사람으로부터 도움을 구하는 것을 포기한다. 영웅은 많은 도움이 필요치 않은 것이다. 그러나 3번 유형이 6번 유형으로 갈 때 이들은 자신에게 도움이 필요하다는 것을 인식하고 도움을 받아들이기 시작한다. 그리고 필요할 때 도움을 요청할 용기를 갖는다. 이 경우 3번 유형은 다른 사람에게 거부당하지 않을까 하는 두려움을 겪는다("사람들이 나의 진정한 모습을 안다면 모두 나를 버릴 거야"). 그러나 3번 유형이 건강한 6번 유형이 하는 것처럼 신뢰와 상호 존중을 토대로 견고한 관계를 만드는 법을 배울 때 자신의 영혼의 소리를 듣고 거기에 따르는 것을 경험하게 된다.

물론 3번 유형이 평균적인 6번 유형의 특성을 모방하는 것은 바람직하지 못하다. 자신이 속한 여러 단체를 통해서 정체성과 안전을 찾으려는 것은 3번 유형이 가지고 있는 자아 이미지와 성취에 대한 집착을 강화할 뿐이다. 그러나 3번 유형이 자신의 성취와 자기 자신을 동일시하는 태도에서 벗어나기 시작할 때 6번 유형이 가진 참을성과 가슴으로부터 우러나오는 헌신, 용기 같은 좋은 자질들이 이들 안에서 자연스럽게 펼쳐지게 된다.

3번 유형이 자유로워지기 위해서는 자신의 가치가 다른 사람의 긍정적인 평가에 달려 있다는 믿음에서 벗어나야 한다. 그 때서야 비로소 이들은 내면으로 향한 진정한 자기 자신이 되기 시작한다. 이것이 아주 직접적인 방법이긴 하지만 3번 유형에게는 어려운 길이다. 이들이 자신 안으로 들어가 내면의 소리를 들어보려고 시도할 때 맨 처음 만나는 것은 가슴의 공허한 감정뿐일 수도 있다. 그러나 인내와 사랑을 갖고 꾸준히 노력한다면 내면 깊숙히 있는 상처와 수치심에 자신을 열 수 있다. 자신의 고통을 인식하고 치유할 때 언제 어떻게인지는 모르지만 서서히 변화가 일어나고 자신이 모르던 자신의 모습을 발견하게 된다. 타인의 인정과 기대로부터 자유로워진 3번 유형은 자신의 가슴이 원하는 대로 할 수 있는 자유를 얻게 된다.

3번 유형이 치유받기를 원한다면 가면을 벗고 내면의 공허감을 인식해야 한다. 본질적인 자아에는 내면의 공허감이 없다. 가면을 벗어 버릴 때 본질의 자아와의 만남에 의해서 내면의 공허함이 채워진다. 가면이 진정한 나를 눌러 놓는 압력으로 작용하는 것이다. 가면이 벗겨지면 진정한 나가 저절로 드러나게 된다. 이럴 때에 3번 유형은 자신을 공허하고 가치 없는 존재로 느끼기보다는 단지 어떤 영역에 대해 덜 개발되어 있다는 사실을 알게 될 것이다(이미 많은 영역이 개발되어 있기는 하지만). 3번 유형이 자신을 찾아가는 여정을 시작하는 데에는 용기가 필요하다. 배우자, 좋은 친구, 심리치료사, 성직자의 도움이 있다면 그 여정은 훨씬 더 가볍고 즐거울 것이다.

타우니는 진정한 자기 자신을 되찾음으로써 삶이 어떻게 바뀌었는지를 이야기한다.

"이제는 다른 사람에게 잘 보일 수 있는 일이 아니라 정말로 내가 필요로 하는 일을 선택합니다. 큰 변화지요. 다른 사람에게가 아니라 나 자신에게 최고가 되려고 노력합니다. 또한 다른 사람들이 나를 어떻게 생각할까를 걱정하지 않고 감정을 자유롭게 표현하며, 자신을 판단하지 않고 무엇이든 원하는 일을 합니다. 나는 평생을 3번 유형의 성격에 따라 살았습니다. 나는 전형적인 3번 유형이었지요. 하지만 이제는 그저 나 자신입니다."

3번 유형은 다른 사람의 인정을 받지 못할지도 모른다는 위험을 감수해야함에도 불구하고 자신의 가슴이 원하는 것을 따를 때, 역설적이게도 자신이 되고자 하는 '최고'가 될 수 있다. 자신에게 보내는 사랑과 찬사는 영혼의 깊은 곳에 가 닿아서 내면의 정원에 아름다운 꽃을 피우게 한다.

이 점에서 마리는 삶의 중요한 비밀을 발견했다고 말한다.

"내 정체성은 뭔가를 성취하는 데 갇혀 있었습니다. 내가 있는 그대로의 나 자신을 만나기 전에는 정직이나 진실에 대한 희망이 거의 없었습니다. 나는 무엇이든 빨리 해 치우며 자신감 있고 능력 있는 사람이었습니다. 그리고 지금도 나는 그런 사람입니다. 그러나 이제는 내가 무엇을 잘한다는 것이 그리 중요치 않습니다. 이제는 나에게 진정으로 가치 있는 일에 충실한 것이 더 중요합니다."

중요성의 순위가 외부의 시각에서 자신의 내면으로 바뀌고, 자신의 가슴이 진정으로 원하는 것을 따를 때 이것은 이전에 경험한 어떤 것보다도 더 큰 만족감을 가져다준다. 일단 이것을 한번 경험하고 나면 그 느낌을 다른 어떤 것과도 바꾸지 않을 것이다.

본질이 드러남

3번 유형이 자신의 가슴과 다시 연결될 수 있을 때 건강한 3번 유형은 진실과 성실함의 원형이 된다. 이들은 있는 그대로의 자신을 드러내며 이들의 행동은 진실을 반영하게 된다. 이들은 정직과 겸손으로 자신의 진정한 모습을 표현하고 단순하고 명확해진다.

진실과 성실은 정직과 관련된 것만은 아니다. 진실과 성실은 그 순간에 존재하는, 있는 그대로의 자신을 드러내는 것을 의미한다. 3번 유형이 현재에 존재할 때 단순해지며 자신의 가슴에서 직접 나오는 것을 말할 수 있다. 언뜻 보기에는 이것이 별것 아닌 것으로 여겨지지만 우리가 자신에 대해 생각해 보면 이런 방식으로 다른 사람에게 자신을 표현한 적이 별로 없다는 사실을 깨닫게 된다.

3번 유형이 자신의 진실을 끌어안을 때 본질적인 자질이 표면 위로 떠오르기 시작한다. 이것을 말로 설명하기가 어려운 이유는 추상적이기 때문이 아니라 존재의 근본적인 문제이기 때문이다. 그렇기 때문에 우리는 그것에 대해 보지 않으려 하는 경향이 있다. 우리의 존재는 그 자체로 가치가 있다. 그런데 이 사회의 기준에 따라서 우리의 가치는 평가되어진다. 우리는 어떤 수준의 수입이 있을 때만, 어떤 신체적인 특징이 있을 때만, 특정 직업을 가지고 있을 때만 가치 있는 것으로 여겨진다. 그러나 이렇게 외부의 조건에 따라 평가되어진 가치는 모든 진정한 가치의 근원인, 본질적 존재로부터 벗어난 성격이라고 하는 피상적 구조 만들어 낸 대체물일 뿐이다.

우리가 근원에서 멀어질 때 자신이 가치 있다고 여기는 것에 빠지게 된다. 어쩌면 배우가 되는 것이 우리에게 자신을 존중하는 마음을 가져다줄지도 모른다. 그러나 다른 사람에게는 그 직업이 의미 없고 시시할 수도 있다. 또 어떤 사람은 사람의 가치가 은행에 예금되어 있는 돈이 얼마나 많은가로 결정된다고 생각할 수도 있다. 이렇듯 가치는 개인에 따라서 다를 뿐만 아니라 한 개인에 있어서도 삶의 시기에 따라 다르다. 물론 우리 모두의 내면에는 한 가지 공통된 것이 있다. 본질적인 가치를 직업이나 사람, 일, 혹은 어떤 활동에 투사하고 자기 것으로 만듦으로써 그 가치를 되돌려 받으려고 노력하는 것이다.

그러나 본질적인 가치와 직접 연결될 때 우리는 그것이 우리 본성의 고유한 부분임을 안다. 우리는 가치 없는 존재가 될 수 없다. 단지 그것을 잊고 있을 뿐이다. 모든 고통, 모욕, 삶의 문제는 그 사람의 본질적 가치를 줄어들게 하지 않는다. 그것들은 오히려 성장과 수용과 이해의 기회를 제공해 줄 것이다. 3번 유형이 자신의 본질적인 가치를 직접 느낄 수 있을 때 성취를 통해서 자존감을 추구하는 에고의 무의미한 노력으로부터 자유로워질 수 있다. 이것은 이들에게 영성과 사랑, 풍요로움과 경이로움이 가득한 삶을 살 수 있는 시간과 공간을 허용할 것이다.

리소-허드슨

유형 분류 테스트 결과

3번 유형에 대한 모든 문항의 점수를 더하라. 그리고 다음의 가이드라인을 참고하여 당신의 성격 유형을 발견하거나 확인하라.

점수	결과
15	당신은 아마 공격형(3, 7, 8번 유형)이 아닐 것이다.
15~30	당신은 아마 3번 유형이 아닐 것이다.
30~45	당신은 아마 3번 유형과 비슷한 특성을 가지고 있거나 3번 유형의 부모를 가지고 있을 것이다.
45~60	당신은 3번 유형의 성격을 가지고 있는 것 같다.
60~75	당신은 3번 유형일 가능성이 가장 많다(그러나 당신이 3번 유형을 너무 좁은 시각으로 보고 있다면 다른 유형일 가능성도 있다).

※ 3번 유형이 자신의 번호로 잘못 생각하는 번호는 1번, 5번, 8번이다. 7번, 8번, 9번 유형은 자신을 3번 유형으로 착각하는 경우가 많다.

4

제10장

4번 유형 : 개인주의자

Type Four : The Individualist

예술가

낭만주의자

우울한 사람

유미주의자

희생자

특별한 사람

"모든 예술은 일종의 고백이다. 예술가로서 생존하기를 원한다면 자신의 모든 고통을 토해내야 한다."

제임스 볼드윈 James Baldwin

"예술의 위대함은 아름다움과 고통 사이의, 인간에 대한 사랑과 창조의 광기 사이의, 견딜 수 없는 외로움과 많은 사람들 속에서 지치는 것 사이의, 거부와 동의 사이의 지속적인 긴장에 있다."

알베르트 카뮈 Albert Camus

"행복은 몸에게는 축복이다. 그러나 마음의 힘을 강하게 만드는 것은 슬픔이다."

마르셀 프루스트 Marcel Proust

"얕은 기쁨을 맛보는 것보다는 깊은 슬픔을 들이마시는 것이 낫다."

윌리엄 하즐릿 William Hazlitt

"다른 사람에게 넋두리를 해서 공감을 얻어 내는 것은 천재적인 재능이다."

F. 스콧 피츠제럴드 F. Scott Fitzgerald

리소-허드슨

유형 분류 지표

각각의 문항이 자신에게 얼마나 적용되는지 점수를 매겨 보라.

1점 전혀 그렇지 않다.
2점 거의 그렇지 않다.
3점 어느 정도는 그렇다.
4점 대개는 그렇다.
5점 매우 그렇다.

1. 많은 사람이 나를 알기 어렵고 모순된 면을 갖고 있는 사람이라고 생각한다. 그리고 나는 나의 그런 면이 좋다.
2. 나는 부정적인 감정이 있을 때 오랫동안 그것을 품고 있는 경향이 있다.
3. 나는 자신이 혼자이며 외롭다고 느낄 때가 많다. 가까운 사람과 함께 있을 때도 그렇다.
4. 사람들이 나를 비판하거나 제대로 이해하지 못할 때 나는 움츠러들고 혼자서 뾰로통해 있다.
5. 어떤 프로젝트에 임할 때, 내가 창조적인 아이디어를 낼 수 있고 그것이 잘 받아들여지는 상황이 아니라면 그 일에 전념하기가 어렵다.
6. 나는 규칙이나 다른 사람의 기대에 잘 따르지 않으려는 경향이 있다. 나만의 특별한 감각으로 모든 일을 하기를 원하기 때문이다.
7. 나는 감정의 변화가 많다.
8. 나는 별로 일어날 가망이 없는 일을 상상할 때가 많다.
9. 나는 누군가가 나를 구원하여 모든 혼란스러운 상황에서 벗어나게 되기를 꿈꾼다.
10. 상황이 어려워지면 나는 힘없이 무너지고 포기하는 경향이 있다. 나는 너무 쉽게 포기하는 것 같다.
11. 나는 형편없는 취향을 가진 사람과 함께 있을 때 견디기가 어렵다.
12. 대개의 경우 나는 다른 사람과 너무 가까이 지내며 함께 일하는 것을 좋아하지 않는다.
13. 나는 자신에게 집중하며 자신의 감정적 필요를 충족시키는 것을 아주 중요하게 생각한다.
14. 나는 남 앞에 서는 것도, 남의 의견에 무작정 따르는 것도 좋아하지 않는다.
15. 나는 내 직관에 따르든지 따르지 않든지 내가 직관적으로 느끼는 것이 무엇인지 정확하게 알고 있다.

→ 273쪽을 펴서 점수를 매겨 보라.

- **기본적인 두려움** 개인적인 중요성이 없어지는 것, 정체성을 갖지 않는 것
- **기본적인 욕구** 자기 자신과 자신의 중요성을 찾는 것, 내면의 경험으로부터 정체성을 만드는 것
- **수퍼에고의 메시지** "네가 스스로에게 진실하다면 너는 괜찮다."

4번 유형 | 개인주의자

민감하며 안으로 움츠러드는 유형

표현력이 있고, 극적이며, 자기 내면에 빠져 있으며, 변덕스럽다.

우리는 이 유형에게 '개인주의자'라는 이름을 붙였다. 4번 유형은 자신이 다른 사람들과 기본적으로 다르다고 생각함으로써 자신의 정체성을 유지하기 때문이다. 자신이 다른 사람들과 다르며, 그렇기 때문에 아무도 자신을 이해하고 사랑하지 않는다고 느낀다. 이들은 자신에게는 특별한 재능과 특별한 결함이 동시에 있다고 여긴다. 4번 유형은 다른 어떤 유형보다도 자신의 개성과 자신의 결함을 잘 이해하고 있다.

건강한 4번 유형은 스스로에게 정직하다. 이들은 자신의 모든 감정을 소유하면서 스스로를 정당화하지 않으면서 자신의 동기, 감정적 갈등, 모순을 볼 수 있다. 이들은 스스로가 발견한 것이 마음에 들지 않을지도 모르지만 자신을 합리화하지 않는다. 스스로나 다른 사람에게 자신을 감추려 하지 않는 것이다. 이들은 있는 그대로의 자신을 보는 것을 두려워하지 않는다. 건강한 4번 유형은 아주 개인적이며 부끄러울 수도 있는 것을 기꺼이 드러낸다. 이들은 자신에 대한 진실을 이해하려고 노력하기 때문이다. 그래서 이들은 자신이 누구인지를 발견한다. 이러한 능력 때문에 4번 유형은 고통을 견딜 수 있다. 자신의 어두운 부분을 잘 알고 그것을 받아들이기 때문에 다른 유형에게는 감당하기 힘든 고통스러운 경험도 잘 처리할 수 있다.

그러나 4번 유형은 그것이 무엇인지는 모르지만, 다른 사람이 모두 갖고 있는 무엇인가가 자신에게는 없다고 느낀다. 4번 유형이 자신에 대해 충분히 살펴볼 기회를 갖게 되면 자신이 자아 이미지에 대해서 뭔가 확신하고 있지 못하다는 것을 알게 된다. 이들은 자신이 명확하고 안정적인

정체성을 갖고 있지 않다고 느낀다.

많은 경우에 4번 유형은 자신이 다른 사람과 다르다고 느끼면서도 혼자 있고 싶어하지는 않는다. 이들은 사회적인 기술이 부족하고 스스로의 내면으로 들어가 있는 것처럼 느껴지지만 자신의 감정을 이해하는 사람들과 깊은 관계를 맺기를 바라고 있다. 4번 유형은 누군가 자신의 삶에 들어와서 내면에 깊이 간직해 온 자신의 비밀스러운 면을 이해하고 받아들여 주기를 원한다. 인정받고자 하는 마음이 오랫동안 충족되지 않으면 이들은 자신이 모든 사람과 다르다는 생각을 계속 강화하게 된다. 그래서 4번 유형의 만트라는 "나는 나다. 아무도 나를 이해하지 못한다. 나는 타인과 다르고 특별하다"가 된다. 그러면서도 이들은 다른 사람과 같이 있으면서 편안함을 느끼고 자신감을 갖기를 원한다.

4번 유형은 부정적인 자아 이미지를 갖고 있으며 자기를 존중하는 마음이 대체로 낮은 편이다. 이들은 환상 속의 자아(자신의 상상 안에서 만들어 낸 이상적인 자아 이미지)를 개발함으로써 보상하려 든다. 우리가 아는 어떤 4번 유형의 남자는 클래식 음악을 들으면서 자신이 멋진 피아니스트가 되는 상상으로 많은 시간을 보냈다. 그러나 불행히도 그는, 자신의 환상 속의 자아 이미지를 충족시키기에는 피아노 실력이 너무 모자란다고 느껴서 사람들이 자신에게 연주를 해 달라고 부탁할 때는 무척 당황스러워했다. 자신의 실제 능력이 그에게는 수치심의 원천이었다.

4번 유형은 삶의 과정에서 자신의 방식, 기호, 다른 사람으로부터 발견한 자질을 기초로 여러 가지의 다양한 정체성을 취한다. 그러나 그 이면에 이들은 진정으로 자신이 누구인지에 대한 확신이 없다. 문제는 이들이 자신의 정체성을 주로 감정을 기초로 해서 만들어 간다는 점이다. 4번 유형이 자신의 내면을 들여다보면 변화무쌍한 감정의 변화를 발견할 수 있을 것이다. 4번 유형은 인간의 본성에 대한 진실, 즉 역동적이며 항상 변화한다는 것을 정확하게 감지한다. 그러나 이들은 자신의 감정으로부터 안정적이고 믿을 수 있는 정체성을 만들기를 원하기 때문에 특정 감정만을 개발하고 다른 것은 거부하고 싶어한다. 그래서 어떤 감정들은 '나'로 느껴지고 또 어떤 감정들은 '내가 아닌 것'으로 느껴진다. 4번 유형은 특정한 감정을 붙들고 표현함으로써 스스로가 자신에게 진실해진다고 믿곤 한다.

4번 유형이 만나는 가장 큰 도전 중 하나는 과거의 감정에서 벗어나는 법을 배우는 것이다. 이들은 자신에게 상처를 준 사람들에 대한 부정적인 감정을 붙들고 있으면서 스스로의 상처를 치유하려고 노력한다. 4번 유형은 자신의 상처와 절망감에 너무 집착해 있어서 삶에서의 많은 소중한 것들을 인식하지 못한다.

레이는 수년 동안 이러한 복잡한 감정 때문에 어려움을 겪어 온 직장 여성이며 주부다.

"나는 인간관계에서 계속 어려움을 겪었습니다. 나의 언니는 좋은 점을 갖고 있었는데도 나는 언니를 미워했습니다. 다른 사람에게도 마찬가지였지요. 나는 삶에서 아무 기쁨도 얻지 못하고 오랜 세월을 보냈습니다. 결코 진정한 웃음을 웃을 수 없었기 때문에 거짓 웃음을 웃었지요. 나는 내가 가질 수 없는 것에 대한 갈망을 갖고 있었습니다. 나의 갈망은 결코 충족될 수 없었습니다. 지금에서야 깨달은 것이지만 어떤 결과가 아니라 '그 갈망' 자체에 집착하고 있었기 때문이지요."

수피의 민담에는 이것과 관련된 강아지 이야기가 있다. 어느 날 강아지는 뼈 하나를 찾아서 안전한 곳으로 가지고 갔다. 그리고 그것을 갉아먹기 시작했다. 개는 너무나 배가 고팠기 때문에 오랫동안 뼈를 씹어 먹었다. 지나가던 친절한 노인이 개를 보고 불쌍히 여겨서 음식을 가져다주었다. 그러나 개는 너무 뼈에 집착한 나머지 그것을 버리지 못하고 결국 굶어 죽었다.

4번 유형도 같은 상황에 빠질 수 있다. 자신이 근본적으로 뭔가 잘못되어 있다고 믿는 한 이들은 자신의 좋은 자질을 경험하거나 즐길 수 없다. 4번 유형이 자신의 좋은 자질을 인정하는 것은 자신의 정체성(고통 받는 희생자로서의)을 잃는 것을 의미한다. 비교적 일관적인 자신의 정체성이 없어지는 것이다(기본적인 두려움). 4번 유형은 자신에 대해 갖고 있는 많은 생각들이 진실이 아니라는 것을 보게 됨으로써 성장한다. 스스로에게 자신의 오랜 이야기를 속삭이는 것을 그만둘 때 이들의 오랜 감정도 녹아 없어지게 될 것이다. 그것은 현재의 이들과 아무 상관이 없다.

어린 시절의 패턴

4번 유형은 자신이 부모와 다르다고 느낀다. 많은 4번 유형은 자신이 병원에서 바뀌었거나 고아이거나, 어떤 이유에서든 부모가 바뀌어서 살고 있다는 상상을 한다. 또한 이들은 부모와 충분히 교류를 하지 못했다고 느낀다. 심리학적인 용어로 설명하자면, 이들은 자신의 정체성을 개발해 주는 적절한 '되비추기(mirroring)' 경험을 갖지 못했다고 느낀다(심리학의 가족 체계 이론에서 4번 유형은 '잃어버린 아이'의 역할을 하는 경향이 있다).

※우리가 여기에서 설명하는 '어린 시절의 패턴'이 그 성격 유형을 만든 것은 아니다. 이것은 어린 시절에 관찰되는 경향이며 성인이 되었을 때 인간관계를 형성하는 데 큰 영향을 준다.

그 결과 4번 유형은 자신에게 뭔가 잘못된 것이 있다고 느끼고 '자신을 찾는 여행'을 시작한다. 이들은 "내가 부모와 닮지 않았다면 나는 누구인가?"라고 스스로에게 묻는다. 또한 이것은 4번 유형이 부족하다고 느끼는 것 – 자신에게, 자신의 삶에, 자신의 관계에 없는 것들 – 에 초점을 맞추게끔 한다. 이들은 자신의 부모나, 그 밖의 자신에게 중요한 사람들에게서 버려졌다고 느끼며 이해받지 못했다고 느낀다.

한나는 대학의 행정 직원으로 일한다. 그녀는 사랑받는 아내이자 어머니지만 자신의 유형 때문에 주기적으로 감정적인 어려움을 겪는다.

"나는 아주 어릴 때부터 어머니에게 의지해서는 안 된다는 것을 배웠습니다. 혼자서 놀고 혼자 해결책을 찾았지요. 아버지는 아이를 갖는 것에 대해 그리 탐탁지 않게 여기셨고 내가 학교에 다닐 나이가 되자 여행을 많이 다니셨습니다. 그래서 나는 더욱 버려진 느낌이 들었지요."

이러한 패턴 때문에 4번 유형은 '되비추기'에 대한 욕망을 자극하는 사람들을 만나면 강한 감정적 반응을 보이게 된다. 이것은 자신이 누구인지를 보기 원하기 때문이다. 가장 깊은 수준에서 4번 유형은 항상 자신이 가지지 못했다고 느끼는 어머니와 아버지를 찾는다. 이들은 곤경에서 자신을 구해 줄 이상적인 사람을 찾는 것이다. 그러나 4번 유형은 그 때문에 상대방이 자신을 실망시키거나 자신의 고통을 이해하지 못하는 데 대해서 분노한다. 이들은 다른 사람을 사랑과 선함, 아름다움–4번 유형이 자신에게 부족하다고 믿는 자질들–의 원천으로 여기며 그가 자신을 완전하게 채워 주기를 기대하면서 동시에 그가 자신을 버릴 것을 두려워한다. 평균적인 4번 유형은 이러한 이들의 시나리오에 들어맞지 않는 사람들, 자신에게 강한 감정적 반응을 일으키지 않는 사람들에게는 관심을 두지 않는 경향이 있다.

또 이들은 자신의 정체성에 대해 의심을 갖고 있기 때문에 다른 사람과 '숨바꼭질' 하려는 경향이 있다. 이들은 사람들에게서 숨어 버리고는 자신이 사라졌다는 것을 그들이 알아차리기를 원한다. 4번 유형은 신비한 존재로 보이기를 원하며, 자신에게 관심을 보이는 사람을 자신에게로 끌어 와서 그의 사랑으로 구원받고 싶어한다. 그러나 자기를 감추는 것과 자기를 드러내는 것이 교대로 일어나기 때문에 불행히도 4번 유형은 자신의 구원자를 스스로 쫓아 버릴 수도 있다. 4번 유형이 이 패턴을 알아차리고 자신의 기대가 지나치게 비현실적이라는 사실을 깨닫지 못한다면 자신의 감정적인 요구 때문에 상대방을 멀어지게 하는 일이 일어날 수 있다.

날개 부속 유형

3번 날개를 가진 4번 – 귀족

건강할 때 이 부속 유형의 사람들은 창조성과 야망, 자기를 성장시키고 목표를 달성하고자 하는 욕구가 많다. 이들은 다른 부속 유형의 사람들보다 더 사교적이고 더 성공적이며 남보다 두드러져 보이기를 원한다. 이들은 자기 자신과 자신의 창조성을 다른 사람들에게 적절히 표현하기를 원하기 때문에 표현 방식에 있어서 아주 신중하며 반감을 갖게 하거나 적절치 못한 방식은 피하려고 노력한다. 이들은 대중들을 대할 때도 이러한 태도를 취한다.

평균일 때 이들은 다른 부속 유형보다 자의식이 강하며 자신의 가치와 관련된 문제를 많이 의식한다. 또한 이들은 어떻게 다른 사람들에게 다가가야 할지를 많이 생각한다. 이들은 자신과 자신의 일에 대해 인정받기를 원하며 자신을 표현하는 것과 관련된 일에 많은 노력을 쏟는다. 이들은 실질적이지만 사치스러운 경향이 있어서 고급스럽고 세련된 문화를 좋아한다. 이들은 자신을 우아한 상류층으로 보고 싶어하고 사회적으로 받아들여지느냐 그렇지 않느냐에 많은 관심을 쏟는다. 이들은 경쟁심이 강하고 다른 사람들을 무시하는 경향이 있다. 거만한 태도와 나르시즘이 이들에게서는 좀 더 직접적으로 드러내어 표현된다.

• **인물의 예**
제레미 아이언스 Jeremy Irons
재클린 케네디 오나시스 Jacqueline Kennedy Onassis
테네시 윌리암스 Tennessee Williams
주디 갈란드 Judy Garland
비비안 리 Vivien Leigh
사라 맥라크런 Sarah Mclachian
마사 그래이엄 Martha Graham
〈욕망이라는 이름의 전차〉의 주인공 블랑시 듀보아 Blanche Dubois

5번 날개를 가진 4번 – 보헤미안

건강할 때 이 부속 유형의 사람들은 아주 창조적이어서 자신의 감정과 내향성에 독창성을 결합한다. 이들은 다른 부속 유형보다 지위나 사람들에게 받아들여지는 것에 대해 덜 관심을 가지며 자기표현에 있어서 아주 개인적이고 독특하다. 이들은 다른 사람들에게 보이기 위해서가 아니라 자신을 위해서 창조성을 발휘한다. 이들은 관습과 권위에 도전하며 자기 표현을 위해 필요하다면 규칙을 무시한다.

평균일 때 이들은 다른 부속 유형의 사람들보다 더 내향적이고 사회적으로 위축되어 있다. 이 4번 유형은 자신의 상상의 세계 안에 머무르려는 경향이 있다. 이들은 이국적이고 신비한 것, 상징 등에 이끌리며 독특한 개인적 스타일을 가지고 있다. 이 부속 유형의 사람들은 비극적인 장면을 좋아한다. 이들은 아주 지극히 내성적이며 스스로를 반항적인 아웃사이더로 본다. 이들은 통찰력이 있기는 하지만 현실적이지 못하기 때문에 생

• **인물의 예**
밥 딜런 Bob Dylan
앤 라이스 Anne Rice
앨런 긴스버그 Allen Ginsberg
앨라니스 모리셋 Alanis Morrisette
에드가 알렌 포 Edgar Allan Poe
조니 뎁 Johnny Depp
실비아 플러스 Sylvia Plath
제임스 딘 James Dean
잉그마르 베르히만 Ingmar Bergman

활에서 어려움을 겪는다.

본능적 변형

자기 보존 본능의 4번 유형

감각적인 쾌락주의자 평균적인 범위에서 자기 보존 본능의 4번 유형은 실제적이고 물질주의적인 경향이 있다. 이들은 고급스럽고 아름다운 물건을 좋아해서 자신의 주변에 이것들이 놓이기를 원한다. 이들은 물질세계의 관능성과 강하게 연관 맺고 있어서 자신의 집에 아름답고 좋은 물건을 가져다 놓고 싶어한다. 그래서 선물을 주고받는 것을 좋아하며 사랑하는 사람으로부터 받는 장미 같은 상징적인 선물을 즐기는 것이다. 또한 이들은 가장 내향적인 사람들에 속한다. 그래서 다른 사람들과 떨어져 홀로 지내기를 좋아하며 그렇게 홀로 지내는 환경이 아름답고 편안하기를 원한다. 이들은 자신의 주변 환경(물리적인 환경)에 대해서 아주 까다롭고 강박적이기까지 해서 편안한 벽지, 분위기 있는 조명, 쾌적한 실내 온도를 원한다.

강렬한 감정에 대한 이들의 욕망은 결국 기본적인 삶의 기능을 방해하기 시작한다. 이들은 일시적으로 고양된 기분 때문에 아무렇게나 행동하기도 한다. 또한 감정이 가라앉아서 우울할 때는 자기 방종에 빠져들기도 한다. 이들은 이렇게 감정의 양극단을 넘나들며 자신의 변덕스러운 기분대로 행동한다. 자기 보존 본능의 4번 유형은 자신의 경제적인 능력에 맞지 않는 호화로운 생활을 하다가 어려움에 빠지기도 한다. 이들은(7번 유형처럼) 좌절당했을 때는 음식과 사치에 빠지기도 한다. 이들은 늦게까지 텔레비전을 보고, 음악을 들으며 과식, 과음을 하면서 나쁜 식생활과 생활 습관을 갖기 쉽다. "내가 이렇게 한다고 달라질 게 뭐야?" 하는 식이다. 방종하는 습관은 불만스러운 삶에 대한 보상이 된다.

불건강한 범위에서 자기 보존 본능의 4번 유형은 알코올이나 마약에 빠질 가능성이 높다. 이들은 나방이 불을 쫓아가듯이 삶의 안정을 파괴할 수 있는 상황에 이끌린다. 또한 자신을 파괴시킬 수 있는 인간관계에 말려들기도 한다. 이들은 자신의 생계에도 무관심해서 아주 무책임해질 수도 있다. 이들은 감정적인 어려움이 거시면 자신의 일이나 청구서를 지불하는 것에도 관심을 갖지 않는다. 이들에겐 오랫동안 약물 중독에 빠져 스스로를 내팽개치는 일이 흔히 있다.

사회적 본능의 4번 유형

아웃사이더 평균적인 수준일 때 사회적 본능의 4번 유형은 다른 두 본능적 변형보다 자신이 독특한 사람이라는 생각을 더 많이 갖고 있다. 이들은 자신의 독특함을 다른 사람에게 줄 수 있는 선물인 동시에 짊어져야 하는 짐으로 여긴다. 사회적인 4번 유형은 아주 활동적이다. 이들은 다른 사람들과 관계를 맺기를 원하고 세상의 한 부분이 되고 싶어한다. 그러나 다른 사람들과 어떻게 교류하는지를 모르는 경우가 많다. 이들은 3번 유형처럼 끊임없이 자신을 다른 사람과 비교한다. 그러면서 늘 자신이 부족하다고 느낀다. 이들은 아름답고 멋지고 지적인 사람들 사이에 있기를 원하면서도 자신이 그럴 자격이 있는지 의심한다.

이들은 사회적인 상황에서 느끼는 수치심 때문에 자신이 정상적인 사람들처럼 살아가는 방법을 모른다고 느낀다. 이들은 다른 사람의 행복을 시기하면서도 그들이 거칠고 둔감하다고 생각한다. 많은 사회적 본능의 4번 유형이 자신의 부족함을 보상받기 위해서 대안적인 삶의 방식에 이끌린다 ("나는 다른 아웃사이더들과 함께 있으면서 위안을 얻을 거야"). 1950년대의 비트족과 1980년대와 1990년대의 고딕 록gothic rock 문화가 그 예다.

어떤 사회적인 4번 유형은 자신이 잘 적응하지 못하고 있다는 느낌에 대한 보상으로 성공에 집착한다("이제는 사람들이 날 놀리지 못할 거야"). 이들은 자신에 대해 사람들이 하는 말에 아주 민감하고 강하게 반응한다. 이들은 자신을 방어하느라고 사람들과 멀리 떨어져 있으면서도 다른 한편으로는 사람들이 자신에게 관심을 가져 주기를 원한다("나는 저렇게 거칠고 이기적인 사람들은 멀리할 거야. 하지만 누군가는 나를 사랑해 줬으면 좋겠어!").

불건강한 영역에서 거부에 대한 두려움은 4번 유형으로 하여금 자신 안으로 더 움츠러들게 해서 사람들과 연결되지 못하도록 한다. 수치심과 모욕당하는 것에 대한 두려움이 너무 심해지면 이들은 다른 사람들 앞에 자신의 모습을 드러내지 않으려고 한다. 동시에 이들은 불안 때문에 일관성 있게 행동할 수 없게 된다. 그 결과 사회적인 4번 유형은 가족이나 친구, 혹은 중요한 타인(significant other)에게 지나치게 의존하게 된다. 불건강한 4번 유형은 혼자 떨어져 있으면서 성취에 대한 환상에 젖어 자신의 삶을 낭비하곤 한다.

성적 본능의 4번 유형

황홀한 로맨스 성적 본능의 4번 유형은 낭만적이고 열정이 있으며 자신을 구해 줄 구원자를 갈망한다. 그리고 평균적인 수준에 있는 성적 본능의 4번 유형은 이러한 성격이 가장 강하다. 이들은 연약하고 감수성이 있는 반면에 공격적이면서 역동적이다. 특히 이들은 자기를 표현하는 데 있어서 그렇다. 언뜻 보기에 성적인 4번 유형은 공격적이고 외향적이다. 이들은 다른 두 개의 본능적 변형과는 달리 자신의 낭만적인 환상을 그저 환상으로 남겨 놓지 않는다. 이들은 자신의 마음이 끌리는 사람과 아주 극적이고 열정적인 사랑을 나눈다. 그리고 상대를 그리워하고 찬미하면서도 동시에 미움을 갖는다. 이들은 2번 유형처럼 소유욕이 강하고 질투가 심할 수도 있다. 성적인 4번 유형은 자신이 다른 사람에게 호감을 줄 수 있을지를 의심하기 때문에 다른 사람에게 받아들여지기 위해서 뭔가를 성취하고자 한다(유명한 예술가나 스타가 되는 것처럼). 그러면서 이들은 이런 것들을 성취한 사람에 대하여 시기심을 갖고 있다.

시기심은 이 유형에서 가장 명확하게 나타나는 성격적인 특성이다. 성적인 4번 유형은 자신이 갖고 싶어하는 자질을 가진 사람과 낭만적인 관계를 맺기 원하기 때문에 관계가 형성된다. 그러나 상대가 그러한 자질을 가졌다는 이유로 상대를 시기하고 미워한다. 결국 시기심과 미움 때문에 관계가 깨지게 된다. 상대를 이상화했다가 바로 그 점 때문에 거부하는 것이다. 또한 성적인 4번 유형은 자신과 관계를 맺기 어려운 사람에게 끌리는 경향이 있다.

불건강한 범위에 있는 4번 유형은 다른 사람에 대하여 강한 시기심을 갖고 있다. 그래서 사람들에게 복수하고자 하는 마음 때문에 자신을 학대한다. 불건강한 4번 유형은 무의식적으로 "불행은 친구를 좋아한다"는 말에 따라서 산다("내가 고통을 받는다면 너도 그래야 한다"). 성적인 4번 유형은 경쟁과 대결을 좋아하며 자신과 경쟁을 하고 있는 사람을 파멸시키거나 자신을 실망시킨 사람에게 상처를 주는 것은 아주 정당한 일이라고 생각한다(예를 들면 모차르트에 대한 살리에르의 시기심). 이들은 다른 사람에 대한 감정이 급격히 변하는 경향이 있어서 사랑하는 사람이나 자신을 보호해 주는 사람에 대해서도 아주 변덕스러운 태도를 보인다. 이들은 감정적인 혼란 때문에 자기 자신이나 자신의 감정적인 욕구를 좌절시켰다고 여기는 사람에게 공격적인 행동을 할 수도 있다.

다음은 4번 유형이 삶에서 가장 많이 만나는 문제들이다. 이 패턴들을 주의해서 보고, '행동을 통해 자신을 알아차리고', 삶에 대한 습관적인 반응을 의식하면 우리는 자기 성격의 부정적 면들로부터 훨씬 자유로워질 것이다.

4번 유형이
성장하기 위해
극복해야 할 과제

4번 유형을 일깨우는 신호 – 상상을 통해 감정을 강화하기

4번 유형은 내면의 감정에 기초하여 정체성을 형성한다("나는 내가 느끼는 것이다"). 그래서 이들은 다른 유형들보다 자신의 감정을 더 자주 확인하는

4번 유형의 발달 단계

범위	수준	내용
건강한 범위	수준1	**삶을 받아들임, 삶을 더 나은 방향으로 발전시킴** 이 수준의 4번 유형은 자신이 남들보다 결함이 많다는 신념에서 벗어나면서 자신 안에 매몰된 상태에서 자유로워진다. 이를 통해 이들의 기본적인 욕망이 충족되어서 정체성과 안정성에 대한 문제가 해결된다. 이들은 늘 새롭게 자신을 발전시켜 나간다.
	수준2	**내향적, 민감함** 이 수준의 4번 유형은 자신의 정체성에 대한 명확한 생각을 갖기 위해서 자신의 감정과 기호에 초점을 맞춘다. "나는 민감하고, 다른 사람과 다르며, 자신을 잘 알고 있다"는 자아 이미지를 갖고 있다.
	수준3	**스스로를 드러냄, 창조적** 이 수준의 4번 유형은 창조적인 행동을 통해 개성을 표현함으로써 자아 이미지를 강화시킨다. 이들은 섬세하며, 자신의 감정을 잘 탐색하고, 다른 사람과 감정을 나눌 수 있는 방법을 찾는다. 이들의 창조성은 아주 개인적이지만 그것이 우주적인 함축성을 가질 때가 많다.
평균 범위	수준4	**낭만적, 개인주의적** 이 수준의 4번 유형은 감정적 변화 때문에 자기 자신과 자기의 창조성을 일관되게 유지하지 못할 것이라는 두려움을 갖기 시작한다. 그래서 이들은 상상력을 이용하여 자신의 감정을 지속시키고 강화시키려 한다. 이들은 자신의 개성을 강화시키기 위해서 환상을 사용하며 누군가가 자신을 구해 줄 것을 꿈꾼다.
	수준5	**자신에게 몰입해 있음, 변덕스러움** 이 수준의 4번 유형은 다른 사람이 자신을 인식하지 않고 자신의 가치, 독특함을 알아주지 않을까 봐 걱정한다. 그래서 사람들이 자신에 대해 진정으로 관심이 있는지를 시험하며 주의를 끌려고 노력한다. 이들은 사람들로부터 떨어져서 우울해하면서, 자신의 연약함이 구원자를 끌어 오고 다른 사람을 쫓아 버릴 것이라고 믿는다.
	수준6	**자신에게 몰입해 있음, 퇴폐적** 이 수준의 4번 유형은 삶에 대한 의무 때문에 꿈을 포기하게 될까 봐 두려워한다. 그리고 자신이 결코 구원받지 못할 것이라는 데 절망한다. 이들은 자기 삶에는 뭔가가 결핍되어 있다고 느끼며 다른 사람이 갖고 있는 삶의 안정을 부러워한다. 이들은 규칙을 잘 지키지 않고, 가식적이며, 비생산적이 된다.
건강하지 않은 범위	수준7	**분노가 많음, 남들에게서 떨어져 있음** 이 수준의 4번 유형은 자기 삶이 낭비되는 것을 두려워한다. 이것은 아마 사실일 것이다. 이들은 자신의 자아 이미지를 보호하기 위해서 자아 이미지와 자신의 감정적 요구를 지원해 주지 않는 모든 사람과 모든 것을 거부한다. 이들의 억압된 분노는 우울, 냉정함, 지속적인 피로감으로 이어진다.
	수준8	**자기 혐오, 심한 우울** 이 수준의 4번 유형은 자신의 환상 속에 있는 인물이 되기 위해 필사적인 노력을 하기 때문에 그것과 상응하지 않는 자신 안의 모든 면을 증오하게 된다. 이들은 자신을 혐오하고 자신을 구해 주지 않는 다른 사람들을 미워한다. 이들은 자신의 삶에 남아 있는 모든 긍정적인 것을 파괴하려 든다.
	수준9	**자기 파괴, 삶을 거부함** 이 수준의 4번 유형에게는 헛된 환상을 좇다가 자기 삶을 낭비했다는 사실을 깨닫는 것이 너무 감당하기 어렵다. 이들은 자기 파괴적인 행동을 통해서 구원을 이끌어내려 하거나 생을 끝냄으로써 자신의 부정적인 감정에서 도망치려 한다. 때로는 열정 때문에 범죄를 저지르기도 한다.

경향이 있다(대개 4번 유형은 경험 자체보다 그 경험에 대해서 자신이 가졌던 느낌을 기억하고 있다).

그러나 한 가지 분명한 사실은 감정이란 항상 변한다는 것이다. 이것이 문제를 일으킨다. 이들의 정체성이 감정에 근거하고 있다면 그 감정은 항상 변하는 것이기 때문에 정체성 또한 항상 변할 수밖에 없다. 4번 유형이 이 문제를 해결하는 방법은 자신이 동일화하는 특정한 감정을 계속 개발하면서, 자신에게 익숙하지 않거나 '진실'이 아니라고 여겨지는 감정을 배제하는 것이다.

4번 유형은 감정이 매순간 반응하여 즉각적으로 일어나도록 허용하기보다는 자신의 상상 안에서 사람, 사건, 자신의 정체성을 나타내 준다고 여겨지는 감정을 불러일으킬 수 있는 시나리오를 만들어 내고 감정을 지어 낸다. 그 감정이 부정적이거나 고통스러운 것이더라도 그렇게 한다. 그 감정이 무엇이든지 4번 유형은 자아의 느낌을 더 크게 만들기 위해서 그 감정을 강화하려고 노력한다. 예를 들어 이들은 내면의 감정을 자극할 수 있는 음악을 골라서 – 떠나간 사랑을 떠올릴 수 있는 음악 같은 것 – 자신의 옛 감정을 되새기기 위해 반복해서 연주한다.

4번 유형이 자신의 감정을 만들어 내거나 유지하기 시작할 때 – 어떤 의미에서는 자신의 감정을 조작할 때 – 잘못된 방향으로 들어서기 시작한

인간이 하루에도 얼마나 많은 감정의 변화를 겪을 수 있는지를 지켜보면 그저 놀라울 뿐이다.

앤 모로 린드버그 Ann Morrow Lindbergh

연습 ① 환상의 '경고음' 인식하기

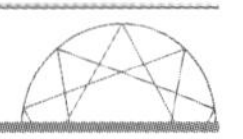

4번 유형은 강한 감정을 갖지 못하면 자신의 창조성과 정체성도 사라져 버릴 것이라고 걱정한다. 낮 시간 동안 상상력을 사용하여 이 연습을 해 보고 이것이 자신의 감정을 어떻게 휘저어 놓는지 자신을 관찰해라.

환상, 백일몽, 스스로에게 하는 말에 주의를 기울여라. 무엇이 그것을 강화하고 있는가? 어떤 목적을 가지고 있는가? 바로 당신 자신이라고 느껴지는 감정은 어떤 것인가? 대부분의 시간에 당신이 갖는 '기본적인 감정'은 무엇인가? 그 감정 안에 있지 않을 때 당신은 어떻게 반응하는가? 당신이 자신의 감정과 경험에 대해서 '논평을 하는' 경향을 잘 살펴보라. 당신은 스스로에게 '이 경험이 나에게 무슨 의미가 있을까?' 하고 물을 때가 많은가?

자신이 공상을 하고 있는 것을 발견할 때마다(특히 낭만적인 관계, 성적인 만남, 자신이 '이상적'이라고 여기는 사람이 되는 것에 대해) 당신은 4번 유형의 성격에 대해 깊이 탐색할 수 있다.

다. 이 모든 것이 4번 유형으로 하여금 진짜 세상이 아닌 상상 속에서 사는 습관 속으로 계속 빠져들도록 한다.

비버리는 젊었을 때 아름다운 스튜어디스였다. 그녀는 여행을 하는 동안 많은 남자를 만났지만 어떤 사람과도 관계 맺기를 거부했다.

"나는 애틀랜타에서 파리로 가는 비행기 안에서 많은 남자들을 만났습니다. 식사를 제공한 후에는 승객들과 이야기할 시간이 있지요. 어떤 승무원은 농담을 하면서 시간을 보내기도 했습니다. 그러나 나는 비행기 뒤쪽에 혼자 앉아서 비행기에 타고 있는 사람이나 공항에서 만난 사람을 생각하곤 했습니다. 사람들과 이야기를 해 봤자 그들에 대해 실망할 게 뻔했거든요. 나는 비행시간 동안 내내 누군가와 사랑에 빠져서 섹스를 하고 결혼을 하고 아이들을 갖는 것을 상상했습니다. 그렇게 하면 누군가에 대해서 실망하고 관계를 끝내지 않아도 되니까요."

사회적인 역할 : 특별한 사람

평균적인 4번 유형은 '자신이 되는 것'을 아주 중요시하며 모든 것에 자신의 도장이 찍혀야 한다고 생각한다. 이들의 자아 이미지는 자신이 다른 사람과 어떻게 다른 지와 관계가 있다("자신에게 진실하라"는 이들의 수퍼에고의 메시지는 점점 더 강해져서 4번 유형은 점점 자신의 안으로 빠져든다). 또한 4번 유형의 감정은 주변 환경과 대조적일 때가 많다("다른 사람이 행복하면 나는 슬프다. 다른 사람이 슬프면 나는 웃음이 난다"). 다른 사람과 다른 감정을 갖는 것이 4번 유형의 정체성을 강화한다. 이들의 사회적인 역할은 특별한 사람, 매혹적인 아웃사이더이다. 그리고 이러한 사회적인 역할로 다른 사람과 교류하지 않으면 불편함을 느낀다.

아이러니컬하게도 4번 유형이 자신은 다른 사람과 다르다는 것을 주장하면 할수록 스스로에게서 잠재적인 만족의 원천을 빼앗기 때문에 자신을 어려움 속으로 몰아넣는다. 4번 유형이 자신의 독특함을 주장하면 할수록 자신의 많은 긍정적인 자질이 다른 사람, 특히 가족이 가진 자질과 비슷한 것이기 때문에 그것을 간과하거나 거부하고 있다는 사실을 인식할 필요가 있다. 그래서 이들은 무의식적으로 "나는 다른 사람과 다르다."는 부정적인 정체성을 장조하고 있는 것이다("나는 결코 사무원은 될 수 없어." "나는 화학 섬유로 만들어진 옷은 입을 수 없어."). 이들은 '자기 자신이 되는 것'은 노력이 필요하지 않다는 사실을 이해하지 못하고 있다. 4번 유형이 '자기 자신이 되기' 위한 노력을 그만둘 때 자유로움을 얻고 진정한 자신의 아름다움을 찾게 될 것이다.

"아무도 나를 이해하지 못한다."

뛰어난 예술가인 리바는 어린 시절의 기억 속에서 이러한 자신의 문제를 찾았다.

"어린 시절의 내 세계는 안으로 닫혀 있었습니다. 나는 다른 사람들에게 쉽게 다가갈 수 없었지요. 늘 사람들 사이에 끼지 못하고 거부당한 느낌이었습니다. 아마도 그것은 내 외모나 말하는 방식, 내가 똑똑한 유대인이라는 사실 때문이었던 것 같습니다. 저도 그 이유를 정확하게는 모르겠습니다. 나는 한편으로는 '평범' 하기를 원했지만 특별하다는 것에 대한 자부심을 갖게 되었고 더 민감하고 조숙하며 깊은 차원에서 모든 것을 이해하는 통찰력을 갖게 되었습니다. 나는 스스로가 어린아이들 사이에 끼여 있는 작은 어른처럼 느껴졌습니다. 어린 시절에 나는 우월감과 열등감을 함께 느꼈던 것입니다."

4번 유형은 '자기 자신이 되고자' 하는 욕망을 갖게 되면서 정상적인 삶의 기대와 규칙이 자신에게 맞지 않는다고 느끼게 된다(나는 내가 원하는 때, 원하는 방식으로, 원하는 것을 한다.). 그래서 이들은 자신에게는 발견되지

연습 ② 차이점 대 공통점

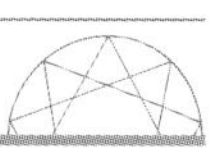

우리는 모두 다른 사람과 다른 독특한 면을 갖고 있지만 다른 사람과의 공통점도 많이 갖고 있다. 그런데도 다른 사람과의 차이점에 자동적으로 초점을 맞추는 자신의 경향을 지켜보라. 대인관계라는 관점에서 보았을 때 그렇게 하기 때문에 당신이 잃는 것은 무엇인가? 이런 태도 때문에 당신에게 유리한 활동을 못하지는 않는가?

않은 아주 특별한 재능이 있기 때문에 다른 사람보다 더 나은 대우를 받아야 한다고 느낀다. 이들 자신은 사회 규칙을 지키지 않아도 된다고 여기며 규칙과 규율을 무시하고 다른 사람들이 강제로 시키는 일에 대해 저항감을 갖는다.

그 결과 4번 유형은 생계를 유지하는 것이나 일정한 틀 안에서 일하는 것 같은 아주 정상적인 삶의 면들이 자아를 찾는 데 방해가 되는 것이라고 여기게 된다. 이들은 자신의 감정과 상상을 마음껏 따라가기를 원한다. 그래서 비생산적으로 삶을 낭비하게 된다. 리바는 계속해서 이렇게 이야기한다.

"나는 스스로가 우월하고 특별히 민감한 사람이라고 생각합니다. 그래서 나는 평범한 사람들이 하는 일은 할 수가 없어요. 특히 미적 수준이 떨어지는 일은 할 수 없습니다. 하지만 나는 스스로에 대해 그와 반대되는 생각을 갖고 있습니다. 어떤 면에서는 열등하다고 느끼는 거지요. 일상적인 직업에 만족하고 오랫동안 만족스러운 관계를 유지하는 것과 같은, 대부분의 사람들이 당연하게 여기는 많은 일들을 나는 할 수가 없습니다."

시기심과 자기 비하

시기심은 다른 모든 열정(혹은 '큰 죄')과 마찬가지로 본질적인 자아와의 연결을 잃은 특정 형태의 반응으로써 나타난다. 그러나 4번 유형은 다른 유형과는 달리 스스로가 본질적인 자아와의 연결을 잃었다는 느낌을 어느 정도는 인식하고 있다. 또한 이들은 자신만이 이 상실을 경험한다고 느낀다. 이들은 어릴 때부터 자신보다 다른 가족들이나 친구들이 더 가치가 있고 완전하다고 느낀다. 자신만이 인정을 받지 못하고 있다고 여기는 것이다. 그 결과 이들은 만성적인 외로움, 어디엔가 속하고자 하는 강한 열망, 시기심을 갖게 된다.

> 나는 정말 멋진 삶을 살았다. 아쉬운 점은 내가 그 사실을 빨리 깨닫지 못했다는 것이다.
>
> 콜레트 Colette

배우인 카스는 자신의 어린 시절에 대해서 이렇게 이야기한다.

"내가 두 살 때 여동생이 태어났습니다. 그리고 그 아이가 모든 관심을 독차지했지요. 나는 버려졌다고 느꼈어요. 마치 가족들의 행복한 모습이 보이는 창 밖에서 떨고 있는 아이 같은 느낌을 가졌지요. 나는 늘 아웃사이더였어요. 학교에 가서도 혼자였어요. 그래서 열심히 공부만 했는데 그 바람에 아이들과 더 멀어졌지요. 나는 금발 머리에 파란 눈을 가진 아이들이 부러웠어요. 그리고 내 갈색 눈과 갈색 머리를 싫어했지요. 아버지는 차갑고 엄격한 분이셨는데 '너는 네가 원하는 것을 모르는구나. 그것을 얻을 때까지 너는 행복할 수 없을 거야' 라고 말씀하셨지요."

성인이 되면 4번 유형의 시기심은, 다른 사람은 안정적이고 정상적이며 자신은 결함이 많고 완성되지 못했다는 생각으로 이어지게 된다. 이들은 자신이 다른 사람과 다를 뿐만 아니라 다른 사람이 자신의 약한 면을 느끼고 있다고 생각한다. 그리고 자기 자신에 대해 수치심을 갖는다. 다른 사람은 자기 자신을 좋아하고, 존중하며, 어떻게 자신을 표현하는지를 알고 있으며, 원하는 것을 좇아가고 있는 것처럼 보인다. 또한 다른 사람은 행복하고 활기차며 쾌활하다고 여긴다. 이 모든 것이 4번 유형인 자신에게는 없다고 느끼는 면들이다. 이들은 자신이 갖고 있는 조건에 대해 깊이 생각하고 다른 사람이 갖고 있는 것에 대해 시기심을 가지며 그것을 열망한다.

앞에서도 만난 레이는 어린 시절을 이렇게 회상한다.

"나는 다른 사람들과 떨어져 있다고 느꼈습니다. 다른 아이들은 모두 재미있어 보였고 친구를 갖고 있었습니다. 나는 어떻게 그 사이에 끼여야 하는지 몰랐습니다. 나는 늘 외톨이라는 느낌을 가졌었지요. 우월감은 없었습니다. 단지 다른 아이들 사이에 끼여 재미있게 놀 수 있는 방법을 몰라서 힘들어했습니다."

4번 유형은 대개 자신이 시기심을 갖고 있다는 것을 부끄러워하고 가능한 한 숨기려 한다. 이들은 초연함과 사람들과 거리를 두는 태도로 자신의 시기심을 숨기기도 한다. 이들은 자신의 불편한 감정을 토로해서 상대방이 자신을 얼마나 실망시켰는지를 표현하거나 자신의 감정과 생각을 드러내지 않은 채 뾰로통해 있거나 하는 행동을 반복한다("나는 저 사람들에게 만족을 주지 않을 거야!"). 많은 4번 유형은 예술적인 작업을 통해 간접적으로 자신의 어두운 감정을 표현함으로써 이 문제를 해결한다. 어떤 4번 유형은 카세트테이프에 자신의 숨겨진 메시지가 담긴 노래를 녹음해서 감정을 여자 친구에게 전달하기도 한다.

또 4번 유형은 다른 사람과 비교해서 자신을 비하하곤 한다. 이들은 사람들이 생각하는 것이 무엇인지 확인해 보지도 않고 그들의 반응을 자기 마음대로 상상해서 부정적인 감정을 갖는다. 이들은 시기심 때문에 스스로에게 실망하고, 그 실망을 상대방에게 투사해서 사람들이 자신을 부정적으로 볼 것이라고 여긴다. 시기심이 많은 4번 유형은 우울한 환상 속에서 몇 시간을 보내며 세상으로부터 이해받지 못했다는 슬픔에 젖어 있곤 한다.

심미적인 환경을 통해 감정 강화하기

4번 유형은 자신이 동일시하는 감정을 지원해 주는 환경을 만들어서 자신의 감정을 유지한다. 그래서 이들은 아름답고 이국적인 것에 끌린다. 이들은 자신의 주변에 자신의 개성을 되비쳐 주고 감정을 강화하도록 해 주는 아름다운 물건, 음악, 조명, 향 등을 놓는다. 환경, 스타일, 세련된 감각을 갖는 것은 이들에게는 아주 중요하다. 이들은 자신의 환경과 자신이 사용하는 물건에 대해서 아주 까다롭다. 그래서 평균적인 4번 유형은 자신이 사용하는 펜, 침실의 조명이나 커튼 등이 모두 자신의 마음에 꼭 드

연습 ③ 그것은 내게 어떻게 각별한가?

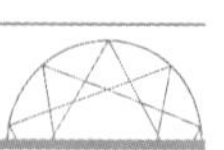

당신의 집, 사무실, 옷장 등을 살펴보라. 당신이 특별히 좋아하는 물건은 무엇인가? '분위기를 만들기 위해' 당신은 무엇을 사용하는가? 당신은 그것과 어떻게 연결되어 있는가? 당신이 일할 '기분을 갖기 위해서' 특별히 하는 일이 있는가? 사람들과 이야기하기 위해서? 또는 쉬기 위해서? 운동을 하거나 명상하기 위해서는?

는 것이 아니면 불편해한다.

4번 유형은 자신의 부정적인 감정을 지속시키려는 욕구를 갖기 때문에 바꾸기 어려운 파괴적인 습관을 갖게 된다. 예를 들어 지속적이고 의미 있는 관계를 가질 것이라는 희망을 잃는다면 이들은 대체할 즐거움을 찾아서 난잡한 섹스, 포르노그라피, 술, 마약 중독, 밤새도록 영화 보기 등에 빠져든다. 4번 유형은 스스로에게 방종과 현실 도피를 허용함으로써 자신을 나약하게 만든다.

"나는 내가 원할 때 내가 원하는 일을 한다."

니콜라스는 몇 년 동안 우울증에 빠져 있는 작가다.

"나는 스스로에게 너무 가혹하기도 하고 너무 너그럽기도 합니다. 나는 너무 멋대로 살았지요. 뭔가 고통스럽거나 어려운 일이 닥치면 잠을 자 버리거나 술을 많이 마심으로써 회피하려고 했습니다. 그러나 그렇게 행동하는 자신이 혐오스럽게 느껴지고 자책감이 듭니다. 나는 몇 년 전에 소설을 쓰다가 중단했습니다. 타자기를 마주할 수가 없어서였지요. 나는 다시 술을 마시고 텔레비전을 보다가 잠을 잡니다. 그러다가 정말 바닥까지 내려갔다고 느껴질 때는 다시 나 자신을 추슬러 일을 해 보려고 하지요. 내 스스로가 자신을 파괴하는 행동을 반복하고 있는 겁니다."

공상의 자아 속으로 움츠러들기

감정 중심의 유형은 모두 자신이 좋아하는 자아 이미지를 만들어 낸다. 2번 유형과 3번 유형의 자아 이미지가 다른 사람들에게 보이기 위한 것이라면, 4번 유형의 자아 이미지는 자기 자신에게 보이기 위한 자아 이미지다. 우리는 이것을 '공상의 자아(Fantasy Self)' 라고 부른다.

우리가 전에도 언급했듯이 평균적인 4번 유형은 실제로 자신의 능력을 개발하지 않고 자신의 능력과 자신이 만들어 낼 위대한 작품에 대한 꿈을 꾸느라고 시간을 보낸다. 물론 모든 평균적인 4번 유형의 자아 이미지가 상상 속에만 존재하는 것은 아니다. 이들은 자아 이미지의 어떤 부분은 자신이 믿을 수 있는 사람에게 내보이기도 한다. 그러나 4번 유형이 내면 정체성의 일부분을 드러내 보일 때조차도 대부분의 '공상 자아'는 자기 혼자서 간직한다.

공상의 자아가 4번 유형에게 일시적인 페르소나를 주기는 하지만 그것은 대개 자신의 진정한 능력과는 연관이 없기 때문에 비웃음과 거부를 일으키기 쉽다. 공상의 자아는 4번 유형이 가진 감정적인 손상의 깊이에 비례해서 커진다. 이들은 자신을 거의 영웅이라고 생각하고 다른 사람은 아주 평범하고 심지어는 열등하다고 여긴다. 공상의 자아는 대개 열심히 노력해도 획득하기가 불가능한 이상적인 자질에 기초하고 있다. 따라서 공상의 자아는 결코 획득될 수 없기 때문에 4번 유형은 자신의 실제 모습을 거부하게 된다.

"나는 아무도 모르는 비밀스러운 자아를 가지고 있다."

4번 유형이 공상의 자아와 깊이 동일화될 때, 자신의 생활 방식을 방해하는 것에 대해서는 그것이 무엇이든 심하게 저항하게 된다. 그래서 이들은 다른 사람이 뭔가를 제안할 때 그것을 간섭이나 압박으로 받아들인다. 실제적인 행동이 요구되는데 그것을 할 자신이 없을 때 이들은 사회적인 접촉을 미루거나 피한다. 이들은 관심과 지원을 원하지만 실제로 사람들이 주려고 할 때는 관심과 지원을 받아들이기 어려워한다.

리바는 이렇게 말한다.

"나는 항상 다른 사람들에게 다가가는 것을 어려워했습니다. 나에게 필요한 것을 부탁하는 것도 아주 어려웠지요. 그러면서도 한편으로는 나

연습 ④ 진정한 능력을 실현시키기

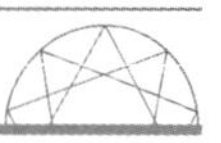

당신은 어떠어떠한 능력을 가졌으면 하고 공상할 때가 있는가? 그런 자질 중에서 실제로 당신이 개발할 수 있는 것은 어떤 것인지 살펴보라. 예를 들어 좋은 몸매를 갖기 위해서는 운동과 균형 잡힌 식생활을 필요로 한다. 연습과 훈련을 통해서 그것을 개발하지 않는다면 당신은 어떤 재능도 실제로 자신의 것으로 만들 수 없다. 당신이 원하는 자질 중 획득할 수 없는 것은 무엇인가? 예를 들면 키가 더 커지는 것이라든지, 다른 부모를 갖는 소망은 실현 불가능하다. 당신이 이런 자질에 끌리는 것은 어떤 이유에서인가? 당신이 이런 것들을 바랄 때 스스로를 거부하게 되는 것을 느낄 수 있는가? 당신은 자신이 가진 자질의 가치를 인식할 수 있는가?

는 다른 사람들이 내 마음을 읽어 주기를 기대합니다(어린 시절 어머니가 내게 그렇게 해주기를 기대했듯이). 반면에 나는 내 욕구가 충족되기를 기대하지 않습니다. 그리고 사람들이 나를 도와 줄 것이라는 기대도 하지 않습니다. 어린 시절에도 내가 바라는 바는 충족되지 않았거든요. 그래서 나는 자신의 연약함, 과민함을 이용해서 부모님을 조종하려고 했습니다. 그렇게 해서 내가 원하는 일을 해 주시도록 했지요."

과민 반응

4번 유형은 계속해서 공상을 하고, 스스로에게 몰입하며, 부정적인 비교를 함으로써 현실에 기초를 둔 행동에서 벗어나 과장된 감정과 기분에 빠져들게 된다. 그 결과 이들은 지나치게 민감해져서 작은 일이나 다른 사람들로부터 별것 아닌 말에도 아주 감정적으로 반응하게 된다.

앞에서도 만났던 카스는 이따금씩 자신의 감정이 만들어 내는 혼란에 대해서 이렇게 말한다.

"나는 스스로가 변덕스러운 사람이라고 생각합니다. 또한 결점이 많은 사람이지요. 나는 끊임없이 외부 상황에 영향을 받아서 기분이 변합니다. 그러면서도 고요한 중심을 유지하려고 무척 노력하지요. 나는 노는 것에도 소질이 없습니다. 나도 다른 사람처럼 즐길 수 있었으면 좋겠습니다."

자신에게 더 빠져 들어감에 따라서 4번 유형은 다른 사람의 말뿐만 아니라 자신의 모든 감정적인 반응에서 숨겨진 의미를 찾으려 한다. 이들은

연습 ⑤ 현실을 확인해 보기

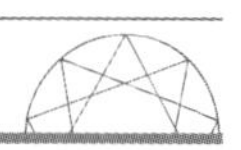

사람들이 당신에 대해 판단을 하거나 비판하거나 당신을 거부한다고 느껴질 때 현실을 확인해 보라. 그들의 생각이 무엇인지 분명하게 물어 보라. 그리고 상대방은 자신이 느끼는 것을 정확하게 이야기할 것이라고 신뢰하라. 모든 행동을 '과장해서 해석하거나' '과장해서 읽지' 말라. 그들은 당신에 대해서 그렇게 세세히 관찰하지 않는다. 다른 사람에 대한 당신의 관심 정도, 사람들에 대한 당신의 의견에 대해서도 살펴보라. 그것이 그들 안에서 받아들여지고 있는가?

사람들이 정말로 자신에게 하려고 하는 말을 찾기 위해서 전날, 혹은 지난 해에 했던 대화를 상상 속에서 다시 재현해 본다. 이들은 별 의미 없는 말에도 모욕적인 의미가 숨겨져 있다고 생각한다. "살이 빠지셨군요"는 "그 사람은 내가 뚱보였다고 생각한 게 틀림없어" 하고 해석된다. 혹은 "당신의 오빠는 정말 재능이 많은 분이에요"라는 말을 4번 유형은 오빠에 비해서 자신은 재능이 없는 사람이라는 말로 듣는다.

"사람들은 나에게 너무 불친절하고 생각 없이 대한다."

이러한 마음의 틀 안에서 평균적인 4번 유형은 다른 사람에게 협조할 줄 모르며 적개심이 많은 사람이 된다. 이들은 이러한 면 때문에 관계를 맺고 친구를 사귀기가 어렵다. 그러나 이러한 자질들이 '민감하며 남다른' 자신의 자아 이미지와 부합하기 때문에, 4번 유형은 지나치게 민감한 것이 부정적인 면이라거나 문제라고 여기지 않는다.

나르시즘

자의식이 강하고 사람들의 관심을 얻으려는 것은 모든 감정 중심 유형에서 나타난다. 2번 유형과 3번 유형이 다른 사람의 인정과 관심을 얻기 위한 동기에서 나르시즘이 직접적으로 나타난다면, 4번 유형의 나르시즘은 자신 안으로 빠져드는 것과 자신의 모든 감정에 중요성을 부여하는 방식으로 간접적으로 표현된다.

진지하게 영성을 추구하는 사람인 캐롤은 몇 년 동안 이런 감정과 싸워 왔다.

"나는 내가 잘 모르는 사람이나 별로 편하지 않은 사람에게 다가가지 못하고 내 안으로 움츠러드는 것 때문에 오랫동안 고통을 겪었습니다. 긴장을 풀고 내 자신으로 있으려면 상대방이 나를 받아들이는 것을 느낄 수 있어야 하지요. 이러한 면을 극복하기 위해서 많은 노력을 해 왔습니다. 그래서 전보다는 좀 편해지기는 했지만 아직도 어려움을 겪고 있습니다. 사람들과 함께 있을 때 나는 내 자신이 갑자기 그 사람들에게서 분리되어 떨어져 나가는 것 같은 느낌이 들거든요."

4번 유형은 자신의 연약한 감정에 주의를 기울이기 때문에 다른 사람에게 자신의 감정적 필요를 충족시켜 달라고 주장하는 것이 아주 정당한 일이라고 느낀다. 그러나 다른 사람들의 감정은 놀라울 정도로 잘 알아차리지 못하는 경향이 있다. 이들은 자신의 감정, 꿈, 문제에 대해서는 아주 작은 부분까지 끝없이 이야기한다. 하지만 다른 사람의 감정이나 문제에 대해서는 별 관심이 없다. 자신 안에만 빠져 있는 4번 유형은 자신의 감정과 직접 연결되어 있지 않은 데 주의를 기울이는 것이 어렵다.

4번 유형이 자신의 내면에 빠져 있는 것은 자신의 부정적인 감정 안에 계속 머물러 있는 것이다. 이들은 동정을 구하기 위해서 자신의 상처받은 감정을 드러내는 경향이 있다(시무룩해 있거나 침울해하면서). 이들은 삶이나 부모나 다른 사람이 자신을 속였다고 느낀다. 4번 유형은 아무도 자신에게 정당한 대우를 해 주지 않고 자신의 특별한 재능이나, 욕구, 고통을 알아차리지 못한다고 느낀다. 아무도 자신의 내면의 깊이나 민감성을 이해하지 못한다고 느끼는 것이다. 그래서 서운한 감정을 쌓아 놓는다. 그 때문에 이들은 현실에 적응하기가 더욱 어렵다.

모든 인간은 스스로가 완전히 인정받고 있지는 못하다고 생각한다.

랄프 왈도 에머슨 Ralph Waldo Emerson

평균적인 4번 유형은 일단 자신의 감정 안에 갇히게 되면 다른 사람으로부터 떨어져 움츠러들어 있으면서 모욕과 거부, 버려지는 것으로부터 자신을 보호하려고 한다. 그러나 자신 안에 움츠러들어 있음으로써 이들은 점점 더 현실을 확인하지 못하게 된다. 이들은 상대방이 진정으로 느끼고 생각하는 것이 무엇인지 물어 보기를 점점 더 어려워한다. 그래서

연습 ⑥ 자기 감정에 매몰되려는 욕구 바라보기

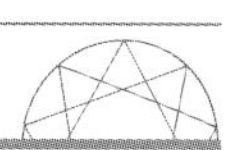

당신이 언제, 어떻게, 사람들이나 일로부터 물러나서 아웃사이더로 있으면서 사람들 사이에 끼려고 하지 않는지 지켜보라. 어떤 때 그러한 행동이 합당한 선택인지, 어떤 때 그러한 행동이 감정적인 반응인지 구별할 수 있는가? 당신의 반응을 충분히 살펴보면서(그것을 행동으로 옮기지 않고) 그것의 뿌리가 무엇이지 살펴보라.

자신이 불만이나 감정적 문제를 갖고 있는 사람과는 의사소통을 할 수 없게 된다.

자신의 문제점에 집착하기

조금 이상하게 여겨지지만 4번 유형은 자신에게 문제가 있다는 데 무의식적으로 집착한다. 평균에서 불건강한 영역 사이에 있는 4번 유형은 자신의 고통스러운 감정이나 자기 동정에서 벗어나려 하지 않는다. 심지어 그것이 자신에게 끊임없는 고통을 만들고 있을 때도 그렇다.

그러나 이것의 뿌리를 이해하는 것은 그리 어렵지 않다. 4번 유형은 어린 시절에 감정적인 문제를 갖거나, 시무룩해 있거나, 변덕스러워하면서 가족의 관심을 끄는 방법을 배웠다. 많은 4번 유형은 자신의 어려움에 대한 사람들의 반응을 통해서 그들의 사랑을 확인하는 방법을 배웠다. 그래서 이들은 불쾌한 감정을 바꾸기보다는 여러 날 동안 말을 하지 않거나, 가족 여행에 따라가지 않거나, 일 주일 내내 검은색 옷만 입고 있는 것이다. 시무룩해 있는 원인이 무엇인지는 말하지 않으면서 뭔가에 대해 불만이 있다는 것을 다른 사람에게 알리는 것이다. 이들은 우울한 감정과 자신을 지나치게 동일시하고 있기 때문에 뭔가 다른 일을 하기 전에 자신의 우울한 감정을 경험해야만 한다. 그런데 불행히도 이들은 다른 사람들도 마찬가지로 자신의 우울한 감정을 돌보아 주어야 한다고 생각한다.

재능 있는 음악가이자 인터넷 웹사이트 디자이너인 윌리엄은 자신의 일과 인간관계에 많은 어려움을 만들어 내는 감정의 격렬함에 대해 이렇게 이야기한다.

"나는 내 스스로가 안정되어 있다고 느낀 적이 별로 없습니다. 그래서 감정적인 균형을 찾기 위해 많은 시간을 보내지요. 감정적인 균형을 잃는 것이 삶에서 고통을 겪는 주된 이유입니다. 내가 어떤 감정적인 욕구를 갖고 있을 때는 당장 그것부터 다루어야 합니다. 한쪽으로 미뤄 둘 수가 없어요. 나는 내가 4번 유형인 것이 좋습니다. 그러나 불안정한 상태일 때가 많습니다."

4번 유형은 스스로를 뭔가가 필요한 사람으로 드러냄으로써 구원자를 자처하는 사람, 혹은 실실석인 문제를 해결해 주어서 이들이 사신을 찾기 위한 시간과 공간을 마련할 수 있도록 해 주는 사람의 관심을 얻게 된다. 그러나 불행히도 이것은 자신의 책임을 회피해서 진정한 자신의 가치와 정체성을 찾을 기회를 잃게 만든다. 이러한 패턴의 뿌리가 어린 시절에 있다는 것은 발견하기가 그리 어렵지 않다.

"모든 사람은 나를 실망시킨다."

윌리엄은 이렇게 말한다.

"어릴 때 나는 담요 위에 누워 자는 척하면서 부모님이 내 방문을 열고 들어와 봐 주기를 원했습니다. 그렇게 누워 있는 내가 너무 귀여워서 부모님이 나를 사랑해 주는 공상을 했었지요. 나는 감정적인 접촉을 갈망했습니다. 그것은 나에게 절대적인 것이었지요. 나는 부모님이 나를 사랑한다는 것을 항상 알았지만 그분들이 나의 가장 깊고 가장 상처받기 쉬운 부분을 이해한다고 느낀 적은 별로 없었습니다."

평균적인 4번 유형은 움츠러드는 성격과 감정의 변동 때문에 사람들이 멀어지게 만든다. 그러나 이들은 이러한 면들을 보임으로써 자신에게 주의를 기울여 줄 것을 요구한다. 이들은 사람들이 자신을 둘러싸고 있는 살얼음을 조심조심 밟고 자신에게 다가와 줄 것을 요구한다("그 문제는 다시 꺼내지 않는 게 좋겠어. 멜리사를 다시 화나게 하고 싶지는 않거든"). 이들은 혼자 있고자 하면서 극적으로 다른 사람의 관심을 끌려고 한다. 이들은 홀로 움츠려 있으면서 누군가가 자신의 외로운 은신처로 따라 들어오기를 바란다.

연습 ⑦ 당신은 자작극의 대가인가?

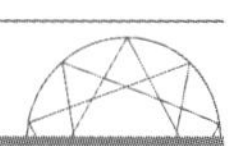

많은 4번 유형이 사람들과 격렬한 갈등을 겪다가 다시 화해하고 관계를 맺는 패턴을 취한다. 당신이 중요하게 여기는 관계에서 이러한 드라마를 만들어 내는 경향이 있는지 살펴보라. 당신이 정말로 좌절을 느끼는 것은 무엇인가? 당신은 상대방에게서 어떤 행동을 이끌어 내려 하는가?

스트레스에 대한 반응

4번 유형이 2번 유형으로 간다

앞에서도 보았듯이 4번 유형은 낭만적인 공상에 빠져들며 주의를 끌고, 스스로를 보호하기 위해 사람들에게서 떨어져 있으려고 한다. 2번 유형으로 가는 것은 이러한 행동이 만들어 내는 문제를 보상하기 위한 4번 유형의 노력을 나타낸다. 그래서 얼마동안 스스로의 내면에 움츠러들어 있은 후 4번 유형은 2번 유형으로 가서 무의식적으로 약간은 강요된 친절로 자신의 문제를 해결하려고 노력한다. 이들은 2번 유형처럼 사람들과의 관계에 대해 걱정하기 시작하면서 자신이 좋아하는 사람에게 가까이 갈 수 있는 방법을 찾는다. 또한 이들은 관계가 안정적이라는 것을 확인하기 위해서 많은 노력을 쏟는다. 이들은 상대에게 자신의 애정을 자주 표현하고 이 관계가 얼마나 큰 의미를 가지는지를 재차 확인시킨다.

좀 더 극단적인 경우에는 사람들이 자신에게 얼마나 관심이 있는지를 알아보기 위해서 감정적인 장면을 연출하기도 한다. 이런 행동으로 상대방은 4번 유형에게 흥미를 잃고 떠나게 되고 결국 4번 유형은 자신이 염려했던 대로 버림받게 된다. 그렇게 되면 4번 유형은 다시 2번 유형 쪽으로 가서 사람들에게 관심을 보임으로써 그들을 붙잡으려고 한다. 평균적인 2번 유형처럼 편안하게 자신의 욕구를 표현하지 못하고 다른 사람의 문제에 초점을 맞춤으로써 자신의 문제를 숨기려고 하는 것이다("나는 당신을 돕기 위해 여기 있습니다").

4번 유형이 자신의 비현실적인 생활 스타일을 고수하기 위해서는 감정적인, 그리고 재정적인 도움에 대한 욕구가 점점 더 커질 것이다. 이들은 그러한 도움이 없다면 자신의 꿈을 현실로 이룰 수 없을 것이라고 걱정한다. 그것을 막기 위해 스트레스 상황에 있는 4번 유형은 상대방의 삶에 자신이 얼마나 중요한 사람인지를 과장해서 말하기 시작한다. 이들은 상대방에게 자신과의 관계를 통해서 얻고 있는 좋은 점을 인식시키고 상대방이 자신에게 더 의존할 수 있는 방법을 찾는다. 이들은 충족시켜야 할 욕구를 만들어 내려고 노력하고 자신이 좋아하는 사람에 대해 아주 질투가 심하고 소유욕이 강해진다. 스트레스 상황에 있는 4번 유형은 2번 유형처럼 자신이 한 일에 대해서 강박적으로 사람들의 인정을 구하고 사람들이 감사할 줄 모르는 것에 대해 불평한다.

위험신호

4번 유형이 어려움에 빠졌을 때

4번 유형이 적절한 도움이나 대처 기술 없이 심각한 위기 상황을 경험했거나 어린 시절에 심한 학대를 받았다면 이들은 자기 유형의 불건강한 면으로 들어가는 '쇼크 포인트'를 통과하게 된다. 이들은 공상과 감정적인 방종으로 삶을 파괴시키고 기회를 낭비했다는 사실을 느끼고 두려움을 갖는다.

4번 유형이 이 두려움 안에서 진실을 인식한다면 삶의 방향을 전환하여 건강과 자유로움으로 나아갈 것이다. 혹은 그와 반대로 자신의 환상을 더 꼭 붙들려고 노력하고 그 감정적 요구를 지원하지 않는 사람이나 일은 거부할 수도 있다("사람들은 모두 거칠고 이기적이야. 아무도 나를 이해해 주지 않는군." "나도 일을 찾아야 한다는 것은 알아. 하지만 할 수 있는 일이 없는걸").

4번 유형이 이런 태도를 고수한다면 불건강한 영역으로 들어갈 것이다. 당신 자신이나 당신이 알고 있는 사람이 상당 기간 동안(2~3주 이상) 경고 신호를 내보낸다면 카운슬링이나 치료, 혹은 다른 도움을 받는 게 바람직하다.

✳ 경고 징후 **잠재적인 정신 질환 :** 심한 우울증, 나르시스적 인격장애, 회피 인성 장애, 열정으로 인한 범죄 -살인과 자살	• 다른 사람들로부터 멀리 떨어져 있으려고 함 • 극단적인 감정 변화와 과민함(조울증은 아님) • 한두 사람에게 의존하며 불안정한 관계를 가짐 • 분노와 적대감을 분출함 • 만성적인 우울증과 무기력감 • 연속적인 자기 파괴 행위, 긍정적인 영향을 거부함 • 죽음에 대한 망상, 병적 상태, 자기혐오에 빠짐

• "감정은 사실이 아니다"라는 것을 기억하라. 당신의 감정은 강력하고 소중하며 때때로 삶에 대한 통찰을 준다. 그러나 당신의 감정이 타인의 동기나 감정에 대해서 늘 정확한 정보만 제공하는 것은 아니다. 우리가

4번 유형의 성장을 돕는 방법

어떤 성격 유형에 속하든 우리의 많은 감정적인 반응은 어린 시절에 가졌던 인간관계에 영향을 받는다. 다른 사람들의 의도를 '읽고 해석'하며 쉽게 속단을 내리지 마라. 그 해석에 대해 의심을 가져 보라.

- 감정 폭발이나 우울증은 진정한 민감함과는 다르다. 오히려 이것은 우리의 마음이 닫혀 있다는 것을 보여 주는 징후다. 가슴의 깊은 곳에서 비롯되는 진정한 민감성은 다른 사람이나 환경으로부터 오는 자극에 반응을 보이지 않는다. 우리는 감정적으로 반응하기 때문에 어떤 일을 더 깊은 수준에서 경험하지 못할 때가 많다. 아이러니컬하게도 어떤 상황이나 사람이 우리의 내면에 있는 감정을 건드릴 때 이런 반응이 일어나는 것은 자신의 내면을 깊이 있고 진실하게 탐구하기를 두려워하기 때문이다.

- 현실에 부합하지 않는 자아의 공상적인 측면들을 인식하라. 창조적인 목표를 갖는 것은 아주 좋은 일이다. 다른 사람들이 당신의 '천재성'을 충분히 인식하지 못한다고 해서, 필요한 특정 도구를 갖지 못했다고 해서, 자신의 재능에 대해서 꿈을 꾸고 있는 것이 더 편하다고 해서 꾸물거리며 어떤 일을 미루는 것은 자신에게 전혀 도움이 되지 않는 태도다. 자신의 진정한 능력을 받아들이고 그것을 소중히 여겨라. 다른 사람이 더 좋은 자질들을 가지고 있다고 해서 자신의 능력을 거부하지 말라. 이것이 당신의 가장 파괴적인 시기심이다.

- 당신을 정직하고 정확하게 되비춰 줄 진정한 친구를 찾아라. 당신이 갖고 있는 좋은 면과 재능을 볼 수 있으며, 당신의 발전을 도울 수 있고, 당신이 보지 못하는 부분에 대해서 사랑을 가지고 직설적으로 말해 줄 수 있는 사람을 찾아라. 대부분의 사람들이 그렇지만 특히 4번 유형은 현실을 점검해 보는 데서 많은 이득을 얻을 수 있다. 특히 자신에 대한 감정이나 낭만적인 일에 대해서는 그렇다.

• 당신은 무의식적으로 감정의 혼란을 처리해 줄 누군가를 기다리고 있다는 것을 인식하라. 당신을 돌봐 주고자 하는 사람은 어쨌든 당신과 함께 할 것이다. 그러나 그 사람에게 부모 역할을 해 달라거나 당신의 어린 시절의 문제를 해결해 달라고 요구해서는 안 된다. 그들도 자기만의 문제를 가지고 있으며, 당신의 강한 감정적 반응을 언제나 받아줄 수 없다는 사실을 명심하라.

• 긍정적이고 건설적인 일과표를 짜라. 4번 유형은 영감이 갑자기 솟아오르기를 기다리는 경향이 있다. 하지만 당신의 삶이 정돈되어서 창조성을 지원해 주고 몸과 마음이 건강하게 유지되도록 하며 세상과 잘 연결되어 있을 때 영감은 더 잘 떠오르게 될 것이다.

4번 유형의 장점 키우기

4번 유형은 영혼의 깊은 바다로 들어갈 수 있는 사람들이다. 이들은 그 깊은 영혼의 바다로 들어갔다가 표면으로 올라와서는 자신이 발견한 것을 말해 준다. 이들은 다른 사람의 내면 안에 있는 깊고 섬세한 감정과 교류할 수 있는 능력이 있다. 4번 유형은 우리에게 내면의 가장 깊은 곳을 일깨워 준다. 그 내면은 가장 개인적이고 은밀하며 역설적으로 모든 사람에게 있어서 가장 공통된 부분이기도 하다.

4번 유형은 자신의 내면 상태(즉, 무의식적인 감정과 충동들)와 접해 있기 때문에 통찰력이 있다. 이들에게 있어서 통찰은 자기 발견과 창조성의 원천이다. 지성을 가지고 있기는 하지만 이들은 자신과 환경에 대해 매 순간마다 느끼는 직관에 더 의존한다. 4번 유형은 어떻게 자신이 그런 통찰을 얻는지 논리적으로 이해할 수 없을 때가 많다. 이들은 자신이 통찰을 얻는 방식에 대해 스스로가 경이로워한다. 앞에서 자신의 어려움에 대해서 이야기했던 캐롤은 직관이라는 자신의 선물에 대해 이렇게 말한다.

"나는 내가 무엇을 느끼는지 의식하지 못한 채 어떤 사물에 대해 느낍니다. 예를 들어 어떤 상황에서 불편한 감정이 느껴지는데 그 원인이 무엇인지 모르는 거죠. 지난 몇 년 동안 나는 감정에 주의를 기울이는 것을 배웠습니다. 가장 좋은 상태일 때 나는 아주 직관적입니다. 어떻게 아는지 모르지만 알 때가 많지요. 그럴 때는 제 마음에서 느껴지는 것에 대해 의심의 여지가 없습니다. 그것이 제가 원하는 일이 아닐 때도 그래요."

"나는 나 자신이어야 한다."

동시에 건강한 4번 유형은 자기 자신에 대해 지나치게 심각하게 생각하지 않는다. 이들은 섬세한 유머 감각을 가지고 있고 자신의 약점도 가볍게 보아 넘긴다. 이들의 표현 능력과 유머 감각은 다른 사람과 일을 하거나 자신을 치유할 때 강력한 자산이다.

4번 유형만이 창조성을 가진 사람들은 아니다. 에니어그램의 다른 유형에 속하는 사람들도 창조적일 수 있다. 그러나 4번 유형은 아주 개성적인 창조성을 가지고 있다. 4번 유형의 창조성은 자신의 개인사와 감정의 세계, 가족, 과거에 영향을 미친 사건들, 자신의 사랑에 대한 탐구와 관련되어 있다. 그 때문에 많은 소설가, 극작가, 시인들이 4번 유형이다.

리바는 인간에 대한 통찰력을 갖게 되고 그 통찰을 표현할 방법을 찾았을 때의 기쁨을 이렇게 이야기한다.

"나는 하늘을 날 수 있을 것 같은 느낌이 들 때가 있습니다. 그럴 때에 내 앞에는 멋진 풍경이 펼쳐집니다. 나는 사람들이 나와 똑같이 멋진 풍경을 볼 수 있도록 공감을 불러일으킬 수 있는 언어로 그것을 표현해 내지요. 나는 내면에 숨겨진 원리, 우주의 진실, 그리고 섬세한 경험을 깊이 이해할 수 있습니다. 그리고 그것을 분명하고 강력하게 전달할 수 있지요. 가장 좋은 상태일 때 나는 영성에 닻을 내리고, 다른 사람들에게 지혜를 나누어 주며, 그들이 스스로를 치유할 수 있도록 돕습니다. 나는 말로 표현할 수 없는 것을 표현할 수 있습니다."

건강한 4번 유형은 자신이 가진 영혼의 깊이를 다른 사람과 나눔으로써 자신이 원하는 되비춰 주기를 받는다. 이렇게 하면서 이들은 자신의 본성이 다른 사람과 다르지 않다는 사실을 발견하고 안도감을 갖는다. 이들은 자신의 내면에 깊이 연결되어 있기 때문에 다른 사람들에게서 멀어지는 것이 아니라, 다른 사람들에게 더 가까이 다가가고 더 건설적으로 소통한다.

통합의 방향

4번 유형이
1번 유형으로 간다

건강한 4번 유형은 의미 있는 행동을 통해서 현실과 관련을 맺는다. 주관적인 자신의 감정의 영역을 넘어서 원칙과 활동에 헌신함으로써 자신이 누구인지를 발견할 뿐만 아니라 있는 그대로의 자신을 인정하게 된다. 이들이 자신의 내면에 연결되어 있으면 있을수록 자신의 마음에서 펼쳐지는 감정적인 시나리오에 사로잡히는 일이 적어진다.

또한 1번 유형으로 가 있는 4번 유형은 자기표현이 자신의 감정 안에 빠져 있는 것이 아님을 깨닫는다. 이들은 자신의 세계에 의미 있다고 여겨지는 것을 쌓아 나가기 위해서 끊임없이 노력한다. 다른 사람들이 자신의 존재를 알아주었으면 하는 마음으로 멀리 떨어져 있기보다는 완전히 삶에 뛰어들어서 자신의 일을 통해서, 그리고 다른 사람과의 연결을 통해서 자신이 누구인지를 알아 나간다.

그러나 평균적인 1번 유형이 갖고 있는 비판적이고 완벽주의적인 특성을 흉내낸다고 해서 이렇게 되는 것은 아니다. 4번 유형의 수퍼에고는 이미 자신에 대해 너그럽지 못하다. 그래서 1번 유형처럼 자신을 몰아세우면 더 심한 자기비판으로 이어질 수 있다. 그러므로 1번 유형의 건강한 성품인 분별력을 키우는 게 중요하다. 4번 유형은 그 상황의 현실과 우리의 감정적 반응은 다르다는 것을 배운다. 그리고 이것은 바로 건강한 1번 유형이 알고 있는 사실이다.

건강한 1번 유형은 현실을 있는 그대로 수용한다. 이들은 실제 상황을 구성하는 요소들에 대해서 저항하거나 거부감 없이 그것들과 함께 일해 나갈 줄 안다. 건강한 4번 유형도 받아들이고 과거에서 벗어나는 것이 현재에 살 수 있는 열쇠임을 안다. 자신을 받아들일 때 이전의 실수를 용서할 수 있다. 또 다른 사람들을 받아들일 때 양자 모두가 만족스러운 관계를 형성할 수 있다. 4번 유형은 더 이상 구원자를 기다리거나 자신의 비현실적인 기대에 부합하지 못하는 것에 대해 자신을 원망할 필요가 없다. 이들은 자신의 약한 면을 왜곡해서 공상의 자아를 만들어 내지 않고 다른 사람을 있는 그대로 바라보면서 자신도 있는 그대로 받아들인다.

통합된 4번 유형은 자신의 진정한 정체성과 자존심을 찾는다. 그것은 자신의 상상이나 일시적인 감정이 아니라 진정한 삶과 행동 위에 기초한 것이다. 이들은 힘, 의지력, 결단력, 명확성과 같은 전에는 보지 못하던 자신의 자질을 인식한다. 일단 4번 유형들이 현재 순간에 뿌리를 내리면 삶의 모든 면이 창조성을 실현해 주는 재료가 된다. 이들은 끝없이 자신의 안으로 향하거나 혼란스러운 감정에 빠지지 않고 현재에 존재하며 깊은 인간의 내면으로 마음을 열어 가기 시작한다. 이 과정이 펼쳐지도록 허용할 때 이들의 진정한 정체성은 존재의 매순간에 스스로를 드러내기 시작한다.

성격을 넘어서 본질로 돌아가기

변화의 과정에서 4번 유형은 자신이 원래부터 다른 사람보다 결함이 많으며 다른 사람이 갖고 있는 뭔가를 갖고 있지 않다는 자아 이미지에서 벗어난다. 또한 이들은 자신에게 잘못된 것이 전혀 없으며 다른 사람만큼 자신도 좋은 사람이라는 사실을 깨닫는다. 자신에게 잘못된 것이 없다면 누군가가 자신을 구제해 주어야 할 필요도 없다. 이들은 자신의 삶을 완전히 창조하고 책임질 수 있다. 4번 유형은 '자기 자신이 되는 것' 은 특별한 노력이 필요하지 않다는 사실을 알게 된다.

이 단계에서 4번 유형은 더 이상 특별해져야 하고 다른 존재가 되어야 할 필요를 느끼지 못한다. 우주는 많은 사람들 중 한 사람인 자신을 창조했으며 자신이 격리되어 홀로 있지 않으며 다른 모든 것의 부분임을 보게 되는 것이다. 삶은 더 이상 힘겹게 지고 가야 할 짐이 아니다. 이들은 처음으로 과거의 모든 고통에 감사하게 될 것이다. 이러한 고통이 지금의 자신을 만들어 주었기 때문이다. '자기 자신이 되는 것' 은 여전히 신비로움으로, 이전의 어떤 때보다도 더 큰 신비로 남아 있을 것이다. 그러나 예전처럼 자신의 정체성에 매달려 있기보다는 매순간 자신을 열어 놓고 그 순간이 가져다주는 새로운 자아를 경험하게 될 것이다. 킹은 몇 년 동안 꾸준히 자신의 내면을 탐구해 온 심리치료사다. 그는 자신의 본성이 갖고 있는 풍요로움을 인식하게 되었다.

"가장 좋은 상태일 때의 나는 완전히 살아 있습니다. 나는 기쁨과 에너지를 갖고 있으며 다른 사람들의 삶에 깊이 연결되어 있습니다. 또한 굳건히 현실에 뿌리를 내리고 있지요! 나는 내가 느끼는 것을 반추하고 곰곰 생각하기보다는 표현합니다. 나는 왜 다른 사람들처럼 하지 못할까 하는 생각은 이제 하지 않습니다. 나는 독창적이고 상상력이 풍부하며 숨겨진 진실과 의미를 잘 찾아냅니다. 무엇보다 나는 자유롭습니다."

4번 유형이 자신의 기본적인 두려움에서 자유로워지면 예술 작품 그 자체가 된다. 이들에게는 자신 안의 풍요로움에서 발견한 아름다움을 대체할 예술이 필요치 않는 것이다. 이들은 자신의 본질적인 자아를 알고 있기 때문에 감정적으로 반응하는 것으로부터 자유로워진다. 이들은 끊임없이 변하는 현실에 연결되어 있으면서 현실 안에서 영감과 기쁨을 얻는다. 엔지니어인 다이엔은 이러한 '연결의 기쁨'에 대해 이야기한다.

살아가는 한 무엇을 하든지 우리는 삶에 있어서 예술가다.

M.C. 리처드 M.C. Richard

"가장 좋은 상태에서 나는 스스로에 대해 그리 깊이 생각하지 않고 느껴지는 대로 행동합니다. 내면에서 일어나는 작은 감정의 흐름에 끊임없이 영향을 받기보다는 매순간 내 주변을 둘러싸고 있는 세상과 사람들에게 주의를 기울이지요. 스스로를 지켜보고 분석하고 억압하는 태도로부터 자유로워지는 것은 정말 멋진 경험이에요. 내 마음이 고요해지면 세상의 풍요로움을 발견하게 되지요. 주변의 모든 것들이 달라 보입니다. 더 생동감 있고 입체적이며 섬세하지요. 나는 힘들이지 않고 자연스럽게 함께 있는 사람들에게 내 온 마음을 기울여서 그들의 이야기를 잘 듣고 그들의 감정에 공명할 수 있습니다."

본질이 드러남

4번 유형은 진정한 자아는 고착되어 있지 않으며 늘 스스로를 새롭게 변용해 나간다는 사실을 우리에게 알려 준다. 우리 본성은 끊임없이 발현되며 마치 만화경처럼 기대하지 못했던 놀라움으로 계속 변화되어 나간다. 하지만 4번 유형이 영성을 찾아가는 과정이, 자신을 만화경처럼 아름답고 환상적인 모습으로 연출해서 그 모습을 액자에 끼워 벽에 걸어놓는 것은 아니다. 이들은 진정한 자신이 상상 속에서 허위로 지어낸 '공상의 자아' 보다 훨씬 더 아름답고, 풍요로우며, 만족스러운 존재라는 사실을 깨닫게 된다.

이러한 자신과 연결되는 경험은 자신의 더 깊고 섬세하게 다른 면들 및 다른 사람들과 연결될 수 있도록 해 준다. 이러한 연결은 온전히 사적이며, 우리를 온전히 그 순간에 존재하도록 하는 소중한 경험이다. 4번 유형은 우리로 하여금 개인적인 자아와 우리 본성의 우주적 면의 합일을 인식하도록 도와준다.

4번 유형은 신성이 개인 안에서 구현된 모습을 보여준다. 그것이 바로 4번이 가지고 있는 특별한 본질적 성품이다. 우리 안에 있는 영원성이 개인적 경험을 통해서 세상을 맛보는 것이다. 우리 영혼의 가장 근원에는 감수성이 있다. 감수성이란 모든 경험을 통해서 감동받고 성장할 수 있는 능력이다.

우리가 현재에 존재하고 마음이 열려 있을 때 우리의 가슴은 경험에서 감동을 얻고 그것을 통해서 성장한다. 삶이 우리를 감동시키도록 마음을 열어 놓을 때마다 우리는 깊은 변화를 체험한다. 궁극적으로 모든 창조적 자기표현이 목표하는 바는 인간의 마음에 가 닿아서 변화를 일으키는 것이 아닐까?

4번 유형이 자신의 본성 안에 머물러 있을 때 이들은 본질의 역동적인 부분인 끊임없는 창조성 및 변화와 하나가 된다. 이 상태에 있는 4번 유형은 영원한 현재 안에서 창조, 지속적인 발현, 변화하는 우주를 나타내 보여준다. 4번 유형에게 주어진 가장 큰 선물은 이들이 이러한 심오한 변화의 상징이며 다른 번호들도 자신이 신성한 창조에 참여하고 있음을 일깨워 준다는 점이다.

리소-허드슨

유형 분류 테스트 결과

4번 유형에 대한 모든 문항의 점수를 더하라. 그리고 다음의 가이드라인을 참고하여 당신의 성격 유형을 발견하거나 확인하라.

점수	결과
15	당신은 아마 움츠리는 형(4, 5, 9유형)이 아닐 것이다.
15~30	당신은 아마 4번 유형이 아닐 것이다.
30~45	당신은 아마 4번 유형과 비슷한 특성을 가지고 있거나 4번 유형의 부모를 가지고 있을 것이다.
45~60	당신은 4번 유형의 성격을 가지고 있는 것 같다.
60~75	당신은 4번 유형일 가능성이 가장 많다(그러나 당신이 4번 유형을 너무 좁은 시각으로 보고 있다면 다른 유형일 가능성도 있다).

※ 4번 유형이 자신의 번호로 잘못 생각하는 번호는 1번, 2번, 9번이다.
1번, 5번, 6번 유형은 자신을 4번 유형으로 착각하는 경우가 많다.

5

제11장

5번 유형 : 탐구자

Type Five : The Investigator

사상가

혁신가

관찰자

전문가

급진적인 사람

숙련된 사람

"통찰의 첫 번째 행위는 꼬리표를 버리는 것이다."

유도라 웰티 Eudora Welty

"물리적인 개념은 인간 마음의 자유로운 창조임에도 불구하고 외부 세계에 의해 결정된 개념인 것처럼 보인다."

알베르트 아인슈타인 Albert Einstein

"어떤 분야의 지식을 완전히 알기 위해서는 그것과 연관된 분야를 완전히 알아야 한다. 그렇게 함으로써 알아야 할 모든 것을 알게 된다."

올리버 윈들 홈스 Oliver Wendell Holmes

"우리는 우주적인 존재는 될 수 없으며 모든 것을 완전히 알 수도 없다. 하지만 우리는 모든 것에 대해서 조금씩은 알아야 한다."

파스칼 Pascal

리소-허드슨

유형 분류 지표

각각의 문항이 자신에게 얼마나 적용되는지 점수를 매겨 보라.

1점 전혀 그렇지 않다.

2점 거의 그렇지 않다.

3점 어느 정도는 그렇다.

4점 대개는 그렇다.

5점 매우 그렇다.

→ 308쪽을 펴서 점수를 매겨 보라.

1. 나는 어떤 문제에 대해서 깊이 파고들기를 좋아한다. 그래서 가능한 한 완전히 그것에 대해 알아낸다.
2. 나는 많은 사람들이 나의 세계로 들어오는 것을 허용하지 않는 극단적으로 사적인 사람이다.
3. 나는 스스로가 그리 크거나 강한 사람이라고 느껴지지 않는다. 오히려 작고 눈에 띄지 않는 사람이라고 여겨진다. 내가 스파이가 된다면 그 일을 잘 해낼 것이다!
4. 내가 대부분의 시간에 무엇을 생각하는지 안다면 사람들은 내가 미쳤다고 생각할 것이다.
5. 나는 정보를 얻어야만 이성적인 결정을 내릴 수 있다고 생각한다. 그런데 대부분의 사람은 그리 이성적이지 않다.
6. 가족들은 내가 좀 이상하고 특이하다고 생각한다. 그들은 나에게 밖으로 좀 더 많이 나가야 한다고 이야기한다.
7. 나도 필요하다면 의견을 말할 수 있다. 그러나 대개는 주변에서 일어나는 일들을 지켜보는 것을 더 좋아한다.
8. 나는 문제를 해결해야 할 상황에서는 혼자 일하는 것을 더 좋아한다.
9. 나를 잘 살펴본다면 이상한 행동보다는 정상적인 행동을 더 많이 발견할 것이다.
10. 나는 맡은 프로젝트를 다듬는 데 많은 시간을 보내는 경향이 있다.
11. 대부분의 사람들은 아주 무지하다. 그런데도 일이 이루어지는 것은 정말 놀라운 일이다.
12. 나는 여러 분야에 대해서 많은 것을 알고 있다. 그리고 몇몇 분야에 대해서는 전문가 수준이다.
13. 나는 호기심이 많으며, 어떤 일이든 왜 그런 방식으로 이루어지는지 탐구하기를 좋아한다. 나는 극히 단순하고 뻔한 것들도 아주 자세히 들여다본다.
14. 나의 생각은 격렬하고 활동적이다.
15. 때때로 나는 하고 있는 일에 너무 열중해서 시간을 잊어버린다.

- **기본적인 두려움** 쓸모없고 무능한 사람으로 여겨지는 것
- **기본적인 욕구** 유능한 사람이 되는 것
- **수퍼에고의 메시지** "네가 뭔가를 완전히 알게 되면 너는 괜찮다."

5번 유형 | 탐구자

이지적인 유형

지각력이 있고, 창의적이며, 혼자 있기를 좋아하고, 마음을 잘 드러내지 않는다.

우리는 5번 유형을 '탐구자'라고 이름 붙였다. 5번 유형은 다른 어떤 유형보다도 사건이 일어나는 방식에 대해 알고 싶어 하기 때문이다. 이들은 우주, 동물계, 식물계, 광물계, 그리고 내면의 세계까지 모든 세계가 어떻게 움직여지는지 알고 싶어 한다. 항상 뭔가를 추구하고 질문을 던지고 깊이 탐구해 들어간다. 이들은 일반적으로 받아들여지고 있는 의견과 학설을 받아들이지 않으며 자기 나름대로 검증해 보아야 한다고 생각한다.

그래픽 아티스트인 존은 자신의 삶에 대해 이렇게 설명한다.

"5번 유형이라는 것은 항상 뭔가를 배우고 이 세상에 대한 정보를 수집해야 하는 것을 의미합니다. 뭔가를 배우지 않는 날은 햇빛이 없는 날과도 같습니다. 5번 유형인 나는 삶을 이해하기를 원하지요. 모든 일이 벌어지는 것에 대한 이론적인 설명을 얻기를 원하는 거예요. 이것을 이해함으로써 나는 그 상황을 책임지고 통제할 수 있다는 기분을 갖게 됩니다. 나는 때때로 그 상황에 뛰어들지 않고 관찰자로서 그 상황에 대해 뭔가를 알아내기도 합니다. 나는 삶을 이해하는 것이 삶을 사는 것만큼이나 중요하다고 생각합니다. 삶이 탐구의 대상만이 아니라 직접 뛰어들어 살아 봐야 하는 것임을 배우는 일은 내게 있어서 어려운 과제입니다."

5번 유형이 지식을 추구하는 것은 자신이 세상에서 성공적으로 살아갈 능력이 없는 데 대한 불안감이 내면에 있기 때문이다. 5번 유형은 자신이 다른 사람만큼 일을 잘 해 낼 수 없다고 느낀다. 5번 유형은 자신감을 얻게 해 주는 일들에 뛰어들기보다는 '한 걸음 물러서서' 좀 더 편안하게 느껴지는 자신의 마음 안으로 들어가 버린다. 이들의 신념은, 자신의 마음

이라는 안전한 공간 안에서 세상이 돌아가는 이치를 밝혀냄으로 다시 세상과 결합할 수 있을 것이라는 데 있다.

5번 유형은 바람 소리를 주의 깊게 듣고 뒷마당에서 일어난 일들을 기록하면서 무엇이든 관찰하고 숙고하는 데 많은 시간을 보낸다. 이들은 관찰에 열중하면서 지식을 내면화하고 자신감을 얻기 시작한다. 이들은 새로운 정보들을 결합해서 창조적인 것을 만들어 내기도 한다(바람 소리와 물소리를 결합해서 음악을 만드는 것 같은). 이들은 자신이 관찰한 것을 입증하거나 다른 사람이 자신의 작품을 이해하는 것을 확인함으로써 자신감을 얻으며 자신의 기본적인 욕구를 충족한다("너는 자기가 말하는 것을 알고 있다").

"여기서 무슨 일이 일어나고 있는 거지?"

5번 유형의 정체성은 자신만의 아이디어를 갖고 있으며 자신만의 통찰을 남들에게 이야기할 수 있는 사람이 되는 데 의존한다. 그렇기 때문에 이들은 지식과 이해, 통찰을 매우 중요시한다. 아울러 이미 익숙한 것이나 잘 정리된 분야를 탐구하는 일에는 그리 흥미를 느끼지 못한다. 이들의 관심은 독특한 것, 간과되기 쉬운 것, 환상, 비밀, 신비 같은 것에 쉽게 끌린다. 다른 사람이 모르는 일을 아는 것, 다른 사람이 경험하지 않은 일을 창조하는 것은 5번 유형에게 아무도 침범할 수 없는 자기만의 은신처를 갖게 해 준다. 이들은 이러한 은신처를 개발하는 것이 독립성과 비밀스러움을 갖는 가장 좋은 방법이라고 여긴다.

5번 유형이 안전감과 자존심을 갖기 위해서는 최소한 한 분야에서는 전문가의 수준이 되어야 한다. 그래야만 자신이 능력 있는 사람이며 세상과 연결되어 있다고 느끼는 것이다. 5번 유형은 이렇게 생각한다. '나는 내가 잘 할 수 있는 일을 찾아 낼 거야. 그러고 나서 삶의 도전에 맞서야지. 나는 다른 것들이 나를 방해하도록 할 수는 없어.' 그래서 이들은 무엇이든지 자신이 완전히 통달할 수 있다고 여기는 것에 열중한다. 그리고 그 분야에 대해서 편안하게 느낀다. 이것은 수학이 될 수도 있고 록큰롤, 클래식 음악, 자동차, 괴기 소설, 과학 소설, 혹은 완전히 자신의 상상력이 만들어 낸 세계가 될 수도 있다. 모든 5번 유형이 학자나 박사가 되는 것은 아니다. 그러나 자신의 지능과 이용할 수 있는 자원에 따라 흥미를 끄는 것을 찾아내어 완전히 통달하는 데 열중한다.

5번 유형이 탐구하는 영역은 사회적인 확인에 의존하지 않는다. 오히려 이들은 다른 사람이 자신의 아이디어에 금방 동의를 해 주면 너무 진부한 게 아닐까 하고 걱정한다. 역사를 통하여 우리는 기존의 학설을 뒤집은 5번 유형을 많이 찾을 수 있다(다윈, 아인슈타인, 니체 등등). 그러나 많은 5번 유형은 자신의 사고 과정의 복잡함 속에서 헤매다가 이상한 사람으로 취급되고 사회적으로 고립되기도 한다.

"다른 방식으로 해본다면 어떻게 될까?"

5번 유형의 강력한 집중력은 놀라운 발명과 발견으로 이어질 수 있다. 그러나 성격이 지나치게 고착되면 자기 파괴적이 될 수도 있다. 이들은 한 가지에 지나치게 집중함으로써 의식하지 못하는 사이에 실질적인 문제를 회피하게 되기 때문이다. 이들의 불안의 원인이 무엇이든지 – 폐쇄적인 인간관계, 체력 부족, 실직 등 – 평균적인 5번 유형은 자신의 문제를 조율하지 못하는 경우가 많다. 그래서 이들은 자신이 능력 있다고 느끼는 다른 것을 찾는다. 그러나 5번 유형은 아이러니컬하게도 자신의 분야에서 아무리 높은 수준에 올라 있다 해도 자신이 기본적인 역할을 제대로 하지 못하기 때문에 생기는 불안감을 없애 주지는 못한다. 예를 들어 바다 동물 전문가인 5번 유형이 있다고 치자. 그가 조개에 대한 모든 지식을 획득했어도 생계를 해결하는 것에 대한 불안감이 있다면 조개에 대한 지식이 그 불안을 해결하지는 못한다는 것이다.

5번 유형에게는 실질적인 문제를 해결하는 것이 아주 어려운 일이다. 로이드는 의학 연구소에서 일하고 있는 과학자다.

"어린 시절부터 나는 스포츠나 몸을 격렬하게 움직이는 것을 피해 왔습니다. 체육관에서 하는 로프 타기도 못했지요. 나는 스포츠에 참여하기를 꺼렸습니다. 체육관 냄새 자체가 불편하게 느껴졌으니까요. 그렇지만 정신적으로는 아주 활발한 삶을 살았습니다. 세 살 때 글을 읽는 법을 배웠고 학교에서는 항상 우등생이었습니다."

이들은 자신감을 느끼게 하는 아이디어를 수집하고 개발하는 데 많은 시간을 보낸다. 이들은 자신이 배운 모든 것을 보유하고 머리에 넣어 가지고 다니기를 원하는 것처럼 보인다. 5번 유형은 지적 흥미를 갖고 영감을 주는 일을 하면서도, 스스로를 제대로 돌보고 삶의 현실적인 면들도 돌아볼 때 건강한 삶을 유지할 수 있다.

어린 시절의 패턴

많은 5번 유형은 가족 안에서 안정감을 느끼지 못했다고 이야기한다. 이들은 부모가 자신을 지나치게 억압한다는 불안 때문에 안정감과 자신감을 느낄 수 있는 길을 찾았다고 이야기한다. 첫 번째로 이들은 가족과 떨어져서 정신적, 육체적, 감정적으로 자신만의 장소로 숨어들었다. 둘째로 이들은 자신의 개인적이고 감정적인 필요에서 '객관적'인 어떤 것으로 관심을 돌렸다.

※우리가 여기에서 설명하는 '어린 시절의 패턴'이 그 성격 유형을 만든 것은 아니다. 이것은 어린 시절에 관찰되는 경향이며 성인이 되었을 때 인간관계를 형성하는 데 큰 영향을 준다.

5번 유형의 아이들은 혼자서 긴 시간을 보내는 일이 많다. 이들은 다른 아이들과 어울려 놀기보다는 책 속에 파묻히거나, 악기를 연주하거나, 컴퓨터를 갖고 놀거나, 곤충이나 식물을 수집하는 것을 좋아하는 수줍음이 많은 아이들이다. 특정 분야(수학이나 철자 익히기 같은)에서 놀라운 재능을 보여 주지만 다른 기본적인 활동(자전거 타기나 낚시 같은)은 하기 싫어하는 5번 유형의 아이들을 흔히 볼 수 있다. 가족들, 특히 불안감을 느끼는 부모들은 5번 유형의 아이가 좀더 '정상적'이 되어서 사회적인 활동에 참여하기를 원한다. 하지만 이럴 때 5번 유형의 아이들은 대개 심하게 저항한다.

마이클은 똑똑하지만 늘 혼자 있는 아이였다. 그는 지능이 뛰어났지만 사람들에게 인정받지는 못했다.

"어릴 때 나는 알러지와 호흡기 질환을 앓았습니다. 그래서 여덟 살이 될 때까지 학교에 가지 못했지요. 나는 혼자 책을 읽는 시간이 많았고 다른 아이들하고는 잘 어울려 놀지 않았습니다. 다른 아이들이 하고 싶어

하는 것에 마음이 끌리지 않았지요. 아이들은 나를 '콧물 흘리는 책벌레' 라고 불렸습니다."

5번 유형의 상상력은 창조성과 자존감의 원천이 되기는 하지만 자신의 세계 안에 머물러 있기 때문에 스스로와 세계에 대해 더욱 불안감을 갖게 된다. 5번 유형의 아이들은 세상을 명확하게 인식할 뿐만 아니라 자신의 마음속에 정교한 세계를 구축하며 이러한 능력은 후에 긍정적이든 부정적이든 이들의 삶에 큰 영향을 미친다.

건축가이며 도시 설계사인 메이슨은 자신을 마음 안으로 움츠러들게 한 힘든 경험을 이렇게 말한다.

"나는 5남매 중 막내였습니다. 아버지는 시각 장애인이었습니다. 그리고 어머니는 사랑이 많은 분으로 아버지와 저희 5남매를 돌보느라고 무척 바빴습니다. 누나가 아주 질투심이 많았는데 늘 나에게 너는 실수로 태어났기 때문에 아무도 너를 사랑하지 않는다고 말했습니다. 그래서 내가 죽든지 어디로 가 버려야 한다고 말했어요. 나는 내 부모님과 형제들에 대해서 이중의 감정을 가지고 있었습니다. 그 때부터 나는 나만의 세계를 만들어서 그 세계를 지배하는 왕이 되는 꿈을 꾸었습니다."

5번 유형은 다른 사람에게 아무것도 기대하지 않는다. 그저 다른 사람의 요구나 욕구(특히 감정적인 욕구)에 의해 방해받지 않고 자신이 흥미 있어 하는 일을 하고 싶어할 뿐이다. 즉, "당신이 나에게 많은 것을 요구하지 않는다면 나도 당신에게 많은 것을 요구하지 않겠다"는 태도를 취하는 것이다. 5번 유형은 안전감과 스스로가 자기 삶을 통제하고 있다는 느낌을 갖기 위해서 독립성(좀 더 정확히 말하면 서로 간섭하지 않음)을 추구한다.

5번 유형은 다른 사람의 간섭을 받지 않을 때에야 사람들과 연결을 맺을 준비가 되었다고 느낀다. 예를 들어 어떤 5번 유형이 음악을 좋아한다면 피아노를 배울 것이다. 이것은 5번 유형에게 혼자 있을 수 있는 시간을 허용해 주며 자존감을 길러 준다. 가족 안에서 자기만의 장소를 갖도록 해 주는 것이다. 음악은 다른 사람들과 연결될 수 있는 다리의 역할을 한다. 그러면서도 5번 유형에게 혼자 있는 시간을 허용해 준다. 5번 유형은 다른 사람들과 음악을 즐기기보다는 자신을 위해서 피아노를 연주한다.

5번 유형은 어머니와 떨어져 독립성을 배우는 시기(2세에서 3.5세 가량)에 홀로 있으려고 한다. 어떤 이유에서인지는 확실히 말할 수 없지만 5번 유형의 아이들은 독립적이 되기 위해서는 남이 돌보아 주는 것이나 어머니와의 정서적인 연결을 스스로가 거부해야 한다고 느낀다. 그래서 자신의 세계 안에 머물러 있으면서 감정적인 필요를 냉정하게 끊어 버리는 방법을 배운다.

로이드는 무엇 때문에 분리감을 느끼게 되었는지 이야기한다.

"내가 어머니와 연결이 끊어졌다고 느낀 것은 언제였는지 기억도 나지 않습니다. 어머니는 내가 태어나기 전에 마음 아픈 일을 겪었습니다. 어머니는 아버지(아주 안전하고 믿을 수 있으며 모험을 피하려고 하는)와 결혼 후 아이를 낳았는데 삼 일만에 죽었습니다. 그러고는 두 번의 유산을 겪고 나서 이 년 후 저를 낳으셨지요. 저는 어머니가 나를 온전히 사랑하지 않는다고 느꼈습니다."

이들은 다른 사람에게 받는 보살핌을 끊어 버림으로써 더 많은 상처와 좌절에서 자신을 방어하려고 한다. 5번 유형이 어른이 되면 이러한 경향은 더욱 짙어져서 다른 사람과 감정적으로 연결되는 것을 꺼린다. 사고로 구축된 안전한 내면세계를 떠나서 몸의 느낌 및 감정과 연결되는 것은 어린 시절의 좌절과 고통을 다시 경험하는 것이다. 이러한 느낌 때문에 5번 유형은 자신의 내면세계(이들의 자신감의 원천인)에 몰두하게 되고 자신을 방어하는 것이다. 자신의 욕구를 충족시키는 것도 내면의 안전을 위협할 수 있다. 그래서 어른이 되었을 때 5번 유형은 자신이 가장 원하는 것을 피하고 내면의 욕구를 억누르며 취미나 기타의 창조적인 활동을 통해 자신이 진정으로 원하는 것을 대체해줄 기쁨을 찾는다.

날개 부속 유형

• 인물의 예
데이비드 린치 David Lynch
스테판 킹 Stephan King
글렌 굴드 Glenn Gould
조지아 오키프 Georgia O'keeffe
시네이드 오코너 Sinead O'connor
메르세 쿠닝햄 Merce Cunningham
릴리 톰린 Lily Tomlin
팀 버튼 Tim Burton
커트 코베인 Kurt Cobain
빈센트 반 고흐 Vincent Van Gogh

4번 날개를 가진 5번 – 인습 타파주의자

건강할 때 이 부속 유형의 5번은 호기심과 지각력, 독특하고 개인적인 자신만의 비전을 표현하려는 욕구를 갖게 된다. 이들은 6번 날개를 가진 5번 유형보다 더 감정적이고 내향적이며 창조적이다. 이들은 다른 사람들이 알지 못하는 은신처, 즉 온전한 그들만의 장소를 찾는다. 대부분의 경우에 실질적이라기보다는 열정과 홀로 있고자 하는 성격이 합쳐져서 창조적이고 외로운 사람이 된다. 이들은 변덕스럽고 창의적이다. 흥미가 끌리는 것을 꾸준히 연구해서 새로운 것을 만들어 내기도 한다. 이들은 예술에 끌리는 경우가 많은데 분석력이나 종합력보다는 상상력을 더 많이 사용한다.

평균일 때 이 부속 유형의 사람들은 자신의 지성에 많이 의존하면서도 격렬한 감정에 휩싸이기가 쉬워서 다른 사람들과 함께 일하는 데 어려움을 많이 겪는다. 이들은 다른 부속 유형보다도 더 독립적이며 자신에게 부과되는 구조에 저항한다. 이들의 관심은 이성적이라기보다는 초현실적이고 환상적인 것에 끌린다. 그래서 이들은 자기 자신의 세계 안에서 길을 잃기가 쉽다. 이들은 어둡고 숨겨져 있는 주제나 기괴한 것에 끌리는 경향이 있다.

6번 날개를 가진 5번 – 문제 해결자

건강할 때 이 부속 유형의 사람들은 조직적이고 세밀하게 관찰하는 능력을 가지고 있다. 그래서 이들은 다양한 사실들로부터 의미 있는 결론을 이끌어 내며 그 결론을 바탕으로 많은 것을 예측해 낼 수 있다. 이들은 자신에게 안정감을 주는 은신처를 찾는다. 이들은 엔지니어링이나 과학, 철학, 발명이나 수리 같은 것에 관심을 갖는 경우가 많다. 또한 다른 사람들과 협력할 줄 알고 꾸준하며 다른 부속 유형에 비해 실질적인 문제를 잘 다룬다. 혁신적인 아이디어를 사업에 적용시키는 능력이 있어서 많은 수

익을 내기도 한다.

평균일 때 5번의 부속 유형 중에서 가장 순수하게 지적인 사람들이 이들일 것이나. 이들은 이론, 과학 기술, 세세한 정보들을 수집하는 데 관심이 많다. 또한 문제를 구성하고 있는 요소를 분석하여 어떻게 작용하고 있는지 살펴보기를 좋아하고 자신의 감정을 극단적으로 자제하며 잘 드러내지 않는다. 6번 날개를 가진 5번 유형은 자신의 삶에서 아주 중요한 사람과 자신을 동일시하기는 하지만 우선 사람보다는 사물에 더 관심을 쏟는다. 이들은 자신의 주변 세상을 관찰하고 이해하는 것을 좋아하기 때문에 그다지 내향적이지 않을 수도 있다. 이들은 다른 부속 유형에 비해 논쟁을 좋아하고 자신의 관심을 강하게 고수하려는 경향이 있어서 자신에게 동의하지 않는 사람들에게 공격적으로 강하게 반응하기도 한다.

• 인물의 예
스티븐 호킹 Stephen Hawking
빌 게이츠 Bill Gates
도리스 레싱 Doris Lessing
보비 피셔 Bobby Fischer
로리 엔더슨 Laurie Anderson
브라이언 이노 Brian Eno
제인 구달 Jane Goodall
아이작 아시모프 Issac Asimove
찰스 다윈 Charles Darwin

자기 보존 본능의 5번 유형

본능적 변형

고립과 축적 평균적인 범위에서 자기 보존 본능의 5번 유형은 자신의 필요를 줄임으로써 독립성을 얻으려고 한다. 이들은 자신의 에너지가 소비되는 것에 인색하기 때문에 어떤 일과 활동을 해야 하는지, 그 일을 해 낼 수 있는 능력이 있는지에 대해서 깊이 생각하는 경향이 있다. 자신의 능력 이상이라고 여겨지는 일은 하려고 하지 않을 것이다. 또한 다른 사람을 필요로 하는 상황을 피하기 위해서 자신의 에너지와 자원을 아끼며 주어진 환경에서 되도록 적은 에너지를 취하려고 노력한다. 이들은 아주 개인적이며 되도록 가정과 일터를 보호하려고 애쓴다.

자기 보존적인 5번 유형은 고독을 사랑하고 사회적 접촉을 피하는, 진정으로 고독한 사람이다. 이들도 사교적이고 말이 많을 수도 있지만 다른 사람들과 친해지려면 많은 시간이 걸리고 사람들과 함께 있으면 쉽게 지쳐 버린다. 이들에겐 재충전을 위해서 집에 혼자 있는 시간이 필요하다. 또 자신의 필요를 최소화할 수 있는 방법을 찾기 때문에 적은 돈을 쓰면서 살 수 있으며 자신의 독립성과 프라이버시를 침해당하는 것을 좋아하지 않는다. 이들은 5번 유형 중에서 가장 감정적으로 독립적인 사람들이다. 친한 친구나 가까운 사람들에게는 따뜻한 사람일 수 있지만 감정적으로 메말라 있고 다른 사람에게 자신의 감정을 표현하기를 어려워한다.

건강하지 않은 범위에 있는 자기 보존적인 5번 유형은 이상할 정도로 마음이 닫혀 있고 사회적 접촉을 극도로 회피한다. 이들은 편집증의 경향을 보일 수도 있는데 특히 6번 날개를 가지고 있을 때 그렇다.

사회적 본능의 5번 유형

전문가 평균 범위에서 사회적 본능의 5번 유형은 다른 사람과 관계를 잘 맺고 자신의 지식과 기술을 통하여 자신을 위한 사회적 은신처를 찾는다. 이들은 지혜로운 사람으로 보이기를 좋아하고 자신의 전문 분야에서 없어서는 안 될 사람으로 여겨지기를 원한다(예를 들면 사무실에서 컴퓨터를 고칠 수 있는 유일한 사람이기를 원함). 이들은 5번 유형 중 가장 지적인 사람이며 학문, 특히 과학에 있어서 지도자 역할을 하는 것 등에 마음이 끌린다. 이들은 샤먼이나 마을에 지혜를 가져다주는 사람과 같은 역할을 하고 싶어한다. 사회적 본능의 5번 유형은 무거운 주제나 복잡한 이론에 대해서 이야기하는 것을 좋아하고 가벼운 농담에는 관심이 없다. 이들은 아이디어에 대해 토론하고 사회를 비평하며 그 시대의 조류에 대해 분석하면서 다른 사람들과 교류한다.

그리 건강하지 않은 사회적 본능의 5번 유형은 자신의 전문 분야를 통해서가 아니고서는 다른 사람과 관계 맺기를 어려워한다. 이들은 자신이 모은 정보를 힘을 휘두르는 데 쓰려고 한다. 사회적인 야망이 있기 때문에 지적이거나 예술적인 엘리트의 일원이 되기를 원한다. 이들은 자신의 일을 이해하지 못하는 사람들에게 '자신의 시간을 낭비하는 것'을 좋아하지 않는다. 건강하지 않은 범위에 있는 사회적인 5번 유형은 극단적이고 도발적인 관점을 취하는 경향이 있다. 이들은 무정부주의적이고 반사회적이어서 사람들에 대해서 아주 냉소적이다. 이들은 사회나 현실에 대해 아주 기괴한 이론을 만들어 낼 수도 있다. 그러나 이들은 자기 보존적인 5번 유형과는 달리 사람들에게 자신을 표현할 줄 안다.

성적 본능의 5번 유형

"이것은 나의 세상이다!" 평균 범위에서 5번 유형이 가지고 있는 초연함과 회피는 성적인 변형이 가지고 있는 강력한 연결에 대한 열망과 상충한다. 성적인 5번 유형은 친밀한 사람들과 자신이 가지고 있는 비밀스러운 정보를 나누기를 좋아한다("나는 아무한테도 이 이야기는 안 했어"). 그러나 이들은 항상 다른 사람들에게 매력적으로 보이고자 하는 욕구와 사회적인 기술 부족 사이에서 어느 정도의 긴장과 갈등을 겪는다. 그래서 성적인 5번 유형은 인간관계에 대한 불안과 움츠러드는 경향이 있기는 하지만 사람들과 강렬한 관계를 맺는 것에 마음이 끌린다. 이들은 다른 본능적 변형의 5번 유형보다는 붙임성이 있고 말이 많다. 그러나 갑자기 이유도 없이 사라져 버려서 사람들을 놀라게 하고 당혹스럽게 만든다. 반면에 어떤 대상에게 사랑을 느낄 때는 마치 9번 유형처럼 마음을 잘 열고 다른 사람과도 잘 어울린다. 그러나 자신이 인정받지 못하거나 이해받지 못한다고 느낄 때는 빨리 마음의 문을 닫아 버리고 감정적으로 멀어진다. 이들은 누군가와의 강렬한 관계와 오랜 기간 동안의 고립을 교대로 경험하곤 한다.

성적인 충동이 지성과 결합될 때 강렬한 상상력이 나올 수 있다. 성적인 5번 유형은 대안적인 현실(여러 형태의 사적인 '세계')을 만들어 내어 그 안에서 자신의 이상형과 교류하는 것을 꿈꾼다. 이들은 자신의 열정을 거절하지 않을 이상적인 동반자를 찾는다("이러한 열정이 당신을 두렵게 하나요?"). 성적인 5번 유형이 갖고 있는 강한 성적 관심은 감정적인 접촉을 위해서 위험을 감수하도록 충동질한다. 이것이 이들의 끊임없는 정신적인 활동에 휴식을 준다. 또한 이들이 현실에 뿌리 내리는 한 방법이 되기도 한다. 그러나 불건강한 영역에 있는 5번 유형은 상상력과 성적 관심이 합쳐져 성도착증인 경향을 보인다. 이들은 혼란스러운 환상과 꿈속에서 길을 잃게 되는 것이다.

건강하지 않은 영역에 있는 성적 본능의 5번 유형은 잃어버린 사랑에 대한 그리움과 거부당했다는 감정 때문에 자폐적이고 자기 파괴적인 행동으로 빠져들 수도 있다. 그럴 때 나타나는 현상이 관음증 같은 것이다. 결국 이들은 사회의 가장 밑바닥으로 떨어진다.

5번 유형이
성장하기 위해
극복해야 할 과제

다음은 5번 유형이 삶에서 가장 많이 만나는 문제들이다. 이 패턴들을 주의해서 보고, '행동을 통해 자신을 알아차리고', 삶에 대한 습관적인 반응을 의식하면 우리는 자기 성격의 부정적 면들로부터 훨씬 자유로워질 것이다.

5번 유형을 일깨우는 신호 – 생각 속으로 은둔하기

5번 유형은 주변 사람이나 환경 때문에 지치게 되면 즉시, 그리고 반사적으로 자신의 감정과의 직접적인 연결로부터 떨어져 나와서 생각 속으로 움츠러든다. 그렇게 함으로써 이들은 자신의 상황을 더 객관적으로 볼 수 있는 안전한 장소를 찾으려고 하는 것이다.

이렇게 5번 유형이 자신의 머리로 옮겨 갈 때, 이들은 자신의 존재와의 직접적인 연결을 끊어 버리고 경험에 대한 자신의 지적 평가에 의존하게 된다. 이들은 경험을 개념으로 바꾸고 나서 이 개념이 현실에 대한 이전의 이해와 어떻게 들어맞는지 살펴본다. 예를 들어 정신과 의사인 5번 유형이 친구와 기분 좋은 대화를 나누고 있다고 하자. 그런데 갑자기 그는 친구의 말을 귀 기울여 듣기보다는 어떤 심리학적 이론에 비추어서 상대방의 생각과 감정을 살펴보고 있는 자신을 발견한다. 또 소설가인 다른 5번

5번 유형의 발달 단계

범위	수준	내용
건강한 범위	수준1	**삶에 적극적으로 참여함, 비전이 있음** 이 수준의 5번 유형은 자신이 주변 환경과 분리되어 있다는 생각('외부 관찰자'라는 정체성)에서 벗어나 자신 있게 삶으로 뛰어든다. 이로써 세상 안에서 유능하게 살고자 하는 자신의 기본적인 욕망을 성취한다. 이들은 냉철한 이성을 갖고 있으며, 깊이 있고, 사랑이 많다.
	수준2	**관찰을 잘 함, 수용적** 이 수준의 5번 유형은 자신의 주변 환경에 적응해서 살아가는 데 자신감을 느낀다. 이들은 자신의 기본적인 욕망을 충족시키기 위해 삶의 기술을 익힌다. "나는 현명하고 호기심이 많고 독립적인 사람"이라는 자아 이미지를 갖고 있다.
	수준3	**집중력이 높고 혁신적** 이 수준의 5번 유형은 자신을 강하게 만들어 줄 지식과 기술을 익힘으로써 자신의 이미지를 강화한다. 이들은 다른 사람들과 경쟁하기보다는 새로운 아이디어를 탐색하는 것을 좋아한다. 자신의 분야에서 노력한 결과 독창적인 아이디어, 혁신적인 발명품, 혹은 예술 작품 같은 것을 만들어 낼 수 있다.
평균 범위	수준4	**개념화에 능숙하며 준비성이 있음** 이 수준의 5번 유형은 자신의 기술이 불충분하며 세상에서 자신의 자리를 마련하기 위해서는 더 준비해야 한다고 걱정한다. 이들은 많은 면에서 자신에 대해 확신을 갖지 못하기 때문에 안전한 자신의 마음 안으로 숨어 들어가고 싶어 한다. 이들은 연구하고 기술을 연마하고 더 많은 지식과 자원을 수집한다.
	수준5	**초연하며 집중력이 있음** 이 수준의 5번 유형은 다른 사람이 자신에게 뭔가를 요구하거나 필요로 하게 되면 자신이 하는 일에 대한 집중력이 흩어질 것을 걱정한다. 그래서 자신의 정신적인 활동을 강화함으로써 '침입'을 막아 버린다. 이들은 아주 예민하고 사색적이며 비밀스럽고 자신의 필요를 최소화하려고 노력한다. 혼자 보내는 시간이 많고 대안적인 삶의 방식에 대해 많은 생각을 한다.
	수준6	**극단적이며 반항적임** 이 수준의 5번 유형은 자신이 만들어 낸 은신처를 다른 사람들이 위협할까 봐 두려워해서 사람들을 밀어 내려고 한다. 이들은 다른 사람이 자신감과 차분함을 보여 줄 때 반감을 가지며 자신의 생각 안에서 여러 가지를 만들어 내고 전복시키는 것을 즐긴다. 이들의 아이디어는 기괴하고 혼란스러우며, 그것을 이해하지 못하는 사람을 경멸한다.
건강하지 않은 범위	수준7	**허무주의적이며 괴팍함** 이 수준의 5번 유형은 이 세상에서 자신의 자리를 찾지 못할까 봐 걱정한다. 그리고 이것은 사실일 수도 있다. 이들은 안정감을 얻기 위해 세상과의 모든 연결을 끊어 버리고 고립되고 텅 빈 내면으로 숨어 들어간다. 이들은 가장 기본적인 필요를 제외하고는 모든 것을 거부하지만 여전히 두려움에 시달린다.
	수준8	**겁에 질림, 일시적인 정신 착란** 이 수준의 5번 유형은 자신이 너무나 작고 무기력하게 느껴져서 세상 대부분이 자신에게 해를 입히는 것처럼 여긴다. 이들은 어두운 공상과 환각에 사로잡혀 있다. 모든 도움을 거부하고, 사람들과 떨어져 움츠려 있으며, 심한 악몽과 불면으로 괴로움을 겪는다.
	수준9	**정신을 놓아 버림으로써 고통을 회피함, 스스로를 파멸시킴** 이 수준의 5번 유형은 고통과 두려움으로부터 더 이상 자신을 방어할 수 없다고 느끼기 때문에 현실로부터 도망치기를 원한다. 극단적인 경우 정신적인 파멸, 정신 분열, 혹은 자살을 통해서 현실로부터 도피하려고 한다.

유형은 휴가를 떠나서 그 시간을 즐기고 휴식을 취하기보다는 자신이 쓰고 있는 소설의 장소에 대해 어떻게 묘사할까를 구상하며 휴가의 대부분을 보낼지도 모른다.

5번 유형의 아이디어와 의견, 생각 등은 내면의 블록 장난감처럼 서로 들어맞는다. 이 블록 장난감은 5번 유형의 주요한 현실이 될 수 있다. 이들은 이 필터를 통해서 세상을 경험한다. 놀랍게도 5번 유형은 새로운 아이디어를 덧붙이고, 이전에 갖고 있던 생각을 재구성하고, 이 생각의 구조가 어떻게 서로 들어맞는지 살펴보는 데 많은 시간을 보낸다. 이들은 새로운 아이디어를 만들어 내는 데 항상 성공적이어서 이것은 자존감을 높여 주며 자아를 방어하는 강력한 방법이 되기도 한다. 그러나 자신의 주의를 완전하게 내면의 블록 장난감으로 옮김으로써 5번 유형은 세상을 직접 경험하기보다는 세상을 개념화하고 추상적인 것으로 만들어 버린다. 이것은 결국 본질과의 연결을 잃어버리게 한다. 다시 말하면 생각을 가지고 노는 것은 5번 유형으로 하여금 일시적인 자신감을 갖게 하지만 실제 세상의 실제 문제에 대한 해결책은 주지 못한다.

사회적인 역할 : 전문가

불안한 5번 유형일수록 전문가의 역할을 통하지 않고는 사람들과 관계 맺

연습 ① 세상과 다시 연결되기

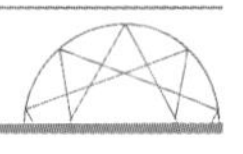

당신이 있는 방을 둘러보고 전에는 알아차리지 못했던 모든 것을 나열해 보라. 간과하고 넘어간 것이 무엇인지를 헤아려 보라. 얼마나 많은 새로운 것, 색상, 방의 특징을 찾아 낼 수 있는가? 현재에 존재할 때 우리는 모든 것을 알아차린다. 그러나 우리가 생각 속으로 빠져들어가면 많은 것을 알아차리지 못한다.

새로운 장소에 가 있을 때마다 이 연습을 할 수 있다. 그러나 먼저 자신을 느낌으로써 현재에 존재해야 한다. 그러고 나서 전에는 결코 본 적이 없었던 것처럼 당신의 세상을 바라보라. 당신이 5번 유형이라면 세상과 다시 연결되기 위해서, 그리고 당신을 일깨우는 신호를 '활성화'하기 위해서 이 연습을 사용할 수 있다. 만약 당신이 5번 유형이 아니라면 5번 유형에 대해서 더 잘 알게 될 것이다.

기가 더 어려워진다. 자신의 기본적인 두려움(무기력하고 힘없어지는 것) 때문에 이들은 더 많은 자신감을 갖고 자신의 은신처를 만들기를 원한다. 이들은 자신이 속한 사회에서는 아무도 알지 못하는 정보(예를 들면 체스의 특별한 기술, 비밀스러운 점성학, 에니어그램 같은)를 가짐으로써 은신처를 만든다. 이들은 자신만의 차별화된 창조적 영역을 개발하기도 한다.

그러나 그 그룹의 다른 사람들이 그만큼 안다면 자신이 체스에 대해서 많이 안다고 해도 스스로 충분하지 못하다고 여긴다. 평균적인 5번 유형은 어떤 게임에 대해서든 모든 사람들보다 더 많이 알아야 한다고 느낀다. 그렇지 않으면 다른 게임을 찾을 것이다. 이들은 고대 잉카 인들이 하던 난해한 게임이나 아주 복잡한 컴퓨터 게임을 선택할지도 모른다.

5번 유형은 자신이 선택한 것에는 많은 시간을 쏟으면서 자신이 알지 못하는 많은 삶의 영역이 있다는 사실은 깨닫지 못한다. 뛰어난 물리학자나 유명한 소설가가 된다고 해서 요리나, 운전, 사람들과 관계를 잘 맺지 못하는 것 등을 완전히 보상할 수는 없다. 또 5번 유형은 육체적인 활동이나 운동을 잘 못한다. 이것이 5번 유형을 아주 부끄럽게 만든다. 자신이 잘 하지 못하는 것도 있다는 사실을 일깨워 주기 때문이다. 사회 활동이나 관계를 맺는 것도 5번 유형이 못 하는 것들이다. 물론 몇 번 데이트를 할 수는 있다. 그러나 상대가 어떤 방식으로든 상처를 주면 다시 데이트를 하는 데 몇 년이 걸릴 수도 있다. 이런 패턴이 계속되면 5번 유형은 자신이 안전하다고 느껴지는 몇몇 활동들 속으로 숨어 버릴 것이다.

연습 ② 무엇이 진정한 자신감을 길러 주는가?

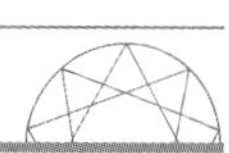

당신이 어떤 분야에 관심을 가지며 의존하고 있는지 살펴보라. 이 전문 분야가 자신에 대해서 어떤 느낌이 들도록 해 주는가? 당신의 전문 분야에 대해 이야기하지 않고 다른 사람과 관계를 맺는 것은 어떤 느낌을 주는가? 당신에게 부끄러움이나 불안을 자아내는, 당신이 소홀히 하고 있는 삶의 분야가 있는가?

시간, 에너지, 자원에 대해 인색함

"하드 디스크를 채우기"

5번 유형의 열정(또는 그들의 '큰 죄')은 탐욕, 즉 자신이 작은 존재이며 이 세상에서 스스로를 방어할 수 없다는 느낌에서 비롯된 감정적 왜곡이다. 두려움은 5번 유형으로 하여금 내면으로 움츠러들게 한다. 그리고 탐욕은 이들로 하여금 그것이 얼마만큼이든 자신이 갖고 있는 최소한의 자원을 축적하게 만든다. 5번 유형은 자신에게 주어지는 것이 그리 많지 않다고 느낀다. 그래서 다른 사람이 자신으로부터 뭔가를 필요로 하면 고갈되고 지치는 것이다.

실제로 5번 유형은 가장 물질주의적이지 않는 유형이며 아주 적은 물건들만을 갖고 사는 데 만족하는 사람들이다. 그러나 이들은 시간, 에너지, 자원에 대해서는 탐욕적이다. 이들은 지식과 자신의 전문성을 향상시킬 수 있는 방법에 대해서 아주 욕심이 많다. 더욱이 5번 유형은 대부분의 시간을 자신이 관심 있는 분야를 연구하고 아이디어를 개발하는 데 쏟아야 하기 때문에 자신의 시간이나 주의를 다른 사람에게 쏟고 싶어 하지 않는다. 이들은 자신이 무능하고 무기력하다고 느끼기 때문에 자신을 안전하고 유능하게 만들어 줄 모든 것을 모으고 붙들고 있어야 한다. 이들은 집 안에 물건이 가득 찰 때까지 신문이나 잡지, 혹은 자신의 관심 분야에 대한 노트나 책, CD나 레코드를 수집한다.

또 5번 유형은 다른 사람의 기대가 부담스럽게 느껴질 때가 많다. 더욱이 5번 유형은 다른 사람에게 침범 당했다는 느낌을 쉽게 갖기 때문에 감정적으로 또아리를 틀어서 스스로를 보호하려고 한다.

마크는 유머 감각이 뛰어나고 성실한 컴퓨터 전문가다. 그는 몇 년 전에 결혼해서 행복하게 살고 있다. 그러나 여전히 이런 문제로 어려움을 겪고 있다.

"나의 어머니는 나를 낳기 전에 두 아들을 두셨습니다. 큰형은 피부 문제를 가지고 태어났고 작은형은 열 살이 채 되기 전에 사고로 죽었지요. 내가 태어났을 때는 모두들 나를 지나치게 보호하고 돌보려고 애썼습니다. 불행히도 혼자만의 시간이 전혀 없었어요. 부모님은 내가 어디에 있는지, 무엇을 하는지, 내 방에는 어떤 것들이 있는지 아셔야만 했지요. 나는 어릴 때부터 내 마음속으로 움츠러드는 것을 배웠습니다. 거기서 다른 사람들의 침범으로부터 벗어나는 자유를 얻었지요. 내가 허락하지 않는 한 그 곳에는 아무도 들어올 수 없었습니다. 10대 초반에 나는 다른 사람과 떨어져서 비밀스럽고 냉정해짐으로써 외부에 대해 저항하기 시작했습니다. 오늘날까지 나는 부모님이나 다른 사람들에 대해 감정적으로 거리가 있습니다."

영원한 '준비 모드'

"나는 시간이 더 필요하다"

평균적인 5번 유형은 소위 '준비 모드(preparation mode)'에 갇혀 있는 경우가 많다. 이들은 점점 더 많은 정보를 수집하고 끊임없이 연습을 하며 행동을 개시하기에는 아직 준비가 덜 되었다고 느낀다. 끊임없이 자신을 준비하고 분석하기 때문에 작은 것에 묶여 나무는 보고 숲은 보지 못하는 격이 된다. 이들은 예술가라면 계속 그림을 그리지만 전시회를 여는 것은 주저하며, 학생이라면 계속 이것저것 배우러 다니면서 자신을 세상에 드러내기엔 아직 충분치 못하다고 느끼는 것이다.

그러면서도 5번 유형은 자신의 내재된 불안을 알아차리지 못한다. 이들은 준비를 다 끝내지 못했기 때문에 더 갈고 닦기 위한 시간과 공간이 필요하다고만 생각한다. 이들은 자신의 프로젝트와 자신의 가치를 동일시하기 때문에 자신의 일이 사람들에게 거부당하거나 인정받지 못할까봐 아주 불안해한다. 항상 더 준비해야 한다고 느끼기 때문에 이들은 여러 해 동안 앞으로 나아가지 못하고 막혀 있는 상태에 있게 된다. 이들은 어느 날 깨어나서 삶을 산 것이 아니라 준비만 해 왔다는 사실을 깨닫게 될지도 모른다.

기본적으로 5번 유형은 "네가 무엇인가를 완전히 마스터하면 너는 좋고 괜찮다"라는 수퍼에고의 메시지에 묶여 있다. 하지만 충분히 준비했으니 행동을 시작해도 된다는 것을 누가, 혹은 무엇이 알려 줄 것인가?

모건은 자신의 이런 패턴 때문에 얼마나 많은 대가를 치렀는지 잘 인식하고 있다.

"저는 작곡가로 일하면서 여러 해 동안 어려움을 겪었습니다. 이제 와서 생각해 보면 많은 사람들이 내 노래가 꽤 괜찮다고 생각했지요. 그러나 나는 결코 그렇게 생각하지 않았습니다. 나는 계속 노래를 고쳐 나갔습니다. 소리가 좋지 않다, 화음이 별로다, 다른 노래와 비슷하게 들린다, 이렇게 생각하면서 말이에요. 더 나빴던 것은 작곡을 전혀 안 하고 영감을 얻기 위해서 음악을 듣고 연구하며 시간을 보냈다는 것입니다. 내 음악을 발표하여 나를 도와주려는 다른 음악인들 앞에서도 연주하기를 아주 어려워했습니다. 그래서 그들에게 연주해 줄 것을 부탁했지요. 나는 이런 과정을 통해서 점점 더 좋은 작곡가가 되고 언젠가는 정말 훌륭한 작곡가가 되리라고 스스로에게 말하면서 자신을 위안했지요. 나는 몇 년을 그렇게 낭비하며 보냈습니다."

감정적인 욕구 억압

5번 유형은 모든 유형 중 가장 독립적이고 개인적이다. 우리는 이들을 외로운 사람, 혹은 환경에 적응하지 못하는 사람이라고 말하고 싶다. 이것은 5번 유형이 항상 혼자이기를 원한다거나 다른 사람에게 좋은 친구가 되지 못한다는 의미는 아니다. 5번 유형은 자신이 존경할 만한 지성과 식

연습 ③ 아이디어를 구체적으로 실현하기

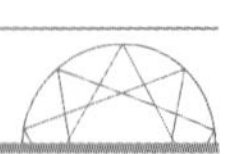

당신은 생각을 정리하는 과정을 그만두고 행동 속으로 뛰어들 때 가장 효율적이 된다. 가능하면 자주 당신의 아이디어를 다른 사람과 나눠라. 당신의 생각에 관심이 있는 창조적이고 지적인 사람이라면 당신이 일을 밀고 나가도록 도와 줄 수 있다. 당신은 다른 사람과 함께 일하는 것을 그리 좋아하지는 않겠지만, 사람들에게 자기 생각을 이야기함으로써 자신의 준비 방식에 갇혀 있는 것을 막을 수 있다.

견을 가진 사람을 만나면 말이 많아지고 사교적이 된다. 자신의 가치를 알아주는 사람과 함께 자신의 통찰과 발견을 나누고 싶어 하기 때문이다. 그러나 자신이 가진 지식을 나누고자 하는 것은 자신에 대한 정보를 나누고자 하는 것과는 다르다.

"나가도 안전할까?"

자신을 아웃사이더라고 느끼면서도 누군가에게 받아들여지기를 갈망하는 4번 유형과는 달리 5번 유형은 사람들과 연결되는 것을 그리 원하지 않는다. 이들은 인간관계에 대해서는 단념하고 자신의 내부로 주의를 돌려서 단절감은 어쩔 수 없는 것이라고 체념한다 – 삶은 그런 것이다(팀 버튼의 영화 〈에드워드 가위손〉은 5번 유형의 내면 감정을 완벽하게 묘사하고 있다). 이들의 감정적 필요와 욕구는 깊이 억압되어 있다. 자기 방어의 기저에서는 이것이 고통을 일으킨다. 그러나 이들은 일상생활을 제대로 해 나가기 위해서 자신의 외로움을 보려고 하지 않는다.

성공적인 사업가인 리처드는 어린 시절부터 감정적으로 억눌려 있었던 것에 대해 이렇게 이야기한다.

"내가 사람들에게 가까이 가지 않으려는 성품을 가진 것은 부모님과 밀접한 관계를 맺지 못했기 때문이라고 여겨집니다. 아버지는 군인이셨기 때문에 거의 가족과 떨어져 계셨고 어머니는 네 번째 아이였던 내가 원하는 것보다는 사회 생활에 더 관심이 많으셨지요. 저는 '우연히' 태어난 아이였습니다. 어머니는 제 위의 형과 누나를 통해서 어머니의 역할에 대한 경험을 끝내셨지요. 그래서 저는 어릴 때부터 제 일은 제가 알아서 하는 것을 배웠고 남의 눈에 띄지 않는 것을 좋아했습니다."

9번 유형과 마찬가지로 5번 유형도 다른 사람과의 관계에서 자신의 욕구와 자신에 대한 느낌(sense of self)을 유지하는 데 어려움을 겪는다. 그러나 9번 유형과는 달리 5번 유형은 사람들을 피함으로써 자신의 중요성과 자신에 대한 느낌을 되찾으려고 시도한다. 다른 사람과 함께 있는 것은, 설령 그것이 즐거운 시간이라고 하더라도 이들에겐 사고의 명확성을 흐리게 하고 긴장감을 불러일으키는 것이다. 이런 이유 때문에 평균적인

"나는 아무도 모르는 비밀스러운 자아를 가지고 있다."

5번 유형은 대부분의 인간관계가 자신을 지치게 만든다고 생각한다. 이들은 자신이 줄 수 없는 반응을 다른 사람들이 원하고 있다고 느낀다.

마크는 이 주제에 대해 솔직하게 말한다.

"사람들을 대하는 것이 어렵습니다. 인간관계에는 항상 기대가 따르기 때문이지요. 아내는 나에게 어떻게 말하고 행동하고 옷을 입어야 하는지 이야기합니다. 난 그런 것에 늘 자신이 없어요. 사회적으로 받아들여지기 위해서는 노력이 필요한 것 같습니다. 그런데 나는 내가 왜 그런 노력을 해야 하는지를 모르겠어요."

5번 유형은 실제로 아주 깊은 감정의 보고를 가지고 있다. 그러나 이들은 그것을 깊이 묻어 두고 의도적으로 연결되지 않으려고 한다. 사실상 5번 유형은 감정에 휩쓸리지 않기 위해서 많은 관계를 회피한다. 또한 대부분의 5번 유형은 자신을 도우려는 사람들을 피한다(도움을 받기 위해서는 무기력과 무능함이 강조되어야 하는데, 이것이 이들의 기본적인 두려움을 강화하기 때문이다). 도움을 주는 사람이 배후 동기를 갖고 있거나, 그것을 이용해서 상대를 조정하려는 의도가 있는 것으로 느껴질 때는 더욱 그렇다. 5번 유형은 다른 사람의 인식되지 않은 필요는 물론이고 자신의 필요를 다루는 것조차도 어렵다고 느낀다.

필요를 최소화하기

사고 중심 유형은 전략을 개발함으로써 잃어버린 내면의 안내를 보충하

연습 ④ 고립의 뿌리는 무엇인가?

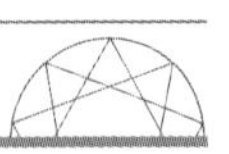

당신이 겪었던 '고립의 경험'을 천천히 떠올려 보라. 어떤 고립이 당신으로 하여금 감정적으로 다른 사람에게서 떨어져 있도록 했는가? 그 때 당신은 사람들에 대해 어떤 태도를 취했는가? 당신 안에 있는 이러한 경향을 강화한 어린 시절의 사건을 기억해 낼 수 있는가? 다음 번에도 당신이 사람들과 함께 있을 때 감정적으로 떨어져 있다거나 고립되어 있는 느낌이 있는지 살펴보라. 다른 사람과 관계를 맺으면서도 자신을 잃지 않기 위해서는 어떻게 해야 할까?

려고 시도한다. 5번 유형의 전략은 많은 요구를 하지 않으면서 삶을 살아 나가는 것이다. 그러면서 이들은 다른 사람들도 마찬가지로 자신에게 많은 것을 요구하지 않기를 희망한다(무의식적으로 이들은 자신이 다른 사람에게 줄 것이 별로 없다고 느낀다). 이들은 필요를 최소화함으로써 독립성을 유지하려고 한다. 이들은 최소한의 것을 소유하면서도 편안하게 살 수 있다. 이들은 비전과 이론에 심취해서 '육체에서 분리된 마음'처럼 살아간다. 작곡가인 모건은 자기 유형의 최소주의에 대해서 솔직하게 이야기한다.

"나는 바람을 넣은 매트리스 위나 그냥 바닥에서 잠을 잡니다. 책과 LP 판들을 꽂아 놓는 책꽂이 외에는 몇 년 동안 가구도 거의 갖지 않고 살았어요. 그런 내가 안 돼 보였는지 사람들이 중고 가구들을 가져다주더군요. 전 고맙게 받았지요. 제 방의 가구들은 서로 전혀 어울리지 않지만 전 그런 일엔 신경 쓰지 않아요. 나는 내 머릿속에서 삽니다. 제 아파트는 그저 먹고 잠자는 곳이지요."

"나는 많은 것이 필요하지 않다. 그러나 나의 공간만은 필요하다."

평균적인 5번 유형은 다른 사람뿐만 아니라 자신의 몸에 대해서도 별로 주의를 기울이지 않고 방심한다. 이들은 자신의 일에 열중하며 아주 예민해져서 자신의 신체와 감정적인 필요를 무시해 버린다. 과자나 음료수만 먹으며 밤새도록 컴퓨터 앞에 앉아 있을지도 모른다. 또는 집을 나서려다가 열쇠나 안경을 찾기도 한다. 5번 유형의 방심(absentmindedness)은 9번 유형이 공상을 하고 있는 상태와는 다르다. 정신적인 불안정과 신경 에너지를 지나치게 많이 쓰는 데서 비롯되는 결과다.

연습 ⑤ 몸의 감각 회복하기

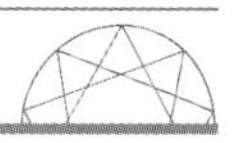

5번 유형은 자신의 몸에 각별히 주의를 기울일 필요가 있다. 요가, 무술, 조깅, 스포츠, 체조, 산책 등은 당신이 자신의 신체 및 감정에 연결될 수 있도록 도와 줄 것이다. 당신이 규칙적으로 할 수 있는 것을 골라라. 또한 그 활동을 일주일에 몇 번 할 것인지 자신과 약속할 수 있는 횟수를 적어라. 그리고 거기에 서명을 하라. 당신의 경험에 대해서 쓸 수 있는 공간을 마련하라. 당신이 스스로와 약속을 지키지 않았을 때 어떤 감정이 올라오는가? 스스로 하기로 한 것을 했을 때 당신은 자신에 대해 어떤 느낌을 느끼는가? 이것이 당신의 생각에 어떤 영향을 미치는가?

이 상태에서 5번 유형은 자신의 활동에 대해 아주 비밀스러워진다. 이들은 친구나 연인과 친밀한 관계를 맺으며 이야기를 많이 나누지만 자신의 삶에 대해서는 감추는 경향이 있다. 그래서 친한 사람들도 이들의 삶에 대해서는 잘 알지 못한다. 이들은 관계를 구분 짓고 자신의 요구를 최소화하고 자신의 활동을 비밀로 유지함으로써 자신의 독립성을 유지하고 자신이 열중하는 프로젝트가 방해받지 않기를 바란다.

생각 속에서 길을 잃다

평균적인 5번 유형은 바깥 생활의 불안으로부터 은둔해 들어갈 수 있는 내면세계를 창조하고 그것에 열중하는 경향이 있다. 이들은 자신이 할 수 있는 다양한 아이디어에 대해 심사숙고하고, 복잡한 공상의 세계를 만들어 보거나 새로운 이론을 만들어 낸다. 하지만 이들의 사고가 목표하는 바는 실제로 무엇인가를 탐색하거나 창조하는 것이 아니다. 자신의 실제적이고 감정적인 문제를 자신과 떨어뜨려 놓는 것이다.

5번 유형은 자기가 강하거나 능력이 있다고 느끼지 못하기 때문에 스스로가 힘과 통제력을 가지는 공상을 하는 데 많은 시간을 보낸다. 이들은 정복하려고 괴물과 싸워 이기는 테마를 바탕으로 한 컴퓨터 게임이나, 체스처럼 판 위에서 말을 움직이는 게임 같은 것에 자연스럽게 마음이 끌린다.

제프는 이 영역을 잘 알고 있는 소프트웨어 디자이너다.

"나는 판 위에서 하는 아주 복잡한 체스 게임을 즐겼습니다. 이 게임에

연습 ⑥ 내부 세계와 외부 세계의 균형 맞추기

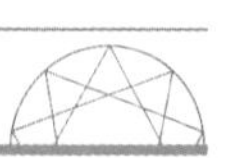

공상하기, 이론화하기, 깊이 생각하기는 시간을 보내는 데 모두 좋은 방법들이다. 그러나 삶의 실제적인 문제를 피하기 위해서 그것들을 사용하지는 않는지 정직하게 생각해 보라. 당신은 이런 것을 하는 데 하루에 몇 시간을 쓰는가? 이러한 사고 활동에 시간을 투자하지 않는다면 당신은 그 시간을 어떻게 보내하겠는가?

는 여러 가지 주제가 있지만 대부분은 전쟁에 대한 것입니다. 규칙을 알아내는 데 며칠이 걸리기도 합니다. 어떤 때는 같이 할 친구를 못 찾아서 혼자 한 적도 있습니다. 컴퓨터 게임이 나오자, 나는 혼자 게임을 할 수 있어서 너무 좋았습니다. 나는 몇 시간이고 컴퓨터 게임에 매달립니다. 게임의 매력은 전쟁에서 이기고 도시를 건설하는 경험을 해 보는 것이지요. 내 군대가 진입해 들어가서 적을 무찌를 때는 정말 기분이 좋아요. 저는 엄청나게 많은 시간을 게임을 하며 보냈습니다. 그 에너지를 나의 실제 삶에 쏟았더라면 내 삶이 얼마나 향상되었을지 깨닫기 전에는 오로지 게임에만 매달려 있었습니다."

불건강한 5번 유형은 마치 깨어날 수 없는 꿈속에 있는 몽상가처럼 자신이 만들어 낸 기괴한 '현실' 에 붙잡혀 있다.

무의식적인 불안

이상하게 들리겠지만 5번 유형은 가장 무섭다고 여기는 것에 대해서 많이 생각한다. 심지어 이들은 가장 무서워하는 것을 연구하거나 그것에 대해 무엇인가를 만들어 내서 직업으로 삼는다. 질병을 두려워하는 5번 유형이라면 병리학자가 될 수도 있다. 또 어떤 5번 유형이 어릴 때 '침대 밑에서 나오는 괴물' 을 두려워했다면 괴기 소설 작가나 영화감독이 될 수도 있다.

심리 소설을 쓰고 있는 리치는 이런 어린 시절의 두려움을 어떻게 극복했는지 이야기한다.

"유치원에 들어가기 전인데 나보다 더 나이가 많은 형들이 나를 영화관에 데리고 갔습니다. 그 영화는 바이킹에 대한 것인데 아주 끔찍한 장면이 많았어요. 최소한 내 나이의 아이한테는 그랬지요. 나는 집에 와서도 벌벌 떨었습니다. 피를 흘리는 장면이 계속 떠올랐고 악몽도 많이 꾸었습니다. 그렇지만 나는 그 일이 있은 후 모든 공포 영화가 나올 때마다 보러 다녔습니다. 괴물, 공룡, 외계인, 대량 살상 등이 내가 좋아하는 주제였지요."

5번 유형은 자신의 생각을 그것에 대한 감정이 아니라 공포스러운 것

자체에 고정시킴으로써 두려움을 통제하려고 노력한다. 그러나 감정적인 면을 완전히 피할 수는 없다. 그래서 이들은 의식적이든 무의식적이든 자신의 마음을 혼란스러운 이미지로 가득 채운다. 그렇게 하는 동안에 이들의 분열된 감정은 꿈이나 공상 속, 혹은 다른 기대하지 않았던 방식으로 이들을 쫓아온다.

이것은 평균적인 5번 유형에게 아주 괴로운 일인데, 그 이유는 자신의 사고가 완전히 신뢰할 수 있는 현실의 유일한 면이라고 믿기 때문이다. 이들은 생각을 갖는 것만으로도 무서움을 경험한다. 그리고 그 무서움 때문에 두려움을 더 일으킬 수 있는 활동을 하기 주저하게 된다. 예를 들어 천문학을 좋아했다면 밤에 밖으로 나가는 것을 두려워할지도 모른다. 텅 빈 밤하늘이 이들을 불안하게 만드는 것이다.

조각가이며 예술 감독인 제인은 이러한 경험에 대해 생생한 이야기를 들려준다.

"제가 일곱 살 때 인간의 몸에 대해 아주 관심이 있었습니다. 나는 내부 장기에 대해 읽고 백과사전에 있는 장기 그림을 보는 것을 좋아했지요. 또한 나는 건강과 질병에 대한 책과 기사를 읽기 시작했습니다. 어느 여름 날 리더스 다이제스트에서 담배가 암을 유발한다는 기사를 읽은 것이 기억납니다. 그 기사는 암 수술을 한 사람에 대해서 쓰고 있었지요. 나는 놀랐습니다. 저는 그 때 겨우 일곱 살이었는데 죽음이 무엇인지를 이해했습니다. 그것은 부모님이 설명해 주신 것과는 아주 달랐지요. 나는 계속

연습 ⑦ 마음의 심연을 들여다보기

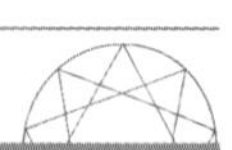

당신이 삶의 '어두운 면'에 끌리는 것을 관찰하라. 이러한 경향이 인간 존재의 한 면을 이해하는 데 유용하기는 하지만, 이런 문제에 집착하는 경향이 있지 않은지 살펴보라. 이것이 당신의 수면 습관에 영향을 주는지도 살펴보라. 어쩌면 자신의 어린 시절에 겪은 충격을 찾아보는 것에서 도움을 받을 수도 있다. 이런 충격적인 사건이 두려워하는 주제에 대해 강박적인 관심을 갖게 할 수 있다. 이러한 주제에 대해 관심을 갖는 것이 세상을 살아나가는 당신의 능력에 해를 주는가?

그 생각을 하면서 시무룩해지고 먹지도 않았습니다. 나는 모든 사람이 죽는다는 사실을 알고서 죽음이 무엇이며 신이 있는지를 생각하며 밤을 새웠습니다. 그것에 대해 생각하면 할수록 나는 더 회의적이 되었습니다. 심지어 나는 죽은 동물들을 일부러 보고 다닐 정도였습니다. 이런 일은 몇 년 동안 계속되었습니다. 얼마 안 가서는 그런 것에 저절로 익숙해졌습니다."

논쟁을 좋아함, 무정부주의, 극단주의

모든 유형이 공격성을 가지고 있다. 5번 유형의 아이디어는 이들이 갖고 있는 안정감의 유일한 원천이기 때문에 자신이 취하는 관점을 믿지 않을 때조차도 열정적으로 자신의 아이디어를 방어한다.

낮은 수준과 평균 수준 사이에 있는 5번 유형은 자신의 내면세계와 개인적인 비전을 방해하는 사람이나 일에 대해 아주 적대적이다. 이들은 마음이 평화로워 보이는 사람을 만나면 화가 나며 다른 사람의 생각을 파괴하고 손상시키는 것을 즐긴다. 이들은 극단적인 관점을 취해서 의도적으로 다른 사람을 자극하고 모욕을 줘서 놀라게 한다. 이런 5번 유형은 자신의 관심 분야를 추구할 수 있도록 사람들에게 겁을 주어서 쫓아 버리기를 원한다. 이들은 다른 사람의 '바보스러움'과 '무지'를 거부함으로써 자신이 지적으로 더 우월하다고 느낀다. 이럴 때의 이들은 더 이상 신중하게 생각하는 사람들이 아니다. 이들은 쉽게 결론을 내리고 다른 사람들에게 사실에 대한 극단적인 해석을 강요한다. 사람들이 동의하지 않으면 5번

연습 ⑧ 다른 사람을 자극하기

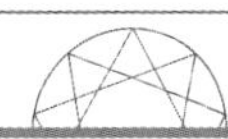

당신이 다른 사람과 논쟁을 벌일 때 몸에서 어떤 느낌이 일어나는지 살펴보라. 당신의 주장을 상대방에게 납득시키는 것이 당신에겐 얼마나 중요한가? 당신은 그것을 통해 무엇을 기대하는가? 당신은 그들에게 어떤 동기와 생각을 믿도록 하고 싶은가? 당신은 무엇을 두려워하는가?

유형은 심술궂고 냉소적이 된다. 이런 행동을 계속한다면 아마 5번 유형은 자신의 삶에서 모든 사람들을 쫓아 버리는 데 성공하게 될 것이다. 이들이 스스로를 위한 은신처를 발견할 수 없으면 자신과 모든 인간에 대한 신뢰를 잃고 재빨리 냉소적인 무관심으로 빠져든다. 모든 유형 중에서 삶은 의미가 없는 거라고 가장 많이 느끼는 타입이 5번 유형일 것이다. 많은 5번 유형들은 우주에 인간을 이롭게 하는 힘이 존재한다는 데 대해 아주 회의적이다.

스트레스에 대한 반응

5번 유형이 7번 유형으로 간다

5번 유형은 자신의 관심 범위를 좁히고 내면의 안식처로 은둔해 들어감으로써 스트레스에 대처하려고 한다. 이러한 대처 방법이 불안을 완화하는 데 실패했을 때, 이들은 7번 유형으로 가서 강박 관념을 갖고 활동에 뛰어들면서 자신의 고립에 반대로 반응한다. 이들은 불안하고 초조해지며 커지는 불안을 감추기 위해서 점점 더 산만해진다. 안식처를 찾는 데 대한 불안이 커지면 이들은 더욱 산만해져서 평균적인 7번 유형처럼 여기저기 돌아다니기 시작한다. 그러나 스스로 만족할 수 있는 어떤 것도 찾지 못한다.

7번 유형으로 가는 5번 유형은 자극과 경험을 찾아서 돌아다닌다. 대개 이렇게 돌아다니는 것은 자신의 일과는 거의 관계가 없다. 이들은 영화, 마약, 성, 술 등에 빠질 수 있다. 이들을 잘 안다고 믿는 사람들이 본다면 아주 놀랄 만한 비밀스러운 술집이나 창녀촌 같은 곳들을 드나들기 시작한다.

5번 유형은 아주 심한 스트레스 속에서 건강하지 않은 7번 유형이 하는 것처럼 자신의 흥미를 추구하는 데에 있어서 공격적이 됨으로써 불안을 방어한다. 이들은 여러 가지 물질을 남용함으로써 위안을 얻기도 한다.

5번 유형이 상당 기간 동안 지나친 스트레스를 받거나, 적절한 도움이나 대처하는 기술 없이 심한 위기 상황을 겪거나, 어린 시절에 심한 학대를 받았다면, 이들은 쇼크 포인트를 넘어서 자기 유형의 불건강한 범위로 들어갈 것이다. 이들은 자신이 추구하는 프로젝트와 자신이 만든 생활 스타일이 실제로는 스스로에게 진정한 안식처를 찾을 기회를 가로막고 있다는 사실을 알고 두려움을 갖게 된다.

위험신호

5번 유형이 어려움에 빠졌을 때

5번 유형이 이 두려움 안에서 진실을 발견할 수 있으면, 삶의 방향을 돌려 건강과 자유로움으로 나아갈 수 있을 것이다. 반면에 다른 사람과의 모든 연결을 끊으려고 할 수도 있다. 이들은 '침입'으로부터 스스로를 더 보호하기 위해 세상으로부터 등을 돌린다. 그래서 '논리적인 결론'에 다다를 때까지 자신의 생각 흐름을 따라간다. 이들의 '결론'이라는 것은 대개 어둡고 자기 파괴적인 것이다.(이제 아무도 나에게 상처를 주지 않을 거야!) 물론 이러한 은둔은 5번 유형에게 남아 있는 작은 자신감마저 손상시킨다. 5번 유형이 이런 태도를 고수한다면 불건강한 영역으로 들어갈 것이다. 당신 자신이나 당신이 아는 사람이 상당 기간 동안(2~3주 이상) 다음과 같은 증후를 보인다면 카운슬링이나 치료, 혹은 기타 다른 도움을 받게 하는 게 바람직하다.

✷ 경고 징후 **잠재적인 정신 질환 :** 정신분열성 성격장애, 나르시스적 성격장애, 회피성 성격상애, 정신분열증, 해리, 우울증, 자살	• 자신을 격리시키려는 경향이 증가함 • 자신의 몸을 돌보지 않음, 자제력을 잃음 • 만성적이고 심한 불면증, 악몽, 수면장애 • 괴팍한 성격 – 대인관계를 기피함 • 도움을 거부, 도움에 대한 적대감 • 왜곡된 지각, 환각 • 자살에 대해 이야기함

5번 유형의 성장을 돕는 방법

• 당신의 마음이 고요할 때 가장 명확하고 가장 강력해진다는 것을 기억하라. 시간을 내서 당신 내면의 고요함을 개발하라. 이것은 당신의 외부 세계를 고요하게 하라는 말이 아니다. 당신의 모든 경험에 대해 내면에서 끊임없이 하고 있는 말을 의식해 보라는 의미다. 당신이 이미 아는 것과 연결 짓지 않고 그저 그 순간의 인상과 함께 있을 때 어떤 느낌이 드는가?

당신의 신체적인 느낌과 연결되는 것이 마음을 고요하게 하는 데 큰 도움이 될 것이다.

• 당신의 몸을 사용하라! 당신은 모든 유형 중에서 몸을 가장 중요하게 생각하지 않는 유형이다. 당신은 컴퓨터나 독서나 음악을 들으면서 여러 시간 동안 움직이지 않을 수 있는 사람이다. 이런 활동에 아무 잘못은 없지만 삶의 균형을 위해서는 육체적인 활동도 해야 한다. 달리기, 요가, 댄스, 무술, 산책 같은 것을 해 봐라. 당신의 몸이 깨어나고 혈액 순환이 잘 되면 마음은 더 맑아진다. 당신은 더 많은 내면의 힘을 갖게 될 것이다.

• 다른 사람과 관계를 맺기 위해 노력하라. 특히 당신이 뭔가를 두려워하고 상처받았다고 느낄 때 다른 사람과 그것을 이야기할 수 있도록 하라. 5번 유형은 다른 사람의 도움을 기대하지 않으며 남이 도움을 주려 할 때 의심을 갖는다. 그러나 이러한 신념은 당신의 현재 상황에 적합하지 않다. 문제가 있을 때 당신의 지성을 사용해 누가 적합한 사람인지를 찾아봐라. 그리고 그 사람에게 말하라. 당신이 혼자 있으려고 하기 때문에 더 깊은 외로움 속으로 빠져드는 것이다.

• 당신이 가장 자신 없어 하는 면이 어떤 것인지 깊이 생각해 봐라. 만약 당신이 몸이 약하다고 느낀다면 세계 지리를 익히기보다는 운동을 하는 게 도움이 될 것이다. 사람을 만나는 데 대해 걱정하고 있다면 노래를 작곡하는 것은 당신에게 도움이 되지 않는다. 당신은 자신이 관심이 있어 하는 일을 계속 할 수 있다. 그러나 당신이 차단해 버린 삶의 영역이 어떤 것인지 좀 더 직접적으로 살펴보는 것이 당신에게 아주 유익할 것이다.

• 슬픔을 느끼는 것을 두려워하지 말라. 대부분의 5번 유형은 고통과 상처를 느끼는 것에 마음을 닫는다. 특히 거절당할 때 그렇다. 당신은 그런 느낌이 마음의 표면으로 올라오는 것이 어떤 느낌인지를 안다. 감정을 억누

르지 말라. 안전하고 적절한 장소에 가서 가슴으로 느껴지는 것을 느끼도록 스스로를 허용하라. 누군가(친구나 심리치료사, 당신이 신뢰하는 사람) 이 과정을 지켜 봐 주는 사람이 있다면 더욱 강력한 방법이 될 것이다. 그 사람에게 아무 충고도 하지 말고 그저 당신의 고통을 지켜 봐 달라고 부탁하라.

• 당신의 몸이 더 균형 잡혀 있고 안정되어 가면 주변 사람과 세상에 대해 당신이 갖고 있는 인상이 달라질 것이다. 세상이 당신 안으로 들어오도록 하라. 당신은 자신을 잃어버리지 않을 것이며 세상을 얻을 것이다. 이것이 당신이 그토록 찾던 자신감과 평안을 줄 것이다. 그리고 당신에게 많은 통찰을 가져다 줄 것이다. 하지만 그 통찰 안에서 길을 잃지 말고 세상으로 돌아와라. 이것이 당신의 삶이라는 것을 기억하라. 당신은 추상적인 존재가 아니다. 당신이 지금 여기에 있다는 것, 그것이 무엇보다 중요한 사실이다.

5번 유형의 장점 키우기

5번 유형이 갖고 있는 가장 큰 장점은 놀라운 통찰력과 이해다. 이들의 통찰과 이해는 전문 분야와 결합될 때 건강하게 꽃 피어날 수 있다. 건강한 5번 유형은 동시에 여러 관점들을 수용할 수 있으며, 전체와 각각의 부분 모두를 이해하고, 한 가지 관점에 묶여 있지 않고 여러 가지 다른 관점을 관조할 수도 있다. 이들은 특정 상황에서 어떤 관점을 취하는 것이 문제를 해결하는 데 가장 도움이 되는지 알고 있다.

5번 유형은 관찰과 지각에 있어서 아주 뛰어나다. 이들은 자신의 환경에 민감하며 다른 사람들은 지나쳐 버릴 미묘한 변화나 불일치도 지각해 내곤 한다. 또 한두 가지 감각 정도는 놀라울 정도로 발달해 있어서 어떤 5번 유형은 색상에 대해 뛰어난 감각을 갖고 있고 어떤 5번 유형은 소리에 대해 놀라운 감각을 갖고 있기도 하다.

5번 유형은 어린 시절의 호기심을 잃지 않고 있다. 이들은 계속해서 "왜 하늘은 파랄까?" 혹은 "왜 물건은 떨어지기만 하고 위로 올라가지 않을까?"와 같은 질문을 한다. 5번 유형은 어떤 것도 당연하게 받아들이지 않는다. 이들은 바위 아래에 무엇이 있는지 알고 싶으면 삽으로 파 보는 사람들이다. 또 집중을 하는 데 놀라운 능력을 가지고 있어서 어떤 일에 오랜 시간 탐구하고 있을 수 있다. 더욱이 자신이 관심을 가진 것을 탐구할 때는 아주 인내력이 있어서 어떤 프로젝트를 오래 붙들고 그 일에서 성과를 거두곤 한다.

건강한 5번 유형은 호기심과 열린 마음을 갖고 있기 때문에 아주 혁신적이고 창의적이다. 이들은 어떤 아이디어에 대해 탐구하는 것을 즐기기 때문에 가치 있고 실질적이며 독창적인 업적을 남긴다. 의학과 과학에서부터 예술에서의 성취, 혹은 창고에 물건을 보관하는 새로운 방법에 이르기까지 이들이 독창성을 발휘하는 영역은 제한이 없다. 5번 유형은 규칙 너머에 관심이 많기 때문에, 과학에 관심이 있는 5번 유형이라면 새로운 것을 발견하거나 고안하는 데 열중할 것이다. 이들은 규칙이 무시되는 분야나 다른 사람에게는 별로 중요하지 않은 것 같은 사소한 모순에 관심이 이끌린다.

무엇이든 당신이 그걸 아주 사랑한다면 그것이 당신에게 말을 걸 것이다.

조지 워싱턴 커버 George Washington Carver

5번 유형은 자신이 발견한 것을 다른 사람과 나누기를 좋아한다. 이들은 자신이 발견한 삶의 모순을 탁월한 유머 감각으로 사람들에게 이야기한다. 이들은 삶이 펼쳐 보이는 신비에 끊임없이 즐거워하면서도 끊임없이 두려움을 갖는다. 그리고 다른 사람들과 그 느낌을 나눈다.

또 이들은 뭔가를 가지고 만지작거리기를 좋아해서 모호한 유머와 익살스러운 재담으로 그것을 표현해 낸다. 이들에게는 장난스럽고 쾌활한 면이 있다. 그리고 사람들이 삶에 대해 더 깊이 생각하도록 자극한다. 이 때도 이들은 유머를 사용하여 무겁고 따분한 주제를 흥미롭게 만든다.

5번 유형은 건강한 8번 유형처럼 자신의 신체와 본능적인 에너지에 대한 느낌을 되찾는 방법을 배움으로써 자신을 실현하고 건강해질 수 있다. 이것이 바로 자신감의 기초가 된다. 자신이 강하고 능력 있으며 충만해 있다는 느낌은 정신 구조에서가 아니라 몸의 본능적인 에너지로부터 일어난다. 그래서 통합되어 있는 5번 유형은 머리에서 나와 자신의 생명력인 신체로 들어감으로써 성장한다.

5번 유형이 몸의 생명력과 많은 접촉을 가지면 처음엔 대개 강한 불안이 생긴다. 이들은 자신이 갖고 있는 유일한 방어책, 즉 마음의 은신처를 잃을지도 모른다고 느낀다. 이들에게 있어서 마음은 안전하고 믿을 수 있고, 뭔가 만들어 낼 수 있는 곳인 반면 몸은 약하고 상처받기 쉽고 믿을 수 없는 것으로 느끼고 있다. 그러나 몸과 더 깊이 접촉하면 오랫동안 의식의 표면으로 떠오르기를 거부했던 강한 슬픔의 느낌이 올라오기 시작할 것이다. 자신의 몸의 느낌을 잘 느끼고 있을 때에만 오랫동안 억눌러 온 내면의 감정을 느낄 수 있다.

이들이 자신의 본능적인 에너지를 느끼는 방법을 배우면 세상에 더 완전하게 참여하고 자신의 지식과 기술을 실질적인 문제에 적용하기 시작한다. 통합된 5번 유형은 세상에서 물러나 있음으로써 책임을 회피하지 않고, 도전을 받아들이며, 때로는 리더의 역할을 취하면서 스스로가 강한 사람이라는 느낌을 받는다. 다른 사람들은 직관적으로 이들이 자신의 이해를 추구하지 않고 긍정적인 해결책을 찾고 있다고 느끼기 때문에 이들이 하는 일을 기꺼이 돕는다. 5번 유형이 진짜로 세상에 참여한다고 해서 자신의 지적인 능력이나 전문 지식을 잃는 것이 아니다. 오히려 건강한 8번 유형이 그렇듯이 이들은 자신의 지적인 능력을 전략적이고 건설적으로 사용한다.

그러나 5번 유형이 평균적인 8번 유형의 성품을 모방하는 것은 바람직하지 않다. 자신을 보호하는 데 마음을 쏟고, 자신의 연약함은 보이지 않으려 하며, 관계를 대결로 여기는 것은 5번 유형의 사회적인 고립을 극복하는 데 도움이 되지 않는다. 그러나 5번 유형이 자신의 지성과 스스로를 동일시하고 있다는 것을 인식하고 극복할 때 건강한 8번 유형이 가지고 있는 힘, 의지력, 자신감 같은 자질이 펼쳐질 것이다.

통합의 방향

5번 유형이
8번 유형으로 긴다

성격을 넘어서 본질로 돌아가기

우리가 정말로 삶에 뛰어들 때, 그리고 편안하게 이완되어 있고 몸과 연결되어 있을 때, 내면의 지혜와 안내를 경험하기 시작한다. 내면의 지혜는 우리가 알아야 할 것이 무엇이며 어떤 선택을 해야 하는지를 정확히 알려 준다. 그러나 본질과의 연결을 잃었을 때 성격이 주인의 자리를 차지하고 우리에게 무엇을 해야 하는지를 말한다.

스스로 직접 경험하기보다는 자신의 경험을 관찰하려 드는 것이 5번 유형이 빠질 수 있는 함정이다. 5번 유형들은 옆으로 비껴나 사람들이 춤추는 것을 관찰함으로써 춤추는 것을 배우려는 사람들이다("자, 보자. 여자가 왼쪽으로 두 발짝 가서 발을 앞으로 찬 다음 도는구나. 그런 다음 남자가 여자의 등 뒤로 오는군"). 이렇게 해서 이들은 춤을 배울지도 모른다. 그러나 그 때는 이미 춤은 끝나 있을 것이다.

자연적으로 5번 유형은 삶 전체에서 똑같은 딜레마에 부딪힌다. 이들은 실제로 삶을 살지 않고 어떻게 사는지를 찾으려고 노력한다. 이들이 현실에 발을 붙이고 현재에 존재할 때 자신이 알아야 하는 것이 무엇이며, 언제 그것을 알아야 하는지 정확하게 꿰뚫을 수 있다. 질문에 대한 대답은 머릿속 대화로부터가 아니라 현실에 조율되어 있는 맑은 마음으로부터 온다. 5번 유형이 특정한 자기 이미지 – 자신은 환경으로부터 분리되어 있다는 – 에서 벗어나 현실로 뛰어든다면 진정한 내면의 안내와 지원을 되찾을 수 있을 것이다.

이렇게 되면 이들은 사물을 직접 지각하고 지적인 해설 없이 경험을 이해할 수 있다. 이들은 우주를 신뢰하며 현실의 숭고함에 경이로워할 것이다. 아인슈타인은 이렇게 말했다. "물을 가치가 있는 유일한 질문은 '우주가 우리에게 친절한가?' 이다." 깨어 있는 5번 유형은 그 질문에 대한 대답을 가지고 있다. 이들은 진정한 비전을 가지고 있으며 자신이 노력을 기울이는 분야에서 혁명적인 변화를 일으킬 힘이 있다.

우리의 뇌 안에는 잊혀진 존재의 섬광, 경이로움의 보고가 있다. 영적이며 예술적인 삶의 목표는, 이 드러나지 않은 신비의 세계를 탐구하는 것이다.

G.K. 체스터톤 G.K. Chesterton

본질이 드러남

지식욕을 비롯하여 어떤 일을 완전히 마스터하는 것에 대한 5번 유형의 욕구는 명확성과 내면의 앎이라고 부르는 본질적 자질을 재창조하려는 시도다. 성숙한 5번 유형에게서는 감정적 억압이나 분리가 아니라, 어떤 관점에도 묶이지 않는 '집착 없음'이라는 본질적 자질이 명확성과 함께 나타난다. 5번 유형은 어떤 관점이나 아이디어라도 특정 상황에서만 유용하게 사용될 수 있다는 것을 안다. 이들은 내면의 안내를 신뢰하며, 그것이 한 관점에서 다른 관점으로 자신을 이끌어주도록 허용하기 때문에 한 가지의 관점에 고착되어 있지 않을 수 있다.

성숙한 5번 유형은 신성의 광대함과 명확성을 기억한다. 불교도들은 이것을 '공空' 혹은 '수냐타'라고 부른다. 이것은 모든 것에서 비롯되는, 모든 지식과 창조성을 포함하고 있는 고요함이며 광대함이다. 이들은 근원적인 '공의 경험'으로 돌아가기를 갈망한다. 그것은 이들의 고향이었으며 (불교도의 관점으로 보면) 세상의 모든 것과 모든 사람이 생겨난 곳이기도 하다.

그러나 공으로 돌아가고자 하는 이러한 갈망은 제대로 이해되어야 한다. 공은 아무것도 없는 비어 있음이 아니라 유리잔에 담겨 있는 맑은 물이나 구름 한 점 없는 푸른 하늘의 '비어 있음'이다. 이 비어 있음으로부터 모든 것이 생겨난다. 이 상태에서 5번 유형은 모든 사람, 모든 것에서 분리되어 있다는 신념으로부터 자유로워진다. 그래서 이들은 주변에 있는 모든 것과의 연결을 직접 경험한다.

이 비어 있음과 집착 없음은 5번 유형이 자신의 감정을 없애 버렸다는 의미는 아니다. 그와는 반대로 이들은 석양이나 미풍, 혹은 인간 얼굴의 아름다움에도 깊은 감동을 받는다. 이들은 자신들이 붙들고 있는 모든 것이 일시적인 것, 무한한 우주가 내려 준 한순간에 지나가는 선물임을 인정하면서 자유롭게 모든 것을 경험하고 느낀다. 인간의 진실에 대해 더 깊이 이해하게 됨으로써 이들은 다른 사람들의 고통에 대해 자비를 느끼고 자신의 지성의 풍요로움뿐만 아니라 깊은 가슴까지도 기꺼이 나누고자 한다.

리소-허드슨

유형 분류 테스트 결과

5번 유형에 대한 모든 문항의 점수를 더하라. 그리고 다음의 가이드라인을 참고하여 당신의 성격 유형을 발견하거나 확인하라.

점수	결과
15	당신은 아마 움츠리는 형(4, 5, 9번 유형)이 아닐 것이다.
15~30	당신은 아마 5번 유형이 아닐 것이다.
30~45	당신은 아마 5번 유형과 비슷한 특성을 가지고 있거나 5번 유형의 부모를 가지고 있을 것이다.
45~60	당신은 5번 유형의 성격을 가지고 있는 것 같다.
60~75	당신은 5번 유형일 가능성이 가장 많다(그러나 당신이 5번 유형에 너무 좁은 시각으로 보고 있다면 다른 유형일 가능성도 있다).

※ 5번 유형이 자신의 번호로 잘못 생각하는 번호는 1번, 4번, 6번이다.
1번, 3번, 9번 유형은 자신을 5번 유형으로 착각하는 경우가 많다.

제12장

6번 유형 : 충실한 사람

Type Six : The Loyalist

"우리의 상상력과 추리력이 불안을 조장한다. 불안은 임박한 위협 – 시험, 연설, 여행에 대한 걱정 같은 – 보다는 상징적이고 무의식적인 것에서 비롯된다."

윌라드 개일린 Willard Gaylin

"사람은 다른 사람을 믿지 않는다. 어떤 사상을 믿을지는 모르지만 사람은 믿지 않는다."

H.L.멩켄 H.L. Mencken

"자신을 신뢰하지 않는 사람은 다른 사람도 신뢰할 수 없다."

카디널 드 레츠 Cardinal De Retz

"역설적인 말이지만, 성장과 개혁 그리고 변화 안에서만 진정한 안전을 찾을 수 있다."

앤 모로 린드버그 Anne Morrow Lindbergh

보호자

신봉자

의심이 많은 사람

분쟁을 조정하는 사람

전통주의자

충성스러운 사람

리소-허드슨

유형 분류 지표

각각의 문항이 자신에게 얼마나 적용되는지 점수를 매겨 보라.

1점 전혀 그렇지 않다.

2점 거의 그렇지 않다.

3점 어느 정도는 그렇다.

4점 대개는 그렇다.

5점 매우 그렇다.

1. 나는 권위에 끌리지만 권위를 별로 신뢰하지는 않는다.
2. 나는 아주 감정적이다. 그러나 아주 친한 사람이 아니면 내가 느끼는 것을 거의 드러내지 않는다. 친한 사람에게도 별로 감정을 보여 주지 않는다.
3. 내가 실수를 했을 때 모든 사람이 나를 공격할까 봐 두렵다.
4. 나는 스스로 결정을 내려서 일을 하는 것보다는, 사람들이 내게 기대하는 일을 하는 게 더 편하게 느껴진다.
5. 나는 항상 규칙에 동의하거나 규칙을 따르지는 않는다. 그러나 나는 규칙을 잘 알기를 원한다.
6. 나는 사람들에 대해 내가 가졌던 첫 인상을 바꾸기가 어렵다.
7. 내가 존경하는 인물이 몇 명 있다. 그들은 나의 영웅이다.
8. 나는 결정을 내리는 것을 좋아하지 않는다. 그러나 다른 사람이 내 일을 결정해 주는 것도 좋아하지 않는다.
9. 사람들은 내가 좀 초조하고 예민하다고 생각하지만, 나는 그들이 생각하는 것 이상으로 초조하며 예민하다.
10. 나는 자신이 얼마나 엉망인지를 알고 있다. 그래서 다른 사람이 하는 일에 대해서도 의심을 품을 때가 많다.
11. 나는 사람들을 신뢰하고 싶다. 그러나 다른 사람들의 동기가 의심스러울 때가 많다.
12. 나는 정말로 열심히 일한다. 나는 일이 끝날 때까지 쉬지 않고 계속 일한다.
13. 나는 결정을 내리기 전에 내가 신뢰하는 사람들의 의견을 들어 본다.
14. 나는 모든 일에 대해 회의적이며 냉소적이기까지 하다. 하지만 그러다가도 태도를 완전히 바꾸어 어떤 것에 완전히 몰입해 버리기도 한다. 나 스스로도 이러한 면이 아주 이상하게 느껴진다.
15. 나는 불안해 할 때가 아주 많다.

→ 342쪽을 펴서 점수를 매겨 보라.

6번 유형 | 충실한 사람

충실하고 안전을 추구하는 유형

책임감이 있고, 의심과 불안이 많으며, 사람들에게 맞추려고 한다.

- **기본적인 두려움** 타인의 지원과 안내를 받지 못하는 것, 자기 혼자서 생존하지 못하는 것
- **기본적인 욕구** 안전과 지원을 찾는 것
- **수퍼에고의 메시지** "다른 사람이 요구하는 일을 한다면 너는 좋고 괜찮다."

우리는 6번 유형을 '충실한 사람'이라고 이름 붙였다. 모든 성격 유형 중에서 6번 유형은 친구나 자기가 믿는 신념에 가장 충실한 사람들이기 때문이다. 이들은 다른 어떤 유형들보다도 인간관계를 오래 지속시킨다. 또한 6번 유형은 이상, 체제, 신념 등에도 충실하다. 하지만 그렇다고 해서 6번 유형이 있는 그대로의 현실에 만족하는 것은 아니다. 이들의 신념은 반항적이고 체제에 반대되는 것이거나, 심지어 혁명적일 수도 있다. 어떤 경우라도 이들은 아주 격렬하게 자신의 신념을 위해 싸운다. 이들은 자기 자신보다 자신의 지역 사회나 가족을 보호하는 마음이 더 강하다.

6번 유형이 다른 사람에게 충실한 이유는 자신이 버려져서 다른 사람의 지원이 없어질 것을 두려워하기 때문이다. 이것이 이들의 기본적인 두려움이다. 6번 유형에게 있어서의 주요한 문제는 자신감의 상실이다. 6번 유형은 삶의 도전을 헤쳐 나갈 내면의 자원을 갖고 있지 않다고 스스로 느낀다. 그래서 조직, 자기 편, 신념에 의존하고 외부에 도움을 청하는 것이다. 의존할 수 있는 적절한 구조가 존재하지 않는다면 이들은 그런 것이 만들어지고 유지되게 하려고 노력할 것이다.

6번 유형은 사고형의 중심에 있는 유형이다. 이것은 이들이 자신의 내면의 안내와 접촉하는 데 어려움을 겪는다는 것을 의미한다. 그 결과 이들은 자신의 생각과 판단에 대해 자신이 없다. 그렇다고 이들이 생각을 안 한다는 의미가 아니다. 이들은 생각을 많이 한다. 그러면서도 중요한 결정을 내리는 것을 두려워하는 경향이 있다. 하지만 동시에 다른 사람들이 자신의 일을 결정해 주는 데 대해서도 저항을 한다. 이들은 다른 사람

들에게 통제당하는 것도 피하지만 자신이 책임을 떠맡아서 어려운 상황에 처하는 것도 두려워한다(일본 속담에 이런 것이 있다. "너무 많은 풀잎은 잘릴 수 있다").

6번 유형은 항상 자신의 불안을 의식하고 있으며 불안을 막을 수 있는 '사회적인 안정'을 구축하는 길을 찾는다. 6번 유형이 자신을 지원하는 힘이 충분하다고 느낄 때는 어느 정도의 자신감을 가지고 앞으로 나아갈 수 있다. 그러나 추진하는 일이 잘 안 될 때 이들은 불안해하고 스스로를 의심하게 된다. 이들의 기본적인 두려움이 되살아나는 것이다("이제 나는 혼자야. 어떻게 해야 하지?"). 그래서 6번 유형은 스스로에게 이렇게 물어 보는 것이 좋다. "내가 안전하다는 것을 언제 아는가?" 혹은 "안전이란 무엇인가?" 6번 유형은 본질로부터 내면의 안내와 지원이 없다고 느껴서 견고한 기반을 찾기 위해 끊임없이 애쓴다.

6번 유형은 불안정과 두려움 위에 신뢰를 구축하려고 노력한다. 이들은 알 수 없는 두려움에 사로잡히고 나서 그 이유가 무엇인지 찾으려고 노력한다. 만일 찾지 못하면 그 이유를 만들어 낸다. 자신의 삶에 뭔가 견고하고 명확한 것이 있다고 믿고 싶기 때문에 자신이 처한 상황을 설명해 주는 이론이나 관점이 있으면 그것에 집착한다. 6번 유형이 '신념'(신뢰, 믿음, 확신, 입장)을 성취하기란 어려우며 이들에게는 안정감이 아주 중요하기 때문에 자신의 신념에 대해 쉽게 의문을 갖지도 않으며 다른 사람들도 그렇게 해 주기를 원한다. 개인적인 삶에서도 마찬가지다. 6번 유형이 일단 누군가를 신뢰할 수 있다고 느끼면 그 사람과 아주 밀접한 관계를 맺는다. 그리고 이 관계를 유지하기 위해서 할 수 있는 모든 것을 한다("내가 스스로를 신뢰하지 않는다면 신뢰할 수 있는 무엇인가를 찾아야 해").

코니는 지성적이며 많은 것을 성취했지만 아직도 6번 유형의 특징인 자기 의심과 싸우곤 했다.

"나는 모든 것을 친구들과 의논해야 마음이 놓입니다. 모든 친구들에게 허락을 구해야만 하지요. 나의 모든 결정은 친구들이 관여합니다. 대개 한 사람씩 의견을 구합니다. '메리, 어떻게 생각해? 내가 이것을 하면 어떨 것 같아? 제발 내 대신 결정을 내려 줘' 이렇게 말이지요. 최근에 나는 동의를 구할 수 있는 믿을 만한 친구를 한 사람이나 두 사람으로 줄였습니다. 그리고 때로는 혼자 결정을 하기도 합니다."

6번 유형은 내면의 안내와 접할 때까지는 탁구공처럼 그 순간에 가장 많은 외부의 영향을 받는 쪽으로 이리저리 왔다갔다 한다. 이런 면 때문에 6번 유형에 대해서 어떻게 이야기하든지 그 반대도 진실일 때가 많다. 이들은 강하고 약하며, 두려움이 많고 용기 있으며, 신뢰할 수 있고 신뢰할 수 없기도 하며, 공격적이면서 수동적이며, 난폭하기도 하고 약하기도 하며, 방어적이면서 공격적이며, 생각하는 사람들이면서 행동하는 사람들이며, 사람들과 모이는 것을 좋아하기도 하고 혼자 있는 것을 좋아하기도 하며, 신뢰가 많은 사람이기도 하고 의심이 많은 사람이기도 하며, 협동적이기도 하고 방해가 되기도 하며, 너그럽기도 하고 마음이 좁기도 하다. 이것이 6번 유형의 모습이다.

6번 유형의 가장 큰 문제는 자신의 감정적인 불안을 해결하려 하지 않고 외부 환경에서 안전을 만들어 내려 한다는 것이다. 그러나 6번 유형이 자신의 불안에 직면하는 방법을 배우면 세상은 항상 변하며 본질적으로 불확실하다는 사실을 이해하게 된다. 그러면 이들은 어떤 상황에서도 차분하고 용기 있게 행동할 수 있다. 이들은 가장 큰 선물, 즉 삶의 불확실성 속에서도 평화를 유지하는 법을 알게 된다.

어린 시절의 패턴

6번 유형의 기본적인 두려움(지원이나 안내를 받지 못하는 것과 자신의 힘으로 생존할 수 없다고 하는 것)은 모든 아이들이 갖고 있는 아주 실제적이고 보편적인 두려움이다. 아기는 엄마나 아빠의 도움 없이는 살 수 없다. 어린아이는 완전히 부모에게 의존한다. 대부분의 사람들에게는 이러한 의존과

※우리가 여기에서 설명하는 '어린 시절의 패턴'이 그 성격 유형을 만든 것은 아니다. 이것은 어린 시절에 관찰되는 경향이며 성인이 되었을 때 인간관계를 형성하는 데 큰 영향을 준다.

관계된 기억이 내재되어 있다. 이것들은 때로 강하게 표면으로 올라온다. 컨설턴트인 랄프의 경우도 그러하다.

"나는 요람에서 일어나 양 옆을 짚고 일어났던 것이 기억납니다. 거실에서는 부모님이 이웃 사람과 카드놀이를 하면서 웃고 떠드는 소리가 들렸지요. 카드를 테이블 위에 돌리는 소리도 들렸던 것 같아요. 나는 어머니가 어두운 나의 방으로 와 주기를 원해서 여러 번 불렀지요. 그 다음엔 아버지를 여러 번 불렀습니다. 아무도 내게 와서 내가 필요한 것이 무엇인지 살펴보지 않았어요. 시간이 지남에 따라 두려움도 커졌습니다. 그러다가 나는 잠이 들었지요. 열 살이 될 때까지 나는 부모님이 멀리 가지 못하도록 했어요. 나는 그들이 나를 버릴까 봐 두려웠습니다."

그러나 유아는 아동 발달의 어떤 시점에서 놀라운 일을 한다. 이들은 아주 의존적임에도 불구하고 자신의 독립성과 자주성을 주장한다. 아동 심리학에서는 이것을 분리 단계라고 부른다.

아이가 엄마로부터 독립할 수 있는 용기를 가질 수 있게 도와주는 가장 중요한 요인은 아버지 상이 존재하는 것이다(이것은 대부분의 경우 생물학적 아버지를 의미하지만 항상 그런 것은 아니다. 이것은 가족 내에서 훈육과 권위, 구조를 제공하는 사람을 의미하다.). 아버지 상이 강하고 일관적으로 존재한다면 아이가 독립성을 갖는 데 도움이 된다. 아버지는 아이에게 세상에 대해 무엇이 안전하고 무엇이 안전하지 않은지 가르친다. 그리고 아이의 본질적인 내면의 안내와 지원을 비춰서 보여 준다. 우리들 대부분에게 이 과정은 그리 완벽하지 못했다. 그래서 우리는 어른이 되어서 불안정을 느끼는 것이다. 모든 사람이 어느 정도는 이것을 경험했는데 6번 유형은 특히 이 문제에 고착된다.

6번 유형의 아이가 독립성을 위한 아버지의 지원이 불충분하다고 느끼면 어머니에게 압도당한다는 느낌을 갖는다. 이것으로 인하여 아이는 자신을 보호해야 한다는 느낌을 가진다. 또한 6번 유형의 깊은 양가감정과 신뢰에 대한 불안을 갖게 된다. 그래서 6번 유형은 인정과 가까운 관계를 원하지만 동시에 가까워지는 것으로부터 자신을 보호해야 한다고 느낀다. 이들은 지원 받기를 원하지만 압도당하고 싶지는 않은 것이다.

40대 저널리스트인 조셉은 상담 치료에서 이 문제에 대해 깊이 생각해 보았다.

"저희 어머니는 아주 강하고 남을 통제하는 분이셨습니다. 어머니의 사랑은 아주 조건적이었습니다. 어머니의 가치관, 생각, 판단에 충실하게 맞을 때는 우리에게 주었다가 그렇지 않을 때는 화를 내면서 거두어 가는 그런 사랑이었지요. 나는 살아남기 위해서는 어머니에게 맞서야 한다고 생각했습니다. 그런데 문제는 접근 방법이 부정적이었다는 것입니다. 나는 어머니에게 대들고 살아남았지만 자신감을 가진 적이 없었습니다. 나는 다른 사람의 인정(대개는 어머니)과 함께 내 자신의 독립성을 동시에 획득했다고 느낀 적이 거의 없습니다."

6번 유형은 이 딜레마를 풀기 위해 '아버지 상'과 관계를 맺으려고 노력한다. 그러나 이것은 대개 양가감정으로 이어진다. 아버지 상인 권위는 너무 엄격하고 통제적이거나 그렇지 않으면 너무 지원을 하지 않고 무관심한 것이 대부분이다. 많은 6번 유형은 불편한 협상을 한다. 이들은 외부적으로는 복종하지만 내면적으로는 반항과 냉소 그리고 크고 작은 수동적인 공격 행동을 통해서 독립성을 유지한다.

날개 부속 유형

5번 날개를 가진 6번 – 방어하는 사람

건강할 때 이 부속 유형에 속하는 사람들은 다양한 전문 기술 분야에서 뛰어난 능력을 발휘한다. 이들은 뛰어난 분석가, 교사, 시사평론가인 경우가 많다. 이들은 수학, 법률, 과학처럼 규칙과 기준이 명확하게 설정되어 있는 지식 체계에 끌린다. 이들은 다른 부속 유형보다 집중력이 있지만 관심사가 제한적이다. 정치적인 명분이나 지역 사회 봉사가 이들의 관심 영역이며 소외된 사람들을 대변하고 그들을 위해 싸우는 일을 할 때가 많다.

• 인물의 예
로버트 케네디 Robert Kenndy
말콤 X. Malcolm X.
톰 클렌시 Tom Clancy
브루스 스프링틴 Bruce Springsteen
미셸 파이버 Michelle Pfeiffer
다이안 키튼 Diane Keaton
글로리아 스테이넘 Gloria Steinem
멜 깁슨 Mel Gibson
자넷 리노 Janet Reno
리처드 닉슨 Richard Nixon

평균일 때 이들은 다른 부속 유형보다 더 독립적이고 심각하며 다른 사람의 승인이나 조언을 구하는 일이 적다. 이들은 대부분 혼자 있는 것을 좋아한다. 이들은 의심을 하면서도 체제나 신념으로부터 승인을 얻는다. 이 부속 유형의 사람들은 세상을 위험한 곳으로 여기며 파벌 나누기를 좋아한다. 이들은 대개 스스로를 반항적이고 권위에 반대하는 사람으로 여기지만 아이러니컬하게도 끊임없이 권위주의적인 요소가 많은 체제와 단체 그리고 신념에 이끌린다. 5번 날개 성격이 있는 6번 유형은 공격적이며, 자신의 안전을 위협한다고 느껴지는 것에 대해서는 비판적이 된다.

7번 날개를 가진 6번 – 친구

• 인물의 예
다이애나 전 왕세자비 Dianna Spencer
톰 행크스 Tom Hanks
맥 라이언 Meg Ryan
제이 레노 Jay Leno
엘렌 드제너 Ellen Degeneres
질다 라드너 Gilda Radner
잭 레먼 Jack Lemmon
러쉬 림보 Rush Limbaugh
조지 코스탄자 George Costanza

건강할 때 이 부속 유형의 사람들은 다른 부속 유형보다 덜 심각하다. 이들은 '무거운' 주제를 피하며 자신의 관심을 안전 욕구(세금, 청구서, 사무실에서의 정치적 역학 관계 등)에만 한정시킨다. 그러나 이들은 가족과 친구의 안전과 행복에 대해서 기꺼이 희생을 할 수 있다. 또한 사람들과 즐기는 것을 좋아하며 사람과의 관계를 중요시한다. 이들은 에너지와 유머 그리고 경험에 대한 열정을 가지고 있다. 스스로를 비난하는 경향이 많으며 두려움이 생기면 다른 사람과 밀접한 관계를 맺거나 농담을 함으로써 그것으로부터 피하려고 한다.

평균일 때 이들은 사람들이 자신을 좋아하고 받아들여 주기를 열망한다. 그러나 자기 자신이나 자신의 문제에 대해 말하기를 주저하는 편이다. 이들은 사교적이기는 하나 불안해하는 경향이 있고 중요한 결정을 내리기 전에 자신이 좋아하는 사람으로부터 승인과 조언을 구하려는 경향이 있다. 이들은 불안을 느낄 때 스포츠나 쇼핑, 다른 사람과 '돌아다니는 것'으로 관심을 돌리려고 한다. 과식, 과음, 마약 남용을 할 수도 있다. 특별히 정치적인 주제에 관심을 갖지만 좋아하거나 좋아하지 않는 것에 대해 강한 의견을 갖고 있는 경우가 많다. 이들은 좌절이나 중요한 관계에 대한 불안 때문에 우울해질 수도 있다.

자기 보존 본능의 6번 유형

본능적 변형

책임감 평균적인 범위에 있는 자기 보존 본능의 6번 유형은 상호 책임을 통해 안전을 쌓기 위하여 열심히 일함으로써 생존에 대한 자신의 불안을 완화하려고 노력한다. 이들은 자신의 도움과 봉사가 되돌아올 것을 기대하면서 다른 사람을 돕는다. 이들은 안전한 관계를 찾지만 사람들과 친해지는 데 시간이 걸린다. 사람들이 믿을 만하고 진정으로 '내 편' 이 될 수 있는지 시간을 두고 관찰하기 때문이다. 이들은 다른 본능적 변형에 속하는 사람보다 집을 좋아하고 가정생활이 안정되도록 하는 데 많은 관심을 쏟는다. 그래서 이들은 청구서, 세금, 보험료 같은 것들에 신경을 많이 쓴다.

자기 보존 본능의 6번 유형은 쉽게 자신의 불안과 필요를 감추지 못한다. 사실 이들은 다른 사람의 도움을 얻기 위해서 이것을 사용한다. 작은 것에 안달하는 경향이 있어서 가장 나쁜 결과를 예상하고 걱정한다("집세가 5일이나 늦었네. 우리는 분명히 쫓겨 날 거야"). 자기 보존적인 6번 유형은 대개 검소하고 재정적인 문제에 대해 걱정을 많이 한다. 이들은 돈 문제로 다른 사람과 다투는 일이 흔하다.

불건강한 영역에 있는 자기 보존 본능의 6번 유형은 아주 의존적이고 걱정이 많다. 이들은 지원이 없는 상태를 두려워하기 때문에 스스로를 힘들게 하는 상황 – 힘든 결혼 생활이나 아주 스트레스가 많은 직업 – 에 머물러 있다. 이들은 강박적인 불안을 가지고 사람을 붙들려 하기 때문에 오히려 자신이 함께 있기를 원하는 사람들을 멀리 쫓아 버리곤 한다. 공포는 이들을 더욱 공격적으로 만든다. 이들은 아무도 자신을 위협할 수 없도록 '적들' 을 쫓아 버린다. 하지만 아이러니컬하게도 이것이 자신의 안전 체계를 파괴시킬 수 있다.

사회적 본능의 6번 유형

인정과 동의를 구함 평균적인 범위에서 사회적인 6번 유형은 인정과 동의를 구하기 위해 친구를 찾는다. 이들은 친절함을 투사해서 다른 사람과 관계를 맺으려고 노력하며 따뜻함과 유머를 가지고 있다. 이들은 사람들에게 도움과 애정을 주기 때문에 2번 유형처럼 보이기도 한다. 이들은 이상주의자인 경우가 많다. 또한 자신보다 더 큰 조직의 부분이 되기를 좋아하며 자신이 속한 단체의 안전을 위해서라면 기꺼이 스스로를 희생할 수도 있다.

사회적인 6번 유형은 절차와 의식에 충실하다는 면에서 1번 유형과 비슷할 수도 있다. 이들은 의무, 약속, 계약(자신의 노력이 이용당하지 않을 것이라는 보장)을 통해서 안도감을 갖기를 원한다. 이들이 더 불안할 때는 비슷한 마음을 가진 사람들끼리 모여서 서로를 돕는 안전한 장소(12단계 그룹 같은)를 찾는다.

사회적인 6번 유형은 다른 사람이나 자신이 속한 단체를 위해서는 많은 노력을 하지만 자신의 성공이나 발전을 위해서 일하는 것은 어려워한다. 이들은 불안 때문에 어떤 행동을 하거나 결정을 내리기 전에 다른 사람의 동의를 구한다. 그러면서도 자신의 우유부단함 때문에 힘들어한다. 이들은 단체나 권위의 도움을 잃는 것을 두려워해서 좌절감을 느낄 때 친구나 권위에 대해서 수동적인 공격성을 나타내며 스트레스 상황이 닥치면 쉽게 지치고 힘들어한다. 그럴 때 이들은 부정적이고 염세적이 된다.

불건강한 범위에서 사회적인 6번 유형은 열광적인 신념, 단체, 명분에 끌릴 수 있다. 이들은 세상이 자신에게 적대적이라고 느낀다(불건강한 8번 유형처럼) 이들은 자신의 신념에 대해 의문을 갖지 않으며(다른 사람들이 이들의 신념에 대해 의문을 갖더라도) 특정 권위에 절대적으로 복종한다. 반면에 자신의 신념 체계에 맞지 않는 권위에 대해서는 무조건적으로 반대하는 경향이 있다.

성적 본능의 6번 유형

힘과 연결의 상징 평균 범위에 있는 성적인 6번 유형은 안전하다는 것을 느끼기 위해서 육체적인 힘이나 육체적인 매력을 개발한다. 더 한층 공격적인 성적 본능의 6번 유형은 힘에 의존해서 8번 유형처럼 거친 면을 보이기도 한다("나를 건드리지 마"). 반면에 두려움이 많은 성적 본능의 6번 유형은 다른 사람들의 마음을 빼앗고 지원을 이끌어 내기 위해 4번 유형과 유사한 방법으로 성적 매력을 사용한다. 이들은 자기주장과 권위에 대한 도전이나 상대방을 유혹하는 행동으로 불안을 위장한다.

성적인 6번 유형은 자신의 신체적인 특성이나 장점을 잘 알고 있다. 이들은 체육관에서 시간을 보내기를 좋아하는 사람들이다. 건강상의 이유라기보다는 자신의 힘과 매력을 증진시키기 위해서다. 성적인 6번 유형은 힘 있고 능력 있는 파트너를 자신에게 끌어 오기를 열망한다. 그래서 상대가 자신에게 머물러 있어 주는지 알아보려고 상대방의 성격과 힘을 평가하며 그들을 시험하기를 좋아한다.

성적인 6번 유형은 다른 6번 유형의 본능적 변형보다 권위에 도전하기를 더 잘 한다. 특히 이들은 불안한 상태가 되면 권위에 도전한다. 또한 다른 사람과 자신을 가장 잘 의심하는 사람들이다. 자신이 안전치 못한 상황에 놓이거나 다른 사람과의 연결이 끊어질 상황이면 폭발적인 감정 반응을 보일 수도 있다. 불안해지면 그 불안의 진정한 원인이 되는 것보다는 자신을 지지하는 사람이나 제3의 인물에게 반항하는 경향이 있다. 이들은 헛소문을 퍼뜨리는 것 같은 여러 가지 방법으로 자신의 위신을 떨어뜨리며 다른 사람에게 반감을 사곤 한다.

불건강한 범위에 있는 성적인 6번 유형은 우울하고 변덕스럽다. 특히 이들은 가까운 사람과의 관계가 소원해진다고 느낄 때 이런 반응을 보인다. 그래서 강박적이고 자기 파괴적인 행동과 비이성적인 적극적 행동이 교대로 나타날 수 있다. 공포가 많은 것도 이들의 성격 특성 중 하나다.

6번 유형이
성장하기 위해
극복해야 할 과제

다음은 6번 유형이 삶에서 가장 많이 만나는 문제들이다. 이 패턴들을 주의해서 보고, '행동을 통해 자신을 알아차리고', 삶에 대한 습관적인 반응을 의식하면 우리는 자기 성격의 부정적 면들로부터 훨씬 자유로워질 것이다.

6번 유형을 일깨우는 신호 – 확실한 것(외부의 안내와 지원) 찾기

평균적인 6번 유형은 미래에 대한 걱정이 많다. 이들은 스스로와 세상을 의심하기 때문에 자신의 안전을 보장해 줄 '확실한 것'을 찾기 시작한다. 그것은 결혼에서부터 직업, 신념 체계, 친구들, 자기개발 서적에 이르기까지 다양할 수 있다. 대부분의 6번 유형은 만약의 경우를 대비하여 한 가지 이상의 확실한 것을 갖고 있다. 이들은 유사시를 위해 저축을 하고 미래를 위해 투자를 하며 연금을 타기 위해서 충실하게 회사에서 일한다.

"내가 무엇을 믿을 수 있을까?"

6번 유형은 항상 확실하고 안전한 것을 구한다. 이들은 삶이 위험과 불확실함으로 가득 차 있다고 느끼기 때문에 아주 조심스럽게 삶에 접근하며 자신의 기대를 제한하려고 한다. 물론 6번 유형도 개인적인 소망과 꿈을 갖고 있다. 그러나 이들은 자신의 안전을 손상시킬지도 모르는 행동을 취하는 데 있어서 아주 조심스럽다("나는 배우가 되고 싶어. 하지만 누군가 의지할 사람이 필요해"). 이들은 목표와 꿈을 좇기보다는 자신의 안전망을 구

연습 ① 가슴에서 느껴지는 것을 따르기

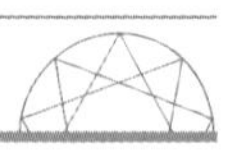

6번 유형은 지나치게 조심스러운 경향이 있다. 그래서 이들은 자신을 발전시킬 수 있는 많은 기회를 놓쳐 버린다. 당신이 놓쳐 버린 성장과 도전의 기회를 기록해 보라. 당신은 왜 그 기회가 지나가도록 했는가? 당신이 자신을 신뢰했다면 상황이 달라졌을 것이라고 생각하는가?

당신이 상식을 뛰어넘어서 도전했을 때를 기억해 보라. 강박적으로 무모한 행동을 했던 때가 아니라 자신을 더 성장시키려고 의도적인 노력을 했던 때를 말이다. 그 결과는 어떠했는가? 그 때 당신은 무엇을 느꼈는가? 지금 당신의 삶에서 자신에 대한 의심이나 두려움 때문에 원하는 일을 하기를 주저하는 면이 있는가? 그것에 대해 어떤 결정을 내릴 수 있는가?

6번 유형의 발달 단계

범위	수준	내용
건강한 범위	수준1	**자신을 믿고 의지함, 용기가 있음** 이 수준의 6번 유형은 자유로워져서 외부의 누군가에게 혹은 무엇에게 의존해야 한다는 생각에서 벗어난다. 대신에 자기 내면의 안내를 찾는다. 또한 이들은 안전과 지원을 얻고자 하는 자신의 기본적인 욕망을 성취한다. 이럴 때 자신 안에서 진정한 안정과 마음의 평화를 찾는다.
	수준2	**타인에게 친절하며 안정감을 줌, 신뢰할 수 있음** 이 수준의 6번 유형은 자신의 환경 안에서 지원을 찾으려고 노력하며 위험에 기민하게 대처하려고 노력한다. 이들은 친절하고 믿을 수 있으며 사람들을 편안하게 해 준다. 그리고 세상 안에서 연결을 맺고 안정을 찾으려고 노력한다. "나는 안정되어 있고 차분하며 믿을 수 있는 사람"이라는 자기 이미지를 갖고 있다.
	수준3	**헌신적이며 협동적임** 이 수준의 6번 유형은 서로에게 이익이 되는 체제를 만들어 내고 유지하기 위해 열심히 노력함으로써 자아 이미지를 강화한다. 이들은 열심히 일하고 작은 것에도 세심한 주의를 기울이며 다른 사람과 안정된 관계를 맺는다. 또한 자기 관리를 잘 하는 실질적인 사람들이며 문제가 발생하기 전에 예견하는 것을 잘 하기도 한다.
평균 범위	수준4	**의무를 잘 이행하며 충실함** 이 수준의 6번 유형은 자신의 독립성을 잃게 될까 봐 두려워하면서도 또한 더 많은 지원을 얻고 싶어 한다. 이들은 자신을 지원할 것이라고 여겨지는 사람과 조직에 시간과 노력을 투자한다. 그러나 이것이 항상 쉽지는 않다. 이들은 절차와 법칙, 권위, 철학을 신뢰하고 그 안에서 자신이 원하는 안내와 확실성을 얻고자 한다.
	수준5	**야심이 있으며 반항적** 이 수준의 6번 유형은 여러 단체와 조직의 요구 사항이 상충할 때 그것을 충족시키지 못할까 봐 두려워한다. 그래서 이들은 자신을 지원해 주는 사람들과 멀어지지 않으면서 자신에게 주어지는 짐을 피해 보려고 노력한다. 이들은 불안하고 부정적이며 의심이 많다. 그래서 더 조심스럽고 강박적이고 우유부단해진다.
	수준6	**권위적이며 남을 자주 비난함** 이 수준의 6번 유형은 다른 사람으로부터 얻는 지원을 잃을까 봐 두려워한다. 그리고 이들은 자기 자신에 대해서 아주 자신 없어 하며 불안의 원인을 찾으려고 노력한다. 화를 잘 내고 냉소적이며 작은 일에도 민감하게 반응한다. 그리고 믿는 대상으로부터 배신당했다고 느낀다. 이들은 다른 사람을 비난하며 권력 분쟁에 말려들기가 쉽다.
건강하지 않은 범위	수준7	**극도로 불안, 신뢰할 수 없음** 이 수준의 6번 유형은 자신의 행동이 스스로의 안전에 해를 끼칠까 봐 두려워한다. 그리고 이것은 사실일 수 있다. 이들의 무분별한 행동은 삶을 위협할 수 있고 그렇기 때문에 스스로를 더욱 신뢰할 수 없게 된다. 불안하고 우울하며 무기력하다. 그래서 무엇인가가 자신을 위험 속에서 구해 주기를 원한다.
	수준8	**편집증적이며 공격적** 이 수준의 6번 유형은 너무나 불안해져서 다른 사람이 자신을 공격할 것이라고 믿기 시작한다. 극심한 공포와 세상에 대한 망상적인 생각을 숨기려고 노력한다. 이들은 강박적인 불안 때문에 실제적인 적이나 가상의 적을 공격할 수도 있다.
	수준9	**자기파괴적이며 스스로의 인격을 실추시킴** 이 수준의 6번 유형은 자신의 행동이 스스로를 위험스러운 상황에 빠뜨릴 수 있다는 것을 깨닫고 감당하기 어려워한다. 이들은 죄책감과 스스로에 대한 증오심을 갖게 되고 자신이 이룬 모든 일을 깎아 내리게 된다. 다른 사람에게 구조를 요청하기 위해서 자살을 시도하기도 한다.

축하고 유지하는 데 많은 관심을 쏟는다.

이들은 문제를 해결하는 데 있어서 절대적이고 안전하고 믿을 수 있는 방법을 찾는다. 6번 유형들은 어떤 일을 처리할 때 전에 하던 방식을 사용함으로 자신이 안전하다는 느낌을 갖는다. 다른 사람이 함께 한다든지, 전례가 있었다는 사실이 안전하다는 느낌을 주어서 앞으로 계속 나아갈 수 있도록 해 주는 것이다. 예를 들어 6번 유형은 전망은 있지만 위험 부담이 있는 회사에서 일하기를 꺼린다. 이들은 오랜 역사를 가지고 있고 믿을 수 있는 회사에서 일하기를 원한다. 그러나 아이러니컬하게도 자신의 상황에 대해 확신이 없을 때 6번 유형은 불안을 종식시키기 위해서 강박적으로 행동할 수도 있다. 그렇게 해서 때로는 불안을 줄이기도 하고 때로는 오히려 불안을 더 크게 만들기도 한다.

사회적 역할 : 신념이 강한 사람

평균적인 6번 유형은 자신의 지원 체계를 강화하고 권위 있는 사람과 강한 연결을 갖고 싶어한다. 그래서 대부분의 시간과 에너지를 이런 관계를 형성하는 데 투자하고 안전과 상호 지원을 더 많이 받음으로써 자신의 노력이 보상받기를 원한다. 6번 유형은 불안과 불확실에 대한 방어책으로 정치, 철학, 영성 같은 특정 신념 체계에 빠져든다.

6번 유형은 끊임없이 '책임감 있는 사람'이 되려고 노력한다. 이들은 관계나 직업, 혹은 자신이 가치 있다고 믿는 신념이 계속해서 자신을 지

연습 ② 무엇이 당신을 지원해 주는가?

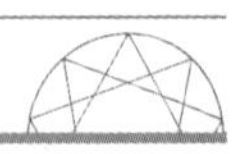

당신이 삶에서 만들어 낸 '사회적인 안전 체계'를 살펴보라. 그것들이 당신을 더 안전하게 느끼도록 만들어 주었는가? 그것들을 얻기 위해 당신은 어떤 대가를 치렀는가? 그것들 중 하나가 없다면 어떻게 하겠는가? 당신이 시간과 노력을 기울이지 않았는데도 당신을 매일 지원하고 있는 것은 무엇인가? (힌트 : 당신은 야채를 재배하고 유통시키는 데 참여하지 않았는데도 야채를 먹을 수 있다.)

원하도록 열심히 일한다. 그런데 이것은 의심 많은 6번 유형의 마음에 많은 의문을 갖게 한다. '사람들이 나를 이용하는 것이 아닐까? 내가 열심히 일하고 책임감 있기 때문에 내 주변에 있는 것이 아닐까? 내가 열심히 일하지 않는다고 해도 사람들이 날 좋아할까?' 등등. 그래서 이들의 사회적 역할이 오히려 사회적 불안을 만들어 낸다.

"당신은 나를 믿어도 됩니다."

6번 유형은 자신이 해야 할 일을 모두 하면 신(혹은 회사나 가족)이 자신을 돌봐 줄 거라고 기대한다. 이들은 자신이 해야 할 일을 잘 해 나가면 모든 예기치 않은 위험을 피해 가거나 통제할 수 있을 거라고 생각한다. 그러나 아주 큰 회사도 부도를 내며 국가도 좋은 시기와 어려운 시기를 겪는다. 6번 유형이 자신의 내면에서 안전을 찾을 수 없다면 외부의 어떤 것도 이들에게 안전함을 느끼게 해 줄 수 없을 것이다

두려움, 불안, 의심

두려움은 일곱 가지의 고전적인 '주요한 죄' 중 하나에 들어가지는 않지만 6번 유형의 '열정(혹은 내재된 감정적 왜곡)'으로 알려져 있다. 6번 유형의 행동은 두려움에 대한 반응과 불안에 그 기반을 두고 있다. 6번 유형의 두려움은 자기 안전에 대한 걱정과 미래의 문제뿐만 아니라, 만성적인 자기 의심과 타인에 대한 불신에서도 나타난다. 6번 유형은 표면적으로는 아주 친절하고 사교적이며 인간적이지만, 사람들이 자신을 버리고 돌아서며 자신에게 해를 줄지도 모른다는 깊은 두려움을 숨기고 있다. 이들은 자신이 실수를 저질러서 인간관계를 손상시키거나 상대방이 예상치 않게 등을 돌릴까 봐 두려워한다. 그래서 이들이 가지고 있는 친절함 중에서 많은 부분은 다른 사람을 '확인해' 보고자 하는 욕구에서 온다. 모든 것이 아직은 괜찮다는 사실을 확인하고 싶은 것이다.

"나는 불안해한다. 그러고 나서 왜 불안한지 그 이유를 찾는다."

다른 유형은 자신의 두려움과 불안을 억제하는데(최소한 다른 곳으로 관심을 돌려서 피하려고 하는데), 6번 유형은 끊임없이 자신의 두려움을 인식한다. 때때로 이들은 자신의 두려움에게서 힘을 얻지만 대부분은 두려움 때문에

혼란스럽고 기운을 빼앗기며 무기력해진다. 그러나 다른 사람들에게는 그렇게 보이지 않는다. 이들의 불안은 거의 내면적인 것이기 때문이다.

성공적인 변호사인 로라를 보면 아무도 그녀가 두려움에 떨고 있다고는 생각하지 않을 것이다.

"나는 모든 것에 대해 걱정합니다. 예를 들어 지붕이 새지 않을까, 혹은 자동차 타이어가 갑자기 펑크가 나지 않을까 하는 것들이지요. 대부분의 일들은 거의 일어날 가능성이 없는 것이며 어떤 것들은 일어나는 게 아주 불가능합니다. 두려움은 내가 매일 끌어안고 살아가는 것입니다. 두려움은 불안과 걱정을 가지고 옵니다. 하지만 그것이 아주 단순한 두려움이 아닙니다. 기대, 흥분, 불안이 함께 섞여 있지요. 대체로 저는 긍정적인 사람입니다. 그러나 공포와 비관주의가 저를 혼란스럽게 만들곤 합니다."

"나는 이 모든 것을 해내야 한다."

6번 유형은 불안에 반응하거나, 반응하지 않음으로써 대처하는 법을 배운다. 어떤 6번 유형은 공격적으로 자신을 표현하며 어떤 6번 유형은 아주 소심하다. 이것은 두 종류의 6번 유형이 있다는 의미가 아니다. 어떤 6번 유형은 자신의 공포를 역으로 표현한다는 의미다. 아마도 이것은 어린 시절에 배운 수퍼에고의 메시지에서 올 것이다. 어떤 6번 유형은 거칠게 행동하도록 배워서 약간은 공격적이 됨으로써 자신을 보호할 수 있었던 경험을 했을 것이다. 또 어떤 6번 유형은 갈등을 회피하라고 배웠을 것이다. 물론 대부분의 6번 유형에게는 이 두 가지 경향이 동시에 존재한다.

연습 ③ 불안 탐색하기

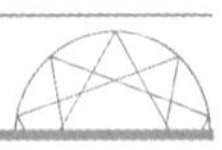

당신이 어떤 부분에서 두려움, 불안, 의심을 계속 경험하는지 열 가지 정도를 나열해 보라.
당신에게 불안과 긴장을 일으키는 특정한 시간, 사람, 장소 등을 찾아 낼 수 있는가? 걱정과 불안에 사로잡혀 있다면 분명히 그 안에 부정적인 요소가 있다는 것이다. 하지만 당신이 알아차리지 못하는 사이에 당신이 구하고 있는 긍정적인 보상이 있는지 살펴보라(예를 들면 다른 사람들의 동정이나 보호를 얻는 것 같은). 당신은 자신의 불편한 상태에 대해 어떻게 불평하고 그 상태를 어떻게 보여 주는가? 이런 방식으로 행동하지 않는다면 어떻게 하겠는가? 당신의 이런 행동 때문에 얻을 수 있는 것은 무엇이고, 잃는 것은 무엇인가?

코니는 이것을 아주 잘 알고 있다.

"나는 내 자신이 겁에 질려서 어디로 가야 할지 모르는 토끼처럼 느껴집니다. 나는 용기가 더 필요해요. 하지만 위기가 닥쳤을 때는 아주 잘 행동합니다. 전혀 두려워하지 않지요. 내가 사랑하는 사람이 공격을 받으면 나를 필요로 하는 그 사람을 구하기 위해서 어떤 행동이라도 합니다. 그러나 다른 사람들을 위해 그런 행동을 하는 것을 머릿속으로만 생각할 때는 아주 두려워요."

독립을 위해서 지원을 구하기

6번 유형은 다른 사람에게 지원 받고 있다고 느끼기를 원하지만 누군가에게 완전히 통제당하는 것은 원치 않는다. 이들은 누군가가 관심을 보이며 너무 가까이 다가와 자신을 통제하려 들면 아주 불편함을 느낀다. 다른 사람이 자신을 위해서 그 자리에 있어 주기를 원하면서도 사람들과 어느 정도의 거리를 유지하고 싶어 하는 것이다.

그러면서도 이들은 역설적으로 독립적이 되기 위해 누군가에게 의존해야 하는 위험을 감수한다. 자신을 괴롭히는 집을 떠나서 통제적이고 소유욕이 강한 남자와 결혼하는 여자와도 같다. 이들은 불안 때문에 너무 빠르게 피상적인 해결책을 찾는다. 마치 직장에 다니기 싫어서 자신의 사업을 시작했지만, 투자자와 정부의 규제 때문에 스트레스를 더 받을 수밖에 없는 기업가와도 같다.

"우리는 모두 서로 도움을 주고 받으며 살고 있다."

연습 ④ 자신이 잊어버린 성공 기억해 내기

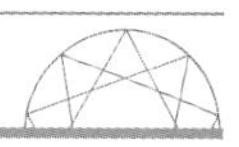

당신은 스스로가 생각하는 것보다 훨씬 더 능력 있는 사람이다. 모든 사람들은 때때로 도움이 필요하다. 그러나 당신은 자신이 다른 사람을 도운 일을 과소평가하고 있다. 잠시 시간을 내서 당신이 다른 사람을 도와 준 것을 나열해 보라. 그러고 나서 당신 자신을 도운 일을 나열하라. 두 번째 리스트에는 당신 스스로가 자랑스럽게 여기는 중요한 성취도 포함시켜라. 이 두 리스트를 살펴보라. 어떤 것이 더 긴가? 이 각각의 항목에 대해 어떻게 느껴지는가?

이들은 더 불안하고 자신이 없을수록 외부의 지원에 더 의존하고 자신의 독립성을 더 잃는다. 이들의 자신감이 심하게 손상되었다면 사람이나 신념 체계에 너무 깊이 의존해서 그런 의존 없이는 살아갈 수 없게 될 것이다. 어떤 경우에는 다른 사람들이 자신에게 피해를 주고 자신을 이용하려 한다는 느낌을 갖는다. 이들은 이러한 의심 때문에 사회적으로 더욱 고립된다.

대답 구하기

6번 유형은 자기 자신 내면의 안내를 믿을 수 없다고 느끼기 때문에 다른 사람에게서 답을 구하려 한다. 그러나 6번 유형은 무작정 다른 사람의 말을 듣지는 않는다. 이들은 다른 사람의 의견을 살펴보고 테스트해서 결정을 내릴 것이다. 불안감이 많은 6번 유형은 다른 사람의 생각을 쉽게 받아들이는 경향이 있지만 이런 경우에도 일단 그것에 대해 의심을 해 본다. 이 두 가지 방식 중 어떤 것이든 이들의 자연스러운 반응은 자신 밖에서 믿을 수 있는 무엇인가를 찾고, 실패하면 거기에 저항하여 다른 것을 찾는다는 것이다. 의심, 회의, 믿음, 찾기, 저항 등이 이들이 경험하는 감정 상태다.

> 의식적으로 무엇을 안다는 것은 쉽지 않다. 내가 선택하는 것의 깊은 의미, 즉 선택에는 책임이 따른다는 것을 알기 전에 내 삶은 훨씬 더 쉬웠다. 그 순간에는 외부에 책임을 떠맡기는 것이 훨씬 더 쉽게 느껴진다. 그러나 삶을 더 깊이 이해하게 되면 그렇게 자신을 속이는 것을 견딜 수 없게 된다.
>
> 캐롤라인 미스 Caroline Myss

일반적으로 6번 유형은 그 권위가 이로운 것임을 확인하기 전에는 권위를 신뢰하지 않는다. 그러나 6번 유형이 일단 '좋은' 권위라는 믿음을 갖게 되면 강하게 신봉하고 그 가르침과 가치를 자신의 것으로 받아들인다(사장이 자신을 좋아하면 이들은 그를 위해 충성스럽게 일한다. 새로운 교사가 현명하고 자신에게 도움이 되는 사람이라면 이들은 아주 만족한다. 정치 체제나 지도자

연습 ⑤ 신념의 뿌리를 의심해 보라

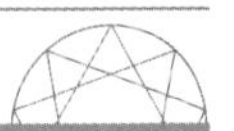

당신이 가진 신념 체계의 근본은 무엇인가? 그것은 자신의 경험에 근거하고 있는가, 그렇지 않으면 믿을 수 있는 친구, 교사, 책의 가르침에 근거하고 있는가? 당신이 믿고 있는 것이 참인지 거짓인지 어떻게 확신할 수 있는가?

가 믿을 만하다고 여겨지면 이들은 자신의 많은 것을 투자해서 그 일에 관여하게 될 것이다). 그러나 6번 유형은 어떤 것도 결코 완전히 확신하지는 않는다. 이들은 끊임없이 자신을 따라 다니는 의심을 억제하고 숨기면서 자신이 믿는 것에 대한 긍정적인 생각만을 표현한다.

6번 유형은 다양한 권위와 체제에 자신을 맞춤으로써 '옳은' 답을 찾아서 문제를 해결하려고 노력한다. 이들은 종교적인 가르침을 믿고, 강한 정치적 신념을 갖고 있으며, 배우자의 의견을 경청하고, 헬스 트레이너의 의견을 존중하며, 자기 계발서적에서 의견을 얻는다. 그러나 메시지와 가르침이 서로 상충되면 6번 유형은 시작한 곳으로 다시 돌아가 스스로 결정하려고 노력한다.

구조와 가이드라인 찾기

6번 유형은 너무 많은 선택권을 갖고 있는 것을 좋아하지 않는다. 이들은 법률이나 회계, 학문처럼 잘 정의된 과정과 가이드라인이 있는 구조 안에서 더 편안함을 느낀다. 이들은 어떤 조직이나 구조를 만들어낼 때 사람들이 자신에게 무엇을 요구하는지 명확하게 안다면 효율적으로 일할 수 있다. 이들은 조직원의 동의에 의해 움직여지는 조직이나 단체의 리더로 일하기도 한다.

모든 6번 유형이 조직 안에서 편안해하는 것은 아니지만 대부분의 6번 유형은 조직의 규칙 안에서 창조적이고 융통성 있게 일하는 것을 좋아한

연습 ⑥ 내면의 목소리 신뢰하기

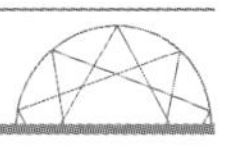

어떤 상황에서 의문을 가질 때 그것을 잘 살펴보라. 예를 들어 직장에서 문제가 있거나 친구가 당신에게 와서 결혼 문제에 대해 조언을 구할 때 그 상황을 잘 살펴보라. 당신이 문제에 어떻게 접근하는지 살펴보라. 당신은 외부에서 답을 찾고 있는가?("회사 정책에 의하면……" 혹은 "내가 가르침을 받은 영적인 스승은 이렇게 말했어……") 그렇지 않으면 당신은 자기 나름의 지성-특히 자신의 가슴과 본능이 말하는 것-에 의존하고 있는가?

다. 6번 유형에게는 조직의 규칙 안에서 행동하는 것이 네트를 쳐 놓고 테니스를 치는 것과도 같다. 이들은 모든 것에는 자연적인 질서가 있다고 여기며 그 안에서 행동하는 것에 만족을 느낀다. 그렇지만 그 질서를 무시할 것인지 그렇지 않을 것인지에 대한 선택권은 자신이 갖기를 원한다(이들은 이 선택권을 행사하지 않을 수도 있다. 그러나 자신이 그것을 갖고 있다는 것은 알아야 한다). 예술가나 심리 치료자, 작가처럼 창조적인 일을 하는 6번 유형조차도 일정한 형식 안에서 일하는 것을 좋아하며 그 구조 안에서 자유를 찾는다.

6번 유형은 사람들이 자신에게 무엇을 기대하는지를 알 때 안전함을 느끼기 때문에 갑작스러운 변화를 좋아하지 않는다. 어느 정도 예상이 가능한 상황이 이들의 불안한 마음을 편안하게 해 주는 것이다.

심리치료사인 아나벨리는 이렇게 말한다.

"나는 나의 습관과 일과를 결정합니다. 의도적으로 내가 어떤 습관을 갖기로 결정할 때마다 생각해야 할 일이 하나씩 줄거든요. 그렇지 않다면 나는 많은 에너지를 생각하는 데 소모해 버렸을 것입니다. 나는 변화를 싫어합니다. 변화란 미래가 달라지는 것을 의미합니다. 하지만 좋은 점은 한 가지 습관에 익숙해졌을 때 아주 적응을 잘 한다는 것입니다. 예를 들어서 나는 항상 같은 주유소에 갑니다. 내가 그런 습관을 갖지 않았다면 언제 어디서 차를 세우고 기름을 넣어야 할지 늘 망설였을 것입니다."

지나친 충실함

6번 유형은 많은 사람들과 상황에 헌신적이 되려고 노력한다. 그러나 이들은 제방이 새는 것을 막기 위해 자신의 손가락으로 구멍을 틀어막은 네덜란드 소년처럼 모든 사람들을 만족시키는 것은 불가능하다는 사실을 알게 된다. 이들은 지나치게 노력하고는 자신이 이용당했다고 느낀다. 예를 들어 어떤 6번 유형이 직장 근무 중 아내로부터 금요일 저녁을 둘이 보내기 위해서 좋은 식당을 예약했다는 이야기를 듣는다. 그는 자신의 결혼

"내가 그것을 하든 하지 않든 어려운 상황에 빠질 것이다."

관계가 주는 안정감이 강화되기를 원하면서 근사한 저녁 식사를 고대한다. 그런데 갑자기 그 6번 유형의 근면성을 높이 사는 상사가 월요일 아침까지 해야 할 일의 기한을 맞추기 위해 금요일 저녁에 야근을 할 수 있겠느냐고 묻는다. 그는 아내에게 무슨 말을 해야 할지 걱정하면서도 그렇게 하겠다고 대답한다. 그런데 오후에 절친한 친구가 전화를 걸어 와서 지난주에 친구와 했던 금요일 날의 약속에 대해 이야기한다. 이제 6번 유형은 당황해서 어찌할 바를 모른다. 그는 모든 사람들에게 충실하려고 했다가 누군가를 실망시켜야 할 상황을 만들어 낸 것이다.

6번 유형은 불안해지고 다른 사람들은 그에게 화를 낼 것이다. 그는 사람들이 자신에게 너무 많은 것을 요구했다고 느낄 것이다. 하지만 그 누구도 모든 사람이 원하는 것을 해 줄 수는 없다!

내면의 위원회

1번 유형은 '내면의 비평가'를 가지고 있는 반면에 6번 유형은 '내면의 위원회'를 가지고 있다. 6번 유형은 주어진 상황에서 그 위원회의 구성원들이 어떤 반응을 할지 생각하면서 그들과 함께 자신이 하는 일을 확인하려고 한다("이 일을 해야 할지 모르겠어. 줄리는 뭐라고 할까? 그녀는 분명히 찬성할 거야. 그렇지만 아빠가 반대하실걸. 그렇지만 그 책에는 이렇게 써 있었는걸."). 그래서 6번 유형은 결정을 내려야 할 때 각기 다른 입장을 고수하는 내면의 다양한 목소리 사이에서 갈등을 느낀다. 때로는 가장 큰 내면의 목소리가 이기며 또 어떤 때에는 막다른 골목에 부딪히거나 결정을 유보하기도 한

연습 ⑦ 지나치게 충실한 것은 아닌가?

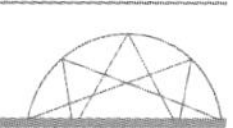

당신이 어느 부분에서 지나치게 충실한지를 살펴 보라. 그렇게 할 때 당신의 진정한 동기는 무엇인가? 당신이 아주 바쁜데도 거절하지 못하도록 만드는 것은 무엇인가? 지나치게 남들에게 충실하려는 것이 당신에게는 어떤 결과를 가져오는가? 또 다른 사람에게는 어떤 결과를 가져오는가?

다. 6번 유형은 끊임없이 이들에게 묻고 확인하기 때문에 최종 결정을 내리기가 어렵다.

그 결과 6번 유형은 자신이 우유부단하다고 느끼게 된다. 이들은 자신이 취해야 할 가장 좋은 행동이 무엇인지 확신하지 못할 때가 많다. 결정을 내릴 때마다 내면의 위원회와 상의를 해야 하기 때문에 6번 유형이 결정하는 데는 시간이 오래 걸릴 수밖에 없다. 반면에 아주 중요한 문제(어디로 이사를 해야 하며 어떤 종교를 믿어야 하는 것과 같은)에 관해서는 대개 확고한 자신의 의견을 가지고 있으며 그 의견을 고수하는 편이다. 이것은 이미 전에 이 문제에 대한 의심을 해결해서 확실한 결론에 도달했기 때문이다. 하지만 삶의 작은 문제에 대해서는 끊임없이 갈등을 일으킨다(햄버거를 먹어야 할까? 핫도그를 먹어야 할까?) 이들의 내면에서 일어나는 끊임없는 대화는 마음의 평화를 흐트러뜨리며 본질로부터 오는 내면의 안내를 가로막는다. 이들은 내면의 위원회를 해산시켜야 한다.

경계, 의심, 가장 나쁜 일을 상상하기

6번 유형은 자신이 지원을 받지 못하고 있다고 느끼기 때문에 위험을 감지하는 데 있어서 놀랍도록 민감하다. 특히 이들은 안정되지 않거나 안전치 못한 상황에 있을 때, 혹은 상처를 받은 경험이 있을 때 더욱 그렇다. 이런 면은 위험한 일을 피해 가게 하는 좋은 자질이 될 수도 있지만 위험이 없을 때도 지나치게 경계하고 예민하게 굴어서 자신과 주변 사람들을 불편하게 한다. 이들은 편안히 긴장을 풀고 있는 것을 어려워한다. 끊임없이 자신의 환경 안에 어떤 위험이나 문제가 있는가를 찾는다(많은 6번 유

연습 ⑧ '내면의 위원회' 해산시키기

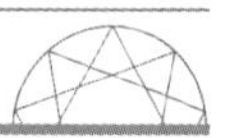

당신은 '내면의 위원회'를 인식하고 있는가? 거기에는 누가 앉아 있는가? 당신에게 권위를 갖고 있는 사람들의 반응을 상상했을 때, 그들의 실제 반응은 당신이 상상했던 대로인가?

형은 자신이 있는 방의 비상구가 어딘지 비상구와 자신이 있는 곳 사이에는 무엇이 놓여 있는지를 재빨리 알아차린다). 세상과 이런 방식으로 관계를 맺는 것은 이들에게 엄청난 스트레스를 주어서 오랜 시간 동안 이런 패턴을 유시하고 있으면 뇌 화학 물질에 변화가 일어날지도 모른다. 이들은 늘 위험이나 재앙을 상상하면서 산다.

조셉은 이런 상태에 대해 잘 알고 있다.

"6번 유형은 늘 하늘이 무너질 것 같은 기분으로 삽니다. 나는 세상이 뭔가 잘못될 것 같은 느낌을 늘 갖고 있어요. 그래서 아침에 눈을 뜨자마자 무슨 문제가 있지 않나 살펴봅니다. 항상 무슨 사고가 일어날 것 같은 기분이에요. 아무런 문제가 없고 모든 것이 편안할 때도 무슨 일이 일어나지 않을까 걱정하는 것이 저예요."

평균적인 6번 유형은 아주 비관적이고 냉소적이다. 이들은 스스로를 비하하고 자신이 과거에 이룬 성취나 성공에 대해서는 곧잘 잊어버린다. 그리고는 자신이 전에 문제를 해결해 본 적이 없는 것처럼 느낀다. 이들은 모든 측면에서 문제를 살펴본다. 아나벨리는 이것이 만들어 내는 긴장을 이렇게 설명한다.

"차에 타면 앞에 있는 차가 어떻게 움직이는지 봅니다. 항상 나쁜 일이 일어날 수 있는 가능성을 살피지요. 그리고 가장 나쁜 일이 일어나는 것을 상상합니다. 그럴 때면 심장이 뛰고 맥박이 빨라지면서 호흡도 가빠집니다. 그런 기분에서 도망칠 수가 없어요. 그런데 아무 일도 일어나지 않

연습 ⑨ 비관주의 극복하기

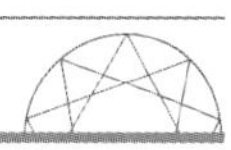

진짜 위험과 일어날 가능성이 있는 위험을 구별하는 것을 배워라. 나쁜 결과가 일어날 것을 걱정하는 순간이 당신에게 얼마나 많은가? 모든 일이 잘 될 것이라고 믿는 데 어떤 어려움이 있는가? 당신은 문제에 대해 걱정하기를 선택하는가, 그렇지 않으면 편안하게 긴장을 풀고 있기를 선택하는가? 앞일에 대해 걱정하는 것이 필요할 때가 있지만, 이것은 대부분의 경우 당신으로 하여금 '지금 여기'에 머물지 못하도록 한다. '지금 여기'는 다음 순간으로 가기 위한 당신이 있어야 할 장소다.

으면 또 다른 나쁜 일을 상상하지요. 마음속에서 재앙을 만들어 내는 과정이 자동적으로 일어납니다. 몇 시간이고 이렇게 하고 있을 수도 있어요. 그러다가 내가 하고 있는 것을 알아차리면 스스로 그만두려고 노력해요. 하지만 다시 그런 걱정으로 돌아가는 것은 어쩔 수가 없어요."

"만약 ……면 어떻게 될까?"

6번 유형은 작은 문제가 모든 일을 망칠 것이라고 느낀다. 이들은 작은 문제를 큰 재앙이라고 여기면서 자신이 한 프로젝트를 망칠 수 있는 모든 이유들을 생각해 낸다. 이것은 일이나 인간관계를 대하는 이들의 태도에 영향을 미치는 것은 당연한 일이다. 작은 오해나 의견의 불일치가 있을 때 6번 유형은 자신이 상대방에게서 버림받았다고 느낀다. 이러한 성격은 중요한 인간관계를 손상시킨다.

비난하기, 자신을 희생자라고 여기기

6번 유형이 자신은 어떤 건설적인 일도 할 수 없다고 느끼게 되면 불평하고 남들을 비난함으로써 자신의 불안을 표현한다. 이들은 자신의 실패에 대해 권위 있는 사람에게 질책을 당하거나 처벌을 받을까 봐 두려워할 때 남을 더 비난하고 불평하게 된다.

"사람들은 나를 너무 괴롭혀. 난 이제 더 이상 참지 않을 거야."

어린 시절 부모가 집에 돌아와서 깨진 창문을 보고 "누가 했지?"라고 물으면 6번 유형의 아이는 이렇게 대답한다. "데비가 그랬어요. 그 애가 또 어떻게 했는지 아세요? 계단을 엉망으로 만들어 놓고 나에게 욕을 했어요." 비난은 이 때 시작된 것이다.

어른의 세계에서 6번 유형은 자신에게 좌절을 준 사람이 아닌, 다른 사

연습 ⑩ 왜 사람들은 내 인생을 엉망으로 만들까?

당신은 얼마나 자주 불평을 늘어놓는가? 일, 대인관계, 아이들, 부모, 스포츠 팀, 정치, 자신의 동네, 날씨 등에 대해 얼마나 많은 불평을 하는가? 당신이 누군가에 대해 불평을 할 때, 그 사람에게 솔직하게 털어놓고 이야기해 본 적이 있는가? 당신은 삶에서 누구에 대해, 그리고 주로 무엇에 대해 불평하는가?

람에게 불평을 토함으로써 자신의 불안을 보상 받으려고 한다. 그래서 많은 6번 유형은 저녁 식사를 하며 일에서 겪은 스트레스를 해소한다. 혹은 직장에서 음료수 자판기 옆이나 일과가 끝난 후 술을 마시면서 불평을 털어놓기도 한다. 6번 유형은 자신이 이용당하고 희생당했다고 느끼면서도 그 상황을 바꾸려는 정당한 행동을 하지 않고 불평만 한다. 이런 일이 반복되면 희생자라고 여기는 자기 이미지가 더 강화된다. 이런 경우는 불건강한 영역에 있는 6번 유형에게서 많이 발견된다.

스트레스에 대한 반응

6번 유형이 3번 유형으로 간다

이미 보았듯이 6번 유형은 자신의 시간과 에너지를 '안전 체계'에 투자한다. 그런데 스트레스가 증가해서 자신의 능력이 감당할 수 있는 한계를 넘어서면 3번 유형으로 가서 일 중독자가 될 수 있다. 이들은 환경에 적응하고 사회적, 경제적 지위를 유지하기 위해서 많은 노력을 한다. 그래서 3번 유형으로 간 6번 유형은 자신의 이미지를 중요하게 여기고 동료들에게 받아들여지기 위한 적절한 외모, 제스처, 태도 등을 개발하려고 노력한다. 이들은 이렇게 해서 다른 사람들의 마음을 얻고 거절당하지 않기를 바라지만, 사람들은 이들의 과장된 친절을 부담스럽게 느껴서 이들의 진심이 무엇인지를 의심하게 된다.

또 이들은 3번 유형처럼 경쟁적이 되는데 3번 유형과는 달리 이들의 경쟁심은 주로 단체나 신념을 통해 표현된다(좋아하는 축구팀, 회사, 학교, 국적, 종교 같은). 또한 이들은 자기 비하와 열등감에 대한 저항으로 자기 자랑을 하고 남들을 무시하는 태도를 보인다. 이들은 자신의 배경이나 교육에 대해 부정직하게 이야기하고 다른 사람이나 자신을 착취하며 경쟁 그룹을 이기는 데 대해서 강한 욕망을 가질 수도 있다.

6번 유형이 상당 기간 동안 지나친 스트레스를 받았거나, 적절한 도움이나 대처하는 기술 없이 심한 위기 상황을 겪었거나, 어린 시절에 심한 학대를 받았다면 쇼크 포인트를 넘어서 자신의 유형에서 불건강한 범위로

위험신호

6번 유형이 어려움에 빠졌을 때

들어갈 것이다. 이들은 자신의 반항적인 행동이나 방어적인 반응이 실제로는 안전에 해를 준다는 것을 느끼고 두려움을 갖게 된다.

6번 유형이 이러한 두려움 안에서 진실을 인식할 수 있다면 삶의 방향을 바꾸어 건강과 자유로움을 얻게 될 것이다. 그렇지 않다면 이들은 더 불안해하고 작은 일에 대해서도 민감하게 반응하게 된다("나는 당신을 위해서라면 무엇이라도 하겠어요! 나를 떠나지 마세요." 혹은 그 반대로 "그 사람들은 나를 망친 것을 후회하게 될 거야"). 6번 유형이 이런 태도를 고수한다면 불건강한 범위로 내려가게 된다.

당신 자신이나 당신이 알고 있는 사람이 상당 기간 동안(2~3 주 이상) 다음의 경고 증후를 보인다면 카운슬링이나 심리 치료, 혹은 기타 다른 방식으로 도움을 받도록 하는 게 바람직하다.

✳ 경고 징후	
잠재적인 정신 질환 : 편집증적 성격장애, 의존성 성격장애, 경계성 성격장애, 해리성 성격장애, 수동 공격적행동, 심한 불안 발작	• 강한 불안감과 공격성 • 심한 열등감과 만성적인 우울증 • 타인의 인정과 동의를 잃는 데 대한 두려움 • 의존성과 충동적인 반항을 교대로 드러냄 • 자신을 학대하는 상대와 관계를 유지함 • 과도한 의심과 공포 • 적이라고 여기는 대상에 대한 히스테릭한 공격

6번 유형의 성장을 돕는 방법

• 미래에 닥칠지도 모르는 문제를 해결하기 위해 당신이 얼마나 많은 시간을 소비하는지 생각해 보라. 당신이 상상하는 일은 얼마나 자주 현실에서 일어나는가? 걱정으로 인하여 에너지를 소비하는 것 때문에 실제 문제를 해결하는 능력을 떨어뜨리고 있음을 인식하라. 당신은 내일 있을 회의에 대해서 걱정하고 그 문제에 집착하기 때문에 해야 할 중요한 전화를 잊는다. 아니면 코앞에 닥친 위험을 알아차리지 못할 수도 있다. 명상을 통해 불안이 몸에 일으키는 반응을 살펴보고 마음을 차분하게 가라앉힘으

로써 내면의 소리를 잠재워라. 그리고 내면의 앎은 대개의 경우 단어를 사용해서 말하지 않는다는 것을 명심하라.

• 당신은 자신의 목표를 성취했을 때 그 순간을 즐기지 못하고 다른 걱정에 빠져든다. 어쩌면 다른 사람이 당신의 성취를 시기할까 봐 걱정할지도 모른다! 그것이 작은 것이든 큰 것이든 목표를 이루었을 때는 긴장을 풀고 그 순간을 즐겨라. 그 순간에 느끼는 자신감을 기억하라. 당신이 어떤 문제를 해결하는 데 대한 스스로의 능력을 의심할 때 자신감을 가졌던 순간의 느낌이 당신을 도와 줄 것이다.

• 자신이 무엇을 신뢰하는지, 어떻게 결정을 내리는지 살펴보는 연습을 하라. 자신에 대한 확신이 없을 때 어떤 생각을 가지게 되는지 지켜보라. 왜 다른 사람들이 당신보다 더 잘 알 것이라고 느끼는가? 상대방이 당신이 찾는 대답을 주지 못할 때 그들에게 화를 내는 자신을 지켜보라. 당신은 자신의 가슴과 본능이 말하는 것에 더 주의를 기울임으로써 이러한 상황을 피할 수 있다. 많은 내면의 목소리가 시끄럽게 들려 올 것이다. 그러나 그것들이 무엇인지를 이해하라. 그것들은 자신의 상상이 만들어 낸 두려움일 뿐이다. 당신이 이것에 대한 진실을 많이 발견하면 할수록 더 고요한 마음을 갖고 자신에게 옳은 길을 선택할 수 있을 것이다.

• 당신은 사람들이 원하는 일을 해 주면서도 자신을 개발하는 데 대해서는 소홀하다. 또한 변화에 대한 두려움 때문에 자기 개발의 기회를 잃게 된다. 위험을 감수하라. 자신에게 익숙하고 안전한 패턴으로 이루어지는 일이 아니더라도 과감하게 시도하라. 당신이 신뢰할 수 있는 심리 치료가나 영적인 그룹이 당신이 어려워하는 문제를 탐색하는 데 많은 도움을 줄 것이다. 그러나 자신을 탐색하는 것은 결국 자기 자신의 용기와 힘이 필요하다는 것을 명심하라.

• 다양성을 추구하라. 당신이 치즈 햄버거를 좋아한다면 치킨 샌드위치도 먹어 보라. 당신이 야구를 좋아한다면 다른 스포츠에서도 흥미를 찾을 수 있을 것이다. 친하게 지내는 사람을 선택하는 데도 그렇게 해 보라. 때로는 다양한 배경과 관점을 가진 사람들과 교류함으로써 자신과 세상에 대해 더 잘 알게 될 것이다. 이것은 전혀 당신을 위협하지 않는다. 오히려 당신은 세상으로부터 더 많은 도움을 받게 되고 더 편안해질 것이다.

• 당신 자신을 위해 고요한 시간을 마련하라. 이것은 텔레비전을 보면서 시간을 보내는 것이 아니라 진정한 자신을 만나는 것을 의미한다. 자연과 접하는 것도 당신에게 아주 좋을 것이다. 산책, 수영, 명상 등을 해 보라. 이런 것을 하는 동안에는 걱정하거나 안달하거나 일에 대해 생각하지 말라. 이런 시간은 당신에게 자신의 존재와 만날 수 있도록 해 줄 것이다. 자신의 마음과 몸의 느낌을 잘 살펴봄으로써 당신은 분주한 마음을 가라앉힐 수 있을 것이다.

6번 유형의 장점 키우기

건강한 6번 유형은 엄청난 끈기를 갖고 있으며 꾸준한 노력을 통해 자신의 목표를 성취한다. 이들은 "성공은 10 퍼센트의 영감과 90 퍼센트의 노력으로 이루어진다."는 말을 믿는 사람들이다. 이들은 작은 일에도 세심한 주의를 기울이며 조심스럽고 체계적으로 문제에 접근하는 경향이 있다. 이들은 예산을 짜고 일의 순서를 정한다. 이들은 자신의 개인적인 가치가 자신이 해 내는 일의 질이나 신용과 관계가 있다고 여긴다. 건강한 6번 유형은 자신의 일에 최선을 다한다.

이들은 위험 신호에 대해서 민감하고 기민하기 때문에 문제를 예견하고 미연에 방지할 수 있다. 이러한 능력 때문에 이들은 잠재적인 문제를 발견해서 자기 자신과 가족, 자신의 회사를 구한다. 이들은 모든 일을 사전에 예방하고 미리미리 처리한다. 보험에 들고 청구서를 일찍 지불하는 것도 전형적인 6번 유형의 행동이다.

6번 유형은 배우고 생각하기를 좋아한다. 다만 자신이 알고 있거나 알 수 있는 범위 안에서다. 이들은 법률, 회계, 엔지니어링, 언어, 과학처럼 정확한 해답에 도달할 수 있는 독립적인 체계를 좋아한다. 그래서 이들은 분석력이 필요한 일을 잘 하는 경향이 있다. 이들은 어떤 체제 안에서의 불일치나 잠재적인 문제를 발견하는 데 능하며 다른 사람들의 말에서도 정확하지 않거나 모순되는 점을 잘 찾아낸다.

6번 유형은 공동의 이익을 위해 자신을 내세우지 않고 일한다. 이들은 무엇이 필요한지를 묻고 자신의 개인적인 이해를 너머서 그 일을 충실히 해 낸다. 이들은 우리에게 헌신과 협동, 봉사의 기쁨을 가르쳐 주는 사람들이다. 건강한 6번 유형은 공동의 목적을 위해 함께 일하면 혼자 할 수 있는 것 이상을 성취할 수 있다고 믿는다. 특히 음식을 만들거나 옷을 생산하거나, 집을 짓거나, 지역 사회나 작업 조건을 개선하거나, 도시나 국가를 방어하는 등 생존을 위해 함께 일해야 하는 상황에서 이들은 탁월한 협동심을 발휘한다.

건강한 6번 유형은 다른 사람들에게 충실하지만 또한 자신에 대해 배우는 것에서도 아주 성실하다. 이 과정에서 이들은 창조성과 자기표현에 뛰어난 능력을 보인다. 자기를 개발하려는 노력은 6번 유형으로 하여금 스스로를 존중하는 마음을 갖게 해서 자신도 다른 사람들만큼 능력 있고 가치 있는 존재임을 깨닫게 해 준다.

코니는 자신을 성장시키는 과정을 통해서 내면에 스스로를 지탱하는 중심이 있다는 것을 발견했다.

"우리는 친구가 될 수 있을까?"

"내 성격에서 가장 많이 변화한 부분은 혼자서 설 수 있는 능력이 생겼다는 것입니다. 이제 나는 모든 것이 잘 되어 나갈 것이라는 믿음이 생겼어요. 나는 강하며 나 자신뿐만 아니라 주변의 다른 사람들도 돌봐 줄 수 있습니다. 내 주변엔 15명의 권위 있는 사람들이 아니라 한두 명의 절친한 친구만 있을 뿐이지요. 그리고 무엇보다도 내면에서 들리는 말을 듣습니다. 또 어떤 일들은 아무에게도 이야기하지 않아요. 전에는 내 삶에 대해서 모두에게 이야기했는데 말이에요. 이제 나는 나 자신을 더 많이 존중하고 신뢰합니다."

건강한 6번 유형은 내면의 안내를 인식하고 신뢰하는 방법을 배웠기 때문에 자신감이 있다. 이들은 자신을 신뢰함으로써 용기와 탁월한 리더십을 보여 준다. 그리고 사람들의 불안과 연약함에 대해 깊은 이해를 갖는다. 사람들은 이들이 가진 성실함과 약함을 있는 그대로 드러내는 정직성을 본다. 이들은 모든 사람들을 평등하게 볼 줄 안다. 사람들은 그저 다른 능력을 가졌으며 다양한 능력들이 조화롭게 어울려서 공동의 선을 이룰 수 있다고 여긴다. 서로 연결되고, 공동의 기반을 마련하며 모든 사람들의 안전과 이익을 위해 일하고자 하는 욕구는 인간의 생존을 위해 필요한 자질이다.

통합의 방향

6번 유형이 9번 유형으로 간다

6번 유형은 건강한 9번 유형처럼 됨으로써 건강해질 수 있다. 6번 유형은 자신이 원하는 안정감을 찾기 위해서는 자신의 몸에서 느껴지는 것을 잘 느껴 보고 지금 여기에 있을 수 있어야 한다. 많은 6번 유형이 활동적이고 운동을 좋아한다. 그러나 이것이 몸에서 일어나는 순간 순간마다의 느낌과 연결되어 있다는 의미는 아니다. 매 순간마다 몸에서 느껴지는 것을 잘 지켜보는 일은 끊임없이 일어나는 6번 유형의 사고 과정에 균형을 이루게 해서 이들로 하여금 생각 이외에 다른 것에 주의를 돌리도록 해 준다.

과거에 충격이나 외상을 겪은 6번 유형이라면 몸의 느낌을 느끼는 것이 불안을 일으킬 수 있다. 학대받은 6번 유형은 몸에서 일어나는 느낌에 주의를 기울이는 순간 경련을 일으키는 경우가 많다. 하지만 이럴 때 몸의 반응은 오래 된 두려움과 상처를 처리하는 몸의 방식이며, 현재의 위험을 나타내는 것은 아니라는 사실을 깨달아야 한다. 6번 유형이 자신의 불안에 반응하지 않고 있는 그대로 느낄 수 있으면 삶을 더 신뢰할 수 있을 것이다.

그러나 6번 유형이 평균적인 9번 유형의 행동을 모방한다고 해서 편안함을 얻을 수 있는 것은 아니다. 다른 사람의 눈에 띄지 않게 행동하고 편하게만 지내려고 하는 것은 6번 유형의 불안을 더욱 강화시켜서 사람들이나 안전을 위한 행동에 스스로를 더 집착하게 만든다. 낙천적이고 수동적이 되려고 노력하는 것은 6번 유형의 불안을 부정하는 것이며 불안한 마음을 더 휘저어 놓게 된다. 그러나 6번 유형이 자신의 불안에 반응하지 않고 스스로의 내면에 머물러 있기를 배우게 되면 주변의 몇몇 사람들이나 일로부터, 그리고 존재 자체로부터 지원을 얻게 될 것이다. 이들은 이제 삶이 안전하다는 것을 알게 된다. 이것은 어떤 신념 체계나 마음의 조작이 아니라 어떤 설명도 필요치 않은 내면으로부터의 고요한 앎에 근거한 것이다.

6번 유형은 이러한 안정되고 열린 마음에서 비로소 모든 인간을 연결시키고 있는 공통적인 끈을 인식한다. 이들은 공포에서 나오는 반응이 아닌 진정한 용기가 어떤 것인지를 알게 된다. 이들의 용기는 진정한 내면의 안정과, 자기 자신을 비롯해 살아 있는 모든 것과의 깊은 연결을 통해서 생겨난다. 그래서 통합된 6번 유형은 건강한 9번 유형처럼 고난과 위험이 닥쳤을 때도 평화롭고 균형 잡힌 마음을 유지하면서 대처할 수 있는 것이다.

성격을 넘어서 본질로 돌아가기

모든 인간은 생존하기 위해서 지원과 안전이 필요하다. 그러나 우리는 자신이 얼마나 많은 지원을 받고 있는지 깨닫지 못하고 있다. 친구나 사랑하는 사람의 지원 외에도 우리는 저녁 식사 때 먹는 음식을 공급해 주는 농부, 옷을 만들어 주는 공장 노동자, 전기를 공급해 주는 사람 등 많은 사람으로부터 지원을 받고 있다. 이 책을 읽고 있는 사람들 중 다른 사람의 진정한 지원을 받지 않는 사람은 없다. 그러나 두려움과 뭔가가 결핍되어 있다는 느낌에 붙잡혀 있는 사람은 다른 사람으로부터 지원을 받고 있다는 사실을 깨닫지 못하고 있다. 내면으로부터의 지원과 존재의 안내뿐만 아니라 이 세상으로부터 오는 지원을 인식하고 반응하는 능력은 자신의 본성 안에 머무는 것, 즉 현재에 있는 것을 통해서 얻어진다.

6번 유형은 두려움과 의심이 많은 에고를 가지고 있어서 믿을 수 있는 안내와 지원을 어디에서 받을 수 있는지 찾으려고 노력한다. 아이러니컬하게도 더 많이 의문을 갖고 전략을 세울수록 이들은 더 불안해진다. 자신의 불안한 생각과 자신을 동일시함으로써 6번 유형은 스스로를 작고 무기력하게 만든다. 6번 유형이 이런 불안의 패턴을 인식할 때 다시 본질과 연결된다. 그렇게 할 때 이들은 내면의 권위를 찾게 되며 자신이 구하는 지원이 모든 것에, 그리고 항상 있었다는 것을 발견하게 될 것이다.

과일을 먹을 때 그 나무를 키운 사람을 생각해 보라.

베트남 격언

오십 대의 여성이며 심리 치료자인 제니는 최근에 유방 절제 수술을 받았다. 그녀는 자신에게 일어난 변화를 이렇게 표현한다.

"나는 수술을 받은 경험을 통해서 내 삶의 진정한 주인이 된 것 같습니다. 친구들과 가족들의 사랑을 받아들였지요. 그리고 전에는 느끼지 못한 안정감을 느끼고 있습니다. 이것은 아주 아름다운 선물입니다. 생명이 위험해지는 순간이 되자, 나 말고는 아무도 나에게 무엇이 최선인지를 알려 줄 수 없었습니다. 그래서 나는 삶의 주인으로서 결정을 내려야만 했지요. 나는 스스로가 건강하다는 느낌을 갖기로 결정했을 때 정말 기분이 좋았습니다. 요즘 저는 정원을 가꾸는 일을 하면서 시간을 보냅니다. 잡초를 뽑다 보면 마음을 어지럽히는 생각들이 사라지게 되지요."

6번 유형은 지원이나 안내가 없어지는 데 대한 기본적인 두려움에 직면함으로써 성장하게 된다. 이들은 그렇게 함으로써 거대한, 텅 빈 내면의 공간을 경험하기 시작한다. 그리고 이들은 이따금씩 그 내면의 공간 안으로 빠져드는 느낌을 갖게 된다. 이들이 이러한 느낌을 견딜 수 있다면 그 공간은 변화해서 아주 밝게 빛나게 될 것이다. 6번 유형은 자신이 경험하는 내면의 공간이 실제로는 자신이 찾아 헤매던 그 지원임을 깨닫게 된다. 그것은 자유롭고 열려져 있으며 한없이 현명하고 참을성이 있다. 이러한 공간이 이들과 함께 할 때 6번 유형은 스스로를 신뢰하게 되고 담대하고 지성적이 된다. 자신이 찾고 있는 모든 자질을 갖게 되는 것이다.

당신은 누구에게도 의존할 수 없습니다. 안내자, 스승, 권위자는 없습니다. 당신만이 있을 뿐, 당신과 다른 사람과의 관계, 당신과 세상의 관계가 있을 뿐, 그 밖에는 아무것도 없습니다.

크리슈나무르티 Krishnamurti

본질이 드러남

6번 유형은 깊은 내면으로부터 우주가 자비로우며 완전히 자신을 지원하고 있음을 알고 있다. 이들은 자신이 존재 안에 자리 잡고 있으며 신성한 본성의 일부라는 것을 알게 된다.

6번 유형은 마음이 차분하게 가라앉아 있을 때 존재의 근원인 내면의 공간을 경험한다. 이들은 본질이 추상적인 생각이 아니라 실제로 존재하는 것임을 깨닫는다. 실제로 본질은 모든 존재의 근원이다. 사람들은 이러한 내면의 평화를 신의 존재와 연관시킨다. 그것은 매순간 스스로를 발현시키며 매순간 모든 사람 가까이 있다. 6번 유형이 이 진실을 경험할 때 안정감을 얻고 지원을 받고 있다는 느낌을 갖는다. 이러한 기반이 삶에서의 유일하고 진정한 안전임을 깨닫는 것이다. 이런 깨달음이 6번 유형에게 엄청난 용기를 준다.

이것이 이들의 본질적인 성품인 신뢰의 진정한 의미이다. 신뢰는 단순한 관념이 아니라 경험으로부터 오는 직접적 앎이다. 경험이 없는 믿음은 관념이다. 경험으로부터 비롯된 신뢰는 우리에게 안내를 제공한다.

6번 유형의 성격적 특성 대부분은 관념으로부터 신뢰를 모방하거나 만들어내려고 하고 진정한 신뢰에 대한 대체물을 찾는 데에서 비롯된다. 그러나 이들이 갈구하는 신뢰는 신성의 한 표현으로써 이미 그들 안에 존재한다. 자신의 내면에 있는 본성이 드러날 때 이들은 존재 안에 확고하게 자리잡게 된다. 이들은 자신이 본질적 존재의 한 부분이며 그것은 자신을 지원하고 있다는 것을 깨닫게 된다.

리소-허드슨

유형 분류 테스트 결과

6번 유형에 대한 모든 문항의 점수를 더하라. 그리고 다음의 가이드라인을 참고하여 당신의 성격 유형을 발견하거나 확인하라.

점수	결과
15	당신은 아마 순응형(1, 2, 6번 유형)이 아닐 것이다.
15~30	당신은 아마 6번 유형이 아닐 것이다.
30~45	당신은 아마 6번 유형과 비슷한 특성을 가지고 있거나 6번 유형의 부모를 가지고 있을 것이다.
45~60	당신은 6번 유형의 성격을 가지고 있는 것 같다.
60~75	당신은 6번 유형일 가능성이 가장 많다(그러나 당신이 6번 유형에 대해 충분한 이해를 하고 있지 않다면 다른 유형일 수도 있다).

※ 6번 유형이 자신의 번호로 잘못 생각하는 번호는 1번, 4번, 8번이다. 1번, 2번, 5번 유형은 자신을 6번 유형으로 착각하는 경우가 많다.

제13장

7번 유형 : 열정적인 사람

Type Seven : The Enthusiast

7

"기쁨은 모든 이성적인 창조물의 목표이자 의무다."

볼테르 Voltaire

"어떤 기쁨도 악이 될 수 없다. 그런데 어떤 기쁨은 그것을 얻기 위해서 그 기쁨보다 훨씬 더 큰 고통을 겪어야 한다."

에피쿠로스 Epicurus

"기쁨을 좇다 보면 결국 그것을 얻게 된다."

에이브러햄 링컨 Abraham Lincoln

"인간에게 필요한 것이 최후의 순간에 존재의 완전함을 느끼며 죽음을 맞이하는 것이라면, 어떻게 물질적인 것을 추구하고 재산을 소유하는 것에 가치를 둘 수 있겠는가?"

쌩떽쥐베리 Saint-Exupery

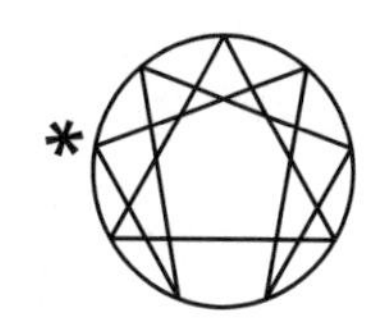

다방면에 지식을 가진 사람

동시에 여러 가지 일을 하는 사람

재치 있는 사람

다양한 취미를 가진 사람

안목 있는 사람

에너지가 많은 사람

리소-허드슨

유형 분류 지표

각각의 문항이 자신에게 얼마나 적용되는지 점수를 매겨 보라.

1점 전혀 그렇지 않다.
2점 거의 그렇지 않다.
3점 어느 정도는 그렇다.
4점 대개는 그렇다.
5점 매우 그렇다.

→ 377쪽을 펴서 점수를 매겨 보라.

1. 나는 여행하는 것, 여러 가지 음식을 맛보는 것, 사람들을 만나는 경험을 좋아한다. 그런 것을 할 때 나는 삶이 아주 근사하게 느껴진다.
2. 내 달력은 계획으로 가득 차 있다. 나는 이렇게 바쁘게 지내는 것이 좋다.
3. 나에게 중요한 것은 편안함과 안전보다는 흥미진진함과 다양성이다.
4. 내 마음 속에는 항상 여러 가지 생각이 있다. 어떤 때는 동시에 열 가지를 생각하는 것 같다.
5. 내가 가장 견딜 수 없는 것은 지루함이다. 나는 결코 지루한 적이 없다.
6. 나는 어떤 사람과 관계를 맺고 있을 때 상대에게 꽤 충실한 편이다. 그러나 그 관계가 끝나면 곧 잊어버린다.
7. 나는 호기심과 모험심이 많다. 그래서 무엇이든지 흥미롭고 새로운 것을 시도하기를 좋아한다.
8. 나는 어떤 일이 더 이상 재미있게 느껴지지 않으면 그 일을 그만둬 버린다.
9. 나는 단지 '재미있는' 사람은 아니다. 별로 달갑지는 않지만 나에게도 심각하고 어두운 면이 있다.
10. 나는 차근차근 실천을 하기보다는 전체적인 계획을 세우는 것을 더 잘 한다. 예를 들어 각자가 창조적인 아이디어를 내놓는 회의를 하는 것이 그 아이디어를 실제로 적용하는 것보다 더 재미있다.
11. 내가 뭔가를 정말로 원할 때는 그것을 손에 넣을 수 있는 방법을 찾는다.
12. 나도 이따금 실망에 빠질 때가 있다. 그러나 곧 그런 기분에서 벗어난다.
13. 내가 가진 문제 중의 하나는 너무 산만하고 집중을 못한다는 것이다.
14. 나는 내 형편에 맞지 않게 돈을 너무 많이 쓴다.
15. 내가 가는 곳을 사람들이 기꺼이 따라와 준다면 나는 사람들과 같이 다니는 것이 좋다.

7번 유형 | 열정적인 사람

늘 분주하며 재미를 추구하는 유형

즉흥적이고, 변덕스러우며, 욕심이 많고, 산만하다.

- **기본적인 두려움** 고통 받는 것
- **기본적인 욕구** 행복하고 만족스러운 것
- **수퍼에고의 메시지** "네가 즐거우며 원하는 것을 얻는다면 너는 괜찮다."

7번 유형은 자신의 주의를 끄는 거의 모든 것에 대해 열정적이다. 그래서 우리는 이 유형에게 '열정적인 사람'이라는 이름을 붙였다. 이들은 자신이 경험하는 모든 재미있는 것에 대해 어린아이와 같은 기대로 가득 차 있으며 호기심과 낙천주의, 모험심을 가지고 삶에 접근한다. 이들은 대담하고 쾌활하며 삶에서 자신이 원하는 것을 좇는다.

7번 유형은 사고형에 속하지만 아주 실질적이고 여러 가지 일을 동시에 할 수 있어서 언뜻 보면 사고형으로 보이지 않는다. 이들은 늘 생각이 앞서 가는 사람들이다. 앞일을 예견하고 재빨리 아이디어를 내놓는다. 대개 말이 많고 지적이며 여러 방면에 지식을 갖고 있다. 이들의 마음은 하나의 생각에서 다른 생각으로 재빨리 움직여 간다. 또한 정보를 합성하고 창조적인 아이디어를 내놓는 데 탁월한 능력을 가지고 있다. 7번 유형은 항상 아이디어가 넘치고 즉흥적이며 한 가지 주제에 대해 깊이 연구하기보다는 무엇을 만들어 내는 초기 단계에서 개괄적으로 살펴보는 것을 좋아한다.

성공한 사업가인 데븐은 자신이 가진 7번 성격에 대해 이렇게 말한다.

"나는 항상 머릿속에 여러 가지 생각을 갖고 있습니다. 그래서 한 가지 일에 마음을 집중시킬 수가 없어요. 예를 들어 지난번에는 아주 구하기 어려운 티켓을 비싼 값을 주고 구해서 콘서트에 갔는데 해야 할 일들이 머릿속에 계속 떠올라 앉아 있을 수가 없었어요. 결국 그 자리를 나왔습니다. 그래서 나와 같이 갔던 사람은 화가 났고 나는 멋진 음악회를 즐길 기회를 놓쳤지요."

7번 유형은 대개 빠르고 기민한 두뇌를 가졌기 때문에 무엇이든지 빨리 배운다. 이것은 정보뿐만 아니라 손으로 익히는 기술(타이핑, 피아노 연주, 테니스 등)에 있어서도 그렇다. 이들의 뇌와 몸은 서로 잘 상응하는 것으로 여겨진다. 이러한 모든 면 때문에 7번 유형은 전형적인 르네상스 인으로 불린다.

그러나 아이러니컬하게도 다양한 분야에 대한 호기심과 뭔가를 빨리 배우는 능력이 7번 유형에게는 어려움을 만들어 낸다. 7번 유형은 다양한 것들을 쉽고 빠르게 배우기 때문에 자신이 진정으로 해야 할 것이 무엇인지를 결정하는 데 어려움을 겪는다. 그 결과 이들은 힘들게 얻었다면 소중히 여길 자신의 능력에 대해 가치를 부여하지 않는다. 7번 유형이 균형 잡힌 상태가 되면 이들의 호기심과 빨리 배우는 능력, 쾌활함은 많은 것을 성취하도록 해 줄 것이다.

이들의 근본적인 문제는 모든 사고 유형이 갖고 있는 문제와 다르지 않다. 내면의 안내 및 본질과 접해 있지 않다는 점이 7번 유형에게 깊은 불안을 만들어 내고 있는 것이다. 이들은 스스로와 다른 사람을 위한 최선의 선택이 무엇인지 모른다고 느낀다. 7번 유형은 이 불안에 두 가지 방식으로 대처한다. 첫 번째는 마음을 항상 바쁘게 만드는 것이다. 여러 가지 프로젝트와 미래에 대한 긍정적인 생각으로 머리를 채우다 보면 불안과 부정적인 감정을 어느 정도는 의식 밖으로 몰아 낼 수 있을 것이다. 생각은 활동에 의해 자극 받는다. 이들은 더 많은 자극을 찾아서 한 가지 활동에서 다른 활동으로 계속 옮겨 다닌다. 그렇다고 해서 7번 유형이 항상 바쁘게 뛰어다니기만 하는 것은 아니다. 이들은 대개 실질적이며 일을 성취하기를 좋아한다.

성공한 사업가며 컨설턴트인 프란세스는 어떤 사람보다도 에너지가 넘친다. 그녀는 전형적인 7번 유형이다.

"나는 아주 생산적인 사람입니다. 사무실에서 나는 항상 즐겁고 두뇌 회전이 빠르지요. 나는 고객을 위해 여러 가지 마케팅 전략을 구상하고,

다가오는 세미나 준비를 하며, 전화로 여러 고객과 상담을 해서 계약을 하고, 프로젝트 리스트를 만들고, 편지를 쓰다 보면 아침 9시 30분이 됩니다. 그 때 내 비서는 출근을 하지요."

두 번째로 7번 유형은 시행 착오 기법을 사용함으로써 본질의 안내를 잃은 상실감에 대처한다. 이들은 무엇이 최선인지를 확인하기 위해 가능한 모든 것을 시도한다. 아주 깊은 내면에서 이들은 자신이 인생에서 진정으로 원하는 것이 무엇인지 찾을 수 없다고 느낀다. 그래서 모든 것을 시도하는 경향이 있다. 결국 마지막에 자신이 진정으로 찾는 데 대한 대체물에 만족하고 만다("내가 진정으로 만족한 것을 가질 수 없다면 그냥 즐기면서 살겠어. 나는 모든 경험을 해 봤기 때문에 내가 진정으로 원하는 것을 갖지 못했다고 해도 괜찮아").

"나는 어른이 되어서도 내가 무엇을 하기 원하는지 모르겠다."

우리는 일상의 작은 일에서도 7번 유형의 이러한 행동을 본다. 이들은 초콜릿 아이스크림, 딸기 아이스크림, 바닐라 아이스크림 중에서 무엇을 먹어야 할지 결정할 수 없기 때문에 세 가지 모두를 원한다. 이것은 '옳은' 결정을 놓치지 않는 확실한 방법으로 세 가지 모두를 택하는 행동이다. 2주 동안 휴가를 내서 유럽 여행을 간다고 해도 이와 비슷한 어려움을 겪게 된다. 어떤 나라의 어떤 도시를 방문해야 할까? 무엇을 보아야 할까? 이것에 대해 7번 유형이 대처하는 방식은 가능한 한 많은 국가와 도시, 유적지를 방문하는 것이다. 이들이 모든 흥미로운 경험을 좇아다니는 동안 진정으로 원하는 것은 무의식의 깊은 곳에 파묻히게 되고 나중엔 그것이 무엇인지조차 알 수 없게 된다.

7번 유형은 자유와 만족감을 주는 것은 무엇이든 좇아다닌다. 최선이 아닌 선택은 결코 만족스러워하지 않는다. 이것은 바쁘게 움직이는 마음의 활동이라는 두꺼운 필터를 통해서 모든 것이 간접적으로 경험되기 때문이다. 그 결과 7번 유형은 불안감과 좌절감을 겪고 분노한다. 결국은 감정적, 신체적, 경제적으로 모든 것을 소진하게 된다. 이들은 행복을 좇다가 마침내 자신의 건강, 인간관계, 경제적인 안정을 손상시킨다. 제르투

드는 자신의 삶을 다시 정돈해 보려고 노력하고 있다. 그녀는 자신의 성격이 삶에서 어떤 어려움을 만들어 냈는지를 이렇게 이야기한다.

"내가 어릴 때 고향의 작은 마을에서는 별로 할 일이 없었습니다. 나는 그 곳에서 벗어나 흥미로운 곳으로 가기를 원했지요. 나는 열여섯 살 때 데이트를 시작했습니다. 그리고 곧 임신을 했지요. 그러나 아버지는 내가 결혼하기를 원치 않으셨어요. 나도 그 사람과 결혼하고 싶지 않았기 때문에 그런 아버지에게 불만이 없었습니다. 곧 나는 다른 사람을 만나서 결혼하고 도시에서 살았지요. 그러나 모든 것이 내가 원하는 대로 되지 않았어요. 아이를 낳은 다음 이혼을 하고 다시 고향으로 돌아왔지요. 고향에서 2년 동안 살면서 이곳에 익숙해지고 있습니다. 돌이켜 생각해 보면 잘못된 결혼을 한 것 같아요. 이제 열아홉 살인데 이미 많은 것을 경험해 본 기분이에요."

"삶이 당신에게 레몬을 준다면 그것으로 레모네이드를 만들어라."

그러나 긍정적인 면에서 보면 7번 유형은 아주 낙천적인 사람들이다. 이들은 풍부한 생명력을 갖고 있으며 삶에 완전히 뛰어들려는 욕망을 가지고 있다. 자연히 이들은 쾌활하고 유머 감각이 있으며 어떤 것도 심각하게 받아들이지 않는다. 건강한 7번 유형의 기쁨과 삶에 대한 열정은 주변의 모든 사람들에게 자연스럽게 영향을 미친다. 이들은 가장 큰 선물인 순수한 존재의 기쁨을 우리에게 일깨워 준다.

어린 시절의 패턴

※우리가 여기에서 설명하는 '어린 시절의 패턴'이 그 성격 유형을 만든 것은 아니다. 이것은 어린 시절에 관찰되는 경향이며 성인이 되었을 때 인간관계를 형성하는 데 큰 영향을 준다.

7번 유형은 어린 시절에 양육하는 인물(늘 그런 것은 아니지만 대개는 친어머니)로부터 분리되었다는 무의식적인 감정을 경험하고 있다. 다시 말해서 어린 시절 어머니의 보살핌을 받지 못했다는 감정에서 비롯된 아주 깊은 좌절감을 갖고 있다. 이것은 너무 일찍 젖을 떼었다든지 하는 것 때문에 생길 수 있다. 그에 대한 반응으로 어린 7번 유형은 스스로를 돌보기로 무의식적으로 '결정'한다(나는 내 자신을 불쌍하게 여기고 누군가가 나를 돌봐 주기를 기다리면서 앉아 있지는 않을 거야). 그렇다고 해서 어린 시절의 7번 유형이 어머니와 친밀한 관계를 맺지 못했다는 의미는 아니다. 감정적인 수준에서 7번 유형은 필요한 것을 스스로가 충족시켜야 한다고 무의식적으로 결정한다.

이렇게 느끼는 이유는 여러 가지가 있다. 어쩌면 동생이 태어나서 어머니의 관심이 자신에게서 멀어졌다고 느꼈거나 어머니나 아이 자신이 질병을 앓아서 병원에 입원했기 때문에 적절한 보살핌을 받지 못했을 수도 있다. 사업가인 데븐은 이렇게 회상한다.

"저는 세 살 때 일어난 일을 어제 일어난 일처럼 생생하게 기억하고 있습니다. 제 동생이 경련을 일으키자 어머니는 소리를 지르며 길고 아름다웠던 자신의 머리카락을 쥐어뜯었지요. 나는 어머니의 머리카락이 장미꽃이 그려진 크림색 카펫 위에 떨어지는 것을 보았습니다. 아주 늦은 밤이었는데 앰뷸런스가 와서 어머니와 동생을 태우고 갔습니다. 아버지도 함께 가셨지요. 제가 한 살 반이 될 때까지 어머니는 저를 잘 돌봐 주셨습니다. 그런데 그 때 동생을 가졌고 아기가 태어날 때까지 많이 아프셨어요. 동생은 어릴 때부터 아팠습니다. 그 때부터 나는 어머니가 나에게서 멀리 떠난 것 같았어요."

에고 발달에 있어서 어머니로부터 떨어져 독립적이 되는 방법을 배우는 시기인 '분리 단계'가 7번 유형에게 큰 영향을 미친다. 어린아이가 어려운 분리의 과정을 관리하는 한 가지 방법은 심리학자들이 이야기하는 변화의 대상(transitional object)에 집중하는 것이다. 그것은 장난감, 게임, 놀이 친구, 그 밖에 어린아이가 자신의 불안을 견뎌 낼 수 있도록 도와주는 것들이 될 수 있다.

7번 유형은 계속해서 변화의 대상을 찾고 있다. 이들이 흥미를 발견할 수 있는 경험, 아이디어, 사람들, 그리고 그 밖의 '장난감'으로 옮겨 다닐 수만 있다면 내면의 좌절감, 두려움, 상처 등은 억제할 수 있다. 그러나 적절한 대상을 찾을 수 없다면 이들의 불안과 감정적인 갈등은 의식 위로 올라올 것이다. 이들은 되도록 빨리 주의를 돌릴 수 있는 다른 것을 찾음으로써 그 감정에 대처한다. 물론 좌절을 많이 겪은 7번 유형의 어린아이일수록 어른이 되었을 때 더 다양한 취미를 가짐으로써 마음을 무엇인가로 채우려고 한다.

날개 부속 유형

6번 날개를 가진 7번 – 엔터테이너

건강할 때 이 부속 유형의 사람들은 생산적이고 쾌활하며 삶을 즐길 줄 안다. 이들은 호기심이 많고 창조적이며 유머 감각이 뛰어나고 다른 부속 유형의 사람들보다 긍정적이다. 이들은 두뇌 회전이 빠르고 협동심이 있으며 조직적으로 일할 줄 안다. 그렇기 때문에 이들은 적은 노력을 들여서 많은 성취를 하는 것으로 보여진다. 이들은 다양성을 추구하며 다른 사람들과 잘 교류할 줄 아는 사람들이다. 쇼 비즈니스, 광고, 미디어, 연예계 등의 일이 이들에게 잘 맞는다.

평균일 때 이들은 말이 빠르고 새로운 아이디어를 잘 내놓으며 재치 있고 사람들과 잘 교류한다. 이들은 넘치는 에너지를 갖고 있어서 주변에까지 그 영향을 미치곤 한다. 대개 생산적이지만 다른 부속 유형에 비해 산만하고 집중을 잘 못하는 경향이 있다. 이들은 불안하고 신경질적이며 감정 기복이 심하다. 또한 강렬한 경험을 원하기 때문에 그런 관계를 맺고 있거나 그것을 찾아다니기도 하며, 혼자 있기를 싫어해서 늘 누군가와 함께 다니기를 원한다. 이들은 더 푸른 풀밭을 찾아 나서고자 하는 욕구와 지금 갖고 있는 것을 잃을지도 모른다는 두려움 사이에서 갈등하는 경우가 많다. 이 부속 유형의 사람들은 불안과 숨겨진 열등감을 갖고 있기 때문에 약물 중독자가 될 가능성이 많다.

• 인물의 예
로빈 윌리엄스 Robin Williams
스티븐 스필버그 Steven Spielberg
모차르트 Morzart
짐 케리 Jim Carrey
골디 혼 Goldie Hawn
캐롤 버넷 Carol Burnett
사라 퍼거슨 Sarah Ferguson
벤자민 플랭클린 Benjamin Franklin
티모시 리어리 Timothy Leary
톰 울프 Tom Wolfe

8번 날개를 가진 7번 – 현실주의자

건강할 때 이 부속 유형의 사람들은 진정으로 세상을 즐기며 넓은 의미에서 '물질주의적'이다. 이들은 추진력 있게 무엇이든 빨리 하기 때문에 물질적인 면에서 성공을 이루고 높은 지위에 오르는 사람들이 많다. 이들은 삶에서 자신이 원하는 것은 반드시 이루려고 한다. 전략적으로 생각하고 욕망을 이루기 위해서 자신의 내적 자원과 외적 자원을 재빨리 조직한다. 이들은 현실적이고 실질적이며 강한 마음을 가지고 있으면서도 유머 감각이 뛰어나다.

평균일 때 이 부속 유형의 사람들은 많은 방향으로 자신의 에너지를 쓰기 때문에 여러 가지 일을 동시에 할 수 있으며 여러 가지 직업을 가지고 있는 경우도 있다. 이들은 공격적이며 자신이 원하는 것을 이루기 위한 의지력도 갖고 있다. 재산과 경험을 축적하려는 욕구가 강하기 때문에 다른 부속 유형들보다 일 중독자가 될 가능성이 많다("나는 이것을 가질 자격이 있어!"). 이들은 사람들과 관계를 맺는 것보다는 많은 활동을 하는 것에 관심이 더 많다. 그래서 낭만적이고 근사한 사람보다는 실질적인 도움을 줄 수 있는 사람을 파트너로 갖고 싶어한다. 이들은 혼자 있는 것을 두려워하지 않으며 자신이 무엇을 원하는지 분명히 알고 있고, 그것을 위해 얼마만큼의 노력을 기울여야 하는지도 명확히 알고 있다. 이들은 직선적이어서 자신이 원하는 것을 얻기 위해서는 다른 사람들에게 가혹해질 수도 있다. 6번 날개 성격이 강한 7번 유형이 어린아이 같은 낙천주의와 쾌활함을 가진 것과는 대조적으로 이들은 냉담하고 무감각해지는 경향이 있다.

• 인물의 예
잭 니콜슨 Jack Nicholson
루실 볼 Lucille Ball
하워드 스턴 Howard Stern
레오나르드 번스타인 Leonard Bernstein
로렌 바콜 Lauren Bacall
베트 미들러 Bette Midler
말콤 포브스 Malcolm Forbes
존 F. 케네디 John F. Kennedy
〈바람과 함께 사라지다〉의 주인공 스칼렛 오하라 Scarlett O'hara

자기 보존 본능의 7번 유형

본능적 변형

내 것을 얻기 평균적인 범위에 있는 자기 보존 본능의 7번 유형은 의지가 굳고 에너지가 많은 사람들이다. 이들은 편안하게 지내기 위해서 기본적

으로 필요한 것을 충족시키고자 한다. 이들의 태도와 관심은 실질적이고 물질적인 데 있다(스칼렛 오하라는 이렇게 말한다. "오 하느님, 나는 절대로 다시 배고픔을 겪지 않을 거예요"). 이들은 야심이 많고 자신이 원하는 것을 이루기 위해 열심히 일한다.

자기 보존 본능의 7번 유형은 전형적인 소비자다. 이들은 쇼핑, 여행, 놀이를 좋아한다. 그래서 이들은 여가를 즐기는 데 필요한 정보를 수집하는 일을 직업으로 삼기도 한다(카탈로그 제작, 영화 목록 작성, 여행이나 레스토랑 가이드 등). 자기 보존 본능의 7번 유형은 세일이나 할인 판매점을 찾아다니며 친구들과 대화를 나누는 것을 좋아한다("나는 포터리반 상점에서 아주 좋은 머그 잔을 샀어." "컴퓨터 모니터 정말 멋지구나. 얼마 주고 샀니?"). 이들은 사교적이기는 하지만 다른 사람들에게 의존하는 것을 두려워하며 다른 사람들도 자신에게 의존하지 않기를 원한다.

평균에서 불건강한 영역 사이에 있는 자기 보존 본능의 7번 유형은 자신이 원하는 것이 빨리 이루어지지 않을 때는 참을성 있게 기다리지 못하고 몹시 당황해한다. 이들은 자신이 갖고 있는 물질적인 기반이나 자신을 편안하게 해 주는 것을 잃을까 봐 두려워한다(배고픔에 대해 두려움을 갖는 것도 흔한 일이다). 이들은 좌절당했을 때 다른 사람들이 자신의 욕구를 빨리 충족시켜 주기를 요구하면서 화를 내고 아주 무례해진다.

불건강한 영역에 있는 7번 유형은 안전을 추구해야 한다는 강박 관념 때문에 거칠고 생각 없이 행동한다. 이들은 자신을 좀 더 안전하게 해 주고 불안을 덜어 줄 수 있는 것을 찾는 데 아주 적극적이어서 방해하는 것이 있다면 조금도 참으려 하지 않는다. 또한 이들은 무모한 소비와 도박에 빠져서 건강을 망치고 내적 자산을 소진시킨다. 이들은 이성적인 한계를 넘어서 먹고 마시는 데 과도하게 빠지기도 한다.

사회적 본능의 7번 유형

상실 평균적인 영역에 있는 사회적 본능의 7번 유형은 자신의 관심사를 나눌 친구나 '조언자' 들을 많이 갖고 있다. 그들은 7번 유형이 즐길 수 있는 다양한 것에 대한 정보를 제공한다. 이것을 보더라도 7번 유형은 이상주의자들이며 사회적인 관계를 맺는 것을 좋아한다. 그러나 다른 사람들과 어떤 프로젝트를 추진할 때 7번 유형은 사람들이 자신보다 일하는 속도가 느린 것에 실망하고 좌절을 느낄 수 있다. 이들은 다른 사람들에게 신의를 지키고자 하는 마음과 다른 일을 찾아 떠나고자 하는 욕구 사이에서 갈등을 겪는다. 더욱이 사회적 본능의 7번 유형은 항상 더 자극적인 일을 찾기 때문에 이런 경우 사회적인 책임은 이들에게 짐으로 느껴진다("이렇게 뉴욕에서 일하는 것도 괜찮아. 하지만 테드의 파티는 정말 멋질 거야"). 또한 사회적인 7번 유형은 권위를 불필요하고 귀찮은 것으로 여겨서 권위에 대항한다. 이들에게 권위란 사회적인 제약의 원천인 것이다.

덜 건강한 영역에 있는 사회적 본능의 7번 유형은 자신의 에너지와 자원을 한 가지 일에 집중시키지 못하면서 또한 그리 헌신적이지도 않다. 이들의 달력은 항상 스케줄로 가득 차 있지만 그 외에도 '예비의 일정' 들을 갖고 있어서 특정 활동에 얽매이지 않으려고 한다. 이들은 선택 가능한 여러 대안들을 가지고 있고 너무 산만하기 때문에 그 중 어느 것에도 집중할 수가 없다. 이들은 친절하고 사교적이며 매력적이지만 더 흥미 있게 여겨지는 일이 생기면 사전에 알리지도 않고 약속이나 데이트를 취소하기도 한다.

불건강한 영역에 있는 사회적 본능의 7번 유형은 끊임없이 사람들과 만나고 모임에 참석하고, 뭔가를 계획하지만 결실을 맺는 일이 드물다. 이들은 어느 곳에도 오래 정착을 못 하기 때문에 스스로 상처를 받는다. 이들은 불안에서 도망치려는 생각 때문에 무책임해져서 사회적으로 위험하고 파괴적인 사건을 저지르기도 한다.

성적 본능의 7번 유형

새 것을 좋아하기 평균적인 영역에서 성적 본능의 7번 유형은 끊임없이 새롭고 특별한 것을 찾는다. 이들은 4번 유형처럼 평범함을 거부하는 경향이 있다. 모든 활동 중에서 자신이 살아 있다는 느낌을 주는 강렬한 경험을 원한다. 자신이나, 자신이 맺고 있는 관계, 또는 자신이 처한 현실을 이상화하면서 상상을 통해서 삶을 본다. 또 여러 분야에 호기심과 관심이 많아서 첨단이라고 여겨지는 새로운 아이디어나 주제에 매료당한다.

성적 본능의 7번 유형은 관심이 가거나 신선하다고 여기는 사람들에게 끌린다. 그래서 이들의 성적 본능의 레이더에 이런 사람이 포착되면 주저없이 다가가 적극적인 관심을 나타낸다. 이들은 호기심을 불러일으키는 대상에게 일시적으로 매혹되며 다른 사람에게도 그러한 감정을 불러일으킨다. 미래의 모험에 대해 상상하는 것을 즐기며 유머와 재치가 있다. 이들의 생각은 아주 빨리 움직이기 때문에 자신과 인간관계에 문제를 일으킬 수 있다.

덜 건강한 영역에 있는 7번 유형은 관심 있는 일이나 애정 관계에서 변덕을 잘 부린다. 이들은 어떤 일이나 사람에게 묶이는 것을 두려워하며 애정이 시작되는 단계에서의 격렬한 감정만을 즐기는 경향이 있다(이들은 사랑에 빠지는 것을 사랑한다). 이들은 로맨스와 상대를 알아 가는 과정을 즐기지만 서로에게 익숙해지면 곧 다른 관계를 찾아 떠나고 싶어 한다. 이들은 분별력이 없고 침착하지 못하다. 이들은 새롭고 감각적인 것에 잘 빠지면서도 곧 싫증을 낸다.

불건강한 영역에 있는 성적 본능의 7번 유형은 더 무모하게 흥미로운 일을 좇는다. 이들은 비현실적이거나 위험한 사랑에 빠지기도 한다. 자극에 대해 점점 더 무감각해져서 계속 기이하고 흥미로운 일을 쫓아다닌다. 그래서 늘 아슬아슬하게 살다가 급기야는 스스로 탈진해 버리고 자신에게 큰 상처를 입힌다.

7번 유형이
성장하기 위해
극복해야 할 과제

다음은 7번 유형이 삶에서 가장 많이 만나는 문제들이다. 이 패턴들을 주의해서 보고, '행동 속을 통해 자신을 알아차리고', 삶에 대한 습관적인 반응을 의식하면 우리는 자기 성격의 부정적 면들로부터 훨씬 자유로워질 것이다.

7번 유형을 일깨우는 신호 – "남의 풀밭의 풀이 항상 더 푸르다!"

7번 유형의 성격 특성은 무엇이든 현재하고 있는 일이나 경험에 만족하지 못한다는 것이다. 이들은 남의 풀밭의 풀이 항상 더 푸르다고 여기는 사람들이다. 그래서 이들은 앞으로 올 사건이나 일이 자신의 문제를 해결해 주기를 바라면서 미래를 기다린다("나는 오늘 친구와 저녁 약속이 있어. 하지만 갤러리가 몇 시에 문을 열까? 식사가 빨리 끝나면 거기도 가야지!"). 7번 유형이 자신을 일깨우는 신호를 무시한다면 – 지금 하는 일에 열중하기보다는 다음 순간의 일 때문에 마음이 흩어진다면 – 잘못된 방향으로 나가게 될 것이다.

당신이 북적거리는 레스토랑에서 누군가와 이야기를 하고 있는데, 우연히 옆 사람의 이야기를 들었다고 상상하라. 당신은 지금 하고 있는 대화를 계속하는 척하면서 그 이야기를 엿듣고 있는가? 만약 그렇다면 당신은 7번 유형을 일깨우는 신호를 무시하는 것이다. 그 결과 당신은 대화를 즐길 수 없을 뿐만 아니라 당신과 이야기를 나누던 사람을 모욕하는 꼴이

연습 ① 흐트러진 마음을 한 곳에 모으기

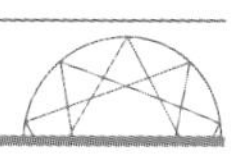

일상적인 활동을 하나 선택해서 집중하라. 당신이 선택한 일이 무엇이든 주의를 모으고 주의가 다른 곳으로 갔을 때는 그것을 알아차려라. 그리고 부드럽게 원래의 일에 다시 주의를 모아라. 다시 주의가 흩어지면 다시 모으기를 반복해서 계속 그 곳에 주의를 모을 수 있도록 하라.

그것은 그리 쉬운 일이 아니다. 특히 처음에는 그럴 것이다. 그러나 당신이 계속 이 연습을 할 수 있다면, 그리고 그 일에서 주의를 떠나게 하는 것이 무엇인지 발견할 수 있다면 스스로에 대한 아주 소중한 통찰을 얻게 해 줄 것이다. 이 연습을 할 때 몸의 긴장 때문에 주의가 흩어지는가? 아니면 배고픔, 피곤, 불안이 주의를 흩어지게 하는가?

7번 유형의 발달 단계

범위	수준	내용
건강한 범위	수준1	**쾌활하며 있는 그대로에 만족함** 이 수준의 7번 유형은 만족감을 느끼기 위해 특별한 대상이나 경험이 필요하다는 생각에서 벗어난다. 그래서 역설적으로 만족감을 얻고자 하는 자신의 기본적인 욕망을 성취한다. 이들은 자신의 경험을 완전히 받아들이고 그것을 통해서 만족을 얻는다. 또한 이들은 모든 것에 감사하고 충만한 기쁨을 느낀다.
	수준2	**열정적이며 적극적** 이 수준의 7번 유형은 많은 가능성에 대해 탐색하고 자신이 할 모든 일에 대해 생각하면서 흥분을 느낀다. "나는 행복하고 자발적이며 활달하다"는 자아 이미지를 가진다.
	수준3	**현실적이며 생산적** 이 수준의 7번 유형은 삶에 완전히 뛰어들고자 하고 자신이 필요한 것을 얻게 해 주는 일을 함으로써 자신의 자아 이미지를 강화한다. 이들은 삶에 대한 열정과 활력을 가지고 다양한 분야에서 많은 것을 성취한다. 이들은 긍정적이고 과감하지만 또한 실질적이고 생산적이다.
평균 범위	수준4	**새로운 것을 쫓아다님, 소비 지향적** 이 수준의 7번 유형은 더 가치 있는 다른 경험을 놓칠까 봐 두려워하기 시작한다. 그래서 불안해지고 자신에게 어떤 선택 사항들이 있는지 관심을 갖는다. 이들은 많은 일과 계획 속에 파묻혀서 늘 바쁘고 새로운 유형을 쫓아가려고 노력한다.
	수준5	**산만하며 주의가 분산됨** 이 수준의 7번 유형은 지루해지거나 좌절당하는 것을 두려워한다. 이들은 이러한 고통스러운 감정이 올라오는 것이 두렵기 때문에 흥미를 좇아서 뭔가에 열중하려고 한다. 이들은 수다를 떨고 농담을 하고 새로운 모험을 쫓아다님으로써 두려움을 회피하려 하지만 어떤 일에도 집중을 하기가 어렵다.
	수준6	**자기 중심적이며 무엇이든 지나치게 추구함** 이 수준의 7번 유형은 필요한 것을 가질 수 없을까 봐 두려워한다. 이들은 참을성이 없어지며 끊임없이 만족을 추구한다. 자신이 원하는 것을 얻기 위해서는 무슨 일이라도 하려 들지만 일단 그것을 가져도 만족할 줄 모른다. 무엇에나 싫증을 잘 내고 낭비벽이 심하며 무모한 일을 하고도 죄책감을 느낄 줄 모른다.
건강하지 않은 범위	수준7	**탐욕스러우며 책임을 회피함** 이 수준의 7번 유형은 자신의 행동이 고통과 불행을 가져올까 봐 두려워한다. 그리고 그것은 아마 사실일 것이다. 이들은 겁이 많기 때문에 고통을 피하기 위해서는 어떤 대가라도 치르려 든다. 이들은 아주 충동적이며 무책임하고, 불안에서 일시적으로 벗어나기 위해서 무슨 일이라도 하려 든다. 이들은 자신이 흥미 있는 것을 추구하는 데 대해서도 더 이상 기쁨을 얻지 못한다.
	수준8	**조울증, 무모함** 이 수준의 7번 유형은 필사적으로 불안에서 벗어나려 하기 때문에 통제할 수 없게 된다. 이들은 고통이 있으면 있는 그대로 느끼려고 하기보다는 어떻게든 벗어나려고 한다. 이들은 극도로 불안해져서 히스테릭한 행동과 깊은 우울증이 교대로 나타난다. 이들은 어떻게든 자신의 고통을 억누르려고 한다.
	수준9	**공포에 압도당함, 무기력** 이 수준의 7번 유형은 자신이 스스로의 건강과 삶을 파괴시켰다는 사실을 받아들이기가 어렵다. 이제는 자신이 선택할 수 있는 대안이 없으며 고통에서 벗어날 길도 없다는 것을 느낀 이들은 절망과 공포에 사로잡힌다. 이들의 무분별한 삶은 심각한 재정적, 신체적 문제를 일으킨다.

되어 버린다. 그는 당신의 주의가 옮겨 간 것을 곧 눈치 챌 것이다.

7번 유형의 삶은 위의 사실에 큰 영향을 받기 때문에 주의를 집중하지 못하는 것은 이들에겐 아주 심각한 일이다. 이들의 생각은 늘 다음 순간에 가 있다. 그래서 이들은 어떤 것도 깊이 경험하거나 한 가지 일에 만족을 얻을 수 있을 만큼 충분히 머물러 있지를 못한다. 7번 유형들이 자신을 일깨우는 신호를 무시할 때는 무슨 일을 하고 있든지 항상 다른 쪽으로 관심을 돌리기 때문에 주의가 산만하다. 이들은 텔레비전을 켰다가 냉장고를 열어 먹을 것을 찾거나, 친구에게 전화를 했다가 노트에다 낙서를 한다. 심지어 이들은 재미있는 소설책에도 집중을 못 한다.

"나는 아무것도 놓치고 싶지 않아."

사회적인 역할 : 에너지를 주는 사람

평균적인 7번 유형은 스스로를 '에너지를 주는 사람'으로 정의한다. 이들은 어떤 상황에 흥분과 에너지를 주어서 모든 것을 활기 있게 만드는 사람들이다. 이렇게 함으로써 7번 유형 자신도 활력을 느끼게 된다. 이들은 많은 에너지를 갖고 있어서 이런 역할을 하는 것이 어렵지가 않다. 그러나 모든 사회적인 역할이 그렇듯이 일단 이것에 익숙해지면 다르게 행동하는 것이 아주 어렵게 된다.

에너지를 주는 사람의 역할 덕분에 7번 유형은 항상 관심의 중심에 있게 된다. 사람들은 이들과 함께 있으면 감정이 고양되는 것을 느끼기 때문에 이들을 찾게 된다.

배우이면서 캐스팅 전문가로 일하고 있는 칸사스는 이렇게 말한다.

"내 에너지가 다른 사람의 삶에 영향을 미칠 수 있다는 사실이 나를 아주 기분 좋게 합니다. 나와 함께 있으면 사람들이 금방 감정이 고양되는 것을 느낄 수 있지요. 나는 다른 사람들을 행복하게 만들어 주는 것이 좋습니다. 그런 힘을 갖고 있다는 것을 즐기지요. 하지만 때때로 아주 기분이 우울한 사람들을 만납니다. 그런 사람들은 자신의 기분을 바꾸기를 원치 않는 것 같아요. 나는 사람들이 그저 자기 자신이도록 내버려 두면서

"모두 와 봐, 멋진 일이 있을 거야."

내 에너지를 아끼는 방법을 배우고 있습니다. 그렇게 해야 내가 좀 더 잘 사용할 수 있는 곳에 에너지를 쓸 수 있으니까요. 어쨌든 자연스럽게 다른 사람들의 기분을 고양시킬 수 있다는 것은 정말 좋은 자질이라고 생각됩니다."

7번 유형이 항상 사람들의 기분을 들뜨게 하고 에너지를 주는 역할을 취할 때 문제가 생긴다. 이것이 이들에겐 과도한 짐이며 다른 사람들에게도 피곤한 일이 된다. 대부분의 사람들은 결국 이렇게 들뜬 에너지를 피곤하게 여긴다. 7번 유형도 다른 사람들이 보조를 맞추지 못하면 자신을 거부하거나 버리는 것으로 해석해서 분노와 좌절감을 경험한다. 이들은 더 푸른 풀밭과 새로운 청중을 찾아서 떠나지만 어떻게 다른 사람과 관계를 맺어야 할지, 어떻게 자신의 욕구를 충족시켜야 할지 모른 채로 자신의 역할 안에 갇히고 만다.

벨마는 교육자며 사업가로 다양한 능력을 발휘하고 있다. 그녀는 자신이 10대일 때 겪었던 좌절감을 이렇게 이야기한다.

"어린아이일 때 나는 자유롭고 활력에 넘쳤습니다. 아무도 나를 구속하지 않았지요. 나는 내가 사람들을 웃기는 능력이 있다는 것을 알았습니다. 아이들은 나와 함께 있으면 재미있었기 때문에 나를 찾곤 했지요. 나는 10대일 때 사람들이 나를 진지한 사람으로 여겨줬으면 했는데 아무도 그렇게 대해 주지 않았어요. 나는 주의를 끌기 위해서 사람들이 기대하는 대로 우습고 바보스럽게 극적으로 행동했지요."

연습 ② 남들을 즐겁게 해 주려는 강박관념 바라보기

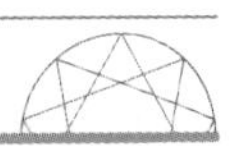

당신이 사람들을 즐겁게 해 주고 있다는 것을 알아차리면 누구를 위하여 그렇게 하고 있는지 생각해 보라. 인간 관계를 위해 이러한 흥분된 상태가 어떤 도움이 되는가? 당신은 이것이 만족스러운가? 당신이 지금 이 상황에서 분위기를 고양시키는 역할을 하지 않는다면 무슨 일이 일어날 것으로 생각되는가?

폭음과 폭식, 끊임없는 공허

7번 유형이 갖고 있는 부정적인 성격은 폭음, 폭식이다. 이것은 말 그대로 음식을 과도하게 섭취하는 것이다. 그러면서도 이들은 지나치게 많이 먹고 마시는 데 대해 죄책감을 가진다. 모든 것을 지나치게 많이 가지려는 데 대해서도 마찬가지다. 이러한 열정을 상징적으로 이해하는 것, 즉 내면의 공허함을 일과 경험으로 채우려는 시도라고 이해한다면 7번 유형은 자신이 하고 있는 일에 대해 통찰력을 가질 수 있을 것이다.

폭음과 폭식은 좌절, 공허함, 뭔가가 부족하다는 느낌 때문에 스스로를 외부의 것으로 채우고 싶어하는 감정적인 반응이다. 7번 유형은 이 공허함과 좌절을 직접 경험하기보다는, 신체적인, 그리고 감정적인 자극에 관심을 돌림으로써 불안에서 벗어나려고 한다. 7번 유형이 어린 시절에 겪은 좌절이 많으면 많을수록 만족할 만큼 충분한 경험을 했다는 느낌을 갖기가 더 어렵다. 그래서 이들은 자신을 채우기 위해 뭔가 더 가져야 하고 폭음 폭식이라는 열정에 빠져드는 것이다.

> 삶은 즐거움에서 즐거움으로가 아니라 원하는 것에서 원하는 것으로 진보해 나가는 과정이다.
>
> 사무엘 존슨 Samuel Johnson

7번 유형은 스스로를 불안의 감정으로부터 보호하기 위해 계속해서 자신의 마음을 뭔가로 채우려 들기 때문에 자신에게 강한 인상을 주는 것이 아니면 감각적인 정보를 받아들이는 것을 어려워한다. 이들의 마음은 늘 흥분된 상태다. 이들에게는 마음의 내용물보다는 흥분의 정도나 그 흥분이 만들어 내는 만족에 대한 기대가 더 중요하다. 7번 유형은 강한 자극을 찾고 그 자극과 흥분을 통해서 만족을 얻는 것이다. 이들의 정체성은 흥분된 상태에 머무르는 데 의존하기 때문에 자신에게 거의 제동을 걸지 않으며 어떤 종류의 제약도 좋아하지 않는다. 이들은 자극이나 욕망이 일어나면 자유롭게, 그리고 즉시 반응하기를 원한다. 다른 열정과 마찬가지로 폭음, 폭식도 장기적으로 보면 스스로를 좌절시킨다. 7번 유형들이 어린 시절에 박탈당했다고 느끼는 따뜻한 보살핌을 찾기 위하여 무분별하게 '자신을 채우려고' 하면 할수록 더욱더 불만족스러워진다.

강한 자극을 쫓아다니기

어떤 유형이든지 우리는 자신의 선택이 행복하게 만들어 줄 능력이 있는지 생각하지 않고 행복하게 만들어 준다고 여기는 것을 쫓아다니곤 한다. 행복은 어떤 조건에서 일어나는가? 어떻게 하면 극단으로 흐르지 않고 행복을 증가시킬 수 있는가? 이런 질문은 7번 유형의 특별한 주제다.

평균적인 7번 유형은 전형적인 궤변론자들이며 수집가며 심미안을 가진 사람들이다. 이들은 무엇이든 놓치고 싶지 않기 때문에 가장 좋은 프랑스 요리 전문점이나 코냑이나 보석, 새로 나온 영화, 최신 유행과 뉴스 등을 잘 알고 있다.

건강한 7번 유형과 불건강한 7번 유형의 차이점 중 하나는 건강한 7번 유형은 자신이 집중할 수 있고 뭔가 생산적인 일을 할 때 가장 만족스럽다는 것을 안다는 점이다. 이들은 뭔가 새롭게 세상에 가치 있는 공헌을 하고 있다. 그러나 평균적인 7번 유형은 그리 생산적이지 못하다. 불안 때문에 뭔가에 집중하기가 어렵고 즐거움을 주는 것에 쉽게 마음이 끌려가 버린다. 이들의 창조성은 뭔가를 얻고 소비하려는 욕망으로 대체된다.

영화 제작자인 타라는 자신 안에 이런 패턴이 있다는 것을 알아차렸다.

"나는 뭔가 새로운 것에 대해 아주 흥분하고는 곧 싫증내는 경향이 있습니다. 그래서 어떤 일도 끝까지 해 내지 못합니다. 불행한 일이지만 사실이지요. 나에게는 삶이란 다양한 것이어야 합니다. 그래서 '흥미 있는' 일에 대해 이야기하는 것만으로도 기분이 좋아지지요. 그 일을 하고 있지 않다고 해도 말입니다. 저는 새로운 것을 배우기를 좋아합니다. 그

연습 ③ 자신에게 주어진 선물 발견하기

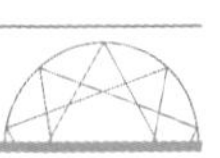

다른 경험이나 일에 대한 기대와 욕망이 당신이 지금 경험하는 것에 대한 즐거움을 어떻게 방해하고 있는지 살펴보라. 이것을 탐색하기 위해서 당신은 게임을 할 수 있다. 당신이 지금 경험하는 것에서 뭔가 놀라운 것을 찾아보라. 바로 지금 당신은 어떤 선물을 받고 있는가?

래서 요리, 볼룸 댄스 등 무엇이든 배우러 다닙니다. 잡지도 열 권 이상 구독하고요. 내가 원하는 것을 사기 위해서 모든 상점을 돌아다니기도 합니다. 나는 한 사람에게 충실하기가 어렵습니다. 항상 더 좋은 사람이 있는지 찾게 돼요. 내게 주어진 모든 선택 사항을 확인해야 하기 때문이지요."

지루함에 대한 불평

7번 유형은 지루함에 대해 불평을 하고, 또 자신이 그 지루함을 얼마나 싫어하는지에 대해서도 불평을 많이 한다. 이들이 어떻게 표현하든지 지루함은 환경이 충분한 자극을 주지 않기 때문에 자신의 고통과 그 밖의 부정적인 감정을 억제할 수 없는 데 대한 불안의 표현이다. 이와 유사하게 제약당하는 기분은 이들에게 지루함뿐만 아니라 공포를 불러일으킨다. 이들은 자신을 '묶는' 어떤 상황에도 갇혀 있기를 원치 않으며, 고통스러운 감정에 직면하고 싶어 하지 않는다.

무료함의 본질은 당신이 강박관념을 가지고 새로운 것을 찾고 있다는 것이다.

조지 네오나르도 George Leonard

지루함과 그것에 수반되는 감정에 대항하기 위하여 7번 유형은 자신의 마음을 모든 흥미로운 것들로 채우기를 갈망한다. 이들은 자신에게 항상 새롭고 흥미로우며 멋진 것이 공급되기를 바란다.

벨마는 이렇게 말한다.

"나는 모든 것에서 다양함을 찾습니다. 나는 지성적인 면을 위해, 감정적인 면에서나 성적인 면을 위해서 각각 특정한 친구를 갖고 있습니다. 나는 모든 다른 면을 충족시키고자 하지요. 그것은 저항하기 어려운 욕구입니다. 더 많은 경험을 할수록 더 많은 것을 원하고 필요도 더 커집니다.

연습 ④ 무료함에 대한 탐구

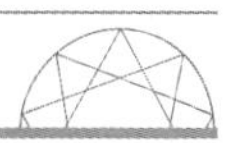

당신이 무료함이라고 부르는 것에 대해 탐구해 보라. 몸에서는 무료함이 어떻게 느껴지는가? 무료한 감각은 무엇인가? 그것을 느껴 볼 때 어떤 연관된 기억이 떠오르는가?

나는 지치지 않고 많은 다른 일들을 해 냅니다. 그렇게 해야만 하니까요. 또 나는 그 모든 것을 해 낼 만큼의 에너지를 가지고 있습니다. 나는 관습적인 일을 하고 싶지 않습니다. 모든 것이 새롭고 달라서 그 모든 것을 시도해 보려고 노력하지요. 앞으로도 늘 이럴 것 같습니다."

7번 유형은 내면의 안내를 갖고 있지 않기 때문에 시행착오를 통해 모든 것을 배워야 한다. 이들은 모든 것을 스스로 경험하고 싶어 하기 때문에 다른 사람의 충고는 잘 받아들이지 않는다. 이들은 많은 것을 경험해 보면 어떤 선택이 가장 행복하게 해 줄지 알 거라고 믿는다. 그러나 모든 것을 경험하는 것은 불가능하다. 방문해야 할 장소, 먹어야 할 음식, 입어야 할 옷, 해 봐야 할 경험이 너무 많은 것이다. 이들이 경험을 통해 자신에게 어떤 것이 최선인지 알려고 한다 해도 그 모든 경험을 해 보기 전에 삶은 끝나고 말 것이다. 그러기 위해서는 아마도 여러 생이 필요할 것이다. 더욱이 그 경험들 중 어떤 것은 대부분의 사람들이 의도적으로 회피하거나 아주 조심스럽게 접근하는 것이기 때문에 위험하기까지 하다. 어쨌든 7번 유형은 대개 경험을 통해서 모든 것을 어렵게 배운다.

무분별함과 과잉 행동

평균적인 7번 유형은 자신에게 무엇이 중요한지 생각하지 않고 끊임없는 활동 속에 빠져 있다. 그래서 이들은 삶의 많은 영역에서 지나치게 많은 활동을 하는 경향이 있다. 이들은 자신의 상황을 생각지 않고 돈을 낭비한다. 7번 유형이 작은 마을에 살고 있다면 끊임없이 대도시로 나가서 쇼

연습 ⑤ 활동을 줄이기

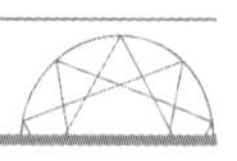

며칠 동안 당신이 어떤 일을 하는 데 실제로 얼마의 시간이 걸렸는지 기록해 보라. 출근하는 것, 쇼핑하는 것, 친구 만나는 것에 얼마나 시간이 걸리는지 관찰해 보라. 그리고 이것이 실제 당신의 계획과 일치하는지를 보라. 하루에 한두 가지 활동을 줄임으로써 자신에게 좀 더 여유 있는 시간을 주고 당신이 좋아하는 경험을 정말로 즐길 수 있도록 할 수 있는가?

핑을 즐길 것이다. 만약 멀리 나갈 수 없다면 무분별한 7번 유형은 담배를 피우면서 하루 종일 텔레비전을 보거나, 전화를 하거나, 친구를 만나거나, 가까운 술집을 어슬렁거리며 시간을 보낼 것이다.

"왜 모든 사람들이 날 따라오지 못하는 거지?"

과도한 활동은 생각에도 적용된다. 7번 유형은 자신의 흥미를 끄는 생각이 있으면 그 속에서 나올 줄을 모른다. 이들은 아이디어 자체에 너무 열중해서 현실로 이루어 내지 못한다. 또한 건강하지 않을수록 산만해서 무슨 일을 끝까지 하기가 어렵다. 그래서 중간에 그만두는 일이 많다. 이들의 좋은 아이디어들은(그 중 일부는 정말 뛰어난 아이디어다) 결코 실현될 수 없다는 사실이 이들에게 좌절을 가져다준다. 내면의 불안을 다루지 않고 계속 도피하려고 한다면 이들은 결국 최상의 기회와 영감을 놓치게 될 것이다. 또 두뇌 회전이 빠르고 말솜씨가 뛰어나서 이야기를 잘 만들어 내지만, 깊이와 진지함이 없다면 이들의 얘기는 단순한 수다에 머무르게 될 것이다.

평균적인 7번 유형은 자신이 다양한 분야에 지식을 갖고 있다고 여긴다. 그러나 대부분은 그들의 머릿속에서만 머물러 있고 실용화되는 경우가 드물다.

부정적인 감정 회피하기

마치 전시에 적군이 더 강한 라디오 시그널을 보내서 라디오 전파를 방해하듯이 7번 유형은 끊임없이 자신의 마음을 흥미 있는 것들로 채움으로써 고통, 상실감, 슬픔의 의식을 '전파 방해' 한다. 그러나 이것은 평균적인 7번 유형이 고통이나 우울증에서 벗어나도록 도와 주지 않는다. 고통은 결국 이들의 방어책을 뚫고 들어간다. 그러나 7번 유형은 가능한 빨리 이런 감정에서 회복된다. 그리고 비슷한 방식으로 이러한 마음의 기술을 이용해서 자신의 경험을 재구성한다. 즉 이들은 아주 비극적인 일에 관해서도 긍정적인 것을 찾고 자신의 깊은 감정을 왜곡하는 것이다.

스스로의 내면에서 만족을 찾지 못하는 사람은 어디에서도 만족을 찾을 수 없다.

라 로슈푸코 La Rochefoucauld

7번 유형이면서 많은 훌륭한 자질을 갖고 있는 심리치료사 제시는 큰 상실의 경험을 재구성한 것에 대해 이렇게 회상한다.

"열한 살 때 갑자기 아빠가 심장 마비로 돌아가셨습니다. 그 때 내가 이런 생각을 했던 것이 기억나요. '내가 선택할 수 있는 것은 뭐지? 내가 지금 할 수 있는 최선은 뭘까?' 엄마는 충격을 받고 자살을 시도했고 동생은 몹시 불안해했습니다. 나는 어른스럽게 행동했지요. 그래서 될 수 있는 한 행복하고 활달하게 다른 사람을 도우려 했습니다. 고통 속에서 방황할 시간이 없었지요. 그것만이 내가 우울증과 절망에서 벗어날 수 있는 유일한 길이었으니까요."

참을성 부족

7번 유형들은 자기가 원하는 것을 끊임없이 요구한다. 이들의 불안이 크면 클수록 다른 사람들이나 자신에 대해 참을성이 없다. 아무것도 이들의 욕구를 충족시키지 못한다. 7번 유형은 이것을 깨닫지 못한 채 내재된 좌절감을 모든 경험에 투사하면서 살아간다.

이들은 자기 스스로에 대해서도 좌절감과 짜증을 느낀다. 7번 유형은 자신의 고통을 직면하기를 회피한다. 그래서 스스로 자신의 재능과 자원을 낭비하고 있다는 것을 알아차리지 못한다. 많은 7번 유형은 훌륭한 아이디어를 갖고 있으면서도 실현되도록 할 수 없는 것은 참을성이 없기 때문이다.

"나는 그것을 원해! 그걸 당장 달란 말야."

이들은 이러한 내재된 좌절감을 갖고 있기 때문에 다른 사람들의 약점

연습 ⑥ 깊은 감정을 경험하기

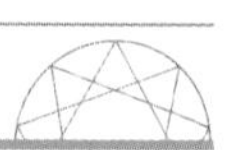

스스로에게 자신의 감정을 더 깊이 경험하도록 허용해 보라. 당신이 강한 감정을 갖고 있는 사람이나 일을 회상하라. 대상에 대해 감정이 일어날 때까지 그 사람이나 일에 대해 깊이 생각하라. 무슨 일이 일어나는지 살펴보라. 당신의 주의가 다른 곳으로 옮겨 갈 때까지 얼마나 오래 그 감정에 머무를 수 있는지 지켜보라. 무엇이 당신으로 하여금 감정에 머물러 있지 못하도록 하는지 찾을 수 있는가? 무엇이 당신을 방해하는가?

을 참지 못하며 사람들이 자신에게 뭔가를 기대할 때, 그리고 다른 사람들이 자신의 기대를 충족시킬 수 없을 때 그것을 견디지 못한다. 이들의 참을성 없음은 분노와 거만하고 차가운 태도로 표현된다.

비즈니스 컨설턴트인 벨마는 계속 이렇게 말한다.

"어릴 때 나는 어머니의 침대에 들어가서 이야기를 하곤 했습니다. 어머니는 얼마 동안 내 이야기를 들어 주고는 나를 내보내려고 했지요. 어머니는 내게 아무런 문제도 없다고 말했습니다. 그리고 항상 그랬던 것처럼 계속 행복한 아이이기를 원하셨지요."

7번 유형은 공격형이기 때문에 좌절감이 많은 세 유형(4번, 1번, 7번) 중에서 자신의 불행을 가장 잘 드러내는 유형일 것이다. 이들은 자신의 불편한 감정이나 좌절감을 잘 표현하고 발산시킨다. 이들의 마음속에 내재된 무의식적인 생각은 '내가 화를 내면 엄마가 와서 내가 원하는 것을 들어 줄 거야' 다. 이들은 이렇게 고집스럽게 요구하는 행동을 함으로써 자신이 원하는 것을 얻곤 한다.

7번 유형의 참을성 없는 태도 때문에 사람들은 이들을 제멋대로 행동하는 자기중심적인 사람이라고 여긴다. 7번 유형이 다른 사람들의 관심을 끌려 할 때는 나르시스적인 동기를 가진 심장 중심들처럼 다른 사람에게 존경받고 칭찬받기 위해서 하는 것이 아니다. 7번 유형은 자신의 에너지를 밖으로 발산시키고 내재된 불안을 피할 수 있다면 자신이 바보스럽게 보여도 상관없다고 여기는 사람들이다. 만약 3번 유형이라면 7번 유형처럼 이런 자신의 약점과 불완전함을 결코 드러내려 하지 않을 것이다.

연습 ⑦ 숨겨진 좌절감 바라보기

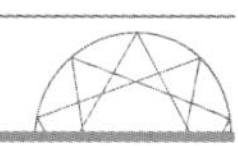

당신 안에 있는 좌절의 에너지를 바라보라. 당신이 좌절을 느낄 때 잠시 동작을 멈추고 몇 번 깊은 숨을 들이쉬라. 실제로 좌절이 어떻게 느껴지는가? 당신이 그 느낌을 행동으로 옮기지 않고 느끼고 있을 때 어떤 일이 일어나는가?

공격했다가 바로 물러서는 패턴

7번 유형은 늘 바쁘게 움직이고 삶의 에너지 수준을 높게 유지하는 것을 중요하게 여긴다. 그래서 '공격했다가 바로 물러서는(hit – and run)' 이들의 방식은 다른 사람들을 혼란스럽게 하고 상처를 준다. 항상 움직임 속에 있다는 것은 자신의 행동에 대한 죄책감과 후회를 억압하고 있다는 의미이다. 7번 유형은 대개 다른 사람에게 상처를 주는 것을 원하지 않지만 자신의 방어 기제 때문에 스스로 만들어 낸 고통을 알아차리거나 인정하기를 어려워한다.

"이것은 내 문제가 아니야."

7번 유형은 불안에 대해서 아주 강박적이기 때문에 그 불안을 보기도 전에 뛰어나간다. 과음과 적절치 못한 음식을 먹는 것, 흡연 혹은 끊임없이 자극을 찾아 돌아다니는 것이 이들에게 심각한 건강상의 문제를 일으킨다. 가장 나쁜 상태에 있는 7번 유형은 제멋대로 행동하고 고집스러워서 다루기가 아주 힘들다.

데븐은 자신이 문제에 대처하는 방식에 대해 솔직히 이야기한다.

"저는 사람들에게 아주 마음을 닫아 버릴 때가 있습니다. 상대는 우리 관계가 지속될 것으로 여기는데 저는 갑자기 헤어지자고 말해 버리지요. 그럴 때 저는 미안한 마음 같은 것은 없습니다. 모두 상대방의 잘못이니까요. 요즘에는 다른 사람들에 대한 걱정 때문에 마음이 불편할 때가 있습니다. 그렇지만 마음 깊은 곳에서는 내가 고통을 느끼기 시작한다면 그

연습 ⑧ 마음 정돈하기

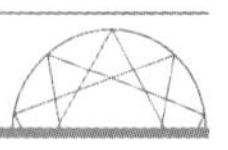

당신을 아는 사람들은 당신이 그들에게 상처를 줄 의도가 없다는 사실을 알고 있다. 그러나 고의는 아니지만 당신이 스트레스를 많이 받는 시기에 사람들에게 상처를 주었을 수도 있다.

적당한 시기를 보아서 당신이 상처를 주었을 것이라고 여겨지는 친구나 사랑하는 사람들과 이야기를 해 보라. 먼저 상대방에게 이야기할 수 있도록 허락해 달라고 말하라. 사과를 하고 그들의 이야기를 들어라. 당신의 마음속에 있는 이야기를 털어놓아라. 이것은 당신에게 쉬운 일이 아닐 것이다. 그러나 이렇게 함으로써 당신은 내재된 상처와 불안, 그리고 그것들을 과도한 활동 속에 묻어 두려는 마음을 털어 낼 수 있다.

고통을 견뎌 낼 수 없을 거라고 느낍니다. 그래서 거기에서 도망쳐 새로운 즐거움을 찾는 것입니다. 기분이 우울할 때면 나는 일어나서 가장 좋은 옷을 입고 가장 좋은 구두를 골라 신은 다음 춤을 추러 나갑니다."

도피, 과도함, 중독

평균적인 7번 유형들은 스스로를 자발적이고 재미있는 것을 좋아하며 오늘을 위해 사는 사람들이라고 여긴다. 이들은 자신의 태도가 삶을 회피하려는 마음을 숨기려는 데서 온다는 사실을 인식하지 못하고 있다. 7번 유형은 두려움과 불안을 많이 갖고 있기 때문에 자신이 생각하는 것처럼 자유롭고 자발적이지 못하다. 이들은 자신의 충동적 행동이 가져올 결과를 생각하지 않고 강박 관념을 지닌 채 즉각적인 만족을 주는 것을 좇는다. 이들의 철학은 "지금 즐겨라. 그리고 나중에 그 대가를 치러라"다.

"무엇을 하든지 끝까지 하라."

고통스럽고 부정적인 경험이 더 깊은 고통을 숨기는 방법으로 사용될 수 있다. 예를 들어 알코올이나 약물 중독의 고통은 끔찍한 것이지만 건강하지 않은 7번 유형에게는 이런 고통이 더 깊은 슬픔과 불안에 휩싸이는 것보다 나을 수 있다.

7번 유형은 기대, 욕망, 과도함의 사이클 안에 묶여 있다. 우리는 이것을 '초콜릿 신드롬'이라고 부른다. 비싼 초콜릿이 주는 흥분 중 하나는 깨물어 먹는 것에 대한 기대다. 이와 마찬가지로 7번 유형을 가장 흥분시키

연습 ⑨ 실행 능력 평가하기

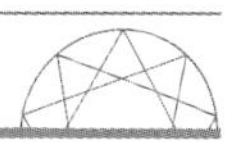

당신의 내면 작업 일지를 펴서 두 개의 리스트를 만들어 보라. 첫째로 어른이 되어서 당신이 시작하고는 끝내지 못한 중요한 프로젝트의 리스트를 만들어 보라. 그러고 나서 당신이 완성한 프로젝트의 리스트를 만들어 보라. 이 두 개의 리스트에서 어떤 패턴을 볼 수 있는가? 당신은 이미 시작한 일을 끝내는 것보다는 새로운 일을 계획할 때 더 큰 즐거움과 흥분을 느끼는가? 당신은 중요한 일을 성취하는 것보다 새로운 일로 옮겨 가는 것을 더 좋아하는가? 당신은 무엇을 향해 달려가고 있는가? 또 무엇으로부터 도망치고 있는가?

는 것은 경험 자체라기보다도 그 경험에 대한 기대다. 우리 모두가 알고 있듯이(7번 유형만 제외하고) 도가 지나친 기쁨은 불편한 감정의 원천이 된다. 우리는 초콜릿 몇 개를 먹고 나면 기쁨의 반대가 되는 감정, 즉 고통과 역겨움을 경험한다.

7번 유형이 만족을 추구하는 것은 중독의 성격을 지닌다. 이들은 흥분 상태와 도취감을 유지하기 위해서 자신을 기쁘게 해 주는 것을 점점 더 많이 요구한다. 심지어는 아주 위험한 경험을 통해서도 더 이상 흥분을 느끼지 못한다.

타라는 자신의 경험을 솔직하게 털어놓는다.

"회피는 점점 큰 불안을 낳습니다. 그래서 불안이 견딜 수 없게 커지면 그것을 회피하려는 마음도 커지지요. 불안보다 그것을 회피할 수 있는 즐거움이 더 커야만 합니다. 내가 살아 오면서 제멋대로 행동했던 것은 이런 이유 때문인 것 같아요. 두려움이나 고통과 함께 있기보다는 그것으로부터 도피하고 싶었지요. 나는 어떤 대가를 치르든 더 이상 도망갈 수 없을 때까지 고통을 피하고 봅니다. 그래서 쉽게 마약을 하고 과속으로 자동차를 몰고 다녔지요."

스트레스에 대한 반응

7번 유형이 1번 유형으로 간다

7번 유형은 스트레스 상황 아래에서 어떤 일을 성취하고 싶으면 한 가지에 집중해야 한다는 것을 깨닫게 된다. 그래서 평균적인 1번 유형처럼 스스로를 구속해야 할 필요가 있다고 느끼기 시작한다. 이들은 자신만이 그 일을 제대로 할 수 있다고 느끼면서 열심히 일하고 자신의 행동에 제약을 가하려 한다. 그래서 스스로를 틀 안에 집어넣으려고 하지만 곧 이 구조와 제약에 좌절감을 느낀다. 이들은 더 불안하고 산만해지거나 아니면 자신을 더 통제하려고 든다. 둘 중 어떤 경우이든 이들의 쾌활함은 심각함으로 바뀐다.

또한 스트레스 상황 아래에 있는 7번 유형은 평균적인 1번 유형처럼 남들을 가르치려고 든다. 이들은 흥미로운 책, 워크숍, 좋은 쇼핑 장소, 특정한 정치적 관점이나 영적인 것에 대해 의견을 늘어놓는다. 자신의 의견에 대한 이들의 열징은 재빨리 다른 사람의 의견을 반박하려는 경향으로 바뀐다. 이들이 심한 스트레스를 받으면 내재된 분노와 적개심이 표면으로 올라와서 다른 사람들을 야단치고 트집 잡고 심한 말을 하는 것으로써 자신의 좌절감을 발산시킨다.

위험신호

7번 유형이 어려움에 빠졌을 때

7번 유형이 상당 기간 동안 지나친 스트레스를 받았거나, 적절한 도움이나 대처하는 기술 없이 심한 위기 상황을 겪었거나, 어린 시절에 심한 학대를 받았다면 이들은 쇼크 포인트를 넘어서 자기 유형의 불건강한 범위로 들어갈 것이다. 그래서 이들은 자신의 삶을 통제할 수 없게 되며 자신의 선택과 행동이 실제로 고통을 더 증가시킨다는 것을 느끼고 두려움을 갖게 된다.

7번 유형이 이러한 두려움 안에서 진실을 인식할 수 있다면 삶의 방향을 바꾸어 건강과 자유로움을 얻게 될 것이다. 그렇지 않으면 이들은 더 산만하고 충동적이 되며 감정의 기복이 심해진다. 그래서 고통을 피하기 위해 어떤 대가를 치르더라도 필사적으로 무모한 행동에 빠지게 될 것이다. 7번 유형이 계속 이런 태도를 가진다면 불건강한 범위로 들어간다. 당신 자신이나 당신이 알고 있는 사람이 상당 기간 동안(2~3 주 이상) 아래에 열거된 경고 증후를 나타낸다면 카운슬링이나 심리 치료, 혹은 그 밖의 다른 도움을 받게 하는 것이 바람직하다.

✳ 경고 징후 **잠재적인 정신 질환 :** 조울증 장애, 경계선적 성격장애, 히스테리성 성격장애, 강박장애, 물질 남용	• 과도한 방탕, 불안 회피 • 오랫동안 지속되는 심각한 중독 • 충동적, 공격적, 유아적인 반응 • 강박적인 행동과 극도로 흥분된 감정 • 통제할 수 없음 • 조울증, 우울증, 극심한 감정의 변화

7번 유형의 성장을 돕는 방법

• 당신의 마음에 지나치게 많은 활동이 일어날 때 시간을 갖고 숨을 깊이 들이쉬어라. 그리고 당신에게 무슨 일이 일어나는지 지켜보라. 특히 당신이 두려워하거나 뭔가에 화가 났을 때 자신을 지켜보라. 당신 생각의 속도가 어떻게 이 감정을 경험하는 것으로부터 당신을 멀어지게 하는지를 관찰하라. 당신의 마음이 빠르게 달려 나갈 때가 스스로에게 "이것이 무엇인가?"를 물어 볼 수 있는 좋은 시기다. 당신은 항상 자신이 불안의 원천을 덮어 버리고 있는 것을 볼 것이다. 지루함이라는 단어가 중요한 단서가 된다. 당신이 '지루해지는 것'의 위험에 빠질 때마다 멈춰서 무엇을 피하고 있는지를 지켜보라.

• 당신은 부정적인 감정을 무시할 뿐만 아니라 불완전하게 처리한다. 당신은 부정적인 감정을 알아차리면 다른 것으로 옮겨 가려고 한다. 부정적인 감정이 깊은 수준에서 당신에게 영향을 미치도록 허용한다고 해서 그 부정성 속에 묻히는 것은 아니다. 오히려 당신의 부정적인 감정을 잘 느껴 봄으로써 당신은 자신의 경험을 더 풍요롭게 하고 자신의 기쁨을 더 실제적이고 의미 있는 것으로 만들 수 있다. 당신의 감정이 몸으로는 어떻게 느껴지는지를 보라. 슬픔은 어떻게 느껴지는가? 당신은 몸의 어느 부분으로 그것을 느끼는가? 배, 가슴, 얼굴인가? 무엇인가를 열망하는 느낌은 어떤가? 그 느낌과 하나가 되어 스스로에게 "나는 슬픔을 느낀다"라고 말해 보라. 슬픔이든 행복감이든 자신의 감정을 완전히 경험해 보라.

• 당신의 참을성 없음의 뿌리를 살펴보는 것을 배워라. 7번 유형인 당신은 다른 사람들의 일하는 속도와 에너지 수준에 대해 아주 참을성이 없을 뿐 아니라 자기 자신에 대해서도 참을성이 없다. 당신은 많은 분야에 재능이 있기 때문에 한 가지를 완전히 개발하지 않으려는 경향이 있다. 당신은 자기 자신에 대해서, 새로운 기술을 익히는 과정에 대해서 참을성이 없기 때문에 무엇이든 빨리 배울 수 있는지도 모른다. '즉각적인 전문가'

신드롬을 조심하라. 어떤 주제에 대해 기본적인 것을 빨리 익히는 능력과 당신의 매력적인 언변은 당신에게 많은 기회를 열어 줄 것이다. 그러나 자신이 무슨 말을 하고 있는지 제대로 알지 못하고 있다면, 당신이 과제를 끝까지 해 내지 않는다면, 당신의 아이디어가 불완전한 것이라면 사람들은 당장 알아차릴 것이다. 많은 재능을 갖고 있음에도 불구하고 당신은 좋은 평판을 얻지 못할 것이다. 7번 유형들은 자신이 피상적인 사람으로 여겨지는 것을 못 견딘다. 다른 사람들이 그렇게 보는 것은 당신이 참을성이 없기 때문이다. 시간을 갖고 끈기 있게 당신의 능력이 결실을 맺도록 하라.

• 평범한 것에서 즐거움을 찾아라. 4번 유형처럼 7번 유형은 과장된 현실을 찾는다. 당신은 평범하지 않고 멋지고, 흥미롭고 자극적인 것을 좋아한다. 그러나 정말로 멋진 것은 우리가 현재에 존재할 때 우리의 모든 경험이 평범하지 않은 것이 된다는 점이다. 당신이 완전히 그 안에 있으면 방을 청소하거나 사과 하나를 먹는 것도 충만한 경험이 될 수 있다. 뭔가를 빼앗기는 것에 대한 두려움과 스스로를 기쁘게 해 주려는 욕망이 당신이 구하고 있는 충만함에 대한 느낌을 가로막고 있다. 당신이 살아 있는 느낌과 충만함을 가장 많이 가졌던 순간을 생각해 보라. 아마 아이의 탄생, 결혼, 대학 시절에 친구와 소풍간 것, 아름다운 노을을 보던 일 등일 것이다. 그 순간의 무엇이 그렇게 당신을 만족시켰는가? 그 순간들이 항상 흥미로운 것만은 아니었다는 것을 알아차려라. 그러나 그 안에 당신을 충만하게 하는 또 다른 무엇이 있었다. 그것이 무엇인지 찾아내는 바로 그만큼 당신의 삶은 변화될 것이다.

• 명상은 6번 유형에게도 좋지만 7번 유형에게 아주 유익하다. 명상은 당신의 마음을 차분하게 가라앉혀 줄 것이다. 처음 명상을 시작하면 당신은 끊임없는 마음속의 재잘거림을 들을 것이다. 그리고 이완된 상태에서 자

신의 존재와 하나가 되는 것을 느끼게 될 것이다. 당신이 어떻게 명상을 끝내는지 지켜보는 것도 아주 중요하다. 7번 유형은 명상 상태에서 갑자기 나오는 경향이 있다. 이들의 생각이 2초를 기다리지 못하고 다시 활발하게 활동을 시작하기 때문이다. 명상을 끝낼 때 스스로를 잘 지켜보라. 그리고 내면의 고요함을 행동에도 가져올 수 있는지 보라. 우리가 내면의 삶을 위해 하루에 짧은 몇 분 동안만 명상의 마음을 가진다면 우리를 크게 변화시키지 못할 것이다.

• 당신은 보통사람들보다 더 행복하고 쾌활한 것 같다. 그러한 기분을 다른 사람들에게 '보여 주려' 하지 않고 그저 당신의 감정을 사람들과 나눌 때 어떤 일이 일어나는지 지켜보라. 당신은 안정되어 있을 때 가장 깊이 있는 사람이 될 수 있다. 그런 때에 당신은 진정으로 행복하며 모든 사람에게 영향을 미칠 수 있다. 또한 당신의 기쁨이 진실한 것이라면 '다른 사람들을 휘저어 놓는 것' 을 그만 두어야 하며, 사람들이 당신의 기쁨에 반응하지 않는다고 해도 그 행복이 줄어들거나 없어지지 않아야 한다.

7번 유형의 장점 키우기

7번 유형은 창조적인 사람들이다. 평균 범위에 있는 7번 유형조차도 창조적인 능력을 가지고 있는 경우가 많다. 이들이 좀 더 균형 잡히고 안정되면 다양한 분야의 경험을 서로 결합하여 자신만의 독창적인 것을 만들어 낼 수 있다. 이들은 다양한 능력과 관심, 일을 즐기는 것, 외향적인 성격으로 인하여 세상에서 성공을 이룬다.

이들은 땅에 발을 붙이고 사는 사람들이다. 이들은 공상에 빠져 있는 게으른 사람들이 아니며 현실적인 것에 관심이 많다. 이들은 자신의 꿈을 이룰 수 있는 재정적인 기반을 마련하기 위해서는 현실적이 되고, 생산적이며, 열심히 일해야 한다는 것을 알고 있다.

그래서 건강한 7번 유형은 다른 사람들의 노동에 의존하지 않는다. 이들은 삶의 가장 큰 기쁨이 세상에 뭔가를 공헌함으로 해서 얻어진다는 것을 알고 있다. 건강한 7번 유형은 옷을 사기보다는 스스로 만들어 입는다. 다른 사람의 영화를 보기보다는 자신의 것을 만든다. 결국 이들은 정확하게 자신이 원하는 방식으로 원하는 것을 얻는다. 7번 유형은 여러 방면에서 뛰어난 능력을 가지고 있고 다양한 경험을 해 보고자 하는 욕구를 가지고 있기 때문에 여러 가지 일을 동시에 추진할 때 더 창조적이 될 수 있다. 주어진 시간 안에 여러 가지 다양한 일을 함으로써 이들은 자신이 갖고 있는 다양한 능력을 서로 연결시킨다. 이 모든 것이 7번 유형에게는 만족스러울 수 있다. 그리고 이들이 일의 우선순위를 결정하고 한계를 지을 수만 있다면 이런 방식으로 일할 때 가장 뛰어난 능력을 발휘할 수 있다.

또한 7번 유형은 아주 빠르고 쉽게 아이디어를 수집하는 능력이 있다. 이들은 프로젝트가 시작되는 첫 단계의 일을 좋아하며 창조적인 아이디어를 통해서 신선한 접근을 할 수 있는 사람들이다. 이들의 마음은 항상 창조적인 개념과 가능성으로 가득 차 있으며 다른 사람들이 생각하지 못하는 것을 생각해 낼 수 있다. 또한 건강한 7번 유형은 자신의 아이디어를 실현시키기 위해 기꺼이 시간과 노력을 투자한다.

아마도 7번 유형이 갖고 있는 가장 큰 장점은 늘 긍정적이라는 점일 것이다. 이들이 긍정적인 태도와 함께 현실 감각 및 기꺼이 어려운 감정과 직면하려는 마음을 가진다면 어떤 상황도 헤쳐 나갈 수 있는 무한한 열정과 의지력을 갖게 될 것이다. 이들은 온전히 자신의 삶을 살며 다른 사람들도 그렇게 하도록 격려한다. 또한 항상 탐구하며 새로운 경험에 마음을 열고 있기 때문에 다양한 분야에 대한 해박한 지식을 갖고 있다. 이들은 진정으로 세상을 자신의 집으로 만들며 자신이 여행하면서 발견한 풍성함을 다른 사람들과 나누기를 즐긴다.

"세상은 내 손 안에 있다."

타라는 계속해서 이렇게 말한다.

"삶은 넓은 운동장과도 같습니다. 모든 것이 흥미롭지요. 나는 삶에 대한 호기심과 기쁨을 가지고 있습니다. 나는 우주가 나를 지원해 주기 때문에 모든 것이 잘 될 거라고 느낍니다. 상황이 어려울 때에도 내 안에 어떤 부분은 잘 되리라는 믿음을 갖고 있습니다. 세상은 냉혹할 수도 있지만 내가 경험하는 세상은 그렇지 않습니다. 나는 삶이 안전하다는 느낌을 가지고 있어서 어떤 일에서든 열린 마음과 호기심을 갖고 있습니다."

통합의 방향

7번 유형이 5번 유형으로 간다

7번 유형은 빠르게 돌아가는 마음의 활동을 늦추고 고요해지는 법을 배움으로써 건강한 상태가 되고 또 자신을 실현할 수 있다. 이렇게 함으로써 이들은 건강한 5번 유형처럼 모든 것을 깊이 있게 받아들인다. 더 이상 별난 경험을 찾아다니는 데 집착하지 않으며 자신의 경험과 관찰을 충분히 느끼고 자신과 자신을 둘러싼 세상에서 경이로움을 발견한다. 이것은 이들에게 내면의 안내를 제공할 뿐만 아니라 생산성과 창조성을 높여 준다. 이들이 만들어 내는 것은 다른 사람들에게 공명을 일으키고 의미를 줄 것이다.

7번 유형은 고요하고 집중된 마음을 개발함으로써 자신의 본질적인 안내와 더 가깝게 접촉할 수 있다. 이들은 어떤 경험이 자신에게 정말로 가치가 있는 것인지 알아차린다. 잘못된 선택을 하는 데 대해서, 그리고 자신에게 최선인 것을 놓치는 데 대해서 이들은 더 이상 불안해하지 않는다. 통합된 7번 유형은 무엇을 해야 할지를 안다. 현실을 더 깊이 있게 탐색한다고 해서 7번 유형이 열정이나 자발성을 잃는 것은 아니다. 이들은 매순간을 더욱 즐길 수 있게 될 것이다.

그러나 평균적인 5번 유형의 자질을 모방하는 것은 7번 유형에게 별다른 도움이 되지 않는다. 사고 속에 빠져 있는 것, 감정적인 고립, 다른 사람의 필요를 직면하는 데 대한 두려움은 7번 유형의 두뇌 활동을 더욱 강화시킬 뿐이다. 또 뭔가에 집중하라고 이들에게 강요하는 것도 별 효과가 없다. 이러한 노력은 자신에게 자연스럽게 일어나는 것을 억압하기 때문이다. 이들이 마음을 고요하게 하고 일어나는 불안을 견디는 법을 배울 때 점차적으로 명확함과 통찰에 마음이 열리기 시작하고 건강한 5번 유형의 상태를 경험할 수 있을 것이다.

7번 유형이 이해해야 할 중요한 사실은 직접적으로 행복과 만족을 추구하는 한 그것은 결코 얻어질 수 없다는 것이다. 충만함이란 무엇인가를 '얻는' 것의 결과가 아니다. 그것은 현재 순간의 풍요로움을 있는 그대로 느낄 때 자연스럽게 일어나는 상태다. 7번 유형들이 이것을 이해하고 스스로 행복에 부과한 조건에서 벗어날 때 내면의 공간이 열리고 이들 안에 존재의 단순한 기쁨이 일어날 것이다. 이들은 존재 자체, 순수한 존재는 기쁨이라는 것을 이해하며 그럼으로써 삶 자체를 더 깊이 있게 바라본다.

성격을 넘어서 본질로 돌아가기

타라는 몇 년 동안 자신의 내면을 들여다보려는 노력을 기울인 결과 스스로에 대해 이러한 것을 발견했다.

"나는 삶이 항상 즐거운 것만은 아니라는 사실을 이해하기 시작했습니다. 나는 무엇이 즐거움이고 무엇이 즐거움이 아닌지를 다시 정의하고 이런 생각들이 대개는 허구라는 사실을 깨달았습니다. 전에는 재미없다고 생각했던 것들, 예를 들어 설거지 같은 것도 이제는 재미있다고 생각했던 일들과 다르거나 나쁘지 않다고 느껴집니다."

미래에 대해 생각하는 것은 잘못이 아니다. 그러나 7번 유형은 그렇게 함으로써 현재와의 연결을 잃어버린다. 이들은 현재에 머물러 있을 수 없다는 점 때문에 정신적인 성장을 이루는 데 많은 어려움을 겪는다. 7번 유형이 현재에 머물러 있을 수 없는 것은 자신들이 회피하는 고통과 박탈감이 의식의 표면으로 떠오르기 때문이다. 이럴 때 자신이 경험하기를 두려워하는 고통이 이미 자신 안에 존재하며, 그럼에도 불구하고 자신이 살아남았다는 것을 기억하는 것이 조금 도움이 될 것이다.

감사는 삶을 충만하게 해 준다.

멜로디 비티 Melody Beattie

고통을 완전히 경험하려면 그 고통에 충분히 머물러 있어야만 한다. 다른 유기적인 과정과 마찬가지로 슬픔에도 주기가 있으며 한 주기를 경험하는 데는 시간이 필요하다. 그 과정이 그냥 빨리 지나갈 수는 없다. 우리가 진정으로 고통과 함께 할 수 없다면 기쁨과도 함께 할 수 없다.

이것을 깨달은 건강한 7번 유형은 자신과 모든 사람들을 위해 항상 충분한 것이 마련되어 있다는 사실을 알기 때문에 아주 적은 것에도 만족한다. 아마도 이들에게 주어진 가장 큰 선물은 이 물질적 세상 안에서 영성을 보는 능력일 것이다. 이것은 평범한 것 안에서 신성을 발견하는 것이다. 앞에서 만났던 심리치료사 제시는 이러한 능력에 대해서 이렇게 말한다.

"내 양아들이 에이즈로 죽어갈 때 나는 그 애를 안고 '지금 내가 할 수 있는 최선의 선택이 무엇인지'를 자신에게 물었습니다. 이 순간에 그가 경험할 수 있는 가장 좋은 일은 무엇일까? 나는 그 애를 평화롭고 편안하게 보내야겠다고 생각했습니다. 조지는 편안하게 세상을 떠날 수 있었습니다. 그 애는 삶을 마치면서 마지막 순간을 스스로 선택하는 것 같았습니다. 모든 것은 완전하며 완벽합니다. 우리는 늘 그 애와 함께 있습니다."

본질이 드러남

힌두교인들은 신이 우주를 춤을 통해 창조했으며 그렇기 때문에 자신의 창조를 바라보며 아주 즐거워했다고 말한다. 이것이 바로 7번 유형이 갖고 있는 삶의 아름다움에 대한 기쁨이다.

본질적인 관점에서 봤을 때 7번 유형은 삶에서 기쁨을 구현하고 있다. 이것은 인간이 경험하기를 원하는 궁극적인 상태다. 기쁨은 우리가 자신을 존재로 경험할 때 자연스럽게 일어나는 현상이다. 이것은 우리가 끊임없는 수다, 계획하는 것, 에고를 투사하는 것으로부터 자유로워졌을 때 가능하다. 기독교적인 관점에서 보았을 때 인간은 천국에 가서 축복을 누리기 위해 창조되었다. 축복은 우리의 궁극적이고 정당한 상태다. 7번 유형이 이 진실을 기억할 때 가장 본질적인 상태인 기쁨을 누릴 수 있으며 다른 사람들에게 전해 줄 수 있을 것이다.

제시는 계속해서 이렇게 말한다.

"나는 자신을 바라보는 고요한 시간을 통해서 내 자신이 중심이 되는 방법을 배웁니다. 내면에서 또 다른 세상을 발견하게 되지요. 그 세상 안에는 내가 즐길 것들이 많이 있습니다. 그것은 나를 자유롭게 합니다. 내

내면의 세상은 바깥 활동으로 펼쳐집니다. 이따금씩 기쁨이 내면으로부터 올라옵니다. 삶은 기쁨 그 자체이지요. 나는 사는 데 그렇게 많은 것이 필요치 않다는 사실을 알았습니다. 많은 것을 갖지 않아도 삶이 충만하거든요. 나는 항상 그 순간에 살고 내 필요가 언제나 충족될 것을 믿습니다."

기쁨의 충만은 모든 것 안에서 신을 보는 것이다.

노르위치의 줄리앙 Julian of Norwich

무엇보다도 7번 유형은 삶이 진정한 선물임을 깨닫는다. 7번 유형이 우리에게 일깨워 주는 가장 소중한 교훈 중 하나는 삶에는 잘못된 것이 전혀 없으며 물질적인 세상에도 잘못된 것이 전혀 없다는 사실이다. 그것은 창조자의 선물이다. 우리가 자신에게 주어진 것을 당연하게 받아들이지 않는다면 우리의 마음은 항상 기쁨과 감사로 넘치게 될 것이다. 그리고 우리가 삶에게 아무것도 요구하지 않는다면 모든 것은 우리에게 더 없는 행복을 가져오는 신성한 선물이 될 것이다. 진정한 기쁨의 원천을 기억하고 그 진실에 따라 사는 것이 7번 유형에게는 성장을 위한 도전 과제가 될 것이다.

리소-허드슨

유형 분류 테스트 결과

7번 유형에 대한 모든 문항의 점수를 더하라. 그리고 다음의 가이드라인을 참고하여 당신의 성격 유형을 발견하거나 확인하라.

점수	결과
15	당신은 아마 공격형(3, 7, 8번 유형)이 아닐 것이다.
15~30	당신은 아마 7번 유형이 아닐 것이다.
30~45	당신은 아마 7번 유형과 비슷한 특성을 가지고 있거나 7번 유형의 부모를 가지고 있을 것이다.
45~60	당신은 7번 유형의 성격을 가지고 있는 것 같다.
60~75	당신은 7번 유형일 가능성이 가장 많다(그러나 당신이 7번 유형에 대해 충분한 이해를 하고 있지 않다면 다른 유형일 수도 있다).

※ 7번 유형이 자신의 번호로 잘못 생각하는 번호는 2번, 3번, 4번이다.
2번, 3번, 9번 유형은 자신을 7번 유형으로 착각하는 경우가 많다.

8

제14장

8번 유형 : 도전하는 사람

Type Eight : The Challenger

리더

보호하는 사람

제공하는 사람

기업가

이단자

바윗덩어리

"두려움의 대상이 되는 것과 사랑받는 것 중 어느 게 더 좋으냐고 묻는다면 우리는 둘 모두를 원한다고 대답할 것이다. 그러나 사랑과 두려움은 공존하기가 어렵다. 만약 그 중 하나만 선택한다면 사랑을 받는 것보다 두려움의 대상이 되는 것이 훨씬 더 안전하다."

니콜로 마키아벨리 Niccolo Machiavelli

"이기려는 의지 없이 전쟁을 시작하는 것은 실패를 자초하는 일이다."

더글러스 맥아더 Douglas Macarthur

"힘을 과시할 필요는 없다. 힘은 스스로 자신감 있고, 스스로 인정하며, 스스로 시작하고, 스스로 멈추며, 스스로 경고하고, 스스로 정당화한다. 당신이 힘을 가질 때 그것을 알게 될 것이다."

랄프 엘리슨 Ralph Ellison

"우리는 복수와 공격, 보복을 그만두어야 한다. 사랑이 바탕이 될 때 우리는 모든 것을 이룰 수 있다."

마틴 루터 킹 Martin Luther King, Jr

리소-허드슨

유형 분류 지표

각각의 문항이 자신에게 얼마나 적용되는지 점수를 매겨 보라.

1점 전혀 그렇지 않다.

2점 거의 그렇지 않다.

3점 어느 정도는 그렇다.

4점 대개는 그렇다.

5점 매우 그렇다.

1. 나는 아주 독립적이다. 나는 남에게 의존하는 것을 좋아하지 않는다.

2. 나는 뭔가를 이루려면 희생이 뒤따라야 한다고 생각한다.

3. 내가 누군가에게 관심을 가지게 되면, 그들을 '나의 사람들'이라고 느낀다. 그래서 그들을 돌봐 주어야 한다고 느낀다.

4. 나는 어떻게 결과에 도달할 수 있는지 알고 있다. 어떻게 사람들을 격려하고 어떻게 일을 하도록 압력을 가해야 하는지도 알고 있다.

5. 나는 약하고 우유부단한 사람들에 대한 동정심이 별로 없다. 약함은 문제를 일으킬 뿐이다.

6. 나는 의지가 강한 사람이다. 그래서 쉽게 포기하거나 주저앉지 않는다.

7. 내 영향력 아래에 있고 내가 감싸 주던 사람이 독립적으로 자기 일을 해 나갈 때 나는 아주 긴장을 하고 그를 지켜본다.

8. 나에게도 부드럽고 감상적인 면이 있지만 아주 소수의 사람들에게만 그런 모습을 보여 준다.

9. 나를 아는 사람들은 내가 직선적으로 마음을 표현하는 것을 좋아한다.

10. 나는 내가 누리는 모든 것을 위해 열심히 일한다. 그리고 나는 어떤 일을 어렵게 이루는 것이 좋다고 느낀다. 이것이 나를 강하게 만들며 내가 원하는 것이 무엇인지 분명하게 알도록 해 주기 때문이다.

11. 나는 스스로가 도전자라고 생각한다. 나는 사람들을 밀어붙여서 그들이 최선을 다하도록 한다.

12. 나의 유머 감각은 현실적이다. 때로는 그것이 거칠기도 하다. 나는 대부분의 사람들이 너무 소심하고 심약하다고 생각한다.

13. 나는 크게 화를 낼 때가 있다. 그러나 곧 가라앉는다.

14. 나는 다른 사람들이 불가능하다고 느끼는 일을 할 때 가장 많은 힘을 얻는다. 나는 내가 할 수 있는 극한까지 가서 그것을 이룰 수 있는지 보고 싶다.

15. 어떤 상황에서는 누군가가 손해를 봐야 한다. 그렇지만 나는 그것이 내가 아니었으면 좋겠다.

→ 412쪽을 펴서 점수를 매겨 보라.

- **기본적인 두려움** 남에게 해를 입거나 통제나 침해를 당하는 것
- **기본적인 욕구** 자신을 보호하는 것, 자기 삶을 스스로 결정하는 것
- **수퍼에고의 메시지** "네가 강하고 상황을 통제할 수 있으면 너는 좋고 괜찮다."

8번 유형 | 도전하는 사람

힘이 있으며 남을 지배하는 유형

자신감이 있고. 결단력이 있으며, 고집스럽고, 사람들과 맞서기를 좋아한다.

우리는 8번 유형에게 '도전하는 사람'이라고 이름을 붙였다. 이들은 스스로가 도전하는 것 뿐 아니라 다른 사람들도 어떤 일에 도전해서 자신의 능력 이상의 일을 해 내도록 격려하는 것을 즐기기 때문이다. 이들은 사람들을 설득해서 온갖 종류의 일, 회사를 시작하는 것, 도시를 건설하는 것, 집안을 꾸려 나가는 것, 전쟁을 하는 것, 평화를 이루는 것 등을 하게 할 만한 카리스마와 신체적, 심리적 능력을 가지고 있다.

8번 유형은 대개 놀라운 의지력과 활동력을 가지고 있다. 이들은 이러한 자신의 능력을 세상에 펼칠 때 가장 활력을 느낀다. 이들은 자신의 환경을 변화시키고, 자신이 사랑하는 사람들을 보호하는 데 이런 풍부한 에너지를 사용한다. 이들은 이러한 일에는 힘과 의지, 끈기, 인내력이 필요하다는 것을 안다. 그래서 자신 안에서 이런 자질을 개발하기를 원하며 다른 사람들에게서도 이것을 찾는다.

증권 전문가인 테이어는 자신의 8번 성격을 이해하기 위해 노력하고 있다. 그녀는 이러한 패턴이 시작되었던 어린 시절의 경험에 대해 이렇게 이야기한다.

"내 고집과 거친 성격은 아버지에게서 왔습니다. 아버지는 항상 다른 아이가 나를 공격하지 못하도록 해야 한다고 말씀하셨지요. 또 울어서는 안 된다고 하셨습니다. 나는 어릴 때부터 약한 면을 극복하는 것을 배웠습니다. 여덟 살 때 말을 탔는데 말이 정신없이 달려간 적이 있었습니다. 그리고 얼마 후 어떤 어른이 그 말을 붙잡았을 때 나는 울지 않고 말에서 내렸지요. 나는 아버지를 자랑스럽게 해 드렸습니다."

8번 유형은 통제당하는 것을 원치 않으며 그것이 어떤 형태의 힘이든-심리적, 성석, 사회적, 혹은 경제적-다른 사람이 자신에게 힘을 행사하는 것을 좋아하지 않는다(이들의 기본적인 두려움). 이들의 행동 동기가 되는 것은 힘을 보유하고 가능한 한 오래 그 힘을 유지하는 것과 관련되어 있다. 8번 유형은 장군일 수도 있고 정원사, 작은 회사를 경영하는 사업가, 거물, 가정주부, 종교 단체의 지도자일 수도 있다. 이들은 어떤 일을 하고 있든지 항상 자신의 통제에 의해 모든 일이 이루어지기를 원하고 자신이 속한 집단에서 영향력을 행사하고자 한다.

우리는 스스로를 비참하게도, 강하게도 만들 수 있다. 이 두 가지 일을 이루는 데 드는 에너지는 같다.

기를로스 카스테네다 Carlos Casteneda

8번 유형은 에니어그램의 번호들 중에서 가장 거친 사람들이다. 이들은 다른 어떤 유형보다도 독립적이다. 다른 사람에게 의존하는 것을 아주 싫어한다. 이들은 사교적인 대화에 끼는 것을 거부할 때가 많으며 두려움, 수치심, 자신의 행동 결과에 대해서 걱정하는 것을 좋아하지 않는다. 사람들이 자신에 대해 어떻게 생각하는지 알고 있을 때가 많지만 다른 사람의 의견에 의해 움직이는 것을 좋아하지 않는다. 이들은 강철과 같은 의지를 가지고 자신이 하는 일을 밀고 나간다. 이러한 이들의 태도는 사람들을 고무시키고 심지어 겁을 주기도 한다.

"나는 내 운명의 주인이다."

8번 유형은 신체적으로 해를 입는 것을 두려워하지만 그것보다도 자신이 힘을 잃거나 다른 사람에게 통제당하는 데 대한 두려움이 훨씬 더 크다. 이들은 아주 거칠어서 신체적인 처벌도 불평 없이 잘 받아들일 수 있다. 그리고 자신이 가진 건강과 힘을 당연하게 여기기 때문에 건강을 소홀히 여기는 경향이 있다. 그러나 이들은 감정적으로 상처받는 것을 아주 두려워한다. 그렇기 때문에 신체적인 힘을 사용하여 사람들과 일정한 거리를 유지함으로써 자신의 감정을 보호한다 이들의 연약함은 여러 겹의 감정적인 갑옷으로 덮여 있다. 하지만 이들의 거친 면 아래에는 연약함과 부드러움이 숨어 있다.

8번 유형은 아주 근면하지만 다른 사람들과 많은 교류를 하면서 살지는 않는다. 이러한 면에 대해 가까운 사람들이 불만을 갖게 되면 8번 유형은 그것을 이해하지 못한다("왜 식구들이 나에게 불평하는지 모르겠어. 나는 그들을 먹여 살리려고 열심히 일하고 있는데 말이야. 왜 나에게 실망했다는 거지?").

이런 일이 일어날 때 8번 유형은 사람들이 자신을 이해하지 못한다고 느끼고 그들에게서 더 멀어지려고 한다. 사실상 이들은 당당한 태도와는 달리 내면으로는 상처받고 거부당했다고 느끼고 있는 것이다. 하지만 이들이 그것에 대해 말하는 일은 드물다. 다른 사람들에게 보여 주기를 원치 않는 것은 말할 것도 없고 스스로도 자신이 연약한 면이 있다는 것을 인정하기 싫어하기 때문이다. 8번 유형은 먼저 다른 사람을 거부함으로써 스스로를 방어하려고 한다. 그 결과 평균적인 8번 유형은 다른 사람과 연결을 맺고 사랑을 나누는 능력이 막혀 버리게 된다. 사랑은 다른 사람이 자신에게 힘을 행사하도록 허락하는 것인데, 이것이 이들의 기본적인 두려움을 일깨우기 때문이다.

8번 유형이 스스로를 보호하기 위해 더 많은 에고를 쌓으면 쌓을수록 자신의 권위나 자존심이 무시당하는 것에 더 예민하게 반응한다. 이들이 상처(신체적인 것이나 감정적인 것이나)를 받지 않으려고 방어하면 할수록 이들의 감정은 닫혀서 바위처럼 더 단단해진다.

그러나 8번 유형이 감정적으로 건강해질 때 진정으로 자신감을 갖게 된다. 이들은 삶에 대한 열정을 가지고 솔선하여 일을 주도해 나간다. 이들은 권위를 가진 지도자로서 사람들의 존경을 받고 결단력이 있고 당당하다. 또 8번 유형은 모든 사람을 만족시킬 수 있는 결정은 없다는 사실을 알고 있기 때문에 자신이 마음먹은 일을 단호하게 밀고 나간다. 그러면서도 자신의 책임 아래에 있는 사람들의 이해를 최대한 구하려고 노력한다. 이들은 주변에 있는 모든 사람의 삶이 더 나아지게 하기 위해서 자신의 재능과 능력을 사용한다.

어린 시절의 패턴

※우리가 여기에서 설명하는 '어린 시절의 패턴'이 그 성격 유형을 만든 것은 아니다. 이것은 어린 시절에 관찰되는 경향이며 성인이 되었을 때 인간관계를 형성하는 데 큰 영향을 준다.

대부분의 8번 유형은 어릴 때부터 '어른'이 되어야 했었다고 이야기한다. 아버지가 안 계시거나 여타의 이유 때문에 가족의 생계를 책임져야 했던 경우도 종종 있다. 혹은 위험한 환경(마약 중계인, 갱단, 혹은 전쟁 등)과 접했거나 폭력적인 가정에서 자랐을 수도 있다. 또 어떤 8번 유형은 비교적 정상적인 가정에서 자랐지만 어떤 이유에서든 자신의 감정을 보호해야 한다고 느꼈을 수도 있다. 어쨌든 8번 유형은 빨리 성숙하며 생존의 문제를 최우선으로 생각한다. 그래서 이들은 "나와 그리고 내가 사랑하는 몇몇 사람들이 험한 세상에서 어떻게 살아남을까?"를 걱정한다.

로잔느는 어린 시절에 겪었던 압박감에 대해서 이렇게 이야기한다.

"어릴 때는 아버지가 어려웠기 때문에 어머니와 많은 이야기를 했습니다. 어머니는 외식을 하러 가거나 아버지에게 부탁이 있으면 나에게 이야기를 하라고 시키셨지요. 어머니는 항상 이렇게 이야기하셨습니다. "네가 이야기하렴. 엄마가 얘기하면 안 된다고 하실 거야." 그럴 때 나는 어머니가 나를 아버지와 상대할 수 있을 만큼 강하게 여긴다는 것에 대해서 자랑스러움을 느꼈습니다. 하지만 항상 아버지가 두려웠지요. 결국 나는 어린 아이에 불과했으니까요. 그러면서도 그런 나의 마음을 남들에게 보여 주거나 인정할 수 없었습니다."

어린 8번 유형은 부드러워지는 것은 안전치 않은 것이라는 생각을 갖게 된다. 이런 태도는 스스로 '약하게' 되는 것이며, 약해지면 거부당하고 배신당하고 고통 받게 될 것이라고 생각한다. 그래서 항상 방어를 늦추지 않아야 하며 자신의 삶에 부드러움과 따뜻함, 보살핌이 필요하다면 다른 누군가가 그것을 제공해야 한다고 여긴다.

8번 유형은 어린 시절에 거부당했거나 배신의 감정을 강하게 느꼈다고 이야기한다. 이들은 자기주장과 모험심이 강하기 때문에 곧잘 어른들에게 야단을 맞을 수 있는 '상황'을 만들어 낸다. 그러면서도 자신을 처벌하는 사람들로 인해 움츠러들거나 멀리하려 하지 않고 거부당했다는 느낌으로 자신을 방어하려고 한다. 물론 다른 사람들과 마찬가지로 이들도 사랑받기를 원한다. 그러나 이들은 거부당하고 부적응자로 취급받을수록 마음을 더 강하게 먹고 다른 사람을 향해 마음의 문을 닫아 버린다.

얼레인 수녀는 수녀원 안의 다른 사람들에게 힘과 지원을 아끼지 않는다. 그녀는 8번의 방어책을 선택하는 계기가 되었던 어린 시절의 불행한 사건을 이렇게 회상한다.

"내가 세 살 때 동생이 태어났습니다. 어머니는 침대에 누워서 몸조리를 하고 계셨고 나는 어머니에게 가려고 침대로 기어 올라갔지요. 어머니는 나에게 이모와 함께 있으라고 여러 번 말했어요. 어머니는 내가 아기를 다치게 할까 봐 걱정이 됐던 겁니다. 그러나 나는 계속해서 침대로 기어 올라가 어머니에게 가려고 했습니다. 그러자 어머니는 나를 밀어서 침대에서 떨어뜨렸습니다. 그 때 나는 앙갚음을 해 줘야겠다는 감정을 갖고 있었던 걸로 기억합니다. 그리고 자라서 집을 떠나 수녀원에 들어갔습니다. 그것은 식구들에게 상처를 입혔지요. 그렇지만 나는 부모님의 생각을 무시하고 내가 하고 싶은 일을 했습니다."

어린 8번 유형은 희생양(말썽꾼 혹은 문제아)의 역할을 떠맡는다. 가족 체계 이론에서 희생양은 말이나 행동을 통해서 가족 안에 숨겨진 문제를 표면으로 드러내는 역할을 한다. 8번 유형은 어디서든 구속과 체제에 반항한다.

8번 유형의 아이는 부모나 자신의 삶에서 중요하게 여겼던 다른 어른에게 배신당했다고 느꼈을 때 스스로를 강하게 만들겠다고 '결정' 한다. 이들은 기숙사에 버려졌을 수도 있고, 친척에게 맡겨졌을 수도 있으며, 저금이나 기타 자신이 귀중하게 여기는 것을 부당하게 빼앗겼을 수도 있고, 신체적인 학대나 성적인 학대를 받았을 수도 있다. 이들은 자신을 부당하게 대한 어른이 자신보다 훨씬 더 힘이 세다는 사실을 알고 있기 때문에 다시는 이런 일이 일어나지 않도록 해야겠다고 결심하는 것 외에는 별로 할 수 있는 것이 없다.

키트는 패션계에서 성공한 사업가이다. 그녀는 어린 시절에 자신이 했던 엄청난 결정에 대해서 이렇게 이야기한다.

"흑인 유모가 갑자기 돌아가셨던 것은 내 인생에 중요한 전환점이 되었습니다. 그녀는 내가 부모님에게 야단을 맞을 때 내 편을 들어 주었고 다른 사람 모르게 나를 도와주었지요. 그녀가 죽자 나는 정말로 혼자라고 느꼈습니다. 부모님이 나를 그녀의 장례식에 참석하지 못하게 하자 나는 화가 났습니다. 또 오빠들이 그 일에 무관심한 것에 대해서도 화가 났었지요. 나를 두고 떠난 유모에게도 화가 났습니다. 그러나 나는 결코 눈물을 흘리지 않았습니다. 나는 스스로 서야겠다고 느꼈고 누구도 필요로 하지 않게 되었습니다."

8번 유형은 배신이 자신의 삶을 바꾼 전환점이라고 여긴다. 이것은 이들의 순진함과 선함이 없어지는 순간이기 때문이다. 자신에게 중요한 누군가가 자신을 배신했을 때 8번 유형은 다시는 누구에게도 마음을 열고 순수하게 대하지 않겠다고 결심한다. 이들은 항상 경계를 늦추지 않는다. 얼마 동안은 8번 유형도 자신의 순수함을 잃어버린 데 대해 마음속으로 안타까워한다. 그러나 결국 이들은 그런 것들을 삶에서 만나는 도전으로 받아들인다. 8번 유형이 위협을 많이 받는 환경에서 자랐다면 이들은 자신에게나 다른 사람들에게 가혹해진다. 일단 한번 이들의 가슴이 닫히면 순수함을 잃어버린 데 대한 슬픔도 잊혀지고 만다.

7번 날개를 가진 8번 – 독립적인 사람

날개 부속 유형

건강할 때 이들은 두뇌 회전이 빠르고 실질적이며 실용적인 것을 추구하는 사람들이다. 이 부속 유형의 사람들은 카리스마가 있고 다른 사람들이 자신의 비전에 동참할 수 있도록 끌어들이는 능력이 있다. 이들은 행동 중심적이며 자신이 세상에 영향력을 미치기를 원한다. 이들은 다른 사람

• 인물의 예
프랭클린 D. 루즈벨트 Frnaklin D. Roosevelt
미하일 고르바초프 Mikhail Gorbachyov
도널드 트럼프 Donald Trump
바바라 월터스 Barbara Walters
돈 아이머스 Don Imus
프랭크 시나트라 Frank Sinatra
코트니 러브 Courtney Love
수잔 서랜든 Susan Sarandon
베티 데이비스 Betty Davis
존 크라우포 Joan Crawfor

들도 능력을 최대한 개발해서 실질적으로 더 나은 삶을 살 수 있도록 돕는다. 이들은 가장 독립적인 유형이며 자신의 독립성이 보장되는 프로젝트에 관심이 많다.

평균일 때 이 부속 유형에 속하는 사람들은 모험심이 많다. 이들은 대부분 '원대한 계획'을 갖고 있으며 다른 사람들이 자신의 일에 협력하도록 하기 위해서 자신이 하는 일을 과장해서 이야기하고 무리한 약속을 하기도 한다. 이들은 가장 사교적인 유형의 하나로, 말이 많고 활달하며 자신감이 있다. 또한 진취적이며 실질적이다. 이들은 다른 사람들의 기분을 맞추는 것에는 관심이 없고 약한 사람이나 비효율적인 사람을 참을성 있게 대하려고도 하지 않는다. 이들은 공격적이며 대결을 좋아하며 일단 싸움을 시작하면 물러서지 않으려고 한다.

9번 날개를 가진 8번 – 곰

• 인물의 예
마틴 루터 킹 Martin Luther King
골다 메이어 Golda Meir
토니 모리슨 Tony Morrison
존 웨인 John Wayne
숀 코너리 Sean Connery
시고니 위버 Sigourney Weaver
폴 뉴먼 Paul Newman
인디라 간디 Indira Gandhi
글렌 클로즈 Glenn Close
노먼 메일러 Norman Mailer

건강할 때 이 부속 유형에 속하는 사람들은 힘과 자신감, 안정감과 느긋함을 갖고 있다. 이들은 꾸준히 자신의 목표를 추구하며 다른 8번 유형들처럼 쉽게 화를 내거나 공격적이지 않다. 8번 유형의 다른 부속 유형에 비해 따뜻하고 가족을 중시하며 자신의 밑에 있는 사람들 보호하는 방식으로 리더십을 발휘한다. 이들은 정치적인 책략이나 수완을 부리지 않으면서 아주 독립적이다. 그러면서도 다른 사람들이 보호를 받고 있다는 느낌을 갖도록 하기 때문에 많은 사람들이 이들을 따른다.

평균일 때 이들은 이중적인 성격을 갖고 있어서 상황에 따라 자신의 다른 모습을 보여 주는 경향이 있다. 예를 들어 집에서는 따뜻하고 애정이 넘치는 사람이지만 직장에서는 단호하고 공격적인 사람일 수 있다. 이 부속 유형의 사람들은 대개 조용하게 사는 것을 좋아해서 쉽게 나서지 않으며 어떤 일을 막후에서 처리하는 것을 좋아한다. 또한 천천히 이야기하는 경향이 있고 다른 사람들이 말이 아닌 다른 방식으로 의사를 표현할 때 그것을 잘 읽는다. 이들은 친절하고 호의적이지만 드러나지 않게 사람들을 평가하며 전략적이고 조심성이 많다. 이들이 분노가 일면 갑자기 폭발해서 크게 화를 냈다가는 곧 잊어버린다.

자기 보존 본능의 8번 유형

본능적 변형

생존하는 사람 평균적인 범위에 있는 자기 보존 본능의 8번 유형은 가장 현실적인 8번 유형이다. 이들은 실질적인 일이나 가족을 부양하는 것에 관심을 두기 때문에 자신이 사랑하는 사람을 위해서나 스스로가 편하기 위해서 돈을 벌고 힘을 가지려고 한다. 이들은 가장 가정적인 8번 유형이며 가정에서 이루어지는 사생활을 즐기면서도 남성이든 여성이든 온 집안을 자기가 통제하려 든다. 이들은 다른 두 본능적 변형에 비해 더 물질주의적인 경향을 갖고 있다. 돈이 이들에게 힘을 부여해 주기도 하지만 자동차나 집처럼 자신의 영향력을 과시할 수 있는 수단이 되기 때문에 돈을 벌려고 한다. 이들은 일중독이 될 가능성이 가장 많으며 대개 여러 가지 직업을 갖고 있고 만족스럽다고 느낄 만큼의 돈을 벌기 위해 장시간 일하려 든다.

자기 보존 본능의 8번 유형은 자신의 재산과 투자 관리에 대해 걱정을 하는 경향이 있어서 집에서조차도 자신의 소유물을 아주 철저하게 관리한다(나의 허락 없이는 아무도 내 차고에 들어가지 못해!). 이들은 자신의 소유물이 어디에 있는지, 자신이 안전한지를 명확히 알고 있어야 편안해한다. 그래서 끊임없이 자신의 재산이나 지위, 소유물이 안전한지를 확인한다.

불건강한 범위에 있는 자기 보존 본능의 8번 유형은 자신의 폭력적인 행동을 정당화하기 때문에 도둑이나 깡패가 될 수 있다. 결국 이들은 폭력과 투쟁 속에서 살게 되며 자기의 욕구를 좇아서 이기적으로 행동하는 것이 정당하다고 느끼기 때문에 – 물질적인 욕구나 성적인 욕구에 있어서 그럴 때가 많다 – 다른 사람들의 감정이나 자신의 행동이 가져올 결과를 고려하지 않고 행동할 때가 많다. 이들은 자신의 이익을 보호하고 아무도 자신을 함부로 할 수 없다는 것을 보여 주기 위해서라면 주저 없이 다른 사람들을 공격한다.

사회적 본능의 8번 유형

우정과 모험 평균 범위에 있는 사회적 본능의 8번 유형은 다른 사람들과의 강력한 연대감을 통해서 자신이 강하다는 것을 표현한다. 이들에게는 명예와 신의가 중요한 문제가 되며 신뢰할 수 있는 사람들과 관계를 맺는 것을 즐긴다. 이들은 자신이 좋아하는 사람들을 시험해서 우정을 굳건히 하고 안전하게 만든다. 어려움이 있거나 사람들에게 거부당했다고 느낄 때, 이들은 자신이 신뢰할 수 있고 자신을 있는 그대로 받아 주는 사람들과 함께 있음으로써 어려움에서 벗어날 수 있다.

모든 사람들이 이들의 친구로 받아들여지는 것은 아니다. 이들은 충성스러움과 변함없음을 증명해 보임으로써 시험에 통과한 사람들만을 친구로 삼는다. 그리고 그런 사람들은 제한되어 있다. 밤늦도록 사람들과 돌아다니고 주말의 파티를 즐기는 것이 이들에게는 휴식을 취하는 방식이다. 사회적 본능의 8번 유형은 자신이 좋아하는 소수의 사람들을 위해서라면 어떤 일이라도 할 수 있다. 이들은 모임을 주관하고 친구들을 대접하고 '진정한 친구'들과 모험하는 것을 즐긴다. 또한 이들은 정치, 스포츠, 종교에 대해 토론하는 것을 즐기는데 토론은 격렬할수록 더 좋다.

건강한 영역과 불건강한 영역 사이에 있는 사회적 본능의 8번 유형은 우정 관계를 당연한 것으로 여기며 의견이 일치하지 않을 때는 그들과 결별할 수도 있다. 이들은 쉽게 배신감을 느끼며 인색한 경향이 있어서 자신의 영역에서 누군가를 쫓아냈을 때 그들과 다시는 가까이 하지 않으려고 한다. 또한 과장해서 이야기하며 사람들을 속이기도 한다. 이들은 사람을 끄는 매력은 있지만 진실성이 없는 건달이 될 수도 있으며 약속은 많지만 그 약속을 잘 지키지 않는 면이 있다.

불건강한 영역에 있는 사회적 본능의 8번 유형은 거부와 배신의 감정 때문에 아주 반사회적이 된다. 이들은 무모하고 자기 파괴적이다. 이 상태에서 마약이나 알코올 중독이 분노와 결합되면 아주 빠르게 삶이 파괴된다. 이러한 사회적 본능의 8번 유형은 대개 스스로에게나 다른 사람에게 그런 행동을 하고 있다는 것을 이해하지 못한다.

성적 본능의 8번 유형

책임 떠맡기 평균적인 영역에서 성적인 8번 유형은 카리스마가 있어서 겉으로는 조용해 보이지만 속으로는 매우 열정적이다. 이들은 자신이 좋아하는 사람들과 주변 사람들의 삶에 중요한 영향을 미치기를 원한다(이것은 그 사람이 어떤 단계에 있느냐에 따라 긍정적인 영향이 될 수도 있고 부정적인 영향이 될 수도 있다).

이들은 더 반항적인 경향이 있기는 하지만 사회적 본능의 8번 유형처럼 사람들과 즐기는 것을 좋아한다. 이들은 교활한 유머 감각을 갖고 있고 '사악한' 것을 즐긴다. 반면에 아주 사랑이 많고 헌신적일 수도 있다. 그러나 친밀한 관계에서도 상대방을 통제하려 들기 때문에 때로 거칠어지기도 한다. 이들은 친한 사람들과는 거친 장난을 하고 진지한 토론을 즐기지만 꼼꼼하게 따지는 사람들에 대해서는 아주 참을성이 없다. 이들은 자기 보존 본능의 8번 유형처럼 경쟁심이 많다. 그러나 안전에 대한 욕구보다는 스릴을 즐기기 위해서 경쟁을 하는 경향이 있다. 성적 본능의 8번 유형은 너무 쉽게 이기면 흥미를 잃는데, 이것은 개인적인 관계에 있어서도 마찬가지다.

낮은 단계에 있는 성적 본능의 8번 유형은 사람들에게 충성과 일관성, 관심을 요구하며 다른 사람에 대해서는 참을성을 갖지 않는다. 이들은 자신이 부모의 역할을 하려 들면서 사람들을 감시한다. 이들은 다른 사람의 삶 모든 면에 대해 의견을 갖고 있으며 사람들을 재구성해서 자신의 욕구와 계획에 맞는 틀에 넣고 싶어 한다. 물론 이것 때문에 동등한 관계를 유지하기가 어렵다.

불건강한 영역에 있는 성적 본능의 8번 유형은 자신의 배우자를 완전히 통제하고 지배하려고 한다. 이들은 질투가 아주 심하고 상대방을 자신의 소유물로 보며 자신에게 의미가 있는 사람을 다른 사람들로부터 고립시키려고 한다. 가장 나쁜 경우에는 배우자를 학대하고, 복수를 위해 충동적인 행동을 하며, 질투 때문에 범죄를 저지르기도 한다.

8번 유형이
성장하기 위해
극복해야 할 과제

다음은 8번 유형이 삶에서 가장 많이 만나는 문제들이다. 이 패턴들을 주의해서 보고, '행동을 통해 자신을 알아차리고', 삶에 대한 습관적인 반응을 의식하면 우리는 자기 성격의 부정적 면들로부터 훨씬 자유로워질 것이다.

8번 유형을 일깨우는 신호 – 자기 충족을 위한 투쟁

8번 유형은 스스로를 보호해야 할 필요를 느낀다. 그래서 어떤 형태이든 의존하는 것에 두려움을 갖고 있다("나는 안전하다는 느낌이 들지 않아. 그래서 나는 나 자신을 강하게 만들고 스스로를 보호하기 위해서 더 많은 것을 가져야 해"). 8번 유형은 자신의 독립성을 잃지 않으면서 다른 사람에게 도움을 청하는 것은 불가능하다고 느끼기 때문에 세상과 전쟁을 하면서 산다. 삶의 모든 것이 이들에겐 어려운 투쟁이다. 그래서 8번 유형은 자신을 주장하기 위해 자기에게 협력하지 않으며 적대적이라고 느끼는 환경에 끊임없이 대항한다("나는 모든 것과 싸워야 해." "넌 강해져야 해, 그렇지 않으면 사람들에게 당하고 말걸").

8번 유형은 다른 사람 밑에서 일하는 것을 좋아하지 않는다. 이들은 스스로 조직을 경영하며 위험과 모험을 무릅쓰는 것을 더 좋아한다. 많은 8번

8번 유형의 발달 단계

범위	수준	내용
건강한 범위	수준1	**스스로를 놓아 버림, 영웅적** 이 수준의 8번 유형은 언제나 자신이 환경을 통제해야 한다는 생각에서 벗어난다. 이들은 스스로를 지키려는 노력을 내려놓고 자신을 치유한다. 그럼으로써 역설적으로 자신의 기본적인 욕망, 즉 자신을 보호하려는 욕망을 성취한다. 이들은 관대하고 용기 있으며 남들을 용서할 줄 알고 때로는 영웅이 되기도 한다.
	수준2	**독립적이며 열정적** 이 수준의 8번 유형은 자신의 힘과 의지력을 독립적이 되는 것과 삶을 통제하는 데 사용한다. 이들은 행동 중심적이고 열정적이다. "나는 직선적이고 주장이 강하며 유능하다"는 자아 이미지를 가진다.
	수준3	**자신감과 리더십** 이 수준의 8번 유형은 도전을 받아들임으로써 자신의 이미지를 강화한다. 이들은 행동과 성취를 이루고, 다른 사람들을 보호하고, 사람들로 하여금 능력을 개발하도록 도움으로써 자신의 힘을 증명한다. 이들은 전략적이고 결단력이 있어서 건설적인 프로젝트를 실현시키는 것을 즐긴다.
평균 범위	수준4	**실질적이며 진취적** 이 수준의 8번 유형은 어떤 프로젝트를 성공시키거나 다른 사람들에게 뭔가를 제공하는 역할을 수행하는 충분한 능력이 자신에게는 없다는 사실을 걱정하기 시작한다. 이들은 자신이 원하는 것을 얻기 위해 야비해진다. 경쟁심이 강하고 사무적이 되어서 자신의 감정만을 지키려고 한다.
	수준5	**스스로를 미화하며 다른 사람을 지배하려고 함** 이 수준의 8번 유형은 다른 사람들이 자신을 존경하고 인정하지 않을까 봐 걱정한다. 그래서 이들은 다른 사람들에게 자신의 중요성을 설득시키려고 한다. 이들은 거만하고 통명스러우며 사람들을 자신의 일로 끌어들이기 위해서 무리한 약속도 마다하지 않는다. 사람들이 자신을 책임 있는 사람으로 여겨 주기 바란다.
	수준6	**적대적이며 사람들을 위협함** 이 수준의 8번 유형은 사람들이 자신을 후원하지 않아서 그 결과 자신이 환경에 대한 통제력을 잃을까 봐 두려워한다. 이들은 위협과 압박을 가함으로써 자신이 원하는 것을 사람들이 하게끔 한다. 화를 잘 내며 다른 사람들이 자신에게 뭔가를 요구할 때 반항적이 된다.
건강하지 않은 범위	수준7	**냉혹하며 지배적** 이 수준의 8번 유형은 다른 사람이 자신에게 대항할까 봐 걱정한다. 그리고 이것은 사실일 수 있다. 이들은 배신감을 느끼고 어느 누구도 신뢰할 수 없기 때문에 어떤 대가를 치르고라도 자신을 보호하려고 한다. 이들은 자신을 사회의 낙오자로 여기며 사람들에게 앙심을 품고 공격적이 된다.
	수준8	**과대망상적이며 공격적** 이 수준의 8번 유형은 자신을 보호하는 데 너무나 필사적이어서 자신의 행동에 대한 보복이 두려운 나머지 자신을 공격할 수 있는 사람들을 미리 공격하기 시작한다. 이들은 자신의 한계를 넘어서까지 다른 사람들을 통제하고 간섭하려 든다. 자신에게는 약한 부분이 없다고 믿는 환상 때문에 스스로와 다른 사람을 위험에 빠뜨릴 수 있다.
	수준9	**반사회적이며 파괴적** 이 수준의 8번 유형은 스스로를 패배시키는 강력한 적이 바로 자신이라는 것을 깨닫기가 아주 어렵다. 이들은 다른 사람들이 자신을 이기게 하거나 통제하도록 하지 않으며 모든 것을 파괴시킨다. 이들은 성나서 날뛰어 돌아다니며 자신의 행동에 통제를 가하는 모든 것을 가차 없이 파괴시킨다. 그 과정에서 살인도 일어날 수 있다.

유형이 늘 새로운 프로젝트를 구상해서 밀고 나가는 진취적인 활동가이며 경쟁하는 사람들이다. 이들이 경쟁적이 되는 것은 다른 사람보다 우월하다는 것을 느끼기 위해서라기보다는 자신의 안전과 행복을 유지하기 위한 자원을 확보하기 위해서다. 8번 유형이 자신의 환경을 통제해야 한다고 느끼는 한 편안하게 긴장을 풀 수 없다.

물론 아무도 스스로 자신을 온전히 충족시킬 수 있는 사람은 없다. 8번 유형을 포함한 모든 사람은 다른 사람의 도움을 필요로 한다. 그러나 이들은 의존하고 배신당하는 데 대한 두려움 때문에 다른 사람의 도움을 인정하려고 하지 않으며 다른 사람과 기쁨을 나누려고도 하지 않는다. 이들이 자신의 삶을 객관적으로 살펴보면 비전을 성취하고 목표를 달성하기 위해서 실제로는 자신이 많은 사람들에게 의존하고 있음을 보게 될 것이다. 이들은 스스로를 설득하기 위한 구실로 자신만이 열심히 일하고 있으며 자신을 따르게 하기 위해서는 다른 사람들에게 압력을 가해야 한다고 느낀다.

이러한 관점이 습관이 되어 경고 증후를 무시한다면 8번 유형은 자신의 집착에 더 갇히게 될 것이다. 다른 사람들이 자신의 통제를 받아야 한다고 느낀다면 이들은 잘못된 방향으로 가고 있는 것이다. 이것은 일을 할 때의 태도나 사랑하는 사람과의 갈등에서도 나타날 수 있다.

연습 ① 필요 이상으로 세상에 맞서지 않는가?

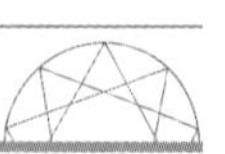

어떤 일이나 활동에서 필요 이상으로 에너지를 쓰고 있을 때를 살펴보라. 당신이 문을 열거나 뭔가를 붙잡고 있을 때 얼마나 꼭 붙들고 있는지 살펴보라. 일을 할 때 즉 빗자루 질을 할 때, 혹은 연장을 사용할 때 힘을 덜 주면서도 효율적이 될 수 있는가? 누군가에게 말할 때 자신의 목소리를 들어 보라. 당신이 말하고자 하는 것을 표현하는 데 필요한 경제적 에너지는 정확히 얼마 만큼인가?

사회적인 역할 : 바윗덩어리

평균적인 8번 유형은 스스로를 바윗덩어리처럼 강하고 단단하며, 가족이나 직장에서 다른 사람들을 위한 기초를 제공한다고 느낀다("나는 모든 사람이 나에게 의존할 수 있을 만큼 강한 사람이다."). 이들은 의식적으로나 무의식적으로 자신을 강하다고 여기며 자신감을 강화한다. 그러나 이것은 8번 유형이 자신의 약함과 자기 의심, 두려움을 억압해야 한다는 의미다. 평균적인 8번 유형은 다른 유형들처럼 자신의 사회적인 역할로 교류할 때가 아니면 다른 사람과 함께 있는 것을 불편해한다.

이들은 자신이 바위와 같기 때문에 스스로를 방어할 수 있으며 상처받는 것을 피할 수 있다고 믿지만 불행히도 자신의 삶에 오는 좋은 것까지도 방어해 버리는 경우가 있다. 예를 들면 친밀함, 보살핌, 부드러움, 자기희생 같은 것들. 그래서 이들은 다른 사람이나 자신에게 어려움이 닥쳐도 이들은 돌처럼 딱딱하게 굳어 있고 움직이지 않아야 한다.

앞에서 만난 얼레인은 8번의 성격에 대해 이렇게 이야기한다.

"나는 본능 중심의 사람입니다. 그래서 머리로 생각하기보다는 행동을 먼저 할 때가 많습니다. 나는 감정을 부정하고 그것을 없애 버리기를 잘 합니다. 손해 보는 일이 있을 때에도 그냥 잘 잊어버리지요."

8번 유형은 위협을 많이 받고 스트레스가 많을수록 거칠고 공격적이 된다. 평균 범위에서 불건강한 범위 사이에 있는 8번 유형은 다른 사람들을 거칠게 대하는 것을 당연하게 생각한다. 마치 이들은 "나에게 덤벼봐!" 이렇게 말하는 것 같다. 이들은 자신을 차갑고 거친 세상에서 살아남

"나는 이 모든 것을 해 내야 한다."

연습 ② 친밀한 관계 회복하기

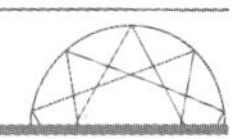

당신의 삶에서 거칠게 행동하지 않아도 된다고 여겨지는 영역-관계, 장소, 시간 등-을 최소한 한 가지 찾아내라. 이 상황이나 혹은 특정한 사람과 함께 있을 때의 당신을 관찰하라. 그것은 어떻게 느껴지는가? 그리고 당신 인생의 나머지 영역과는 어떻게 다른가?

으려고 애쓰는 사람으로 여긴다. 키트는 자신의 어린 시절에 겪었던 어려움에 대해서 이렇게 이야기한다.

"내가 어른들의 말을 듣지 않으려고 한 것은 아닙니다. 나도 '착한 아이'가 되고 싶었어요. 최소한 어른들에게 미움 받는 아이는 되고 싶지 않았지요. 그러나 나는 어떤 일이 있더라도 내가 원하는 것을 해야 했어요. 내 주장을 강하게 했지요. 그래서 부모님에게 꾸중을 많이 듣고 어른들에게는 야단스럽고 버릇없는 아이로 비춰지고 말았습니다. 어른들이 나를 오해하고 부정적으로만 보는 것이 속상했어요. 그래서 어릴 때부터 내 감정을 끊어 버리고 다른 사람이 나를 어떻게 보든지 상관하지 않는 척하게 되었지요."

강렬함에 대한 욕망

8번 유형은 자신이 강하고 독립적이기를 원한다. 간단히 말하면 확고하고 생동감 있기를 원한다. 욕망이라는 전통적인 열정('주요한 죄')은 생동감을 자극하는 방식으로 행동하라고 이들을 강요한다. 이것은 강렬하게 사는 것을 의미한다. 다른 사람들과의 관계도 강렬해야 하며 일도 강렬해야 하며 놀이도 강렬해야 한다. 세상을 대하는 8번 유형의 태도는 힘으로 밀어붙이는 식이 대부분인 것이다.

그러나 욕망이라는 열정에 굴복하는 정도만큼 8번 유형은 자신이 갈망하는 강렬함을 얻기 위해 환경(사람들을 포함하여)에 대항하여 스스로를 주장하는 패턴에 갇히게 된다. 아이러니컬하게도 이들이 밀어붙이는 에너

연습 ③ 이완된 상태 경험하기

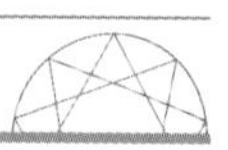

당신이 경쟁에 참여하고 모험을 하는 이유 중 하나는 그러한 활동을 함으로써 자신이 살아 있다는 느낌을 얻기 때문이다. 이것은 이완된 상태에 있을 때의 살아 있는 느낌과 어떻게 다른가? 바로 지금 의식적으로 이완된 상태를 만들 수 있는가? 이것이 당신 자신에게는 어떻게 느껴지는가?

지를 많이 사용하면 할수록 자기 자신이나 다른 사람과 연결되기 위한 에너지는 더 적어진다. 결국 더 많이 밀어붙일수록 존재와 덜 연결되는 것이다. 그 결과 내면의 존재는 빛을 잃어버리고 이들은 그것을 극복하기 위해 더 많은 노력을 해야 한다. 강렬함은 더 큰 강렬함에 대한 필요를 낳는 것이다.

평균적인 8번 유형에게는 무모하게 덤비는 면이 있다. 카 레이서나 위험 부담이 따르는 목표를 추구하는 사람이 아니더라도 모든 8번 유형은 도전이 주는 강렬함과 흥분을 즐긴다. 그러나 이런 흥분이 오래 지속되면 결국에는 지치게 되고 건강을 망치게 된다. 어떤 8번 유형은 잘못된 식생활 습관, 과음, 지나친 흡연들에 대한 경고를 무시하는 데서 문제가 생기기도 한다("나한테는 그런 일이 일어나지 않을 거야. 나는 아주 강하니까 그런 것에는 영향을 받지 않아"). 이긴다는 것은 8번 유형에게 중독 상태를 만들어 낼 수도 있다. 더 많이 이길수록 이들은 강함에 대한 잘못된 생각을 더 많이 갖게 된다.

더 아이러니컬한 것은 통제에 대한 이들의 욕망이다. 우리가 보았듯이 8번 유형은 자신이 상황을 통제한다고 느끼기를 원한다. 그러나 욕망에 사로잡혀 있다는 것은 통제와는 대치되는 것을 의미한다. 욕망은 자아를 부추기는 외부의 어떤 것이다. 그것이 돈이든 섹스 파트너든 권력이든 어떤 대상을 원할 때는 그 힘 아래에 놓이게 된다. 열정은 결국 우리가 진정으로 원하는 것의 반대를 우리에게 가져온다. 이것은 다른 유형에서도 마찬가지다.

상황을 통제하는 것에 대한 대가

평균적인 8번 유형은 실질적이기 때문에 대부분 돈을 버는 것이나 사업, 혹은 주식 투자와 관련된 꿈을 가지고 있다. 이것은 새로운 사업을 시작하고 경영하는 것처럼 복잡한 일이 될 수도 있고 정기적으로 복권을 사는 단순한 일이 될 수도 있다. 모든 8번 유형이 돈을 많이 가지고 있는 것은 아니다. 그러나 대부분은 자신에게 독립성과 존경과 힘을 갖도록 해 줄 '큰 행운'을 찾는다. 심리 치료자인 에드는 어떻게 어릴 때부터 이러한 진취적인 기상을 키웠는지에 대해 이렇게 이야기한다.

"내가 다섯 살 때 집 근처에 있는 공터로 가서 잡초 씨를 받아 모았습니다. 그리고 우리 집 맞은편에 살던 그 땅 주인에게 가서 그것들이 아주 좋은 새 모이라고 말했지요. 나는 5센트를 받고 그 씨를 그녀에게 팔았습니다. 그러고는 빵 가게에 가서 컵 케이크를 사서 테니스 코트로 가지고 가서 팔았습니다. 다시 돌아와 컵 케이크 네 개를 샀지요. 그 다음에 테니스 코트에 가면 테니스 코트 스낵 바 아저씨는 소리를 질러서 저를 쫓아냈어요."

"나는 가족을 부양해야 해."

8번 유형은 다른 사람에게 의존하는 것을 두려워하기 때문에 모든 것이 자신의 책임 아래에 놓여 있기를 원한다. 이들은 상황을 통제하는 데서 만족을 얻는 반면에 모든 것을 관리하기 위해서 스스로에게 무거운 짐을 지운다. 부모라면 아이들에게 음식과 잠자리, 좋은 옷, 좋은 교육을 제공하기 위해서 실질적인 생활 문제에 온 마음을 쏟는다. 돈이 있다면 자녀에게 집과 차를 사 주고 좋은 직업을 얻을 수 있도록 해 줘야 한다고 느낀다("우리 부모는 모든 걸 보살펴 줘").

이들은 비전을 갖고 솔선수범하며 모든 결정을 내리고, 다른 사람들이 자신의 요구를 충족시키도록 하기 위해서 많은 에너지를 사용한다. 8번 유형은 끊임없이 자신의 주변에 일종의 에너지 장을 형성하는데, 이것이

연습 ④ 자신을 풀어 놓기

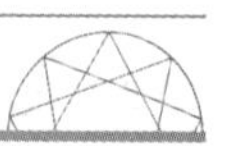

8번 유형은 다른 사람에게 뭔가를 제공해야 하고, 강한 모습을 보여 주어야 하며, 결코 울어서는 안 되고, 약함이나 의심과 우유부단함을 보여 주지 말아야 한다는 것 때문에 스스로에게 엄청난 부담감을 지운다.
당신이 어떤 환경과 조건에서 스스로에게 이런 압박을 가하고 있는지 탐색해 보라. 당신은 누구를 위해서 그렇게 하고 있는가? 그렇게 했을 때 당신은 그 결과에 만족하는가? 자신을 좀 더 풀어 놓아 준다면 당신은 어떤 일이 일어날 것이라고 생각하는가?

어떤 사람들에게는 에너지를 공급해주고, 어떤 사람들에게는 보호받는 느낌이 들도록 하며, 또 어떤 사람들에게는 공포감을 주거나 질식되는 기분을 갖게 한다. 이것은 아주 미묘하고 직접적인 방식으로 8번 유형 스스로를 지치게 한다.

평균적인 8번 유형도 개인적인 관계를 어려워해서 사람들과 가까워지고 자신이 갖고 있는 강한 감정을 표현하기를 원하면서도 어떻게 자신의 방어를 내려놓을지를 모른다. 특히 이들은 통제하는 데 대한 욕구를 놓기가 어렵다. 8번 유형은 직접적인 감정의 접촉을 갖는 능력이 없기 때문에 경쟁, 도전, 육체적인 힘을 통해서 사람들과 관계를 맺기 시작한다. 이들은 갈등에 의해 자극을 받는다. 그리고 이것은 다른 사람들에게 오해를 일으키는 원인이 되기도 한다. 8번 유형은 강렬한 토론, 심지어 논쟁하는 것을 좋아해서 논쟁을 할 때는 끝까지 자신의 주장을 펴기 때문에 다른 사람들은 이들의 강요에 상처를 입을 수도 있다. 많은 8번 유형이 성과 육체적 접촉을 통해서 상대방과 자신이 연결되어 있음을 표현한다. 혹은 싸움이나 말다툼을 함으로써 애정을 보여 줄 수도 있다.

그러나 평균적인 8번 유형은 자신이 얼마나 많은 스트레스를 받고 있는지 사람들이 아는 것을 원하지 않는다. 이들은 누구에게도 말하지 않고 자신의 모든 문제를 다루려고 한다. 이들은 흥분과 스트레스 속에서 과도하게 일하는 경향이 있으며 건강이 악화될 정도에 이르기 전에는 스트레스를 관리하려 하지 않는다. 그래서 8번 유형은 지칠 때까지 끊임없이 에너지를 쓰다가 심장 마비, 고혈압, 뇌졸중, 암으로 쓰러지는 일이 빈번하다.

'삶보다 더' 커지기

"나에게 덤벼 봐."

평균적인 8번 유형은 자신이 '상황을 통제하기' 위해 얼마나 많은 에너지를 쓰고 있는지 다른 사람들이 인식하지 못한다고 느낄 때 사람들에게 누가 책임자인지를 알려야 한다고 생각한다. 이들은 허세와 허풍 등으로 소란을 피움으로써 모든 사람들에게 누가 가장 중요한 사람인지를 알린다.

이것은 동물의 세계에서 가장 힘이 센 수컷이 무리 중에서 앞으로 나서는 것과 유사하다. 평균적인 8번 유형은 다른 사람들이 자신을 '거물'이며 능력 있는 사람이라고 생각하기를 원한다("나는 너를 도와 줄 사람을 알고 있어. 그 사람에게 네 이야기를 해 줄게"). 이들은 자신의 일에 협력하도록 하기 위해서 과장된 말, 즉 당근과 채찍을 사용해서 사람들에게 접근한다. 또한 사람들과 "네가 나를 위해 이것을 해 주면 내가 너를 돌봐 주겠다"는 식의 거래를 한다. 평균적인 8번 유형은 사람들을 자신의 계획으로 끌어들이기 위해서 설득과 자극을 번갈아 가며 사용하기를 좋아한다. 이 과정에서 저항에 부딪히면 대개는 더 공격적이 되어서 사람들을 통제하려고 든다.

그렇기 때문에 이들은 반드시 사람들의 호감을 얻을 수 있는 무엇인가를 가지려고 한다. 나쁜 점은 이들이 정당한 거래를 하기보다는 사람들을 불리한 위치에 놓고 거래하려 한다는 것이다. 그보다 더 나쁜 것은 마땅히 주어야 할 것을 주지 않고 관계를 끝내는 것이다. 이것이 이들의 기본적인 두려움을 촉발할 수 있는 상황이 되기도 한다.

또한 이들은 자신의 영향력, 어떤 의미에서는 자아 경계를 확장시켜 나가려고 한다. 이들은 자기 자신과 자신의 소유물을 동일시한다("이것은 나의 것이다. 나의 성城, 나의 재산, 나의 배우자, 나의 아이들이다. 이것은 모두 나를 반영한다"). 이들이 어떤 프로젝트를 구상해서 완성되는 것을 보는 게 이들에게는 어느 정도의 영원성을 획득할 수 있는 한 방법이 된다. 이들은 세상을 향해 이렇게 선언한다. "나는 여기에 있었다."

연습 ⑤ '거물' 이기를 포기하기

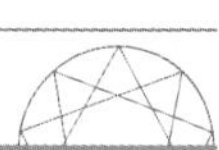

당신은 자신이 직선적이며 진실하다는 데 대해 자부심을 갖고 있다. 사람들을 통제하고 그들에게 자신의 인상을 강하게 심어 주려고 할 때 당신은 얼마나 진실한가? 사람들을 이런 식으로 대할 때 편안하게 느끼는가? 다른 사람들로부터 도움과 협력을 얻기 위한 더 효과적인 방법을 생각할 수 없겠는가?

8번 유형은 자신의 제국이 얼마나 큰가보다는 그것이 자신의 것이며 자신이 지배한다는 사실을 더 중요하게 여긴다. 이들이 경제적인 성공을 거두었다면 왕족처럼 많은 사람들을 데리고 여행을 하면서 복종과 존경을 기대할 것이다. 이들은 언제나 자신이 내린 명령이 올바른 방식으로 의문 없이 수행되기를 바란다.

직선적인 솔직함

"당신은 도대체 어떻게 된 사람입니까?"

8번 유형은 직설적으로 이야기하기를 좋아하며 돌려서 이야기하는 사람을 신뢰하지 않는다. 이들은 다른 사람들은 왜 자신만큼 직선적이지 않은지 이해하지 못한다. 그렇기 때문에 일부 유형의 사람들은 8번 유형과의 의사소통에서 어려움을 겪는다. 또한 8번 유형의 대담함과 직선적인 솔직함 때문에 당황해하기도 한다.

8번 유형이 분명한 자아 경계를 필요로 하는 이유는 이러하다. 이들은 자신이 어떤 위치에 서 있어야 할지를 알고 싶어한다. 다른 사람들이 무엇을 참아 줄 수 있으며 무엇을 참아 줄 수 없는지 알기를 원한다. 그래서 8번 유형은 상대방을 시험함으로써 한계를 찾는다. 이들은 자신과 관계를 맺고 있는 어떤 사람이 자신에게 반응을 보이지 않으면 반응을 얻어 낼 때까지 자신의 경계를 넓혀 나간다. 때로 이것은 상대방을 괴롭히거나 놀리는 형태가 될 수도 있다. 성적인 압박이 될 수도 있으며 때로는 대화에서 상대방이 8번 유형에게 즉각 대답해야 한다는 주장이 될 수도 있다.

연습 ⑥ 본능적 에너지 느끼기

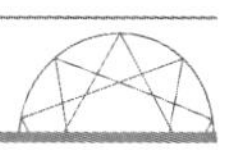

당신이 어떤 상황에서 반응을 한다고 느낄 때 작은 시험을 해 보라. 당신이 느끼는 충동을 행동으로 옮기지 말고 깊이 호흡을 해서 그 충동의 에너지가 당신의 내부에서 어떻게 느껴지는지를 보라. 당신이 그것을 따라가 볼 수 있는지 보라. 그것은 얼마나 오랫동안 지속되는가? 그것은 변화하는가? 그것에 주의를 기울이고 있으면 다른 감정이 올라오는가? 손으로 그 에너지가 가장 강하게 느껴지는 곳을 부드럽게 어루만져라. 어떤 일이 일어나는가?

8번 유형은 자기주장이 강하고 직설적이기 때문에 다른 사람들에게 겁을 주는 경향이 있다. 8번 유형은 단지 사람들의 주의를 끌고 자신의 주장을 알리려는 것뿐인데 사람들은 8번 유형의 커뮤니케이션 스타일을 분노나 비판으로 해석한다. 우리가 보았듯이 이들은 필요한 것보다 더 많은 에너지를 사용하는 경향이 있다. 이들은 불안할수록 더 공격적으로 자신의 주장을 내세운다. 이것은 아이러니컬하게도 다른 사람들로부터 더 많은 저항과 적은 협력을 이끌어 낸다.

얼레인은 통이 큰 8번 유형의 스타일에 대해서 이렇게 이야기한다.

"나는 강한 사람입니다. 자신감이 있고 모험을 감행하는 것을 어렵게 여기지 않지요. 상황에 대한 모든 세부 사항을 검토하지 않은 상태에서도 기꺼이 모험을 하니까요. 그렇게 하면 거의 대부분의 일에 있어서 성공을 거둡니다. 그렇지만 내면으로는 다른 사람들에게 비춰지는 것만큼 자신이 있는 것은 아닙니다. 또한 내 자신만만한 태도가 사람들에게 '위협'으로 비춰지기 때문에 어려움을 겪기도 합니다."

8번 유형은 위협을 받고 있으며, 안전하지 않다고 느낄 때 분노가 폭발하고 예측할 수 없게 된다. 그래서 주변 사람들은 이들이 무엇을 하려고 하는지 알기가 어렵다. 8번 유형은 사람들이 자신에게 대항하거나 자신을 이용할 것이라는 생각을 하게 되면 무차별적으로 자신의 의지를 행사하려고 한다("이것은 내 거야" "무조건 내가 시키는 대로 해").

이들이 노골적인 공격을 하지 않으면서 자기 마음대로 하는 또 다른 전형적인 방법은 다른 사람들의 자신감을 손상시키는 것이다. 이들은 언어폭력을 사용하기도 하며, 화가 나거나 좌절당했을 때 상대방에게 소리를 지르기도 한다. 물론 이들이 오랫동안 이런 방식을 취한다면 다른 사람들은 서로 연합해서 이들에게 맞서려고 하며 공격하려고 할 것이다. 이것이 8번 유형이 가장 두려워하는 것 중의 하나다. 이들은 폭력과 거부에 대한 두려움에 사로잡히게 되면 사람들이 자신을 부당하게 대하고 해를 입힐 것이라고 생각하기 때문에 이것을 막기 위해서 자신이 가지고 있는 모든 힘을 사용하려고 한다.

통세와 관계

8번 유형은 통제당하는 데 대한 두려움을 갖고 있다. 그렇기 때문에 별것 아닌데도 자신이 통제당한다고 느낄 수 있다. 이것이 이들에게 일이나 인간관계에서 문제를 만들어 내는 것은 당연한 일이다. 예를 들어 8번 유형은 명령이나 지시를 받는 것을 아주 힘들어한다("아무도 나에게 무엇을 하라고 말하지 마!"). 이들은 아주 사소한 갈등 때문에 우수한 자질, 풍부한 에너지, 의지력 등 자신의 가치를 인정받지 못할 때가 많다.

특히 어린 시절에 어려움을 많이 겪은 8번 유형일수록 자신이 보호받고 있다는 것을 느끼기 위해 더 많은 통제를 필요로 한다. 이것은 건강하지 않은 8번 유형일수록 강하며, 상황을 통제하고 있다는 것을 증명할 수 있는 '증거'가 더 많이 필요하다.

"나의 방식이 최고다."

이전에 비행사였던 이안은 가족, 특히 아내를 통제하고자 했던 욕구에 대해서 이렇게 이야기한다.

"지금은 내가 그렇게 한 것에 대해 별로 기분이 좋지 않습니다. 그러나 내가 더 젊었을 때는 집안 식구들을 쥐고 흔들었지요. 아이들도 일찍 일어나도록 했습니다. 그리고 집안에서 돈에 관한 문제는 완전히 제 소관이었습니다. 아내는 적은 돈도 나에게 타서 썼습니다. 나는 아내 혼자서 돈을 쓰지 않도록 했습니다. 모든 면에서 아내를 통제하고 있었지요."

연습 ⑦ 누군가가 나에게 압력을 가한다면?

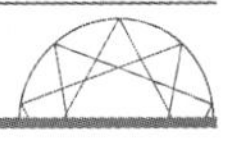

당신이 다른 사람에게 압력을 가해서 그들이 원치 않은 일을 하게 한 사건을 기억해 내라. 당신이 필요로 하거나 원하는 것을 다른 방식으로 얻을 수 있지는 않았는가? 당신이 원하는 것은 정당한 것이었는가? 당신이 상대에게 압력을 가하지 않고도 그들이 당신에게 당신이 원하는 것을 주었다면 어땠을까? 누군가가 당신에게 압력을 가했을 때를 회상해 보라. 그럴 때 그들이 협력하고자 하는 당신의 마음에 어떤 영향을 미쳤는가?

다른 사람들이 자신을 이용해 부당한 이득을 취하려 한다고 느낄 때 8번 유형의 통제 욕구는 분노로 변한다. 이들은 확고한 의도로 분명한 선을 그어서 누구도 그 선을 넘지 못하도록 한다("너희들을 더 잘 대우해 주는 일은 없을 거야. 마음에 들지 않으면 지금 당장 그만둬."). 불행히도 8번 유형이 일단 최종 결론을 상대방에게 전달하면, 충동적으로 나온 말이라고 하더라도 그대로 해야 한다고 느낀다. 이들은 뒷걸음질치거나 자신의 입장을 관철시키지 않는 것은 약함이라고 느끼기 때문에 독립성과 통제력을 잃을 수도 있다.

또한 8번 유형은 스스로의 통제 욕구로 인해 자기 삶에서 중요한 사람들을 자신의 소유물로 본다. 이들은 자신에게 의존하는 사람들을 약한 사람들로 여겨서 존경할 만한 가치가 없으며 동등한 대우를 해 주지 말아야 한다고 생각한다. 이들은 자신의 감정적 반응과 민감함을 무시하기 때문에 다른 사람들의 고통과 감정적인 필요도 비웃거나 무시해 버린다. 또 건강하지 않은 8번 유형은 힘이 있어 보이는 아랫사람을 만나면 위협을 느끼고 그들의 자신감을 손상시킴으로써 약하게 만들려고 노력한다. 이들은 독단적인 명령을 내려서 아랫사람을 혼란스럽게 하고 모든 것이 실패하면 말로 공격을 함으로써 상대방을 위축시킨다.

도전과 반항

8번 유형은 스스로를 주장하고 권위에 반항하는 방법으로 어린 나이에 결

연습 ⑧ 대가를 치르는 승리

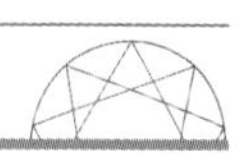

8번 유형이 갖고 있는 건강과 인간관계에 대한 문제 중 많은 부분들이 굴복하기를 원치 않는 것, 그리고 두려움을 다른 사람에게 보이고 싶어 하지 않는 것과 관계가 있다. 다음 질문에 답해 보라.
어린 시절의 어떤 경험에서 당신은 다른 사람들에게 굴복하거나 양보하는 것에 저항했는가? 어린 시절, 혹은 최근의 어떤 사건을 기억할 수 있는가? 이 사건이 신체적으로는 어떻게 느껴지는가? 감정적으로는? 심리적으로는? 가능한 한 구체적으로 적어 보라.

혼을 하거나, 가족들이 반대하는 결혼을 하거나, 학교에 가기를 거부한다. 또는 그 밖에 많은 반항적인 행동을 한다. 8번 유형은 어린아이들조차도 권위에 대해서 엄청난 저항을 보일 수 있다.

에드는 이렇게 회상한다.

"어린 시절 내 문제 중 하나는 화를 잘 낸다는 것이었습니다. 나를 화나게 만드는 것은 나를 통제하려고 드는 사람이었어요. 나는 여덟 살 때 집으로 돌아오는 길에 도로 공사를 하는 것을 보았습니다. 호기심에 그곳에 다가갔지요. 경찰관이 저에게 물러나라고 하더군요. 나는 "싫어요." 라고 말했습니다. 그는 부모님에게로 나를 데려가서는 '자신이 만나 본 가장 대담한 아이' 라고 하더군요."

"아무도 나에게 무엇을 하라고 말하지 말아요!"

건강하지 않은 8번 유형은 어깨에 힘을 주고 자신이 원하는 것을 이루기 위해 다른 사람들을 위협하고 그들과 맞선다. 8번 유형은 위협을 해서라도 자신의 의도를 관철시키기 때문에 전에는 친구나 동지였던 사람들, 혹은 가족들과도 적대적인 관계가 될 수 있다. 그러고 나서 이들은 다른 사람들이 자신에게 왜 저항을 느끼고 분개하는지를 의아해한다. 이들은 크게 보면 자신의 행동이 다른 사람들에게도 이익이 된다고 생각하고 있다. 결국은 다른 사람들도 이득을 얻을 것이라고 여기는 것이다. 이들의 상처와 분노는 다른 사람들에게 상처를 주고 사람들을 위협해서 자신의 일에 협력하도록 하는 것을 정당화시켜준다.

이들은 대개 싸움을 원하지 않지만 뭔가 대결을 해서 상대를 쓰러뜨릴 수 있기를 원한다. 8번 유형은 양보하지 않으면 '더 나쁜 일이 벌어진다' 고 상대방을 위협한다("날 화나게 하지 않는 게 좋을걸").

키트는 8번 유형의 강한 의지력과 반항을 이렇게 설명한다.

"나는 어릴 때 벌 받는 일이 많았습니다. 굳은 의지로 모든 처벌을 견뎌 냈지요. '아무도 나에게 내가 원치 않은 일은 시킬 수 없다.' 고 생각하면서 말이에요. 나는 매를 맞으면서도 내가 약한 모습을 보이지 않는다는 것을 자랑스럽게 여겼습니다. 몇 시간씩 벌을 서면서도 어른들에게 굴복

스트레스에 대한 반응

8번 유형이 5번 유형으로 간다

하지 않았지요."

8번 유형은 스트레스가 증가하면 자신에게 익숙한 특정 방법만을 밀고 나간다. 결국 이들의 자기주장과 대결하려는 태도는 사람들과 충돌을 일으킨다. 자신이 감당할 수 있는 것 이상으로 스트레스를 받을 때 이들은 5번 유형으로 갈 수 있다. 이들은 전략을 짜고 시간을 벌고 힘을 축적하기 위해서 갈등으로부터 움츠러든다. 이럴 때 8번 유형은 혼자 생각을 하고 책을 읽고 정보를 수집하느라고 여러 시간을 보낸다. 그럼으로써 자신이 처한 상황보다 더 커지려고 하는 것이다.

이들은 다시 활동으로 뛰어들기 전에 사적인 시간과 공간을 갖기를 원한다. 5번 유형처럼 자신의 계획과 프로젝트에 열중하면서 늦게까지 일하고 사람들을 피하며 자신이 하는 일에 대해서 이야기하지 않는다. 또한 이들은 이상할 정도로 조용하고 사람들과 떨어져 있기 때문에, 예전에 이들의 열정적이고 강한 존재감을 드러내는 모습을 보아 온 사람들은 이런 모습에 놀라게 된다.

8번 유형은 스트레스를 받으면 평균적인 5번 유형처럼 예민해진다. 이들은 자신의 욕구를 최소화하려고 하고 스스로를 잘 돌보지 않는다. 그래서 불면증과 건강하지 않은 식생활 습관을 갖고 있는 경우가 많다. 거부당했다는 느낌은 8번 유형으로 하여금 5번 유형의 어두운 면을 갖게 한다. 이들은 다른 사람의 가치와 신념에 대해 극도로 냉소적이 되어 경멸하기까지 한다. 건강하지 않은 8번 유형은 무정부주의자처럼 아웃사이더가 될 수도 있다. 이렇게 되면 다른 사람과 다시 연결되거나 자신에게서 긍정적인 면을 찾게 될 희망이 거의 없어지게 된다.

위험신호

8번 유형이 어려움에 빠졌을 때

8번 유형이 상당 기간 동안 과도한 스트레스를 받거나, 적절한 도움이나 대처하는 기술 없이 심한 위기 상황을 겪거나, 어린 시절에 심한 학대를 받았다면 쇼크 포인트를 넘어 불건강한 범위로 들어갈 것이다. 이들은 자신의 반항적인 행동과 다른 사람을 통제하려는 시도가 실제로는 더 많은

문제를 만들어 낸다는 것을 느끼고 두려움을 갖게 될 수도 있다. 또한 자신이 신뢰하고 사랑하는 사람을 포함하여, 주변 사람들이 등을 돌리고 떠나가게 모른다는 불안이 생겨난다. 그리고 이것은 사실이 될 수 있다.

이러한 깨달음을 갖게 되면 8번 유형은 삶의 전환점을 맞는다. 또한 자신의 두려움에서 진실을 인식할 수 있다면 건강하고 자유로운 삶을 살 수도 있을 것이다. 반면에 이들은 더 반항적이고 호전적이며 어떤 대가를 치르더라도 다른 사람들을 통제하려고 할 수도 있다("나는 세상에 대항해서 산다." "누구도 나에게 도전할 수 없어. 그렇다면 나에게 혼날걸"). 8번 유형이 이러한 태도를 고집한다면 불건강한 범위로 들어갈 것이다. 당신 자신이나 당신이 아는 사람이 상당 시기동안(2~3 주 이상) 아래에 열거된 경호 증후를 나타낸다면 카운슬링이나 심리 치료, 혹은 그 밖의 다른 도움을 받게 하는 것이 바람직하다.

✳ 경고 징후 **잠재적인 정신 질환 :** 주요 우울장애, 경계선적 성격장애, 히스테리성 성격장애, 강박장애, 약물 남용	• '자신의 사람들'에게 배신당했다는 느낌 • 사회적인 고립감과 비통함의 증가 • 양심과 공감의 부족 – 냉담한 마음 • 반복적인 분노, 폭력, 신체적인 파괴 • '적들'에 대해서 복수와 보복을 계획함 • 자신을 '무법자'로 봄 – 범죄적인 행동을 함 • 반사회적인 행동을 함

8번 유형의
성장을 돕는 방법

• 자신의 감정과 접하라는 말은 심리치료에서 반복되는 말이지만 8번 유형에게는 특히 도움이 될 것이다. 누구도 8번 유형의 열정에 대해서 의문을 갖지 않는다. 그리고 아무도 당신이 다른 사람들에게 가까이 가기를 얼마나 많이, 얼마나 비밀스럽게 원하고 있는지 모른다. 당신만이 그러한 감정을 표면으로 올라오도록 할 수 있다. 당신은 자신의 연약함을 드러내 보임으로써 다른 사람들로 하여금 당신이 그들을 사랑하고 있으며 그들이 당신에게 중요한 사람이라는 것을 알도록 해 준다. 자신의 상처를 거

부하고 아무렇지도 않은 것처럼 행동하는 것은 해결책이 될 수 없다.

- 8번 유형은 대개 동료애를 갖고 있고 다른 사람들과 함께 하는 시간을 즐긴다. 그러나 이것은 친밀한 관계를 맺는 것과는 다르다. 당신이 정말로 신뢰할 수 있는 사람을 찾아서 당신의 문제를 이야기하라. 당신에게 그런 사람이 있다면 지금보다 더 마음을 열고 상대방도 마음을 열도록 해 보라. 당신의 감정이나 문제에 대해 다른 사람들이 듣고 싶어 하지 않을 거라고 생각하지 말라.

- 당신의 영혼을 회복하는 고요한 시간을 마련하라. 텔레비전을 보거나 먹거나 마시는 것을 의미하는 것이 아니고, 정말로 자신과 함께 하면서 단순한 일들을 즐기는 것을 의미한다. 당신의 바로 옆 번호인 9번 유형에게서 조언을 얻어라. 명상이 당신의 스트레스 수준을 낮추는 데 큰 도움이 될 것이다.

- 일은 중요하다. 당신의 가족과 친구들은 당신을 필요로 하며 당신이 그들을 지지해 줄 때 고마워한다. 그런데 당신이 일에만 열중한다면 그들을 돕지 못할 것이다. 8번 유형은 일도 놀이도 지나치게 열심히 한다. 두 영역 모두의 강도에 약간의 제약을 가하라. 그렇게 함으로써 당신은 더 깊고 섬세하게 삶을 즐길 수 있을 것이다. 당신이 갖고 있는 열정에 의문을 가져 보라. 그것은 어디에서 오는가? 당신의 삶이 좀 더 천천히 흘러간다면 어떤 일이 일어나겠는가?

- 거부에 대한 당신의 예상을 살펴보라. 얼마나 자주 다른 사람들이 당신을 좋아하지 않을 거라고 예상하는지 알아차려라. 이런 사람들이 당신을 거부할 거라고 생각하는 것은 고립감 과 연관되어 있으며 이 상태가 오래 가면 당신은 이것에 화가 나게 될 것이다. 우리 모두는 자신이 계속 거부당하고 있다고 느끼면 화가 나게 된다. 아마도 당신은 사람들에게 그들을

거부하고 있다고 느껴지게 하는 신호를 보내고 있을 것이다. 이것은 자신을 보호하려는 의도 때문이기도 하고 그들 자신의 문제 때문이기도 하다. 이것은 다시 내면의 민감함에 마음을 여는 문제로 되돌아간다. 당신이 마음을 여는 바로 그 깊이만큼 당신은 사람들과 진정한 교류를 할 수 있다.

8번 유형의 장점 키우기

8번 유형은 행동적이고 실제적인 직관을 가진 사람들이다. 이들은 비전을 가지고 있으며 생산적인 데서 큰 만족을 얻는다. 이들의 리더십에서 가장 중요한 것은 실질적인 창조성이다. 이들은 가장 근본적인 것부터 쌓아 올라가는 것, 불확실한 것에서 큰 것을 이루어 내는 것을 좋아한다. 그리고 8번 유형은 사람들에게서나 상황에서 가능성을 볼 줄 안다. 이들은 쓸모없는 물건이 가득 차 있는 창고에서 사업에 대한 가능성을 보며, 말썽을 일으키는 젊은이에게서 지도자가 될 가능성을 발견한다. 사람들의 장점을 이끌어 내기 위해서 자극과 도전을 제공하는 것을 좋아한다("네가 올 A를 맞으면 차를 사 줄게"). 이렇게 해서 이들은 사람들에게 자신도 모르고 있었던 자질과 힘을 발견하도록 해 준다. 8번 유형들에게 가장 중요한 점은 힘을 부여하는 것이다. 건강한 8번 유형은 "물고기를 주면 하루를 먹을 수 있지만 물고기를 잡는 법을 가르치면 평생을 먹고 살 수 있다."는 말에 동의한다. 스스로에게 '고기 잡는 법' 을 가르치기 때문에 그 말이 진실임을 알고 있다.

"나는 너를 돌봐 줄 수 있다."

명예 또한 건강한 8번 유형에게 중요하다. 이들은 자신이 한 말을 지키고, 어떤 말을 하든 직설적으로 말한다. 다른 사람에게서도 같은 태도를 기대하며, 사람들이 자신의 정직성을 알아보고 그 가치를 인정해줄 때 고마워한다. 하지만 그렇지 않다고 해도 자신의 태도를 바꾸려고 하지는 않는다.

또한 8번 유형은 존경받기를 원한다. 건강한 8번 유형은 다른 사람들과 모든 존재의 존엄성을 존중한다. 이들은 다른 사람들의 욕구와 정당함이 침해당했을 때 스스로가 상처를 받는다. 그래서 정당하지 않은 일들이 벌어질 때 본능적으로 반응하여 행동을 취한다. 이들은 약하고 힘없는 사람들을 보호하고 불의에 맞서서 싸울 것이다. 이들은 정의와 공정함을 위해서 용기와 힘을 가지고, 그러나 겸허하게 기꺼이 위험 속으로 뛰어들 것이다. 건강한 8번 유형은 비전과 사랑, 그리고 힘을 갖고 있어서 세상에 좋은 영향을 미칠 수 있다.

앞에서 만난 로잔느는 이렇게 이야기한다.

"나는 8번 유형인 것이 좋습니다. 강하고 리더십이 있지요. 사람들은 나를 존경하고 내 곁에 있고 싶어해요. 나는 친구가 예전 남자 친구로부터 괴롭힘을 당한다는 전화를 받고 달려 나가면서 기분이 좋았습니다. 그녀는 이렇게 말했지요. '정말 와 줬구나. 네가 오니까 난 정말 안심이 돼. 네가 왔으니 이제 난 괜찮아.'"

건강한 8번 유형에게서 통제는 자기 관리의 형태를 취한다. 이들은 통제라는 것이 매일 '세상을 이기는' 데에는 역효과라는 사실을 안다. 통제란 이들의 궁극적인 목표가 아니다. 건강한 8번 유형은 사람들과 이 세계에 좋은 영향을 미치고자 한다. 균형 잡힌 8번 유형은 이러한 영향력이 사람들에게 자신의 의지를 강요하거나 힘을 행사하는 것에서가 아니라 진정한 내면의 힘으로부터 온다는 것을 알고 있다. 이들은 상황이나 사람들을 통제하는 것이 실제로는 속박의 한 형태임을 알고 있다. 이들은 진정한 자유와 독립은 세상과 더 단순하고 편안한 관계를 맺음으로써 이루어진다는 사실을 안다.

마지막으로 건강한 8번 유형은 관대하고 마음이 넓다. 이들은 관대함을 가지고 있어서 개인적인 이해에 매달리지 않는다. 또한 자신에게 연약함을 허용할 만큼의 자신감을 가지고 있다. 이들은 자신의 약함을 인정할 수 있기 때문에 다른 사람들을 더 잘 보살필 수도 있다. 이들은 학교에서 깡패들로부터 친구를 방어하거나 부당한 정책과 맞서 동료들의 권리를 찾는 일을 함으로써 다른 사람을 보호하고자 하는 욕구를 표현한다. 건강한 8번 유형은 자신의 책임 안에 있는 사람들을 위해 어떤 일이라도 하려고 든다.

8번 유형이 이렇게 할 때 자신이 속한 단체에서 존경을 받는다. 이들은 영웅이 됨으로써 영원성을 얻게 된다. 역사에는 자신을 넘어서서 뭔가를 위해 기꺼이 삶을 바친 많은 8번 유형의 업적이 기록되어 있다. 세상을 지탱하는 많은 선은 이들의 결의와 투쟁을 통해서 이루어진 것이다.

통합의 방향

8번 유형이 2번 유형으로 간다

8번 유형은 건강한 2번 유형이 하는 방식으로 다른 사람들에게 자신을 드러내는 법을 배움으로써 자신을 실현하고 건강해질 수 있다. 그러기 위해서 8번 유형이 새로운 자질을 획득해야 하는 것은 아니다. 오히려 자신이 얼마나 사람들을 아끼고 있는지 스스로의 가슴과 연결하여 살펴보면 된다. 많은 8번 유형은 아이들이나 동물에 대한 사랑을 통해서 이러한 자신의 면을 발견한다. 아이들의 순수함을 아끼고 존중하며 보호해 주기 때문에 아이들이 8번 유형에게서 가장 좋은 면을 불러 낼 때가 많다. 8번 유형은 아이들과 동물에게는 자신의 방어책을 내려놓고 내면의 부드러움이 표면으로 올라오도록 허용한다.

8번 유형은 자신의 큰 가슴을 끌어안기 위해서 첫째로 가슴 속에 있는 것을 드러낼 용기를 가져야 한다. 이것은 자신의 힘과 지혜를 넘어선 더 큰 힘을 신뢰하고 자신을 보호하기 위한 방어책에서 벗어날 것을 요구한다. 이들의 마음이 얼마나 굳게 닫혀 있든지, 얼마나 많은 분노를 갖고 있든지, 그 내면에는 자신을 보호하겠다는 결정을 내린 연약한 어린아이가 있다. 그 어린아이는 다시 세상과 연결될 기회를 기다리고 있는 것이다.

그러나 평균적인 2번 유형의 자질을 모방함으로써 2번 유형으로 옮겨갈 수 있는 것은 아니다. 다른 사람들에게 아첨하고 그들을 기쁘게 해 주려는 것은 가슴을 여는 것이 아니다. 8번 유형이 해야 할 일은 방어에서 벗어나 가슴과 더 연결되는 것이다. 물론 연약함에 대한 두려움이 올라올 것이다. 그러나 이 두려움을 인정하는 법을 배우고 그것이 지나가도록 하면 자신의 섬세한 감정을 더 편안하게 받아들일 수 있다.

통합된 8번 유형은 뛰어난 지도자가 될 수 있으며 건강한 2번 유형처럼 자아 경계와 한계를 인식할 수 있기 때문에 효율적인 사람이 될 가능성이 많다. 이들은 스스로를 보살피는 법을 배우고 자신의 연약함을 받아들이게 됨으로써 더 건강해지고 더 편안해질 것이다. 이들은 열심히 일하지만 언젠가 쉬어야 하고, 먹어야 하고, 스스로를 진정으로 돌보아야 할 시간임을 알게 되며 식욕에 과도하게 빠지거나 강렬함을 찾아다니지 않게 된다.

성격을 넘어서 본질로 돌아가기

자신의 연약함이 표면으로 올라오도록 허용할 수 있을 때, 8번 유형은 다시 존재로 돌아가서 항상 강해야 하고 상황을 통제하고자 하는 자아 이미지에서 벗어난다. 이들이 이렇게 해 나가면 결국에는 자신의 기본적인 두려움－다른 사람들에게 통제받고 해를 입는 데 대한－과 직접 만나게 된다. 그리고 개인사에서 그 두려움의 원인을 찾아서 잠재된 두려움과 상처를 해결해 나감으로써 스스로를 보호하고자 하는 기본적인 욕망에 덜 집착하게 된다.

어떤 사람이든 기본적인 두려움과 욕망으로부터 자유로워질 때 발달의 높은 단계에 이를 수 있다. 그러한 때가 되면 8번 유형은 독립성과 자기 주장이 사라지고 본질로부터의 진정한 힘이 나타날 것이다. 이렇게 되면 8번 유형은 보다 더 큰 계획을 위해 자신의 이해를 버린다. 이렇게 할 수 있는 8번 유형은 마틴 루터 킹이나 넬슨 만델라, 프랭클린 루즈벨트처럼 영웅이 된다. 이 사람들은 더 높은 목적을 이루기 위한 도구가 되기 위해 개인적인 생존에 대한 관심을 버린 사람들이다("그들이 나를 죽인다면 나는 내 생명을 주겠다. 하지만 희망은 계속 살아 있을 것이다"). 기본적인 두려움이 극복되었을 때 자유로움으로부터 사람들에게 영감을 주는 무언가가 떠오르는 법이다.

본질이 드러남

내면의 깊은 곳에서 8번 유형은 존재의 단순한 기쁨을 기억한다. 그것은 살아 있는 것에 대한 충만함과 만족감이다. 특히 이들의 살아 있음은 본능적인 차원에 존재하며, 본능적 반응의 순수성 및 힘과 연관되어 있다. 우리가 순수한 본능의 원천에 연결되지 않다면, 성장을 위해서 필요한 가장 기본적인 기반을 잃게 될 것이다.

8번 유형의 본질적 핵심은 성향의 거짓됨을 끊어 버림으로써 단순한 진리를 얻는 것이다. 오스카 이카조는 이러한 자질을 '순수함'이라고 했다. 어떤 면에서 8번 유형은 어린아이일 때 가졌던 순수함을 갈망한다. 이들은 강해지기 위해 그 순수함을 포기해야 했던 것이다.

> 자신의 삶을 바꾸지 않고 어린아이처럼 되지 않는다면 하느님의 왕국에 들어갈 수 없다.
>
> 예수

8번 유형은 자연적인 질서의 순수함, 세상의 모든 창조가 자신의 본성을 발현시키는 순수함을 가지고 있다. 고양이는 순수하게 고양이로서 산다. 이것은 먹이를 향해 달려갈 때도 마찬가지다. 새들은 새로서 하늘을 날며, 물고기는 물고기로서 바다 속을 헤엄친다. 이러한 본질적 능력을 잃어버린 것은 인간뿐이다. 8번 유형의 본질적 성품은, 인간으로 살아가면서 완벽하게 균형이 잡혀 있는 거대한 자연 질서의 한 부분으로 존재하는 것이 무엇인지를 일깨워 준다.

8번 유형이 자신의 의지를 고집하는 것을 포기할 때 신성의 의지를 발견한다. 그럴 때 이들은 자신의 에고를 주장함으로써 힘을 가지려고 하지 않고, 신성의 힘에 자신을 맞추어 함께 나아간다. 또한 세상을 적대시하기보다는 세상에서의 자신의 역할을 발견한다. 이들이 온 마음으로 그것을 따라갈 때 역사의 위대한 영웅과 성인으로 남을 것이다. 자신의 성향으로부터 자유로워진 8번 유형은 다른 사람들도 영웅적인 행동을 할 수 있도록 고무하며 세상에 큰 영향을 미친다.

8번 유형은 신성으로부터 오는 힘과 무한한 능력을 기억하고 있다. 신성의 의지는 자신의 의지를 고집하는 것과는 다르다. 8번 유형이 이 점을 이해하면 세상과의 전쟁을 끝내고 자신이 찾아 헤매던 확고함과 힘, 독립성이 이미 지금 여기에 있다는 사실을 이해할 것이다. 이러한 것들은 모든 인간의 진정한 본성의 한 부분이며 8번 유형의 본성의 한 부분이기도 하다. 8번 유형이 이 사실을 깊이 이해할 때 존재 안으로 완전히 녹아 들어가 아무런 노력 없이 세상과 하나가 되고 삶의 신비로움과 하나가 될 것이다.

리소-허드슨

유형 분류 테스트 결과

8번 유형에 대한 모든 문항의 점수를 더하라. 그리고 다음의 가이드라인을 참고하여 당신의 성격 유형을 발견하거나 확인하라.

점수	결과
15	당신은 아마 공격형(3, 7, 8번 유형)이 아닐 것이다.
15~30	당신은 아마 8번 유형이 아닐 것이다.
30~45	당신은 아마 8번 유형과 비슷한 특성을 가지고 있거나 8번 유형의 부모를 가지고 있을 것이다.
45~60	당신은 8번 유형의 성격을 가지고 있는 것 같다.
60~75	당신은 8번 유형일 가능성이 가장 많다(그러나 당신이 8번 유형에 대해 충분한 이해를 하고 있지 않다면 다른 유형일 수도 있다).

※ 8번 유형이 자신의 번호로 잘못 생각하는 번호는 4번, 6번, 7번이다. 3번, 6번, 7번 유형은 자신을 8번 유형으로 착각하는 경우가 많다.

제15장

9번 유형 : 평화주의자

Type Nine : The Peacemaker

"대부분의 사람들은 평화란 나쁜 일이 아무것도 일어나지 않는 상태, 혹은 많은 일이 일어나지 않는 상태를 의미한다고 생각한다. 그러나 평화가 우리를 안정시켜 주고 행복하게 해 주는 거라면 뭔가 좋은 일이 일어나는 상태여야 한다."

E. B. 화이트 E. B. White

"평화를 위해서라도 지불할 수 없는 대가가 있다. 그것은 바로 '자기 존중'이라는 대가다."

우드로 윌슨 Woodrow Wilson

"인간의 내면은 고요하기 때문에 외부 활동을 필요로 한다."

쇼펜하우어 Schopenhauer

"게으름은 괴로운 상태다. 우리는 행복해지기 위해 무엇인가를 해야만 한다."

윌리엄 헤즐릿 William Hazlitt

돕는 사람

긍정적인 사람

화해시키는 사람

사람들을 편안하게 해 주는 사람

이상주의자

특별하지 않은 사람

리소-허드슨

유형 분류 지표

각각의 문항이 자신에게 얼마나 적용되는지 점수를 매겨 보라.

1점 전혀 그렇지 않다.

2점 거의 그렇지 않다.

3점 어느 정도는 그렇다.

4점 대개는 그렇다.

5점 매우 그렇다.

1. 나와 있으면 안전하다고 느끼기 때문에 사람들이 나를 좋아하는 것 같다.
2. 나는 혼자 있을 때도 괜찮고 사람들과 어울려 있을 때도 괜찮다. 내 마음만 편안하다면 어느 쪽도 괜찮다.
3. 나는 삶에서 균형을 찾았다. 그리고 나에게는 그 상태를 깰 이유가 없다.
4. 모든 면에서 '편안해진다'는 것은 나에게 많은 의미가 있다.
5. 나는 앞에 나서는 것을 좋아하지 않는다.
6. 나는 내 뜻대로 조작하기보다는 일이 흘러가는 대로 내버려 두는 편이다.
7. 나는 쉽게 만족하는 편이다. 나는 내가 갖고 있는 것이 충분하다고 여긴다.
8. 나는 주의가 산만하며 멍하다는 이야기를 듣는다. 사실 나는 상황을 잘 이해하지만 그것에 반응하는 것을 좋아하지 않는다.
9. 내가 특별히 고집이 세다고는 생각하지 않는다. 그러나 사람들은 내가 일단 마음 먹으면 누구의 말도 듣지 않는다고 말한다.
10. 대부분의 사람들은 쉽게 흥분한다. 그러나 나는 안정되고 침착한 편이다.
11. 우리는 삶에서 일어나는 일을 그저 받아들여야만 한다. 거기에 대해서 별로 할 수 있는 일이 없기 때문이다.
12. 나는 다른 사람의 관점을 쉽게 이해할 수 있다. 나는 사람들에게 동의하지 않을 때보다는 동의할 때가 더 많다.
13. 나는 부정적인 것에 머물기보다는 긍정적인 것을 강조한다.
14. 나는 어려울 때 지침을 주고 많은 위안을 주는 삶의 철학을 가지고 있다.
15. 나는 낮 시간에는 필요한 모든 일을 한다. 그러나 밤이 되면 어떻게 긴장을 풀고 쉬어야 할지를 모른다.

→ 446쪽을 펴서 점수를 매겨 보라.

9번 유형 | 평화주의자

느긋하며 남들 앞에 나서지 않는 유형

수용적이며, 자족적이고, 남에게 쉽게 동의하며 위안을 준다.

- **기본적인 두려움** 잃어버리는 것, 분리, 소멸되는 것
- **기본적인 욕구** 내면의 안정감과 평화를 유지하는 것
- **수퍼에고의 메시지** "네 주변의 모든 사람이 좋고 괜찮다면 너도 좋고 괜찮다."

우리는 9번 유형을 '평화주의자'라고 부른다. 이들이 다른 어떤 유형보다도 스스로와 다른 사람들을 위해서 내면과 외부의 평화를 추구하려고 애쓰기 때문이다. 이들은 다른 사람들과 혹은 우주와의 연결을 갈망하는 구도자가 될 수도 있다. 자신의 세상에서 조화와 평화를 이루기 위해 노력하는 것처럼 마음의 평화를 이루기 위해 노력한다. 9번 유형에게서 만나는 문제들은, 깨어남과 본성을 보지 못하고 잠들어 있기, 현재에 존재하기와 정신을 놓고 있기, 긴장과 이완, 평화와 고통, 통합과 분리 등 내면의 성장을 추구함에 있어 우리가 생각해 보아야 할 주제들이다.

아이러니컬하게도 이 유형은 영적인 세계에 많은 관심이 있으면서 물리적인 세상과 자신의 몸에 가장 잘 접해 있을 수 있는, 본능 중심의 중앙에 위치한 유형이다. 이들은 본능적인 자질과 접해 있을 때는 엄청난 원초적 힘과 흡인력을 갖게 되지만, 그 본능적인 힘에서 분리되어 있을 때는 혼란스러운 상태를 경험한다.

"나는 그저 흐름을 따라간다."

9번 유형은 본능적인 에너지와 떨어져 있는 것을 보상하기 위해서 내면의 세상과 환상 속으로 움츠러든다(이것 때문에 9번 유형은 사고형에서는 5번 유형이나 7번 유형으로, 감정형에서는 4번 유형이나 2번 유형으로 자신을 오해한다). 더욱이 본능적인 에너지가 균형 잡혀 있지 않을 때, 9번 유형은 자신의 힘을 억제한다. 이것이 이들의 에너지를 막아 버려서 이들 마음의 모든 것은 정체된다. 에너지가 사용되지 않을 때, 이들의 마음은 뭔가로 꽉 채워진 호수와도 같다. 그러나 본능 중심에서 균형을 잡고 있을 때, 이들은 큰 강처럼 힘들이지 않고 모든 것을 끌어안는다.

우리는 때때로 9번 유형을 에니어그램의 왕관이라고 부른다. 왜냐 하면 9번 유형은 상징의 가장 꼭대기에 있으며 모두를 포함하고 있는 듯하기 때문이다. 9번 유형은 8번 유형의 힘, 7번 유형의 유쾌함과 모험심, 6번 유형의 충실함, 5번 유형의 지성, 4번 유형의 창조성, 3번 유형의 매력, 2번 유형의 관대함, 1번 유형의 이상주의를 가질 수 있다. 그러나 이들은 자신의 진정한 정체성을 갖지 않는다. 아이러니컬하게도 9번 유형은 다른 모든 유형은 닮을 수 있어도 자신의 유형은 닮을 수 없다. 분리된 자아가 되는 것, 다른 사람에게 대항해서 자신을 주장하는 개인이 되는 것이 9번 유형에게는 가장 무서운 것이다. 이들은 누군가에게 녹아들거나 조용히 백일몽 속에 머물러 있다.

유명한 비즈니스 컨설턴트인 레드는 이러한 경향에 대해 다음과 같이 이야기한다.

"나는 내가 다른 사람에게 주의를 기울이고 있다는 것을 알고 있습니다. 나는 항상 다른 사람들이 무엇을 좋아하며 어떻게, 어디에 사는지 궁금해요. 그래서 다른 사람들과의 관계에서 상대방의 입장을 생각하느라고 내 입장을 내세우지 않을 때가 많습니다. 다른 사람들의 요구만 받아들이지 말고 내가 필요한 것도 살펴야 하는데 말이에요."

9번 유형은 삶의 혼란스러운 면을 무시하고 무감각해짐으로써 어느 정도의 평화와 위안을 찾으려는 모든 사람의 공통된 유혹을 잘 나타내 준다. 그것이 거짓된 영적 성취이든, 좀 더 총체적인 거부이든 미숙한 평안의 상태에 있으려고 노력함으로써 삶의 고통에 반응하는 것이다. 이들은 다른 어떤 유형보다도 자신의 문제에 대해 단순하고 고통 없는 해결책을 찾음으로써 삶의 긴장과 패러독스에서 도망치려는 경향을 보여 준다.

물론 삶의 기쁨을 강조하는 것은 나쁜 일이 아니다. 그러나 그것은 단지 삶에 대한 제한된 접근일 뿐이다. 9번 유형은 비와 추위로부터 자신을 보호하기 위한 방법으로써 모든 구름에서 은색의 빛줄기를 보려고 노력한다. 물론 다른 유형들 또한 자신의 왜곡된 관점을 갖고 있다. 예를 들어

4번 유형은 자신의 상처와 희생에 초점을 맞추고, 1번 유형은 잘못된 것에 초점을 맞추며, 9번 유형은 삶의 밝은 면에 초점을 맞추어서 마음의 평화가 깨지지 않도록 한다. 그러나 9번 유형은 삶의 어두운 면을 거부하기보다는 다른 유형들이 보는 관점도 모두 진실임을 이해해야 한다. 9번 유형은 실제의 세상에서 벗어나려는 충동으로 '미숙한 부처의 상태' 나 신성의 '흰 빛' 으로 도망쳐 가려고 한다. 이들이 그것에서 벗어날 수 있는 길은 직접 경험하는 것임을 기억해야 한다.

어린 시절의 패턴

※우리가 여기에서 설명하는 '어린 시절의 패턴' 이 그 성격 유형을 만든 것은 아니다. 이것은 어린 시절에 관찰되는 경향이며 성인이 되었을 때 인간관계를 형성하는 데 큰 영향을 준다.

많은 9번 유형이 행복한 어린 시절을 보냈다고 얘기한다. 그러나 항상 그런 것만은 아니다. 어린 시절을 어려운 환경 속에서 보낸 어린 9번 유형은 주변에서 일어나는 위협적인 사건들로부터 자신을 분리시킴으로써 그리고 가족 간의 갈등을 중재하는 역할을 취함으로써 대처하는 법을 배운다. 이들은 가족 간의 조화를 유지하는 가장 좋은 방법은 '사라져 버려서' 누구에게도 문제를 일으키지 않는 것이라고 여긴다. 이들은 자신이 뭔가를 요구하지 않고 기대를 갖지 않는다면 엄마와 아빠를 편안하게 해 주면서도 자신을 효과적으로 보호할 수 있을 것이라고 생각한다(가족 체계 이론 안에서 여기에 가장 적합한 역할은 잃어버린 아이이다). 그럴 때 9번 유형의 감정은 "내가 내 자신을 주장하고 나서면 더 많은 문제를 만들어 낼 거야. 그러나 물러나 있으면 우리 집은 괜찮을 거야"다.

유명한 심리치료사인 조지아는 수년 동안 자신의 내면을 탐색하는 작업을 해 왔다.

"내 어머니는 알코올 중독이었고 화를 잘 내셨습니다. 어린 나는 가족 간의 갈등이 있을 때마다 끼어들지 않고 뒤에 물러서 있었지요. 이렇게 함으로써 나는 삶에서 한쪽 옆으로 물러서서 다른 사람들이 원하는 것을 충족시켜주는 법을 배웠습니다. 내 주장을 하면 사랑받지 못할까 봐 두려웠거든요. 그리고 좀 더 내면적인 삶에 머물러 사는 것을 선택했지요. 그렇게 함으로써 나는 다른 사람들과 충돌을 일으키지 않을 수 있었어요."

9번 유형은 자신의 욕구를 갖고, 자신을 주장하고, 화를 내고, 문제를 일으키는 것은 자신에게 허락된 것이 아니라고 느끼며 자란다. 그 결과 9번 유형의 아이들은 적절하게 자신을 주장하는 법이나, 자신의 부모와 중요한 타인(Significant other)으로부터 독립하는 법을 배우지 못한다. 어린 9번 유형은 자신이 처한 환경에서 원하는 것을 어떻게 구해야 할지 모른다. 어른이 되면 이들의 마음은 다른 사람들의 문제와 요구로 꽉 차 있고 그것들을 충족시켜 주려고 노력하기 때문에 정작 자신의 필요나 욕구에 귀 기울이지 못할 때가 많다. 이들은 의지나 분노를 억압하는 법을 배움으로써 분노나 의지를 가졌다는 사실조차 잊게 된다. 이들은 삶과 다른 사람들이 자신에게 제시하는 것에 적응하려고 노력한다. 그래서 진정으로 원하는 것이 무엇인지, 무슨 생각을 하며, 무엇을 느끼는지 스스로에게 물어 보는 일이 거의 없다. 그 결과 9번 유형이 진정으로 원하는 것을 발견하려면 대개 많은 노력과 시간이 필요하다.

레드는 수년 동안 자신을 드러내지 않으려는 것과 억압된 분노의 문제에 대해 스스로를 탐구해 왔다.

"나는 '착한 아이' 였기 때문에 혼자 남겨졌다는 생각을 할 때가 많았어요. 어머니는 항상 사람들에게 나를 '천사' 라고 이야기했지요. 몇 시간이고 혼자 놀았으니까요. 어머니도 9번 유형이었던 것 같아요. 그래서 나는 어머니가 삶을 살아가는 방식들을 보고 배웠을 거예요. 어머니와 아버지가 다툴 때 어머니는 '문제를 일으키지 말아요. 내가 들어서 기분 좋을 이야기가 아니라면 말하지 않는 게 나아요.' 라고 말하곤 했지요. 또 '난 이제 당신과 상대하지 않겠어요' 라고 말할 때도 많았어요. 어머니는 피해 버림으로써 싸움을 끝내려고 했던 거예요."

화목하지 않은 가정에서 어린 9번 유형은 감정적, 신체적, 성적으로 충격을 입는다. 이러한 9번 유형은 자신을 닫아 버림으로써 견딜 수 없는 감정으로부터 자신을 보호하는 법을 배운다. 어떤 관점에서 보면 이들이 분노나 충격적인 경험을 인식하지 못하는 것은 축복이다. 그러나 그 결과 현실이 자신에게 깊이 그리고 생생하게 와 닿을 수 있는 능력을 죽여 버리게 된다. 이런 사람들은 환상 속에서 헤매거나 자신의 환경 안에서 긍정적이고 평화로운 면에만 초점을 맞추려고 할 것이다. 그리고 후에는 그것이 환상이라는 것을 깨닫는다.

안드레는 성공한 부동산 중개업자다. 9번 유형의 일반적인 특성인 겸손한 태도가 그의 성공에 크게 기여했다. 그러나 그는 이러한 자질을 얻기 위해 큰 대가를 치렀다.

"내가 어릴 때 어머니는 아주 우울해하셨어요. 나는 문제를 일으키지 않을수록 더 안전하다는 것을 알았지요. 나는 가능한 한 사람들과 잘 지내려고 노력했어요. 그래서 할머니의 뒷마당으로 도망치곤 했습니다. 거기에는 큰 나무들과 동물들이 있었는데 나는 그것들을 아주 좋아했지요."

8번 날개를 가진 9번 – 중재하는 사람

날개 부속 유형

건강할 때 이 부속 유형의 사람들은 인내와 힘을 가지고 있으며 사람들을 편안하게 해 주는 능력이 있다. 이들은 강하면서도 부드럽고 사람들이나 세상의 일들과 쉽게 관계를 맺기 때문에 사람들 사이에서 일어나는 갈등을 중재하기도 한다. 이들은 자신의 평상적인 속도에 변화를 주기 위해서 새로운 프로젝트를 찾는다. 또한 실질적이어서 자신의 직접적인 욕구나 신체적인, 혹은 재정적인 상황에 대해 잘 알고 있다. 이들은 다른 부속 유형보다 더 사교적이어서 대개는 다른 사람과 함께 일하는 것을 좋아한다. 이들은 남을 돕는 직업이나 협상과 사업 등에 있어서 탁월한 능력을 발휘한다.

평균일 때 이 사람들은 사람들과 함께 하는 시간을 즐기며 성에 빠지기도 쉽다. 이들은 너무 편안하게 있으려고 하기 때문에 자신의 목표에 집중하

• 인물의 예

로널드 레이건 Ronald Reagan
제럴드 포드 Gerald Ford
레이디 버드 존슨 Lady Bird Johnson
케빈 코스트너 Kevin Costner
소피아 로렌 Sophia Loren
월터 크롱카이트 Walter Cronkite
우피 골드버그 Whoopi Goldberg
자넷 잭슨 Janet Jacson
링고 스타 Ringo Starr
잉그리드 버그먼 Ingrid Bergman

기가 어려울 수도 있다. 이들은 고집이 세고, 방어적이어서 다른 사람들의 말을 듣지 않으려는 경향이 있다. 이 부속 유형의 사람들은 느리고 지나치게 여유가 있는데, 이들이 무슨 일을 시작하게 만드는 동기를 예측하기가 어려울 정도다. 대개 자신의 개인 생활이나 가족, 직업, 신념에 대한 위협이 이들을 움직이게 하는 전형적인 것들이 된다. 이들은 퉁명스럽고 폭발적으로 화를 냈다가 갑자기 조용하고 차분한 상태로 돌아올 수 있다.

1번 날개를 가진 9번 – 몽상가

• 인물의 예

에이브러햄 링컨 Abraham Lincoln
엘리자베스 테일러 2세 Queen Elizabeth II
칼 융 Carl Jung
조지 루카스 George Lucas
오드리 헵번 Audrey Hepburn
마고트 폰테인 Dame Margot Fonteyn
월트 디즈니 Walt Disney
게리슨 케일러 Garrison Keillor
노르먼 록웰 Norman Rockwell

건강할 때 이 부속 유형의 사람들은 상상력이 풍부하고 창조적이어서 다양한 사상이나 관점으로 이상적인 세상에 대한 비전을 만들어 내는 능력이 있다. 이들은 비언어적 형태의 커뮤니케이션(예술, 악기 연주, 무용, 스포츠, 동물이나 자연을 다루는 일 등)에 능하다. 이들은 친절하고 사람들을 편안하게 해 주지만 목표 의식이 분명하며 이상이 높다. 이들은 도우려는 마음으로 판단 없이 사람들의 말을 잘 들어 주기 때문에 좋은 심리 치료자, 카운슬러, 목사가 되는 경우가 많다.

평균일 때 이들은 내면의 세상을 정돈하는 것처럼 외부에서도 질서를 원한다. 이 부속 유형의 사람들은 불필요한 활동을 지나치게 많이 하는 경향이 있다. 이들은 에너지가 많을 수 있으나 지나치게 소극적인 태도 때문에 장기적인 목표를 추구하기가 어렵다. 이들은 다른 부속 유형의 사람들보다 모험심이 적고 더 내향적이며 분노를 억압하는 경향이 있다. 또한 이들은 존경받는 것에 관심이 많으며 다른 사회 계층의 문화나 생활 스타일보다 자신의 것이 더 우월하다고 느끼는 경우가 많다. 이들은 최고와 완전함, 청교도적인 성향을 가치 있게 여긴다.

자기 보존 본능의 9번 유형

편안함을 구하는 사람 평균 범위에 있는 자기 보존 본능의 9번 유형은 삶에서 많은 것을 요구하지 않는 편안하고 느긋한 사람들이다. 이들은 패스트푸드 레스토랑에서 식사를 하거나 좋아하는 텔레비전 프로그램의 재방송을 보다가 편안한 의자에서 조는 것 같은 쉽게 얻을 수 있는 단순한 기쁨에 만족해한다. 그래서 대부분 야심은 없어도 재능 있는 사람들이 많다. 이들은 바쁜 일에 빠져듦으로써 불안을 다루고, 큰 프로젝트를 다루는 것을 피하기 위해서 작은 일에 매달리거나 한다. 자신이 진정으로 원하는 것을 추구하지 못하는 데 대한 보상으로 작은 이익에 이끌리는 것이다. 그러나 내면에는 진정으로 원하는 것을 따르지 않는 데 대한 불안이 억압되어 있다.

이 변형에 9번 유형의 성향이 가장 분명하게 나타나 있다. 자기 보존적인 9번 유형은 냉담함과 자신을 돌보지 않는 태도로 인해서 정말로 자신이 원하는 것을 얻거나 진정한 자기 보존 욕구를 충족시키는 데 어려움을 겪는다. 이들은 불안과 분노의 감정을 억압하기 위하여 음식과 술을 이용한다. 그래서 식욕이 아주 좋고 알코올 중독의 가능성이 있다. 이들은 다른 사람에 의해 자신의 좋은 기분이 방해받는 것을 원치 않기 때문에 반응하지 않고 조용히 있음으로써 사람들에게 저항한다.

불건강한 영역에 있는 자기 보존적인 9번 유형은 자신의 삶에 대해 아주 냉담해져서 무력해진다. 이들은 자신의 감정을 닫아 버리고 건강과 인간관계를 악화시켜서 삶의 기회들을 놓친다. 이 상태에서는 약물이나 알코올 중독이 흔히 일어난다.

사회적 본능의 9번 유형

행복한 가정 평균 범위에 있는 사회적 본능의 9번 유형은 사람들을 모아서 평화를 만드는 것에 가장 관심이 있다. 이들은 사람들과 관계를 맺는 것을 좋아하지만 자신에게 너무 많은 부담이 주어지는 것에는 저항한다. 그래서 신체적으로 관련을 맺고 있으면서도 정서적으로나 정신적으로는 떨어져 있을 수가 있다. 사회적 본능의 9번 유형은 대개 많은 에너지를 가지고 있으며 활동적이고 싶어 하지만, 익숙한 일정한 구조 안에서만 그렇게 되기를 원한다. 이들은 일하는 것이나 다른 사람을 돕는 것을 꺼리지 않는다. 그러나 사람들이 자신에게 무엇을 기대하는지 명확히 알기를 원한다. 이들은 자신이 속한 사회에서 자신에게 기대하는 것에 충실하다는 의미에서 아주 보수적이고 순응적이다. 그러면서도 자신의 정체성을 잃고 누군가에게 종속되거나 '기계적으로 행동하는 사람'이 되는 것을 두려워한다.

이들은 자신의 가치에 확신을 갖지 못하는 것과 다른 사람들을 기쁘게 하고 사회에 적응해야 한다는 것이 복합적으로 작용하여 사람들에게 거절할 수 없는 사람들이 된다. 그러나 결국 수동적인 공격으로 다른 사람들에게 저항하고 만다. 이들은 여러 사람들과 다양한 단체를 기쁘게 하려는 의도 때문에 평균적인 7번 유형처럼 산만해진다. 그래서 독립적인 목표를 세우고 자신의 의도대로 꾸준히 밀고 나가는 것을 어려워한다.

불건강한 범위에서 사회적인 9번 유형들은 자신의 순종적이고 무기력한 면에 대해 우울해한다. 이들의 강한 불안과 욕구는 대개 변화 없고 단조로운 감정에 덮여 버린다. 혹은 분노를 드러냄으로써 사람들을 멀어지게 하고 사회적인 고립의 감정을 악화시키기도 한다.

성적 본능의 9번 유형

남들과 어울리기 평균적인 범위에 있는 성적 본능의 9번 유형은 공격적이 되기 쉽다. 이들은 다른 두 본능적 변형에 비해 거만하며 어떤 사람과의 관계가 어려워지면 쉽게 분노한다. 이들은 '나의 삶'보다는 '우리의 삶'

에 대해 생각하면서 완전한 배우자를 찾는다. 이들은 상대방이 자신에게로 융합되어 들어오기를 바란다. 성적인 9번 유형은 상대방을 이상적인 존재로 만들고 싶어 하기 때문에 상대방의 결점을 보려고 하지 않는다. 1번 날개가 강하다면 비판적이 될 수도 있다. 상대방에 대한 칭찬은 자신에 대한 칭찬이기도 하다. 또한 상대방에 대한 공격이나 실망도 마찬가지로 작용한다.

성적인 9번 유형은 상대방이 자기 정체성의 중심이다. 그 결과 이들은 자신의 정체성이나 진정한 의미의 독립성을 개발하지 못한다. 성적인 9번 유형은 아주 낭만적이어서 4번 유형과 비슷하다. 그래서 비현실적인 공상, 신데렐라 콤플렉스, 사랑하는 사람에게 집착하는 것 같은 문제가 나타날 수도 있다.

불건강한 범위에 있는 성적인 9번 유형은 아주 우울해하며 본질적인 자아로부터 분리되어 있다는 느낌을 갖는다. 이들은 다른 사람들과 잘 어울리지 못하며 그것 때문에 더욱 삶을 힘들게 여긴다. 분노와 복수에 대한 공상을 많이 하지만 복수를 실행에 옮기는 일은 드물다. 이들은 아주 의존적인 관계를 맺거나, 누군가를 기다리며 혼자 외롭게 지내거나, 혹은 과거의 관계에 매달려 있다("메그와 나는 정말 사랑했어요. 그녀가 죽은 후 나는 그녀를 너무 그리워하고 있어요").

9번 유형이 성장하기 위해 극복해야 할 과제

대부분의 9번 유형은 삶의 한 시점에서 다음과 같은 문제를 만난다. 이 패턴들을 주의해서 보고, '행동 속에서 자신을 알아차리고', 삶에 대한 습관적인 반응을 의식하면 우리는 자기 성향의 부정적 면들로부터 훨씬 자유로워질 것이다.

9번 유형을 일깨우는 신호 – 남과 잘 지내기

평균적인 수준에 있는 9번 유형은 지나치게 다른 사람들에게 잘 대해 주

"그런 것은 나에게 중요치 않아.
난 신경 쓰지 않아."

려고 한다. 사람들과 갈등이 있으면 그들과의 연결을 잃어버리게 될까 봐 두려워하기 때문이다. 예를 들어 약혼자가 어디에 가서 저녁 식사를 하고 싶은지 묻는다면 9번 유형은 이렇게 대답할 것이다. "난 어디라도 좋아요. 당신이 가고 싶은 곳이라면 어디든 괜찮아요."

9번 유형은 자신이 진정으로 원하는 것이 아니라도 "예"라고 말하는 습관이 있다. 단기적으로 보면 이러한 전략은 갈등을 피하게 해 주기도 하지만 장기적으로 보면 양쪽 모두에게 분노를 쌓게 하는 결과가 된다. 더욱이 9번 유형은 화가 나면 대개 수동적인 공격 행동을 하는데 – 어떤 일에 동의를 해 놓고 실행하지 않는 것 같은 – 결국에는 훨씬 더 큰 갈등과 상대에 대한 오해를 불러일으킨다. 이들은 다른 사람이 요구하는 것을 모두 받아 주려는 것 때문에 다른 사람에게 이용당할 수도 있다. 탁월한 심리치료사인 호프는 자신 안에 있는 이러한 패턴을 인식했다.

"나는 사람들의 기분을 다치게 하지 않으려는 것 때문에 사람들에게 좌지우지될 때가 많습니다. 내 주장을 하고 내가 원하는 것을 행동에 옮겨야 할 때도 그렇지 못할 때가 많았어요. 갈등에 대한 두려움과 '모든 사람들은 다른 사람과 좋은 관계를 유지해야 한다.'는 욕망이 함께 뒤섞였던 것 같습니다. 나는 스포츠에서나 일에서나 스스로의 능력을 과소평가했습니다. 항상 뒤로 물러나 있었지요. 다른 사람들을 앞에 내세우면서 말입니다."

다른 사람들의 요구를 모두 수용하면서 자신을 내세우지 않는 것은 9번 유형들의 '행동 소멸'의 시작이다. 이들은 다른 사람들을 자신에게서 멀

연습 ① 왜 "노"라고 말하고 싶은데도 "예스"라고 말하나?

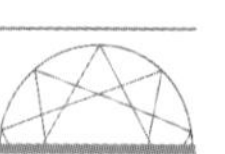

자신이 원하는 것은 제쳐 두고 남들의 계획, 선택, 원하는 것을 했던 때를 기억해 보라. 그렇게 했을 때 당신은 어떤 느낌이 들었는가? 스스로에 대해서 어떻게 느꼈는가? 원치 않는 일을 하는 데 대한 불만은 없었는가? 왜 당신은 자신이 원하는 것을 포기했는가? 그렇게 함으로써 당신은 무엇을 얻기를 희망했는가?

9번 유형의 발달 단계

범위	수준	내용
건강한 범위	수준1	**침착하며 어떤 것에도 굴복되지 않음** 이 수준의 9번 유형은 자신이 세상에 참여하는 것이 불필요하며, 아무도 그것을 원하지 않는다는 생각에서 벗어난다. 그래서 진정으로 자신을 비롯해 다른 사람들과 접할 수 있게 되며, 역설적으로 내면의 안정감과 마음의 평화를 찾고자 하는 기본적인 욕망을 성취한다. 이러한 자아실현의 결과, 이들은 침착하고 역동적이며 평화롭고 현재에 존재하게 된다.
	수준2	**자의식이 사라짐, 평화로움** 이 수준의 9번 유형은 주변 환경 또는 타인과의 관계에 집중하면서, 자신 및 주변 환경과 조화롭게 지내고 안정감을 유지하기를 원한다. "나는 안정적이고 태평스러우며 친절하다"는 자아 이미지를 가진다.
	수준3	**이타적, 사람들을 편안하게 해 줌** 이 수준의 9번 유형은 자신의 세상에 평화와 조화를 만들어 내고 유지함으로써 자아 이미지를 강화한다. 이들은 인내심과 공정함으로 갈등을 중재하고 다른 사람들을 편안하게 해 준다. 이들은 아주 상상력이 풍부한 경우가 많아서 삶에 대한 긍정적인 비전으로 다른 사람들을 고무시킨다.
평균 범위	수준4	**스스로를 드러내지 않으며, 남들에게 잘 순응함** 이 수준의 9번 유형은 인생의 갈등이 마음의 평화를 깨뜨릴까 봐 두려워하기 시작한다. 그래서 다른 사람들과 잘 지냄으로써 잠재적인 갈등을 피하려고 한다. 이들은 논쟁을 할 만한 문제들이 별로 없다고 여긴다. 자신이 원치 않는 일에 대해서도 "예스"라고 말한다.
	수준5	**여유가 있음, 스스로 만족스러움** 이 수준의 9번 유형은 세상에 중대한 변화가 일어나거나 자신에게 강한 감정이 생겨서 위태로운 평온함이 깨지는 것을 두려워한다. 그래서 이들은 소극적인 삶의 자세를 취하게 된다.
	수준6	**운명에 순응함, 스스로를 드러내지 않음** 이 수준의 9번 유형은 다른 사람들이 자신에게 불안을 일으키고 내면의 평화를 깨뜨리는 반응을 요구할까 봐 두려워한다. 그래서 이들은 자신을 경시하고 갈등을 피하려고 한다. 이들은 덧없는 바람을 붙잡고 분노를 억누르면서 그저 묵묵히 살아 나간다.
건강하지 않은 범위	수준7	**자신을 억압하고 방치함** 이 수준의 9번 유형은 현실이 자신에게 문제를 해결할 것을 강요할까 봐 두려워한다. 그리고 이것은 아마 사실일 것이다. 이들은 '모든 것은 괜찮다'라는 환상을 붙들고 있고, 자신의 문제를 직면하도록 하는 모든 것들에 대하여 고집스럽게 저항하는 반응을 보일 수도 있다. 이들은 우울하고 무기력하며 생기가 없다.
	수준8	**의식의 분열과 혼란** 이 수준의 9번 유형은 자신에게 남아 있는 내면의 평화를 붙들고 있고자 하는 마음이 너무 절실하기 때문에 현실을 제대로 인식하지 못한다. 이들은 분열과 거부를 통해서 자신에게 영향을 줄 수 있는 것은 무엇이든 의식으로부터 몰아내려고 한다. 이들은 고독하고 멍하고 무기력해 보이며 건망증을 경험하는 경우가 많다.
	수준9	**스스로를 포기함, '사라져 버림'** 이 수준의 9번 유형은 전혀 진실을 직시할 수가 없다. 이들은 스스로의 내면으로 움츠러들어 무엇에도 반응을 보이지 않는다. 이들은 환상 속의 평화라도 유지하려기 위해 자신을 분열시킴으로써 의식을 피폐시킨다

어지게 하는 위험을 감수하면서까지 스스로를 주장하기보다는 자신의 존재를 슬그머니 감추어 버리고 만다. 불안과 갈등이 커지면 9번 유형은 거의 숨어서 보이지 않게 된다. 이러한 일이 일어나는 까닭은 9번 유형이 환경에 스스로를 적응시키고 '문제가 되지 않기 위해서' 노력하기 때문이다. 그러나 이 과정에서 이들은 스스로를 잃어버리고 만다.

호프는 이런 순간에 대해 다음과 같이 이야기한다.

"1학년 때 나는 내가 독립적인 아이라는 것을 보여 주기 위해서 선생님에게 칠판에 써 놓은 것을 베끼지 않겠다고 말했습니다. 선생님은 내 곁에 오더니 내 턱을 쥐고 세게 흔들었지요. 그 때 이후로 나는 학교나 교회에서 말썽부리는 아이가 아니었습니다. 언제나 어른들이 시키는 대로만 하는 '착한 아이' 였지요."

사회적 역할 : '아무것도 특별할 것이 없는 사람'

평균적인 9번 유형은 스스로를 특별할 게 아무것도 없는 사람－항상 뒤에 있는 것에 만족하고 다른 사람에게 불편함을 만들어 내지 않는 겸손한 사람－으로 봄으로써 특정한 사회적 역할을 만들어 내기 시작한다. 이들은 자신의 존재나 자신의 의견은 별로 중요하지 않다고 느낀다. 9번 유형은 이런 자기 한정 안에서 편안함을 찾는다. 이들은 희망과 기대를 최소화함으로써 좌절당하거나 거부당하거나 분노하거나 실망할 필요가 없는 것이다.

9번 유형의 사회적인 역할은 좀 미묘하고 모호하기 때문에 직접 경험해 보기 전에는 이해하기 어렵다. 9번 유형의 자기 정체성은 그림의 액자

연습 ② 가치 있는 사람이 되기

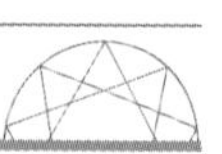

당신을 흥미롭게 만드는 일의 리스트를 만들어라. 스스로에게 정직하게 물어 보라. 가능하다면 당신은 어떤 사람이 되기를 원하는가? 그런 사람이 되기 위해서 오늘 당신이 할 수 있는 일은 무엇인가? 이번 주에 할 수 있는 일은 무엇인가? 올해에 할 수 있는 일은 무엇인가?

나 보석을 받치고 있는 반지 틀과 같은 것이다. 이들은 주의를 자신이 아닌 보석이나 그림에 기울인다. 그래서 이들의 정체성이나 자기 존중은 자신보다 더 가치 있는 사람들과 관계를 맺는 것에 의해서 생겨난다.

9번 유형은 스스로를 특별할 게 아무것도 없는 사람으로 여김으로써 상황에 뛰어들지 않고 뒤로 물러나 있다. 이러한 이들의 태도를 가지면서 스스로를 내세우지 않으면 다른 사람들이 자신의 겸손함을 알아보고 자신에게로 와 줄 것이라는 희망을 갖는다. 이들은 겸손하고 스스로를 내세우지 않기 때문에 삶이 결코 슬픔과 비극을 가져다주지 않을 것이라고 믿고 있는지도 모른다. 불행하게도 모든 일이 항상 이러한 방식으로 되어지는 것은 아니다. 9번 유형은 스스로를 가장 뒤에 놓음으로써 외로움과 우울증을 겪는다. 기회가 이들을 스쳐 지나가고 사람들은 이들을 중요하게 생각하지 않는다. 필립스는 저명한 대학 교수다. 그는 학자로서 성공적인 삶을 살고 있다.

"나는 늘 스스로가 중요하지 않은 사람이라는 생각을 갖고 살았습니다. 나는 항상 다른 사람들이 나보다 더 중요하기 때문에 먼저 남들을 생각해야 하고 나의 욕구보다는 다른 사람의 욕구를 먼저 충족시켜야 한다고 생각했습니다. 건강에 문제가 생겼을 때도 그렇게 했습니다. 예를 들어 내가 몸이 안 좋으면 얼마간 증상이 있는 채로 병원에 가지도 않고 지냅니다. 그러나 아이들이 아프면 당장 의사에게 데려가지요."

9번 유형은 자신을 특별할 게 아무것도 없는 사람으로 취급하기 때문에 에너지가 제한되어 있으며 삶을 대처하는 자신감이 거의 없다. 이들은 우울해지고 쉽게 피로를 느끼기 때문에 수시로 낮잠을 자려고 하며 수면 시간도 길다. 이들이 스스로를 위해 긍정적인 행동을 하는 것은 점점 더 어려워진다.

게으름과 스스로를 잊어버림

9번 유형의 게으름은 자신이 하는 일에 관여하고 싶지 않은 내면의 문제

죽는 것은 아무것도 아니다. 살지 않는 것이 두려울 뿐이다.

빅토르 위고 Victor Hugo

와 관계가 있다. 이들이 일상적인 일들을 하는 것을 보면 꼭 게으른 것은 아니다. 오히려 사업체를 운영하거나 집안일을 하느라고 아주 바쁘다. 이들의 게으름은 내면적인 것이다. 현실에 깊이 영향 받고 싶어 하지 않는 영적인 게으름인 것이다. 이들은 스스로가 나서서 활동적으로 살고 싶어 하지 않는다. 그 결과 평균적인 9번 유형은 자동 조절 장치처럼 된다. 삶은 그들에게 덜 위협적이고 덜 급박해지며 안전한 거리를 유지한 채 사는 것과 같다.

이들의 게으름은 자기 기억과 자기의식 안에서의 게으름이다. 9번 유형은 스스로나 다른 사람, 혹은 세상과 관계를 맺는 데 에너지를 투입하지 않는다. 몸이나 몸의 본능과 동일시하는 것은 인간의 유한성을 직접 인식하는 것과 같다. 그런데 9번 유형은 편안한 내면의 상태를 꼭 붙잡고 있거나 스스로를 넘어선 뭔가와 자신을 동일시함으로써 자신의 의식을 넓게 확산시킨다. 이렇게 함으로써 이들은 인간의 유한성을 직접 만날 필요가 없는 것이다. 그 결과 세상은 훨씬 안전해지지만, 결국 그것은 삶의 생동감과 활력을 희생시켜서 얻어 낸 대가이다.

9번 유형은 자신과 세상 사이의 통일을 원하지만, 늘 대용품에 불과한 평화만을 얻어 낼 뿐이다. 이것은 작은 자극에도 쉽게 흔들리는 거짓된 평화이며 모든 에고의 전략이 그러하듯 결국 실패로 끝나고 만다.

자의식 상실과 무감각함

다른 모든 유형은 자아의식을 만들어 내고 그것을 유지하기 위해서 무엇인가를 한다. 예를 들어 4번 유형은 끊임없이 자신의 감정과 내면의 상태에 머물러 있고, 8번 유형은 여러 가지 방식으로 끊임없이 자신을 주장한다. 그러나 9번 유형은 스스로를 직접적으로 인식하지 않음으로써 자신의 정체성을 창조한다. 역설적으로 들리겠지만 9번 유형은 자의식을 잃어버리고 스스로를 개인으로 인식하지 않음으로써 자신의 정체성을 만들어 내고 유지한다. 이들은 마치 다른 사람들이 모일 수 있는 방이나 다른 사람의 사진을 붙일 수 있는 앨범과도 같다.

그렇기 때문에 건강한 9번 유형은 다른 사람을 아주 잘 지지한다. 그러나 이들이 범하는 가장 근본적인 실수는 다른 사람들과 연결되기 위해서는 자신과 연결되어서는 안 된다고 믿는 것이다. 이들은 다른 사람과의 연결과 조화를 방해하는 것은 무엇이든지 저항한다. 이들의 자아상은 많은 인상들을 거부하는 데 의존하고 있다. 이들은 자신의 분노, 고통, 좌절, 혹은 그 밖의 부정적인 감정을 알아차리게 하는 모든 것에 저항을 한다.

또 외부적으로 보면 9번 유형은 많은 일을 하고 있는 것 같다. 하지만 이들의 활동은 그저 시간을 보내기 위한 활동인 경우가 많다. 이들은 산만하고 부산스럽지만 실제로 중요한 문제를 처리하는 일은 미루고 있다. 이런 상태에 있는 9번 유형은 사람들이 왜 자신을 답답하게 여기는지 이해하지 못한다. 아무도 괴롭히지 않는데, 왜 사람들은 나에게 화를 낼까? 이들은 자신이 적절하게 반응하지 않는 것이 다른 사람을 힘들게 한다는 사실을 보지 못한다. 또한 자신의 태도가 자신이 가장 두려워하는 일을 끌어 온다는 사실도 이해하지 못한다. 결국 평균에서 불건강한 영역에 있는 9번 유형은 다른 사람들과 자신이 분리되는 가장 두려워하는 일을 초래하게 된다.

9번 유형은 무감각이라는 것은 이완된 상태가 아니라는 점을 이해해야 한다. 이완되어 있을 때 우리는 우리의 호흡, 몸의 감각, 주변 상황을 깊이 인식한다. 진정한 평화는 활력과 에너지를 가지고 있다. 진정한 평화는 9번

연습 ③ 스스로를 일깨우기

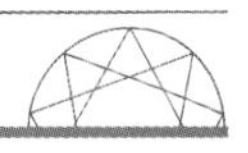

당신이 상당 시간 동안 스스로를 잊어버리고 멍하니 있다는 사실을 알아차릴 때마다 바로 직전에 일어났던 상황을 돌이켜 보라. 어떤 위협 때문에 당신은 그 상황에서 물러나야 한다고 느꼈는가? 그 위협이 단지 환경적인 것이었는가, 그렇지 않으면 자기 내면의 말이나 반응이었는가? 당신이 발견한 것이 있다면, 이 정보를 이용해서 다음번에는 스스로를 닫는 것을 막을 수 있는 경고 증후로 이용하라.

유형이 가진 무기력함이 아니다. 안드레는 이렇게 말한다.

"컨디션이 안 좋을 때 나는 무감각함을 느낍니다. 정말로 우울하지는 않지만 그저 무감각하지요. 그래서 창문을 보거나 생각을 하거나 텔레비전 앞에 앉아 있는 동안에 긴 시간이 흘러갑니다. 시간이 그저 멈추는 것 같아요. 그럴 때는 스스로 정말 멍청하게 느껴집니다. 그런 상태에서도 직장에 가서 일을 하고 사람들과 이야기를 할 수는 있지만, 내면으로는 완전히 감정을 닫아 버리고 있습니다. 삶의 방향을 잃은 느낌이지요."

"나는 그것들이 나에게 가까이 못 오도록 하겠어."

내면의 은신처로 들어가기

9번 유형은 겉보기와는 달리 모든 유형 중에서 가장 내면으로 움츠러드는 유형이다. 이들의 움츠림은 신체적으로 드러나지 않기 때문에 다른 유형들에서처럼 분명하게 보이지 않을 뿐이다. 실제로 9번 유형은 세상과 적극적으로 관련을 맺으려고 하지 않고 안으로 움츠러든다. 이들은 내면의 은신처, 즉 누구도 함께 할 수 없는 마음속의 은밀한 장소를 만들어서 유지하려고 노력한다("여기서 나는 안전해. 누구도 나에게 무엇을 하라고 말할 수 없어").

9번 유형은 불안하거나 화가 났을 때, 혹은 갈등이 있을 때 내면의 은신처로 움츠러든다. 이들은 이상화된 기억이나 환상과 함께 내면의 은신처에서 산다. 진짜 문제와 진짜 세계, 그리고 사람들은 이 세계로 들어오는 것이 허용되지 않는다. 9번 유형은 내면의 은신처를 다른 사람의 요구가 없는, 언제든 자신이 갈 수 있는 장소로 여긴다. 긍정적인 면에서 보면

연습 ④ 내면의 은신처 탐색하기

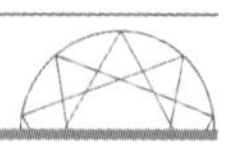

당신의 내면의 은신처는 고요하고 평화로우며 안전하다. 그러나 아마 당신도 이해했겠지만 그 곳에서 사는 일은 많은 대가를 요구한다. 당신의 주의가 내면의 은신처로 향한 순간을 찾아 낼 수 있는가? 내면 은신처의 어떤 요소가 당신에게 안전한 천국으로 느껴지는가? 그것이 갖고 있는 비현실적인 요소는 무엇인가? 내면의 은신처 안에 머물러 있지 않고 진짜 세상에 더 가까이 다가갈 때 당신이 얻을 수 있는 것이 무엇인지 생각해 보라.

이것은 위기 상황에서도 이들을 침착하게 해 주는 것이기는 하나 사람들 사이에서 문제를 일으킨다. 건강한 영역에 이르면 이것은 고요한 내면의 장소로 나타난다. 이것에 대해 안드레는 이렇게 말한다.

"나는 대부분의 시간에 고요하고 차분합니다. 그것은 9번 유형이 느끼는 침착하고 안전한 감정이지요. 나는 그 감정을 좋아합니다. 예를 들어 지난번 집 근처에서 지진이 일어났을 때도 나는 정말로 두려워하거나 당황해하지 않았어요. 뉴욕에서 지진이 일어날 것으로 예상했습니다. 그리고 사람들이 소리를 지르는 것을 들었지요. 나는 마치 다른 곳에서 일어나는 일을 지켜보는 것 같은 느낌이 들었습니다. 오히려 그것이 흥미로웠습니다. 당황해 봐야 소용이 없으니까요. 우리는 지구에서 일어나는 일을 통제할 수 없습니다. 그런데 왜 걱정합니까?"

9번 유형이 내면의 은신처에 더 많이 머물러 있으면 있을수록 혼탁한 백일몽 속에 더 많이 빠져들게 된다. 이들은 주변에서 일어나는 것을 잊어버림으로써 평화와 조화로운 환경을 갖게 되지만, 점점 더 멍한 상태가 되어서 다른 사람들에게 좌절감을 안겨 주며 일을 효율적으로 해 나갈 수 없게 된다. 만약 이 상태에 깊이 빠져 있다면 9번 유형은 사랑하는 사람이나 낯선 사람 혹은 동물에게까지 감정을 가질 수는 있어도 자신의 감정을 의미 있는 행동으로 연결시키지는 못한다. 그래서 이들의 관계는 상상 속에서만 일어난다.

연습 ⑤ 숨겨진 힘 발견하기

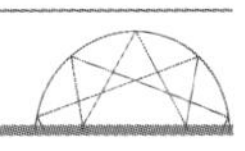

어떤 관계에서 당신이 누군가를 이상화할 때마다 그 사람의 어떤 면에 대해 초점을 맞추고 있는지 살펴보라. 당신은 그런 자질들이 자신에게는 없다고 생각하는가? 당신의 본질은 이미 이것을 가지고 있음을 기억하라. 이런 관점에서 본다면 상대방은 당신에게 막혀 있는 사실을 상기시켜 주는 역할을 하고 있을 뿐이다. 그러므로 당신이 상대방을 이상화하는 것은 진정한 가이드의 역할로, 자신의 긍정적인 자질들을 더 많이 찾아내고자 하는 내면의 작업으로 이끌어 주고 있음을 기억하라.

관계 속에서 상대를 이상화하기

9번 유형은 다른 사람들을 이상화한다. 이들의 삶은 가족이나 가까운 친구들과 자신을 연관시키는 것을 통해서 이루어진다. 이것은 상대방의 실제 모습보다는 그 사람에 대한 자신의 이미지와 관계를 맺는 것이다. 예를 들어 9번 유형이 자신의 가족을 이상화했는데 아이들 중 하나가 마약 중독이라면 그런 현실을 다루는 데 아주 어려움을 겪을 것이다.

9번 유형은 상대방을 이상화함으로써 자신보다는 다른 사람들에게 초점을 맞춘다. 이것이 9번 유형으로 하여금 사람들에 대한 긍정적인 감정의 반응을 갖게 해 주며 이들의 수퍼에고 메시지를 충족시켜 준다("네 주변의 사람들이 좋고 괜찮다면 너는 좋고 괜찮다"). 상대를 이상화하는 9번 유형은 강하고 공격적인 사람들에게 끌린다. 이런 사람들이 좀더 '멋진' 관계를 자신에게 제공해 줄 것이라고 느끼기 때문이다. 대신 에너지가 넘치고 활달한 이들의 친구들은 억압된 활력을 제공해 준다. 자기주장이 강한 사람들은 대개 자신의 계획을 따라 줄 사람을 찾는다. 그 때문에 이러한 무의식적인 거래는 순조롭게 이루어질 수 있다. 다른 사람들을 이상화하는 것은 간접적으로 자신의 자존심을 유지하는(혹은 키우는) 방법이기도 하다. 아주 뛰어난 사람과 관계를 맺고 있으면 스스로가 가치 있다고 느껴지기 때문이다.

그러나 이러한 거래에는 세 가지 큰 위험이 있다. 첫째는 9번 유형은 자기주장이 강하고 독립적이고 공격적인 유형에게 이용당할 수 있다는 점이다. 둘째로 자유분방하고 독립적인 유형은 온순하고 모험심도 없는 9번

연습 ⑥ 완전한 철학

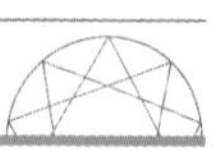

당신이 어떤 경구나 인용문 같은 것을 생각하거나 말하는 것을 '행동을 통해 알아차렸을 때' 두 가지를 살펴보라. 첫째는 그와 정반대가 되는 것을 말할 때 어떤 불쾌함이나 부정적인 감정이 느껴지는지 주의를 기울이고 살펴보라. 둘째로 그 말의 정반대가 되는 것을 말하면서 그 말이 어떤 면에서 진실이 아닌지를 살펴보라. 아마도 진실은 그 중간의 어딘가에 놓여 있을 것이다.

유형에 대해 흥미를 잃게 될 것이다. 마지막으로 가장 중요한 것은 9번 유형이 다른 사람의 활력과 결합됨으로써 스스로를 충족시키려고 한다면 자신의 활력은 되찾을 수 없다는 점이다.

"언젠가는 나에게도 운이 트일 거야."

'삶의 철학'에 의해 살기

평균적인 9번 유형은 '삶의 철학'에 크게 의존하고 있다. 이들에게 삶의 철학이란 격언, 상식, 성서, 속담 등 모든 인용문 같은 것이다. 이러한 인용문은 평균적인 9번 유형에게 사람들을 대하고 문제 상황을 다루는 방법을 제시해 준다.

이들은 삶의 문제에 대해서 이미 만들어진 답을 갖고 있다. 그 '답'이 어떤 상황에서는 진실이기는 하지만, 9번 유형은 개별적인 상황에 대해서는 고려하지 않는다. 문제는 9번 유형이 이 완벽한 철학을 더 깊은 진실이나 진정한 이해로 들어가는 데 사용하지 않고, 분노가 표출되는 것을 막아 버리는 데 사용한다는 점이다. 이들 철학의 많은 부분은 이들에게 위안을 제공한다("나는 신이다." "모든 것은 하나다." "모든 것은 사랑이다"). 이것은 9번 유형에게 노력을 요구하지 않고, 수동적 삶의 태도를 합리화할 수 있는 구실을 제공한다.

덜 건강한 9번 유형은 운명론을 방어하기 위해서 영성을 사용한다. 이들은 부정적인 상황에 대해 아무것도 할 수 없다고 느끼면서 그런 상황을 그대로 받아들인다("이것은 신의 뜻이야"). 스스로를 닫아 버린 9번 유형은 자신이 믿고 싶은 것에 매달리기 위해서 자신의 직관, 상식, 지각, 경험 등을 무시해 버린다. 자기 내면의 소리를 무시하는 것이다. 이들은 아주 순종적이 되어서 아무것도 염려할 것이 없다고, 결국은 천사가 모든 것을 보살펴 줄 것이라고 스스로를, 그리고 다른 사람들을 설득하려고 한다.

고집스러움과 내면의 저항

9번 유형은 자신의 발전이나 문제 해결, 혹은 의미 있는 관계를 맺기 위

"나는 조금 후에 이 문제를 다룰 거야."

해서는 주의와 에너지가 필요하다는 사실을 잘 알고 있을 것이다. 그러나 이들에게는 우유부단함이 있기 때문에 삶에 완전히 뛰어들기 위해서는 다른 유형보다 더 많은 노력이 필요하다. 이러한 9번 유형의 성향은 많은 문제를 만들어 낸다. 우리들 대부분은 달콤한 아침잠에서 깨어나고 싶지 않은데, 일어나서 그 날 해야 할 일을 직면해야 하는 기분을 느껴 보았을 것이다. 그럴 때 우리는 좀 더 잠 속에 취해 있고 싶은 생각이 든다. 그런데 그렇게 하면 출근 시간에 늦어 버린다. 평균적인 9번 유형은 이와 유사한 심리적 메커니즘을 가졌다. 이것이 이들의 깨어남을 미루게 하는 것이다.

다른 사람들이 9번 유형에게 깨어나서 반응하라고 압박을 가하면 가할수록 이들은 더 움츠러든다. 이들은 사람들이 자신을 '떠미는 것'에서 벗어나기를 바란다. 그래서 다른 사람들을 진정시키고 평화를 찾으려고 하는 것이다.

안드레가 어머니의 요구에 맞서 스스로를 주장하려고 했던 것이 소용없는 일로 느껴졌을 때의 경험을 이야기한다.

"어머니에게 만족을 주는 것처럼 보였던 유일한 일은 집을 치장하는 것이었습니다. 4번 유형이었던 어머니는 평범한 우리 집을 멋지게 만들기 위해서 많은 일을 하셨지요. 내 방을 꾸밀 때는 모든 내 포스터를 떼어 내고 파스텔 톤의 벽지를 바르셨습니다. 나는 그것이 정말 싫었어요. 그러나 어머니가 내 말에 따라 주지 않을 거라는 사실을 알았기 때문에 화도 내지 않고 있었습니다. 그 문제로 어머니와 언쟁을 하는 것은 에너지 낭비였으니까요."

연습 ⑦ 미루는 것을 그만두기

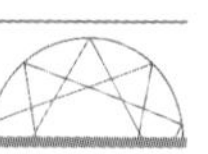

당신의 내면 작업 일지를 펴서 삶을 온전히 사는 것을 미루고 있는 당신의 방식에 대해서 살펴보라. 당신은 어떤 때 해야 할 일을 미루는가? 당신이 어떤 일을 미루게 하는 특정한 조건이 있는가? 집에서인가? 직장에서인가? 어떤 특정한 사람이나 환경에서인가? 이러한 상태에서 깨어나기 위해서는 어떤 조건이 필요한가?

9번 유형이 다른 사람의 말을 잘 따라 주기는 하지만 내면에는 고집스러움과 저항이 있다. 이것은 자신의 평화를 위협하는 것으로 보이는 어떤 것이나 어떤 사람에 대해서도 영향을 받지 않으려는 욕구다. 다른 사람들은 이러한 9번 유형을 수동적이라고 볼 수도 있다. 그러나 이들은 내면에 엄청난 힘과 결단력을 숨기고 있다. 평균적인 9번 유형은 표면의 평화로움 밑에 벽돌과 같은 벽을 가지고 있다. 어떤 선을 넘어서면 이들은 절대로 자신의 의지를 굽히지 않을 것이다.

많은 9번 유형은 다른 사람에 의해 바뀌거나 영향을 받고 싶어 하지 않는다. 건강하지 않은 9번 유형은 자신의 반응이 어떤 일에 영향을 미치는 것을 원하지 않는다. 상황에 영향을 미치는 모든 요인을 위협적이라고 느낀다. 이것은 아이러니컬하게도 부정적인 감정뿐만 아니라 긍정적인 것도 포함한다. 9번 유형이 스스로에게 흥분을 허용한다면 자신의 감정적 안정에 위협이 된다.

이상한 것은 건강하지 않은 9번 유형은 자신이 아주 어려운 환경에 놓여 있다고 하더라도 그것으로부터 벗어나려고 남들에게 도움을 구하지 않는다는 점이다. 이것을 가능하도록 해 주는 것이 이들의 인내력이다. 한계 상황에서 이들의 인내력은 미련함이 된다. 이럴 때에 이들에게 삶은 살기 위한 것이 아니라 견뎌내야 하는 것이다. 물론 즐기기 위한 것은 더욱 아니다. 이들이 삶에서 즐거움을 위해 하는 일들은 내면의 무감각과 활력 없음을 회피해서 인식하지 않기 위한 것이다. 그러나 텔레비전을 보면서 과자를 먹거나, 친구들과 돌아다니거나, 다른 사람들의 경험을 통해서 대리 만족을 한다고 해서, 자신의 삶이 어려움 속에 빠져 있다는 사실을 깨달을 때의 고통을 완전히 회피하지는 못할 것이다.

분노 억압하기

평균보다 낮은 상태에 있는 9번 유형은 외견상으로는 공격 성향이나 자신을 주장하려는 태도를 갖고 있지 않은 것처럼 보인다. 그러나 겉으로 편

"당신이 그 문제에 대해 이야기할 수록 나는 점점 더 그것이 하기 싫어져."

안하게 보이는 것과는 달리 이들에게는 많은 숨겨진 분노가 있다. 9번 유형은 이것을 인식하고 싶어 하지 않는다.

분노는 본능적 반응일 뿐이다. 분노가 처리되지 않으면 더 큰 적개심으로 변하고 말 것이다. 평균적인 9번 유형은 이 분노를 표면으로 올라오도록 허용한다면 삶에서 중요한 두 가지를 잃게 될 것이라고 생각한다. 첫째는 자신의 마음의 평화이고, 두 번째는 다른 사람과의 연결이다. 하지만 진실은 그 반대이다. 9번 유형이 억압된 분노를 인식하게 되면, 그 분노는 내면의 나태함으로부터 벗어날 수 있도록 해 줄 것이다.

9번 유형은 여러 가지 이유로 분노를 경험한다. 무의식적으로 이들은 자신만의 '공간'이 없다는 것 때문에 분노한다. 이들은 모든 사람의 요구를 들어 주고 조화로운 관계를 유지하면서도 적개심을 쌓아 간다. 이들은 자신이 혼자 있고 싶을 때 어떤 행동을 하라고 다그치는 데 대해서 분노하고, 생각하고 싶지 않은 문제를 생각하게 하는 데 대해서 분노한다. 또한 다른 사람들이 자신을 이용하는 것을 알면서도 아무것도 할 수 없는 사실에 대해서 화가 나 있다.

건강하지 않은 9번 유형은 '현관에 깔아 놓은 신발 닦는 물건' 같은 것이 될 소지가 많다. 그리고 그것 때문에 괴로워한다. 평균적인 9번 유형은 본능적으로 자신을 보호해야 할 필요를 느끼면 긴장해서 얼어붙는다. 이들은 스스로가 적절하게 방어하고, 자신의 입장을 밝히고, 자신의 이익을 위해 적절한 행동을 할 줄 모른다고 느낀다. 무력감은 분노를 억압하게

연습 ⑧ 화가 나도 괜찮다

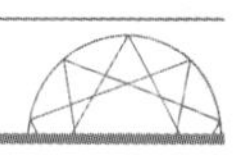

당신은 화가 나도 괜찮다는 사실을 알 필요가 있다. 그리고 분노를 경험해도 좋은 정당한 힘으로 인식해야 한다. 영적인 관점에서 보면 분노는 우리에게 "노"라고 말할 수 있는 힘, 즉 원치 않는 것으로부터 스스로를 보호할 수 있는 힘을 준다. 그래서 자신이 진정으로 원치 않는 것이 있으면 거절할 줄 알아야 한다. 그런 행동이 당신에게 죄책감이나 두려움을 느끼게 한다면 그저 그 반응을 지켜보라. 적절한 상황에서 거절하는 법을 배우는 것은 당신에겐 아주 의미 있는 일이다.

되는 가장 중요한 원인 중의 하나다.

우리는 분노가 부정적인 것이라고 생각한다. 그러나 분노는 우리 내면에서 스스로를 막고 있는 오래된 패턴을 없애 버릴 수 있는 힘을 가지고 있다. 이것이 분노가 가지고 있는 긍정적인 면이다. 분노는 우리에게 이로움을 주기도 한다. 분노는 우리를 단호하게 하고 경계선을 명확하게 하며 스스로를 방어하도록 해 준다. 우리는 이것을 성스러운 분노라고 부를 수 있을 것이다. 9번 유형이 자신을 발견하고 성장하기 위해서는 자신의 에너지를 어떻게 억압하고 있는지 보고 분노의 느낌을 스스로에게 허용해야 한다.

스트레스에 대한 반응

9번 유형이
6번 유형으로 간다

우리가 보았듯이 9번 유형은 자신의 선택과 욕구를 무시하고 자기내면의 은신처로 움츠러들어서 스트레스를 관리하려고 한다. 이들은 이러한 대처 기술이 자신의 불안을 처리하는 데 불충분하다면 6번 유형으로 가면서 스스로에게 더 많은 안전과 안정감을 줄 수 있다고 여겨지는 사상이나 관계에 자신을 투자한다.

9번 유형은 걱정과 불안이 표면으로 올라올 때 주로 일에 매달린다. 이들은 모든 일을 해결하려고 동분서주한다. 동시에 다른 사람들이 요구하는 것에 대해서는 수동적인 공격 태도를 보이며 방어적이 된다. 이들의 긍정적이었던 '삶의 철학'은 의심과 염세주의를 드러낸다. 또한 스트레스를 받고 있는 9번 유형은 6번 유형처럼 다른 사람들과 삶에 대해 오랫동안 감춰 놓은 불평을 드러내기 시작한다. 그러나 감정을 분출하는 것은 일시적으로 스트레스를 줄여 주지만 그 혜택이 그리 길게 가지는 못한다. 그런데도 9번 유형은 여전히 자신의 불행의 뿌리를 보려고 하지 않는다. 이들이 심한 스트레스 상태에 놓이면 자신을 방어할 수 있는 방법을 찾으려 하며 그 결과 자신의 문제에 대해 다른 사람들을 비난하고 반항적이 된다. 9번 유형이 화를 분출하는 것은 자신뿐만 아니라 오랫동안 그를 알고 있던 다른 사람들을 놀라게 한다.

위험신호

9번 유형이
어려움에 빠졌을 때

9번 유형이 상당 기간 동안 과도한 스트레스를 받거나, 적절한 도움이나 대처하는 기술 없이 심한 위기 상황을 겪거나, 어린 시절에 심한 학대를 받았다면 쇼크 포인트를 넘어서 불건강한 범위로 들어갈 것이다. 이들이 자신의 문제나 삶의 갈등은 사라지지 않을 것이며 점점 더 악화될 것이라고 인식하는 순간 두려움을 가질 수도 있다. 또한 이들은 자신의 문제를 다루어야 한다는 현실 때문에 압박감을 느낄 수도 있다. (9번 유형이 아무리 현실을 직시하지 않으려 해도 경찰은 아이를 집에 데려올 것이며, 알코올 중독인 배우자는 직장에서 쫓겨날 것이며, 유방에 생긴 종양은 없어지지 않을 것이다).

직면하고 싶지 않은 현실을 직면해야 한다는 것은 9번 유형에겐 위협적인 일이지만 또한 삶에 있어서 전환점이 될 수도 있다. 이들은 삶의 방향을 바꾸기 시작해서 건강과 자유로움으로 나아갈 수 있다. 반면에 모든 것이 괜찮다고 생각하면서 안락함을 주는 환상을 계속 붙들고 있고 싶은 마음에 더 고집스러워질 수도 있다("왜 사람들은 나를 화나게 하는 거지?" "당신이 나에게 그렇게 강요하면 더 하기 싫어져!"). 9번 유형이 이런 태도를 고집하면 불건강한 영역으로 들어간다. 당신 자신이나 주변 사람이 상당 기간 동안 다음과 같은 경고 증후를 보이면(2~3주 이상) 카운슬링이나 치료, 혹은 그 밖의 다른 도움을 받도록 하는 게 바람직하다.

✳ 경고 징후 **잠재적인 정신 질환 :** 해리성 장애, 의존성 성격장애, 정신분열성 성격장애, 무쾌감을 동반한 우울한 기분, 극단적인 거부(부인), 장기간에 걸친 심각한 수준의 이인화 현상	• 건강이나 재산 등 심각한 개인적인 문제에 대한 회피 • 도움을 받는 데 대한 지속적인 저항 • 활력이 없으며 의식이 억압되어 있음 • 스스로를 방치함 • 만성적인 우울증과 감정적인 저하 • 극도의 분리감(혼란, 연결이 끊어진 느낌, 길을 잃은 느낌)

• 진정한 겸손은 좋은 자질이지만 우리가 그것을 위해 뭔가 노력을 해야

9번 유형의
성장을 돕는 방법

할 것은 아니다. 진정한 겸손과 자신이나 자신의 능력을 평가 절하하는 것과는 어떤 차이가 있는지를 배워라. 9번 유형의 사회적 역할, 즉 자신은 특별할 게 아무것도 없는 사람이라는 생각이 들 때 그것을 알아차려라. 당신은 삶의 문제에 압도당할 수도 있고, 자신은 다른 사람에게 줄 수 있는 것이 별로 없다고 느낄 수도 있다. 그러나 이 세상의 부조화와 폭력, 고통을 조금만 들여다본다면 당신이 할 수 있는 것이 무엇인지에 대한 지혜가 떠오를 것이다. 이 지구의 많은 문제들을 치유하기 위해 에너지가 필요하다면, 그것은 건강한 9번 유형의 차분하고 평화로운 에너지다. 당신은 진정으로 자신과 연결되어 있을 때, 당신이 직면한 상황에서 필요한 모든 힘과 능력을 갖고 있다는 것을 알게 된다.

• '노' 라는 말의 가치를 배워라. 다른 사람들을 실망시키고 싶어 하지 않는 것은 당연하다. 그러나 당신이 편안하지 않은 상황을 만났을 때 마지못해 따르고 나중에 후회하는 것보다는 그 앞에서 동의하지 않는다는 것을 표현하는 게 낫다. 처음에는 당신이 계획에 동의를 해 놓고 나중에 수동적인 공격으로 저항할 때 사람들은 더 화가 난다. 대부분의 사람들은 당신이 진정으로 원하는 것이 무엇인지를 알고 싶어한다 – 심지어 그것이 당신에게 그리 중요한 것이 아닐 때에도.

• 어떤 상황에서든 당신이 원하는 게 무엇인지 인식하는 법을 배워라. 당신은 다른 사람의 상황과 의견만을 고려하기 때문에 자신의 상황과 의견은 무시하는 경향이 있다. 이러한 마음의 습관 때문에 당신은 자신이 원하는 것을 당장 알기가 어렵다. 필요하다면 다른 사람에게 당신이 원하는 것이 무엇인지 생각할 시간을 달라고 부탁하라. 그리고 원하는 것이 무엇인지 알게 되면 그것을 따르는 것을 두려워하지 말라. 당신은 자신이 원하는 것을 할 수 있다.

• 건강한 3번 유형들로부터 조언을 얻어라. 그리고 자신과 자신의 능력을 개발하는 데 시간과 에너지를 투자하라. 시간을 보낼 수 있는 가치 있고 즐거운 많은 방식들이 있다. 자기 개발을 게을리 해서 자기 발전을 가로막지 말라. 처음에는 이러한 노력들이 불안을 불러 낼 수도 있다. 그러나 꾸준히 자신을 개발하면 더 크고 더 깊은 만족을 느낄 수 있을 것이다. 스스로를 개발한다고 다른 사람들로부터 멀어지는 것은 아니다. 모든 사람들은 더 강하게 스스로를 실현한 당신으로부터 이득을 얻을 것이다.

• 당신이 어떤 사람과 실제로 관계를 맺고 있는 것이 아니라 관계를 맺는 것을 상상하고 있다면 그것을 알아차려라. 대부분의 사람들은 당신이 하고 싶은 일에 대해서 상상하는 동안 당신 옆에 앉아 있는 것을 재미없어 한다. 당신이 누군가와 함께 있을 때 그의 눈치를 살핀다면, 그에게 뭔가 불편한 것이 있거나 화가 나 있는지 스스로에게 물어 보라. 그것에 대해서 그 사람과 이야기해 보는 것도 당신과 그 사람이 다시 연결되는 데 도움이 될 것이다.

• 당신의 분노를 인식하고 처리하는 법을 배워라. 대부분의 9번 유형에게 분노는 아주 위협적이다. 이들은 분노가 모든 감정 중에서 자신 내면의 평화를 가장 쉽게 파괴시킬 수 있는 감정이라고 느낀다. 그러나 당신은 분노를 통해서만 내면의 힘과 연결될 수 있다. 이것은 당신의 게으름을 연소시킬 수 있는 연료이다. 사람들에게 소리를 지르거나 낯선 사람에게 공격적이 되라는 의미는 아니다. 당신이 분노를 느낄 때 상대방에게 그 감정을 이야기해도 괜찮다는 의미다. 당신의 몸에서 분노가 어떻게 느껴지든 분노를 느끼는 법을 배워라. 분노가 어떻게 느껴지는가? 몸의 어떤 부분에서 가장 강하게 느껴지는가? 분노를 하나의 감각으로 여기고 그 분노에 익숙해지면 당신은 분노를 두려워할 필요가 없게 된다.

9번 유형의
장점 키우기

9번 유형에게 가장 큰 힘의 원천은 심오한 인내심이다. 9번 유형은 상대방을 있는 그대로 인정해 주고 그들이 자신의 방식대로 발전해 나가도록 허용한다. 우리는 현명한 부모가 자녀에게 새로운 기술을 가르칠 때, 그 아이를 존중하면서 어느 정도의 거리를 두고 지켜봐 줌으로써 이러한 자질을 발견한다.

9번 유형의 인내심은 고요한 힘과 엄청난 지구력에 의해 유지된다. 이들은 일이나 인간관계에서 경쟁을 할 때 어려움 속에서도 끝까지 지치지 않고 버텨서 상대방을 물리치는 힘이 있다. 이들은 토끼와 거북 이야기에 나오는 거북과 같다. 건강한 9번 유형은 자신의 목표를 향해 꾸준히 인내심을 갖고 일해서 그것을 성취한다. 이들은 본능 중심의 중앙에 있는 유형답게 의지와 힘을 갖고 있다.

건강한 9번 유형은 내면의 안정에서 나오는 엄청난 힘이 있기 때문에 위기 상황을 다루는 데 아주 뛰어나다. 삶의 작은 기복뿐만 아니라 중요한 문제, 좌절, 재앙들도 이들의 평정심을 깨뜨리지 못한다. 모든 사람들이 불안 때문에 과도한 반응을 할 때도 9번 유형은 조용하고 차분하게 그 순간에 해야 할 일들을 해 나간다.

안드레는 이것이 얼마나 단순한 일인지를 알고 있다.

"불안과 멍한 상태에서 벗어나는 것은 아주 단순합니다. 뭔가 잘못된 것이 있음을 인정하고 내가 신뢰하는 누군가에게 어떤 느낌인지를 이야기하는 거지요. '엉망인' 기분과 연결되는 것은 고통스럽습니다. 그러나 그렇게 함으로써 그 감정이 열어질 수 있어요. 도움이 되는 또 한 방법은 체육관에 간다거나 마사지를 받음으로써 몸과 다시 연결되는 것입니다. 개를 기르는 것도 저에게는 아주 도움이 됩니다. 내 개는 항상 '현재에 존재하고' 완전한 주의를 기울여 줄 것을 요구하기 때문에 개와 함께 있으면 무기력한 기분을 계속 가지고 있을 수가 없지요."

"우리는 모두 잘 지낼 수 있다."

건강한 9번 유형은 다른 사람을 받아들이는 힘이 강하다. 이것은 오늘날의 세상에서 아주 중요한 자질이다(이것은 사람들에게 배타적이고 자신의 단체 '안'에 있는 사람과 '밖'에 있는 사람을 구분하려는 6번 유형에게 왜 9번 유형의 자질을 받아들여서 통합해야 하는지를 설명하고 있다). 평균적인 9번 유형은 대개 다른 사람을 통해서 좋은 면을 보지만(다른 사람과 어울리고자 하는 욕망), 건강한 9번 유형은 자신의 내면에서도 좋은 면을 발견한다(좀 더 독립적이 되고자 하는 욕망).

9번 유형은 다른 사람들을 지지하는 것에 관심이 있기는 하지만 구조자나 조력자의 태도를 취하지는 않는다. 이들은 판단을 하지 않고, 다른 사람들의 말을 들으며, 상대방이 원하는 대로 하도록 자유를 주고, 그들을 존중하기 때문에 이 세상에서 아주 가치 있게 여겨지는 사람들이다. 이들은 상황을 긍정적으로 해석하려고 하며, 다른 사람들에게 공간을 만들어 주고 남의 말을 주의 깊게 듣기 때문에 사람들은 어려움이 있을 때마다 이들을 찾는다. 그러나 이들은 다양한 관점을 수용하면서도 필요할 때는 확고하게 자신의 입장을 취하기도 한다. 이들의 단순함, 순진 무구, 솔직함, 악의 없음은 사람들을 편안하게 해 주며 그럼으로써 사람들은 이들을 신뢰한다.

건강한 9번 유형은 다양한 의견, 갈등, 긴장을 허용하고 존중한다. 이들은 다른 차원에서 갈등과 모순을 해결할 수 있는 새로운 해결책에 도달하는 능력을 갖고 있다. 9번 유형은 음악, 예술, 그림, 무용과 같은 비언어적인 방식으로 자신을 표현하기를 좋아한다. 이들은 아주 창조적이며 꿈과 상징의 세계를 탐색하는 것을 좋아한다. 전체적으로 생각하고 우주와 하나가 되는 느낌을 경험하려는 욕구를 갖고 있다.

통합의 방향

9번 유형이 3번 유형으로 간다

9번 유형은 건강한 3번 유형처럼 자신의 본질적인 가치를 인식하는 법을 배움으로써 자신을 실현하고 건강해질 수 있다. 그렇게 함으로써 이들은 '특별할 게 아무것도 없는 사람'이라는 사회적 역할을 극복한다. 이들은 자신의 잠재력을 개발하기 위해서 노력하고, 세상에 스스로를 드러내며, 자신이 무엇을 갖고 있는지를 다른 사람에게 알린다.

이들이 자신을 실현하는 데 있어서 가장 큰 장애는 게으름으로 빠져드는 것이다. 9번 유형은 뭔가 자신에게 좋은 것을 하려 할 때마다 무거움이나 졸림을 느낀다. 그러나 통합되어 나감에 따라 이들은 자신의 에너지가 증가하는 사실을 느낄 것이다. 통합된 9번 유형은 사람들이 자신의 이야기를 잘 듣고 잘 따른다는 것을 알게 된다. 이들이 자신의 가치를 인식하게 되면 다른 사람들도 이들의 가치를 더욱 잘 알게 될 것이다. 또 이들이 본능 중심의 활력을 되찾으면 다른 사람들에게도 힘을 줄 수 있다. 통합된 9번 유형은 자신의 본질적인 가치를 발견하고 다른 사람들에 의해 다시 비쳐져서 자신에게 되돌아오는 것을 느낀다. 이것이 이들을 놀랍게 하고 기쁘게 한다.

또한 통합된 9번 유형은 자신의 정체성이 있는 곳, 즉 가슴과 접해 있어서 진실하게 자신을 표현한다. 이들은 자기주장이 공격과는 다르다는 것을 알고 있어서 필요할 때는 자기주장을 할 수도 있다. 더욱이 고집스러움으로 나타나는 현실에 대한 저항감이 사라져서 환경에 더 잘 적응하고 순응할 줄 알게 된다.

물론 평균적인 3번 유형의 자질을 모방함으로써 9번 유형이 통합의 방향으로 가는 것은 아니다. 경쟁적이고 이미지를 중시하고 강박적이 되는 것은 진정한 자아 존중을 키우는 데 도움이 되지 않는다. 오히려 이것은 자신의 가치에 대해 더 큰 불안을 갖게 하고 진정한 정체성에서 멀어지도록 한다. 그러나 9번 유형이 자기 개발에 투자하려는 에너지를 발견함에 따라서 가슴으로부터 사랑과 에너지가 흘러 나와 세상을 치유할 수 있을 것이다.

성격을 넘어서 본질로 돌아가기

궁극적으로 9번 유형은 연결을 잃을 것에 대한 두려움과, 자신이 세상에 참여하는 것이 그다지 중요하지 않기 때문에 스스로를 드러내지 말아야 한다는 신념을 버림으로써 본성을 되찾는다. 이들의 통일과 전체성을 되찾는 유일하고 진정한 방법은 꿈속을 헤매는 것이 아니라 온전히 현재에

통합은 우리가 만들어 내는 것이 아니라 거기에 있음을 인식하는 것이다.

윌리엄 슬로안 코핀 William Sloan Coffin

존재하는 것임을 깨닫는다. 그러나 이것은 9번 유형이 본능 중심의 본성 및 신체와 연결될 것을 요구한다. 또한 이것은 억압된 분노의 감정과 직면할 것을 요구한다. 이것은 이들에게 아주 위협적인 일이 될 수 있다. 그러나 9번 유형이 내면에 머물러 있고 분노를 통합할 때 자신이 갈구했던 안정감을 느낄 수 있다. 이러한 내면의 힘을 회복함으로써 9번 유형은 어떤 것에도 굴복당하지 않는 힘을 가진 자신을 실현하게 된다. 이럴 때 이들은 신성의 의지와 하나가 되는 것이다.

9번 유형은 진정한 연결과 전체성을 회복하기 위해서 인간이 한계 있는 존재라는 것을 알고 받아들여서 끌어안아야 한다. 우리는 인간의 조건을 초월할 수 없다. 그것을 온전히 끌어안을 때만이 본성의 완성에 도달할 수 있다.

9번 유형은 이 진실을 깨닫고 받아들일 때 차분하고 독립적이 된다. 이들은 더 자유롭게 자신을 주장하고 더 큰 평화와 고요함, 만족을 경험하며 진정으로 현재에 존재하기 때문에 평온 속에서 다른 사람들과 깊이 연결된다. 이들은 활기 있고 쾌활하며 맑게 깨어 있다. 또한 역동적이고 즐거운 사람들이다. 평화와 세상의 치유를 위해 일하면서도 삶에 완전히 뛰어들어서 즐기며 스스로에 대해 놀라운 것들을 발견하다.

레드는 이렇게 말한다.

"나는 무엇을 말하고 어떻게 행동해야 할지를 정확히 알고 있습니다. 또한 그것을 할 수 있는 힘과 결단력이 있습니다. 나는 다른 사람들을 즐겁게 해 주는 것을 그만두고 내 스스로가 즐기려고 노력합니다. 그런데 이상하게도 내 자신의 욕구를 충족시키려고 노력하는 것이 전체의 욕구를 충족시키는 것과 일치합니다. 내가 원하는 일에 충실한 것이 전체를 위하는 일이 될 때가 많지요."

본질이 드러남

9번 유형은 전체성과 완전함이라는 본질적인 자질을 기억하고 있다. 이들은 우주 안에 그 무엇도 다른 것과 분리되어 존재하지 않는다는 것을 기억한다. 이러한 앎은 내면에 큰 평화를 가져온다. 본질적인 관점에서 보았을 때, 9번 유형의 삶의 목적은 영성과 어느 차원에서는 우리가 하나의 존재로 연결되었다는 점을 일깨워 준다.

행복은 완전하고 위대한 것 속에 녹아 있다.

윌라 카서 Willa Cather

건강한 범위에 있는, 자유로움을 얻은 9번 유형은 온전히 현재에 존재하고 자기 자신을 잃지 않으면서도 존재의 전체성과 통일성을 알고 있다. 그리 건강하지 않은 9번 유형이 현실을 넘어서 무한을 지각할 수 있는 능력을 가지고 있으면서도 자신의 환경 속으로 흡수되어 버리고 마는 반면에, 자유로움을 얻은 건강한 9번 유형은 이런 상태에서도 자신을 잊어버리지 않는다. 이들은 선과 악이 어떻게 뒤섞여 있는지 안다. 이들은 기쁨과 고통, 슬픔과 행복, 건강과 병, 덕과 약함, 지혜와 바보스러움, 평화와 불안 같은 상반된 두 가지의 역설적 통합을 받아들인다. 모든 것은 연결되어 있는 것이다.

컨설턴트인 마틴은 스스로 이것을 깨달았다.

"작년에 아내가 죽었습니다. 그녀의 죽음이 더 큰 사건의 한 부분들이라는 사실을 깨닫기 전에는 견딜 수 없이 슬펐습니다. 삶의 전체성을 받아들이자 그녀의 죽음도 더 큰 전체의 한 부분이라는 사실을 알게 되었지요. 그제야 아내의 죽음을 받아들일 수 있었습니다."

오스카 이카조는 9번 유형의 또 하나의 본질적인 자질을 '신성한 사랑'이라고 불렀다. 우리는 이것을 정확하게 이해해야 한다. 우리가 말하는 본질적인 사랑은 존재의 역동적인 자질이다. 그것은 흐르고 계속 성장해 나아가며 앞에 놓인 모든 장애를 극복한다. 그것은 에고 안에 있는 분리와 고립의 느낌을 넘어선다. 이것은 자아 경계의 해체와 자아의 죽음을 수반한다. 이것이 진정한 사랑이다. 우리가 신성한 사랑에 자신을 놓아버리는 것을 배울 때 존재의 바다와 다시 연결되며 우리 자신이 이러한 사랑임을 깨닫게 되는 것이다. 우리는 이러한 끝이 없고 역동적인 의식의 현존이다. 그리고 항상 그래 왔다.

리소-허드슨

유형 분류 테스트 결과

9번 유형에 대한 모든 문항의 점수를 더하라. 그리고 다음의 가이드라인을 참고하여 당신의 성격 유형을 발견하거나 확인하라.

점수	결과
15	당신은 아마 움츠리는 형(4번, 5번, 9번 유형)이 아닐 것이다.
15~30	당신은 아마 9번 유형이 아닐 것이다.
30~45	당신은 아마 9번 유형과 비슷한 특성을 가지고 있거나 9번 유형의 부모를 가지고 있을 것이다.
45~60	당신은 9번 유형의 성격을 가지고 있는 것 같다.
60~75	당신은 9번 유형일 가능성이 가장 많다(그러나 당신이 9번 유형을 너무 좁은 시각으로 보고 있다면 다른 유형일 수도 있다).

※ 9번 유형들이 자신의 번호로 잘못 생각하는 번호들은 2번, 4번, 5번이다. 2번, 6번, 7번 유형들은 자신을 9번 유형으로 착각하는 경우가 많다.

제3부
의식 변형을 위한 도구

Tools for Transformation

제16장

영적 성장을 향한 실천

The Enneagram and Spiritual Pactice

에니어그램은 그 자체로 영적인 길은 아니다. 우리가 영적 성장을 위한 어떠한 길 위에 있든지 에니어그램은 우리를 도와 줄 수 있는 훌륭한 도구일 뿐이다. 그러나 에니어그램으로부터 어떤 통찰을 얻었다면 삶 속에서 꾸준히 실행을 해야 한다. 에니어그램의 연습은 에니어그램의 정보가 우리의 삶 속에 자리를 잡도록 해 주며 그것이 드러내 주는 가장 근본적인 진리로 돌아가도록 우리를 도와준다.

다음과 같은 영적 성장을 위한 연습과 에니어그램의 지식을 결합시킬 수 있을 것이다.

1. 하루를 보내면서 가능한 한 '현재에 존재하며' 깨어 있기
2. 행동을 통해 자신의 성격을 관찰하기
3. 자신의 충동대로 행동하지 않기

이 세 요소는 이 책의 연습 속에도 설명하였다. 자기 성격의 어떤 면들을 의식할 때마다 가능한 한 숨을 깊이 쉬면서 그 상태가 사라지거나 변화될 때까지 스스로 일어나는 충동을 잘 지켜보라. 우리가 의식을 하고 몸을

이완시키면서 충동을 행동으로 옮기지 않는 것이 발견한 것을 분석하는 것보다 더 중요하다.

에니어그램 자체가 완전한 영적인 길은 아닐지라도 영적, 혹은 치유의 길을 찾는 사람들에겐 커다란 통찰을 가져다 줄 수 있다. 에니어그램이 제공하는 인간의 본성에 대한 통찰은 우리의 영적 성장에 촉매제가 될 수 있는 것이다. 특히 발달 수준을 잘 살펴보기 바란다.

영적 성장을 위한 다양한 수행 방식

세상의 위대한 종교들은 개인의 영적 성장을 위한 많은 실행 방식을 제시한다. 또한 현대 심리학, 자기 개발 프로그램, 영적인 지도자들도 마찬가지다. 우리가 어떤 실행 방식을 선택하든지 – 명상, 요가, 기도, 좋은 책을 읽는 것 등 – 그것이 영적인 성장에 얼마나 도움이 되는가를 평가하는 데는 세 가지 기준이 있다.

첫째는 그 실행 방식이 우리로 하여금 더 깨어 있도록 하며 우리의 삶을 열어 주는가, 그렇지 않으면 단순히 어린 시절의 자신에 대한 환상이나 부정적인 감정을 지지하는가, 혹은 현재에 존재하는 것을 개발하고 지금 여기에서 삶을 만나는 것의 중요성을 강조하는가이다.

오늘날 우리가 갖고 있는 문제 중 하나는 영적인 것과 가까이 있지 않다는 점이다. 우리는 오늘의 뉴스나 지금 일어나는 문제에 더 관심이 많다.

조셉 캠벨 Joseph Campbell

둘째는 그것이 자신의 성격 중에서 불편한 면이나 제약에 대해 탐색하도록 도와주는가이다. 많은 방식들이 '영적인 유혹'을 제공한다. 그들은 자기 그룹에 속하지 않은 다른 사람들보다 당신이 더 나은 존재이며 곧 우주의 힘을 부여받게 될 것이라고 이야기한다. 이 방법을 실천하면 비상한 힘을 얻을 수는 있지만 깨달음보다는 옆길로 새나가게 하는 경우가 더 많다(끊임없이 우리에게 수치심을 갖게 하고 우리를 판단하게 하는 길 또한 균형 잃은 방식일 것이다).

셋째는 이 길이 우리 자신에 대해 생각하게 하는 지이다. 성장은 자신의 본성을 더 깊이 들여다보려는 것으로부터 온다. 정신적 지도자의 준비된 답이니 편협한 교리는 영적 성장을 돕지 못한다. 그러한 '해답'은 얼마 동안 우리에게 위안을 줄 수는 있으나 위기가 닥치면 스스로의 제약이 드러난다.

사실상 삶이 우리의 가장 큰 스승이다. 우리가 무엇을 하든지 그 경험이 우리를 가르칠 수 있는 것이다. 직장에서 일을 하든, 배우자에게 이야기를 하든, 차를 몰고 고속도로를 달리든 모든 경험을 통해 우리는 뭔가를 배울 수 있다. 우리가 매 순간 현재에 존재한다면 모든 활동이 주는 인상은 늘 새롭고 생명력이 있을 것이다. 우리는 매 순간으로부터 뭔가를 배운다. 그러나 우리가 현재에 존재하지 않는다면 모든 순간은 다른 순간과 다를 바가 없고 삶에서 가치 있는 일은 아무것도 없을 것이다.

어떤 한 가지의 심리학적 도구나 영적인 수행이 모든 사람에게 항상 옳은 방식이 될 수는 없다. 상태와 조건이 모두 다르기 때문에 여러 가지 선택 사항이 필요하다. 우리의 마음이 고요할 때에는 명상, 응시, 시각화가 쉽게 이루어진다. 그러나 어떤 때는 명상조차 할 수 없다고 느껴질 때도 있다. 그럴 때에는 기도나 염불, 걸으면서 하는 명상 등이 더 도움이 될 것이다.

명상은 깨달음을 얻기 위한 것도, 뭔가를 성취하기 위한 것도 아니다. 그것은 평화와 축복 그 자체이다.

도겐 Dogen

우리가 어떤 유형인가가 어떤 수행 방식에 끌리는가에 영향을 미치는 것 같다. 예를 들어 움츠리는 유형들(4번, 5번, 9번 유형)은 자신의 몸과 접해 있지 않기 때문에 걸으면서 하는 명상이나 요가, 스트레칭, 조깅 같은 것이 좋다. 그러나 이들은 앉아서 하는 수행을 좋아하기 때문에 이런 것들이 별로 도움이 되지 않는다고 이야기할 수도 있다.

공격 성향을 가진 유형들(3번, 7번, 8번 유형)에게는 사랑을 열어 주는 명상이나 자선 행위를 통해서 가슴에 다가가도록 하는 것이 도움이 된다. 하지만 이들은 이런 것들을 가치 있다고 여기지 않을 것이다. 이런 행동 중심의 사람들은 명상을 '앉아서 아무것도 하지 않는 일'이라고 여길 수 있다.

순응형들(1번, 2번, 6번 유형)은 명상 모임에 가거나 영적 메시지를 접하기도는 할 일 없는 노인이 시간을 보내기 위해 하는 일이 아니다. 제대로 이해하고 적용한다면 기도는 행동을 위한 가장 강력한 도구다.

간디 Gandhi

는 것에 관심이 없을 수도 있다. 양심을 중시하는 이들에게는 조용히 앉아서 명상을 하는 것이 다른 사람들의 행복에 관심을 갖는 것과는 반대되는 것으로 여겨질 수도 있다. 그러나 무엇이든 의도를 가지고 해 나간다면 영적인 수행의 기초가 된다. 자신의 몸과 연결되게 하고 마음을 고요하게 하며 가슴을 열도록 해 줄 것이다. 우리가 여기에서 설명한 연습과 접근들이 우리 삶의 균형을 이루도록 해 줄 것이다.

의식 성장을 위한 일곱 가지 도구

우리가 자기 발견 여행을 위한 도구로 에니어그램을 사용하고자 할 때 아홉 가지 유형에 대한 흥미로운 정보 이상의 것이 필요하게 될 것이다. 이 영혼의 지도는 우리가 다른 중요한 요소들을 결합시킬 때에만 유용하게 사용될 수 있다. 이를 위해서 우리는 의식의 성장에 없어서는 안 될 일곱 가지 도구를 제공한다.

내면의 자유는 노력을 통해서 얻어지는 것이 아니다. 그것은 무엇이 진실인지를 '보는 것'을 통해서 이루어진다.

붓다 Buddha

1. 진리 추구 우리가 의식의 성장에 관심이 있다면 진리에 대한 사랑을 개발하는 것보다 더 중요한 요소는 없다는 사실을 알게 된다. 진리를 구하는 것은 우리 자신과 우리 주변에 무슨 일이 일어나고 있는지 호기심을 갖는 것을 의미한다. 이것은 우리의 성격이 우리에게 주는 자동적인 답을 구하는 것이 아니다. 우리가 자신을 조금만 관찰한다면 자신의 행동이나 다른 사람의 행동에 대해 우리가 하는 해석이 저항의 형태를 취한다는 사실을 알게 될 것이다. 이것은 자신의 현재 상태를 깊이 들여다보기를 피하는 방법이다. 예를 들어 즉각적인 말은 "나는 아버지에게 정말로 화가 났다"이다. 그러나 더 깊은 진실은 "나는 아버지를 정말로 사랑한다. 그리고 나는 그의 사랑을 원한다"이다. 우리의 에고는 이 두 가지 차원의 진실 모두를 받아들이기가 어렵다. 아버지에게 화가 났다는 사실보다 그 분노 아래에 사랑이 있다는 것을 인정하는 데는 오랜 시간이 필요하다.

우리가 현재의 순간에 무엇이 진실인지를 받아들이는 법을 배워 감에 따라 우리 안에서 일어나는 것을 더 많이 받아들일 수 있게 된다. 그것이 우리의 전부가 아님을 알기 때문이다. 진실은 두려움의 반응과 우리 영혼의 더 큰 자원을 모두 끌어안는 것이다. 우리의 자동적인 반응이 진실에 대한 추구를 방해하기도 하지만 그것들이 존재한다는 사실을 인정함으로써 우리는 진실에 더 가까이 다가갈 수 있다. 그것이 무엇이든지 우리가 전체의 진실과 기꺼이 함께 있으려고 할 때 더 많은 내면의 본질이 드러나서 직면한 현실을 다루도록 해 줄 것이다.

> 네가 진리를 알게 될 것이다. 그 진리가 너희를 자유롭게 할 것이다.
>
> 예수

2. '하지 않기' 의식의 성장 과정은 역설적이기도 하다. 허용하고 받아들이고 놓아 버리는 것뿐만 아니라 애씀과 노력에 대해서도 이야기하기 때문이다. 언뜻 보기에는 반대되는 이 두 과정을 설명할 수 있는 것은 '하지 않기'의 개념이다. 우리가 '하지 않기'를 이해한다면 진정한 애씀은 더 큰 의식으로 들어가서 우리의 성격이 어떻게 드러나고 있는지를 보는 것임을 알게 될 것이다. 우리는 자신의 자동적 충동을 행동으로 옮기지도, 그것을 억누르지도 않음으로써 무엇이 그것을 일으키는지를 이해하게 된다(내 경험이 서문에 나와 있다). 충동에 따라 행동하지 않을 때 더 깊은 곳으로 들어갈 수 있는 문이 열린다.

> 누군가 미켈란젤로에게 조각품을 어떻게 만들었는지 물었을 때 그는 그 조각은 대리석 안에 이미 존재하고 있었다고 대답했습니다. 미켈란젤로가 한 일은 하느님의 창조물을 둘러싸고 있는 불필요한 대리석을 제거하는 것이었습니다. 당신도 마찬가지입니다. 완벽한 당신을 창조해야 하는 것이 아닙니다. 하느님이 이미 창조하셨습니다. 당신이 할 일은 성령이 당신의 완벽한 모습을 둘러싸고 있는 두려움의 생각을 제거하도록 하는 것입니다.
>
> 마리안느 윌리엄슨 Marianne Williamson

3. 기꺼이 열리려는 마음 진정한 본성을 여러 면으로 분리시키는 것이 우리의 인성이 갖고 있는 가장 중요한 기능 중의 하나다. 인성은 자아 이미지에 맞지 않는 우리의 부분을 부인함으로써 자신의 경험을 제한시킨다. 그러나 몸을 이완하고, 마음속에서 일어나는 생각을 고요하게 가라앉히며, 우리의 가슴이 상황에 좀 더 민감해지도록 허용함으로써 우리의 성장을 도울 수 있는 내적인 지원을 받게 된다.

우리가 그것을 보려고만 한다면 매순간 우리를 기쁘고 풍요롭게 해 주며 우리를 지지해 줄 잠재력을 가지고 있다는 사실을 알게 될 것이다. 삶은 엄청난 선물이다. 그러나 우리들 대부분은 삶을 피상적으로 보기 때문에 삶이 주는 선물을 놓치고 있다. 우리가 매순간을 신뢰하고 의식을 소중히 여기는 법을 배울 때 훨씬 더 흥미로운 삶을 살 수 있다.

4. 적절한 지원 받기 의식을 성장시키는 것에 대해 지원을 많이 받으면 받을수록 그 과정은 더 쉬워진다. 어려운 환경에서 살거나 일하고 있다면 의식을 성장시키는 것이 불가능한 일은 아니지만 훨씬 더 어려울 것이다. 우리들 대부분은 어려움을 겪는다고 해도 쉽게 직장을 그만두거나 가족을 떠날 수는 없다. 그러나 그런 상황에서도 우리를 격려하고 우리의 성장을 지켜보아 줄 사람을 찾을 수는 있다. 어떤 단체를 찾아갈 수도 있고 워크숍에 참석할 수도 있다. 또한 일상생활에서 우리의 영혼을 풍요롭게 할 수 있는 수행을 위한 공간을 마련할 수도 있을 것이다.

5. 모든 것으로부터 배우기 일단 의식의 성장 과정에 들어서면 무엇이든 현재에 일어나는 것이 지금 여기에서 우리가 다루어야 할 것임을 알게 된다. 무엇이든 우리의 마음에서 일어나는 것은 성장을 위한 재료다. 우리가 실제로 직면하는 것으로부터 도망쳐서 스스로를 정당화하거나 심지어 '영성' 으로부터 도피하는 것은 흔한 일이다. 그러나 자신이 경험하는 것과 자신의 상황에 온전히 머물러 있을 때, 바로 그때 우리에게 가장 필요한 것을 얻을 수 있다.

모든 대상은 알라의 힘이 발현된 것이다. 알라의 기쁨과 분노, 사랑이 모든 대상 속에 스며들어 있다. 그래서 우리는 어떤 것에는 끌리고 어떤 것은 배척하게 되는 것이다. 창조의 과정이 계속되는 한 이 발현의 과정은 끝나지 않는다.

쉐이크 토선 베이락 Sheikh Tosun Bayrak

6. 자신에 대한 진정한 사랑 개발하기 우리가 자신을 사랑할 수 없다면 다른 사람 또한 사랑할 수 없다는 말이 있다. 그런데 이것이 무슨 의미인가? 우리는 '자기 사랑' 이란 자존감을 갖는 것이거나, 그렇지 않으면 자신에게 뭔가가 결핍되어 있다는 생각을 보상하기 위해서 스스로에게 감정적 위안을 주는 것일 뿐이라고 여긴다. 아마도 스스로에 대한 성숙한 사랑은 자신이 처한 상황에서 오는 불편함이나 고통으로부터 도망치지 않음으로

써 그 안에서 성장을 이루는 일일 것이다. 우리는 스스로를 사랑하고 저버리지 않아야 한다. 우리는 삶의 순간에 온전히 머물러 있지 않는 바로 그 만큼 자신을 저버린다. 걱정과 환상, 긴장, 불안 속에 사로잡혀 있을 때 우리는 우리 몸과 감정으로부터 분리된다. 그리고 이것은 궁극적으로 본성과 분리되는 것이다.

자아에 대한 진정한 사랑은 깊은 차원에서 스스로를 받아들이는 것 - 자신의 경험을 바꾸려는 의도 없이 있는 그대로의 자신에 머물러 있는 것 - 을 수반한다. 영적인 성장을 추구하는 도반이 곁에 있다면 서로의 성장을 도울 수 있을 것이다.

7. 수행하기 대부분의 영적 가르침은 수행을 중시한다. 중요한 점은 매일 본성과 깊이 연결될 수 있는 시간을 정해 놓는 것이다. 영적인 단체에 참석하는 것이나 특정한 가르침으로 결합된 수행은 우리가 성격에 묶여 있다는 사실을 반복해서 일깨워 준다. 영적인 수행은 깊이 뿌리박힌 우리의 습관을 볼 수 있도록 해 준다. 우리는 수행할 때마다 뭔가 새로운 것을 배

연습 ① '자신의 길'을 가라

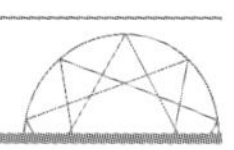

당신이 진정으로 영적인 길을 가고 있다면 매일, 매순간 자신이 이해한 진리를 살아야 한다. 우리는 삶의 모든 면에서 '자신의 길을 가는 법'을 배워야 한다. 그렇다면 어떻게 그렇게 할 수 있을까? 대부분의 사람과 마찬가지로(특히 영적인 길을 가겠다고 처음 결정했을 때에는) 우리는 나쁜 습관과 오래된 상처와 해결되지 않은 갈등을 갖고 있다. 영적인 길 위에 있고자 하는 의도를 갖는 것만으로는 많은 것을 변화시킬 수 없다.

이러한 문제 때문에 역사적으로 유명한 영적인 스승들은 자신을 따르는 사람들에게 특정한 가이드라인을 제시했다. 부처는 '팔정도'를 권했다. 그것은 바르게 봄, 바르게 사유함, 바르게 말함, 바른 행위, 바른 인생관, 바른 노력, 바른 생각, 바른 집중이다. 모세는 유대인이 하느님의 뜻에 따라 살도록 하기 위해서 십계명을 주었다. 예수는 자신의 제자들에게 두 가지를 이야기했다. 그것은 하느님을 온 마음으로 사랑하고 네 이웃을 네 몸과 같이 사랑하라는 것이었다. 에니어그램은 어떤 교파에도 속하지 않기 때문에 계명이나 도덕 규범은 제시하지 않는다. 그러나 여전히 이러한 질문은 남아 있다. "우리가 영적인 길 위에 있다고 말할 때 그것은 무엇을 의미하는가?"

당신에게 이것이 무엇을 의미하는지 탐색해 보라. 당신이 영적 성장을 위한 노력에 성실하기 위해서 '일상 속에서 해야 할 최소한의 것'은 무엇인가? 이 문제와 관련하여 당신이 갖고 있는 개인적인 생각은 무엇인가? 당신이 스스로에게 진지하게 요구하는 것은 무엇인가? 의식의 성장과 자유로움을 얻기 위하여 '자신의 길을 갈 때' 스스로가 어떤 것을 지켜 나가고 싶은가?

우고 수행을 게을리 할 때마다 의식을 성장시킬 수 있는 기회를 놓치게 된다.

규칙적인 수행의 가장 큰 장애물은 특정한 결과를 얻고자 하는 기대심리이다. 아이러니컬하게도 우리가 수행을 통해서 큰 성장을 이루고자 한다면 특히 이런 기대가 우리를 방해한다. 우리의 에고는 영적인 성장이 일어나기를 요구한다. 그러나 완전히 현재에 마음을 열 때만 가능하다. 그 순간 우리는 새로운 선물이나 통찰을 얻을 수 있는 것이다. 그것은 지난주에 얻을 수 있었던 것과는 다르다. 더욱이 영적 성장이 일어나면 에고는 수행을 그만두는 구실로 이것을 이용한다. 그리고 이렇게 말한다. "멋져, 너는 큰 성장을 이뤘어. 이제 너는 이 상태에 머물러 있을 거야. 그러니 더 이상 수행은 필요 없어."

규칙적인 매일의 수행과 더불어 삶은 우리의 행동을 통해서 자신의 성향과 본성을 드러내줌으로써 우리를 변화시킬 수 있는 많은 기회를 제공한다. 그러나 그 변화에 대해 이야기하거나 책을 통해서 접하는 일은 크게 도움이 되지 않는다. 미루는 것은 에고의 방어기제이다. 의식 성장을 위한 도구를 사용하는 유일한 시기는 바로 지금이다.

구실, 그리고 더 많은 구실

이 여행을 시작하는 사람들이 많이 갖고 있는 구실은 그냥 사는 것만 해도 힘들기 때문에 영적인 성장을 위해 노력할 에너지가 없다고 여기는 것이다. 실제로 우리는 모든 것을 할 수 있는 충분한 에너지를 가지고 있다. 그러나 우리는 그 에너지의 98퍼센트를 긴장과 실제로 일어나는 일과 관련된 반응과 공상과 잡념으로 낭비해 버린다. 우리의 에너지는 두 장소로 갈 수 있다. 우리의 에고와 성격의 구조를 유지하는 데 흘러갈 수도 있고 영적 성장과 발전을 위해서 쓰일 수도 있다. 우리가 이것을 이해하게 됨에 따라서 영적인 은행 구좌를 만들 필요성이 있다는 것을 알게 된다. 얼마간의 에너지를 저장함으로써 영적 성장이 일어나도록 하는 것이다.

내적 성장을 위한 노력을 미루는 또 하나의 구실은 우리의 에고가 정기적인 수행을 방해하는 '조건'과 '필요'를 만들어 내기 때문이다("내 삶의 모든 문제가 정리된다면, 기온이 적당해진다면, 소음이 없다면, 모든 사람들이 나를 편안하게 놔둔다면…… 나는 명상에 대해 진지하게 생각해 보겠어").

조건과 필요는 단지 영적인 성장을 위한 노력을 미루는 핑계일 뿐이다.

각 유형들이 말하는 **"나는 이럴 때에만 온전히 현존할 수 있다"**	
1	"내가 완전한 균형의 상태를 얻었으며, 결코 실수하지 않고 내 세상의 모든 것이 정돈된 상태일 때, 내가 원하는 완전함을 이룰 수 있을 때."
2	"내가 다른 사람으로부터 조건 없는 사랑을 받아, 그 사랑을 느끼며, 다른 사람이 나의 애정을 완전히 받아들이고 고마워하며 나의 모든 감정적인 욕구가 충족될 때."
3	"내가 성공했으며, 가치 있는 사람이라고 느낄 만큼 충분한 성취를 이루었을 때, 내가 원하는 모든 찬사와 주의를 얻어서 스스로가 뛰어난 사람이라고 느껴질 때."
4	"내가 모든 감정적인 문제를 완전히 해결하고 진정으로 스스로가 중요한 사람이라고 느낄 때, 내가 원할 때마다 모든 사람에게 내 자신의 감정을 자유롭게 완전히 표현할 때."
5	"내가 세상을 살아가는 데 완전한 자신감을 얻을 때, 내가 알아야 할 필요가 있다고 느껴지는 모든 것을 완전히 이해하고 알 때."
6	"내가 안전하며 안정적으로 느낄 만큼 충분한 지원을 받고 있을 때, 삶의 모든 문제가 적절하게 다루어지고 갑자기 어떤 일이 일어나서 나를 놀라게 하지 않을 때."
7	"내가 완전한 행복을 느끼고 충족되었다고 느낄 때, 그리고 무엇을 해야 하는지를 명확하게 알고 있으며 완전히 만족스러운 기분이 될 때."
8	"내가 완전히 독립적이고 어떤 것이든 남에게 의존할 필요가 없을 때, 내가 모든 것을 통제하고 누구도 내 의지를 거스르지 않을 때."
9	"내가 완전히 평화롭고, 갈등이나 문제가 없으며, 세상의 어떤 것도 나를 괴롭히거나 화나게 하지 않을 때, 내 세상의 모든 사람들이 행복하고 평화로울 때."

이러한 소리를 듣는다면 우리는 오랫동안 기다려야 할 것이다. 우리 삶의 조건은 결코 완벽해지지 않을 것이기 때문이다. 우리는 외부의 상황을 통제할 수 없다. 그러나 우리는 정기적으로 의식 및 존재와 만날 수 있다. 그리고 이것은 우리의 에고가 가장 저항하는 것이기도 하다.

우리가 존재와 만날 수 있는 조건은 결코 충족되지 않는다. 그러나 아이러니컬하게도 우리가 현재에 있으며 존재와 만날 때 우리가 원하는 것을 발견할 수 있다. 우리가 원하는 것은 에고가 아니라 본질의 세계에 속해 있으며 본질은 현재의 순간에 있을 때에만 경험할 수 있기 때문이다.

마지막으로 많은 사람이 삶에 마음을 열려고 하지 않는 것은, 너무 건강해지면 자신이 얼마나 많은 상처를 입었는지에 대해 더 이상 불평할 수 없기 때문이다. 우리가 건강해진다면 우리를 괴롭힌 것에 대해 부모님을 계속 처벌할 수는 없을 것이다. 우리는 부모나 배우자에게 화가 나면 지나치게 먹거나 마시거나 흡연을 함으로써 자신이 얼마나 불행한지를 보여 주려고 한다. 자신을 학대함으로써 감정을 표현하려고 하는 것이다.

9 활력
1 인내심
2 자기 존중
3 진실성
4 내면의 평화
5 신뢰
6 자신감
7 현실에 발을 붙임
8 관대함

각 유형들이 얻게 되는 수행의 이점

수행의 이로움

표에 나열된 자질들은 중요한 이득이다. 에고는 그냥 이러한 자질들(좀 더 일반적인 말로는 '덕목')을 소유하지 않는다. 실제로 이것은 우리가 자신의 성격과 동일시할 때의 평상적인 상태와는 정반대다. 그러나 우리가 본질로 가는 것을 막고 있다는 사실을 인식하고 바라볼 때 이러한 자질은 자연스럽게 일어난다. 우리의 에고는 이런 것들이 일어나게 할 수 없다. 우리는 길을 막고 있는 것이 무엇인지 보는 일 외에 아무것도 할 필요가 없다(사실상 아무것도 할 수 없다).

중독 문제에 직면하기

당신이 마약이나 알코올을 남용한다면 우리가 설명하고 있는 영적 성장을 위한 수행은 가능하지 않다. 만약 약물 남용 문제를 가지고 있다면 우

우리가 성장을 위해 다루어야 할 삶의 영역에는 많은 것이 있다(슬픔, 끝나지 않은 사업, 의사소통, 관계를 성숙시키는 것, 성, 직업과 일에 관한 문제, 두려움, 어린 시절의 상처 등) 이것을 다루는 데 있어서 훌륭한 서양의 심리치료법이 명상보다 훨씬 더 성공적일 수 있다. 우리 존재의 이러한 아주 중요한 면을 '성격 문제'로만 이야기할 수 없다. 프로이드는 사람이 사랑하고 일하도록 돕고 싶다고 말했다. 우리가 사랑할 수 없고 이 세상을 위해 의미 있는 일을 할 수 없다면 영적인 수행은 무엇을 위해서 있는 것인가? 명상은 이런 부분을 도와줄 수 있다. 그러나 얼마 동안 앉아서 명상을 한 후에도 문제가 남아 있다면 이 문제를 다루어 줄 훌륭한 심리치료자나 다른 효과적인 방법을 찾아보라.

잭 콘필드 Jack Kornfield

각 유형들이 가진 '중독의 경향'

유형	중독의 경향
1	• 식이요법, 비타민, 몸을 맑게 하는 기법을 지나치게 많이 사용함(단식, 다이어트 약품, 관장 등). • 자기 통제를 위해 필요한 양보다 적게 섭취. • 극단적인 경우에는 식욕 감퇴와 식욕 이상항진이 됨. • 긴장을 경감하기 위해 알코올 사용.
2	• 음식이나 의사의 처방 없이 살 수 있는 가벼운 약물을 남용함. • 특히 단것과 탄수화물을 지나치게 섭취. • '사랑에 굶주린' 감정 때문에 과식. • 동정을 구하기 위해 건강에 대해 지나치게 걱정함.
3	• 인정을 받기 위해서 몸에 지나친 스트레스를 줌. • 지칠 때까지 일함. • 일 중독. 커피, 흥분제, 암페타민, 코카인, 스테로이드를 과도하게 섭취함. • 지나친 성형수술 등.
4	• 기름진 음식이나 단 것을 지나치게 섭취. • 기분을 바꾸고 감정적인 위안을 얻고 사람들과 사귀기 위해서 알코올을 사용. • 육체 활동 부족. 식욕 이상항진. 진정제, 담배, 처방약, 헤로인 사용. • 자신이 거부하는 외모를 개선시키기 위해서 성형수술을 함.
5	• 욕구를 최소화하기 위해 적게 먹고 적게 자는 습관을 가짐. • 위생과 영양에 대해 신경을 쓰지 않음. • 육체적 활동 부족. 회피를 위해 신경안정제 복용. 불안 해소를 위해 마약이나 알코올 사용.
6	• 부적절한 식이요법으로 영양 불균형을 일으킴("나는 야채를 싫어해"). • 지나치게 일함. • 스태미너를 위해 카페인과 암페타민 사용. 또한 불안을 줄이기 위해서 알코올과 진정제 사용. 알코올 중독에 빠질 가능성이 높은 유형
7	• 가장 중독에 빠지기 쉬운 유형. 흥분제(카페인, 코카인, 암페타민 등), 신경안정제, 알코올, 마약을 사용. • 지나친 성형 수술. 진통제 남용.
8	• 신체적인 필요와 문제를 무시. 병원 검진 기피. • 기름진 음식, 알코올, 담배를 지나치게 선호. • 자신에게 많은 것을 요구하기 때문에 스트레스가 많음. • 중풍, 심장 마비의 가능성. 알코올 중독과 마약 중독이 일어날 수 있으며, 감정 통제의 문제가 가장 중요함.
9	• 자기 인식의 부족과 억압된 분노 때문에 지나치게 많이 먹거나 적게 먹음. • 육체적 활동 부족. 외로움과 불안을 줄이기 위해 진정제, 신경안정제, 알코올, 마약 사용.

리의 본성으로 깊이 들어가기 전에 '맑게 깨인' 상태가 되어야 한다. 약물 남용이나 자신을 돌보지 않는 것 때문에 몸이 제 기능을 하고 있지 않다면 명확하게 스스로를 지켜보는 것에 필요한 민감성과 주의력을 개발하는 일은 거의 불가능할 것이다.

다행히도 중독 상태에서 벗어날 수 있도록 도움을 주는 많은 방법이 있다. 책, 워크숍, 지원 그룹, 치료, 입원 등이 그 예다. 에니어그램은 이러한 방법들을 대신하기 위한 것은 아니다. 그러나 이것들과 결합되면 중독 패턴의 뿌리를 이해하는 데 큰 도움이 될 것이다.

아홉 유형 모두가 약물 중독이나 알코올 중독이 될 수 있으며, 아홉 유형 모두가 상호 의존할 수 있다. 그러나 우리는 특정 유형이 특정한 중독이 될 수 있는 경향을 발견했다. 그래서 그 관계에 대해서 아래와 같이 정리해 보았다. 물론 그런 복잡한 문제를 설명하는 모든 것이 여기에 포함되어 있지는 않다.

수퍼에고 다루기

수퍼에고는 어떤 기준만큼 하지 못할 때, 우리를 책망하거나 자신의 요구를 충족시켰을 때 우리에게 보상을 하는 내면의 목소리이다. 우리가 우리의 수퍼에고에 순응할 때, 수퍼에고는 우리의 등을 토닥거리면서 "착한 아이로군. 정말 잘 했어" 하고 말한다. 그러나 우리가 수퍼에고가 동의하지 않은 일을 했을 때 우리를 책망한다("내가 한 일을 봐! 사람들이 나에게 뭐라고 할까!").

우리가 이러한 내면의 비판을 '나'에서 '너'로 바꾸어 놓으면, 어린 시절에 들었던 심한 말과 비슷하다는 점을 인식할 것이다. 사실상 수퍼에고는 우리의 부모님과 그 밖의 우리에게 권위를 가졌던 사람들의 말이 우리에게 '내면화된 목소리'이다. 수퍼에고의 본래 기능은 부모님이 우리를 사랑하고 보호할 것이라고 믿어지는 행동을 우리에게 하도록 하는 것이

놀라운 사실은 우리가 자신을 사랑하는 것처럼 우리의 이웃을 사랑해야 한다는 것이다. 우리는 스스로에게 하는 것처럼 다른 사람에게 한다. 우리가 자신을 미워할 때 다른 사람을 미워한다. 우리가 스스로에게 인내심을 가질 때 다른 사람에게 인내심을 갖는다.

에릭 호퍼 Eric Hopper

각 유형들이 가진 내면의 메시지 – '수퍼에고의 행진 명령'

유형	행진 명령	반박해 보기
1	"네가 옳은 일을 한다면 너는 좋은 사람이고 괜찮다."	합리적으로 들린다. 그러나 무엇이 '옳은 지'를 어떻게 아는가? 누가 그렇게 말하는가? 당신의 기준은 객관적인가 주관적인가? 이 아이디어는 어디에서 왔는가? 1번 유형은 선하기 위해서 노력한다. 그러나 이들은 결코 자신의 수퍼에고를 만족시킬 만큼 선할 수 없다.
2	"네가 다른 사람에게 사랑 받고 사람들과 가까이 지내면 너는 괜찮다."	왜 당신의 가치는 누군가가 당신을 사랑하는 것에 달려 있는가? 사람들이 당신을 사랑한다는 것을 어떻게 아는가? 만약 사람들이 당신을 사랑하지 않는다면 당신과 무슨 상관이 있는가? 2번 유형은 사람들에게 가까이 가기를 원하지만 여전히 자신이 사랑받지 못하고 있다고 느낀다.
3	"다른 사람이 너의 가치를 인정한다면 너는 괜찮다."	왜 당신은 어떤 특정 활동이 당신을 가치 있게 만들어 준다고 생각하는가? 왜 당신은 자신이 가치 있다고 여기기 위해서 뭔가를 해야만 하는가? 스스로가 가치 있는 존재가 되기 위해서 얼마나 많은 것을 성취해야 하는가? 3번 유형은 많은 것을 성취하지만 내면으로는 공허감을 느끼는 경우가 많다.
4	"네가 스스로에게 진실하다면 너는 괜찮다."	'자신에게 진실한 것'의 의미는 무엇인가? '자신에게 진실하다고' 할 때의 자신은 어떤 자신인가? 오래된 감정을 붙들고 있는 것을 의미하는가? 4번 유형은 특별해지기 위해서 너무나 노력하기 때문에 삶의 많은 기회를 놓쳐 버린다.
5	"네가 뭔가를 완전히 알게 되면 너는 괜찮다."	당신이 뭔가를 '완전히 마스터했다'는 것을 어떻게 아는가? 당신은 언제 그것을 끝내는가? 당신이 마스터하는 일과 삶에서의 진정한 욕구는 어떤 관련이 있는가? 5번 유형은 한 가지 주제나 기술에 매달려 수년을 보내고도 그것에 자신 없어 한다.
6	"다른 사람들이 요구하는 일을 한다면 너는 좋고 괜찮다."	걱정하는 것이 당신에게 좀 더 안전하다는 느낌을 주는가? 사람들이 당신에게 기대하는 일을 하는 것이 당신에게 정말로 의미가 있는가? 6번 유형은 자신이 안전하다고 느낄 수 있는 상황을 만들려고 노력한다. 그러나 여전히 불안해한다.
7	"네가 즐거우며 원하는 것을 얻는다면 괜찮다."	욕구와 원하는 것을 구별할 수 있는가? 특정한 욕구가 충족되지 않았다고 해도 당신은 괜찮은가? 만약 그렇다면 그것은 진정한 욕구인가? 7번 유형은 자신에게 만족을 가져다준다고 여겨지는 것을 추구하지만 여전히 불만족스럽고 좌절감을 느낀다.
8	"네가 강하고 상황을 통제할 수 있다면 너는 좋고 괜찮다."	당신이 강하며 보호받고 있다는 것을 어떻게 아는가? 당신은 얼마나 많은 통제가 필요한가? 통제하고자 하는 욕구가 정말로 당신을 행복하게 하는가? 8번 유형은 점점 더 많은 통제를 추구하지만 여전히 자신이 안전하지 않다는 느낌을 갖고 있다.
9	"네 주변의 모든 사람이 좋고 괜찮다면 너는 좋고 괜찮다."	모든 사람이 정말로 괜찮다는 것을 어떻게 알 수 있는가? 어떻게 당신은 그것을 확신할 수 있는가? 왜 당신의 행복이 다른 사람의 행복에 달려 있는가? 9번 유형은 자신의 행복이 다른 사람에게 달려 있다고 여기기 때문에 자신의 문제를 제대로 인식하지 못한다.

다. 우리는 이들의 목소리를 무의식적으로 자신과 동일시하고 그것을 우리 안에 통합함으로써 부모님의 사랑과 지원을 잃지 않도록 한다. 그리고 부모님이 우리를 처벌하게 하기보다는 우리 스스로가 자신을 처벌하는 법을 배운다.

문제는 우리가 두 살일 때 우리에게 도움을 주었던 수퍼에고의 어떤 부분들은 지금 우리에게 도움이 되지 않는다는 사실이다. 그럼에도 불구하고 이 목소리는 지금도 그 때만큼 강력하고, 대개 이익보다는 해로움을 준다. 이것은 우리로 하여금 자신의 본성으로부터 멀어지도록 한다. 우리의 수퍼에고는 성격의 가장 강력한 부분의 하나며, 우리 자신에게 제약을 가하는 '내면의 비판자' 다.

의식의 성장을 위한 노력을 처음 시작할 때는 이 수퍼에고의 '목소리'를 더 잘 알아차리는 일에 집중해야 한다. 수퍼에고의 목소리는 계속해서 우리의 성격과 동일시하도록 우리를 끌어당긴다. 그리고 스스로를 파괴하는 방식으로 행동하도록 우리를 이끈다. 우리는 현재에 존재할 때 그것과 동일시되지 않으면서 수퍼에고의 목소리를 들을 수 있다. 우리는 마치 무대 뒤에서 기다렸다가 뛰어들어서 우리를 통제하고 공격하려는 연극 속의 인물과도 같은 수퍼에고의 등장을 알아차릴 수 있다. 우리가 현재에 존재할 때 수퍼에고의 목소리를 들으면서도 그것에 우리를 통제할 수 있는 어떤 힘도 부여하지 않을 수 있는 것이다.

그러나 우리는 심리학적인, 그리고 영적인 작업을 통해서 또 다른 수퍼에고의 층이 형성되는 것을 조심해야 한다. 우리는 이것을 영적인 수퍼에고, 혹은 치료 수퍼에고라고 부를 수 있다. 부모님의 목소리로 우리를 꾸짖는 대신 부처님이나 예수님, 혹은 무하마드, 프로이드, 치료자들의 목소리로 우리를 꾸짖는 것이다! 사실 에니어그램을 사용할 때 따르는 가장 큰 위험 중 하나는 수퍼에고가 성장을 위한 우리의 노력을 '떠맡고' 더 높이 올라가거나 통합의 방향으로 가지 않는다고 우리를 비판하기 시작하는 것이다. 그러나 우리가 현재에 더 많이 존재할수록 이들 목소리가 아

각 유형들을 치유하는 '생각의 전환'

1	아마도 다른 사람이 옳을 것이다. 아마도 다른 사람이 더 나은 생각을 가지고 있을 것이다. 아마도 사람은 스스로 배울 것이다. 아마도 내가 할 수 있는 일은 모두 했을 것이다.
2	아마도 다른 사람에게 이것을 하게 할 수 있을 것이다. 아마도 이 사람은 이미 자신의 방식으로 나에게 사랑을 보여 주고 있는 것이다. 아마도 나 자신을 위해서도 뭔가 좋은 일을 할 수 있을 것이다.
3	아마도 나는 최고가 되지 않아도 될 것이다. 아마도 사람들은 그저 있는 그대로의 나를 받아들일 것이다. 아마도 다른 사람의 의견이 나의 의견만큼 중요할 것이다.
4	아마도 나에게는 아무 잘못도 없을 것이다. 아마도 사람들은 나를 이해하고 나를 지원하고 있을 것이다. 아마도 이렇게 느끼는 사람이 나만은 아닐 것이다.
5	아마도 나는 사람들을 신뢰하고 내가 무엇이 필요한지를 알려 줘도 괜찮을 것이다. 아마도 나는 이 세상에서 행복하게 살 수 있을 것이다. 아마도 나의 미래는 밝을 것이다.
6	아마도 이 일은 잘 될 것이다. 아마도 내가 모든 가능한 문제에 대해 살펴볼 필요가 없을 것이다. 아마도 나는 나 자신과 나의 판단을 믿을 수 있을 것이다.
7	아마도 내가 가진 것은 이미 충분할 것이다. 아마도 나는 '지금 여기' 이외에 필요한 곳은 없을 것이다.
8	아마도 이 사람은 나를 이용하려 하지 않을 것이다. 아마도 내 스스로를 방어하는 것을 조금 늦추어도 괜찮을 것이다. 아마도 내 가슴 속으로 좀 더 깊이 들어가서 느껴도 될 것이다.
9	아마도 내가 변화를 만들 수 있을 것이다. 아마도 나는 힘을 내서 상황에 뛰어들 필요가 있을 것이다. 아마도 나는 내가 생각하는 것보다 더 힘 있는 사람일 것이다.

무 도움이 안 된다는 사실을 깨닫고 그것에 에너지를 주지 않을 수 있다. 결국 수퍼에고의 목소리는 힘을 잃고 우리는 우리 안에 있는 더 긍정적인 힘을 수용하는 데 필요한 공간과 고요함을 되찾을 수 있다.

수퍼에고의 명령

이러한 일이 일어나기 전에 우리는 수퍼에고의 '행진' 에 대해 인식할 필요가 있다. 이 행진은 우리의 일상적인 활동의 대부분을 지시한다. 처음에는 이 메시지 중 일부는 꽤 합리적으로 들린다(수퍼에고 메시지의 특징 중 하나는 당신에게 '정상적' 이긴 하지만 자신을 제약하는 것으로 느껴진다는 점이다). 그러나 우리가 좀 더 가까이 가서 메시지를 들어 보면 독단적이고 주관적이며 강제적이라는 사실을 알게 될 것이다. 이것은 우리에게 도달할 수 없는 기준을 제시한다. 그래서 우리는 그것을 위해 항상 비싼 대가를 치러야 한다. 우리가 불안하고, 우울하고, 무기력하고, 두렵고, 약하게 느껴진다면 분명히 수퍼에고가 작용을 하고 있는 것이다.

치유의 태도

수퍼에고로부터 스스로를 자유롭게 할 수 있는 또 하나의 방법은 문제나 갈등 상황에서 자신이 하고 있는 자동적인 반응을 알아차리는 것이다. 그리고 '치유의 태도' 에 대해 깊이 생각해 보는 것이다. 우리는 각각의 아홉 유형에 대한 치유의 태도를 나열했다.

일주일 동안 자기 유형의 치유 태도에 대해 탐색해 보라. 관계 속에서, 직장에서, 집에서 치유의 태도가 당신에게 어떤 것을 생각해 보도록 하는지 살펴보라. 내면 작업 일지를 펴서 당신이 관찰한 사실을 기록하는 것도 도움이 될 것이다. 당신은 다음엔 다른 유형들의 치유 태도도 탐색해 보고 싶어 할지도 모른다.

몸 다루기

몸은 의식의 성장에 아주 중요하다. 우리가 앞에서도 이야기했던 것처럼 몸은 항상 여기에, 즉 현재의 순간에 있다. 우리의 마음과 감정은 어떤 장소에도 있을 수 있지만 – 미래를 상상하고 과거에 살며 – 우리의 몸은 항상 지금 여기에 있다. 몸은 다른 장소에 있을 수가 없다. 그러므로 우리가 몸의 감각을 지각한다면, 우리가 현재에 있다는 확실한 증거가 된다.

의식적으로 먹기

대부분의 사람은 식이 요법을 잘 하고 규칙적으로 운동을 하는 것이 건강한 삶에 꼭 필요하다는 생각을 가지고 있다. 그러나 우리는 심리학적인, 그리고 영적인 성장에 대해서 이야기할 때는 이 단순한 진리를 잊어버린다. 우리가 잘 먹고 충분한 휴식을 취하고 운동을 적절히 한다면 우리의 감정은 더 안정되고 의식은 더 맑아질 것이다. 그리고 의식 성장이 훨씬 더 순조롭게 이루어질 것이다.

의식적으로 먹는 습관을 갖는 것은 어렵다. 사실상 음식을 먹는 습관은 무의식적으로 우리의 인성에 깊이 뿌리 박혀 있다. 그러나 우리가 어떻게 먹는가에 대해 더 의식적이 될 때 몸이 요구하는 것보다 훨씬 더 많이 먹고 있다는 것을 알게 될 것이다. 우리는 음식을 음미할 사이도 없이 너무 빨리 먹는다. 또한 우리는 실제로 우리 몸에 필요하지 않은 음식에 끌리기도 한다. 사람들마다 무엇을 어떻게 먹어야 하는가에 대해 다른 의견을 제시하기 때문에 다양한 식이 요법과 섭생법이 있다. 어떤 사람은 채식과 소식이 건강을 증진시킨다고 한다. 또 어떤 사람은 단백질을 충분히 섭취해야 한다고 한다. 다른 모든 것과 마찬가지로 의식은 우리의 먹는 패턴에도 지성과 민감성을 가져다 줄 수 있다.

이완하기

신체 및 신체 에너지와 접하는 가장 중요한 기법은 완전히 이완하는 법을 배워서 매순간에 더 깊게 몸과 만나는 것이다. 이완은 요가나 명상 중에만 할 수 있는 것은 아니다. 이완은 우리가 하는 모든 일에도 적용할 수 있는 자질이다. 우리는 모든 일을 이완과 내적 중심의 자리에서 할 수도 있고 긴장과 당황한 상태에서 할 수도 있다. 기본적으로 의식적인 이완은 반복해서 지금 여기로 돌아오게 하며 점점 더 깊은 현실 속으로 의식을 열어 놓는 것이기도 하다.

많은 사람이 무감각한 상태와 이완을 혼동하고 있다. 그러나 실제로 이 두 가지는 상반되는 것이다. 사람들은 아픔이나 긴장을 느끼지 않는 것을 이완이라고 생각한다. 그러나 오랫동안 근육이 심각하게 긴장되어 있다면 몸은 무감각으로써 긴장을 다룬다. 오랜 긴장으로 몸이 무감각해짐으로써 더 이상 몸을 느낄 수 없게 된다. 실제로 많은 사람이 몸의 긴장이 뭉친 상태로 활동하고 있다. 무감각이 만들어 내는 통증을 덮어 버리고 있는 것이다. 그러나 우리가 그 긴장을 느끼지 않는다면 없어지지 않을 것이다. 그리고 결국에는 그 긴장이 우리의 건강을 해치게 될 것이다.

역설적으로 더 많이 이완될수록 우리는 자신의 몸이 얼마나 긴장되어 있는지를 더 많이 깨닫게 된다. 이것은 우리를 혼란스럽게 만든다. 이완했을 때의 첫 경험은 불편함을 더 많이 느끼는 것이기 때문이다. 이때의 우리의 첫 번째 반응은 다시 무감각한 상태가 되기를 원하는 것이다. 그러나 자유로움을 얻는 것은 무엇이 느껴지든지, 그것이 긴장일지라도 현재에 머물러 있는 것이다. 우리가 끈기 있게 긴장과 함께 현재에 머물러 있다면 긴장은 기적적으로 사라지기 시작할 것이다. 그래서 우리는 더 밝고 더 유연해질 것이다.

그러나 우리가 그렇게 쉽게 무감각해진다면 정말로 이완된 상태를 어

연습 ② 몸 다루기

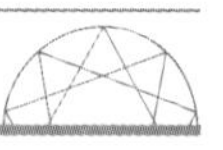

몸을 다루는 데에는 마사지, 침, 요가, 무용, 태극권, 무술 등 많은 방식들이 있다. 어느 방식이든 도움이 될 것이다. 그러나 그것이 장기적인 효과를 갖게 하기 위해서는 다음 두 가지를 생각해야 한다.

- 당신의 몸이 이 방식에 어떻게 반응하는가? 당신의 몸이 더 편안하게 느끼는가? 그것이 유연성을 더 키워 주는가? 당신은 자기 자신 및 자신의 환경과 함께 있는 것이 더 쉽게 느껴지는가?
- 당신은 일정 기간 동안 이 연습을 해 나갈 수 있는가? 어떤 결과를 얻을 때까지 꾸준히 할 수 있는가?

떻게 알 수 있을까? 답은 아주 단순하다. 우리는 현재의 순간에서 몸의 모든 부분으로부터 오는 감각을 경험할 수 있는 정도만큼 이완되어 있다. 몸의 감각을 경험하지 않는 정도만큼 우리는 긴장되어 있고 현재에 있지 않다. 이완된 상태라는 것은 머리에서 발끝까지 몸을 통하여 흐르는 끊어지지 않는 감각을 느끼는 것을 말한다. 이완은 존재 안에서 자아와 환경을 완전히 의식하는 행위를 수반한다.

고요한 마음 개발하기

우리가 자신에 대해 조금 더 의식하게 된다면 끊임없는 현실을 알아차릴 것이다. 우리의 마음은 항상 무엇인가를 말하고 있다! 깨어 있는 동안 어떤 형태든 내면의 대화, 논평, 혹은 판단이 일어나지 않는 순간이 거의 없다.

우리가 자신에게 이야기하는 가장 강한 이유는 다음번에 무엇을 할 것인가를 알아내기 위해서다. 우리는 상황을 평가하고 미래의 일에 어떻게 반응할지를 연습하고 과거의 일을 재연하기 위해서 스스로에게 말을 한다. 그러나 우리의 주의가 끊임없는 마음의 대화에 묶여 있다면 자기 내면의 지혜는 들을 수가 없다. 우리의 에고가 그 소리를 지워 버리고 마는 것이다. 마치 열쇠를 찾느라고 집을 뒤졌는데 갑자기 열쇠가 주머니 속에 들어 있는 것을 깨닫는 것과도 같다.

자신의 생각에 주의를 기울여라. 그것과 싸우지 말라. 그것에 대해서 아무것도 하지 말라. 그것이 무엇이든 그대로 있게 하라. 그것과 싸우면 싸울수록 그것에 힘을 부여하게 된다. 그저 그것을 잘 지켜보라. 생각을 멈출 필요는 없다. 그저 그것에 말려들지 말라. 뭔가를 붙잡으려는 마음, 결과를 찾는 습관을 버려라. 그러면 우주의 자유가 너의 것이 될 것이다.

니사르가닷따 Nisargadatta

그럼에도 불구하고 마음을 고요하게 한다는 일이 처음에는 우리 대부분에게 아주 이상하게 느껴질 것이다. 우리는 생각의 흐름을 멈추는 것이 지루한 일일 것이라고 생각한다. 모든 것이 단조로워질 거라고 생각한다. 그러나 그 반대가 지루한 일이다. 세상을 지루하고 재미없고 활기 없게 만드는 것은 우리의 반복적인 평상시의 생각 패턴과 집착이다. 더 중요한 사실은 계속되는 우리 마음속의 말들이 우리의 성장과 깨달음에 필요한 그 순간의 삶의 인상을 막아 버린다는 것이다. 이러한 이유 때문에 '원숭이의 마음' – 마음속의 말, 걱정, 목적 없는 상상, 미래의 일을 생각하는

유머 감각과 인내심은 철없는 어린아이와 너 자신의 마음에게 필요한 것이다.

로버트 아트킨 로시 Robert Aitkin Roshi

것, 과거의 일을 생각하는 것-과 고요한 마음, 즉 참된 앎으로부터 일어나는 신비한 공간을 구별하는 것이 중요하다.

우리가 더 이완되고 스스로를 바라볼 수 있게 되면, 우리의 마음이 작

연습 ③ 명상하기

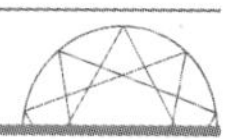

다음은 '깨어 있는 알아차림(mindfullness)' 명상의 통찰 방식 중의 하나다. 이것은 단순한 안내문-그 순간의 인상 및 감각과 함께 있고 숨을 따르고 고요하게 있으면서 주변 환경에 머물러 있는 것-에 기초하고 있다. 자유롭게 시도해 보고 어떤 것이 자신에게 가장 잘 되는지 살펴보라.

1. 당신이 편안하게 느껴지는 곳에 자리를 잡고 앉아라. 긴장을 일으키는 자세로 앉으면 마음을 가라앉히기가 어렵기 때문에 앉는 자세가 중요하다. 바닥에 앉아서 목과 등을 긴장하지 않은 채로 곧게 세우는 자세가 좋다. 어깨의 긴장을 풀고 팔을 편안하게 놓아라. 원한다면 눈을 감아도 좋다.
2. 자세를 잡았으면 편안하게 이완되도록 하라. 그리고 숨을 배로 깊이 들이쉬고 천천히 내뱉어라. 숨을 들이쉬면서 가슴에 공기가 가득 차도록 하고, 내쉬면서 몸의 긴장이 풀려 나가도록 하라. 이렇게 해 나가면 긴장과 스트레스가 풀리고 마음은 점점 더 고요해질 것이다.
3. 마음이 고요해지고 내면의 말들이 줄어들면 당신은 자신과 주변에 대해서 뭔가 다른 것을 느끼기 시작할 것이다. 당신은 지금 이 장소에 있음을 더 의식하게 될 것이다. 주변의 소리, 냄새, 기온을 의식하게 될 것이다. 또한 자신이 앉아 있는 것을 의식하게 될 것이다. 그저 자신의 경험을 더 깊이 살펴보라. 당신이 도달하려고 노력해야 하는 곳도, 끝나는 곳도, 어떻게 해야 한다는 특정한 방식도, 느껴야 하는 영적인 느낌도 없다. 그저 있는 그대로의 자신을 의식하라. 피곤하다면 그 피곤한 느낌을 의식하라. 짜증이 난다면 그 짜증나는 느낌을 의식하라.

   지금 이 순간에 어떤 인상과 감각이 당신의 몸에 오는가? 자신이 앉아 있는 것을 느낄 수 있는가? 바닥에 놓인 발의 느낌을 느낄 수 있는가? 그것이 어떻게 느껴지는가? 차가운가, 따뜻한가, 긴장되어 있는가, 이완되어 있는가, 쑤시는가, 느낌이 있는가, 없는가? 지금 여기에 있는 느낌이 어떻게 느껴지는가? 그 느낌이 고요하고 확장된 느낌인가? 그 느낌은 무거운가, 가벼운가?
4. 계속해서 이완해 나가면 당신이 몸에 붙들고 있었던 긴장이 스스로를 드러낼 것이다. 그것은 얼굴이나 머리, 목에서 나올 수도 있다. 당신의 어깨는 균형을 잃은 상태일 수도 있다. 당신의 몸이 막혀 있고 무감각하게 느껴질 수도 있다. 이런 것들을 알아차리면 어떤 방식이든 반응하거나 바꾸려고 하지 말라. 그저 당신의 의식이 그 속으로 더 깊이 들어가도록 하라.
5. 당신 자신과 당신의 생각을 관찰하면서 조용히 앉아 내면으로 더 깊이 들어가 보라. 온전히 이 순간에 있고 이 순간을 맛보면서 당신 안에서 더 심오하고 더 본질적인 것이 일어나도록 하라.

명상이 처음이라면 하루에 10분 정도 연습하는 것으로 시작해 보라. 아침에 일과를 시작하기 전에 하는 것이 좋다. 이 과정에 익숙해지면 명상 시간을 늘리고 싶어질 것이다. 매일의 명상 습관에 익숙해지면 익숙해질수록 더 많은 시간을 명상에 할애하고 싶어질 것이다. 자신의 본성과 만남으로써 우리는 더 큰 의식의 발전을 이룰 수 있다. 명상은 해야만 하는 것이 아니라 하기를 원하는 휴식과 삶의 오아시스가 된다.

용하는 '평상적' 인 방식은 몽롱하며, 혼란스럽고, 집중되어 있지 않은 반면에 고요한 마음은 맑음과 꾸준함, 깨어 있음의 자질을 갖고 있다는 것을 알게 될 것이다. 우리의 마음이 더 고요해질 때 우리의 지성은 상황을 객관적으로 이해한다. 그리고 무엇을 해야 하며 무엇을 하지 말아야 할지를 명확하게 보는 더 큰 지성과 연결된다. 우리는 주변의 모든 것에 더 주의를 기울이며 우리의 감각은 예민해지고 모든 색상과 소리가 더 선명해진다 – 모든 것이 더 신선하고 생동감 있게 다가온다.

많은 명상법은 내면의 소리를 가라앉히고 고요하고 확장된 마음을 가져오는 것을 목적으로 한다. 불교에는 두 가지 명상 방식이 있다. 첫 번째는 비파사나, 혹은 통찰 명상이라고 불리는데, 우리가 경험하는 것이 무엇이든 판단 분별없이 단순하게 의식하는 능력을 개발하는 것이다. 즉 생각과 인상에 끌려가지 않고 우리의 의식을 지나가게 하는 것이다.

두 번째는 사마타인데 집중 능력을 개발하는 것이다. 이 연습에서 우리는 반복되는 소리나 음절(만트라), 혹은 내면의 시각화, 신성한 이미지나 도형(만다라)에 집중하는 법을 배운다. 이 방법은 모든 다른 생각을 배제하고 소리나 이미지에 집중함으로써 마음을 훈련하는 법을 배우는 것이다. 이 두 방법은 모두 고요한 마음을 개발하는 데 아주 좋은 방법들이기는 하지만 비파사나, 즉 통찰 명상이 에니어그램과 결합될 때 우리의 성격이 움직이는 것을 판단 없이 관찰하는 뛰어난 방법이 된다.

'알지 않는 것' 의 기술

고요한 마음으로 들어가는 중요한 도구 중 하나가 '알지 않는 것' 이다. 평상시에 우리의 마음은 우리가 누구이며, 무엇을 하고 있으며, 무엇이 중요하고 무엇이 중요치 않으며, 무엇이 옳고 그른지, 어떤 일의 결과가 어떻게 되어야 하는지 온갖 종류의 생각으로 가득 차 있다. 우리의 마음은 의견과 생각으로 가득 차 있기 때문에 우리 주변의 진짜 세상이 주는 신선한 인상을 받아들일 내면의 공간이 없다. 우리는 새로운 것에 대해 아무

인간을 가장 고통스럽게 하는 속임수는 자기 자신의 의견에서 나오는 속임수다.

레오나르도 다 빈치 Leonardo da Vinci

것도 배우지 못한다. 이것은 또한 우리로 하여금 다른 사람들을, 특히 우리가 사랑하는 사람들을 진정으로 보는 것을 가로막는다. 우리는 사람들에 대해서 잘 알고 있으며 심지어 그들이 무엇을 생각하는 지 알고 있다고 생각한다. 우리는 경험을 통해서 안다고 생각한다. 그러나 누군가를 새롭게 경험하는 것은 자신의 상태와 상대방의 상태를 당장 바꾸어 준다. 어떤 경우에는 이것이 그 관계에서 일어날 수 있는 나쁜 일을 막아 줄 수도 있다.

'알지 않는 것' 은 우리의 의견을 유보하고 고요한 마음의 영역 안에 있는 호기심으로 하여금 우리를 이끌도록 하는 것이다. 우리는 우리 자신 안의 더 깊은 지혜를 신뢰하기 시작한다. 우리가 호기심을 갖고 마음을 열고 있으면 알아야 할 앎은 저절로 일어난다. 어떤 문제를 해결하려고 노력하는데 생각하는 것만으로는 해결책에 도달할 수 없을 때가 있다. 결국 우리는 포기하고 뭔가 다른 것을 한다. 그런데 문제에서 생각이 떠나 있을 때 갑자기 해결책이 떠오른다. 창조적인 영감이 떠오르는 것도 마찬가지다. 이 영감이 어디에서 오는가? 고요한 마음으로부터 온다. 우리 자신이나 우리의 에고가 생존을 위해 마음의 전략에 매달리는 것을 그만둘 때 '알지 않는 것' 은 우리를 더 높은 지식으로 끌어당겨서 빠르게 우리를 변화시키는 것이다.

마음이 고요할 때에만 – 의도적인 훈련을 통해서가 아니라 자신에 대한 진정한 앎을 통해서 – 그 고요함 안에서, 그 침묵 안에서 실재를 경험할 수 있다. 그 때에만 축복이 있고 창조적인 행동이 있을 수 있다.

크리슈나무르티 Krishnamurti

가슴 열기

"당신의 지성은 신을 이해할 수 없다. 그러나 당신의 가슴은 이미 알고 있다. 지성은 가슴의 명령을 실행하기 위해서 만들어진 것이다."

엠마뉴엘 Emmanuel

변화와 의식의 성장은 감정의 변화, 가슴의 감동 없이 일어나지 않으며 일어날 수도 없다. 우리는 가슴에서 변화를 요청하는 소리를 듣는다. 그리고 오직 가슴만이 그 대답을 할 수 있다. '감정(Emo-tion)' 은 움직이는 것이며 본질의 움직임, 사랑의 움직임이다. 가슴이 닫혀 있다면 우리가 영적인 지식을 아무리 많이 축적했더라도 그 요청에 답할 수 없다. 또한 우리의 지식도 삶에 아무런 실질적인 변화를 일으키지 못한다.

열려 있는 가슴은 우리로 하여금 경험에 완전히 뛰어들도록 하며 진정으로 사람들과 연결되도록 한다. 가슴으로부터 우리는 우리의 경험을 '맛볼' 수 있고 무엇이 진실이며 무엇이 가치 있는 것인지를 알아차릴 수 있다. 아는 것은 지성이 아니라 가슴이다.

슬픔 치유하기

가슴을 변화시키는 과정은 어려울 수도 있다. 가슴을 열어 감에 따라서 우리는 자신의 고통과 만나고 다른 사람의 고통을 더 인식하게 되기 때문이다. 우리 성격의 많은 부분은 우리가 이 고통을 경험하는 것을 막기 위해서 생겨났다. 우리는 가슴의 민감성을 닫음으로써 통증에 대해서 무감각해질 수 있다. 그러나 그 고통을 완전히 피할 수는 없다. 우리는 자기 자신과 주변 사람들을 비참하게 만드는 만큼만 고통을 인식할 때가 많다. 칼 융이 "신경증은 마땅히 겪어야 할 고통에 대한 대체물"이라고 말한 것은 진실을 이야기한다. 우리가 자신의 상처와 슬픔을 기꺼이 경험하려고 하지 않는다면 결코 치유될 수 없을 것이다. 우리는 고통을 느끼는 것을 거부함으로써 기쁨과 사랑, 자비, 그리고 그 밖의 가슴의 자질을 느낄 수가 없게 된다.

> 우리에게 상처를 입히고 우리를 실망시키는 사람들을 사랑하는 일은 불가능한 것 같다. 그러나 그렇지 않은 사람 또한 없다.
>
> 프랭크 앤드류스 Frank Andrews

우리가 말하는 것의 요점은 슬픔을 그저 삼키지 말라는 것이다. 영적인 성장을 위한 노력은 우리를 매조키스트로 만들기 위한 것이 아니다. 중요한 것은 슬픔을 붙들고 있는 것이 아니라 변화시키는 것이다. 슬픔을 키울 필요는 없다. 우리가 해야 할 일은 이미 갖고 있는 슬픔의 뿌리를 탐색하는 것이다. 우리는 우리의 성격이 방어하고 있는 것 아래에 무엇이 있는지를 살펴보고 우리를 괴롭히는 두려움과 상처를 탐색해 보아야 한다. 우리가 과거로부터 가지고 온 고통이 더 많을수록 우리 성격의 구조는 더 단단할 것이다. 그러나 그것은 깰 수 없는 것이 아니다. 기꺼이 자신의 고통을 탐색하려고 한다면 그 고통이 아무리 심하더라도 사라질 수 있다.

다행히도 우리의 본질은 우리의 성격 밑에 놓인 고통과 두려움을 탐색하는 이 어려운 과정을 지원한다. 우리가 조건을 붙이거나 판단하지 않고 자신의 경험의 진실을 탐색하려 한다면 본질의 자질인 자비로움이 자연스럽게 일어나서 치유를 도와 줄 것이다.

자비로움은 동정이나 자기 연민, 혹은 감상에 빠지는 것이 아니다. 그것은 오히려 모든 사람이 고통을 경험할 때 나타나는 방어기제와 저항을 녹여 버리는 신성한 사랑의 한 면이다. 성격이 자비로움을 창조하기 위해 할 수 있는 일은 아무것도 없다. 우리가 자신이 느끼는 것에 온전히 마음을 열고 진실해진다면 자비로움이 자연스럽게 우리의 상처를 어루만져 줄 것이다(자비로움이 없는 진실은 진정한 진실이 아니며 진실이 없는 자비로움은 진정한 자비로움이 아니라고 말할 수 있을 것이다).

본래의 영혼은 하느님의 본질로부터 왔으며 모든 인간의 영혼은 하느님의 부분이라는 것을 모르는가? 당신은 하느님의 신성한 빛이 혼동 속에 길을 잃고 있을 때 그것을 가엾게 여기지 않는가?

니콜스버그의 쉬멜케 Shmelke of Nikolsburg

신성한 사랑은 우리를 통하여 세상에서 스스로를 표현하려고 한다. 그리고 그것은 우리 안에 축적되어 있는 모든 장애물과 진실이 아닌 것을 깰 수 있다. 우리는 의식을 성장시키는 과정에서 분명히 슬픔과 고통을 만나게 될 것이다. 그러나 이 모든 것 뒤에는 사랑이 있다는 것을 기억하라. 그 사랑은 우리를 성장시키는 힘이며 우리가 가려고 하는 목적지이기도 하다.

용서에 대하여

영적인 과정의 가장 중요한 요소의 하나는 기꺼이 과거에서 벗어나는 것이다. 그리고 이것은 여러 가지 방식으로 우리에게 상처를 준 사람들을 용서하게 한다. 그러나 어떻게 우리는 예전의 모습에 우리를 묶어 놓고 앞으로 나가는 것을 막는 상처와 적개심에서 벗어날 수 있는가? 우리는 사랑하기를 '결정할' 수 없는 것처럼 용서하기를 '결정할' 수 없다. 용서는 우리의 본성으로부터 일어나며 상황을 더 깊이 이해하는 데서 온다. 용서는 우리가 전에 만났던 것보다 더 깊은 차원에서 우리 자신과 다른 사람들에게 무엇이 일어났는지를 이해하는 데서 온다. 용서는 우리가 자신의 분노, 미움, 적개심, 복수하고 싶은 욕망을 완전히 경험한 후에 – 그러한 충동을 행동으로 옮기지 않고 – 일어난다. 우리가 분노라는 감정의 배

연습 ④ 용서의 선언

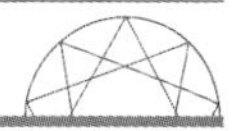

나는 기꺼이 기꺼이 내 실수에 대해 나 자신을 용서한다.
나는 기꺼이 내 실수에 대해 나를 용서한다.
나는 내 실수에 대해 나를 용서한다.
나는 나의 실수를 통찰과 인내심을 배우는 기회로 본다.
나는 삶이 나에게 더 현명하며 너그러워지는 기회를 제공해 준 것에 감사한다.

나는 기꺼이 기꺼이 나의 부모를 용서한다.
나는 기꺼이 나의 부모를 용서한다.
나는 나의 부모를 용서한다.
나는 나의 부모를 나의 스승이며 안내자로 본다.
나는 삶이 나에게 성장을 위한 이렇게 좋은 스승을 준 것에 감사한다.

나는 기꺼이 기꺼이 나에게 상처를 준 사람을 용서한다.
나는 기꺼이 나에게 상처를 준 사람을 용서한다.
나는 나에게 상처를 준 사람을 용서한다.
나는 내가 받은 상처를 자비로움을 배울 기회로 본다.
나는 삶이 나에게 용서하고 사랑하는 영성을 준 것에 감사한다.

나는 기꺼이 기꺼이 나의 고통과 아픔을 놓아 버린다.
나는 기꺼이 나의 고통과 아픔을 놓아 버린다.
나는 나의 고통과 아픔을 놓아 버린다.
나는 나의 고통과 아픔을 내 가슴을 열어주고 확장시켜줄 수 있는 기회로 본다.
나는 삶이 나에게 섬세하고, 열려 있는 가슴을 준 것에 감사한다.

나는 기꺼이 기꺼이 나의 과거의 제약을 놓아 버린다.
나는 기꺼이 나의 과거의 제약을 놓아 버린다.
나는 나의 과거의 제약을 놓아 버린다.
나는 나의 과거를, 지금의 내가 되기 위해서 일어나야 했던 것으로 본다.
나는 삶이 나의 과거를 통해 지금의 내가 될 수 있도록 해 준 것에 감사한다.

당신은 이 글에 특정한 이름을 넣을 수 있다. 예를 들어 "나는 기꺼이 기꺼이 누구누구를 용서한다"라고 말할 수 있다. 또한 무엇이든 떠오르는 대로 자신의 선언을 만들 수 있다. "나는 기꺼이 기꺼이…"로 시작하는 문장을 만들어 보라. 그리고 나서 문장이 계속 이어지면 조건들을 좁혀 나간 다음 세 번째 문장에서는 당신이 붙들고 있던 것을 놓아 버려라. 네 번째 문장에서는 그 상황 안에 있는 긍정적인 면을 이야기하라. 그리고 다섯 번째 문장에서는 당신에게 일어난 일에 대해 감사하라.

경을 탐색함으로써, 그리고 그 감정이 지금 여기에서 우리 안에 어떻게 발현되고 있는지를 정확히 봄으로써 우리는 분노를 붙들고 있는 구조를 느슨하게 할 수 있다. 현재에 존재하는 것은 우리를 충족시켜 주고 과거의 속박에서 우리를 풀어 놓아 준다.

'놓아 버림'의 에니어그램

우리 두 사람은 수년 동안 의식의 성장에 대해 고찰해 본 결과 다음과 같은 사실을 알 수 있었다. 즉 방어적인 반응이나 제한된 패턴을 잘 살펴보고 그것을 놓아 버렸을 때마다 어떤 특정한 결과가 자연스럽게 따른다는 것이다. 우리는 문제가 되는 습관을 없애려고 해서는 놓아 버림이 일어나지 않는다는 사실도 알았다. 이것은 의지력의 문제가 아니다. 그러나 특정한 습관이나 반응이 자연스럽게 사라져 버리는 일이 여러 번 일어났다. 우리는 무엇이 놓아 버림을 더 쉽게 만드는지 찾아내기를 원했다. 에니어그램 역시 하나의 과정 모델이 될 수 있다는 것을 알았기 때문에 우리는 에니어그램의 상징을 이용해서 놓아 버림의 에니어그램이라는 것을 만들어 냈다.

'놓아 버림의 에니어그램'은 당신이 언제라도 사용할 수 있는 연습이다. 이것은 에니어그램 원 주변의 아홉 개의 점에 상응하는 아홉 개의 단계를 나타낸다. 그러나 이 단계들은 그 성격 유형과 직접 관계된 것이 아니다. 오른쪽에 있는 이 도형은 아홉 단계의 과정을 나타낸다.

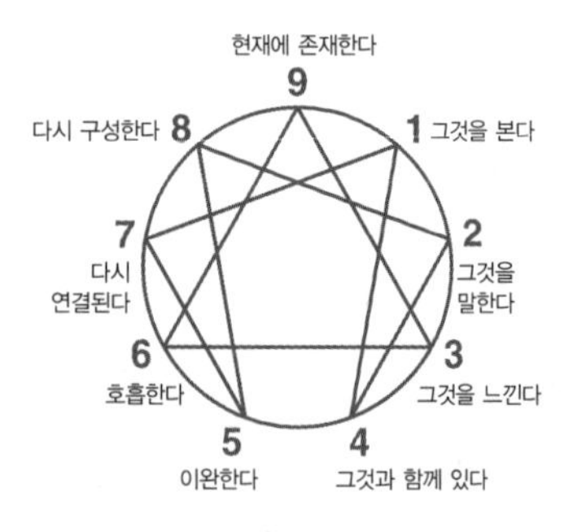

'놓아 버림'의 에니어그램

이 과정은 항상 우리가 '현재에 존재함'을 지정한 9번에서 시작된다. 어느 정도 현재에 있는 상태가 아니라면 우리는 첫 번째 과정을 시작할 수 없다. 현재에 존재하는 것은 우리로 하여금 어떤 것과 동일시된 상태를 보게 해 준다.

다음으로 옮겨 가기 전에 우리는 각 점을 완전히 끝마쳐야 하며 과정은 계속 반복되며 축적된다는 것에 유의하라. 이전의 단계를 마치고 각각의 새로운 단계로 나아가는 것이다. 그래서 어떤 부정적이거나 원치 않는 상태에 자신을 동일시한다는 것을 볼 수 있을 만큼 현재에 존재할 수 있다면 1번으로 옮겨 갈 수 있다.

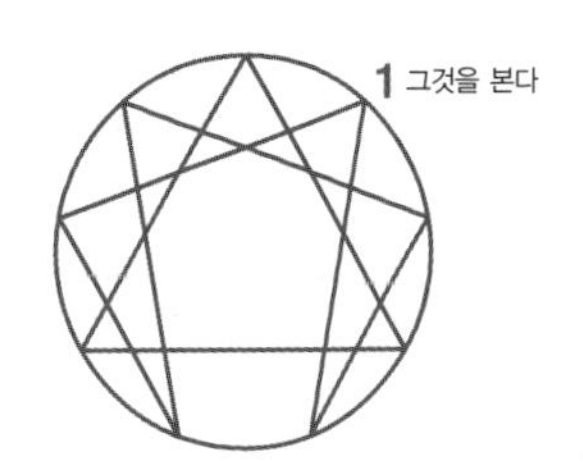

1번에서 현재에 존재하는 것의 지원을 받아서 우리는 "그것을 본다." 우리는 자신이 뭔가 – 관점, 반응, 기분 좋은 상상, 고통스러운 감정, 자세 – 와 동일시하고 있는 것을 본다. 우리는 우리 성격의 어떤 메커니즘 안에 갇혀 있다는 것을 인식한다. 이것은 앞에서 "우리가 행동 속에서 자신을 알아차리는 것"이라고 말한 것을 의미한다. 이것은 깨어나서 '자신의 감각으로 돌아오는' 느낌이다.

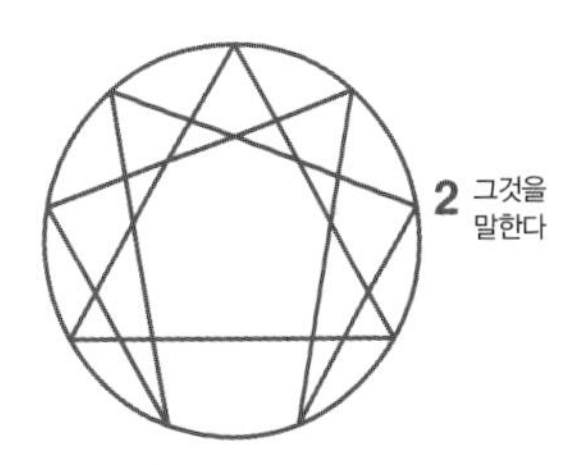

2번에서 우리는 막 인식한 상태에 의식적으로 이름을 붙인다. 우리는 "그것을 말한다" – "나는 화가 난다" "나는 짜증이 난다" "나는 배가 고프다", "나는 지루하다" "나는 이러 이러한 것이 지겹다" "나는 이것을 좋아하지 않는다" – 그것을 분석하거나 판단하지 말고 그저 단순하고 정직하게 자신이 있는 상태에 이름을 붙인다.

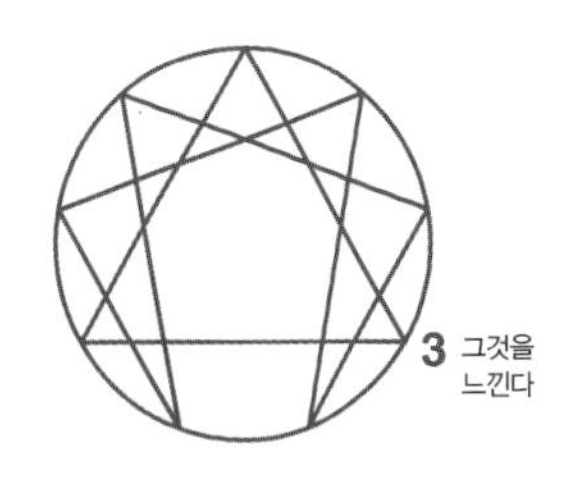

3번에서 이 과정은 마음에서 몸으로 옮겨 간다. 우리는 "이것을 느낀다." 모든 강렬한 감정적, 혹은 심리적 상태는 신체적인 반응과 긴장을 불러일으킨다. 예를 들어 어떤 사람은 배우자에게 화가 날 때마다 이를 꽉 깨물고 어깨에 힘을 준다. 또 어떤 사람은 화가 날 때 배에 뜨거운 감각을 느낄 수도 있다. 혼자 말을 할 때마다 곁눈질을 하는 사람도 있을 수 있다. 두려움을 느낄 때 우리는 숨을 멈추기도 한다. 3번에서 이 긴장을 느낀다. 그것에 대해서 생각하거나 그것을 시각화할 필요는 없다. 그저 지금 여기에서 느껴지는 느낌을 느낀다.

4번에서 "그것과 함께 있는다." 몸에서 발견한 긴장이나 에너지의 감각과 함께 있는 것이다. 우리는 이 점에서 이렇게 말하고 싶은 충동을 느낀다. "나는 화가 나서 이를 꽉 깨물었다. 나는 이제 이해를 했어!" 그러나 우리가 그 감각과 함께 있지 않는다면 그 상태는 없어지지 않을 것이다. 또한 우리가 그것과 머물러 있을 수 없다면 내재된 감정적 고통이나 불안은 다시 일어날 것이다. 그러므로 우리는 스스로에게 사랑을 갖고 그 감정에 충분히 머물러 있어야 한다.

우리가 스스로를 이러한 방식으로 경험하는 데에 관심을 갖게 되기에는 시간이 걸린다. 우리는 자신의 성장 과정이 더 흥미롭고 극적이기를 원한다. 그러면서도 긴장이나 고통이 함께 하는 것은 원치 않는다. 그러나 그렇게 하지 않고는 우리가 어떤 놀라운 경험을 하더라도 우리의 삶에 진정한 영향을 주기는 어려울 것이다.

앞의 네 단계를 했다면 5번에서는 자신 안의 뭔가가 열리고 긴장이 없어지는 것을 느끼게 될 것이다. 우리는 "이완한다." 우리는 더 가볍게 깨어 있는 느낌을 가진다. 이것은 스스로에게 이완을 강요하는 것이 아니다. 4번에서 그저 자신의 긴장 및 감각과 함께 함으로써 이완의 과정이 우리 안에서 저절로 펼쳐지도록 하는 것이다.

이완은 무감각해지거나 기운이 없는 상태가 아니다. 우리는 몸과 감정을 더 활력 있고 깊이 있게 경험할 때 이완된다는 것을 안다. 이완된 상태에서 우리는 자신 안의 더 깊은 층을 발견할 것이다. 그리고 불안도 일어날 것이다. 이 불안은 우리로 하여금 다시 긴장하게 만들 수도 있다. 그러나 이완과 불안의 느낌을 동시에 허용할 수 있다면 우리가 계속해서 붙들고 있던 상태는 사라질 것이다.

우리가 그것을 느끼고 그것과 함께 머물러 있고 이완할 때 신체적인 긴장이 사라지는 것처럼 신체적 긴장을 만들어 내는 감정적인 패턴도 그러한 방식으로 사라지게 할 수 있다. 긴장과 감정적 패턴을 의식함으로써 그것들을 사라지게 할 수 있는 것이다.

6번에서 우리는 숨을 쉬는 것을 기억한다. 우리는 "호흡한다." 이것은 라마즈 호흡을 배울 때처럼 가쁘게 호흡을 하는 것이 아니다. 그저 자신의 호흡에 대해서 더 의식적이 되는 것을 의미한다. 우리는 5번에서의 이완이 호흡에 '가서 닿도록' 한다. 우리가 성격에 더 많이 매여 있으면 있을수록 우리의 호흡이 더 제약을 받게 되고 약해지기 때문에 이것은 아주 중요하다(예를 들어 우리가 가벼운 스트레스 상황에 있을 때－운전을 한다든지, 직장에서 중요한 일을 처리할 때－우리의 호흡은 약해진다). 호흡은 막힌 감정 에너지를 풀어 놓아 준다. 우리의 호흡이 더 강해지고 이완될수록 긴장의 패턴은 계속해서 변화될 것이다. 무엇이든 자신에게 다가오는 것과 함께 호흡을 한다. 이렇게 해 나감에 따라 자신이 확장되는 것을 느끼기 시작할 것이다. 우리는 더 '진실되고' 더 중심이 잡히는 것을 느낄 것이다.

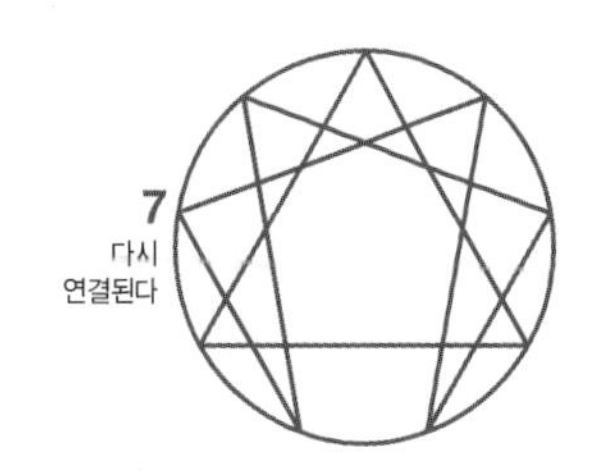

7번에서 우리는 자신 및 세상과 더 완전하게 "다시 연결된다." 우리는 다른 인상이 우리의 의식으로 들어오도록 허용한다. 벽에 비치는 태양빛, 공기의 느낌, 온도를 느끼는 것으로 시작할 수도 있다. 입고 있는 옷의 질감과 색상을 느낄 수도 있다.

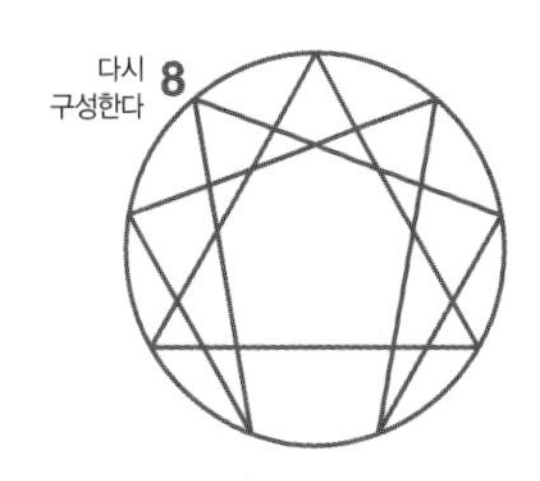

다시 연결된다는 것은 우리가 전에는 들여 놓기를 허용하지 않았던 경험의 부분에 자신을 열어 놓는 것을 의미한다. 우리가 진정으로 어떤 경험과 연결될 때는 그 이전에 갖고 있었던 생각이나 지각은 없어진다는 것을 우리는 알고 있다. 우리의 습관적인 목표, 문제, 내면의 말은 그저 사라져 간다. 갑자기 우리는 많은 것을 의식으로 보고 듣고 느낀다.

그렇게 되면 우리는 자신의 문제가 다른 사람과 관련이 있더라도 이전의 습관대로 그 사람에게 반응하지는 않을 것이다. 우리가 성격 안에 갇혀 있을 때 우리는 상대방이 어떤 사람이며 그들이 무엇을 할지를 안다고 믿는다. 그러나 우리가 그들과 다시 연결될 때 우리는 그들에 대해서 얼마나 모르고 있었는지를 깨닫게 된다. 우리는 자신의 존재와 더 연결되어 있을수록 그들 존재의 신비를 존중한다. 우리가 스스로에게 그 사람이 무엇을 할 것이며 무슨 말을 할 것인지를 '알지 않는 것' 을 허용하면 그들과 훨씬 더 진실되고 직접적인 관계가 된다.

8번에서 우리는 문제를 만들어 낸다고 믿었던 상황을 "다시 구성한다." 우리는 더 객관적으로 전체 상황을 본다. 그리고 이 균형과 맑음의 장소로부터 더 효과적으로 그것을 다룰 수 있는 방법을 찾는다.

예를 들어 누군가에게 화가 났다면 이 상황에서 우리는 그 사람의 상처와 두려움을 볼 수 있을 것이다. 그러면 그에게 사랑과 수용하는 마음을 갖고 이야기할 수 있을 것이다. 우리가 어떤 문제 때문에 완전히 지쳐 있다면 우리 내면의 진실과 다시 연결됨으로써 우리는 그 문제를 해결할 수 있음을 보게 된다. 혹은 너무 무리한 일을 벌여서 도움을 청해야 한다는 것을 볼 수도 있다. 다시 구성함으로써 우리는 자신과 자신의 문제를 훨씬 더 넓은 관점에서 볼 수 있게 된다.

마지막으로 우리는 9번으로 돌아온다. 여기에서 우리는 더 확장된 의식으로 현재에 존재하게 된다. 이 지점에 이르면 현재에 존재하는 힘이 더 커졌기 때문에 필요하다고 여겨진다면 이 아홉 단계를 반복 하는 것이 훨씬 더 쉬워진다.

우리가 '놓아 버림의 에니어그램' 을 사용하기 시작하면 이 과정에서 자신이 같은 장소(혹은 '문제점')에 계속 막혀 있다는 것을 발견할 수도 있다. 예를 들어 우리는 뭔가를 보고, 그것을 말하고, 그리고 나서 더 진행해 간다. 우리는 자신이 긴장하고 있다는 사실을 알아차린다. 그러나 그 긴장이 충분히 머물러 있음으로써 그것이 사라지도록 하지 못하고 옆길로 빠져 나간다. 이럴 때는 어디에서 이 과정을 그만두었나를 살펴보는 것이 큰 도움이 된다. 그리고 그 점에 좀 더 주의를 기울이는 것이다.

계속 이 연습을 해 나가면 힘이 붙어서 과정이 점점 더 쉽고 빨라지게 된다. 또한 각 단계를 분리하는 일도 모호해질 것이다. 그러나 처음 과정에서는 많은 어려움을 겪을 지도 모른다. 그러나 일단 현존을 향해 움직이기 시작하면 현존이 나머지를 지원해 줄 것이다.

'놓아 버림의 에니어그램' 을 연습함으로써 자신에 대한 우리의 경험은 더 깊고 넓어진다. 우리는 더 이완되고 생동감을 갖게 되며 자신의 존재 및 주변과 더 깊이 연결된다. 아마도 이 과정을 시작하기 전의 상태와 자신을 비교해 보고는 놀라게 될 것이다. 자신을 넘어서는 힘과 협력하여, 성격에서 놓아버려야 할 부분을 의식으로 돌아가도록 할 때 변화와 성장은 자연스럽게 일어난다.

제17장

영적인 여행 – 언제나 지금

The Spiritual Journey - Always Now

이 책을 보며 얼마간 연습을 하면 분명히 변화가 일어날 것이다. 우리는 다른 사람과 더 잘 지내고 더 안정되며 자신과 다른 사람들을 더 많이 용서하게 될 것이다. 그럼에도 불구하고 우리는 이따금씩 이러한 진보가 환상이나 자기기만의 산물, 단순한 자신의 바람이 아닌지를 궁금해 하며 자신이 경험한 것에 대해 의심을 품는다. "내가 정말로 나아가고 있는가?" 궁금한 시기가 올 것이다.

발달 수준이 그 질문에 답하는 데 있어서 하나의 유용한 방법을 제공한다. 우리가 전에 하던 행동이나 붙들고 있던 태도를 더 이상 보이지 않는다면, 그리고 더 높은 수준의 행동을 하게 된다면, 옳은 방향으로 나가고 있다고 보아도 좋을 것이다. 예를 들어서 4번 유형이라면 움츠림, 부정적인 자의식, 비판에 지나치게 민감함, 변덕스러움(모두 수준 5에서 나타나는 행동들) 등을 가지고 있을 것이다. 이제 자신이 더 외향적이고, 비판에 그리 민감하지 않고, 다른 사람에게 자신을 드러낼 수 있다면, 그리고 에너지가 더 많고, 창조적이고, 주의를 외부로 돌릴 수 있다면(모두 수준 3에서 나타나는 행동들) 진정한 진보를 이루고 있다는 사실을 신뢰할 수 있을 것이다. 그와 마찬가지로 7번 유형이 덜 산만하고 덜 충동적이 된다면, 그리고 자신이 하는 경험에 좀 더 집중할 수 있다면, 성장의 방향으로 나아가고 있는 것으로 보아도 된다.

그러나 아직도 더 까다로운 질문이 남아 있다. 우리는 어려운 상황 속에서도 더 편안하게 있을 수 있고 삶을 더 잘 다루어 나갈 수 있다고 생각한다. 어쩌면 우리가 환경으로부터 영향을 받는 것을 끊어 버리고 자신의 경험을 '영성화' 하는 것에 점점 더 능숙해지는 것은 아닌가? 무엇이 진리인가? 우리는 정말로 나아하고 있는가, 그렇지 않은가?

자신에 대한 앎에는 끝이 없다. 당신은 끝에 도달할 수 없으며 결론에 도달할 수도 없다. 그것은 끝이 없는 강이다.

크리슈나무르티 Krishnamurti

그 대답은 다양한 환경 속에서 우리가 보이는 즉각적인 반응에 있다. 특히 이전에는 우리에게서 부정적인 반응을 이끌어 냈던 상황들 속에서 자신을 지켜보라. 어떤 사람이나 상황이 전에는 아주 부정적인 면을 불러냈는데, 더 이상 그렇지 않다면 우리는 진정으로 진보를 이루고 있는 것이다. 우리가 전에는 특정인이나 특정 상황을 만날 때마다 인내심이나 사랑을 잃었는데, 더 이상 그렇게 하고 있지 않다면 분명히 진정한 진보를 이루고 있는 것이다. 삶이 더 쉬워진다면, 더 확장되고 활력 있어진다면, 무엇인가 '애써서 가야 하는 것' 이 아니라 끝없는 모험이 된다면 우리는 진정한 진보를 이루고 있다고 볼 수 있다. 우리가 더 안정되고 가슴이 더 열린다면, 존재의 완전한 힘을 일상으로 가져올 수 있다면, 어린아이 같은 호기심과 집착 없는 순수한 관찰자의 마음을 가질 수 있다면, 우리는 진정한 진보를 이루고 있는 것이다.

당신이 아무리 멀리 가더라도 영혼의 한계를 찾을 수는 없을 것이다.

헤라클레이토스 Heraclitus

더욱이 에니어그램 자체가 진정한 진보의 표시를 명시해 준다. 각 유형의 수준 1에서 발견되는 자질들 – 다른 말로 덕德 – 은 영성으로 가는 길 위에서 문을 여는 열쇠가 된다. 이것들 중 어느 하나를 갖게 된다면 그것으로 충분하다. 그러나 이러한 자질을 모두 자신의 성격 안에 통합하는 것은 매순간, 어떤 상황에서든 본질적인 높은 나로써 사는 것을 의미한다.

그러므로 우리가 자신과 다른 사람의 제약을 받아들인다면(1번 유형이), 스스로를 소중히 여기고 조건 없이 받아들인다면(2번 유형이), 정직과 겸손으로 자신에게 진실해진다면(3번 유형이), 자신의 감정에 치우치지 않고 있는 그대로의 실재를 볼 수 있다면(4번 유형이), 자신의 모든 생각과 행동의 깊은 의미를 본다면(5번 유형이), 현실에서 안정을 찾고 일어나는 모든 일에 용기 있게 대처한다면(6번 유형이), 죽음, 상실, 변화에 맞서서 기쁨과 감사를 가질 수 있다면(7번 유형이), 이해와 용서의 마음을 가질 수 있다면(8번 유형이), 삶이 무엇을 가져오든지 모든 것을 끌어안고 평화로울 수 있다면(9번 유형이), 우리는 우리의 길 위에서 앞으로 나아가고 있는 것이다.

고통 놓아버리기

구르지예프는 아주 이상한, 역설적인 말을 했다 – 인간이 가장 나중에 놓아 버리는 것은 고통이다. 이것이 맞는 말일까? 그렇다면 왜일까?

첫째로 우리는 고통에 익숙하다. 이 사실은 우리가 아는 것이며 그래서 다른 알지 못하는 조건보다 더 안전하게 느껴지는 것이다. 둘째는 아마도 우리는 고통을 포기하면 뭔가 새롭고 더 나쁜 형태의 어떤 것이 우리를 장악할 것이라고 걱정하는 것 같다. 두 번째 이유가 어쩌면 더 중요한 것일 것이다. 이것은 과소평가 되어서는 안 된다. 우리의 정체성 중 많은 부분은 자신의 고통을 붙들고 있는 것으로부터 – 모든 불평, 긴장, 갈등, 비난, 합리화, 투사, 정당화, 그리고 고통을 허용하는 '에너지'로부터 – 온다. 이것이 우리 성격의 뿌리라고도 말할 수 있을 것이다. 그런데 만약 우리의 고통이 그리고 그것을 둘러싼 모든 것이 사라진다면 우리는 과연 누구일까?

우리가 온전한 존재라면 지금 이 자리에서 경험하는 두려움을 직면할 것이며 자신에 대한 책임을 기꺼이 받아들일 것이다. 기꺼이 선택을 할 것이며 끝까지 그것을 밀고 나갈 수 있다. 더 이상 비난도, 과거에 대한 이야기도, 미래에 대한 계획도 없다. 그저 지금 이 자리에서 거대한 존재의 신비에 직면하는 것이다. 사실 우리는 이미 이 모든 것을 이루었다. 그저 그것을 온전히 인정하고 그 진리에 따라 살면 되는 것이다.

그러나 완전한 자아실현에 도달하기 전에는 성격은 계속해서 우리를 끌어내리려고 할 것이다. 우리는 이것을 예상하고 있어야 한다. 그렇지 않으면 낙담해서 포기해 버릴 수도 있다. 우리가 반복적으로 잠에 빠질 수 있다는 사실을 알면서 끈기를 갖고 계속해 노력한다면 상황은 바뀔 것이다. 그러는 동안 우리의 본질은 더 자주 나타날 것이다. 깨어 있는 매순간에 새로운 것이 드러나서 결국에는 삶 전체가 바뀌는 것이다. 구르지예프는 성장을 위한 과정이 물 한 잔에 소금을 첨가하는 것과 같다고 말했다. 오랫동안 아무 일도 일어나지 않는 것 같다가 갑자기 포화점에 도달해서 물속에 새로운 결정이 생겨나는 것이다.

우리가 수동적인 태도로 자신의 성격 메커니즘을 고수하지만 않는다면, 우리 안에서 활동하기를 갈망하고 있는 신성을 향해 자신을 열 수 있게 된다. 우리의 존재가 힘을 얻으면 우리는 기꺼이 불필요한 고통에서 벗어나게 되고 삶이 주는 놀라운 선물을 더 깊이 인식하게 될 것이다. 간단히 말하면 자신의 집착과 그 집착에 수반되는 고통에서 벗어나는 만큼 삶의 기쁨과 자유로움에 우리를 열어 놓을 수 있는 것이다.

우리가 일단 이 상태로 들어가면 삶의 신비를 이해하게 될 것이다. 그리고 우리의 여행에는 더 적은 고통과 더 많은 사랑이 따를 것이다. 수피들은 이 여행을 '사랑하는 사람에게로 돌아오는 것'이라고 했다. 우리가 자신의 본성에 가슴을 열지 않는다면 삶에서 어떤 것도 우리를 충족시켜 줄 수 없다. 그러나 우리가 가슴을 연다면 모든 것이 우리를 충족시켜 줄 것이다. 그 때 우리는 이 세상이 무한한 사랑의 표현임을 경험할 것이다.

첫 번째 사랑이 시작되었을 때
내가 얼마나 눈멀어 있는지 모른 채
당신을 찾기 시작했습니다.

연인들은 결국 어디에서도
만나지 못했습니다.
그들은 항상 서로의 내면에 머물고
있었습니다.

루미 Rumi

삶이 우리를 지원한다

일반적으로 삶의 99퍼센트의 시간은 우리에게 자비로우며 우리를 지원한다. 그러나 에고는 삶이 고통스럽고 어둡고 비극적인 1퍼센트에 고착되도록 우리를 이끈다. 그러나 이 1퍼센트의 시간에서도 대개는 우리 자신에게만 고통과 비극이 될 뿐이다(우리의 불운은 어쩌면 다른 사람의 행운일 수도

각 유형들이 '성격을 내려놓지' 못하는 이유

우리는 '현존'하려면 에고의 집착에서 벗어나야 한다는 사실을 직관적으로 안다. 또한 그래서 현존하기를 두려워 한다. 다음 세 중심 유형은 에고의 투사가 계속되어야 한다는 잘못된 신념과 함께 그 투사가 중단되면 일어날 일에 대해 무의식적인 두려움을 가지고 있다. 이러한 두려움은 현존으로 가는 것에 대한 끊임없는 장애물-즉 무엇이든 우리가 동일시하는 것을 놓아 버리지 못하는 이유-이 되고 있다. 다음은 각각의 유형이 갖고 있는 무의식적 두려움이다.

본능 중심(1번, 8번, 9번 유형)

"내가 자신을 방어하는 것을 내려놓고 삶의 흐름에 편안하게 들어가면 나는 사라질 것이다. 나에게 익숙한 '나'는 더 이상 존재하지 않을 것이다. 나는 스스로를 방어할 수 없다. 진정으로 세상이 나에게 영향을 미치도록 허용한다면 나는 그것에 압도당할 것이며 자유와 독립성을 잃을 것이다. 나는 완전히 없어질 것이다."

감정 중심(2번, 3번, 4번 유형)

"내가 나 자신의 이미지와 동일시하는 것을 그만둔다면 내 무가치함이 드러날 것이며, 나는 사랑을 경험할 가능성을 잃을 것이다. 깊은 내면에서 나는 아주 끔찍하고 사랑받을 수 없는 사람이 아닌가 의심하고 있다. 그래서 이 에고의 투사를 유지할 때에만 내가 세상에서 받아들여질 수 있다는 희망과 나 자신이 괜찮은 사람이라는 느낌을 가질 수 있다."

사고 중심(5번, 6번, 7번 유형)

"내가 이 전략을 그만둔다면, 즉 내가 원하는 것이 무엇인지 찾아내기를 그만둔다면, 나를 지지해 주는 '기반'은 없어질 것이다. 내 정신 활동이 없다면 나는 아주 약한 존재가 될 것이다. 모든 것이 무너져 내릴 것이다. 나는 사라지고 없을 것이다. 내 마음이 계속해서 '헤엄치지' 않는다면 나는 물 속으로 가라앉을 것이다.

신에 대해 이야기하든 이야기하지 않든 신은 존재한다.

칼 융 Carl Jung

구하라 그러면 얻을 것이요, 찾으라, 그러면 찾을 것이요, 두드려라 그러면 열릴 것이다.

예수

깨달은 사람은 끊임없는 놀라움의 상태에서 산다.

붓다 Buddha

있다). 우리는 아주 나쁜 경우를 상상하지만 – 자동차 사고 같은 – 우리 삶의 대부분은 이런 종류의 사건을 겪지 않는다. 우리가 좀 더 객관적으로 자신의 삶을 보면 현실은 우리를 아주 많이 지원하고 있다는 사실을 알게 될 것이다. 우주는 우리들 대부분이 인식하고 있는 것보다 훨씬 더 너그럽다. 그렇다면 이 풍요로운 우주 앞에서 깨어나 그것의 관대함에 스스로를 여는 것이 당연하지 않는가?

세계의 위대한 종교가들은 우리가 혼자가 아니며 자신이 믿는 만큼 여러 가지 보이지 않는 방식으로 지원을 받고 있다고 이야기한다. 기독교에서는 하늘의 성인들이 끊임없이 이 땅의 사람들을 돌봐 준다고 가르친다. 힌두교도들은 나무에서도, 호수와 산에서도, 화산과 태풍에서도, 세상 만물에서도 신을 본다. 마치 불교도들이 모든 것에서 불성을 보듯이. 기독교의 성인과 수많은 불교의 보살들은 "우리는 혼자가 아니며 무한한 방식으로 영적인 성장을 지원받고 있다"는 진리를 우리에게 일깨워 준다.

일본에는 산주산젠이라는 유명한 절이 있다. 이 절의 마당에는 관세음보살상 1001개가 열 줄로 늘어서 있다. 이것은 방문자들에게 신, 즉 절대자가 끊임없이 깊은 신성으로부터 축복과 함께 인간을 돕는 존재들을 보내고 있다는 사실을 느끼게 해 준다. 이 절을 찾는 사람들은 이 불상들의 아름다움과 초월적 세계로부터 오는 신성함에 깊은 감동을 받는다.

우리가 현재의 순간에 스스로를 열어 놓으면 모든 것이 우리의 스승이 된다. 삶의 모든 것은 우리의 존재와 성장을 지원하기 때문이다. 우리는 천천히, 그리고 분명하게 우주의 자비로움을 인식하게 된다. 에니어그램은 우리가 어떻게 삶을 거부했으며, 어떻게 주변에 항상 존재하는 풍요로움으로부터 돌아섰는지를 우리에게 보여 준다. 그러나 1001개의 관세음보살상이 일깨워 주듯이 우리가 진정으로 원하며 우리가 밖에서 찾고 있는 모든 것은 항상 지금 여기에 있다.

진정한 자아 발견하기

우리가 진리 안으로 더 많이 들어갈수록 그것의 더 깊은 의미를 발견하게 될 것이다.

반케이 Bankei

우리는 어느 날 강의를 하기 위해서 늦은 밤에 캘리포니아 행 비행기를 탔다. 그리고 우리가 이야기한 성장의 다양한 단계에 대해서 깊이 생각해 보았다. 우리가 나눈 이야기는 우리가 언젠가는 '터널의 끝에서 빛'을 보게 될 것인지에 대한 것이었다. 그때에도 우리는 신경증적 습관과 과거의 해결되지 않은 문제의 층들을 발견하며 고통을 겪고 있었기 때문이다. 또한 우리는 우리 심리의 '양파 껍질'을 벗겨 내는 과정이 우리들만의 각별한 경험인가, 그렇지 않으면 모든 사람의 일반적인 경험인가에 대해서도 이야기했다. 우리는 비행기 안에서 서로의 생각과 경험을 이야기하면서 몇 시간을 보냈다. 우리는 비행기가 착륙할 때쯤 다음의 모델을 만들었다. 그리고 수년 동안 계속해서 이것을 고찰하고 다듬어 왔다.

우리는 그날 저녁 '자신을 발견하는 일'은 의식의 성장 과정을 가장 정확하게 설명하는 것임에 동의했다. 시간이 지날수록 그것은 점점 더 명확하게 우리에게 와 닿는다. 인간 심리의 다양한 층을 발견하는 일은 고통과 부정성(negativity)의 층을 통과해 가는 것이며, 우리가 보기를 원치 않는, 오랫동안 축적된 마음의 쓰레기를 다루어 내는 것이다. 그것은 가치 있는 일이다. 오랫동안 우리를 기다려 왔을 뿐만 아니라 우리를 재촉해 온 본질적 존재, 우리의 '가장 소중한 핵심'을 발견하는 일은 가능한 것이다.

인간의 진정한 가치는 자기로부터 얼마나 많은 자유로움을 획득했느냐로 결정된다.

알베르트 아인슈타인 Albert Einstein

존재를 발견하는 과정은 층에서 층으로 이어진다. 우리가 성격의 바깥 구조를 파 들어가면 갈수록 더 깊은 곳과 만나게 된다. 우리는 여러 해 동안 이 과정을 실천해 왔으며, 그 과정을 '자아 발견 과정의 아홉 개의 구별된 층(nine distinct strata in the process of self-recovery)'이라고 부르기로 했다. 이 아홉 개의 층은 아홉 개의 성격 유형이나 발달의 아홉 수준과는 다르다. 이것을 당신이 자신의 가장 깊은 본질을 탐색해 들어갈 때 만나게 될 다른 '세상들'이라고 생각해 보라. 이것은 마치 아홉 개의 양파 껍질과도 같다.

우리는 여러 해 동안 층들에 대해 깊이 생각해 보고 가르치면서 이것의 진정성과 유용성에 대해 확신하게 되었을 뿐만 아니라, 다른 영적 전통에서도 부분적으로 이것을 발견했다는 사실을 알게 되었다. 이 영적 성장 과정의 지도는 모든 사람이 직면하는 통찰에 대해서 이야기한다. 영적인 성장으로 나아가는 데 있어서 우리 모두는 공통된 장애물에 부딪히는 것이다.

첫 번째 층 : 습관적인 자아 이미지

첫 번째 층은 우리가 되고 싶어 하는 자신이나 자동적으로 자신을 보는 방식에 대한 생각 및 자아 이미지와 관련이 있다. 이것은 대개 어느 정도의 환상과 과장을 포함하고 있다. 예를 들어 우리는 자신이 절대로 거짓말을 하지 않는다거나, 결코 약속에 늦지 않는다거나, 언제나 다른 사람을 먼저 배려한다고 생각할 수 있다. 또한 우리는 자신이 매력이 없다거나, 지적이지 않다거나, 미적 감각이 부족하다거나 등과 같이 습관적으로 자신에 대해 부정적인 생각을 가지고 있을 수도 있다. 이 둘 중 어떤 경우든지 우리는 자신에 대해 갖고 있는 생각들에 의문을 품는 일이 드물다. 우리는 다른 사람들이 우리가 갖고 있는 자신에 대한 (착각의) 관점에 동의하지 않거나 의문을 가지면 쉽게 그리고 강하게 반응한다.

첫 번째 층에서 어떤 사람이 평균에서 불건강한 영역(발달 수준 4나 그 이하)에 있다고 가정하자. 이 사람에게 자신을 일깨우는 어떤 도구가 주어지지 않는다면(대개는 외부에서) 변화할 가능성이 거의 없다. 이 사람은 너무나 깊이 성격과 동일시되어 있기 때문에 스스로 깨어날 수 없는 것이다. 우리가 자신의 유형과 잘못 동일시되어 있다면(예를 들어 실제로는 9번 유형인데 5번 유형으로 믿고 있다든지) 자동적으로 습관화된 자아 이미지의 영역에서 살고 있는 것이다. 그러면 에니어그램이 의식에 의미 있는 변화를 일으키는 것은 거의 불가능하다. 그래서 우리가 자신의 유형을 정확하게 알고 내면에서 어떤 작용을 하는지 명확하게 이해하는 일이 중요한 것이다.

가장 자주 하는 거짓말은 자신에게 하는 거짓말이다.

니체 Nietiche

두 번째 층 : 실제적인 행동

우리가 내면의 성장을 위한 길로 들어가서 자신을 지켜보는 과정에 머문다면, 우리 행동의 많은 부분이 습관적인 자아 이미지와 일치하지 않는다는 사실을 알아차리기 시작할 것이다. 이 깨달음은 우리에게 두 번째 층에 가서 접하도록 해 준다. 여기에서 '행동 속에서 자신을 알아차리기' 가 시작된다. 자신의 자아 이미지는 항상 진실을 말하는 것인데, 사람들과 부딪치는 것을 피하고 사람들을 기쁘게 하기 위해서 자신이 얼마나 자주 악의 없는 거짓말을 하고 있는지를 보기 시작한다.

우리 모두에게는 다행히도 깨어나서 자신의 진실과 더 큰 가능성을 보게 되는 순간이 있다. 그러나 이러한 순간들이 더 많아지게 하려면, 우리는 그런 순간들을 가치 있게 여기고 더 자주 깨어 있을 수 있는 길을 찾아야 한다. 이것은 책이나 수행, 친구, 혹은 스승이나 치료사의 안내를 통하여 내면의 성장 과정을 지원할 수 있는 방법을 찾는 것을 의미한다. 이 층에 머물러 있기 위해서는 현존하는 힘이 더 많이 필요하다. 물론 더 깊은 층으로 내려가려면 그러한 힘이 더 많이 필요할 것이다. 더 깊이 내려가면 갈수록 더 많이 현존하게 되는 것이다.

세 번째 층 : 내면의 태도와 동기

우리가 계속 영적 성장의 길 위에 머물러 있다면, 우리 행동의 배후에 놓여 있는 자세와 동기를 알아차리기 시작할 것이다. 무엇이 우리가 하는 일을 계속 하도록 하는가? 주의를 끌기 위해서인가? 어머니에게 화가 나 있기 때문인가? 자신의 고통과 부끄러움을 내려놓고 싶기 때문인가? 심리 분석과 대부분의 치료는 이 층의 자아를 의식으로 끌어올리는 데 그 목적이 있다. 우리가 더 깊이 이 질문을 들여다볼수록 그 대답은 더 모호해질 것이다. 어떤 '원인'이 특정 행동을 일으켰는지를 정확히 말하는 일이 불가능할 때가 많기 때문이다.

또한 우리는 이 층에서 자신의 행동이나 습관들 중에서 얼마나 많은 부분이 가족과 문화로부터 왔는지를 깨닫게 될 것이다. 성격 유형의 가장 핵심적인 동기(특히 기본적인 욕망과 기본적인 두려움을 포함해서)는 우리의 자동적인 성격 습관과 반응을 고정시키는 데 아주 중요한 요소다. 우리는 자신의 동기를 이해하는 과정에서 영혼이 진정으로 갈구하는 것이 무엇인지를 보게 될 것이다. 우리의 동기는 스스로가 부족하다고 생각하는 것이 무엇인지를 드러내 보여 줄 것이고, 그렇기 때문에 이런 저런 형태로 항상 그것을 구하고 있었다는 사실을 깨닫게 해 줄 것이다.

네 번째 층 : 내재된 긴장

우리는 현재의 순간에서 스스로를 더 깊이 인식하게 됨에 따라 자신이 경험하는 것과 현재에 머물 수 있는 능력이 점점 더 커진다. 예를 들어 두 번째 층에서 자신이 파티에서 대화에 관심 있는 척하고 다니는 것을 발견했다고 가정하자. 그리고 세 번째 층에서는 실제로 자신이 파티 장을 떠나기를 원한다는 것을 인식했다. 그리고 네 번째 층에서는 배에 불편한 느낌이 있거나 어깨나 몸에 긴장의 느낌이 있다는 것을 알아차린다.

우리가 스스로를 충분히 바라보는 능력을 개발할 수 있다면, 몸 근육의 긴장이나 에너지 적인 긴장의 미묘한 층을 인식할 수 있을 것이다. 그리고 몸의 어떤 부분에서 에너지가 막혀 있는지도 알 수 있을 것이다. 여기에서 이완과 호흡이 더 중요해진다. 네 번째 층은 앞의 단계들보다 몸의 감각과 함께 현재에 머물러 있는 능력을 더 많이 요구한다.

다섯 번째 층 : 분노, 수치심, 두려움, 본능적 에너지

우리가 점점 더 깊은 상태로 들어가면서 네 번째 층에서 발견하는 과정과 함께 머물러 있을 수 있다면 더 원초적인, 그리고 아마도 우리를 더 불안하게 하는, 감정적 상태를 만날 것이다. 여기에는 에고의 세 가지 '주요한 감정', 즉 분노, 수치심, 두려움이 포함된다. 이것들은 각각 본능 중심, 감정 중심, 사고 중심을 지배하는 감정이 된다.

또한 이 층에서 우리는 원초적 본능의 에너지(본능적 변형의 기초)를 만난다. 즉, 그것은 자기 보존에 대한 충동, 다른 사람들과 사회적인 연결을 맺고자 하는 충동, 성적 충동이다. 집착, 좌절, 거부라는 기본적인 정서도 이 층에서 인식된다. 대부분의 경우에 이 층은 우리를 아주 불편하게 한다. 그래서 우리는 자신의 문제를 해결해 가면서 스스로에게서 찾아 낸 것에 대해서 판단하지 않고 편안하게 바라볼 수 있는 훈련을 해야 한다. 전통적인 심리 치료는 이 층에서 끝나는 경향이 있다.

중대한 변화가 임박했을 때 변화에 대한 저항이 극에 달한다.

조지 레오나르드 George Leonard

여섯 번째 층 : 슬픔, 자책, 에고의 결핍

이 층은 우리가 일상에서 경험하는 죄책감, 슬픔, 상실감 같은 감정과는 아무 관계가 없다. 우리가 본성으로부터 얼마나 깊고 완벽하게 분리되어 있는지를 명확하게 볼 수 있을 때 만나는 깊은 슬픔과 후회다.

그래서 이 층은 우리가 자신의 성장과 진실을 위해 기꺼이 허용하는 '의식적인 고통' 을 수반한다. 이 층에서 경험되는 고통은 가장 깨끗한 의미에서의 정화 과정이다. 이것은 우리가 본질과 진리의 빛 아래서 명확하게 볼 수 있는 마지막 남아 있는 에고의 환상을 모두 태워 버린다. 여기에는 좋은 사람도 나쁜 사람도 없다. 그러므로 한 관점에서 비난할 대상도 없다. 이 상태는 인간의 조건에 대한 가장 심오한 슬픔으로 경험되며 가장 강렬한 감각으로(특히 가슴에) 느껴진다. 영적인 전통에서 이 층은 영혼의 어두운 밤과 연관된다.

> 우리 안의 영성이 피어날 때 우리는 죽는다. 우리는 그 죽음에 슬퍼한다. 자기라고 생각하는 자기 자신이 사라지기 시작할 때, 우리는 그것에 슬픔을 느끼게 되는 것이다.
>
> 람 다스 Ram Dass

일곱 번째 층 : 개인성의 끝 또는 '텅 빔'

많은 동양의 종교, 특히 불교가 이 층을 설명해 왔다. 이 상태에서 우리는 자신의 개인성은 아무것도 아니며 일시적인 조작, 오랫동안 우리가 자신에게 들려 준 이야기라는 것을 깨닫게 된다. 자신에게 익숙했던 에고를 놓아 버리는 것은 공空의 상태로 들어가는 느낌, 세상 밖으로 걸어 나가는 느낌이다. 그러므로 이 층에 다다랐음을 나타내는 표시인 공포와 절망을 감당할 수 있는 믿음이 필요하다.

> 은총은 텅 빈 공간을 채운다. 그러나 은총은 그것을 받아들일 수 있는 공空으로만 들어갈 수 있다. 그리고 그 공을 만드는 것도 은총이다.
>
> 시몬느 베이유 Simone Weil

이 층은 개인성에게는 끝이며 죽음으로 경험된다. 그러나 우리가 믿음을 놓지 않고 이 층을 통과해 나간다면 기대하지 않았던 것을 얻을 수 있다. 그것은 개인성이 기대했던 고통이 아니다. 개인성에게 '아무것' 도 아닌 것으로 여겨졌던 일로 드러난다. 여기에서 모든 것이 펴져 나온다. 우리가 아는 모든 것, 존재하는 모든 것은 이 공으로부터 생겨난다. 이것은 완전히 비어 있으나 가능성으로 가득 차 있다. 이것은 우리의 자유이며 우리 생명의 근원이다. 여기에서는 보는 주체와 보는 대상 사이의 구분이 없다. 경험하는 것과 경험하는 자가 하나다.

여덟 번째 층 : 진정한 개인으로 존재하기

역설적이지만, 우리는 이 공의 상태 안에서도 여전히 스스로를 개인적인 존재로 경험한다. 그러나 우리의 정체성은 본질 안에서 자리 잡고 있으며, 우리 행동은 개인성의 투사와 편견이 아니라 신성한 의식의 안내를 받는다. 여기에도 개인적인 의식, 사랑, 감사, 경이로움이 있다.

이 층은 우리의 개인적인 본질적 존재가 완전히 자신을 구현하는 곳이다. 일부 영적 전통들은 이것을 '나 있음(I AM)'의 상태라고 한다. 수피즘에서는 신성한 개인적 표현으로 보며 '본질적 자아'라고 부른다. 기독교에서는 이 층은 지복직관(Beatific Vision : 천사나 성도가 천국에서 천주를 직접 봄 – 옮긴이)을 이루는 시작으로 여긴다. 여기에서 개인적인 자아는 황홀한 신성의 실현을 경험한다.

아홉 번째 층 : 개인을 넘어 우주로 존재하기

이것은 말로 설명될 수 없기 때문에 이 상태에 대해서 별로 말할 수 있는 것이 없다. 모든 현상은 여기에서 비롯된다. 구도자가 신성에 대한 추구를 놓지 않고 계속 정진해 나가간다면 영혼은 결국 신, 완전함과의 신비로운 합일에 도달하게 된다. 여기에는 오직 신성만이 있다. 개인적인 자아와 신성은 하나다. 이것은 개인적인 존재를 넘어서 있으며 비개인적인 본질적 의식으로써 발현된다. 이것은 우주가 발현되어 나오는 한계 없는 존재다.

> 나는 뱀이 허물을 벗어 던지듯 나 자신을 벗어 던졌다. 그러고 나자 내가 신이라는 사실이 보였다.
>
> 아부 야지드 알–비스타미
> Abu Yazid Al–Bistami

이것은 위대한 신비주의 전통이 약속한 궁극의 예정지이지만 지속적으로 이 상태를 유지하는 것은 극히 드문 일이다. 역사 속의 일부 성인들만이 이 심오한 의식의 상태에서 살았다. 그러나 우리들 대부분은 최소한 그것을 맛볼 수는 있다. 그리고 그것만으로도 충분하다. 이 현실을 한 번 맛보는 것만으로도 깊은 곳으로부터 우리의 삶이 변화될 수 있다. 우리가 존재의 합일을 직접 경험해 본다면 결코 사람들이나, 자기 자신, 그리고 삶의 선물을 전과 같이 대할 수 없다.

의식의 연속성

우리가 이 아홉 층을 살펴보면, 아홉 층이 어떻게 순수 심리학의 영역에서 영적인 영역에까지 연결되어 있는지를 보게 된다. 층 1번에서 3번까지는 주로 심리학의 영역이며, 층 4에서 6번까지는 심리학(주로 심층 심리학)의 영역뿐만 아니라 영성의 요소들을 포함한다. 이것들은 영적 심리와 관계된다. 이 아홉 층을 통한 우리 의식의 성장 과정은 심리학과 영성이 결합된 통합된 접근을 필요로 한다. 층 7번에서 9번까지는 주로 영성의 영역과 관계가 있다.

하느님의 왕국이 너희 안에 있다.

예수

에니어그램은 주로 층 1번에서 5번까지의 영역에 도움이 된다. 그리고 층 1번에서 3번까지에서 가장 강력하다. 층 1번에서 3번까지는 발달 수준에서 건강한 범위에 들어가도록 하는 데에 도움이 된다. 층 4번에서 6번까지는 건강한 성격이 우리 안에 잘 자리 잡도록 도와주며, 정체성을 개인성에서 본질로 바꾸는 과정을 시작하도록 해 준다. 층 7번에서 9번까지는 본질적 자아의 깨달음 및 성숙과 관계되며, 발달 수준에서 수준 1번과 관련된 주제를 다룬다.

자기 한계를 다시 정하거나 바꾸는 것은 가장 큰 자기를 경험할 때 일어난다. 이러한 경험을 할 때는 우주를 포함하는 정체성을 갖게 된다.

켄 윌버 Ken Wilber

때때로 우리는 이 여행길에서 어려움을 만날 것이다. 그러나 이 여행의 끝에는 가슴이 갈망하는 모든 것이 우리를 기다리고 있음을 기억하라.

성격을 넘어서

이러한 의식 성장의 과정은 참을성과 끈기를 필요로 하지만, 본질을 경험하는 일은 우리가 믿는 것처럼 그렇게 어렵지 않다. 에고는 우리가 본질을 경험하는 것을 막으며 영성이란 아주 멀리 있어서 현실에서 경험되기 어려운 것이라고 믿는다. 그러나 영성은 우리가 생각하는 것보다 더 가깝

자아실현은 자신의 본성에 대한 깨달음일 뿐이다. 자유를 갈구하는 사람은 의심이나 오해 없이 영원한 것과 일시적인 것을 구분함으로써 자신의 본성을 깨닫는다. 그리고 결코 자신의 자연적인 상태에서 벗어나지 않는다.

라마나 마하리시 Ramana Maharshi

다. 영성을 경험하기 위해 우리가 다른 곳에 가거나 뭔가를 성취해야 하는 것은 아니다. 우리가 배워야 할 것은 자기 자신으로부터 도망치지 않는 것이다. 우리가 자신을 있는 그대로 볼 때—자신의 진실과 거짓을—스스로를 저버리고 환상과 반응, 방어 속에서 사는 습관을 풀어내는 과정을 시작할 수 있다.

본질은 우리의 코앞에 있다

기쁘게도 당신은 이미 여기에 있다. 당신의 본질은 이미 완전히, 그리고 완벽하게 존재한다. 우리가 왜 자신을 저버렸는지, 그리고 그 순간을 떠났는지를 안다면 더 이상 그렇게 할 필요가 없다. 성격 유형을 이해하는 것은 우리가 그 '이유'를 인식할 수 있도록 도와준다. 우리가 자신이 아닌 사람이 되려고 노력하는 일을 그만둘 때 우리의 본성이 드러난다. 우리는 '관찰하고 놓아 버린다.' 그리고 특정한 자기 한계를 방어하는 일을 그만둔다.

이것은 새로운 것을 배우거나 우리의 본성에 무엇인가를 보태야 하는 것은 아니다. 영적인 과정은 바로 우리 성격의 층 바로 아래에 무엇이 있는지를 보도록 해 준다. 그래서 영적인 과정은 현재 존재하는 것에 무엇을 더하는 게 아니라 감하는 것, 놓아 버리는 것이다. 어떤 관점에서 보면, 우리 에고의 패턴이 존재 안에 너무나 깊이 박혀 있기 때문에 이것이 아주 어려울 수도 있다. 그러나 다른 관점에서 보면 우리의 의식을 성장시키는 데 있어서 우리는 우주 전체의 지원을 받고 있다. 그러므로 의식 성장을 위한 과정은 우리 안에서, 다른 사람들 안에서 펼쳐지는 신비로움의 연속이다.

온전히 깨어 있는 순간

불교도들은 "신성한 사람도, 신성한 장소도 없으며 오직 신성한 시간이 있을 뿐이다"라고 말한다. 그것은 은총의 순간이다. 우리 모두는 각각의 순간을 경험한다. 우리가 온전히 깨어 있고 온전히 살아 있는 진정한 은

총의 순간은 완전히 다른 질의 시간이다. 삶이 의식의 둔탁함을 관통해서 우리를 일깨웠기 때문에 그 본질의 순간은 생명력 넘치고 실제적이다. 우리가 두려움, 저항, 자아 이미지에서 벗어나는 법을 배울 때, 우리는 이러한 본질의 순간을 더 많이 경험하고 우리의 영혼을 풍요롭게 할 수 있다. 우리는 의지대로 이러한 순간을 만들어 낼 수 없을지도 모른다. 그러나 그러한 순간이 더 쉽게 일어날 수 있는 조건을 우리 안에서 만들어 낼 수 있다.

'온전히 깨어 있는 순간' 이 갖고 있는 가장 놀라운 측면은 아주 평범한 사건이 그것을 이끌어 낼 수 있다는 것이다. 이것은 아침 식탁에서, 일터로 가는 전철 안에서, 길을 걷다가, 친구와 이야기를 하다가 조용하게, 그리고 전혀 기대하지 않았던 방식으로 일어난다. 우리는 단지 문고리를 보다가, 친한 사람의 얼굴을 보다가 아주 영적인 경험을 한 순간이 있었다.

중요한 것은 우리가 한 일이 아니라 그 순간에 경험하는 의식의 상태이다. 삶에서 다른 사람의 얼굴을 마주하고 있는 순간보다 더 멋진 순간은 별로 없다. 상대방에게 진정으로 마음을 열고 온전히 그와 함께 있는 것은 아주 감동적인 경험이 될 수 있다. 다른 사람과 진실하게 함께 있는 경험은 우리 안에 항상 신성이 있음을 일깨워 준다.

> 깨어있는 삶이 주는 궁극적인 선물은 삶을 둘러싼 신비를 느끼는 것이다.
>
> 루이스 멈포드 Lewis Mumford

영적인 성숙을 향하여

영적인 여행의 처음 단계에 있는 사람들은 대개 깊고 멋진 경험을 찾는다. 우리는 자신이 희망하는 모든 것의 증거인 신성과 가까워지기를 원한다. 그리고 우리가 진실하게 수행해 나가면 이러한 많은 경험을 성취할

연습 ① 온전히 깨어있기

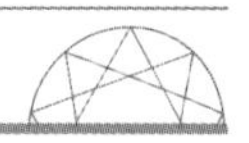

지나간 30분 동안 당신에게 가장 진실했던 삶의 순간들을 써 보라. 그것들은 어떤 순간이었는가? 그 순간에 당신은 어떠했는가? 당신이 아주 중요한 사건 속에 있을 때인가? 그렇지 않으면 평범한 사건 속에 있을 때인가? 그것이 다른 기억과 어떻게 다른가?

수 있다. 우리는 자비, 기쁨, 내면의 평화, 힘, 의지 등 영혼의 진실한 자질을 직접 경험할 수 있다. 우리는 불교도들이 말하는 공의 의미, 수피 시인들이 노래한 '사랑하는 그대' 의 의미를 알 수 있게 된다. 우리는 예수의 부활에 담겨 있는 신비를 이해하게 된다. 그러나 이런 경험들이 일상의 부분으로 통합되지 않는 다면 그저 꿈같은 하나의 추억일 뿐이다.

그러나 우리가 인내심을 가지고 수행을 계속해 나가고 삶 속에서 진실을 찾아 나가면 최고의 영적인 상태는 평범한 것 속에 있음을 깨닫게 될 것이다. 그것은 하늘이나 바다만큼 평범하고 기본적이다. 영적인 순간은 인간의 삶을 떠나 있는 것이 아니다. 영적인 순간에 우리는 현실을 가장 진실하게 경험한다. 그리고 현실이 우리에게 사랑, 가치, 지혜, 힘을 직접 경험하도록 해 주기 때문에 더 이상 이러한 것들을 갈구하지 않는다. 우리는 더 이상 특정소유물이나 결과에 집착하지 않는다. 우리는 에고의 투사를 끝낼 수 있다. 이 단계에서 우리는 이 세상에서 책임감 있게, 사랑을 갖고 행동하면서, 성숙한 인간으로서 자유롭게 산다. 이것이 '세상에 살면서 세상 속에 말려들지 않는 것' 이다.

얼마 전에 우리는 영성 수련회에서 심오한 깨달음을 가졌다. 그 때 우리는 돈 리처드 리소가 책의 앞머리에서 이야기한 것과 비슷한 작업 시간을 가졌다. 나는 그 날 유리창 청소 당번이었다. 이 무렵 나는 이런 비슷한 훈련을 많이 받았기 때문에 이러한 상황에 대한 내면의 저항 같은 것은 그리 문제가 되지 않았다. 나는 이런 순간들이 나에게 자신에 대한 통찰을 얻고 더 큰 내면의 균형을 회복하게 해 준다는 사실을 알고 있었다.

나는 기숙사의 2층에서 천천히, 그리고 온 마음을 집중해서 유리창을 닦았다. 이 활동은 평상시에 나의 에고가 하는 활동과 아무런 상관도 없었다. 그렇기 때문에 나는 이 일과 함께 현재에 존재하려고 하면서 내 성격의 메커니즘이 움직이는 것을 자유롭게 지켜보았다. 내가 일을 제대로 하고 있는지를 궁금해 하고, 스승이 내 노력을 알아주기를 바라고, 그 순간의 중요성에 대해 생각하면서 내 마음과 생각은 머릿속을 어지럽게 돌아다니고 있었다. 그러나 결국 나는 더 근본적인 것을 알아차렸다. 내 안에는 모든 것을 '놓치지 않는' 뭔가가 있다는 것을 느꼈다. 나는 쇼를 하고, 사건을 기억하고, 나중을 위하여 그 순간에 알아차린 것을 정리하느라 바쁜 나의 마음을 바라보고 있었다.

그 순간에 뭔가 놀라운 일이 일어났다. 나는 지켜보는 '나'를 유지하고 있을 필요가 없다는 사실을 깨달았다. 나는 편안하게 긴장을 풀고 놓아 버릴 수 있었다. 그리고 여전히 창문은 닦여지고 있었다. 내면의 긴장이 풀려 나가는 것이 느껴지면서 나는 그저 그 순간의 경험으로 존재하고 있었고, 생각을 통한 해석은 더 이상 필요치 않았다. 나는 그저 거기에 존재하고 있었다. 창문 닦는 작업은 계속 진행되고 있었고 내 몸은 움직이고 호흡하고 있었다. 나뭇잎들이 밖에서 움직이고 있었고 모든 것이 흐르고 있었다. 그 순간에는 어떠한 분리감도 없었다. 나를 포함하여 세상은 하나였고 놀랍도록 아름답게 피어나고 있었다. 이러한 놀라운 일은 거대하고 평화로운 고요 안에서 일어나고 있었다. 평소에 내가 현실이라고, 세상이라고 여겼던 것이 더 생생하게 나에게 다가왔다. 그것은 마치 대양의 표면 위를 비추는 태양 빛과도 같았다. 나는 물결 위에서 반짝이는 빛을 보면서 동시에 그 밑의 깊은 대양을 의식할 수 있었다.

내가 창문 닦는 일을 마칠 즈음에는 현실과의 접촉이 더 깊어졌다. 그래서 나는 '넓어진' 상태에서 사람들을 만날 수 있었다. 나는 이 '성취'를 가지고 다른 사람들을 감동시키고 싶지 않았다. 이것은 무엇을 성취한 것이 아니라 단지 세상의 본성을 경험한 것이기 때문이다. 더욱이 나는 모든 사람들이 단지 본성의 다른 면임을 보게 된 것이다. 그런데 내가 누구를 감동시키겠는가?

이 경험의 가장 놀라운 면은 나 자신을 존재의 가장 깊은 면으로 경험하면서 먹고, 이야기하고, 일하고, 쉬면서 세상에서 정상적으로 살아갈 수 있다는 것이었다. 모든 상황에서 본성을 경험하기 때문에 다른 사람을 존경하고 사랑하는 것은 아주 자연스러운 일이었다. 다시 말하면, 본성을

우리는 자신이 곧 실재이면서 실재를 찾아 헤맨다. 우리는 숨어 있는 실재가 있으며 그것을 얻기 위해서는 뭔가를 깨부수어야 한다고 생각한다. 얼마나 어리석은 일인가! 당신이 이 모든 과거의 노력에 대해 웃게 될 날이 올 것이다. 그 때가 바로 '지금 여기'에서 웃게 될 날이다.

라마나 마하리시 Ramana Maharshi

한 송이 꽃에서 기적을 볼 수 있다면 삶 전체가 달라질 것이다.

붓다 Buddha

> 본질의 피어남은 삶의 과정이 된다. 삶은 더 이상 기쁨과 고통이라는 분리된 끈이 아니라 생명력의 자연스러운 흐름이 된다.
>
> A. H. 알마스 A. H. Almaas

깨달을 때 우리는 욕망과 성격의 환상으로부터 자유로워지며, 단순함과 감사, 흔들리지 않는 내면의 평화로서 매 순간을 경험하게 된다는 것이다. 우리는 자신이 누구인지를 안다. 그리고 내면의 불안이 사라진다. 우리는 깊이를 헤아릴 수 없는 존재의 신비라는, 가장 소중하고 가장 놀라운 선물을 받게 된다.

의식의 성장은 영웅적인 일이다

우리의 습관, 반응, 내면의 목소리를 탐색하는 과정에서 우리가 발견한 가장 놀라운 일 중 하나는 내면의 목소리의 많은 부분이 부모로부터 왔다는 것이다. 많은 사람들이 자신을 어머니와 아버지와는 완전히 다른 존재로 보고 싶어 하지만, 자신의 태도나 행동을 잘 살펴보면 부모의 심리적 문제 중 많은 부분이 우리에게로 이어져 내려왔다는 것을 알게 된다. 우리의 부모 역시 많은 문제를 그 부모로부터 전해 받았다. 그리고 이렇게 계속 세대를 거슬러 올라갈 수 있다.

> 영적인 열림은 자신만의 안전한 동굴로 움츠러드는 것이 아니라, 지혜와 친절한 가슴을 가지고 어떤 분리감도 없이 삶의 모든 경험을 끌어안는 것이다.
>
> 잭 콘필드 Jack Kornfield

이 관점에서 보면 우리가 습관적인 성격에 의식의 빛을 비추는 것은 우리 자신뿐만 아니라 여러 세대에 걸쳐 아마도 수세기 동안 우리의 피 안에 흐르던 패턴을 치유하는 것이다. 그래서 자신의 의식을 성장시키는 것은 자신의 고통을 구원할 뿐만 아니라 조상의 고통을 구원하는 것이다.

더 중요한 것은, 의식을 성장시키는 일이 부정적인 패턴이 다음 세대로 전달되는 것을 막는다는 것이다. 예를 들어 우리가 환경이나 인종 차별에 대한 많은 무의식적인 습관과 태도를 알아차렸다고 하자. 그러면 자녀들이 똑같이 습관과 태도를 갖도록 하지 않을 것이다. 그러므로 개인적인 관점뿐만 아니라 전체적인 관점에서 보았을 때도 자신의 의식을 성장시키는 것은 매우 중요한 일이다. 또한 아이를 양육하는 것은 우리를 일깨우는 신호가 될 수 있다. 부모가 되는 것은 자신의 어린 시절의 문제를 모두 불러내기 때문이다. 우리가 이것을 자신에 대해 성찰해 볼 기회로 삼고 자신의 문제를 극복하고 자유로워지지 않는다면 우리의 문제를 자녀들에게 전해 줄 것이다.

그래서 과거의 습관에서 풀려나는 것은 영웅적인 행동이 될 수 있다. 이 과정은 용기를 가지고 상처와 상실, 분노, 좌절에 직면할 것을 요구한다. 자신의 고통으로부터 도망치지 않기 위해서는 진정한 사랑이 필요하다. 그래서 우리가 스스로의 문제로부터 자유로워지고자 노력할 때 인간 의식의 진화에 참여하고 있는 것이다.

우리는 오늘날 이 세상에 중요한 일이 일어나고 있음을 보고 있다. 이것은 한 세기가 끝날 무렵 벌어지는 일에 지나지 않을 수도 있지만, 많은 사람이 뭔가 더 근본적인 것, 즉 집단적인 의식의 깨어남이 일어나고 있다고 느끼고 있다. 흉포한 이기주의, 부주의한 소비, 탐욕스러운 개인주의가 종말을 고할 때가 되었다. 우리는 그것을 충분히 경험했고 이 지구에서 그것이 남긴 결과를 보고 있다. 이 시대에 우리에게 에니어그램이 전해진 것은, 인간의 에고를 변화시키는 과정을 더 빠르게 진행시킬 수 있는 성장의 도구로 쓰이기 위해서라 여겨진다. 영적인 스승들은 이 지구의 의식을 변화시켜야 한다고 말한다. 그리고 에니어그램은 영성과 결합될 수 있을 것이다.

인류가 어디로 가는지는 알 수 없을지도 모른다. 그러나 에니어그램은 우리의 깨어남을 가속화시켜 심오하고 거대한 효과를 가져올 것이다. 단 수백 명이 깨어나서 완전히 의식적인 삶을 살기 시작한다면 의심할 여지 없이 세계의 역사는 변할 것이다.

우리의 관점이 변화하고 우리 자신이 누구인지에 대해 새로운 이해를 획득한다면 변화가 일어난다. 그러나 우리는 진정한 자신이 누군가라는 깨달음은 항상 오직 지금에 있다는 것을 기억해야 한다. 이것이 바로 에니어그램의 지혜인 것이다.

우리의 가장 큰 욕구는 자신 안에 있는 더 깊은 진실에 충실함으로써 삶을 신성하게 만들고자 하는 것이다. 기도는 오랫동안 잊혀지고 잃어버렸던, 태어날 때부터 우리에게 주어진 권리이다. 희미하게나마 그 맛의 기억은 거기에 남아서 우리를 부른다.

크리스토퍼 프리맨틀 Christopher Freemantle

의식 성장의 단계

The Stages of the Work

진정으로 자신을 관찰하고자 한다면
긴장과 습관을 인식하게 될 것이다.

긴장과 습관을 인식하게 되면
그것을 놓아버리고 편안하게 이완될 것이다.

놓아버리고 편안하게 이완된다면
몸과 마음에서 일어나는 감각을 알아차릴 것이다.

몸과 마음에서 일어나는 감각을 알아차린다면
분명한 앎을 갖게 될 것이다.

분명한 앎을 갖게 되면
자신을 온전히 그 순간에 열게 될 것이다.

자신을 온전히 그 순간에 열게 되면
실재를 경험할 것이다.

실재를 경험한다면
자신이 개인성을 넘어선 존재임을 알게 될 것이다.

자신이 개인성을 넘어선 존재임을 알게 되면
자기 자신을 기억하게 될 것이다.

자기 자신을 기억한다면
두려움과 집착을 놓아버릴 것이다.

두려움과 집착을 놓아버린다면
신을 만나게 될 것이다.

신을 만나게 된다면
신과의 합일을 원할 것이다.

우리가 신과의 합일을 원한다면
신의 의지대로 행동할 것이다.

우리가 신의 의지대로 행동한다면
우리는 변화할 것이다.

우리가 변화한다면
세상이 변화할 것이다.

세상이 변화한다면
온 세상이 신에게로 돌아갈 것이다.

옮긴이의 말

처음 에니어그램을 접했을 때 나는 복잡하고 다양한 인간의 성격을 아홉 가지로 분류한다는 것에 대해 의심과 거부감을 느꼈다. 그러면서도 무언지 모를 매력에 이끌려 에니어그램을 탐구하게 되었다. 그리고 나는 에니어그램을 통해 진정한 자기 이해에 다다르게 되었으며 말할 수 없는 자유로움을 느꼈다.

인간에게는 어떤 타고난 유형이 있다는 것, 그리고 각각의 유형은 자신만의 숨겨진 삶의 카드를 갖고 있다는 것을 깨닫게 되면서 에니어그램은 나와 다른 사람을 이해할 수 있는 유용한 도구가 되었다. 에니어그램을 통해 삶 속에 숨겨진 카드를 하나하나 읽어나가면서 에니어그램에 대한 나의 이해는 점점 더 깊어졌다. 피상성을 넘어 제대로만 이해한다면 에니어그램은 인간을 획일적인 틀 속에 가두는 것이 아니라 오히려 성격의 다양성과 역동성을 인정하고 그것을 깊이 있게 성장하도록 도와주는 도구임을 알게 된다.

에니어그램을 통해 우리는 자신이 누구인지 깨닫게 되고 자신을 가두고 있는 굴레를 발견하게 되며 자신의 완성을 가로막는 각 성격의 문제들을 인지하고 깨어진 자아의 균형을 바로잡아가게 된다. 거기에 그치지 않고 자신에 대한 진정한 이해는 다른 사람에 대한 이해와 수용으로 이어진다.

에니어그램을 알기 위해서는 지적인 이해를 넘어서는 체험을 필요로 한다. 그렇기 때문에 에니어그램의 지혜는 삶을 통해서만 터득될 수 있다. 이 책 〈에니어그램의 지혜〉가 가치 있는 것은 인간의 내면과 영성에 대한 깊이 있는 이해를 바탕으로 한 경험을 통해서 쓰여졌기 때문이다.

에니어그램은 삶의 여러 영역에 적용되고 활용될 수 있다. 그러나 가장 근본적인 목표와 방향은 바로 영적 성장이라고 말할 수 있다. 우리는 에니어그램을 통해 영성으로 들어가는 문, 즉 신성한 자기 이해와 만날 수 있을 것이다. 에니어그램을 깊이 있게 이해하고 영적인 성장을 위해 활용하고자 하는 모든 분들에게 이 책은 많은 도움이 될 것이다.

2000년 8월

주혜명

참고 문헌

Almaas, A. H. *Diamond Heart.* Vols. 1-4. Berkeley, CA: Diamond Books, 1987-1997.

——. *Essence.* York Beach, ME: Samuel Weiser, 1986.

——. *The Pearl Beyond Price.* Berkeley, CA: Diamond Books, 1998.

——. *The Point of Existence.* Berkeley, CA: Diamond Books, 1996.

——. *The Void.* Berkeley, CA: Diamond Books, 1986.

Andrews, Frank. *The Art and Practice of Loving.* New York: Jeremy P. Tarcher/Putnam, 1991.

Barks, Coleman, et al. *The Essential Rumi.* San Francisco: HarperSanFracisco, 1995.

Beck, Charlotte. *Nothing Special.* San Francisco: HarperSanFracisco, 1993.

Bennett, J. G. *Enneagram Studies.* York Beach, ME: Samuel Weiser, 1983.

Bradshaw, john. *Bradshaw On the Family.* Deerfield Beach, FL: Health Communications, 1988.

——. *Homecoming.* New York: Bantam Books, 1990.

Cameron, Julia, and Mark Bryan. *The Artist's Way.* New York: Jeremy P. Tarcher/Putnam, 1992.

DeMello, Anthony. *Awareness.* New York: Doubleday, 1990.

——. *The way to Love.* New York: Doubleday,1991.

Diagnostic and Statistical Manual of Mental Disorders, 4th ed. Washington, DC: American Psychiatric Association, 1994.

Epstein, Mark. *Thoughts Without a Thinker.* New York: Basic Books, 1995.

Epstein, Perle. *Kabbalah, The Way of the Jewish Mystic.* Boston: Shambhala, 1988.

Fremantle, Christopher. *On Attention.* Denville, NJ:Indication Press, 1993.

Goleman, Daniel. *Emotional Intelligence.* New York: Bantam Books, 1995.

Greenberg, J., and Stephen Mitchell. *Object Relations, in Psychoanalytic Theory.* Cambridge, MA: Harvard University Press, 1983.

Guntrip, Harry. *Schizoid Phenomena, Object Relations, and the Self.* Madison,

CT: International Universities Press,1995.
Gurdjieff, G.I. *Beelzebub's Tales to His Grandson.* New York: Viking Arkana, 1992.
——. *Views from the Real World.* New York: Dutton, 1975.
Hales, Dianne, and Robert Hales. *Caring for the Mind.* New York: Bantam Books, 1995
Halevi, Z'ev Ben Shimon. *The way of Kabbalah.* York Beach, ME: Samuel Weiser, 1976.
Hanh, Thich Nhat. *The Miracle of Mindfulness.* Boston: Beacon Press, 1975.
Hinsie, Leland, and Robert Campbell. *psychiatric Dictionary,* 4th ed. New York: Oxford University press, 1970.
Horney, Karen. *Neurosis and Human Growth.* New York: W. W. Norton, 1950.
——. *Our Inner Conflicts.* New York: W.W. Norton, 1945.
Ichazo, Oscar. *Between Metaphysics and Protoanalysis.* New York: Arica Institute Press, 1982.
——. *Interviews with Oscar Ichazo.* New York: Arica Institute Press, 1982.
Issacs, Andrea and Jack Labanauskas, "Interview with Oscar Ichago," Parts 1-3, *Enneagram Monthly,* Vol. 2, Numbers 11 and 12, 1996 and Vol. 3, Number 1, 1997.
Johnson, Stephen. *Character Styles.* New York: W. W. Norton, 1994.
Jung, C. G. *psychological Types.* Princeton, NJ: Princeton University Press, 1974.
Kasulis, T. P. *Zen Action, Zen Person.* Honolulu: University of Hawaii Press, 1981.
Kernberg, Otto. *Borderline Conditions and Borderline Narcissism.* New York: Jason Aronson, 1975.
Knaster, Mirka. *Discovering the Body's Wisdom.* New York: Bantam Books, 1996.
Kornfield, Jack. *A Path with Heart.* New York: Bantam Books, 1993.
Krishnamurti, J. *The Flame of Attention.* San Francisco: HarperSan Francisco, 1984.
Leonard, George, and Michael Murphy. *The Life We Are Given.* New York: Jeremy P. Tarcher/Putnam, 1995.
Lowen, Alexander. *Narcissism.* New York: Macmillan, 1983.
Mahler, Margaret S., Fred Pine, and Anni Bergman. *The Psychological Birth of the Human Infant.* New York: Basic Books. 1975.
Maslow, Abraham. *The Farther Reaches of Human Nature.* New York: Esalen Books, 1971.
Matt, Daniel. *The Essential Kabbalah.* San Francisco: HarperSan Francisco, 1994.

Millon, Theodore. *Disorders of Personality.* New York: John Wiley & Sons, 1981.

Moore, James. *Gurdjieff:The Anatomy Of a Myth.* Rockport, MA: Element, 1991.

Mouravieff, Boris. *Gnosis.* Vols. 1-3. Newbury, MA: Praxis Institute Press, 1989. Original French edition, 1961.

Napier, Nancy J. *Sacred Practices for Conscious Living.* New York: W. W. Norton, 1997.

Naranjo, Claudio. *Character and Neurosis.* Nevada City, CA: Gateways/ IDHHB, 1994.

Nicoll, Maurice. *Psychological Commentaries on the Teachings of Gurdjieff and Ouspensky.* Vols. 1-5. Boston: Shambhala, 1955,1980.

Nisargadatta, Maharaj. *I Am That. Translated by Maurice Frydman.* Durham, NC: Acorn Press, 1973, 1982.

Nott, C.S. *Teachings of Gurdjieff.* London: Arkana, 1961, 1990.

Oldham, John, and Lois Morris. *The personality Self-Portrait.* New York: Bantam Books, 1990.

Olsen, Andrea, with Caryn McHose. *Body Stories.* Barrytown, NY: Station Hill Press, 1991.

Ornstein, Robert. *The Roots of the Self.* San Francisco: HarperSan Francisco, 1993.

Ouspensky, P.D. *In Search of the Miraculous.* New York: Harcourt, Brace & World, 1949.

——. *The Fourth Way.* New York: Vintage Books, 1957, 1971.

Plotinus. *The Enneads.* New York: Penguin Books, 1991.

Powell, Robert. *The Wisdom of Sri Nisargaddatta Maharaj.* New York: Globe Press Books, 1992.

Riso, Don Richard. *Discovering Your Personality Type.* Boston: Houghton Mifflin, 1992, 1995.

——. *Enneagram Transformations.* Boston: Houghton Mifflin , 1993.

——. *Understanding the Enneagram.* Boston: Houghton Mifflin, 1990.

Riso, Don Richard, with Russ Hudson. *Personality Types.* Boston: Houghton Mifflin, 1987, 1996.

Rudolph, Kurt. *Gnosis: The Nature and History of Gnosticism.* San Francisco: HarperSanFrancisco, 1987.

Rumi, Mevlana Jellaludin. *Jewels of Remembrance.* Translated by Camille and Kabir Helminski. Putney, VT: Threshold Books, 1996.

Satir, Virginia. *The New Peoplemaking.* Mountain View, CA: Science and Behavior Books, 1988.

Schimmel, Annemarie. *The Mystery of Numbers.* New York: Oxford University

Press, 1993.

Schimmel, Solomon. *The Seven Deadly Sins.* New York: Free Press, 1992.

Scholem, Gershom. *Origins of the Kabbalah.* Princeton, NJ: Jewish Publication Society, Princeton University Press, 1962.

Shah, Idries. *Caravan of Dreams.* London: Octagon Press, 1968.

——. *Learning How to Learn.* London: Octagon Press, 1978.

——. *Tales of the Dervishes.* New York: Arkana/Penguin, 1967.

Shapiro, David. *Neurotic Styles.* New York: Basic Books, 1965.

Smith, Huston. Forgotten Truth. San Francisco: HarperSanFrancisco, 1985.

Speeth, Kathleen Riordan. *The Gurdjieff Work.* Berkeley, CA: And/Or Press, 1976.

Tart, Charles. ed. *Transpersonal Psychologies.* New York: Harper & Row, 1975.

——. *Waking Up.* Boston: Shambhala, 1986.

Taylor, Thomas. *The Theoretical Arithmetic of the Pythagoreans.* York Beach, ME: Samuel Weiser, 1983.

Tracol, Henri. *The Taste for Things That Are True.* Rockport, MA: Element, 1994.

Trungpa, Chogyam. *Cutting Through Spiritual Materialism.* Boston: Shambhala, 1973.

Walsh, Roger, and Frances Vaughn. *Paths Beyond Ego.* Los Angeles: Jeremy P. Tarcher/Perigee. 1993.

Wegscheider-Cruse, Sharon. *Another Chance.* Palo Alto, CA: Science and Behavior Books, 1981.

Wilber, Ken. *The Eye of Spirit.* Boston: Shambhala, 1997.

——. *Sex, Ecology, Spirituality.* Boston: Shambhala, 1995.

——. *The Spectrum of Consciousness.* Wheaton, IL: Quest Books, 1977, 1993.

※ 다양한 에니어그램 책에 대하여

에니어그램에 관한 많은 책들이 시중에 나와 있다. 그 책들은 서로 내용상 통일성이 없고 상충되는 부분들이 있어 독자들을 혼란스럽게 해 왔다. 에니어그램에 대한 왜곡된 개념에 입각해 쓰여진 책들은 설사 그것이 인간 관계, 비즈니스, 영혼 혹은 다른 어떤 주제에 대해 쓰여졌든지 간에 독자에게 별로 도움이 되지 못한다.

하지만 다행이든 불행이든 '유일무이한 에니어그램 책'이란 있을 수가 없다. 오직 다양한 저자들의 다양한 해석만이 있을 뿐이다. 그래서 우리는 에니어그램 체계에 관심있는 독자들이, 이 책을 포함하여 모든 에니어그램 책들을 비판적인 시각으로 읽고, 스스로의 힘으로, 그리고 자기 자신의 경험을 통해서 판단할 수 있기를 바란다.

에니어그램의 지혜

초판 1쇄 발행 2000년 9월 5일
개정판 18쇄 발행 2024년 9월 23일

지은이 · 돈 리처드 리소 · 러스 허드슨
옮긴이 · 주혜명
펴낸이 · 심남숙
펴낸곳 · (주)한문화멀티미디어
등록 · 1990. 11. 28. 제21-209호
주소 | 서울시 광진구 능동로 43길 3-5 동인빌딩 3층 (04915)
전화 | 영업부 2016-3500 편집부 2016-3507
http://www.hanmunhwa.com

운영이사 · 이미향 | 편집 · 강정화 최연실 | 기획 홍보 · 진정근
디자인 제작 · 이정희 | 경영 · 강윤정 | 회계 · 김옥희 | 영업 · 이광우

만든 사람들
책임편집 · 김은하 | 디자인 · 인수정
인쇄 · 천일문화사

ISBN 978-89-5699-212-9 03180